Herbert Donner

Pilgerfahrt ins Heilige Land

Herbert Donner

Pilgerfahrt ins Heilige Land

Die ältesten Berichte christlicher Palästinapilger (4.-7. Jahrhundert)

Zweite, durchgesehene und ergänzte Auflage

Verlag Katholisches Bibelwerk GmbH
Stuttgart

3-460-31842-2

Layout und Satz: Technisches Büro Michael Hallenberger, Langenzenn
Umschlag: Finken & Bumiller, Stuttgart / Klemens Olschewski, Stuttgart
Druck und Binden: Fuldaer Verlagsagentur

Dr. Manfred Weippert

dem Kollegen, Freund und Gefährten

zum 65. Geburtstag herzlich zugeeignet

Vorwort

Das Reisen ins Heilige Land, die Wallfahrt zu den Stätten der Bibel, die wissenschaftliche Beschäftigung mit den biblischen Ländern und die Biblische Archäologie erfreuen sich gegenwärtig großen Interesses und lebhafter Nachfrage. Die Motive sind so unterschiedlich wie die Menschen, die sich daran beteiligen. Allen gemeinsam aber ist die Überzeugung, daß man geistigen und geistlichen Gewinn, Förderung und Nutzen daraus ziehen könne. Gespräche mit Menschen verschiedener Herkunft und unterschiedlicher Berufe ergeben immer wieder dasselbe: Es ist lohnend, nach Israel und Jordanien, nach Ägypten, Syrien, Libanon und in den Irak zu reisen. Es ist lohnend, weil Reisen überhaupt lohnend ist und weil wir durch Religion, Geschichte und Erziehung ein besonderes Verhältnis zu den Ländern der biblischen Überlieferung haben.

Wir sind aber keineswegs die ersten. Die Wallfahrt ins Heilige Land und in die umliegenden Länder ist fast so alt wie die Christenheit. Seit dem 4. Jahrhundert, der Epoche des römischen Kaisers Konstantin, fließt ein starker Strom christlicher Pilger aus allen Regionen des Erdkreises nach Palästina. Manche dieser alten Pilger haben Berichte hinterlassen, in denen sie schlicht oder gekonnt, einfach oder gelehrt, trocken oder lebendig erzählen, was sie gesehen und erlebt haben. Der moderne Reisende, der sich ein Bild von Gestalt und Geschichte der Länder und ihrer heiligen Stätten machen will, sollte auf das nicht verzichten, was seine Vorgänger im Altertum zu Papyrus oder Pergament gebracht haben.

Ich habe in diesem Buche die Pilgerberichte des christlichen Altertums vom 4. bis zum 7. Jahrhundert gesammelt, aus dem Lateinischen übersetzt, eingeleitet und in Anmerkungen ausführlich erläutert. Man kann die Berichte einfach lesen, zu Hause oder vor Ort, ohne sich dabei von den Anmerkungen stören zu lassen. Die Anmerkungen enthalten das wissenschaftliche Material und den gelehrten Kommentar. Man muß sie nicht kursorisch lesen, man kann sich von ihnen nach Bedarf informieren lassen. Damit das erleichtert werde, habe ich Wiederholungen und Querverweise nicht gescheut.

Ein deutliches und klärendes Wort ist über die Behandlung der modernen Orts- und Geländenamen zu sagen, weil aus der Art, wie das geschieht, immer wieder Mißverständnisse und Verstimmungen erwachsen. Antike biblische und außerbiblische Orte und Geländeformationen müssen, soweit irgend möglich, identifiziert werden. Für den Bereich der arabischen Länder des Nahen Ostens entsteht dabei kein Problem. Man sagt einfach: Das alte Gerasa heißt heute *Ǧeraš*, Byblos an der libanesischen Küste trägt den Namen *Ǧbēl* und die römische Provinzhauptstadt Bostra im Haurangebirge ist *Boṣra eski Šām*. An diesen drei Beispielen kann man lernen, daß der alte Name in arabischer Gestalt die Zeiten überdauert hat; der moderne arabische Name ist mithin eines unter mehreren Argumenten für die Richtigkeit der Identifikation. Das muß nicht so sein, aber es ist oft so und nötigt den Wissenschaftler zur Konsequenz. Im Falle des Staates Israel jedoch hat man die Wahl zwischen den modernen israelischen und den arabischen Namen; die letzteren sind z. T. noch im Gebrauch, z. T. jedenfalls bis 1948 in Gebrauch gewesen. Ich habe mich dafür entschieden, ausschließlich die arabischen Namen zu benutzen, und zwar selbstverständlich nicht aus politischen oder religiösen Gründen, sondern wegen ihrer wissenschaftlichen Brauchbarkeit. Die arabischen Namen haben Tradition, die israelischen sind meist erst im 20. Jahrhundert gegeben und oft nicht mehr als Wiederbelebungen der biblischen oder altjüdischen Namen. Die Anmerkungen bilden einen wissenschaftlichen Apparat, in dem keine anderen als wissenschaftliche Gründe Geltung haben können. - Zur Wiedergabe der arabischen Namen ist das Umschriftsystem der Deutschen Morgenländischen Gesellschaft und des Deutschen Vereins zur Erforschung Palästinas verwendet.

Mein Assistent, Herr Ernst A. Knauf, hat das Manuskript gründlich durchgesehen und zahlreiche wertvolle Bemerkungen zur Sache gemacht. Er hat sich auch der Mühe des Korrekturlesens unterzogen und die Kartenskizzen gezeichnet. Ich sage ihm an dieser Stelle besten Dank.

Tübingen, Oktober 1979 Herbert Donner

Vorwort zur zweiten Auflage

Seit der 1. Auflage dieses Buches sind 23 Jahre vergangen, schon mindestens 15 Jahre ist es - wenn überhaupt - nur noch antiquarisch zu bekommen. Wer sagt „dann wird es aber höchste Zeit!", ist zwar freundlich, weiß aber nicht so recht, wovon er spricht. Denn die nach so langer Zeit eigentlich nötige gründliche Bearbeitung ist keinem Autor, schon gar nicht einem alten, zuzumuten. Es kommt hinzu, daß mir die Notizen, die ich seit 1979 gesammelt hatte, in Umzugswirren abhandengekommen sind. Mein Kummer hielt sich in Grenzen, hatte ich doch die Hoffnung auf eine Zweitauflage längst aufgegeben.

Aber da geschah ein Wunder! Nun gibt es doch eine zweite Auflage. Für sie muß ich die Leser und Benutzer um etwas Nachsicht bitten. Ich habe den Text der ersten Auflage nahezu unverändert gelassen: bei den Übersetzungen ohnehin, in den Anmerkungen weitgehend. Einige Druckfehler sind beseitigt worden. Sodann richtete sich die Aufmerksamkeit auf zweierlei: auf neue Einsichten - nicht Meinungen - in Zusammenhänge und Einzellokalisationen und auf die Ergänzung durch inzwischen erschienene Literatur, soweit ich ihrer habhaft werden konnte. Vor allem das zweite dürfte nicht immer gelungen sein.

Ich habe das Buch trotz seines Gewichtes im Reisegepäck interessierter Studienreisender angetroffen, auch als Nachschlagewerk in der Bibliothek von Kollegen, sogar auf der Ablage in jordanischen und israelischen Reisebussen zur Information der örtlichen Reiseführer. Möge es alle diese Zwecke auch künftig erfüllen! Die Widmung ehrt einen Gelehrten, dem die Palästinawissenschaft viel verdankt und mit dem ich seit 40 Jahren verbunden bin.

Kiel, im September 2002 Herbert Donner

Inhalt

Zur Aussprache der arabischen Umschrift

Arabische Orts- und Personennamen, auch sonst einige wenige arabische Wörter, sind in diesem Buche nicht in arabischer Schrift, sondern in der internationalen Umschrift wiedergegeben. Das Arabische hat Laute, die in den europäischen Sprachen nicht vorkommen und in der Umschrift durch sog. diakritische Zeichen (Punkte und Striche) kenntlich gemacht sind. Im Folgenden eine Übersicht über die Laute, die es im Deutschen nicht gibt oder die anders als im Deutschen ausgesprochen werden.

ā, ē, ī, ō, ū	Vokale mit Längsstrich werden lang gesprochen
'(z. B. in Dā'ūd)	sog. Älif, ein leiser Knacklaut der Stimmritze, wie vor u in Meeresufer
ṯ	wie das engl. stimmlose th in thing
ǧ	wie stimmhaftes dsch in engl. Journal, ital. giorno
ḥ	starkes h mit Reibungsgeräusch
ḫ	sehr starkes h, wie deutsches ch in Rachen
ḏ	wie das engl. stimmhafte th in father, this
r	Zungen-r
z	stimmhaftes s, wie im Deutschen Rose
š	wie das deutsche sch in Schule
ṣ	scharfes (emphatisches) s
ḍ	d am Obergaumen (sog. emphatisches d)
ṭ	t am Obergaumen (sog. emphatisches t)
ᶜ	sog. ᶜAin, ein starker Knacklaut der Stimmritze
ġ	sog. Gain, ein Reibelaut des weichen Gaumens, ähnlich dem Kehlkopf-r
q	tiefes, weit hinten gesprochenes k (sog. emphatisches k)
w	w wie in engl. water
y	wie deutsches j

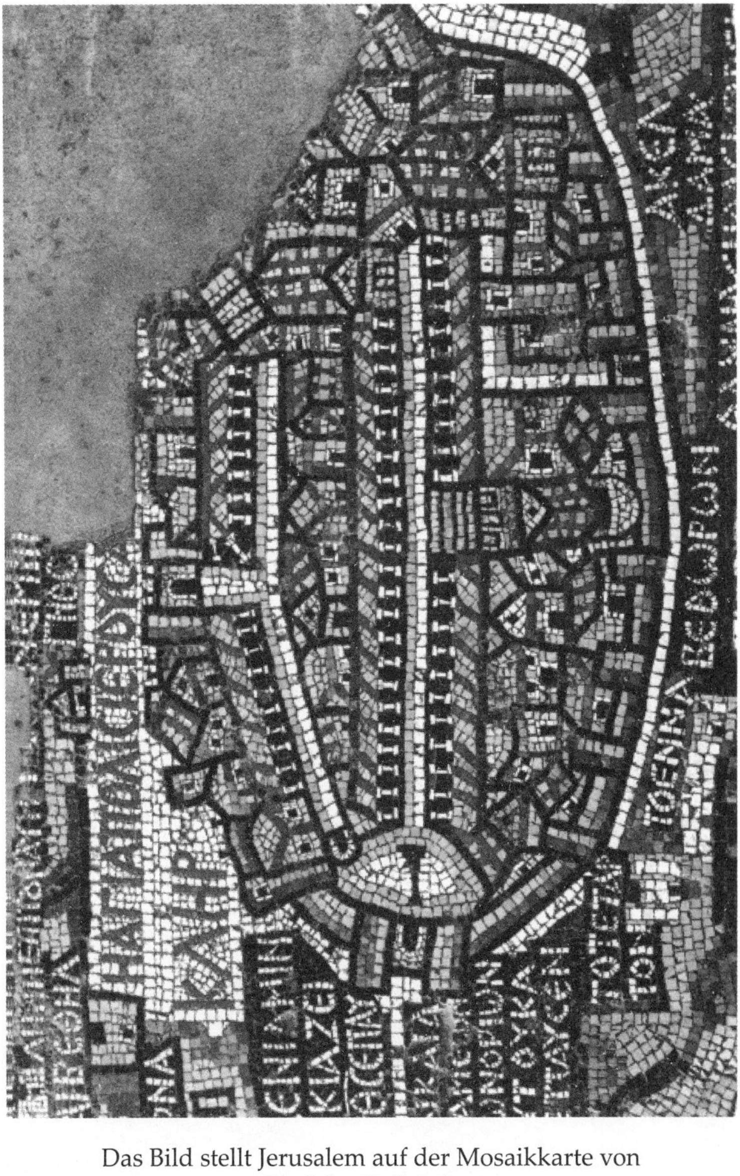

Das Bild stellt Jerusalem auf der Mosaikkarte von Madeba (6. Jh.) dar.

Einleitung

Pilgerfahrt ins Heilige Land

„Nicht das ist lobenswert, in Jerusalem gewesen zu sein, sondern in Jerusalem aufrechte Weise gelebt zu haben. Nach jener Stadt allein soll man trachten: nicht nach der, die die Propheten getötet und Christi Blut vergossen hat, sondern nach der, die des Stromes Gewalt ergötzt, die auf einem Berge liegt und nicht verborgen sein kann, die der Apostel die Mutter der Heiligen nennt, in der er mit den Gerechten das Bürgerrecht zu besitzen sich freut ... Ich wage nicht, die Allmacht Gottes in enge Grenzen einzuschließen und den auf einen kleinen Landstrich zu beschränken, den der Himmel nicht faßt. Die Gläubigen werden jeder für sich nicht nach der Verschiedenheit ihres Wohnortes, sondern nach dem Verdienste des Glaubens gewogen; und die wahrhaftigen Anbeter beten den Vater weder zu Jerusalem noch auf dem Berge Garizim an. Denn Gott ist Geist, und die ihn anbeten, müssen ihn im Geist und in der Wahrheit anbeten. Der Geist weht, wo er will; die Erde ist des Herrn und was darinnen ist... Sowohl von Jerusalem wie von Britannien aus steht der Himmel gleichermaßen offen; denn das Reich Gottes ist inwendig in euch. Antonius und alle Scharen der Mönche aus Ägypten, Mesopotamien, Pontus, Kappadokien und Armenien haben Jerusalem nicht gesehen, und dennoch stehen ihnen auch fern von dieser Stadt die Paradiesespforten offen. Der Selige Hilarion, obwohl er aus Palästina stammte und in Palästina lebte, hat Jerusalem nur einen einzigen Tag gesehen: damit es nicht schiene, als verachte er bei seiner Nähe die heiligen Orte, damit er aber andererseits Gott nicht an einem Orte einschlösse. Von den Zeiten Hadrians bis zur Herrschaft Konstantins, etwa 180 Jahre lang, wurden am Orte der Auferstehung ein Götzenbild Jupiters und auf dem Kreuzeshügel eine Marmorstatue der Venus von den Heiden verehrt; denn die Urheber der Verfolgung nahmen an, sie könnten uns den Glauben an Auferstehung und Kreuz nehmen, wenn sie die heiligen Orte durch Götzenbilder befleckten. Bethlehem, jetzt das unsere und der allerheiligste Ort der Welt, von dem der Psalmist singt „Die Wahrheit ist aus der Erde entsprossen", umschattete ein heiliger Hain des Thamuz, d. h. des Adonis, und in der Höhle, wo dereinst Christus als kleines Kindlein schrie, beweinte man den Liebhaber der Venus[1a] *... Wenn die Stätten des Kreuzes und der Auferstehung nicht in einer sehr berühmten Stadt lägen, in der es einen Magistrat, eine Militärgarnison, Huren,*

[1a] S. P. Welten, Bethlehem und die Klage um Adonis. ZDPV 99 (1983) 189-203.

Schauspieler und Possenreißer und überhaupt alles gibt, was in Städten vorzukommen pflegt, oder wenn sie ausschließlich von Mönchsscharen besucht würde, dann freilich könnte ein solcher Aufenthaltsort allen Mönchen begehrenswert sein! Nun aber ist es von letzter Torheit, der Welt zu entsagen, aus der Heimat fortzugehen, die Städte zu verlassen, Mönch zu werden - und dann mitten unter vielen Leuten ebenso zu leben, wie du zu Hause leben würdest. Hier kommt man aus aller Welt zusammen. Die Stadt ist voll von Menschen jeder Art, und es herrscht ein solches Getümmel von Leuten beiderlei Geschlechts, daß du hier alles das ertragen mußt, was du anderwärts wenigstens teilweise vermeiden konntest."[1]

Das ermutigt nicht gerade zur Pilgerfahrt ins Heilige Land. Mit allen Künsten der Überredung, unter Aufbietung der Autorität Heiliger Schrift und unter Berufung auf Jesus Christus selbst hat hier ein großer Lehrer der Kirche davon abgeraten, nach Palästina und besonders nach Jerusalem zu wallfahren. Es ist kein Geringerer als der hl. Hieronymus (ca. 347-419/20), und die soeben zitierten Sätze stammen aus einem um 395 geschriebenen Briefe an den hl. Paulinus von Nola (353-431), der anscheinend den Wunsch bekundet hatte, die heiligen Stätten zu besuchen und vielleicht sogar als Mönch dort zu leben.[2] Aber wir wollen uns nicht täuschen: Nicht Paulinus allein ist der Empfänger solcher Mahnungen, wir sind es auch. Denn Hieronymus hat, wenn er schrieb, zumeist auch an die Mit- und Nachwelt gedacht. Er war ein Mann, der christliche Grundsätze aufstellte, von denen er überzeugt war, daß sie nicht nur für seine Zeit, sondern für alle Zeiten gültig sind. Und ist es denn etwa nicht überzeugend, was er schreibt? Daß das Verlangen der Christen nach dem himmlischen und nicht nach dem irdischen Jerusalem stehen soll und daß es dahin von überall her gewissermaßen gleich weit ist? Daß Gott, der der Herr der Welt und nicht etwa eine palästinische Lokalgröße ist, im Geist und in der Wahrheit angebetet werden will?[3] Daß die Verhältnisse in Jerusalem, das Volksgewühl, die Zerstreuungen, das Heidentum, der wahren Frömmigkeit eher abträglich sind? Das ist alles unbezweifelbar und

---

1 Hieronymus, *epist. 58,2-4 ad Paulinum presbyterum;* ed. I. Hilberg, CSEL 54 (1910) 529,16-530,4. 530,7-14. 531,7-532,8. 533,2-13.

2 Paulinus war um 390 in seiner Heimatstadt Bordeaux getauft worden und hatte sich dann in Spanien aufgehalten, bis er 395 nach Nola in der italienischen Campania ging. Dort wurde er 409 Bischof.

3 *Joh 4,19-24.*

ein für allemale wahr, ist in der Christenheit auch stets festgehalten worden und bildet, wenn man so sagen darf, den Grundakkord allen christlichen Nachdenkens über Wallfahrt und Pilgerschaft nach dem Heiligen Lande. *„Wir haben hier keine bleibende Statt, sondern die zukünftige suchen wir."*[4] So konnte der kappadokische Kirchenvater Gregor von Nyssa (ca. 330-395) dem Empfänger seines zweiten Briefes schreiben: *„Erteile du, mein Lieber, den Brüdern den Rat: sie sollen ihren Leib verlassen und zum Herrn pilgern, und nicht von Kappadokien nach Palästina!"*[5]

Aber es hat alles nichts genützt. Ungezählte Pilgerscharen aus der ganzen Welt, wie die Sterne des Himmels und wie der Sand des Meeres, sind seit alters nach dem Heiligen Lande gezogen, und diese Bewegung setzt sich fort bis in den geistlichen und weltlichen Tourismus der Gegenwart. Mehr noch: Auch bei den großen Mahnern, deren Stimmen zu uns herüberklingen, ist die Sache keineswegs eindeutig. Der hl. Hieronymus etwa hat den Brief an Paulinus von Nola nicht in Rom, auch nicht in Britannien oder sonstwo geschrieben, sondern in Bethlehem, wo er sich seit 386 aufhielt und das er bis zu seinem Tode nicht mehr verließ[5a]. Wir verdanken ihm einen der schönsten Pilgerberichte des christlichen Altertums[6]: die Schilderung der Pilgerfahrt der hl. Paula und ihrer Tochter Eustochium, die in seiner, des Hieronymus, Begleitung das Heilige Land und Unterägypten bereisten, um sich schließlich mit ihm zusammen in Bethlehem niederzulassen. Hieronymus hat nicht versäumt, mit Nachdruck festzuhalten, daß es die *„Liebe zu Gott"* war, die Paula dazu trieb, Pilgerin zu werden.[7] Er meint das positiv und rühmenswert. Über den Aufenthalt der Paula in Jerusalem schreibt er: *„Vor dem Kreuze warf sie sich nieder und betete an, wie wenn sie den Herrn noch daran hängen sähe. Im Grabe küßte sie den Auferstehungsstein, den der Engel vom Eingang des Grabes weggewälzt hatte, und drückte ihre Lippen voller Glaubensdurst nach erwünschter Labung auf die Stelle, an der der Leichnam des Herrn geruht hatte."*[8] In

---

4 *Hebr 13,14*

5 Gregor v. Nyssa, *epist. 2,18;* ed. G. Pasquali, *Epistuale* (1925) VIII,2,16, Z. 18-20. Vgl. P. Maraval, L'attitude des Pères du IV siècle devant les lieux saints et les pèlerinages. Irénikon 65 (1992) 5-23.

5a S. J. Greco, Betlemme, dolce patria mia. Bibbia e Oriente 22 (1980) 63-83.

6 St. Hieronymus, Paula und Eustochium; s. u. S. 134ff.

7 *Cap. 6;* s. u. S. 142.

8 *Cap. 9;* s. u. S. 148.

Bethlehem schließlich läßt er Paula ausrufen: *„Ja, das soll mein Ruheplatz sein; denn es ist die Heimat meines Herrn! Hier will ich wohnen, da ja der Erlöser diese Stätte auserwählt hat!"*[9] Aber galt denn nicht auch für Paula, daß der Himmel von Britannien und Rom aus gleichermaßen offen steht wie von Jerusalem und Bethlehem? Wußte sie nicht, daß es nicht darauf ankommt, vor dem Kreuze niederzufallen und die Grabbank zu küssen, sondern vielmehr darauf, den Herrn im Geist und in der Wahrheit anzubeten? Mißt Hieronymus mit zweierlei Maß? Man sieht: die Sache hat verschiedene Seiten, man kann sie unter mehreren Gesichtspunkten betrachten, sie ist nicht eindeutig. Mit diesem Mangel an Eindeutigkeit muß der Pilger leben. Es fällt ihm meistens nicht sehr schwer. Den Mangel an Eindeutigkeit muß aber auch derjenige im Sinn behalten, der sich mit den Problemen der Pilgerfahrt ins Heilige Land, mit den alten Pilgern und ihren Berichten beschäftigt.

Das Bedürfnis, ins Heilige Land zu wallfahren und die Stätten der Bibel aufzusuchen, ist fast so alt wie die Christenheit. Dieses Bedürfnis ist, genau genommen, nicht zu erklären, sondern nur zu beschreiben. Beim Versuch einer Beschreibung stößt man auf Motive sehr unterschiedlicher Art, in die sich das Bedürfnis gewissermaßen zerlegt. Auf die Frage, warum einer ins Heilige Land pilgert, erhält man niemals nur eine Antwort. Es lohnt sich, hier etwas weiter auszuholen und sich der Sache auf verschiedenen Wegen zu nähern.
Was trieb und treibt die Pilger nach dem Heiligen Land? Man kann zunächst antworten: die Sehnsucht, den Heilstaten Gottes wenn schon nicht zeitlich, so doch wenigstens räumlich nahe zu sein; der Wunsch, in jenen schmalen Landstrich zu gelangen, den Gott durch sein Handeln sichtbar aus allen Regionen der Erde, größeren und schöneren, herausgehoben hat; auch wohl Neugier und schiere Abenteuerlust; vor allem aber die Überzeugung oder zum mindesten das Gefühl, daß man dem von Gott der Menschheit bereiteten Heile dort näher sein könne, wo die biblischen Geschichten geschahen, wo sich Heilsgeschichte vollzog, wo der Erlöser auf Erden wandelte, als in anderen Teilen der Welt. Das zuletzt genannte Motiv hat seinen Hauptgrund im Glauben der alten Völker - aber keineswegs nur der alten! - an die dingliche, greifbare, sozusagen materielle Heiligkeit von Personen, Sachen und Orten. Heiligkeit haftet dort, wo Heilige lebten, wo heilige Geschichten geschahen.

---

[9] *Cap. 10;* s. u. S. 152.

Heiligkeit ist eine Beschaffenheit, eine Qualität.[10] Heiligkeit ist, wenn es erlaubt ist, so zu sagen, ansteckend: Sie teilt sich als Heil dem mit, der an Ort und Stelle anbetet und verehrt. Der Pilger, der heilige Stätten besucht, wird Teilhaber der Kraft, die dort gleichsam wie in einem Reservoir zuhanden ist, er nimmt „Segen" mit[11], er kehrt als ein anderer und substantiell bereichert in seine Heimat zurück.

Die Wurzeln dieses Vorstellungskomplexes reichen tief in die Religionsgeschichte hinab. Zugrunde liegt der Glaube der alten, besonders auch der altorientalischen Völker, daß dort, wo die Gottheit erschienen ist und den Boden berührt hat, der Boden eine andere Qualität erhält als anderswo und ringsherum: die Qualität der Heiligkeit im Gegensatz zur Profanität. Aufgabe des Menschen ist es alsdann, den durch die Erscheinung der Gottheit (Theophanie) heilig gewordenen Platz kenntlich zu machen, abzugrenzen und zu sichern. Man baut eine Mauer als Einfriedung, errichtet einen Altar für Kultus und Opfer, stellt vielleicht auch heilige Symbole auf (z.B. Steinsäulen und Holzpfähle) und baut - nicht immer, aber in bedeutenderen Fällen - ein Tempelgebäude. So entsteht ein abgegrenzter heiliger Bezirk: das, was die Griechen *Temenos* nannten und was die Araber bis heute *Ḥaram* nennen. Der Zugang zu diesem heiligen Bezirk ist durch bestimmte rituelle Bedingungen abgesichert: Nicht jedermann darf ihn jederzeit und in jedem Zustande betreten! Es gilt, was Mose beim brennenden Dornbusch in der Wüste zugerufen wurde: *„Ziehe deine Schuhe aus, denn der Boden, auf den du trittst, ist heiliges Land!"*[12] Zu begründen, weshalb ein Ort heilig wurde und wie er es wurde, ist der Sinn der zahlreichen Heiligtumsgründungserzählungen, die wir vor allem im 1. Buch Mose (Genesis) finden: Stets erscheint Gott oder ein Engel einem auserwählten Offenbarungsträger, meist einem der Erzväter Israels, spricht mit ihm in Segen und Verheißung, danach erhält der Ort seinen Namen

---

10 Zu den religionsgeschichtlichen Voraussetzungen und Erscheinungsformen dieses Gedankens vgl. die klassische Darstellung von R. Otto, Das Heilige. Über das Irrationale in der Idee des Göttlichen und sein Verhältnis zum Rationalen (1917, 1963[31-35]); ferner auch M. Eliade, Die Religionen und das Heilige. Elemente der Religionsgeschichte (1954).

11 Vgl. die Formel *benedictionem tollere* „Segen mitnehmen" beim Pilger von Piacenza 18 und 46; s. u. S. 230f.

12 *Ex 3,5.*

und ein Kultus wird eingerichtet.[13] So hat es im alten Palästina eine Vielzahl lokaler Heiligtümer gegeben, zum überwiegenden Teile uralt und längst vorhanden, ehe die Israeliten auftraten und sich im Land einrichteten. Israel übernahm diese Heiligtümer und verehrte an ihnen seinen Gott Jahwe von Dan bis Beerseba. Das war die Sachlage bis 622 v. Chr. In diesem Jahre erklärte König Josia von Juda, der einzige heilige Ort, an dem Jahwe kultisch verehrt werden dürfe, sei der Gottesbezirk zu Jerusalem, auf dem der Tempel Salomos stand. Über die Gründe dieser sog. Kultuszentralisation ist hier nicht zu handeln; es genügt der Hinweis, daß sie mit der Auffindung und Inkraftsetzung des 5. Buches Mose (Deuteronomium) zusammenhing, in dem Jahwes Verehrung an nur einem Orte bindend vorgeschrieben war:[14] König Josia jedenfalls hat daraus die religionspolitischen Konsequenzen gezogen: Soweit seine Macht reichte, zerstörte und profanierte er die alten Jahwe-Heiligtümer außerhalb von Jerusalem[15]. Das hatte auf die Dauer zwei Folgen. Einmal mußte die Bedeutung Jerusalems ganz außerordentlich wachsen. Der beispiellose Aufstieg Jerusalems zur heiligen Stadt schlechthin, schließlich sogar dreier großer Religionen - des Judentums, des Christentums und des Islam -, ein Aufstieg, der von langer Hand vorbereitet war und dessen Anfänge in die Zeit Davids und Salomos zurückreichen, erfuhr jetzt eine kräftige Förderung. Zum anderen aber wurde das „flache Land" außerhalb Jerusalems gewissermaßen säkularisiert, jedenfalls offiziell; denn daß es Josia gelungen sein sollte, die alten Jahwe-Heiligtümer überall mit Stumpf und Stiel auszurotten, werden wir bezweifeln dürfen. Immerhin gerieten sie in das Halbdunkel der Illegalität und wurden je länger je mehr von Jerusalem überflügelt und erdrückt. Im Zusammenhang damit gewann ein Gedanke zunehmend an Gewicht, der ebenfalls schon lange angelegt war, aber erst jetzt zu Kraft und Einfluß gelangte: der Gedanke, daß das ganze Land Palästina, für Israel seit eh und je Gabe seines Gottes[16], als „heiliges

---

13 Man nennt solche Erzählungen auch Heiligtums- oder Kultätiologien, von griech. *aition* „Ursache". Beispiele: *Gen 12,6-7* (Sichem); *16,7-14* (Brunnen Lachaj-Ro'i in der Südwüste); *22* (Moria); *28,10-22* und *35,9-15* (Bethel); *32,22-32* (Pnuel am Jabbok).

14 *Dtn 12.*

15 *2 Kön 23,8.15.19f.*

16 Vgl. P. Diepold, Israels Land. Beiträge z. Wissenschaft vom Alten und Neuen Testament 95 (1972).

Land" zu gelten habe, als *terra sancta, terra promissionis,* weil Gott in ihm und an ihm gehandelt hatte wie in und an keinem Lande der Erde sonst. Es handelt sich um eine Erweiterung und Vergeistigung der urtümlichen Vorstellung vom heiligen Boden, den man ohne Schuhe betritt, ohne daß dadurch die urtümliche Vorstellung außer Kraft gesetzt oder ersetzt worden wäre.

Niemand behauptet, daß den Pilgern diese religionsgeschichtlichen Hinter- und Untergründe bewußt und gegenwärtig waren. Sie sind es für uns und zeigen an, daß die Pilger in eine längst ausgebildete und befestigte Praxis der Verehrung heiliger Orte, des heiligen Landes und besonders Jerusalems eintraten. Daran ist nichts ursprünglich Christliches. Die Modelle standen bereit, und das Christliche trat so hinzu, daß sich die Zahl der heiligen Orte um jene vermehrte, die durch Jesus Christus, die Apostel und die Heiligen heilig geworden waren. Hinzu kam außerdem christliches Denken, christliche Interpretation der Modelle. Palästina galt den Christen deswegen als Heiliges Land, weil sich in ihm die abschließende, ein für allemale gültige Offenbarung Gottes durch Jesus Christus vollzogen hatte, und Jerusalem galt als Heilige Stadt, weil sich in ihm die Stätten des Leidens und der Auferstehung Jesu Christi befanden. Auf der Basis dieser Grundüberzeugungen dachten und lebten selbstverständlich auch die Pilger, je nach ihren Fähigkeiten und nach ihrem Niveau.

Die Verehrung biblischer Orte in Palästina und den Nachbarländern ist jedoch keineswegs nur ein Problem der Religionsgeschichte, sondern auch eines, das Gestalt und Geschichte der Frömmigkeit betrifft. Denn sie ist - wie oben bereits angedeutet - der Ausdruck eines fundamentalen Bedürfnisses menschlicher Frömmigkeit: des Bedürfnisses, Gott eben nicht nur „im Geist", sondern auch räumlich nahe zu sein, das Heilige und das Heil sozusagen materiell zu erfahren, zu sehen, zu fühlen, zu schmecken. Dieses Bedürfnis, das die Pilger befriedigt haben und befriedigen, ist seinem Wesen nach ein frommes Bedürfnis nach Sicherheit. Man kann das theologisch in Frage stellen und hat es getan. Hier ist der Ort der Mahnungen gegen das Pilgerwesen, die - ausgesprochen oder nicht - auf Jesu Wort an den ungläubigen Thomas hinauslaufen: *„Selig sind, die nicht sehen und doch glauben!"*[17] Aber das ändert nicht das Geringste

---

17 *Joh 20,29.*

an der Tatsache, daß das Bedürfnis bleibt und gestillt werden will. In höchstem Grade sicher und beteiligt ist man dann, wenn man an Ort und Stelle anwesend ist: dort also, wo das Heil geschah und das Heilige sich manifestierte. Auf diesen Generalnenner des religiösen Sicherheitsbedürfnisses lassen sich nahezu alle Einzelmotive bringen, denen wir bei den Pilgern begegnen[18]:die Vergegenwärtigung der Heilsgeschichte Gottes mit den Menschen; die Hoffnung auf Heilung, Hilfe und Rat; Devotion und Buße; der Wunsch, an heiliger Stätte vielleicht sogar begraben zu werden, um sich am Tage der Auferstehung allen Fleisches der Fürsprache und Stützung der Heiligen oder des Heiligen zu versichern; schließlich - auf Umwegen - auch Pilgerfahrt als asketische Lebensform, vorübergehende oder endgültige Heimatlosigkeit als *status vivendi* des Christenmenschen.[19] Die Aufzählung ist unvollständig, die reinliche Unterscheidung der Motive weder nötig noch überhaupt möglich.

So entzündet sich die Frömmigkeit der Pilger am Heiligen Lande im ganzen, mehr noch an den heiligen Stätten im einzelnen, allen voran denen von Jerusalem. Nach Jerusalem folgen Bethlehem, Hebron und Mamre, Jericho und die Taufstelle am Jordan, die Orte des Wirkens Jesu am See Gennezareth, seit dem 6.-7. Jh. zunehmend auch Nazareth, und darüber hinaus natürlich eine Vielzahl kleinerer Orte der alt- und neutestamentlichen Heilsgeschichte - bis hin zu Quellen, Hügeln, Bäumen, Höhlen und Gräbern. Mit solchen Naturgegebenheiten, die alt- oder neutestamentliche Erinnerungen oder doch Sachverhalte aus dem Leben und der Legende der Heiligen an sich gezogen haben, lenkt die Pilgerfrömmigkeit unversehens auf die religionsgeschichtlichen Anfänge zurück und mündet in sie ein. Denn diese Naturgegebenheiten waren es, an denen sich seit alters die Manifestation des Heiligen vorzugsweise vollzogen hatte, schon im vorisraelitischen Palästina, dann aber auch noch in Israel mindestens bis zur Reform des Königs Josia 622 v. Chr. In der Pilgerfrömmigkeit ist Ältestes, Ursprüngliches gegenwärtig und erweist seine unzerstörbare Kraft durch den Wandel der Zeiten.

---

18 Eine Zusammenstellung und Erörterung der Motive in der ausgezeichneten Monographie von B. Kötting, *Peregrinatio religiosa.* Wallfahrten in der Antike und das Pilgerwesen in der alten Kirche. Forschungen zur Volkskunde 33-35 (1950, 1980²) 287-342.

19 Vgl. *Mt 8,20; Hebr 11,13; 1 Petr 2,11.*

Bei alledem sind zwei Beobachtungen zu machen, die das Verständnis der Sache in bisher nicht verfolgten Richtungen fördern können. Die Verehrung biblischer Stätten im Heiligen Lande ist unabhängig von ihrer Historizität. Ob ein Heilsereignis Alten oder Neuen Testaments tatsächlich an dem Orte, wo man seiner verehrend gedenkt, stattgefunden hat - mehr noch: ob es überhaupt stattgefunden hat, ist für die Pilgerfrömmigkeit ohne Belang. Das galt schon immer und gilt noch heute. Die Frömmigkeit, die sich am sog. Berg der Seligpreisungen am Nordende des Sees Gennezareth entzündet, ist ihrer Beschaffenheit, ihrer Qualität nach keine andere als die am Hl. Grabe zu Jerusalem. Dabei spielt es keine Rolle, daß der Berg der Seligpreisungen erst im Mittelalter anfängt, als Ort der Bergpredigt zu gelten - die Christen der alten Kirche haben es offengelassen, auch einmal an den Tabor oder gar an den Ölberg bei Jerusalem gedacht[20] -, während ausgezeichnete Gründe für die historische Zuverlässigkeit der Stelle des Grabes Jesu in Jerusalem sprechen.[21] Jeden Freitag ziehen die Pilger auf der seit dem Mittelalter traditionellen *Via Dolorosa* vom Kloster der Zionsschwestern zur Grabeskirche und gedenken des Kreuzweges des Herrn - und das, obwohl wir seit geraumer Zeit wissen und obwohl auch manche Pilger wissen, daß dieser Kreuzweg historisch ganz unwahrscheinlich, wenn nicht ausgeschlossen ist. Denn mit sehr großer Wahrscheinlichkeit war die Zitadelle von Jerusalem am Jaffatore der Ort der Verurteilung Jesu (das sog. Prätorium des Pilatus), und also ging der Schmerzensweg von dort zu der Stätte, an der die Grabeskirche steht.[22] Diese Einsicht hindert aber kaum einen, sich an der Prozession auf dem herkömmlichen Wege zu beteiligen - man könnte sagen: mit Recht. Denn es gibt ja auch Orte, die überhaupt erst durch die Frömmigkeit geheiligt werden, wobei der geschichtliche Sachverhalt ganz ohne Bedeutung ist. Es kommt sogar vor, daß die Frömmigkeit der Pilger ohne große Mühe den Ort wechselt. Das biblische Kana, die Stätte des Weinwunders von *Joh 2*, ist sicher identisch mit dem Ruinenhügel *Ḫirbet Qāna* am Nordrande der Ebene *Sahl el-Baṭṭōf*, ca. 14 km n. von Nazareth. Im Altertum und im Mittelalter sind alle Pilger dorthin gezogen. Der Wechsel bahnte sich an, als griechisch-orthodoxe Christen 1566 eine Kirche

---

20 Vgl. Kopp 259-269; Kroll 285-287.

21 Vgl. J. Jeremias, Golgotha. Beiheft 1 zu Angelos, Archiv für neutestamentliche Zeitgeschichte und Kulturkunde (1926).

22 Vgl. Kopp 412-421; Kroll 422-439.

in *Kafr Kennā*, ca. 7 km nö. von Nazareth und in Luftlinie 9 km von *Ḫirbet Qāna* entfernt, errichteten, von der sie annahmen, sie stünde am Orte des denkwürdigen Hochzeitsfestes. Immerhin führten die Franziskaner ihre Pilger noch bis 1636 nach *Ḫirbet Qāna,* und erst ab 1639 nach *Kafr Kennā,* wo sie 1641 ein Grundstück erwarben und schließlich 1879 nach jahrhundertelangen Bemühungen eine Kirche auf dem Gelände der alten Ortsmoschee bauen durften. Der Wechsel vollzieht sich also im 17. Jh. und scheint ganz problemlos vonstatten gegangen zu sein. Seitdem gilt *Kafr Kennā* als das biblische Kana, und *Ḫirbet Qāna* fiel der Verödung und der Vergessenheit anheim.[23] Natürlich waren es nicht dieselben Pilger, denen beide Orte nacheinander zugemutet wurden. Aber der Wechsel betraf ja auch die Einheimischen, z.B. die Franziskanermönche, und es gibt aus der Übergangszeit Texte, in denen schlicht erklärt wird: *Ḫirbet Qāna* ist es nicht, es ist *Kafr Kennā.*

Hier ist ein naheliegendes Mißverständnis abzuwehren. Es ist nicht so, daß der Gesichtspunkt der Historizität den Menschen des Altertums, des Mittelalters und der Zeit vor der europäischen Aufklärung überhaupt fremd gewesen wäre. Man hat sehr wohl nach richtig und falsch gefragt und sich Gründe überlegt, die für das eine oder für das andere sprechen. Das haben hauptsächlich die Gelehrten getan, und hier ist wiederum vor allen anderen der hl. Hieronymus zu nennen, der solche Probleme in seinen Bibelkommentaren und anderwärts erörtert hat. Zwei Beispiele sollen das erläutern. Hieronymus hat um 390 das ungefähr ein halbes Jahrhundert ältere *„Onomastikon der biblischen Ortsnamen"* des Bischofs Eusebius von Caesarea (um 263-339) aus dem Griechischen ins Lateinische übersetzt[24] und sich dabei viel kritische Mühe gegeben. Sein Takt ist zu bewundern; denn die Kritik zwang ihn, das berühmte Original ziemlich häufig zu ergänzen und zu korrigieren. Zur Ortschaft Ajjalon, von der Josua in der Schlacht bei Gibeon gesagt hatte *„Sonne, stehe still zu Gibeon, und Mond im Tale von Ajjalon!"*[25], konnte man bei Euseb lesen: *„Ailom. Ein Tal, bei dem auf das Gebet Josuas hin der Mond stillstand, in der Nähe eines Dorfes, das noch immer Ailom heißt,*

---

23 Vgl. Kopp 184-196; Kroll 234-238.

24 Kritische Ausgabe des Werkes Eusebs und der Übersetzung des Hieronymus: E. Klostermann, GCS Eusebius Werke III,1 (1904).

25 *Jos 10,1-15;* bes. *12f.*

3 Meilen östlich von Bethel gelegen. Unweit davon liegen Gabaa[26] *und Ramaa*[27]*, die Städte Sauls."*[28] Diese wunderliche Lokalisation, die man auch auf der Mosaikkarte von Madeba aus dem 6. Jh. findet[29], ist ganz sicher falsch. Die biblischen Angaben lassen keinen Zweifel darüber, daß Ajjalon mit einer heute völlig zerstörten Ortschaft namens *Yālō* identisch ist, in Luftlinie ca. 20 km nw. von Jerusalem im Hügellande. Das wußte auch Hieronymus und fügte hinzu: *„Die Hebräer versichern allerdings, Aialon sei ein Dorf bei Nicopolis*[30]*, am zweiten Meilenstein, wenn man nach Aelia*[31] *geht."*[32] Diese Lokalisation ist korrekt. Hieronymus konnte sich in der Kritik freilich auch einmal irren. Zur strittigen Frage, wo die beiden berühmten Berge Garizim und Ebal lägen, las er bei Euseb: *„Golgol oder auch Galgal. Die Schrift lehrt, daß die Berge Garizein und Gaibal*[33] *nahe dabei liegen. Galgala ist ein zu Jericho gehöriger Ort."*[34] Nun gibt es keinerlei Zweifel, daß die beiden Berge im Herzen des samarischen Berglandes bei Neapolis *(Nāblus)* und Sichem *(Tell Balāṭa)* gelegen sind: der *Ǧebel eṭ-Ṭōr* und der *Ǧebel Islāmīye.* Euseb stützt sich auf *Dtn 11,30* - eine zweifelhafte Angabe - und lokalisiert sie im Jordangraben bei Jericho. Hieronymus hat ihn darin noch kritisch unterstützt, indem er hinzufügte: *„Es irren aber die Samaritaner, die die Berge Garizin und Gebal bei Neapolis zeigen wollen, denn die Schrift bezeugt, daß sie bei Galgal liegen."*[35] Die Samaritaner irrten keineswegs, Hieronymus irrte! Aus seiner Formulierung aber ist die Ursache des Irrtums zu erkennen: Der Garizim war der heilige Berg der Samaritaner - er ist es noch heute -, und was die Samaritaner behaupteten, konnte und durfte nicht wahr sein. So hatten bereits die orthodoxen Juden einfach beide Berge von ihrer richtigen Stelle hinweglokalisiert, und

---

26 Geba = *Ǧeba*ᶜ.

27 Rama = *er-Rām.*

28 Euseb, On. 18,13-16.

29 MM Nr. 47.

30 Nicopolis = Emmaus = *ᶜAmwās.*

31 *Aelia Capitolina,* der röm. Name Jerusalems seit der Zeit des Kaisers Hadrian (nach 135).

32 Hieronymus bei Euseb, On. 19,16f.

33 Griech. Namensformen für Garizim und Ebal.

34 Euseb, On. 64,18-20.

35 Hieronymus bei Euseb, On. 65,19-21.

Hieronymus ist ihnen gefolgt.[36] Er nahm dabei in Kauf, daß sich das erheblich mit anderen Bibelstellen stieß, z.B. mit *Ri 9,7:* Jotham trat auf die Anhöhe des Garizim und begann seine berühmte Fabel mit den Worten: *„Hört auf mich, ihr Bürger von Sichem!"* Er war ohnehin schon schwer zu hören, aber wenn der Garizim bei Jericho lag, mußte seine Stentorstimme fast 50 km weit aus dem Jordangraben hinauf ins Gebirge erschollen sein. Man lernt aus alledem jedenfalls, daß es an kritischem Bemühen um die Frage der Historizität heiliger Orte nicht gefehlt hat. Übrigens ist die „Echtheit" heiliger Orte auch den Pilgern in der Regel nicht gleichgültig. Sie wollen schon sicher sein, daß sie nicht am falschen Orte anbeten. Aber das Problem der Historizität ist ihrer Frömmigkeit nachgeordnet, was konkret bedeutet, daß im Konfliktsfalle die Frömmigkeit den Ausschlag gibt: „Ihr könnt sagen, was ihr wollt. Dies hier ist der richtige Ort!"

Eine zweite Beobachtung von ebenso großer Bedeutung kommt hinzu. Die Verehrung biblischer Stätten im Heiligen Lande ist nicht völlig, aber weitgehend unabhängig von der positiven Religion, welche immer es sei. Heilige Stätten sind heilig für verschiedene Religionen, und zwar nebeneinander und nacheinander. Das gilt besonders für Jerusalem, von dem jeder weiß, daß es Heilige Stadt dreier großer Religionen ist: des Judentums, des Christentums und des Islam. Es gilt beispielsweise auch für Hebron, wo das Grab Abrahams von den Angehörigen aller drei Religionen verehrt wird. Hier kommt nun wieder die allgemeine Religionsgeschichte in den Blick. Denn es verhält sich so, daß heilige Stätten auch dann heilig bleiben, wenn die Religionen wechseln. Der Ort bleibt derselbe, die Götter lösen einander ab. Man nennt dies das Gesetz der Erbfolge der Kultstätten.[37] Es gilt nicht ohne Einschränkungen, aber es gilt sehr oft. Wer sich das klarmachen will, der bedenke die religiösen Verhältnisse, die im Laufe der Jahrtausende auf dem Tempelplatz zu Jerusalem *(Ḥaram eš-Šerīf)* geherrscht haben. Der heilige Platz ist sich immer gleich geblieben. Er war aber nacheinander, wenn

---

36 Die Mosaikkarte von Madeba bietet beide Lokalisationen; der Mosaizist hat sich also nicht entschieden. Aber er schreibt die Namen unterschiedlich: einmal *„Tour Garizin"* und *„Tour Gobel"*, das andere Mal *„Garizein"* und *„Gebal"*, so daß der Anschein erweckt wird, es handle sich um 4 Berge. Vgl. MM Nr. 33.

37 Es gilt keineswegs nur für Palästina, sondern allerorten. Man denke aus der Vielzahl der Beispielfälle etwa an die Kirche S. Maria sopra Minerva in Rom!

man so sagen darf, folgendermaßen „besetzt": vor 1000 v. Chr. durch den kanaanäischen Stadtgott von Jerusalem, dessen Namen wir nicht sicher kennen, von ca. 1000 bis 168 v. Chr. durch den israelitisch-jüdischen Jahwe, zwischen 168 und 165 v. Chr. durch den olympischen Zeus, den der Seleukide Antiochus IV. Epiphanes dort eingeführt hatte, von 165 v. Chr. bis 70 n. Chr. wieder durch Jahwe, seit 135 n. Chr. durch die kapitolinische Göttertrias mit Jupiter an der Spitze, ab 635 durch Allah, dann unter den Kreuzfahrern (1099-1187) durch Gott, den Vater Jesu Christi, und danach bis zum heutigen Tage wieder durch Allah - ein achtmaliger Wechsel! Und neben dem Wechsel gibt es das sog. Simultanheiligtum, in dessen Verehrung und Pflege sich die Religionen teilen: z.B. der *Ḥaram* mit den Patriarchengräbern in Hebron, heute im nicht unumstrittenen Besitze der Juden und der Muslimin, oder die Himmelfahrtskapelle auf dem Ölberg, seit 1187 im Besitze der Muslimin, wo aber am Himmelfahrtstage die Christen Gottesdienst halten dürfen. Es stimmt nur scheinbar nicht zu diesen Beobachtungen, ist in Wahrheit aber eine Bestätigung, wenn man sieht, wie biblische Überlieferungen beim Übergang von der einen zur anderen Religion den Ort wechseln können. Das bekannteste Beispiel ist die Traditionsverschiebung vom Jerusalemer Tempelplatz nach Golgotha. Auf dem *Ḥaram,* und zwar besonders auf oder bei dem Hl. Felsen *(eṣ-ṣaḫra),* lokalisierte das Judentum bedeutende biblische Gestalten und Geschichten: die Begegnung zwischen dem Priesterkönig Melchisedek und Abraham[38], die versuchte Opferung Isaaks[39], Jakobs Traum von der Himmelsleiter[40], auch die Stätte der Erschaffung Adams, seines Wohnsitzes und seines Grabes[41] u.a.m. Alle diese Überlieferungen haben die Christen seit dem 4. Jh. nach Golgotha herübergezogen, auf den Golgothafelsen bezogen und damit für sich in Anspruch genommen.[42] Das ist jedoch keineswegs ein Ortswechsel nach Art des Wechsels von *Ḫirbet Qāna* nach *Kafr Kennā!*[43] Vielmehr handelt es sich um den Ersatz eines heiligen Ortes von fundamentaler Bedeutung in der einen Religion - *eṣ-ṣaḫra* - durch einen heiligen Ort

38 *Gen 14,18-20.*

39 *Gen 22.*

40 *Gen 28,10-22.*

41 *Gen 2-3.*

42 Vgl. J. Jeremias, Golgotha (1926); H. Donner, Der Felsen und der Tempel. ZDPV 93 (1977) 1-11.

43 S. o. S. 21f.

von fundamentaler Bedeutung in der anderen Religion - Golgotha. Dabei ist wesentlich, daß es sich beidemale um Felsen handelt, genauer: um heilige Felsen, noch genauer: um *den* heiligen Felsen, der für die Christen selbstverständlich kein anderer sein konnte als der heilige Felsen schlechthin: Golgotha, der Ort des Leidens und Sterbens Jesu Christi.

Wir werden durch das, was sich religionsgeschichtlich ermitteln läßt und was in der Frömmigkeit der Pilger lebendig ist, wieder zum Ausgangspunkt zurückgelenkt und daran erinnert, daß *„die wahrhaftigen Anbeter den Vater im Geist und in der Wahrheit anbeten."*[44] Das ist gewiß nicht allen Pilgern zu allen Zeiten gleichermaßen gegenwärtig gewesen. Das Leben, auch das religiöse Leben, ist vielfältig und läßt sich nicht auf große Grundsätze reduzieren. Der große Grundsatz, daß das den Menschen in Christus geschenkte Heil nicht an Orte gebunden ist, daß es vielmehr ortsungebunden im Geist und in der Liebe wirksam ist, hat den Pilgerstrom nach dem Heiligen Lande durch die Jahrhunderte nicht hindern können und widerstreitet ihm im Grunde nicht einmal. Denn wenn es auch ein Gemisch, oft genug ein trübes Gemisch von Motiven, Bestrebungen und Stimmungen ist, das die Herzen der Pilger bewegt, so sind es doch eben ihre Herzen, die sie an die heiligen Stätten des Gelobten Landes und Jerusalems getragen haben und tragen - und insofern wird man sagen dürfen: Pilgerfahrt ins Heilige Land ist immer, selbst noch auf den unteren Rängen, eine Sache des Herzens, und das Herz steht dem Geiste und der Liebe offen.

Der Pilgerstrom floß nicht schon in der allerersten Zeit des Christentums ins Heilige Land. Wir wissen freilich nicht viel von den Anfängen. Mit nennenswerten Zahlen dürfte kaum vor der Mitte des 2. Jh. zu rechnen sein. Man muß bedenken, daß die Pilger zumindest auch, wenn nicht hauptsächlich, nach Jerusalem wollten: Jerusalem aber war seit dem Ende des 2. jüdischen Aufstandes (135) eine römische Stadt mit römischen Göttern, die *Colonia Aelia Hadriana Capitolina.* Es scheint, als seien es zunächst einzelne Bischöfe und Presbyter, auch wohl Gelehrte gewesen, die nach Palästina kamen, nicht von überall her, sondern aus Ägypten und Kleinasien. Pilger im vollen Sinne des Wortes waren sie noch nicht. Wer würde Clemens von Alexandria und den großen Origenes als Pilger bezeich-

---

44 *Joh 4,23.*

nen wollen? Auch der Bischof Melito von Sardes war das noch nicht, der um 200 nach Jerusalem reiste, um sich dort über den genauen Umfang und über die Reihenfolge des alttestamentlichen Kanons zu versichern.[45] Immerhin scheint sich dieses Problem für ihn mit einem Besuche heiliger Stätten verbunden zu haben. Er schreibt: *„Da ich in den Orient gereist und an den Schauplatz der Predigten und Taten gekommen bin und über die Bücher des Alten Testaments genaue Erkundigungen eingezogen habe, so teile ich dir die Bücher im folgenden mit."* Wenig später kam der Bischof Alexander von Kappadokien nach Palästina[46], und bei ihm treffen wir nun in der Tat zum ersten Mal auf ein klassisches Pilgermotiv. Er kam *„um des Gebetes und der Stätten der Geschichte willen"*[47] nicht als Historiker, wie der Ausdruck „Geschichte" nahelegen könnte, sondern um die Orte zu sehen und an ihnen zu beten, wo sich heilige Geschichte ereignet hatte. Ihm mögen andere nachgefolgt sein, von denen wir nichts hören.

Das änderte sich im Zeitalter Konstantins des Großen (306-337). Die Christenverfolgungen hörten auf. 311 erließ der Caesar Galerius, zugleich auch im Namen Konstantins, ein Toleranzedikt, durch welches das Christentum „erlaubte Religion" *(religio licita)* wurde. Seit 312/13, mehr noch seit 324/25, als er Alleinherrscher geworden war, begünstigte Konstantin die Christen. Das römische Reich schickte sich unter seiner Herrschaft an, ein christliches Reich zu werden. Es begann der Aufstieg des Christentums zur Staatsreligion. Im Zusammenhang damit bekundete Konstantin, aus welchen Gründen immer, ein lebhaftes Interesse an Palästina und entfaltete dort eine außerordentlich rege kirchliche Bautätigkeit. Im Jahrzehnt von 325 bis 335 veränderte Palästina sein Gesicht: es wurde ein christliches Land und Jerusalem eine christliche Stadt. Pilgerfahrten fingen an, reizvoll zu werden, und zwar nunmehr für die Bewohner des ganzen römisch beherrschten Erdkreises - dies umso mehr, als die Kaiserinmutter Helena 326 beispielhaft voranging[48] und damit das Pilgern sozusagen hoffähig machte.

---

45 Euseb, Kirchengeschichte IV,26,13-14; ed. E. Schwartz, GCS Eusebius Werke II,1 (1903) 386,20-388,8.

46 Euseb, Kirchengeschichte VI,11,1-2; ed. E. Schwartz, GCS Eusebius Werke II,2 (1908) 540,21-542,6.

47 εὐχῆς καὶ τῶν τόπων ἱστορίας ἕνεκεν: Euseb, Kirchengeschichte VI,11,2; Schwartz 540,26f.

48 Euseb, *Vita Constantini III, 42.*

Das alles wirkte stimulierend auf die Pilgerfahrt nach dem Heiligen Land, die jetzt erst so recht begann und in den folgenden Jahrhunderten mehr und mehr anschwoll. Hier ist nicht alles aufzuführen, was wir davon wissen.[49] Es waren Menschen aller Gesellschaftskreise und Bildungsgrade, die vorübergehend oder für immer nach Palästina kamen: ein getaufter Jude aus Bordeaux, eine Nonne, vornehme Damen, eine Kaiserin, Bischöfe, Priester und Diakone - ganz zu schweigen von denen, die die Mönchseinsamkeit der Wüstengebiete dem lauten Getümmel der Städte - auch Jerusalems! - vorzogen. Vor allem aber beginnt im 4. Jh. die Pilgerliteratur, d. h. die zunächst ausschließlich und später überwiegend lateinisch abgefaßten Aufzeichnungen über die Wallfahrten christlicher Pilger ins Gelobte Land und in die Nachbarländer, besonders Ägypten, Syrien und Mesopotamien. Man kann drei Kategorien von Pilgerberichten unterscheiden: Niederschriften der Pilger selbst, z.T. noch an Ort und Stelle, während der Reise, oder erst nach der Heimkehr gemacht[50], ferner Berichte Dritter über Pilgerreisen[51], schließlich Reiseführer, Orts- und Landesbeschreibungen, die nur mittelbar auf Pilgererfahrungen zurückgehen.[52] Der Quellenwert dieser im einzelnen recht unterschiedlichen Texte, von denen die wichtigsten in diesem Buche übersetzt, eingeleitet und erläutert sind, kann nicht leicht überschätzt werden. Sie enthalten wertvolle Angaben über die frühchristliche und byzantinische Topographie Palästinas und der angrenzenden Länder, bieten gelegentlich Landschaftsbeschreibungen und Sittenbilder, unterrichten über die biblischen Traditionen, die an den heiligen Stätten hafteten, über Liturgien und gottesdienstliche Begehungen, über Leben und Taten berühmter Heiliger, Einsiedler und Mönchsväter in den Einöden des Orients, über Reliquien und wunderbare Begebenheiten, nicht zuletzt über die Vielzahl von kirchlichen Bauten, die seit den Tagen Kaiser Konstantins und später besonders unter der Kaiserin Eudokia, der Gemahlin Theodosius II. (nach 444), und unter Kaiser Justinian (527-565) überall im Lande entstanden. Darüber hinaus geben sie Einblick in die religiöse Bewußtseinslage der abendländischen Pilger, die mit Gleichmut unerhörte Strapazen und Entbehrungen auf

49 Vgl. die Literaturangaben am Ende dieses Kapitels.

50 S. u. Kap. 1; 2; 7.

51 S. u. Kap. 3; 8.

52 S. u. Kap. 4; 5; 6.

sich nahmen, um dort, wo der Herr gelebt und gewirkt hatte, der Erlösung näher zu sein und am Heile teilzuhaben. Betrachtet man die Berichte unter literarischen Gesichtspunkten, dann muß man freilich sagen, daß sie trotz allen Reichtums und Reizes von minderem Werte sind - von großen Ausnahmen, wie etwa Hieronymus[53], natürlich abgesehen. Die Texte sind in der Regel in barbarischem Latein geschrieben: in vulgärem Latein, das den Übergang zu den romanischen Tochtersprachen bereits erkennen läßt, so daß man manchmal meinen möchte, man läse frühes Italienisch oder Französisch, oder im schwerfällig-geschraubten Latein der Gebildeten, Gelehrten und Mönche. Die Literaturgattung der Berichte ist nicht immer eindeutig zu bestimmen. In der Mehrzahl der Fälle sind sie bunte Mischungen aus Itinerar (Wege- und Stationenverzeichnis), Reisebericht, Andachtsschilderung und Baubeschreibung - mit einem Wort: ein kurioses, etwas abseitiges, aber in seiner Abseitigkeit gerade interessantes und reizvolles Genre altchristlichen Schrifttums.

Die vorliegende Sammlung reicht nur bis in die 2. Hälfte des 7. Jahrhunderts. Es ist eine Auswahl des Wichtigsten, bis zu dem Zeitpunkt, da der gesamte Orient der grünen Fahne des Propheten Muhammad zufiel: also bis ca. 640. Als einziges Beispiel einer Pilgerfahrt nach der arabischen Eroberung ist der gallische Bischof Arkulf aufgenommen[54], um anzuzeigen, bis zu welchem Grade sich das Gesicht des Landes jetzt zu verändern begann. Auf eine Fortführung bis zur Kreuzfahrerzeit und darüber hinaus ist verzichtet worden. Zwar hätten aus den folgenden Jahrhunderten durchaus noch einige wertvolle Pilgerberichte geboten werden können[55],

---

53 S. u. Kap. 3.

54 S. u. Kap. 8.

55 Eine Übersicht bis zur Kreuzfahrerzeit bei J. Wilkinson, Jerusalem Pilgrims Before the Crusades (1977) 10-14. - Vgl. ferner: R. Röhricht, Karten und Pläne zur Palästinakunde aus dem 7.-16. Jh. ZDPV 14 (1891) 8-11.87-92.137-141; 15 (1892) 34-39.185-192; 18 (1895) 173-182; H. Michelant - G. Raynaud, Itinéraires à Jérusalem et descriptions de la Terre Sainte, rédigés en français aux XIe, XIIe, XIIIe siècles (1882, Nachdruck 1966); B. de Khitrowo, Itinéraires russes en Orient (1889, Nachdruck 1966); R. Röhricht, Deutsche Pilgerreisen nach dem Hl. Lande (1900, Nachdruck 1967); E. N. Adler, Jewish Travellers. A Treasury of Travelogues from 9 Centuries (1930, Nachdruck 1966). Auszüge aus Texten seit der Kreuzfahrerzeit bis zur Gegenwart in deutscher Übersetzung bei E. Wolf-Crome, Pilger und Forscher im Heiligen Land. Reiseberichte aus Palästina, Syrien und Mesopotamien vom 11. bis zum 20. Jahrhundert in Briefen und Tagebüchern (1977).

aber zwei Gründe sprachen für die Beschränkung: einmal die Rücksicht auf den Umfang dieses Buches und zum anderen der Umstand, daß die Pilgerliteratur seit der Epoche der Kreuzzüge in ein neues Stadium tritt. Von nun an ist die Fülle der literarischen Zeugnisse nur noch schwer zu übersehen. Zugleich aber verlieren die Pilgerschriften, von Ausnahmen abgesehen, mehr und mehr an Wert. Man fängt an, voneinander abzuschreiben und stereotype Schilderungen auszubilden, die bis zur Ermüdung immer wiederkehren. Die Pilger beschreiben nicht mehr vorwiegend, was sie selber an den heiligen Stätten sahen und erlebten, sondern was *man* dort sah und erlebte. Das Schema und die Norm ersetzen zu einem guten Teile die lebendige Anschauung.

Man kann die in diesem Buche vereinigten Pilgerschriften einfach lesen; man kann sie auch - und zwar mit viel Gewinn - im Heiligen Lande als Führer und Begleiter benutzen. Wer sich eingehender damit beschäftigen will, der sei - unbeschadet des Literaturverzeichnisses am Ende dieses Kapitels - auf einige notwendige oder doch wünschenswerte Hilfsmittel hingewiesen. Vorab ist das klassische topographische und geographische Handbuch zur Bibel zu nennen, das wir dem Bischof Eusebius von Caesarea (um 263-339) verdanken und das der hl. Hieronymus um 390 ins Lateinische übersetzt hat: das *„Onomastikon der biblischen Ortsnamen"*, ein Ortsnamenlexikon von höchstem Wert, das den allgemeinen Kenntnishintergrund auch der Pilgerberichte vermittelt, von denen sich manche direkt und ausdrücklich darauf beziehen. Eine deutsche Übersetzung des Onomastikon gibt es leider nicht. Die wissenschaftliche Textausgabe besorgte E. Klostermann in der Reihe GCS: Eusebius Werke III, 1 (1904, Nachdruck 1966).[56] Sodann ist auf die älteste kartographische Darstellung Palästinas und des Nildeltas aufmerksam zu machen, die zugleich auch die schönste und genaueste bis zum Beginn der modernen Kartographie geblieben ist: die Mosaikkarte von Madeba aus der Zeit des Kaisers Justinian (Mitte 6. Jh.) auf dem Fußboden einer griechisch-orthodoxen Kirche zu Madeba, ca. 30 km s. von Amman in Jordanien. Dieses

---

[56] Dazu zwei wichtige Studien: P. Thomsen, Palästina nach dem Onomastikon des Eusebius. ZDPV 26 (1903) 97-188; M. Noth, Die topographischen Angaben im Onomastikon des Eusebius (1943), in: Abhandlungen zur biblischen Landes- und Altertumskunde 1 (1971) 309-331.

Wunderwerk wurde 1884 entdeckt und 1965 restauriert. Mit seinen farbigen Bildern und Beischriften wirkt es wie eine Illustration zu den Pilgerberichten, besonders denen des 6. Jh., und nicht zuletzt deswegen ist wenigstens die große Darstellung Jerusalems diesem Buche als Farbtafel beigegeben. Die gesamte Mosaikkarte betrachtet man am besten auf den gezeichneten Farblithographien von P. Palmer und H. Guthe[57], die leider vergriffen sind; man kann sie aber in etwas geminderter Qualität als Anhang zu einer Monographie von M. Avi-Yonah wiederholt finden.[58] Farbige und schwarzweiße Photographien der Karte sind veröffentlicht von H. Donner und H. Cüppers, Die Mosaikkarte von Madeba, Teil I: Tafelband. Abhandlungen des Deutschen Palästinavereins (1977). Hinzuweisen ist schließlich noch auf H. Donner, The Mosaic Map of Madaba. An Introductory Guide. Palaestina antiqua 7 (1992) und auf den reich bebilderten, mit ausführlichen Literaturangaben versehenen Kongreßband: The Madaba Map Centenary 1897-1997. Travelling Through the Byzantine Umayyad Period. Proceedings of the International Conference Held in Amman, 7-9 April 1997. Edited by M. Piccirillo and E. Alliata (Jerusalem 1999). Für den weiteren geographischen Rahmen der Pilgerreisen ist die große römische Weltkarte der sog. Peutingerschen Tafeln *(Tabulae Peutingerianae)* zu nennen: die mittelalterliche Kopie eines Originals wahrscheinlich aus dem 4. Jh. Sie ist von K. Miller veröffentlicht und erläutert[59] und am besten in einer ebenfalls von K. Miller besorgten Faksimile-Ausgabe zu benutzen.[60] Wer die lateinischen Texte der Pilgerschriften einsehen und kontrollieren will, findet sie in zwei wissenschaftlichen Ausgaben: P. Geyer, *Itinera Hierosolymitana saeculi IIII-VIII* CSEL 39 (1898) und *Corpus Christianorum, series Latina* (CCSL) 175/176: *Itineraria et alia Geographica* (1965). Unter den Arbeiten, die sich mit der Ortskunde und Traditionsgeschichte der frühchristlichen Stätten Palästinas beschäftigen und für die die Pilgerberichte zu den Hauptquellen gehören, sind besonders hervorzuheben: C. Kopp, Die heiligen Stätten der Evangelien (1959, 1964²), und

---

57 P. Palmer - H. Guthe, Die Mosaikkarte von Madeba I (1906).

58 M. Avi-Yonah, The Madaba Mosaic Map (1954). Die Zeichnung ist auch noch separat als Wandkarte erhältlich (hergestellt vom Survey of Israel und Israel Exploration Society).

59 K. Miller, *Mappae mundi* (1898) und *Itineraria Romana* (1916).

60 K. Miller, Die Peutingersche Tafel 1887/88, verkleinert und einfarbig 1916 und 1929, Nachdruck 1962.

G. Kroll, Auf den Spuren Jesu (1964, 1975[5]) - das zuletzt genannte Buch mit zahlreichen guten Bildern, Kartenskizzen und Plänen. Die Zahl der Handbücher zur physikalischen und historischen Geographie Palästinas ist Legion. Umfassend, wenn auch in Einzelheiten veraltet: F.-M. Abel, Géographie de la Palestine, 2 Bde. (1933/38, Nachdruck 1967). Für eine erste Orientierung mag genügen: H. Donner, Einführung in die Biblische Landes- und Altertumskunde (Wissenschaftliche Buchgesellschaft, Darmstadt 1976).

Ausgewählte Literatur

1. *Alte kontroverstheologische Schriften zum Pilgerwesen:*
J. Gretser, *De sacris et religiosis peregrinationibus libri quattuor* (Ingolstadt 1606). - J. H. Heidegger, *Dissertatio de peregrinationibus religiosis* (Zürich 1670). - H. W. Junkmann, *De peregrinationibus et expeditionibus sacris ante Synodum Claramontanam* (Breslau 1859). - J. Marx, Das Wallfahrten in der katholischen Kirche (1842).

2. *Textausgaben der Pilgerschriften:*
T. Tobler, *Palaestinae descriptiones ex saeculo IV, V et VI* (1869). - T. Tobler, *Descriptiones Terrae Sanctae ex saeculo VIII, IX, XII et XV* (1874). - T. Tobler - A. Molinier, *Itinera Hierosolymitana et descriptiones terrae sanctae.* Publications de la Société de l'Orient Latin, Série géographique I/II (1877-1880). - P. Geyer, *Itinera Hierosolymitana saeculi IIII-VIII.* CSEL 39 (1898). - *Corpus Christianorum, series Latina* 175/176 (1965): *Itineraria et alia Geographica.*

3. *Übersetzungen und Erläuterungen:*
T. Wright (ed.), Early Travels in Palestine (1848, Nachdruck 1968). - The Library of the Palestine Pilgrims' Text Society. Translated by A. Stewart, G. Le Strange a. o. (1885-1887, Nachdruck 1971). - Les pèlerins des premiers siècles. La Bible et Terre Sainte 103 (1968). - J. Wilkinson, Jerusalem Pilgrims Before the Crusades (1977),

4. *Gesamtdarstellungen:*
R. Röhricht, Die Pilgerfahrten nach dem Hl. Lande vor den Kreuzzügen. Fr. v. Raumers Historisches Taschenbuch V (1875) 321-396. - A. Baumstark, Abendländische Palästinapilger des ersten Jahrtausends und ihre Berichte. Eine kulturgeschichtliche Skizze. Görres-Gesellschaft zur Pflege der Wissenschaft im katholischen Deutschland, 2. Vereinsschrift für 1906 (1906). - H. Windisch, Die ältesten christlichen Palästinapilger. ZDPV 48 (1925) 145-158. - E. Burger, Die Anfänge des Pilgerwesens in Palästina. PJB 27 (1931) 84-111. - H. Leclercq, Itinéraires. DACL VII,2 (1927) 1841-1922. - H. Leclercq, Pèlerinages aux lieux saints. DACL XIV,1 (1939) 40-176. - B. Kötting, *Peregrinatio religiosa.* Wallfahrten in der Antike und das Pilgerwesen in der alten Kirche. Forschungen zur Volkskunde 33-35 (1950, 1980[2]).

- R. Roussel, Les pèlerinages à travers les siècles (1954). - J. Chélini - H. Branthomme, Les chemins de Dieu. Histoire des pèlerins chrétiens des origines à nos jours (Paris 1982). - E. D. Hunt, Holy Land Pilgrimage in the Later Roman Empire AD 312-460 (Oxford 1984). - P. Maraval, Lieux saints et pèlerinages d'Orient: histoire et géographie des origines à la conquête arabe (Paris 1985). - Ders., Les pèlerinages du IVe au VIe siècles. Le Monde de la Bible 52 (1988) 5-15. - A. Külzer, *Peregrinatio graeca in Terram Sanctam*. Studien zu Pilgerführern und Reisebeschreibungen über Syrien, Palästina und den Sinai aus byzantinischer und nachbyzantinischer Zeit. Studien und Texte zur Byzantinistik 2 (1994). - R. Klein, Die Entwicklung der christlichen Palästinawallfahrt in konstantinischer Zeit. Römische Quartalschrift f. Christl. Altertumskunde 85 (1990) 145-181. - V. C. Corbo, Le fonti del Nuovo Testamento sul Pellegrinaggio ai Luoghi Santi della Palestina. In: E. Dassmann (ed.), Akten des XII Internationalen Kongresses für Christliche Archäologie 1 (1996).

5. *Zur Technik des Reisens in der Alten Welt:*
D. Gorce, Les voyages, l'hospitalité et le port des lettres dans le monde romain des IVe et Ve siècles (1925). - H. Bolkestein, ΞΕΝΩΝ. Gastverblijf, Pelgrimsherberg, Armhuis. Mededelingen der Koninklijke Akademie van Wetenschappen, Afdeeling Letterkunde 84 B 3 (1937). - L. Casson, Reisen in der Alten Welt (1974, deutsch 1976). - H. Bausinger - K. Beyer, Reisekultur. Von der Pilgerfahrt zum modernen Tourismus (München 1991).

6. *Zu den heiligen Stätten und christlichen Überlieferungen:*
P. Thomsen, *Loca sancta I.* Verzeichnis der im 1. bis 6. Jh. n. Chr. erwähnten Ortschaften Palästinas mit bes. Berücksichtigung der Lokalisierung der biblischen Stätten (1907, Nachdruck 1966). - G. Klameth, Die neutestamentlichen Lokaltraditionen Palästinas in der Zeit vor den Kreuzzügen, 2 Bde. Neutestamentliche Abhandlungen V,1 und X,2 (1914/1923). - V. Schultze, Altchristliche Städte und Landschaften, 2 Bde. (1922/1926). - G. Dalman, Orte und Wege Jesu (1924[3]). - D. Baldi, *Enchiridion Locorum Sanctorum* (1955[2]). - C. Kopp, Die heiligen Stätten der Evangelien (1959, 1964[2]). - G. Kroll, Auf den Spuren Jesu (1964, 1975[5]). - M. Avi-Yonah, Gazetteer of Roman Palestine. Qedem 5 (1976) - J. E. Taylor, Christians and Holy Places. The Myth of Jewish-Christian Origins (Oxford 1993). - D. Frankfurter (ed.), Pilgrimage and Holy Space in Late Antique Egypt (1998). - B. Leyerle, Pilgrim to the Land : Early Christian Perceptions of the Galilee. In: E. Meyers (ed.), Galilee through the Centuries (1999).

7. *Sonstiges:*
P. Thomsen, Untersuchungen zur älteren Palästinaliteratur. ZDPV 29 (1906) 101-132. - R. Hartmann, Volksglaube und Volksbrauch in Palästina nach den Pilgerschriften des 1. Jahrtausends. Archiv für Religionswissenschaft 15 (1912). - W. Kubitschek, Itinerarien. RE 18 (1916) 2308-2363. - W. Kubitschek, Itinerar-Studien (1919). - H. v. Campenhausen, Asketische

Heimatlosigkeit im altkirchlichen und frühmittelalterlichen Mönchtum (1930). - F. Stummer, *Monumenta historiam et geographiam Terrae Sanctae illustrantia. Florilegium Patristicum 41* (1935). - J. Lassus, Sanctuaires chrétiens de Syrie (1947). - Z. Vilnay, The Holy Land in Old Prints and Maps (1963, 1965²). - C. Hollis - R. Brownrigg, Heilige Stätten im Heiligen Land. Jüdische, christliche und islamische Baudenkmäler im Hl. Land (1969). - J. Wilkinson, The Pilgrim and the Archaeologist. Christian News from Israel 22 (1971/2) 123-136. - J. Wilkinson, Christian Pilgrims in Jerusalem During the Byzantine Period. Palestine Exploration Quarterly 108 (1976) 75-101. - V. and E. Turner, Image and Pilgrimage in Christian Culture. Anthropological Perspectives (1978). - M. Büttner u.a., Grundfragen der Religionsgeographie mit Fallstudien zum Pilgertourismus. *Geographia Religionum* 1 (1985). - G. Vikan, "Guiden by Land and Sea". Pilgrim Art and Pilgrim Travel in Early Byzantium. In: *Tesserae*, FS J. Engemann (1991) 74-92, pl. 8-11. - J. Wilkinson, Visits to Jewish Tombs by Early Christians. In: E. Dassmann (ed.), Akten des XII Internationalen Kongresses für Christliche Archäologie 1 (1996). - B. Leyerle, Landscape as Cartography in Early Christian Pilgrimage Narratives. Journal of the American Academy of Religion 64 (1996) 119-143. - J. B. Holloway, Jerusalem. Essay on Pilgrimage and Literature. AMS Studies in the Middle Ages 24 (1998).

8. Bibliographien:

T. Tobler, *Bibliographia geographica Palaestinae* (1867, Nachdruck 1964). - R. Röhricht, *Bibliotheca geographica Palaestinae.* Chronologisches Verzeichnis der auf die Geographie des Hl. Landes bezüglichen Literatur von 333 bis 1878 und Versuch einer Cartographie (1890, Nachdruck 1963). - N. Schur, Jerusalem in Pilgrims' and Travellers' Accounts: A Thematic Bibliography of Western Christian Itineraries 1300-1917 (Jerusalem 1980).

1. Der Pilger von Bordeaux (333)

(Itinerarium Burdigalense)

Unter den vielen Möglichkeiten, von Bordeaux nach Jerusalem zu reisen, gibt es auch die mühevolle des Landweges. Man kann durch Südfrankreich, Norditalien, Slowenien, Serbien und Bulgarien nach Istanbul gehen, den Bosporus überqueren, sich dann weiter durch die Türkei nach Syrien begeben und der Mittelmeerküste nach Süden folgen: südlich des Staates Libanon erreicht man dann die israelische Grenze, und es ist nicht mehr weit bis Jerusalem. Um auf dem Heimwege die Mühsal der Landreise zu verkürzen, kann man zu Schiff von der Küste Palästinas nach Istanbul oder vielleicht auch nur bis zum 100 km westlich davon gelegenen *Marmara ereğlisi,* dem alten *Herakleia Perinthos,* fahren und die Reise durch Nordgriechenland bis zum Adriatischen Meer fortsetzen. Nach einer kurzen Meerfahrt bis Otranto oder Brindisi betritt man italienischen Boden und kann dann weiter über Rom und Mailand nach Hause fahren. Das ist insgesamt eine Strecke von grob gerechnet mehr als 1000 km. Manche reisen heutzutage so oder ähnlich; aber nicht viele werden Zeit, Geduld und Ausdauer genug haben, um sich dieser Strapaze zu unterziehen, ganz zu schweigen von den politischen Schwierigkeiten, die zu überwinden sind und die diese Route streckenweise wohl überhaupt ausschließen.

Eben diesen ungeheuren Reiseweg hat der älteste christliche Pilger genommen, von dem wir einen lateinischen Reisebericht besitzen: ein anonymer Pilger aus Bordeaux, der am 30. Mai 333 von Konstantinopel nach Jerusalem aufbrach und am 25. oder 26. Dezember desselben Jahres wieder in Konstantinopel eintraf.[1] Er wird also im Frühjahr 333 Bordeaux verlassen haben und im Frühjahr 334 nach Hause zurückgekehrt sein. Politische Schwierigkeiten dürfte ihm niemand gemacht haben. Denn sämtliche Gegenden, Landstriche und Gebiete, die er durchreiste, waren Provinzen des einen Römischen Reiches, dessen Hauptstadt seit 330 nicht mehr Rom, sondern Konstantinopel war. Der Pilger hat die von ihm passierten Provinzen getreulich und fast vollständig verzeichnet: *Italia* (3), *Noricum*

---

1 Die Unsicherheit beim Rückkehrdatum beruht auf unterschiedlicher Textüberlieferung in den beiden Haupthandschriften: Im Abschnitt 8 hat der *Cod. Parisinus „VII. kal. Ian",* der *Cod. Veronensis „VIII. kal. Ian."*

(5), *Pannonia inferior* und *superior* (5), *Moesia* (6), *Dacia* (6), *Thracia* (7), *Bithynia* (8), *Galatia* (9), *Cappadocia* (10), *Cilicia* (11), *Syria* oder *Coelesyria* (11), *Phoenicia* (11), *Palaestina* (12) - und auf der Rückreise *Rhodopea* (21), *Macedonia* (21), *Epirus* (22), *Apulia* (23), *Campania* (23) bis kurz vor Rom. Überall stand er unter dem Rechtsschutz des *Imperium Romanum,* das sich unter Kaiser Konstantin eben anschickte, ein christliches Reich zu werden.[2] Das hatte zweifellos Folgen für den Verkehr auf den Straßen des Riesenreiches, für die Benutzung der hervorragend organisierten römischen Post *(cursus publicus),* deren sich der Pilger bediente: Waren es vorher hauptsächlich Zivil- und Militärbeamte gewesen, die mit der Post reisten, auch wohl kaiserliche Depeschenreiter, so kamen jetzt Bischöfe, höhere Geistliche, Kirchengelehrte, auch die etwas wilden kirchlichen Briefträger, die sog. *tabellarii,* hinzu, bevölkerten die Straßen und die Gasthöfe und erhoben Anspruch auf Beförderung, Bedienung und Verpflegung. Auch an die Pilger nach dem Hl. Lande ist zu denken, obwohl sich ihr Strom zur Zeit Konstantins noch nicht in voller Stärke über das Straßennetz des Reiches ergoß. Der Pilger von Bordeaux scheint noch ziemlich vereinzelt gewesen zu sein, obgleich auch er keineswegs allein, sondern in Gesellschaft reiste.[3]

Wer war dieser Mann? Wir wissen nicht allzu viel von ihm, nicht einmal seinen Namen. Nach seinem Herkunftsort pflegt man ihn den Anonymus von Bordeaux *(Anonymus Burdigalensis)* und seinen Bericht das Wegeverzeichnis von Bordeaux *(Itinerarium Budigalense)* zu nennen. Aus dem Bericht aber kann immerhin einiges erschlossen werden. In der Person dieses unbekannten Mannes ist der Eifer für die Religion, ohne den er die strapaziöse Reise schwerlich unternommen hätte, mit der Akkuratesse eines Buchhalters eine wunderliche Verbindung eingegangen. Sein Bericht ist von unbeschreiblicher Dürre und Trockenheit. Er hat sich für die Hin- und Rückreise darauf beschränkt, die Namen sämtlicher von ihm passierten Straßenstationen der rö-

---

2 311 hatte Kaiser Galerius, zugleich im Namen des Konstantin und des Licinius, ein „Toleranzedikt" erlassen, durch welches das Christentum „erlaubte Religion" *(religio licita)* wurde. Seit 312/13, mehr noch seit 324/25 begünstigte Konstantin, Alleinherrscher geworden, mit zunehmender Eindeutigkeit die katholische Kirche.

3 Vgl. 8: *„Wir reisten unter dem Konsulat des Dalmaticus und Zenofilus ... ab und kehrten zurück..."*.

mischen Post aufzuzählen, dazu die Entfernungen in römischen, anfangs auch gallischen Meilen[4] und die Provinzgrenzen. Die Straßenstationen sind entweder Städte *(civitas),* in denen man nächtigen und neue Pferde bekommen konnte, oder Pferdewechselstationen *(mutatio)* oder Übernachtungsstationen *(mansio)* auf dem Lande. Nur selten wird die karge Auflistung durch Notizen unterbrochen, die erkennen lassen, daß der Pilger ein gebildeter Mann war: Er erwähnt z.B., daß der Magier Apollonius aus Thyana in Cappadocien stammte (10)[5], daß Alexander der Große in Pella geboren worden ist (22)[6]; er notiert auch das Grab des griechischen Tragikers Euripides (22)[7]. Aber seine Bildung darf auch wieder nicht überschätzt werden. Zur Stadt Viminatium (*Viminacio* 6) teilt er mit, daß Diokletian dort den Carinus getötet habe, obwohl der Augustus Carinus 285 in der Schlacht gegen Diokletian von seinen eigenen Soldaten umgebracht worden war.[8] Er bringt es sogar fertig, den Namen des berühmten Karthagers Hannibal, des alten Gegners der Römer aus dem 2. Punischen Krieg, mit dem Namen eines sehr viel weniger bedeutenden Neffen des Kaisers Konstantin zu verwechseln.[9] Und im Falle des reichen und berüchtigten Pferdezüchters Palmatius aus Caesarea in Cappadocien (10), aus dessen Landgut Wagenpferde *(equi curules)* für die Wettkämpfe in den Städten des Römischen Reiches exportiert wurden, wußte er wohl den Namen nicht so genau - es sei denn, die Formen *uilla Pampati (Cod. Parisinus)* oder *uilla Pammati (Cod. Veronensis)* sind Kopistenfehler.[10] Wie dem auch sei: Er konnte rechnen, und er liebte es, zu rechnen. Nicht weniger als 18 Mal hat er die Summe der zurückgelegten Meilen, der *mutationes* und *mansiones* gezogen, viermal auch die Gesamtsumme großer Streckenabschnitte.[11] Leider stimmen diese Summen alle nicht. Aber das muß nicht an den Rechenkünsten des Pilgers liegen. Man darf nicht vergessen, daß der Text seines Berichtes immer wieder abgeschrieben worden ist und daß

4 1 röm. Meile = 1,5 km; 1 gall. Meile *(leuca, leuga)* = 2,25 km.

5 S. u. Anm. 39.

6 S. u. Anm. 122.

7 S. u. Anm. 120.

8 S. u. Anm. 29.

9 S. u. Anm. 35.

10 S. u. Anm. 38.

11 Bordeaux - Konstantinopel (8); Konstantinopel - Jerusalem (21); Heraclea - Rom (22); Rom - Mailand (26).

gerade Zahlen beim Abschreiben häufig verlesen werden.[12] Aber das mag nachrechnen, wer will. Wer es nachrechnen will, der sollte überdies beachten, daß die Mehrzahl der Stationennamen und Entfernungsangaben auf den Peutingerschen Tafeln, der im 11-12. Jh. angefertigten Kopie einer römischen Weltkarte aus dem 4. Jh.[13], und im sog. *Itinerarium Antonini,* wahrscheinlich aus den achtziger Jahren des 3. Jahrhunderts[14], verzeichnet ist. Aus dem Vergleich dieser Dokumente miteinander kann man viel über die Verkehrsgeographie des *Imperium Romanum* lernen.

Aber nicht deshalb wird diese Sammlung mit dem Itinerarium *Burdigalense* eröffnet. Von Interesse ist vielmehr hauptsächlich die Beschreibung des Hl. Landes. In der Tat: Je mehr sich der Pilger dem Hl. Lande nähert, desto gesprächiger wird er. In den Abschnitten 14-20 ist dann die bloße Aufzählung der Reisestationen und Entfernungen ganz aufgegeben: Der Pilger erzählt, was man im Gelobten Lande, in Sichem, Bethel, Jerusalem, Jericho, Bethlehem und Hebron sehen kann und auf welche biblischen Berichte das zurückgeht, was man da sehen kann. Freilich erzählt er das in seiner Art: trocken, nüchtern, im Stil der Aneinanderreihung von Sehenswürdigkeiten, ohne Farbe, ohne Gemütsbewegung. Landschaftseindrücke scheinen ihn nicht sonderlich fasziniert zu haben; jedenfalls berichtet er nichts davon. Daß die Anschauung der heiligen Orte seine Seele erhoben habe, mögen wir vermuten; er selber sagt es nicht. Sein Interesse an Reliquien, Wundergeschichten, heiligen Priestern, Märtyrern, kurz an fast allem, was spätere Pilger so stark angezogen hat, ist ganz gering. Das Palästina, das er beschreibt, ist geisterhaft menschenleer, und durch Jerusalem geht er wie durch ein wenig besuchtes Museum. Dabei müssen ihm die Nachrichten, die er mitteilt, auf irgend eine Weise zugekommen sein: Jemand

---

12 Es hat den Anschein, als seien in diesen „Summen" die Städte *(civitates)* unter die Übernachtungsstationen *(mansiones)* gerechnet, und als fielen unter Pferdewechselstationen *(mutationes)* die Haltestellen aller drei Kategorien zusammen. Die Abschreiber haben sich kaum bemüht, einen Ausgleich zustandezubringen. Die von der Listenaufzeichnung verschiedene Terminologie in den Summen mag ein Hinweis auf die Entstehungsgeschichte des Textes sein, d. h. darauf, daß er literarisch nicht aus einem Guß ist.

13 Vgl. K. Miller, Die Peutingersche Tafel (1887/8, Nachdruck 1962); ders., *Itineraria Romana.* Römische Reisewege an der Hand der *Tabula Peutingeriana* dargestellt (1916).

14 O. Cuntz, *Itineraria Romana I* (1929).

muß ihm gesagt haben, da unten im Stadttale Jerusalems habe das Prätorium des Pilatus gestanden, und dies hier sei die Palme, von der die Kinder einst am Palmsonntag Wedel abrissen und beim Einzug Jesu in die Hl. Stadt ausbreiteten. Mit einem Wort: Der Pilger ist ganz zweifellos nicht allein gewandert, sondern in Begleitung. Er hatte Fremdenführer, vielleicht hier und dort Geistliche - aber er sagt kein Wort davon. Stattdessen kargt er nicht mit biblischen Bezügen, meist kurzen Hinweisen, aber auch einmal für seine Verhältnisse geradezu gesprächig, z.B. bei König Jerobeam in Bethel (14) nach *1 Kön 13*[15] oder bei der Heilung der Quelle von Jericho durch den Propheten Elisa (19) nach *2 Kön 2,19-22.*[16] Daß ihm dabei gelegentlich etwas mißraten ist, darf nicht verschwiegen werden: z.B. daß er behauptet, der nächtliche Kampf Jakobs mit dem Engel *(Gen 32,22-32)* habe in Bethel stattgefunden (14), wo doch der biblische Text deutlich den Jabbokfluß im Ostjordanlande nennt.

Der Pilger hat keineswegs ganz Palästina bereist. Er war nicht in Galiläa, nicht im Ostjordanland und kaum an der Küste. Man führte ihn einige ausgewählte Routen, die auch für spätere Pilgerfahrten klassisch geworden sind, mehr noch, die in vielen Fällen bis zum heutigen Tage eingehalten werden. Er kam von Norden, verweilte in und bei Sichem/Neapolis *(Nāblus), zog* dann auf der Wasserscheide des zentralpalästinischen Gebirges über Bethel nach Jerusalem. Von dort aus führte ein Pilgerweg nach Jericho, zum Toten Meer und an die Taufstelle, ein anderer über Bethlehem nach Hebron. Das ist alles. Es ist nicht viel, aber es vermittelt uns - gerade und nicht zuletzt durch die Nüchternheit der Beschreibung - ein ausgezeichnetes Bild von der Gestalt des Hl. Landes in den Tagen Kaiser Konstantins, noch bevor sich das Land durch den Zustrom erheblicher Pilgerscharen sehr, wir würden sagen: nicht immer zu seinem Vorteil, zu verändern begann. Noch ist nichts ins Kraut geschossen, noch blüht das Wunder- und Reliquienwesen nicht, noch stehen die zahllosen kirchlichen Bauten erst in ihren Anfängen - Bauten übrigens, die der Pilger nicht beschreibt, sondern nur nennt, wobei das Äußerste, wozu er sich aufschwingt, darin besteht, daß er sagt, sie seien *„von wunderbarer Schönheit" (mirae pulchritudinis).*

---

15 S. u. Anm. 79.

16 S. u. Anm. 102.

Man kann verstehen, daß das *Itinerarium Burdigalense* und sein unbekannter Verfasser seit je zu mancherlei Vermutungen Anlaß gegeben haben. Der große Schweizer Palästinaforscher des 19. Jh., Titus Tobler, nahm an, der Pilger habe zu denen gehört, die Kaiser Konstantin anläßlich der Einweihung der Grabes- und Auferstehungskirche auf das Jahr 335 nach Jerusalem einlud.[17] Aber das ist natürlich ganz unwahrscheinlich; denn bereits zu Weihnachten 333 war der Pilger wieder in Konstantinopel, auf der Heimreise. Es gibt jedoch mehrere Beobachtungen, die einen anderen Verdacht naheliegend erscheinen lassen. Zunächst einmal kann man feststellen, daß der Anonymus bei seinen Bezugnahmen auf die Hl. Schrift das Alte Testament auffällig bevorzugt. 22 Hinweisen auf das Alte Testament stehen nur 9 auf das Neue Testament gegenüber. Dabei werden aus dem Alten Testament Gestalten und Ereignisse genannt, die eher am Rande liegen und sonst jedenfalls nicht zum normalen Repertoire der Pilger gehören: der Raub der Jakobstochter Dina bei Sichem *(Gen 34),* König Jerobeam in Bethel *(1 Kön 13),* das sonst ganz unbekannte Haus des Königs Hiskia in Jerusalem, die Beschneidung der Israeliten durch Josua in Gilgal *(Jos 5)* u. a. m. Wörtliche Zitate werden überhaupt nur aus dem Alten Testament gegeben *(Dtn 6,13-16; Ps 118,22; 2 Kön 2,19-22).* Ferner: Nachdem der Anonymus Jerusalem betreten hat, begibt er sich nicht - wie alle späteren Pilger - zuerst zur Grabeskirche, sondern auf den Tempelplatz. Dieser freilich ist für die Pilger der folgenden Jahrhunderte kaum von Interesse gewesen; sie erwähnen ihn, wenn überhaupt, nur beiläufig. Er lag ja auch wüst und war seit der Einrichtung des Heiligtums für die kapitolinische Göttertrias durch Kaiser Hadrian nach 135 ein heidnischer Bezirk. Der Anonymus hat ihn gründlich besucht. Schließlich: Es gibt eine einzige Stelle, an der sich unser Pilger über religiöse Sitten und Gebräuche äußert. Das geschieht im 16. Abschnitt beim *„durchbohrten Stein" (lapis pertusus)* auf dem Tempelplatz oder nahebei: Die Juden kommen jedes Jahr und salben den Stein, wehklagen dabei und zerreißen ihre Kleider - ein Klageritus, eine Vorstufe der Riten an der heutigen Klagemauer. Will man alle diese Besonderheiten nicht als zufällig abtun, dann könnte man sie als Hinweise darauf verstehen, daß der Anonymus ein Judenchrist, ein getaufter Jude aus Bordeaux gewesen ist. In den Hafenstädten des Römischen Reiches gab es allerorten Juden und

---

17 Raumers Historisches Taschenbuch 5, Folge V (1875) 331.371[30].

Judenchristen. Sie gehörten oft einer mittleren Bildungsschicht an, ganz wie unser Anonymus, dessen Latein übrigens sehr ärmlich und ziemlich hölzern ist.

Das Itinerarium Burdigalense ist ein sog. Gelegenheits- oder Erinnerungsitinerar. Dafür, daß es als Reisehandbuch für Pilger gedacht war, gibt es keine sicheren Anzeichen. Seine Abfassung kann nicht vor 334 erfolgt sein, vielleicht noch später. Darauf könnte der Umstand hindeuten, daß von Kaiser Konstantin stets ohne Devotionsausdruck (z.B. *divus* „göttlich") die Rede ist. Das wäre nach seinem Tode 337 verständlicher als zu seinen Lebzeiten. Es kommt hinzu, daß der in Abschnitt 9 mit Hannibal verwechselte Kaiserneffe (H)annibalianus, vorher immerhin *rex regum et Ponticarum gentium,* ebenfalls 337 starb, also zu dieser Zeit im allgemeinen Bewußtsein gewesen sein mag.

Der Kuriosität halber ist noch anzumerken, daß vor mehr als 100 Jahren ein Mönch namens Fulgenzio Meunier die gesamte Route des Pilgers von Bordeaux nachgereist ist, und zwar ohne Zehrgeld mitzunehmen.[18] Friede seiner Asche!

Das Itinerarium Burdigalense ist in einer vollständigen[19] und drei fragmentarischen Handschriften[20] erhalten. Kritische Ausgaben des lateinischen Textes: P. Geyer, CSEL 39 (1898) 3-33 und CCSL 175 (1965) 1-26. Die Übersetzung schließt sich, vor allem bei den in den Handschriften schwankenden Ortsnamenformen, an die in CCSL gebotene Textgestalt an. Da das *Itinerarium* nicht gegliedert ist, sind zur besseren Orientierung 26 Abschnitte gebildet, entsprechend den 26 Seiten in CCSL. Abkürzungen: P = Pferdewechsel-Station *(mutatio);* Ü = Übernachtungsstation *(mansio);* M = röm. Meile *(milia);* L = gall. Meile *(leuca, leuga);* S = Hälfte *(semis).* Wenn es sich nahelegte, sind die Stationennamen übersetzt worden. *„P Dreihörnerlager M 6"* heißt also: Pferdewechselstation Dreihörnerlager *(Tricornia Castra),* 6 Meilen von der vorhergehenden Station entfernt.

---

18 F. Meunier, Un pellegrinaggio da Bordeaux a Gerusalemme sulle traccie *dell'Itinerarium Burdigalense.* Bulletino della Società Geografica Italiana, Serie III, Bd. 2 (1889) 267-278.

19 *Codex Parisinus 4808,* 10. Jh.

20 *Codex Veronensis LII [50],* 8./9. Jh.; *Cod. Sangallensis* 732, 9. Jh.; *Cod. Matritensis, Arch. Hist. Nac. 1279,* 10. Jh.

Ausgewählte Literatur: J. Piechotta, *Monubiles [Itin. Burd. 595,3]*. Archiv f. Lateinische Lexikographie I (1884) 585. - R. Eckardt, Das Jerusalem des Pilgers von Bordeaux. ZDPV 29 (1906) 72-92. - C. Mommert, ZDPV 29 (1906) 177-193. - E. Nestle, Der Teich Betsaida beim Pilger von Bordeaux. ZDPV 29 (1906) 193-195. - C. Mommert, Der Teich Bethesda zu Jerusalem und das Jerusalem des Pilgers von Bordeaux (1907). - A. Eiter, Itinerarstudien (1908). - R. Hartmann, Die Palästina-Route des *Itin. Burd.* ZDPV 33 (1910) 169-188. - W. Kubitschek, Itinerarien. RE 9 (1916) bes. 2352-2363. - Ch. Edson, The Location of *Cellae* and the Route of the *Via Egnatia* in Western Macedonia. Classical Philology 46 (1951) 1-16. - J. Wilkinson, Egeria's Travels. Newly translated with supporting documents and notes (1971) 153-163. - P. Iwaszkiewicz, *Itinerarium Burdigalense enarratur atque in linguam polonam transfertur*. Meander 46 (1991) 63-75.

Übersetzung

1. *Wegeverzeichnis von Burdigala bis Jerusalem und von Heraclea über Aulona und Rom bis Mediolanum:*

Stadt Burdigala, wo der Fluß Garonna ist, den der Ozean auf plus minus 100 gallische Meilen steigen und fallen läßt[1] - P Stomatas L 7 - P Sirione L 9 - Stadt Vasatas L 9 - P Drei Bäume L 5 - P Oscineio L 8 - P Scittio L 8 - Stadt Elusa L 8 - P Vanesia L 12 - Stadt Auscius L 8 - P Zum sechsten (Meilenstein) L 6 - P Hungunuerro L 7 - P Bucconis L 7 - P Zum Jupiter L 7 - Stadt Tholosa[2] L 7 - P Zum neunten (Meilenstein) M 9 - P Zum zwanzigsten (Meilenstein) M 11 - Ü Elusione M 9 - P Sostomago M 9 - Dorf Hebromago M 10 -

2. P Cedros M 6 - Kastell Carcassone[3] M 8 - P Zum dreißigsten (Meilenstein) M 8 - P Hosuerbas M 15 - Stadt Narbone[4] M 15 - Stadt Beterris[5] M 16 - Ü Cessarone M 12 - P Foro Domiti M 18 - P Sostantione M 15 - P Ambrosi M 15 - Stadt Nemauso M 15 - P Schatzbrücke M 12 - Stadt Arelate[6] M 8.

Das sind von Burdigala bis Arelate 372 Meilen, 30 Pferdewechselstationen, 11 Übernachtungsstationen.

P Arnagine M 8 - P Bellinto M 10 - Stadt Auenione[7] M 5 - P Cypresseta M 5 - Stadt Arausione[8] M 15 - P Ad Letoce M 13 - P Nouem Craris M 10 - Ü Acuno M 15 - P Bantianis M 12 - P Umbenno M 12 - Stadt Valentia[9] M 9 - P Cerebelliaca M 12 -
Ü Augusta M 10 - P Darentiaca M 12 - Stadt Dea Vocontiorum M 16 - Ü Luco M 12 - P Vologatis M 9.

Von dort aus besteigt man den Berg Gaura.[10]

---

1 Bordeaux, unweit der Mündung der Garonne; von da aus geht die Reise die Garonne flußaufwärts bis Toulouse.

2 Toulouse; weiter nach SO zum Mittelmeer.

3 Carcassonne *(Carcaso).*

4 Narbonne *(Narbo Martius).*

5 Béziers.

6 Arles, unweit der Rhône-Mündung; von da aus flußaufwärts bis Valence.

7 Avignon.

8 Orange *(Arausio).*

9 Valence; weiter nach O.

10 Mont Toussières oder, wegen der Namensähnlichkeit wahrscheinlicher, le Colde-Cabre im Département Drôme.

3. P Cambono M 8 - Ü Monte Seleuci M 8 - P Dauiano M 8 - P Zur Grenze M 12 - Ü Vappinco M 11 - Ü Catorigas M 12 - Ü Ebreduno M 16.

Dort beginnen die Alpes Cottiae.[11]

P Ramae M 17 - Ü Byrigante[12] M 17.

Von dort aus besteigst du (den Berg) Matrona.[13]

P Gesdaone M 10 - Ü Zum Mars M 9 - Stadt Segussione M 16.

Dort beginnt Italien.

P Zum zwölften (Meilenstein) M 12 - Ü Zur Grenze M 12 - P Zum achten (Meilenstein) M 8 - Stadt Taurinis[14] M 8 - P Zum zehnten (Meilenstein) M 10 - Ü Quadratis M 12 - P Ceste M 11 - Ü Rigomago M 8 - P Zur Mitte M 10 - P Ad Cottias M 13 - Ü Laumello M 12 - P Duriis M 9 - Stadt Ticino M 12 - P Zum zehnten (Meilenstein) M 10 - Stadt Mediolanum[15] M 10 - (Ü Kalter Fluß M 12).

Das sind von Arelate bis Mediolanum 475 Meilen, 63 Pferdewechselstationen, 22 Übernachtungsstationen.

P Argentia M 10 -

4. P Ponte Aurioli M 10 - Stadt Bergamo[16] M 13 - P Tellegate M 12 - P Tetellus M 10 - Stadt Brixa[17] M 10 - Ü Zur Kurve M 11 - P Beneuentum M 10 - Stadt Verona[18] M 10 - P Cadiano M 10 - P Aureos M 10 - Stadt Vincentia[19] M 11 - P Zur Grenze M 11 - Stadt Pataui M 10 - P Zum zwölften (Meilenstein) M 12 - P Zum neunten (Meilenstein) M 11 - Stadt Altino M 9 - P Sanos M 10 - Stadt Concordia M 9 -

---

11 Cottische Alpen, n. der Meeralpen auf der Grenze zwischen Frankreich und Italien (Monte Viso 3841 m).

12 Briançon *(Brigantio).*

13 Mont Genèvre (1854 m) n. von Briançon.

14 Torino, Turin *(Augusta Taurinorum).*

15 Milano, Mailand *(Mediolanum);* von da aus weiter nach O zur Küste des Adriatischen Meeres.

16 Bergamo *(Bergamum).*

17 Brescia *(Brixia)* sw. des Gardasees.

18 Verona sö. des Gardasees.

19 Vicenza *(Vicetia).*

P Apicilia M 9 - P Zum elften (Meilenstein) M 11 - Stadt Aquileia[20] M 11.

Das sind von Mediolanum bis Aquileia 251 Meilen, 24 Pferdewechselstationen, 9 Übernachtungsstationen

P Zum elften (Meilenstein) M 11 - P Ad Fornolus M 12 - P Castra M 12.

Dort erheben sich die Alpes Iuliae.[21]

Ad Pirum summas Alpes M 9 - Ü Longatico[22] M 10 - P Zum neunten (Meilenstein) M 9 - Stadt Emona[23] M 14 -

5. P Zum vierzehnten (Meilenstein) M 10 - Ü Hadrante M 13.

Grenze von Italien und Noricum.

P Zur Mitte M 13 - Stadt Celeia [24] M 13 - P Lotodos M 12 - Ü Ragindone M 12 - P Pultouia M 12 - Stadt Poetouione[25] M 12.

Du gehst über eine Brücke (und) betrittst das untere Pannonien.

P Ramista M 9 - Ü Lebendiges Wasser M 9 - P Populis M 10 - Stadt Iouia M 9 - P Sunista M 9 - P Peritur M 12 - Ü Lentolis M 12 - P Cardono M 10 - P Cocconis M 12 - Ü Serota M 10 -P Bolentia M 10 - Ü Maurianis M 9.

Du betrittst das obere Pannonien.

P Serena M 8 - Ü Vereis M 10 - P Ioualia M 8 - P Mersella M 8 – Stadt Mursa[26] M 10 - P Leutuoano M 12 - Stadt Cibalis[27] M 12 - P Caelena M 11 - Ü Ulmo M 11 - P Spaneta M 10 - P Vedulia M 8 - Stadt Sirmium[28] M 8.

---

20 Aquileia nw. von Triest, unweit der Mündung des Isonzo.

21 Julische Alpen, n. von Triest auf der Grenze zwischen Italien und Slowenien.

22 Logatec *(Longaticum).*

23 Ljubljana *(Emona).*

24 Celje.

25 Ptuj, Pettau an der Drau; von da aus flußabwärts bis Osijek.

26 Osijek.

27 Vinkovci.

28 Srem Mitrovica an der Sau, w. von Belgrad; weiter nach SO.

6. Das sind von Aquileia bis Sirmium 412 Meilen, 17 Übernachtungsstationen, 39 Pferdewechselstationen.

P Fossis M 9 - Stadt Bassianis M 10 - P Nouicia M 12 - P Altina M 11 - Stadt Singiduno M 8.

Grenze von Pannonien und Moesien.

P Zum sechsten (Meilenstein) M 6 - P Dreihörnerlager M 6 - P Zum sechsten Meilenstein M 7 - Stadt Aureo Monte M 6 - P Vingeio M 6 - Stadt Margo M 9 - Stadt Viminacio M 10 wo Diocletian den Carinus tötete.[29]

P Zum neunten (Meilenstein) M 9 - Ü Munecipio M 9 - P Jupiterdorf M 10 - P Bao M 7 - Ü Idomo M 9 - P Zum achten (Meilenstein) M 9 - Ü Oromago M 8.

Grenze von Moesien und Dacien.

P Sarmatorum M 12 - P Caminitas M 11 - Ü Ipompeis M 9 - P Rampiana M 12 - Stadt Naisso[30] M 12 - P Redicibus M 12 - P Ulmo M 7 - Ü Romansiana M 9 - P Latina M 9 - Ü Turribus M 9 - P Translitis M 12 - P Ballanstra M 10 -

7. Ü Meldia M 9 - P Scretisca M 12 - Stadt Serdica[31] M 11.

Das sind von Syrmium bis Serdica 314 Meilen, 24 Pferdewechselstationen, 13 Übernachtungsstationen.

P Extuomne M 8 - Ü Buragara M 9 - P Sparata M 8 - Ü Hilica M 10 - P Soneio M 9.

Grenze von Dacien und Thracien.

P Ponte Ucasi M 6 - Ü Gute Übernachtung M 6 - P Alusore M 9 - Ü Basapare M 12 - P Tugugero M 9 - Stadt Filopopuli[32] M 12 - P Sernota M 10 - P Paramuole M 8 - Ü Cillio M 12 - P Carassura M 9 - Ü Arzo

---

29 Požarevac *(Viminatium)* unweit der Mündung der Morava *(Margus)* in die Donau. Dort wurde Augustus Carinus, Sohn des Imperators Marcus Aurelius Carus, 285 n. Chr. in der Schlacht gegen Diokletian von seinen eigenen Truppen ermordet.

30 Niš *(Naissus)*.

31 *Sofija*, Sofia *(Sardica)*; Hauptstadt von Bulgarien.

32 Plovdiv *(Philippopolis)*.

M 11 - P Palae M 7- Ü Castozobra M 11 - P Rhamis M 7 - Ü Burdista M 11 - P Daphabae M 11 - Ü Nicae M 9 - P Tarpodizo M 10 - P Urisio M 7 - Ü Virgoles M 7 -

8. P Narco M 8 - Ü Drizupara M 9 - P Tipso M 8 - Ü Tunorullo M 8 - P Beodizo M 8 - Stadt Heraclea M 9 - P Baunne M 12 - Ü Salambria M 10 - P Callum M 10 - Ü Atyra M 10 - Ü Regio M 12 - Stadt Constantinopoli[33] M 12.

Das sind von Serdica bis Constantinopoli 413 Meilen, 12 Pferdewechselstationen, 20 Übernachtungsstationen. Das sind im ganzen von Burdigala bis Constantinopoli 4021 Meilen, 230 Pferdewechselstationen, 112 Übernachtungsstationen.

Sodann reisten wir unter dem Konsulat des Dalmaticus und Zenofilus am 30. Mai von Calcedonia[34] ab und kehrten am 25. Dezember desselben Konsulatsjahres nach Constantinopoli zurück.

Von Constantinopoli aus überquerst du den Pontus, gelangst nach Calcedonia und reist durch die Provinz Bithynien.

P Nassete M 7 S(emis) - Ü Pandicia M 7 S(emis) -

9. P Pontamus M 13 - Ü Libissa M 9.

Dort ist König Annibalianus begraben, der ein Afrikaner war.[35]

P Brunga M 12 - Stadt Nicomedia[36] M 9.

Das sind von Constantinopoli bis Nicomedia 58 Meilen, 7 Pferdewechselstationen, 3 Übernachtungsstationen.

---

33 Istanbul *(Constantinopolis).*

34 *Chalcedon* gegenüber Istanbul auf der asiatischen Seite des Bosporus.

35 Hannibal von Karthago war nach dem Ende des 2. Punischen Krieges (218-201 v. Chr.) zu Antiochos III. von Syrien geflohen, diente diesem im Krieg gegen die Römer als Feldherr (192-188 v. Chr.) und erhielt nach dem Frieden von Apamea Asyl bei König Prusias von Bithynien. Dort vergiftete er sich 183 v. Chr., als die Römer seine Auslieferung verlangten. Die Namensform *Annibalianus* ist falsch; der Pilger verwechselte „Hannibal" mit dem Namen eines Neffen des Kaisers Konstantin.

36 *Izmit.*

P Hyribolum M 10 - Ü Libum M 11 - P Liada M 12 - Stadt Nicia M 9 - P Schinae M 8 - Ü Mido M 7 - P Chogeae M 6 - P Thateso M 10 - P Tutaio M 9 - P Protunica M 11 - P Artemis M 12 - Ü Dablae M 6 - Ü Ceratae M 6.

Grenze von Bithynien und Galatien.

P Grenze M 10 - Ü Dadastano M 6 - P Gebirgspaß M 6 - P Meile M 11 - Stadt Iuliopolis M 8 - P Hicronpotamum M 13 - Ü Agannia M 11 - P Petobrogen M 6 - Ü Mnizos M 10 - P Prasmon M 12 -

10. Ü Malogordis M 9 - P Cenax-Sumpf M 13 - Stadt Anchira Galatia[37] M 13.

Das sind von Nicomedia nach Anchira Galatia 258 Meilen, 26 Pferdewechselstationen, 12 Übernachtungsstationen.

P Delemna M 10 - Ü Curueunta M 11 - P Rosolodiaco M 12 - P Aliassum M 13 - Stadt Aspona M 18 - P Galea M 13 - P Andrapa M 9.

Grenze von Galatien und Cappadocien.

Ü Parnasso M 13 - Ü Iogola M 16 - Ü Nitalis M 18 - P Argustana M 13 - Stadt Colonia M 15 - P Momoasson M 12 - Ü Anathiango M 13 - P Chusa M 12 - Ü Sasima M 12 - Ü Andauilis M 16.

Dort ist das Landgut des Pammatus, woher Wagenpferde kommen.[38]

Stadt Thyana M 18.

Von dort stammt der Zauberer Appollonius.[39]

Stadt Faustinopoli M 12 - P Caena M 13 - Ü Opodando M 12 - P Pilas M 14.

---

37 Ankara *(Ancyra);* von dort aus nach SO bis Tarsus in Cilicien.

38 *(uilla) Pampati* oder (andere Lesart) *Pammati* ist wahrscheinlich Fehler für *Palmati.* Palmatius war ein reicher, gewalttätiger Pferdezüchter und römischer Ritter unter Kaiser Valerius (253-260) in *Caesarea Cappadociae.*

39 Apollonius von Tyana, ein neupythagoräischer Wanderprediger des 1. Jh. n. Chr. Sein Bild als θεῖος ἀνήρ, d.h. Zauberer, Wundertäter, Philosoph und Heiliger, ist durch eine von Philostrat für die Kaiserin Julia Domna (gest. 219) verfaßte Reisearetalogie bestimmt worden.

11. Grenze von Cappadocien und Cilicien.

Ü Mansucrinae M 12 - Stadt Tarso M 12.

Von dort stammt der Apostel Paulus.[40]

Das sind von Anchira Galatia bis Tarso 343 Meilen, 25 Pferdewechselstationen, 18 Übernachtungsstationen.

P Pargais M 13 - Stadt Adana[41] M 14 - Stadt Mansista[42] M 18 - P Tardequeia M 15 - Ü Catauolo M 16 - Ü Baiae M 17 - Ü Alexandria Scabiosa[43] M 16 - P Pictanus M 9.

Grenze von Cilicien und Syrien.

Ü Pagrios M 8 - Stadt Antiochia[44] M 16.

Das sind von Tarso in Cilicien bis Antiochia 141 Meilen, 10 Pferdewechselstationen, 7 Übernachtungsstationen.

Zum Dafnepalast M 5 - P Hysdata M 11 - Ü Platanus M 8 - P Baccaias M 8 - Ü Catelas M 16 - Stadt Ladica[45] M 16 - Stadt Gabala[46] M 14 - Stadt Balaneas[47] M 13.

Grenze von Coelesyrien und Phoenicien.

P Maraccas[48] M 10 –

12. Ü Antaradus[49] M 16.

Das ist eine Stadt im Meer, zwei Meilen von der Küste entfernt.

---

40 Tarsus, die Heimatstadt des Apostels Paulus *(Apg 9,11.30; 11,25; 21,39; 22,3).*

41 *Adana;* weiter entlang der Küste des Golfes von *Iskenderūn.*

42 *Mopsuestia.*

43 *Iskenderūn.*

44 *Antākya* (Antiochia am Orontes); von da aus nach S entlang der Küste des Mittelmeeres.

45 *Lāḏiqīye (Laodicea).*

46 *Ǧeble (Gabala).*

47 *Bānyās (Balanea).*

48 *Marqīye.*

49 *Ṭartūs,* das *Tortosa* der Kreuzfahrer, an der Stelle des alten *Antaradus. Aradus (= Arwad)* liegt auf der Insel *er-Ruād (= Arwād)* vor der Küste und war die eigentliche Handels- und Seefahrerstadt, die auf dem Festland einen Stützpunkt unterhielt.

P Spiclin M 12 - P Basiliscum M 12 - Ü Arcas M 8 - P Bruttus M 4 - Stadt Tripoli[50] M 12 - P Triclis M 12 - P das andere Bruttos M 12 - P Alcobile[51] M 12 - Stadt Birito[52] M 12 - P Heldua[53] M 12 - P Parphirion[54] M 8 - Stadt Sidona[55] M 8.

Dort kam Elia zur Witwe und erbat sich Speise.[56]

P Zum neunten (Meilenstein) M 4 - Stadt Tyro[57] M 12.

Das sind von Antiochia bis Tyro 174 Meilen, 20 Pferdewechselstationen, 11 Übernachtungsstationen.

P Alexandroschene[58] M 12 - P Ecdeppa[59] M 12 - Stadt Ptolomaida[60] M 8 - P Calamon[60a] M 12 - Ü Sicaminos[61] M 3.

Dort ist der Berg Karmel, wo Elia das Opfer darbrachte.[62]

P Certha[62a] M 8.

Grenze von Syrien und Palästina.

13. Stadt Caesarea Palestina, d.h. Iudaea[63] M 8.

Das sind von Tyro bis Caesarea Palestina 73 Meilen, 2 Pferdewechselstationen, 3 Übernachtungsstationen. Dort ist das Bad (der Taufbrunnen) des Hauptmanns Cornelius, der viele Almosen gab.[64] Von dort ist beim dritten Meilenstein der Berg

---

50 *Ṭarāblus* (Tripoli).

51 *Ǧbel (Byblos).*

52 *Beirūt (Berytus);* Hauptstadt des Staates Libanon.

53 *Ḫān el-Ḫalde.*

54 *Ǧīye* und *Ḫān Nebī Yūnis.*

55 *Ṣaydā* (Sidon).

56 *1 Kön 17,7-16.* Die Geschichte spielt in Sarepta (*Ṣarafand)* s. von Sidon (vgl. *17,9 „Sarepta, das zu Sidon gehört").*

57 *Ṣūr* (Tyrus).

58 *Ḫirbet Iskenderūne (Scandalium).*

59 *ez-Zīb* (Achzib, *Ecdippa).*

60 *ᶜAkkā* (Akko, *Ptolemais).*

60a *Tell Abū Hawām* s. v. Haifa.

61 Zur Lage s. Pilger von Piacenza 3 Anm. 14.

62 *1 Kön 18,19-40.*

62a *Tell Saḥar*, 2 km nö. von *ᶜAṯlīṯ*.

63 *Qēsārye* (*Caesarea Palaestinae* am Meer). Der Zusatz *„Iudaea"* weist darauf hin, daß die von Kaiser Hadrian nach 135 *„(Syria) Palaestina"* benannte römische Provinz den alten Namen *Iudaea* inoffiziell beibehielt.

64 *Apg 10.*

Syna, wo sich eine Quelle befindet, durch die Frauen schwanger werden, wenn sie sich (darin) waschen.[64a]

Stadt Maximianopoli[65] M 18 - Stadt Isdradela[66] M 10.

Dort saß König Ahab, als Elia weissagte; dort ist auch das Lager, wo David den Goliath tötete.[67]

Stadt Scithopoli[68] M 12 - Aser, wo das Landgut Hiobs war[69] M 16 - Stadt Neapoli[70] M 15.

Dort ist der Berg Agazaren.[71] Dort - sagen die Samaritaner - habe Abraham das Opfer dargebracht; und 300 (1300?) Stufen führen

---

64a Die Lage dieses Berges oder Hügels Syna ist unsicher. M. Avi-Yonah, Qedem 5 (1976) 98, lokalisierte ihn auf *Rās en-Naba*ᶜ (isr. *Rāmat ha-Nadiv*), ca. 5 km nordöstl. v. Caesarea. Südl. und östl. davon gibt es mehrere Quellen mit Namen *eš-Šūna*. Vgl. auch Y. Hirschfeld u. R. Birger-Calderon, Early Roman and Byzantine Estates near Caeserea. IEJ 41 (1991) 81-111, bes. 81-83, und NEncAEHL IV 1257-1260.

65 *el-Leǧǧūn (Legio, Maximianupolis),* unweit von Megiddo.

66 *Zerᶜīn* (Jesreel, Esdrelon) am Ostrand der Ebene von Megiddo/Jesreel (*Merǧ Ibn ᶜĀmir);* heute zerstört. Vgl. M. Oeming, Studien zur Topographie, Archäologie und Geschichte des Tell Jesreel (*Hirbet Zerᶜīn*). JDAH 1 (1989) 56-78.

67 *1 Kön 21* (Geschichte von Naboths Weinberg in Jesreel); die Geschichte von David und Goliath *(1 Sam 17)* spielt bei Socho *(Ḫirbet eš-Šuwēke)* und Aseka *(Tell Zakarīye)* w. von Bethlehem im judäischen Hügelland. Die Lage dieser Ortschaften war anscheinend nicht mehr bekannt. Vgl. immerhin den arab. Namen *ᶜĒn Ǧālūd (Nahr Ǧālūd)* „Goliathsquelle (Goliathsfluß)" für Quelle und Bach, die die Ebene von Jesreel nach O in die Bucht von Bethschean entwässern.

68 *Bēsān* (Bethschean, *Scythopolis).*

69 Unbekannte Ortschaft *(Jos 17,7);* nach Euseb, On. 26,22-24 am 15. Meilenstein der Straße von *Neapolis* nach *Scythopolis,* also in der Gegend von *Teyāṣīr.* In *Jos 17,7* könnte freilich das Stammesgebiet von Asser gemeint sein. Die Hiobtradition ist ganz unbekannt; vielleicht handelt es sich um einen Schreibfehler für Tob (= der Prophet Tobith von Tob 1,2) - so J. T. Milik, RB 73 (1966) 522-530. S. a. H.-D. Neef, Die *mutatio in medio.* Eine römische Straßenstation zwischen Skythopolis und Neapolis. ZDPV 98 (1982) 163-169.

70 *Nāblus (Colonia Flavia Neapolis),* die hellenistisch-römische Nachfolgesiedlung des alten Sichem *(Tell Balāṭa)*; Stadtrecht 72 n. Chr.

71 Verstümmelt aus Garizim *(Ǧebel eṭ-Ṭōr):* der heilige Berg der Samaritaner s. von Sichem/*Neapolis;* vgl. *Dtn 27* und *Jos 8,30-35.* I. Magen, Gerizim, Mount. NEncAEHL II 484-492; s. a. Ch. Nauerth, Pilgerstätten am Garizim in frühchristlicher Zeit. DBAT 20 (1984) 17-45.

zum Gipfel des Berges hinauf.[72] Am Fuße des Berges liegt ein Ort mit Namen Sechim.[73] Dort befindet sich das Grabmal,

14. in dem Joseph bestattet ist, auf dem Landgut, das ihm sein Vater Jakob gegeben hatte.[74] Dort wurde auch Dina, Jakobs Tochter, von den Söhnen der Amoriter geraubt.[75] 1000 Doppelschritte davon entfernt ist ein Ort namens Sechar, von dem aus die Samariterin zu der Stätte hinabstieg, an der Jakob den Brunnen gegraben hatte, um Wasser daraus zu schöpfen; da redete unser Herr Jesus Christus mit ihr.[76] Dort gibt es auch Platanen, die Jakob gepflanzt hat, und ein Bad (Taufbrunnen), das von dem Brunnen mit Wasser versorgt wird.

28 Meilen von dort in Richtung Jerusalem liegt auf der linken Seite ein Landgut, das Bethar heißt.[77] 1000 Doppelschritte davon entfernt ist die Stätte, an der Jakob auf der Reise nach Mesopotamien nächtigte; ferner ist dort ein Mandelbaum: da hatte er die Vision, und der Engel rang mit ihm.[78] Dort hielt sich König Jerobeam auf, zu dem der Prophet gesandt wurde, damit er sich zum höchsten Gotte bekehre. Dem Propheten aber war befohlen worden, daß er nicht mit dem falschen Propheten, den der König bei sich hatte, zusammen essen sollte. Weil er sich aber auf dem Rückweg von dem falschen Propheten verführen ließ und mit ihm aß, trat dem Propheten auf der Straße ein Löwe entgegen, und der Löwe brachte ihn um.[79]

---

72 *Gen* 22. Die Treppe ist bei der Errichtung eines Jupitertempels auf dem Garizim durch Kaiser Hadrian nach 135 angelegt worden und erscheint mehrfach auf Münzen der *Flavia Neapolis* aus dem 2.-3. Jh. n. Chr.

73 *Tell Balāṭa,* das alte Sichem.

74 *Gen 33,19; 48,22; Jos 24,32.* Das Josephsgrab wird als arab. Heiligengrab *(welī)* bis heute ö. von *Tell Balāṭa* gezeigt.

75 *Gen 34.*

76 *Joh 4,1-42.* Sechar (Sychar) ist *ᶜAskar* am SO-Fuß des Berges Ebal *(Ğebel Islāmīye).*

77 *Bētīn,* das alte Bethel.

78 *Gen 28,10-22; 32,22-32.* Der nächtliche Kampf Jakobs mit dem Engel ist falsch lokalisiert: Er geschah bei Pnuel/Pniel *(Tilāl eḏ-Ḏahab)* am Unterlauf des Jabbok *(Nahr ez-Zerqā)* im Ostjordanland.

79 *1 Kön 13.*

Von dort nach Jerusalem ... 12 Meilen.

Das sind von Caesarea Palestina bis Jerusalem 116 Meilen, 4 Übernachtungsstationen, 4 Pferdewechselstationen.

In Jerusalem gibt es zwei große Teiche zur Seite des Tempels, d.h. einer zur Rechten

15. und einer zur Linken, die Salomo angelegt hat.[80] Mehr nach dem Stadtinnern zu befindet sich ein Doppelteich mit fünf Säulenhallen, der Bethsaida heißt. Dort wurden langjährig Kranke geheilt. Das Wasser dieser Teiche aber rötet sich, wenn es aufgewirbelt wird.[81]

---

80 „Tempel" meint hier nicht das Tempelgebäude, sondern den umgrenzten heiligen Bezirk von Jerusalem *(Ḥaram eš-Šerīf)*; zu seiner Gestalt und Geschichte s. A. Kaplony, The Ḥaram of Jerusalem 324-1099. Freiburger Islamstudien 22 (2002). Für die Teiche kommen in Betracht: *Birket (Banī) Isra'īl* im NO des heutigen Tempelplatzes (zugeschüttet) und der bei Josephus *(Bell. jud.* V,11,4 [§ 467 Niese] u.ö.) erwähnte Struthionteich, durch den die Römer 70 n. Chr. einen ihrer Angriffsdämme gegen die Umfassungsmauer des Tempelplatzes führten. Unterirdische Reste des letzteren finden sich noch heute zwischen der NW-Ecke des Tempelplatzes und dem Kloster der Zionsschwestern am sog. *Ecce-Homo*-Bogen.

81 *Joh 5,2-9.* Zum Teich Bethesda (die auch sonst gelegentlich bezeugte Namensform *Bethsaida* ist in Anlehnung an den Namen eines Dorfes am Nordufer des Sees Gennezareth aus Bethesda/Bethzatha entstellt) vgl. J. Jeremias, Die Wiederentdeckung von Bethesda Joh 5,2. FRLANT 41 (1949, engl. 1966). Der Doppelteich neben der St. Annenkirche nahe dem Stephanstor *(Bāb Sittī Maryam)* ist mit den Resten der in der 1. Hälfte des 5. Jh. erbauten byzantinischen Marienbasilika und der aus dem 11. Jh. stammenden einschiffigen Kreuzfahrerkirche (sog. Moustier) von den französischen Weißen Vätern ausgegraben worden. Unter dem Chor der byzantinischen Basilika und ö. davon fanden sich Reste eines wahrscheinlich zur *Aelia Capitolina* Hadrians gehörigen Asklepios-Heiligtums. Pläne und Rekonstruktionen in dem gedruckten Führer: Jérusalem, Sainte-Anne (1963); vgl. auch Vincent-Abel, Jérusalem Nouvelle II, 669-698; Kopp 364-371; Kroll 314-322. Nach *Joh 5,2* lag der Teich *„beim Schaftor"*. Euseb, On. 58,21-26 nennt ihn „Schafteich" und führt die Rotfärbung des Wassers auf das Blut der früher hier geschlachteten Opfertiere zurück. Vielleicht hatte die Verfärbung ihre Ursache in rötlichem Erdreich auf dem Grund eines oder beider Teiche. Das Aufwallen des Wassers rührte wahrscheinlich von einem Abzugskanal in Richtung Tempelplatz oder von einer Stauvorrichtung (Wehr) in der Trennmauer (mittlerer *Porticus)* zwischen den beiden Teichen her.

Ferner ist dort das Gewölbe, wo Salomo die Dämonen beschwor.[82] Dann gibt es dort den sehr hohen Eckturm, auf den der Herr hinaufstieg; da sprach der Versucher zu ihm, der Herr aber antwortete ihm: *„Du sollst Gott, deinen Herrn, nicht versuchen, sondern ihm allein dienen!“*[83] Dort ist auch der große Eckstein, von dem es heißt: *„Der Stein, den die Bauleute verworfen haben, ist zum Eckstein gemacht worden.“*[84] Und unter der Zinne des Turmes sind viele Räume, wo Salomo seinen Palast hatte. Dort gibt es auch noch das Gemach, in dem er saß und die Weisheit schrieb; die Decke dieses Gemaches wird von einem einzigen Stein gebildet. Ferner sind dort große Behälter unterirdischen Wassers und mit viel Mühe angelegte Teiche.[85] Und

---

82 Ein nicht lokalisierbares Gewölbe (Höhle, unterirdischer Raum), vermutlich auf dem n. Teile des heutigen *Ḥaram (Kursī Sulēmān* an der O-Mauer? *Qubbet en-Nebī Sulēmān?).* In der jüdischen Haggada, auch im jüdischen und graeco-ägyptischen Zauber erscheint Salomo oft als großer Magier und Wunderarzt: eine legendäre Fortbildung der biblischen Nachrichten über Salomos Weisheit *(1 Kön 5,9-14; 10,1-10).* Das Motiv begegnet auch im Koran: Suren 27,17.38-42; 34,12(11)-14(13); 38,37(36)f. Vgl. G. Salzberger, Die Salomosage in der semitischen Literatur (1907); ders., Salomos Tempelbau und Thron in der semitischen Literatur (1912); S. Giversen, Solomon und die Dämonen. Nag Hammadi Studien III, Festschrift A. Böhlig (1972) 16-21 (bes. S. 17, Anm. 1).

83 *Mt 4,5-7.10* (Zitat aus *Dtn 6,13.16):* die zweite Szene der Versuchung Jesu durch den Satan, lokalisiert an der SO-Ecke des *Ḥaram.* Der lat. Text bedeutet „die Ecke, die durch einen sehr hohen Turm gekennzeichnet ist (war)“ oder „die Ecke (d. h. der Eckrest) eines sehr hohen Turmes“. Was der Pilger sah, ist also ungewiß.

84 *Mt 21,42* (Zitat aus *Ps 118,22).* Der Pilger sah den aus der Symbolsprache in die Realität übersetzten Eckstein. Man zeigt noch heute unter der SO-Ecke des *Ḥaram,* in den sog. Salomonischen Ställen, hinter der „Wiege Jesu“ *(Serīr Sayyidnā ʿĪsā)* einen großen herodianischen Quaderstein als den „Eckstein“.

85 Salomos Palast sind die sog. Salomonischen Pferdeställe unter dem s. und sö. Teil des *Ḥaram,* große Pfeilergewölbe, durch die Herodes d. Gr. bei der Erweiterung des Tempelplatzes nach S und der Planierung des Geländes den Platz abstützen ließ (sog. Substruktionen). In der Kreuzfahrerzeit sind diese unterirdischen Räume tatsächlich als Pferdeställe verwendet worden. Ein von einem einzigen Stein bedeckter Raum ist noch heute dort sichtbar. Die „Weisheit“ Salomos meint kaum das unter diesem Namen bekannte Buch *(Sapientia Salomonis),* sondern die Gesamtheit der auf Salomo zurückgeführten Schriften (Sprüche, Prediger, Hoheslied u. a.). - Zisternen gab und gibt es viele auf und unter dem *Ḥaram;* einige scheinen im Altertum nicht bedeckt gewesen zu sein (Teiche).Ch. Warren hat das Fassungsvermögen der heute auf dem *Ḥaram* befindlichen Wasserbehältnisse auf ca. 50000 m^3 berechnet.

in dem Gebäude selbst, wo der Tempel war, den Salomo gebaut hat, befindet sich bis zum heutigen Tag auf dem Marmor(fußboden) vor dem Altar das vergossene Blut des Zacharias; auch sind die Spuren der Nägel der Soldaten zu sehen,

16. die ihn töteten, durch den ganzen Raum hindurch wie in Wachs gegossen.[86] Ferner sind dort zwei Statuen Hadrians; und nicht weit von den Statuen entfernt ist ein durchbohrter Stein, zu dem die Juden alljährlich kommen, ihn salben, mit Seufzen wehklagen, ihre Kleider zerreißen und dann wieder fortgehen.[87] Dort ist auch das

---

86 Das „Gebäude selbst" *(aedes ipsa)* ist der von Hadrian nach 135 erbaute Jupitertempel an der Stelle des salomonischen und herodianischen Tempels über dem Heiligen Felsen *(eṣ-ṣaḫra).* Zumindest Reste von ihm müssen 333 noch sichtbar gewesen sein. Der 2. Kalif *ʿOmar ibn el-Ḫaṭṭāb* soll ihn 635 zerstört (verfallen?) vorgefunden haben. Heute steht dort der Felsendom *(Qubbet eṣ-Ṣaḫra).* Die Spuren des Zachariasblutes beruhen auf *Mt 23,35* (mit Bezug auf *2 Chron 24,20f).* Die Legende identifizierte den Priester Zacharias mit dem Vater Johannes des Täufers *(Lk 1,5).* Vgl. auch Hieronymus, Matthäuskommentar IV zu 23,35 ed. D. Hurst-M. Adriaen, CCSL 77 (1969) 219, 286-220, 323. Ausgangspunkt war der Text von *Mt 23,35;* die Beschreibung des Pilgers ist topographisch nicht frei und läßt keine Schlüsse darauf zu, was er gesehen hat, und vor allem, wo genau er etwas gesehen hat. Die *„Nägel der Soldaten"* sind nur hier bezeugt.

87 Die zwei Hadriansstatuen stellten vermutlich die Kaiser Hadrian (117-138) und Antoninus Pius (138-161) dar; der letztere trug den Adoptivnamen *Aelius Hadrianus.* Nach Hieronymus, Matthäuskommentar XXI,15 saß Hadrian zu Pferde. Zum Sockel der Antoninusstatue gehörte wahrscheinlich der heute in die S-Mauer des *Ḥaram* eingebaute Stein mit der Inschrift: *„Tito Ael(io) Hadriano Antonino Aug(usto) Pio P(atri) P(atriae) Pontif(ici) Augur(i) DD";* vgl. P. Thomsen, Die lateinischen und griechischen Inschriften der Stadt Jerusalem (1922) 23. - Der *„durchbohrte Stein"* wird gewöhnlich für den Heiligen Felsen *(eṣ-ṣaḫra)* gehalten, der in der Tat Löcher, Ausbuchtungen und vor allem unterhalb eine große Höhle hat. Es ist jedoch zu bedenken, daß der Vollzug der geschilderten Klageriten am Ort oder in der Nähe des Allerheiligsten des salomonischen und herodianischen Tempels für Juden sehr unwahrscheinlich ist; vgl. auch Hieronymus, Zephanjakommentar I zu 1,15-16 ed. M. Adriaen, CCSL 76A (1970) 673, 674-681. Es könnte auch ein Stein innerhalb oder außerhalb der *Ḥaram*-Mauer gemeint sein, eine Art Vorstufe der heutigen Klagemauer. Dies um so mehr, als der Hl. Felsen mit dem in der jüdischen Literatur vielfach erwähnten berühmten „Gründungsstein" (des Himmels und der Erde) identisch sein dürfte (Mischnatraktat Yoma V,2; um 200 n. Chr.?), der hohe Verehrung genoß; vgl. J. Jeremias, Golgotha (1926) 51ff. Die Formeln *„dort ist (sind)"* und *„nicht weit von dort"* besagen beim Pilger von Bordeaux nicht viel. Sollte

Haus des Königs Hiskia von Juda.Wenn du außerhalb von Jerusalem zum Zion hinaufsteigst, befindet sich auf der linken Seite, und zwar unten im Tale neben der Mauer, ein Teich mit Namen Siloa. Er hat einen vierfachen Säulenumgang, und ein weiterer großer Teich ist weiter draußen. Diese Quelle fließt sechs Tage und Nächte; am siebenten Tage aber ist Sabbath, da fließt sie weder am Tage noch in der Nacht.[88]

Auf derselben Seite steigt man zum Zion hinauf, und es wird sichtbar, wo das Haus des Hohenpriesters Kaiphas stand. Dort ist noch die Säule, an der sie Christus mit Geißeln schlugen.[89] Drinnen aber, innerhalb der Zionsmauer, ist die Stätte zu sehen, wo David seinen

---

der *„durchbohrte Stein"* etwa gar jener ziemlich tief gelegene herodianische Riesenquader in der SW-Ecke der Tempelplatzmauer sein, der ein großes, sehr auffälliges Anbindeloch hat? - Das Haus des Hiskia ist unbekannt.

88 Der Pilger verläßt die Stadt durch eines der beiden Tore im S: *Bāb el-Muġāribe* (sog. Misttor) oder - wahrscheinlicher - *Bāb en-Nebī Dā'ūd* (Zions-tor) als s. Endpunkt der Hauptstraße *(cardo maximus).* Er sieht links unten im Tal den Siloahteich *(ʿĒn Silwān* oder *el-Birke),* hält sich also am Hang oder auf dem Scheitel des sog. christlichen Zion (SW-Hügel). Die Quelle, die den Teich durch einen unterirdischen Kanal speist (Gihonquelle, *ʿĒn Sittī Maryam* an der O-Seite des SO-Hügels im Kidrontal) war seit Hiskias Tunnelbau im Jahre 701 v. Chr. *(2 Kön 20,20; 2 Chron 32,30)* verdeckt. Man hat bis ins 16. Jh. den Teich für die Quelle gehalten. Der Ausdruck „neben der Mauer" *(iuxta murum)* ist unklar. Zur Zeit des Pilgers muß der Teich außerhalb der Stadtmauern gelegen haben; erst Kaiserin Eudokia hat ihn zwischen 444 und 450 ins Stadtareal eingeschlossen. Vielleicht handelte es sich um Reste einer älteren Mauer, die nicht einmal Stadtmauer gewesen sein muß (Grundstücksmauer?). Der *„vierfache Säulenumgang"* stammt wohl von Hadrian, der nach dem *Chronicon Paschale* MPG 92, 613 (631/41) in Jerusalem ein Tetranymphon errichtet hat. - Ein *„weiterer großer Teich": Birket el-Ḥamrā* sö. des Siloahteiches, heute Obst- und Gemüsegärten. Erörterung, Skizzen und Pläne zu Siloah bei Kopp 371-376 und Kroll 341-352.

89 Das Haus des Kaiphas *(Mk 14,53f.* u.par.) lag, je nach dem Verlauf der Zionsmauer *(murus Sion,* vgl. Anm. 90), entweder auf dem O-Hang des Zions oder, wahrscheinlicher, an der noch heute dafür gehaltenen Stelle auf dem Gelände des armenischen Zionsklosters ca. 60 m sw. des Zionstores; vgl. Kopp 400-405. Zur Geißelung *Mk 14,65* und *15,15* u. par.; die Geißelungssäule ist im NT nicht genannt.

Palast hatte.[90] Von den sieben Synagogen, die sich hier befanden, ist nur eine übriggeblieben; die anderen sind umgepflügt und besät, wie der Prophet Jesaja gesagt hat.[91]

Wenn du von da aus, außerhalb der Mauer, den Zion verläßt, in Richtung auf das neapolitanische Tor,

17. sind auf der rechten Seite unten im Tale Wände, wo das Haus oder Prätorium des Pilatus stand; dort wurde der Herr vor seiner Passion verhört.[92] Auf der linken Seite aber ist der kleine Hügel

---

90 Der Davidspalast ist sicher nicht die Zitadelle *(el-Qal^c^a)* am Jaffator, die der Pilger im Rücken hatte, sondern die Stätte des heutigen Davidsgrabes und sog. Abendmahlssaales auf dem Zion unweit der *Dormitio* der Benediktiner. Der Pilger sah wahrscheinlich nur Ruinen, ebenso wie beim Kaiphashause (vgl. *„stand", „hatte")*. Der Davidspalast lag *„innerhalb der Zionsmauer"*, die entweder unmittelbar an die s. Mauer der Stadt anschloß (so später, z. B. auf der Madebakarte M 70) oder die ein eigener, mit der Stadtmauer nicht verbundener Mauerring (Vorgänger vielleicht die Befestigung des Dauerlagers der 10. Fretensischen Legion nach 70) gewesen sein mag.

91 *Jes 1,8* und *Mi 3,12* kombiniert; vgl. zu dieser Verbindung auch Euseb, *Demonstratio evangelica VI,13* und Kyrill v. Jerusalem, Katechesen 16,18. Die ehemals 7 „Synagogen", d. h. wohl judenchristliche Kirchen, erwähnt auch Epiphanius, *de mensuris et ponderibus 14* (MPG 43,261) für das Jahr 392; er nennt überdies eine kleine Kirche zum Gedächtnis der ersten Zusammenkunft der Jünger nach der Himmelfahrt (die Vorgängerin der großen konstantinischen Zionsbasilika). Vielleicht ist diese alte Apostelkirche die „übriggebliebene Synagoge" des Pilgers, obwohl Epiphanius beide unterscheidet. Vgl. Kopp 378-387.

92 Mk 15,16 u.par.; Joh 18,28. Das historische „Prätorium des Pilatus" ist mit hoher Wahrscheinlichkeit die Stadtburg (Zitadelle, *el-Qal^c^a*) am Jaffator oder allenfalls der Hasmonäerpalast auf der Westseite des Tyropoiontales oberhalb des sog. *Xystos*, nicht aber die „Burg Antonia" (Kaserne der römischen Garnison) n. des Tempelplatzes; vgl. zum Problem R. Jaeckle, Das Prätorium des Pilatus in Jerusalem. JDAH 2 (1990) 51-67. Das historische Prätorium geriet jedoch in Vergessenheit, und die Traditionsstätte scheint bis zur Kreuzfahrerzeit mehrfach ihren Ort gewechselt zu haben. Der Pilger begibt sich vom Zion auf die ns. Hauptstraße der Stadt (*cardo maximus*) mit dem Ziel der *porta Neapolitana* = *Bāb el-^c^Amūd* (Damaskustor), wo die Straße nach Neapolis (*Nāblus*) beginnt - es sei denn, die *porta Neapolitana* war ein Tor in der Südmauer Jerusalems, später noch unter dem arab. Namen *Bāb en-Nīya* gelegentlich genannt; vgl. K. Bieberstein, Die Porta Neapolitana, die Nea Maria und die Nea Sophia in der Neapolis von Jerusalem. ZDPV 105 (1989) 110-122, bes. 110-117. Er sieht rechts „unten im Tal", d.h. dem Tyropoiontal (*el-Wād*), die Ruinen des Prätoriums. Die Lage ist strittig;

Golgotha, wo der Herr gekreuzigt wurde. Ungefähr einen Steinwurf davon entfernt befindet sich die Höhle, wo sein Leib bestattet war und am dritten Tage auferstand. Dort ist auf Befehl des Kaisers Konstantin eine Basilika, d.h. eine Kirche, von wunderbarer Schönheit errichtet worden. Sie hat Becken an der Seite, aus denen Wasser entnommen wird, und hinten ein Bad (Taufbrunnen), in dem die Kinder getauft werden.[93]

---

vgl. noch B. Pixner, Noch einmal das Prätorium. Versuch einer neuen Lösung. ZDPV 95 (1979) 56-86; P. Benoit, Le prétoire de Pilate à l'époque Byzantine. RB 91 (1984) 161-177. M.E. kommen hauptsächlich zwei Stellen in Betracht: a) an der sog. *Meḥkeme* unweit *Tarīq Bāb es-Silsile* zwischen Wilson-Bogen und Klagemauer; b) auf dem Gelände der Kirche Notre Dame du Spasme zwischen dem Österreichischen Hospiz und dem Kloster der unierten Armenier an der 4. Station der heutigen *Via Dolorosa* (in der Krypta der Spasmenkirche: zwei Sandalen in Mosaik aus der Zeit vor 614, Standplatz Jesu vor Pilatus?). Für beide Lokalisationen kann man sich auf die Madebakarte (M 70) berufen. Vgl. H. Donner, ZDPV 81 (1965) 49-55; Kopp 412-421; Kroll 422-431.

93 Golgatha und Herrengrab im Verbunde der zwischen 326 und 336 gebauten Großanlage des Kaisers Konstantin (von O nach W: Treppe, Atrium, Martyrium, Hof, Anastasis), die zur Zeit des Pilgers noch nicht ganz vollendet war. Vgl. Euseb, *Vita Constantini III, 25-40* und die einzige bildliche Darstellung auf der Madebakarte (M 70). Zur Baugeschichte: A. Baumstark, Die Modestianischen und die Konstantinischen Bauten am Hl. Grabe zu Jerusalem (1915); Vincent-Abel, Jérusalem Nouvelle I, 80-300; Kopp 422-444; Kroll 455-511. Berichte über die neuen Grabungen im Zusammenhang der Restaurierung der Grabeskirche: Ch. Coüasnon, Les travaux de restauration au Saint-Sépulcre. La Terre Sainte 7/8 (1969) 169-178 und The Church of the Holy Sepulchre in Jerusalem. Schweich Lectures of the British Academy 1972 (London 1974). V. Corbo, FrancLA 12 (1961/62) 65-144; 14 (1963/64) 293-338; 15 (1964/65) 318-366; 19 (1969) 65-144 und Il Santo Sepolcro di Gerusalemme. Aspetti archeologici dalle origini al periodo crociato. 3 Bde. (Jerusalem 1982). Die Wasserbecken an der Seite und die Taufstelle für Kinder sind sonst nicht bezeugt.

Wenn man dann Jerusalem durch das Osttor verläßt, um den Ölberg zu besteigen, ist da ein Tal namens Josaphat.[94] Auf der linken Seite, wo es Weinberge gibt, ist auch der Felsen, da Judas Ischarioth Christus verriet.[95] Auf der rechten Seite ist der Palmbaum, von dem die Kinder Palmwedel nahmen und beim Einzug Christi ausbreiteten.[96] Nicht weit von dort, etwaeinen Steinwurf entfernt, befinden sich zwei Grabmäler

18. von wunderbarer Schönheit: in dem einen, das aus einem einzigen Stein gemacht ist, liegt der Prophet Jesaja und in dem anderen Hiskia, der König der Juden.[97]
Von da aus steigst du auf den Ölberg, wo der Herr vor der Passion die Apostel lehrte. Dort ist auf Befehl Konstantins eine Basilika errichtet worden.[98] Nicht weit davon entfernt ist ein kleiner Hügel, auf den der Herr stieg, um zu beten: da erschienen Mose und Elia,

---

94 Das „Osttor" ist das heutige Stephanstor *(Bāb Sittī Maryam).* Der Name „Tal Josaphat" für das Kidrontal stammt aus *Joel 4* (Vulgata: *3),2.12* (dort Symbolname „Gott richtet" für ein Tal bei Jerusalem als Stätte des Jüngsten Gerichts); zuerst topographisch auf das Kidrontal bezogen bei Euseb, On. 70,2-4 und 170,8-10 (beidemale mit dem Hinnomtal = *Wādi er-Rabābe* verwechselt!).

95 *Mk 14,43ff.* u.par. *Joh 18,1ff.* Der „Felsen" des Verrates ist die sog. Verratsgrotte unweit des Mariengrabes, das der Pilger nicht erwähnt. Kirchenbauten waren dort offenbar noch nicht vorhanden. Vgl. Kopp 389-395; Kroll 404-411.

96 *Joh 12,13.* Nach der Beschreibung des Pilgers muß dieser Palmbaum in der Gegend der heutigen griechischen Stephanskirche oder der lateinischen Gethsemanekirche (sog. Kirche der Nationen) gestanden haben.

97 Absalomgrab und Zachariaspyramide, zwei Grabmäler im Kidrontale vielleicht schon aus persischer, mindestens aber aus hellenistischer Zeit. Die Zachariaspyramide macht am ehesten den Eindruck, „aus einem Stein gemacht" *(uere monolitus)* zu sein. Von der Übergangsstelle über das Kidrontal in Richtung Gethsemane und Ölberg kann man nur das Absalomgrab sehen. Also muß der Pilger von der Straße nach S abgewichen sein, um beide Grabmäler zu besuchen. Das aus dem Felsen gehauene sog. Jakobusgrab erwähnt er nicht. Die Grabmäler im Kidrontal sind im Lauf der Jahrhunderte mehrfach verschiedenen Besitzern zugeschrieben worden.

98 Die 325 begonnene sog. Eleona-Basilika Konstantins über der Höhle der Belehrung der Jünger nach *Mk 13,3ff.* u.par.; vgl. Euseb, *Vita Constantini III,41-43.* Dazu auch Vincent-Abel, Jérusalem Nouvelle II, 337-419; L. H. Vincent, L'Eléona sanctuaire primitif de l'ascension. RB 64 (1957) 48-71; Kopp 453-465; Kroll 527-539.

als er Petrus und Johannes bei sich hatte.[99] 1500 Doppelschritte von dort entfernt liegt ein Landgut namens Bethania. Dort befindet sich das Grab, in dem Lazarus bestattet war, den der Herr auferweckte.[100]

Sodann von Jerusalem nach Jericho 18 Meilen. Wenn man vom Gebirge herabkommt, ist auf der rechten Seite hinter einem Grabmal der Sykomorenbaum, auf den Zachäus kletterte, um Christus zu sehen.[101] 1500 Doppelschritte von der Stadt entfernt ist die Quelle des Propheten Elisa.[102]

Wenn in früheren Zeiten eine Frau von diesem Wasser trank,

19. bekam sie keine Kinder. Da wurde ein irdenes Gefäß gebracht. Elisa tat Salz hinein, trat herzu, streute es über die Quelle und sprach: *„So spricht der Herr: Ich habe dieses Wasser gesund gemacht!"* Wenn seitdem eine Frau davon trinkt, kann sie Kinder bekommen. Oberhalb derselben Quelle befindet sich das Haus der Hure Rahab, in das die Kundschafter eintraten. Sie verbarg sie, und als Jericho zerstört wurde, kam sie allein davon.[103] Dort war die Stadt Jericho, deren Mauern die Israeliten mit der Bundeslade umschritten. Und sie zerstörten die Mauern.[104] Davon ist nur noch der Ort zu sehen, wo die Bundeslade stand, und die zwölf Steine, die die Israeliten

---

99 *Mk 9,2-10* u.par. Der Pilger erwähnt die Stätte der Himmelfahrt Jesu (das sog. *Imbomon)* nicht, dafür die der Verklärung, die eigentlich nach Galiläa (seit Ende des 4. Jh. auf dem Tabor) gehört, aber von einem Teil der Tradition vermutlich auf Grund eines Mißverständnisses von *Apg 1,11* auf dem Ölberg lokalisiert worden ist.

100 *Joh 11.* Bethanien, ca. 2,5 km ö. von Jerusalem, heißt heute *el-ᶜĒzarīye* (Lazarusort). Vgl. Kopp 332-335; Kroll 354-366 (mit Plänen und Skizzen).

101 Das byzantinische Jericho lag an der Stelle des heutigen *Erīḥā.* Die Zachäus-Sykomore *(Lk 19,1-10)* scheint nach der Beschreibung beim Austritt der alten Straße aus dem Gebirge, also in der Gegend des herodianischen Winterpalastes *(Tilāl Abū'l-ᶜAlāyiq),* gezeigt worden zu sein.

102 *2 Kön 2,19-22.* Die Elisa-Quelle *(ᶜĒn es-Sulṭān)* liegt am Fuße des alten Stadthügels von Jericho *(Tell es-Sulṭān);* vgl. Madebakarte (MM Nr. 24).

103 *Jos 2* und *6.*

104 *Jos 6.* Das atl. Jericho *(Tell es-Sulṭān)* ist richtig lokalisiert.

aus dem Jordan genommen hatten. Ebendort beschnitt Josua, der Sohn des Nun, die Israeliten und begrub ihre Vorhäute.[105]

Sodann sind es von Jericho bis zum Toten Meer 9 Meilen. Dessen Wasser ist überaus bitter. Es gibt keinerlei Fische und auch keine Schiffe; und wenn sich jemand hineinwirft, um zu schwimmen, dann trägt ihn das Wasser. Von dort sind es bis zum Jordan, wo der Herr von Johannes getauft wurde, 5 Meilen.[106] Dort gibt es einen Ort oberhalb des Flusses, einen kleinen Hügel auf dem jenseitigen Ufer, wo Elia in den Himmel entrückt wurde.[107]

Wenn man dann von Jerusalem nach Bethlehem geht, befindet sich nach vier Meilen an der Straße

20. auf der rechten Seite ein Grabmal, in dem Rahel, die Frau Jakobs, beigesetzt ist.[108] Zwei Meilen davon entfernt liegt auf der linken Seite Bethlehem. Wo der Herr Jesus Christus geboren wurde, ist auf Befehl Konstantins eine Basilika errichtet worden.[109] Nicht

---

105 Die zwölf Steine aus dem Jordan *(Jos 4,20)* und die Beschneidung Israels durch Josua *(Jos 5,1-9)* lassen erkennen, daß der Pilger das Heiligtum von Gilgal meint. Wo man es in byzantinischer Zeit zeigte, ist ungewiß; vgl. Euseb, On. 64,24-66,6 (2 Meilen ö. von Jericho, was auch nö. oder sö. heißen kann). Der Pilger scheint anzunehmen, Gilgal habe unmittelbar neben dem alten Jericho und der Elisa-Quelle gelegen.

106 Von den verschiedenen Taufstellen der Tradition ist nach der Entfernungsangabe hier die noch heute gezeigte bei *Dēr Mār Yuḥannā* (auch *Qaṣr el-Yehūd)* ca. 9 km osö. von Jericho gemeint.

107 Der Hügel der Entrückung des Propheten Elia *(2 Kön 2,11f.),* der auch späteren Pilgern gezeigt wurde, lag gegenüber der Taufstelle im *Wādi Ḫarrār,* das im byzantinischen Altertum von Eremiten bewohnt war. Die beständige Veränderung der weichen Mergelbänke in dieser Region macht eine genaue Lokalisation aussichtslos. Vermutlich hat die Stelle öfter gewechselt. Vgl. H. Donner, ZDPV 81 (1965) 26-28.

108 Das noch heute gezeigte Rahelgrab ca. 2 km n. von Bethlehem an der Straße von Jerusalem *(Gen 35,19; 48,7).* Ursprünglich muß das Rahelgrab in der Nähe des benjaminitischen Rama *(er-Rām)* n. von Jerusalem gelegen haben; vgl. noch *1 Sam 10,2* und *Jer 31,15.* Aber der Name „Ephrat" aus *Gen 35,19* und *48,7* geriet in Vergessenheit, genauer: er wurde mit dem Namen der berühmten bethlehemitischen Sippe Ephrat, der David entstammte *(Mi 5,1),* verwechselt. So ist das Rahelgrab schon sehr früh in die Gegend von Bethlehem gezogen worden. S. OLB 2, 606-611.

109 Die Basilika des Kaisers Konstantin über der Geburtsgrotte zu Bethlehem; vgl. Euseb, *Vita Constantini III,41-43.* Zur Baugeschichte und der Umgestaltung durch Justinian vgl. R. W. Hamilton, The Church of the Nativity Bethlehem (1947).

weit davon ist das Grabmal Ezechiels, Asaphs, Hiobs, Davids und Salomos; in diesem Grabe sind seitlich, wenn man hinuntersteigt, die Namen in hebräischen Buchstaben aufgeschrieben.[110]
Von dort sind es nach Bethasora 14 Meilen, wo sich die Quelle befindet, in der Philippus den Kämmerer taufte.[111]

Von dort sind es bis zur Terebinthe 9 Meilen. Wo Abraham wohnte, unter dem Terebinthenbaum einen Brunnen grub, mit den Engeln redete und Speise zu sich nahm, ist auf Befehl Konstantins eine Basilika von wunderbarer Schönheit errichtet worden.[112]

Von der Terebinthe nach Hebron sind es zwei Meilen. Dort ist ein viereckiges Steindenkmal von wunderbarer Schönheit, in dem Ab-

---

110 Das Familiengrab Davids in Bethlehem, vermutlich nicht lange nach der Zerstörung Jerusalems 70 n. Chr. dorthin gewandert, wo der Familiengrundbesitz Davids angenommen wurde (n. oder nw. der Geburtskirche im Tal oder am Hang). Euseb, On. 42,11f. nennt die Gräber Jesses und Davids, der Pilger fügt Salomo und die Waffengefährten Davids hinzu. Die letzteren verbergen sich hinter Ezechiel, Asaph und Hiob; denn die klassischen atl. Namensträger können hier schwerlich gemeint sein. Vermutlich las der Pilger die Namen Asahel, Abisai und Joab *(2 Sam 2,18.32)* falsch, vielleicht weil die Inschrift bereits beschädigt war.

111 *Bethasora* = Bethsur *(Ḫirbet Burǧ eṣ-Ṣūr bei Ḫirbet eṭ-Ṭubēqa)* ca. 7 km n. von Hebron. Unmittelbar an der Straße liegt die Quelle *ʿĒn eḏ-Ḏirwe,* die traditionelle Stelle der Taufe des äthiopischen Kämmerers durch den Apostel Philippus *(Apg 8,26-39).* Vgl. Euseb, On. 52,1-5 und die Madebakarte (MM Nr. 81). S. auch OLB 2, 715-718.

112 Mamre *(Ḥaram Rāmet el-Ḫalīl)* 3 km n. von Hebron *(Gen 18,1-16).* Das Abrahamheiligtum existierte seit vorherodianischer Zeit. Die vermutlich unvollendete Umfassungsmauer des Herodes wurde 70 n. Chr. zerstört. Die heute sichtbare *Temenos*-Mauer stammt aus der Zeit des Kaisers Hadrian (nach 135). Die konstantinische Basilika, deren Fundamente ausgegraben sind, dürfte um 330 gebaut worden sein. Mamre war zeitweilig Simultanheiligtum zwischen Juden, Christen und Heiden (bezeugt für die Zeit zwischen 433 und 450 durch Sozomenos, Kirchengeschichte II,4). Vgl. E. Mader, Mambre. Die Ergebnisse der Ausgrabungen im Hl. Bezirk Râmet el-Ḫalîl in Südpalästina 1926-28 (1957); OLB 2, 696-713; I. Magen, Mamre. NEncAEHL III 939-942.

raham, Isaak, Jakob, Sarah, Rebekka und Lea bestattet liegen.[113]

Sodann von Jerusalem aus: Stadt Nicopoli[114] M 22 - Stadt Lidda[115] M 10 - P Antipatrida[116] M 10 –

21. P Betthar[116a] M 10 - Stadt Caesarea M 16.

Das sind im ganzen von Constantinopoli bis Jerusalem 1164 Meilen, 69 Pferdewechselstationen, 58 Übernachtungsstationen.

Dann über Nicopoli nach Caesarea 73 Meilen S(emis), 5 Pferdewechselstationen, 3 Übernachtungsstationen.

Sodann von Heraclea[117] durch Macedonien: P Aerea M 16 - Ü Registo M 12 - P Bedizo M 12 - Stadt Apris M 12 - P Zesutera M 12.

Grenze von Europa und Rhodopea.

Ü Sirogellis M 10 - P Drippa M 14 - Ü Gipsila M 12 - P Demas M 12 - Stadt Traianopoli M 13 - P ad Unimpara M 8 - P Salei M 7 S(emis) - P Melalico M 8 - Ü Berozicha M 15 - P Breierophara M 10 - Stadt Maximinianopoli M 10 - P Zur Schenke des Dio(medes) M 12 - P Rumbodona M 10 - Stadt Epyrum M 10 - P Pudis M 8.

Grenze von Rhodopea und Macedonien.

Ü Hercontroma M 9 - P Neapolim[117a] M 9 - Stadt Philippis M 10, wo Paulus und Sileas im Kerker waren.[118]

---

113 Der *Ḥaram* über der Höhle Makpela *(Gen 23)* in Hebron *(el-Ḫalīl).*

114 *ᶜAmwās,* das Emmaus von *Lk 24,13ff.;* Stadtrecht unter dem Namen *Nikopolis* 220/21 durch Kaiser Heliogabalus.

115 *Ludd,* im AT Lod, griech. *Lydda,* unter Kaiser Septimius Severus (193-211) mit Stadtrecht in *Diospolis* umbenannt. Heute am sö. Stadtrande von Tel-Aviv (Flughafen).

116 *Qalᶜat Rās el-ᶜĒn,* hellenistisch *Pegae,* seit Herodes d. Gr. *Antipatris,* heute am NO-Rande des Großraumes Jaffa - Tel Aviv.

116a Lage unsicher: (?) identisch mit *eṭ-Ṭīre* 11,5 km sw. v. *Ṭūl Karam* oder mit *Qulunsawe* 5 km sw. v. *Ṭūl Karam*. Vgl. H.-D. Neef, Die *mutatio Betthar*. ZDPV 97 (1981) 74-80; S. Applebaum, Betthar and the Roman Road System. ZDPV 103 (1987) 137-140.

117 *Herakleia-Perinthos* am N-Ufer der *Propontis* (Marmarameer), heute *Marmara ereğlisi.* Von da aus in Küstennähe nach W *(Via Egnatia).*

117a Hafenstadt *Neapolis* (Apg 16,11), heute Kavalla.

118 *Philippi (Apg 16,12-40);* vgl. auch den Philipperbrief des Apostels Paulus. An der *Via Egnatia* gelegen, ca. 11 km nw. der heutigen Hafenstadt Kavalla.

P Zum zwölften (Meilenstein) M 12 - P Domeros M 7 -

22. Stadt Amphipolim[119] M 13 - P Pennana M 10 - P Peripidis (Euripidis) M 10.

Dort ist der Dichter Euripides begraben.[120]

Ü Appollonia M 11 - P Heracleustibus[120a] M 11 - P Duodea M 14 - Stadt Thessalonica[121] M 13 - P Zum zehnten (Meilenstein) M 10 - P Gephira M 10 - Stadt Polli (Pelli), aus der Alexander der Große, der Macedone, stammte M 10[122] - P Scurio M 15 - Stadt Edissa[123] M 15 - P Zum zwölften (Meilenstein) M 12 - Ü Cellis M 16 - P Grande M 14 - P Melitonus M 14 - Stadt Heraclea[124] M 13 - P Parambole M 12 - P Brucida M 19.

Grenze von Macedonien und Epirus.

Stadt Cledo M 13 - P Patras M 12 - Ü Claudanon M 4 - P Zu den Schenken M 9 - Ü Grandauia M 9 - P Treiecto M 9 - Ü Hiscampis M 9 - P Zum fünften (Meilenstein) M 6 - Ü Coladiana M 15 - Ü Marusio M 13 - Ü Absos M 14 - P Stefanaphana M 12 - Stadt Apollonia M 18 - P Stefana M 12 - Ü Aulona treiectum[125] M 12.

Das sind im ganzen von Heraclea durch Macedonien bis Aulona 688 Meilen, 58 Pferdewechselstationen, 25 Übernachtungsstationen.

23. Übers Meer 1000 Stadien, das sind 100 Meilen; dann erreichst du nach 1000 Doppelschritten die Übernachtungsstation Odronto.[126]

---

119 *Amphipolis* unweit der Mündung des *Strymon (Apg 17,1)*, heute Emboli.

120 Euripides starb im Winter 407/6 in *Pella*.

120a Ἡρακλέους στίβος „Herakles-Trappe", heute „*Stivos*", sw. des *Volvi*-Sees; vgl. H. Donner, *Ana šadî Labnāni lū allik*, FS W. Röllig (1997) 91-96.

121 *Thessaloniki* (Saloniki), seit 146 v. Chr. Hauptstadt der römischen Provinz Macedonien; vgl. *Apg 17,1-9; 20,1-6* und die beiden Briefe des Apostels Paulus an die Thessalonicher.

122 *Pella*, die alte Residenzstadt der makedonischen Könige, n. des Borborus-Sees, ca. 28 km wnw. von *Thessaloniki*.

123 *Edessa*, ca. 20 km ö. des N-Endes des Begoritis (Wegoritis)-Sees. Von da aus weiter über *Kellis* (heute Kelli w. des Sees).

124 Bitola.

125 Hafenstadt *Aulon* (Ptolemaios III,12,2) an der illyrischen Küste, ca. 33 km n. von *Akrokeraunia;* im Mittelalter *Lablôna* bei Edrisi, auf alten italienischen Karten Lavelona, Avelona, Valona, heute Vlora oder Vljóre.

126 Otranto *(Hydruntum)* an der SO-Küste Italiens, ca. 30 km sö. von Lecce.

P Zum zwölften (Meilenstein) M 13 - Ü Clipeas M 12 - P Valentia M 13 - Stadt Brindisi[127] M 11 - Ü Spilenaees M 14 - P Zum zehnten (Meilenstein) M 11 - Stadt Leonatiae M 10 - P Aurelianische Türme M 15 - P Iulianische Türme M 9 - Stadt Beroes[128] M 11 - P Butontones[129] M 11 - Stadt Rubos[130] M 11 – P Zum fünfzehnten (Meilenstein) M 15 - Stadt Canusio[131] M 15 - P Der elfte (Meilenstein) M 11 - Stadt Serdonis M 15 - Stadt Aecas M 18 - P Aquilonis M 10.

Grenze von Apulien und Campanien.

Ü Zum großen Pferd M 8 - P Dorf Forno Nouo M 12 - Stadt Beneuento[132] M 10 - Stadt und Ü Claudiis M 12 - P Nouas M 9 - Stadt Capua[133] M 12.

Das sind im ganzen von Aulona bis Capua 289 Meilen, 25 Pferdewechselstationen, 13 Übernachtungsstationen.

P Zum achten (Meilenstein) M 8 - P Ponte Campano M 9 - Stadt Sonuessa[134] M 9 - Stadt Menturnas M 9 -

24. Stadt Formis[135] M 9 - Stadt Fundis[136] M 12 - Stadt Tarracina[137] M 13 - P Zur Mitte M 10 - P Appi Foro M 9 - P Sponsas M 7 - Stadt Aricia und Albona[138] M 14 - P Zum neunten (Meilenstein) M 7 - In der Stadt Rom[139] M 9.

Das sind von Capua bis zur Stadt Rom 136 Meilen, 14 Pferdewechselstationen, 9 Übernachtungsstationen. Das sind von

---

127 Brindisi *(Brindisium)*, einer der adriatischen Haupthäfen Unteritaliens.

128 Bari *(Barium)*; von da aus auf der *Via Aureliana* nach W.

129 Bitonto *(Butuntum)*, ca. 18 km w. von Bari.

130 Ruvo *(Rubi)*, ca. 20 km w. von Bitonto.

131 Canosa, die alte apulische Wollfärberstadt *Canusium*, ca. 20 km w. von Andria.

132 Benevento *(Beneventum* in *Samnium)*.

133 Capua, ca. 30 km n. von Neapel; von dort aus zur Küste des Tyrrhenischen Meeres.

134 *Sinuessa* (griech. *Sinope)*, Ruinen beim Kastell Rocca di Mondragone; von dort entlang der Küste bis Formia.

135 Formia *(Formiae)* am Golf von Gaeta.

136 Fondi, ca. 20 km nö. von Terracina.

137 Terracina; weiter auf der *Via Appia* bis Rom.

138 Ariccia oder Riccia am Fuß des Albanerberges unweit von Velletri.

139 Roma, die Hauptstadt Italiens; von da aus weiter auf der *Via Flaminia* nach N, dann nach NO.

Heraclea über Aulona bis zur Stadt Rom 1113 Meilen, 117 Pferdewechselstationen, 46 Übernachtungsstationen.

Von der Stadt (Rom) nach Mediolanum: P Rubras M 9 - P Ad Vicensimum M 11 - P Lebendiges Wasser M 12 - Stadt Ucriculo[140] M 12 - Stadt Narniae[141] M 12 - Stadt Interamna[142] M 9 - P Zu den drei Schenken M 3 - P Fani Fugitiui M 10 - Stadt Spolitio[143] M 7 - P Sacraria M 8 - Stadt Treuis[144] M 4 - Stadt Fulginis[145] M 5 - Stadt Foro Flamini M 3 - Stadt Noceria[146] M 12 - Stadt Ptanias M 8 -

25. Ü Herbelloni M 7 - P Ad Hesis M 10 - P Ad Cale M 14 - P Intercisa M 9 - Stadt Foro Semproni[147] M 9 - P Zum achten (Meilenstein) M 9 - Stadt Fano Fortunae[148] M 8 - Stadt Pisauro[149] [M 8 - Stadt Ariminum] M 24.

[Das sind von Rom] bis Ariminum [224 Meilen, 24 Pferdewechselstationen, 14 Übernachtungsstationen.]

P Conpetu M 12 - Stadt Cesena[150] M 6 - Stadt Foro Populi M 6 - Stadt Foro Liui[151] M 6 - Stadt Fauentia[152] M 5 - Stadt Foro Corneli M 10 - Stadt Claterno M 13 - Stadt Bononia[153] M 10 - P Zur Mitte M 15 - P Victoriolas M 10 - Stadt Mutena[154] M 3 - P Ponte Secies M 5 - Stadt Regio[155] M 8 - P Canneto M 10 – Stadt Parme[156] M 8 - P Ad Tarum M

---

140 *Ocriculum,* heute Ruinen bei Otricoli.
141 Narmi *(Narmia),* ca. 10 km w. von Terni.
142 *Iteramna,* heute Terni, Geburtsort des Historikers Tacitus.
143 Spoleto *(Spoletium).*
144 Trevi *(Trebia).*
145 Foligno *(Fulginium).*
146 Nocera Umbra *(Nuceria).*
147 *Forum Sempronii,* heute Fossombrone, ca. 25 km s. von Pesaro.
148 *Fanum Fortunae,* heute Fano an der adriatischen Küste.
149 *Pisaurum,* heute Pesaro; danach ab *Ariminum* (Rimini) auf der *Via Aemilia* nach NW.
150 *Caesena,* heute Cesena.
151 *Forum Livii,* heute Forli.
152 Faenza.
153 Bologna.
154 Modena.
155 *Regium,* Reggio.
156 Parma.

7 - Ü Fidentiae[157] M 8 - P Ad Fonteclos M 8 - Stadt Placentia[158] M 13 - P Zum Rad M 11 - P Zu den drei Schenken M 5 - Stadt Laude[159] M 8 - P Zum neunten (Meilenstein) M 7 - Stadt Mediolanum[160] M 7.

26. Das sind im ganzen von der Stadt Rom bis Mediolanum 416 Meilen, 44 Pferdewechselstationen, 24 Übernachtungsstationen.

---

157 Fidenza.

158 Piacenza.

159 Lodi.

160 Der Kreis schließt sich in *Mediolanum*, Milano, Mailand; vgl. Anm. 15.

2. Die Nonne Egeria (um 400)

(Peregrinatio Egeriae)

Im Jahre 1884 entdeckte der italienische Gelehrte J. F. Gamurrini in der Bibliothek einer Marienbruderschaft (Fraternità dei Laici) zu Arezzo eine Handschrift, die seine Aufmerksamkeit erregte. Sie gehörte dem 11. Jahrhundert an, stammte aus dem berühmten Benediktinerkloster von Monte Cassino und enthielt, leider am Anfang und am Ende verstümmelt, das umfangreiche Mittelstück eines in Briefform abgefaßten Pilgerberichtes. Gamurrinis Freude und Erstaunen wuchsen, als er erkannte, daß dieser Bericht von einer Frau geschrieben und an ihre *„verehrungswürdigen Damen Schwestern" (dominae uenerabiles sorores* 3,8 u.ö.) gesandt worden war. Es handelte sich also nicht um einen Pilger, sondern um eine Pilgerin. Doch nicht dieser Sachverhalt für sich allein genommen war das Erstaunliche. Man wußte auch sonst schon von Pilgerreisen frommer Damen: 385/86 hatte die vornehme römische Patrizierin Paula mit ihrer Tochter Eustochium unter der Leitung des hl. Hieronymus eine Wallfahrt nach dem Heiligen Lande und nach Ägypten unternommen und sich schließlich in Bethlehem niedergelassen[1]; bereits 372 hatte Melania die Ältere in Begleitung des Rufinus Rom verlassen und war über Alexandria nach Jerusalem gereist, wo sie 410 starb[2]; ihr folgte die 383 in Rom geborene Enkelin Melania die Jüngere, die nach mehreren Reisen im Orient auf dem Ölberg bei Jerusalem ein Kloster gründete und dort 439 starb.[3] Aber die Pilgerfahrten dieser Damen waren jeweils von anderen beschrieben worden, nicht von ihnen selbst. Die Handschrift von Monte Cassino bot zum ersten Male den Selbstbericht einer Pilgerin über ihre Wallfahrt.
Ein unerhörter Bericht über eine unerhörte Wallfahrt! Im Verlaufe von fast vier Jahren[4] hatte die Pilgerin erhebliche Strecken zurückgelegt und dabei enorme Strapazen auf sich genommen. Sie war von Konstantinopel (23,8) nach Jerusalem gereist (9,6.7) und hatte dort eine Art Standquartier bezogen. Von da aus unternahm sie

---

1 Vgl. St. Hieronymus, Paula und Eustochium u. S. 134ff.

2 Vgl. A. Molinier - C. Kohler, *Itinerum Hierosolymitanorum et descriptionum Terrae Sanctae series chronologica* (1879) 69f.

3 Vgl. Kardinal Rampolla, Santa Melania Giuniore (1905); D. Gorce, Vie de Sainte Melanie. Sources chrétiennes 90 (1962).

4 Zu erschließen aus 17,1.

eine erste Reise nach Ägypten, über Pelusium und Alexandria bis hinauf in die Thebais (7,1; 9,1.6); der Bericht darüber ist leider verlorengegangen. Später brach sie zur zweiten Ägyptenreise auf, besuchte den Sinai, Clysma (das heutige Suez) und das biblische Land Gosen im östlichen Nildelta (1,1-9,7). Dann ging sie von Jerusalem durch den Jordangraben zum Berge Nebo im Ostjordanland (10,1-12,11) und nicht lange danach wieder von Jerusalem durch die Bucht von Bethschean nach Carneas in Südsyrien (13,1-16,7). Als ob das alles noch nicht genügt hätte, machte sie auf der Heimreise von Antiochia aus einen Abstecher nach Mesopotamien bis Edessa und *Ḥarrān (Carrhae)* in der Provinz *Osrhoëne* (17,1-21,5). Schließlich kehrte sie über Tarsus und Seleukia in Kilikien nach Chalkedon und Konstantinopel zurück (22,1-23,10), setzte sich an den Schreibtisch und schrieb den Bericht über ihre Reisen nieder - nicht ohne den Damen Adressatinnen anzudeuten, sie werde vor der endgültigen Heimreise vielleicht noch Ephesus und andere Stätten besuchen (23,10).

Spätestens jetzt erhebt sich die Frage: Wer war diese Pilgerin? Um die traurige Antwort vorwegzunehmen: Wir wissen es nicht. Der Anfang des Berichtes, in dem sie zweifellos ihren Namen genannt hat, ist verloren, und im erhaltenen Texte der Reiseschilderung erwähnt sie ihren Namen nicht mehr; die *dominae uenerabiles sorores* wußten ja doch, wer sie war. Das hat nun verständlicherweise zu einem lebhaften Ratespiel geführt. Gamurrini ging von der ganz richtigen Überlegung aus, die Pilgerin könne keine beliebige Frau, etwa eine einfache Klosterschwester gewesen sein, sondern müsse höheren Kreisen angehört haben. Für eine Reise dieser Art und dieses Ausmaßes braucht man Geld und Protektion, nach Möglichkeit auch Bildung und Sprachkenntnisse. Daß sie das alles hatte, läßt die Pilgerin in ihrem Bericht erkennen oder doch vermuten. Für die Zugehörigkeit zu höheren Ständen sprach auch die Gastfreundschaft der Bischöfe (19,5; 20,2), von denen einer, der bejahrte Bischof von Arabia, der Pilgerin sogar ein Stück entgegenreiste (8,4). Ferner erhielt sie in den unwirtlichen und gefährlichen Gegenden des östlichen Nildeltas militärischen Geleitschutz (7,2.4; 9,3), der gewiß nicht jedermann zuteil wurde. Diese und weitere Beobachtungen führten Gamurrini zu der Vermutung, die Pilgerin sei Silvia oder Silvania gewesen: eine Adelsdame aus Gallien, Schwester oder Stiefschwester keines Geringeren als des Rufinus von Aquileia (um 345-410), von der wir aus der *Historia Lausiaca LV,1* des Palladius (419/20) wissen, daß sie tatsächlich um 383 in Palästina und den angrenzenden Ländern gewesen ist. Diese Vermutung blieb eine Weile im Schwange; noch der verdienstvolle Herausgeber der Pilgerschriften im großen *Corpus* der Wiener Akademie, P. Geyer, veröffentlichte den Bericht 1898 unter dem Titel: *„Die der Hl. Silvia zugeschriebene Pilgerfahrt zu den Heiligen Stätten."*[5] Freilich, auch auf die berühmte Galla Placidia war man verfallen, Tochter Theodosius des Großen, Stiefschwester des Honorius (395-423), Gattin des Goten Athaulf (414) und später des Mitregenten Flavius Constantius III. (421), schließlich Kaiserin des Westreiches für ihren Sohn Valentinian III. (424-455), gestorben 450 in Rom, deren wundervolles Mausoleum die Welt neben San Vitale in Ravenna bewundert.[6] Im Jahre 1903 schien dann allerdings das Rätselraten ein Ende zu finden: Dom M. Férotin, OSB., stieß auf den im 7. Jahrhundert geschriebenen Brief eines galizischen Mönches namens Valerius aus Bierzo ca. 50 km w. von Astorga an seine Klosterbrüder, der in ganz offenkundiger Beziehung zu unserem Pilgerberichte stand.[7] Valerius pries darin in schwülstigem und manieriertem Stile den Glaubenseifer, den Mut und die Unermüdlichkeit einer Klosterdame *(beatissima sanctimonialis 1)*, die von der *„äußersten Küste des Westmeeres" (extremo occidui maris oceani litore 4)* aufgebrochen war und sich *„mit allen Kräften, unerschrockenen Herzens, auf den unermeßlichen Weg über die ganze Welt"* (1) gemacht hatte: *„tapferer"* sei sie gewesen *„als alle Männer des Jahrhunderts"* (1), *„in ihrem Herzen"* habe *„die unauslöschbare Flamme ihrer heiligen Sehnsucht"* gebrannt (1), und sie habe, *„während sie in den Nöten der Verstrickungen diese Welt mit Füßen trat, für ihre Ruhe und zu ihrem Ruhm die Freuden des Paradieses erreicht"* (4). Über solche Formeln mag man denken, wie man will. Aber die Untersuchung der Einzelheiten des Valeriusbriefes konnte nicht den Schatten eines Zweifels daran lassen, daß er tatsächlich unsere Pilgerin meint.[8] Der Mönch nennt auch dreimal ihren Namen. Aber es ist, als habe das Schicksal beschlossen, den Namen dieser Pilgerin bis zum Jüngsten Tage unsicher bleiben zu lassen. Denn die handschriftliche Überlieferung des Briefes geht gerade beim Namen ziemlich weit auseinander. Es gibt sechs

---

5 *S. Silviae, quae fertur, peregrinatio ad loca sancta.* CSEL 39 (1898) 37-101.

6 C. Köhler, Bibliothèque de l'École des Chartres 45 (1884) 141f.

7 Der lateinische Text des Briefes bei Z. Garcia, AnBoll (1910), 393-396.

8 Dom M. Férotin, Le véritable auteur de la *„Peregrinatio Silviae»*. La vierge espagnole Aetheria. Revue des Questions historiques 74 (1903) 367-397.

Handschriften aus dem 10. bis 13. Jh., die sich in zwei Handschriftenfamilien gruppieren lassen. Jede Handschrift bietet den Namen dreimal, wobei folgende Formen vorkommen: *Egeria, Eiheria, Echeria, Heteria* und *Etheria*. Zwischen ihnen darf man wählen. Dom Férotin wählte *Etheria*, eine andere Schreibweise des häufigen Namens *Aetheria*; ihm folgten wir in der 1. Auflage dieses Buches. Andere entschieden sich für *Egeria*[9], und zwar je länger desto mehr, bis hin zu der stillschweigenden Annahme, die Namensform *Egeria* könne als bewiesen gelten. Immerhin gibt es gute Gründe für sie, die P. Maraval in seiner Ausgabe (Sources Chrétiennes 296, S.16-19) übersichtlich zusammengestellt hat: *Egeria* ist die einzige Namensform, die in beiden Handschriftenfamilien vorkommt, noch dazu zweimal in der ältesten Handschrift, dem *Codex Toletanus*, aus dem Jahre 902. Außerdem können *Eiheria* und *Echeria* als phonetische Varianten aus *Egeria* erklärt werden, und *Heteria, Etheria* - nur in der ersten Handschriftenfamilie bezeugt - ließe sich als graphisch von *Eiheria* abgeleitet deuten[10]. So wollen wir denn der *communis opinio* in dieser 2. Auflage folgen, nicht ohne nachdrücklich darauf hinzuweisen, daß wir es immer noch nicht sicher wissen. Denn die genannten Argumente sind ausschließlich textkritischer Art und beziehen sich auf Texte, die 300 Jahre jünger sind als ihr Archetyp und ein halbes Jahrtausend jünger als die Pilgerin selbst.

Egeria war eine Klosterfrau. Das ergibt sich deutlich aus ihrem Bericht und wird durch den Brief des Valerius *(sanctimonialis* 1, *uirgo* 4) bestätigt. War sie Äbtissin oder eine einfache Nonne? Für das erstere könnte eine Bibliotheksnotiz aus Limoges sprechen, *„Itinerarium Egerie abatisse"*[11], deren Wert freilich umstritten ist. Für das letztere kann man geltend machen, daß die vierjährige, vielleicht noch längere Abwesenheit einer Äbtissin von ihrem Pflichtenkreis,

---

9 Dom A. Lambert, Egeria. Notes critiques sur la tradition de son nom et celle de l'*Itinerarium*. Revue Mabillon 26 (1936) 71-94 und 27 (1937) 1-42. Für Eucheria plädierte zuerst E. Bouvy, Revue Augustinienne (1903) 514-522 und (1904) 80-83.

10 Dom A. Lambert (s. o. Anm. 9) verwies für die Form Egeria auf ein Zitat aus dem um 750 wahrscheinlich in Spanien entstandenen *Liber Glossarum*, ferner auf eine Katalognotiz der Bibliothek von Saint-Martial in Limoges *„Itinerarium Egerie abatisse"* und auf die Erwähnung einer verlorengegangenen Urkunde von 935 im Archiv der Abtei von Celanova (12. Jh.) *„Ingerarium Gerie"* (verstümmelt aus *Itinerarium Egeri(a)e?*). Das ist natürlich alles verhältnismäßig spät.

11 S.o. Anm. 10.

verbunden mit sehr wenig Neigung zu rascher Heimkehr (23,10), nicht sehr wahrscheinlich ist. Sie war wohl doch eher eine einfache, wenn auch vornehme Nonne. Ihre Heimat könnte Süd- oder Südwestgallien (Aquitanien) gewesen sein, wenn der schöne Vergleich des Euphrat mit der Rhône mehr sein sollte als eine Lesefrucht (18,2). Aber die geographischen Formeln im Briefe des Valerius[12], so undeutlich sie immer sein mögen, weisen eher auf Galizien hin, woher ja auch der Mönch Valerius selber stammte.[13] Wie sie von dort aus nach Konstantinopel gelangt ist, wissen wir nicht; vermutlich wie der Pilger von Bordeaux auf dem Landwege. Das Datum ihrer Reise ist leider nicht exakt, aber immerhin ungefähr bestimmbar. Der oberste Zeitpunkt ist 363: In diesem Jahr überließ Kaiser Jovinian die mesopotamische Stadt Nisibis den Persern, worauf Egeria in 20,12 anspielt. Der unterste Zeitpunkt ist 540: einmal deswegen, weil Egeria die Kirchen- und Klosterbauten am Fuße und auf dem Gipfel des Sinai mit Sicherheit noch nicht in der Gestalt sah, die sie unter Kaiser Justinian zwischen 527 und 557 erhielten (3,3; 4,7), zum anderen deshalb, weil die Pilgerin die Metropole Antiochia am Orontes (17,3; 18,1; 22,1) besucht haben muß, bevor der Perser Chosroes sie 540 in Schutt und Asche legte. Man könnte ferner darauf hinweisen, daß Egeria im südsyrischen *Carneas (Šēḫ Saᶜd)* das Grab Hiobs gezeigt bekam (16,5.6): eine Überlieferung, die anscheinend erst um 400 aufkam, da sie Johannes Chrysostomus im Jahre 397 noch nicht erwähnt.[14] Das spräche nicht für die früher übliche Ansetzung in den beiden letzten Jahrzehnten des 4. Jahrhunderts, sondern für die Zeit um und nach 400. Genaueres ist nicht zu ermitteln.[14a] Besäßen wir die Beschreibung Jerusalems und

---

12 1: *occiduae plagae... extremitas* „der westlichen Seite äußerste Gebiete"; 4: *Quae extremo occidui maris oceani litore exorta orienti facta est cognita* „Sie, die von der äußeren Küste des Westmeeres aufbrach, wurde dem Osten bekannt."

13 Die Ansicht von C. Meister, *De itinerario abatissae Aetheriae perperam nomini S. Silviae addicto.* Rheinisches Museum (1909) 337-392, es sei die *Gallia Narbonensis,* vielleicht ein Kloster bei Arles oder Marseille, hat keine Wahrscheinlichkeit für sich.

14 S.u. Anm. 125.

14a J. Wilkinson, Egeria's Travels (1971) 237-239 glaubt im Anschluß an A. Baumstark, Das Alter der *Peregrinatio Aetheriae.* Oriens Christianus NS 1 (1911) 32-76 das Datum der Reise exakt auf 381-384 festlegen zu können; s. auch P. Maraval, Sources Chrétiennes 296, S. 27-39. Er argumentiert mit dem Titel *confessor* „Bekenner", den die Bischöfe von Batanis, Edessa und Carrhae bei Egeria tragen (19,1.5; 20,2). Nun sind die Bischöfe Eulogios

des Westjordanlandes aus der Feder der Pilgerin, dann bestünde vielleicht die Chance genauerer Datierung. Aber gerade das ist verlorengegangen: ein Umstand, den man nicht genug beklagen kann. Alles weitere ist Spekulation. Natürlich ist es reizvoll, sich vorzustellen, der seit 386 in Bethlehem ansässige hl. Hieronymus müsse doch irgendwie von der agilen Pilgerin Notiz genommen haben. Es wäre auch noch schöner, wenn man bei der starken literarischen Produktion des Kirchenvaters nicht die eine oder andere Stelle fände, die diese Deutung zuläßt. Ob er wohl in *Epistula 54,13 ad Furiam de uiduitate seruanda* auf sie anspielt? Er erwähnt dort eine Frau, über die im Orient böse Reden umliefen: *„Man tuschelte über das Alter, die Aufmachung, die Haltung, den Gang, über die Unvorsichtigkeit in der Wahl der Gesellschaft, die leckeren Schmäuse, den königlichen Prunk eines Nero und die Beilager Sardanapals.“*[15] Der Brief ist wahrscheinlich gegen Ende 394 geschrieben. Aber er meint doch nicht unsere Pilgerin! Das ist lächerlich. Oder darf man auf die *Epistula 133,4,3 ad Ctesiphontem* (um 415) hinweisen? Dort bezieht sich Hieronymus auf die Umgebung des Spaniers Priscillianus, eines origenistischen Häretikers nach Art des Avitus von Braga, und schreibt: *„Sein Nachfolger war Priscillianus, ein überaus eifriger Anhänger des Magiers Zoroaster, der aus einem Magier zum Bischof wurde. An ihn hing sich eine gewisse Galla* - so *ihr Name, nicht etwa ihre Herkunft -, die eine Schwester als Erbin zurückließ, die hin und her reiste, um eine*

von Edessa und Protogenes von Carrhae unter dem arianischen Kaiser Valens (364-378) in die Thebais verbannt worden; nach 378 wurden sie freilich rehabilitiert. Eulogios starb 387; 381 hatte er Protogenes zum Bischof von Carrhae geweiht. Also kann Egeria nicht vor Frühjahr 382 in Carrhae gewesen sein, wenn sie dort Protogenes als *confessor* angetroffen haben soll. In Wirklichkeit war sie 384 dort: ein Datum, das sich aus der minutiösen Analyse der Zeitangaben des Berichtes zu ergeben scheint. Man kann das nicht ausschließen, es ist inzwischen allgemein akzeptiert. Bischöfe der genannten mesopotamischen Städte können allerdings auch später noch *confessores* gewesen sein, ohne daß wir etwas davon erfahren.

15 *Epist. 54,13* ed. I. Hilberg, CSEL 54,1 (1910) 479,19-480,3: *et aetas et cultus et habitus et incessus, indiscreta societas, exquisitae epulae, regius apparatus Neronis et Sardanapalli nuptias loquebantur.* Vgl. Dom G. Morin, Un passage énigmatique de Saint Jérôme contre la pèlerine espagnole Eucheria. Revue Bénédictine 30 (1913) 174-186.

verwandte Häresie zu verbreiten."[16] Sollte unsere Pilgerin eine Schwester dieser Galla und obendrein eine Häretikerin gewesen sein? Verbreitete sie auf ihren Reisen böse Irrlehren? Wer will, mag diesen Roman glauben und weitere erfinden. Man sollte mit alledem aufhören. Der hl. Hieronymus kann durchaus in seinem Gehäus zu Bethlehem gesessen haben, ohne die Anwesenheit der Egeria in Palästina wahrzunehmen oder sonderlich zu beachten.

Man kann den Bericht über die Wallfahrten der Egeria schlechterdings nicht ohne innere Anteilnahme lesen. Sie ist eine erstaunliche und zugleich sympathische Frau gewesen. Was am stärksten in die Augen fällt, ist ihr Eifer: eine eifrige, rastlose, unermüdliche, bewegliche Nonne aus dem Abendland, von der leicht vorzustellen ist, daß sie ihren bischöflichen Gastgebern trotz gegenteiliger beiderseitiger Versicherungen doch wohl manchmal beschwerlich fiel. Sie eilte mit unerhörter Geschwindigkeit durch den Orient: Auf der zweiten Ägyptenreise rastete sie zwei Tage in Pharan (6,1) und kurz in Clysma (6,4), dann wieder zwei Tage in der Stadt Arabia, aber nur, um am Epiphaniasfest teilzunehmen (9,1). Auf den Reisen nach dem Nebo und nach Carneas ruhte sie nur nachts. In Mesopotamien machte sie den ersten Halt in Hierapolis (18,1) und notiert dann mit sichtlicher Ungeduld, daß sie der Übergang über den Euphrat *„etwas mehr als einen halben Tag"* gekostet hat (18,3). In Edessa gönnte sie sich drei, in *Ḥarrān/Carrhae* zwei Tage Aufenthalt (19,3; 20,7). Für die Vorbereitungen zur Rückreise nach Konstantinopel genügte ihr eine Woche in Antiochia (22,1), und auf der Rückreise selbst hielt sie zwei Tage beim Grabe der hl. Thekla - um mit ihrer Freundin zusammenzusein - und drei Tage in Tarsus (23,6). Sie versäumt nicht, die Gründe für den jeweiligen Aufenthalt anzugeben und gelegentlich zu beteuern, er sei notwendig gewesen *(necesse fuit* 6,1.4; 18,1; 19,3) - damit niemand auf den Gedanken verfalle, sie hätte gebummelt. Ohne Müdigkeit trotz großer Mühsal, die man freilich vor lauter Sehnsucht nach den heiligen Stätten gar nicht fühlt (3,2), eilte sie von Ort zu Ort: Sie wollte alles sehen. *„Ich bin ja*

[16] *Epist. 133,4,3* ed. I. Hilberg, CSEL 56 (1918) 248,12-15: *successoremque sui Priscillianum habuit, Zoroastris magi studiosissimum et ex mago episcopum, cui iuncta Galla non gente sed nomine germanam huc illucque currentem alterius et uicinae haereseos reliquit heredem.* Vgl. Dom A. Lambert, Egeria, soeur de Galla. Revue Mabillon 37 (1937) 1-42.

ziemlich neugierig" (ut sum satis curiosa 16,3), sagt sie selbst. Neugierig war sie ganz besonders auf Berge. Wo immer ein Berg von biblischer Bedeutung am Horizonte auftauchte, mußte sie ihn besteigen: den Sinai (3), den Horeb (4,1-5), den Nebo (11,4-12,10), den *Tell* von Sedima/*Salumias* (14,1), und, wenn wir dem Mönch Valerius Glauben schenken dürfen (2), auch den Tabor, den Hermon, den Berg der Seligpreisungen (?), den Karmel und den *Ǧebel Qarantal* bei Jericho. Ihre Neugier war quantitativ schwer zu befriedigen, denn sie fragte pausenlos und wollte alles wissen, qualitativ dagegen leicht, denn sie hing andächtig an den Lippen ihrer Gewährsleute, der Bischöfe, Kleriker und Mönche, und glaubte alles, was man ihr erzählte. Das letztere hängt sicherlich damit zusammen, daß sie allen Personen geistlichen Standes, vor allem aber den Mönchen, hohe Verehrung entgegenbrachte. Bei den Mönchen nimmt das die Züge kindlich-naiver Hingabe an: die sind immer „sehr heilig" (*ualde sancti* 5,10), würdigen die Besucher „sehr gastfreundlich" (*ualde humani* 11,1), bei ihnen einzutreten, führen „ein wahrhaft unglaubliches Leben" (*uita uere inaudita* 21,3), tun Wunder, und man darf ganz sicher sein, daß sie überhaupt niemals über etwas anderes sprechen als über die Hl. Schrift oder über die Taten früherer Mönche (20,13). Geistliche Amtsträger sind dann besonders verehrungswürdig, wenn sie aus dem Mönchsstande kommen *(ex monacho):* so z.B. der Bischof von Arabia (8,4; 9,1.2), der Bischof von Edessa (19,5), der Priestermönch von Sedima/*Salumias* (14,2). Nach Mesopotamien reiste Egeria hauptsächlich deswegen, *„um die heiligen Mönche zu sehen, die dort in großer Zahl und in so heiligem Leben, sagt man, existieren, daß man es kaum berichten kann"* (17,1). Ihr Wunsch wurde erfüllt und sie selbst nicht müde, die Tugenden der Mönche zu preisen (20,6.7).

Egeria war eine gebildete Dame. Sie verfügte über Griechischkenntnisse in Wort und Schrift (7,7; 8,3; 15,3) und war an der Auslegung der Bibel weit über den Durchschnitt hinaus interessiert. Zur Lesart der Septuaginta in *Gen 46,34* und 47,6 weiß sie eine territorialgeschichtliche Erklärung zu geben (7,1); den Bischof von *Ḥarrān/Carrhae* verwickelt sie in ein bibelkundliches Gespräch und nötigt ihn zu einem kleinen exegetischen Vortrag (20,9.10). Aus Edessa nimmt sie ein Exemplar der sog. Abgar-Korrespondenz mit, um sie zu Hause mit eigenen Abschriften vergleichen zu können (19,19). Daß sie Bibelstellen auch einmal nicht ganz korrekt zitiert

(14,3; 20,1)[17], daß sie von „Büchern der Richter“ spricht (16,1), wo es doch nur ein Richterbuch gibt, und daß sie bei der Beschreibung der Lage des Landes Hus/*Ausitis* ins Gedränge kommt (13,1-4)[18], fällt demgegenüber kaum ins Gewicht. Der Leser ist überrascht, auch sozusagen „archäologische“ Interessen anzutreffen: Sie beschreibt zwei ägyptische Statuen aus der Ramsesstadt, die sie freilich für Darstellungen des Mose und des Aaron hält (8,2.5); sie schildert die Gestalt eines besiedelten Ruinenhügels, eines *Tell* (13,2; 14,2), erwähnt den Hiobstein (16,6) und beurteilt die Architektur des Abgar-Mausoleums in Edessa als „altertümlich“ *(more antiquo* 19,18). Bei alledem darf man nicht übersehen, daß Egerias Bildung ganz wesentlich auf die Hl. Schrift konzentriert ist; was wir weltliche Kultur nennen würden, hat sie nicht interessiert. Mit vortrefflicher Beobachtungsgabe ausgestattet, ist sie Landschaftseindrücken gegenüber nicht gleichgültig: Sie weiß die Großartigkeit des Euphrat (18,2), die Schönheit der Täler (1,1; 9,4; 13,2; 16,2) und den klösterlichen Frieden (4,7) sehr wohl wahrzunehmen. Stark ausgeprägt ist das freilich nicht. Botanik und Zoologie kommen nicht vor, auch kaum einmal die Sitten und Gebräuche der nichtgeistlichen Landesbewohner (6,2). Auf hohen Bergesgipfeln und anderswo läßt sie sich von der Begeisterung überwältigen und zu einer Art „religiöser Geographie“ verleiten: Sie schaut mit den Augen des Glaubens vom Sinai (2,6; 3,8) und vom Nebo (12,5) und schildert die Fruchtbarkeit des Landes Gosen mit der Bibel (9,4).

Was die Organisation der Wallfahrten anlangt, so erinnert vieles an die bis zum heutigen Tage übliche Form religiöser Gruppenreisen. Egeria ist nie allein, sondern stets Mitglied einer Pilgergruppe, wenn auch gewiß das prominenteste. Die Gruppe wird von Reiseführern geleitet, Klerikern und Mönchen der betreffenden Gegend (1,2; 10,3; 11,3; 13,2), nicht selten auch von Bischöfen, die entweder um Begleitung und Belehrung gebeten werden (3,7; 10,8; 15,2) oder dergleichen aus freien Stücken anbieten (19,5). Man reitet auf Eseln (3,2; 11,4; 14,1); kleinere Strecken geht man zu Fuß (15,1.2). Vor allem aber werden, ganz wie bei unseren Gruppenreisen, des öfteren Andachten abgehalten: gewöhnlich mit Gebet, Schriftlesung, Psalm und Segen (4,8; 10,7; 11,3; 14,1; 15,4; 20,3; 21,1 u.ö.), seltener mit Messe und Kommunion (4,3), auch einmal mit einfachem Gebete

---

17 S.u. Anm. 115.148.

18 S.u. Anm. 108.

an der Stelle, wo man einen heiligen Ort zum ersten Male sehen kann (1,2). Wer gedenkt nicht der Andachtsübungen moderner Pilgergruppen, allerorten und z.B. besonders dann, wenn sie, von Jericho kommend, Jerusalem zum ersten Male erblicken? Ein Bibelexemplar wird beständig mitgeführt, vermutlich - wegen der Größe - auf einem Esel für sich[18a], wie denn überhaupt die Reise „immer nach der Hl. Schrift" *(semper iuxta scripturas* 5,12) geschieht.

Egeria hat ihren Bericht in Konstantinopel geschrieben, nachdem die Pilgerfahrt im wesentlichen abgeschlossen war (23,10). Als Quelle hat sie wohl vor allem Tagebuchnotizen benutzt; denn es ist kaum anzunehmen, daß sie alle Einzelheiten aus dem Gedächtnis wiedergab. „Quelle" im weitesten Sinne des Wortes war natürlich auch die Bibel, allem Anschein nach eine der altlateinischen Fassung *(Vetus Latina, Itala)* verwandte Textform; die Klosterschwestern werden im Sinne eines Generalverweises ausdrücklich aufgefordert, den Pentateuch zu lesen (5,8). Was Egeria an Literatur sonst noch benutzte, wissen wir nicht genau: sehr wahrscheinlich jedenfalls ein Exemplar der um 390 von Hieronymus besorgten lateinischen Übersetzung des *„Onomastikon der biblischen Ortsnamen"* aus der Feder des Bischofs Eusebius von Caesarea.[19] Der Stil des Berichtes ist literarisch ganz anspruchslos. Etheria schreibt ein einfaches umgangssprachliches Vulgärlatein, den kunstlosen *sermo cotidianus* ihrer Zeit, mit grammatischen Fehlern - wenn der Ausdruck „Fehler" dabei überhaupt erlaubt und sinnvoll ist -, Kasus- und Modusverwechslungen, Anakoluthen, barbarischen Wörtern, auch einmal vertrackten und verhedderten Satzgefügen (z.B. 2,3).[20] Sie verschmäht alle literarische Kultur, bietet keinerlei Dichterzitat, läßt keinen Anklang an den Stil der Rhetoren erkennen. Fast möchte man sagen: Egeria verwirklicht das christliche Erziehungsideal,

---

18a Diesen Esel bezweifelt mit starkem Nachdruck M. Mulzer, Mit der Bibel in der Hand? Egeria und ihr „Codex". ZDPV 112 (1996) 156-164. Er macht geltend, daß an zwar nicht allen, aber doch vielen Orten, wo Andacht gehalten wurde, Kirchen und Kleriker vorhanden waren; die letzteren konnten Texte leihweise zur Verfügung stellen. So ist es.

19 Vgl. J. Ziegler, Die *Peregrinatio Aetheriae* und das Onomastikon des Eusebius. Biblica 12 (1931) 70-84; ders., Die *Peregrinatio Aetheriae* und die Hl. Schrift. Ebenda 162-198.

20 Vgl. die ausgezeichnete Monographie von E. Löfstedt, Philologischer Kommentar zur *Peregrinatio Aetheriae* (1911, Nachdruck 1970); ferner auch L. Spitzer, The Epic Style of the Pilgrim Aetheria. Comparative Literature 1 (1949) 225ff.

das der hl. Hieronymus in der *Epistula 107 ad Laetam* aufgestellt und beschrieben hat, die Erziehung der Enkelin seiner Freundin Paula betreffend. Sie verwirklicht dieses Ideal freilich auf ihre ganz eigene, individuelle Art, ohne die steilen Thesen und Antithesen des Hieronymus, der sich selbst ja keineswegs an das hielt, was er forderte, einfach und sympathisch. Die Stimme der Pilgerin klingt unvermittelt und ansprechend über anderthalb Jahrtausende zu uns herüber.

Der Bericht der Egeria besteht aus zwei Teilen: der Reiseschilderung (1-23) und der Beschreibung der Liturgie in den Kirchen von Jerusalem (24-49). Nur der erste Teil ist in die vorliegende Sammlung aufgenommen. Kritische Ausgaben des lateinischen Textes: P. Geyer, CSEL 39 (1898) 37-101 und CCSL 175 (1965) 37-90. Der von J. F. Gamurrini erstmals 1887 veröffentlichte *Codex Aretinus* (11. Jh.) ist die einzige Handschrift, die wir besitzen. Sie ist am Anfang und am Ende verstümmelt. Teile des verlorengegangenen Anfangs können wiedergewonnen werden, wenn auch nur inhaltlich, nicht ganz dem Wortlaut nach. Im Jahre 1137 schrieb Petrus Diaconus, der gelehrte Bibliothekar des Klosters von Monte Cassino, eineerweiterte Bearbeitung des auf Beda Venerabilis zurückgehenden *„Liber de locis sanctis"* (Anfang des 8. Jh.); er benutzte dazu ältere Quellen, darunter nachweislich auch Egeria.[21] Ferner wurde 1909 eine Handschrift aus der Nationalbibliothek von Toledo bekannt: Sie stammt aus dem 9. Jahrhundert, ist also älter als der *Codex Aretinus,* enthält aber nur bescheidene Auszüge aus Egerias Bericht.[22] Diese Auszüge sind unter der Bezeichnung *Excerpta Matritensia* in CCSL 175 (1965) am unteren Rande der S. 40, 43, 51, 53f., 56f., 62-64 und auf S. 93 dargeboten. Sie sind in der vorliegenden Sammlung ebensowenig berücksichtigt wie Petrus Diaconus; es handelt sich in beiden Fällen nicht um den Text der Egeria, sondern um nachgeformtes Gut. - Ich habe mich nach längerem Zögern entschlossen,

---

21 *Cod. Casinensis 361* (12. Jh.) p. 67-80 bei P. Geyer, CSEL 39 (1898) 105-121 sowie CCSL 175 (1965) 95-103 und am unteren Rande der Seiten des Egeria-Textes.

22 *Cod. Matritensis, Bibl. Nac. Tolet. 14,24* (9. Jh.) *fol. 8-9;* veröffentlicht durch Dom De Bruyne, Nouveaux fragments de l'*Itinerarium Eucheriae.* Revue Benedictine 26 (1909) 482f.

die deutsche Übersetzung von Karl Vretska zu übernehmen.[23] Er hat sie selbst wie folgt charakterisiert: „*Unsere Übersetzung wird sicher öfter plump und ungeschickt erscheinen; wenn wir auch im ganzen versucht haben, die Lektüre nicht allzu mühsam zu gestalten, haben wir doch diese Gefahr auf uns genommen, um nicht gerade die charakteristischen Eigentümlichkeiten des Textes verschwinden zu machen und den Stil dadurch zu entstellen.*"[24] Die Übersetzung Vretskas ist so gut wie unverändert gelassen. Nur an ganz wenigen Stellen habe ich in sie eingegriffen, etwa bei den Ortsnamen und bei den Bezeichnungen Gottes.[25]

Ausgewählte Literatur: Über keinen Pilgerbericht ist soviel geschrieben worden wie über den der Egeria. Bibliographien finden sich in der Monographie von H. Pétré (1958)[26] 85-87, in CCSL 175 (1965) 31-34, bei J. Wilkinson, Egeria's Travels, Newly Translated with Supporting Documents and Notes (1971) 300-303 und bei P. Maraval und M. C. Díaz y Díaz, Égérie. Journal de Voyage (Itinéraire). Introduction, Texte critique, traduction, notes, index et cartes. Valerius du Bierzo, Lettre sur la B^{se} Égérie. Introduction, texte et traduction. Sources Chrétiennes 296 (1982) 9-14. Dazu P. Devos, Une nouvelle Égérie. AnBoll 101 (1983) 43-70 und A. Bastiaensen, L'Itinéraire d'Égérie. Observations à propos d'une nouvelle édition. Revue des Études Augustiennes 30 (1984) 136-144. S. ferner: M. Starowieyski, Bibliografia Egeriana. Augustinianum 19 (1979) 297-318. D. R. Blackmann – G. G. Betts, Concordantia in Itinerarium Egeriae (Hildesheim 1989). – Im Folgenden eine Auswahl weiterführender Titel : H. J. Leon, A Mediaeval Nun's Diary. Classical Journal 59 (1963s.) 121-127. - G. F. M. Vermeer, Observations sur le vocabulaire du pèlerinage chez Égérie et chez Antonin de Plaisance. *Latinitas Christiana Primaeva 19* (1965). - E. Bechara, A Carta de Valério sôbre Etéria. *Romanitas* (1965) Nr. 6-7, 331-337. - R. Hill, Aetheria XII 9 and the Site of Biblical Edrei. VT 16 (1966) 412-419. - C. Di Zoppola - A. Candelaresi, Eteria. Diario di un viaggio (1966, 1979^2). - D. C. Swan-

---

23 Die Pilgerreise der Aetheria *(Peregrinatio Aetheriae)*, eingeleitet und herausgegeben von Hélène Pétré, übersetzt von Karl Vretska (1958). Das Buch ist, bis auf die neue Übersetzung Vretskas, die deutsche Fassung von H. Pétré, Éthérie. Journal de voyage. Texte latin, introduction et traduction. Sources chrétiennes 21 (1948). Ich bin dieser schönen Monographie in vieler Hinsicht verpflichtet.

24 A.a.O., S. 84.

25 Im Unterschied zu Vretska sind die Ortsnamenformen des lateinischen Originals konsequent übernommen. In der merkwürdig uneinheitlichen Wiedergabe von *Dominus* und *Deus* durch Vretska habe ich Einheitlichkeit hergestellt.

26 S.o. Anm. 23.

son, A Formal Analysis of Egeria's (Silvia's) Vocabulary. Glotta 44 (1966s.) 177-254. - P. Devos, La date du voyage d'Égérie. AnBoll 85 (1967) 165-197. - B. Bagatti, Ancora sulla data di Eteria. Bibbia e Oriente 10 (1968) 73-75. - P. Devos, Égérie à Bethléem. AnBoll 86 (1968) 87-108. - F. Mian, Osservazioni letterarie e lessicali sulla lettera di Monaco Valerio su „Eteria". Bibbia e Oriente 11 (1969) 205-209. - C. Milani, I grecismi nell'*Itinerarium Egeriae. Aevum 43* (1969) 200-234. - C. Milani, Studi sull'*itinerarium Egeriae.* L'aspetto classico della lingua di Egeria. *Aevum 43* (1969) 381-452. - E. Doblhofer, Drei spätantike Reiseschilderungen. Festschrift K. Vretska (1970) 1-22. - E. Gingras, Egeria. Diary of a Pilgrimage. Ancient Christian Writers 38 (1970). - J. Daoust, Éthérie à Édesse. Bible et Terre Sainte 120 (1970) 23f. - F. Mian, „*Caput Vallis*» al Sinai in Eteria. FrancLA 20 (1970) 209-223. - J. Wilkinson, Egeria's Travels (1971). - E. Wistrand, Textkritisches zur *Peregrinatio Aetheriae. Opuscula Selecta, Acta Inst. Rom. Regni Sueciae 10* (1972) 263-287. - A. Fantoli, II viaggio di una donna al Sinai sedici secoli or sono. Levante 19 (1972) 9-36. - P. Devos, Silvie la Sainte pèlerine. AnBoll 91 (1973) 105-117. - P. Devos, *Lecto ergo ipso loco.* A propos d'un passage d'Égérie (Itin. III,6). Zetesis E. de Strykker (1973) 646-654.- K. A. D. Smelik, „*Aliquanta ipsius S. Thomae". Vigiliae Christianae 28* (1974) 290-294. - G. Sanders, Égérie, Saint Jérôme et la Bible. En marge de l'*Itinerarium Egeriae* 18,2; 39,5; 2,2. FS E. Dekkers I (1975) 181-199. - Chr. Mohrmann, Égérie et le monachisme. FS E. Dekkers I (1975) 163-180. - A. Arce, Itinerario de la virgen Egeria (381-384). Edición crítica del texto latino, variantes, traducción anotada, documentas auxiliares, amplia introducción, planos y notas. BAC 416 (1980). - M.M. Braniște, Notes de voyages d'Égérie, pèlerine occidentale du IVe siècle. Mitropolia Olteniei 34 (1982) 225-388. - N. Natalucci, L'»epistola» del monaco Valerio e l' «Itinerarium Egeriae». Giornale italiano di Filologia 35 (1983) 3-24. - J. Daoust, Égérie en Terre Sainte. Esprit et Vie 93 (1983) 279-282. - V. Bejarano, Las proposiciones completivas en la Peregrinatio Egeriae. Helmantica 34 (1983) 91-101. - M.E. Winters, Steps toward the Romance Passive Inferrable from the Itinerarium Egeriae. Romance Philology 37 (1984) 445-454. - G.E. Saint-Laurent, The Pilgrimage of Egeria. Word and Spirit 6 (Still River Ma. 1984) 24-40. - E. Lamirande, La pèlerine Égérie, une grande dame de l'antiquité chrétienne. Église et Theologie 15 (1984) 259-291. - V. Bejarano, Las conjunciones causales en la «*Peregrinatio Egeriae*». In: *Athlon. Satura grammatica in honorem Francisco R. Adrados* (1984) 93-97. - P. Siniscalco - L. Scarampi, Egeria. Pellegrinaggio in Terra Santa. Collana di testi patristici 48 (1985). - S. Elm, Perception of Jerusalem Pilgrimage as Reflected in two Early Sources on Female Pilgrimage (3rd and 4th centuries A.D.). Studia Patristica 10/20 (1987/9) 219-223. - Y. Väänänen, Le Journal épītre d'Égérie (*Itinerarium Egeriae*). Étude linguistique. *Analecta Academiae Scientiarum Fennicae B-230* (1987). - H. Sivan, Who was Egeria? Piety and Pilgrimage in the Age of Gratian. HThR 81 (1988) 59-72. - Ders., Holy Land Pilgrimage and Western Audiences.

Some Reflections on Egeria and Her Cercle. Classical Quarterly 82 (1988) 528-535. - C. Weber, Egeria's Norman Homeland. Harvard Studies in Classical Philology 92 (1989) 437-456. - J.-N. Pérès, Les Patriarches dans l'Itinéraire de la pèlerine Égérie. Pos Luth 37,1 (1989) 41-50. - V. Väänänen, Les paroles citées dans l'*Itinerarium Egeriae*. In: Miscellanea di studi in onore di Aurelio Roncaglia 4, Modena 1989, 1381-1384. - A. Bastiaensen, Sur quelques passages de l'*Itinerarium Egeriae*. AnBoll 108 (1990) 271-277. – N. Natalucci, Egeria. Pellegrinaggio in Terra Santa. *Bibliotheca Patristica* (1991). – P. Devos, Egeriana III. AnBoll 109 (1991) 363-381. – F. Ledegang, Als pelgrim naar het Heilige Land. De pelgrimage van Egeria in de vierde eeuw. Christliche Bronner 4, Kampen 1991. – P. Smiraglia, Un indizio per la cronologia delle due parte dell'Itinerarium di Egeria. In: A. Buttitto u.a. (ed.), G. Monaco, Scritti di filologia classica (1991) 1491-1497. – F. Manns, Une tradition judéo-chrétienne mentionnée par Égérie. Henoch 10 (1988) 283-291. – E. D. Hunt, The Itinerary of Egeria. Reliving the Bible in Fourth-Century Palestine. In: Hunt, The Holy Land, Holy Lands, and Christian History (2000) 34-54. - Einen besonderen Hinweis verdient der Kongreßband: C. Santori (ed.), Atti del convegno internazionale sulla *Peregrinatio Egeriae*, nel centenario della pubblicazione del *Codex Aretinus 405* (già *Aretinus VI,3*), Arezzo 23-25 ott. 1987. Accademia Petrarca, Arezzo 1990. Darin hauptsächlich: F. Gardini, La Gerusalemme di Egeria e il pellegrinaggio dei cristiani d'occidente in Terrasanta fra IV e V secolo. - F. Fabbrini, La cornice storica della "*Peregrinatio Egeriae*" 21-75. - A. Campano, La storia della scoperta del codice aretino nel carteggio Gamurrini - De Rossi 77-84. - P. Smiraglia, Il testo di Egeria: problemi di struttura 93-108. - V. Väänänen, I due livelli del linguaggio orare nell'*Itinerarium Egeriae* 159-165. -A. Tafi, Egeria e la Bibbia 167-176. - Z. Rubin, Sinai in the *Itinerarium Egeriae* 177-191. - M. Piccirillo, Il pellegrinaggio di Egeria al Monte Nebo in Arabia 193-214. - R. Gelsomino, Egeria, 381-384 d.C.: dalle radici romane alle radici bibliche 243-304. - P. Maraval, Egérie et Grégoire de Nysse, pèlerins aux lieux saints de Palestine 315-331. - S. Janeras, Contributo alla bibliografia Egeriana 355-3

Übersetzung

1.*1* ... zeigte man uns gemäß der Hl. Schrift. Indem wir weiter wanderten, kamen wir zu einem Ort, wo sich eben die Berge, zwischen denen wir dahinzogen, öffneten und ein Tal bildeten, ein unermeßliches, völlig ebenes und überaus schönes, und jenseits des Tales, da zeigte sich uns der heilige Berg Gottes, Syna.[1]

2. Die Stelle aber, wo sich die Berge öffneten, ist verbunden mit jenem Ort, wo die Gräber der Lust sind.[2] Wenn man nun an diesen Ort kommt, dann - so mahnten jene heiligen Führer, die mit uns waren[3], - indem sie sagten: „Es besteht die Gewohnheit, daß hier von allen, die hierherkommen, ein Gebet gesprochen wird, weil von hier erstmals der Berg Gottes gesehen wird!" - so wie es auch wir taten.[4] Von dieser Stelle bis zum Berg Gottes waren es vielleicht vier Meilen im ganzen durch jenes Tal, das ich als gewaltig bezeichnete.

2.*1.* Dieses Tal aber ist ganz gewaltig, es liegt am Fuße des Berges Gottes und hat, soweit wir mit unseren Augen schätzen konnten und sie selber uns sagten, der Länge nach vielleicht 16 Meilen, der

---

1 Das Sinai-Massiv im zentralen S-Teil der gleichnamigen Halbinsel. Die Pilgerin kam von Pharan (Faran), heute *Fērān,* eine Oase n. des *Ğebel Serbāl* (2060 m), ca. 40 km vom Sinai-Massiv entfernt. Sie zog nach SO durch das *Wādi Fērān* und das *Wādi Selāf* bis zum *Naqb el-Hawā,* ca. 20 km nnw. des Sinai. Dort öffnet sich das nw.-sö. verlaufende *Wādi er-Rāḥa,* das hier beschriebene Tal, das den Ausblick auf die dreigipflige Wand des *Rās eṣ-Ṣafsāf(e)* („Kopf, Klippe der Weidenbäume"), die NW-Ecke des Sinai-Massivs, freigibt.

2 *Num 11,31-34.* Die Stätte der „Lustgräber" *(sepulcra* oder *memoriae concupiscentiae)* wird gewöhnlich mit *Ruwēs el-Ebēriq,* ca. 40 km nnö. des Sinai-Massivs identifiziert. Der Pilgerin jedoch zeigte man sie unweit des *Naqb el-Hawā.* In den Tälern der Sinai-Halbinsel gibt es bis heute zahlreiche runde oder viereckige Bauten aus unbehauenen Steinen, die die Beduinen *nawāmīs* nennen; vgl. D. Bar-Yosef u.a., IEJ 27 (1977) 65-88.

3 Die Pilgerin reiste niemals allein, sondern stets in Begleitung von Klerikern und Mönchen der betreffenden Gegend. „Heilige" *(sancti)* war eine Bezeichnung, mit der Christen einander anredeten. Egeria braucht sie besonders für Bischöfe, Priester und Mönche, natürlich auch als Epitheton für die Gestalten des AT und des NT.

4 Ein sog. Anakoluth, d. h. ein unvollständiges Satzgefüge, wie oft in der Prosa der Pilgerin. Der mit „wenn" eingeleitete Nebensatz hat keinen Hauptsatz.

Breite nach, sagten sie, seien es 4 Meilen.[5] Dieses Tal also hatten wir zu durchqueren, um den Berg besteigen zu können.

2. Das ist also das ungeheure und ganz ebene Tal, in dem die Söhne Israels verweilt haben in jenen Tagen, da der hl. Moses auf den Berg des Herrn gestiegen, und er war dort 40 Tage und 40 Nächte.[6] Hier ist auch das Tal, in dem das Kalb gemacht worden ist, ein Platz, der noch heute gezeigt wird: denn ein großer Stein steht dort festgerammt an diesem Ort.[7] Dieses Tal also ist es, an dessen Ende[8] jener Ort liegt, wo der hl. Moses, da er die Tiere seines Schwiegervaters weidete, - da sprach wieder mit ihm Gott aus dem Dornbusch im Feuer.[9]

3. Und da unser Marsch so ging, daß wir zuerst den Berg Gottes besteigen wollten, der von hier aus sichtbar war, weil der Aufstieg von der Seite, woher wir kamen, leichter war, und daß wir von dort wieder zu jenem Talschluß absteigen sollten, das heißt dorthin, wo der Dornbusch stand, weil der bessere Abstieg vom Berge Gottes dorther erfolgte: also darum gefiel es uns, daß wir, wenn wir alles, wonach wir uns sehnten, gesehen hätten, beim Abstieg vom Berge Gottes dorthin kämen, wo der Dornbusch steht, und von dort den ganzen Weg, mitten durch das Tal der Länge nach zurückkehrten zum Weg, zusammen mit den Dienern Gottes, die uns alle Orte im einzelnen, von denen geschrieben steht, in diesem Tal zeigen sollten, all wie es auch geschehen ist.

4. Als wir also von dorther kamen, wo wir auf dem Marsch von Faran[10] unser Gebet gesprochen hatten, war unser Weg so, daß wir mitten durch den Talschluß querten und uns so dem Berg Gottes näherten.

5. Der Berg scheint ringsum zwar nur ein einziger zu sein; trittst du

---

5 Die Breite zu 6 km dürfte richtig geschätzt sein. In der Länge (16 Meilen = 24 km) ist das *Wādi ed-Dēr* zum *Wādi er-Rāḥa* hinzuzunehmen.

6 *Ex 19,2; 24,18.*

7 *Ex 32,1-6.* Die Tradition lokalisiert die Stätte des Goldenen Kalbes am Fuße des *Ğebel Hārūn* („Aaronsberg") beim Eingang ins *Wādi ed-Dēr.*

8 Der Ausdruck *caput vallis,* der in der Beschreibung der Sinai-Region mehrfach begegnet, meint den „Talkopf", d.h. den etwas höher gelegenen und meist schmaleren Beginn eines Tales. Vretska: „Ende des Tales, Talschluß" ist nicht sehr glücklich.

9 *Ex 3.* Der Satz ist wiederum Anakoluth (s. o. Anm. 4).

10 Oase *Fērān* n. des *Ğebel Serbāl.*

aber näher, sind es mehrere, aber alles heißt Berg Gottes; aber jener besondere, auf dessen Gipfelhöhe jener Ort ist, da herabstieg die Herrlichkeit Gottes, wie es geschrieben steht, liegt in aller Mitte.[11]

6. Und obwohl hier alle Berge ringsum so hoch sind, wie ich sie noch nie gesehen zu haben glaube, so ist doch jener Berg in der Mitte, auf den herabstieg die Herrlichkeit Gottes, so viel höher als alle jene, daß, da wir ihn erstiegen hatten, alle jene Berge, die wir als so hoch erblickt hatten, so tief unter uns lagen, als wären sie ganz kleine Hügelchen.[12]

7. Das ist doch sicherlich sehr wunderbar und nicht, glaube ich, ohne die Gnade Gottes so, daß jener Mittelberg, der eigentlich Syna heißt, das ist der, auf den herabstieg die Herrlichkeit Gottes, obwohl er höher ist als alle, doch nur gesehen werden kann, wenn du an seinen Fuß kommst, ehe du ihn ersteigst; doch wenn du nach erfüllter Sehnsucht von ihm herabgestiegen bist, dann siehst du ihn von gegenüber, was man vor dem Aufstieg nicht machen kann. Das aber hatte ich schon, bevor wir zum Berg Gottes kamen, aus den Berichten der Brüder erfahren, und als ich dorthin kam, erkannte ich klar, daß es so sei.

3.*1.* Wir stiegen also Samstag abends in die Berge ein, und da wir zu Einsiedeleien kamen, nahmen uns dort die Mönche, die dort wohnten, sehr freundlich auf und boten uns alle Gastfreundschaft; dort

---

11 *Ex 19,18-20; 24,16.* Die Pilgerin beschreibt das Gelände sehr genau. Das Sinai-Massiv ist, aus der Ferne betrachtet, einheitlich und zusammengehörig; es differenziert sich erst beim Nähertreten in die Einzelgipfel. Der Berg „in aller Mitte" *(in medio illorum omnium)* ist der *Ǧebel Mūsā* „Mosesberg" (2292 m).

12 Es ist reizvoll zu beobachten, wie der Glaubenseifer der Pilgerin, ihre Begeisterung, wohl auch die Erleichterung nach dem sehr mühsamen Aufstieg, ihre sonst so trefflich ausgeprägte Beobachtungsgabe zeitweilig außer Kraft gesetzt haben. Denn davon, daß der *Ǧebel Mūsā* höher sei als alle Berggipfel ringsum, kann keine Rede sein. Der benachbarte *Ǧebel Qāṭerīn* erreicht 2606 m! Das Zentralmassiv ist ein grandioses Felsgebirge, und wenn der Pilgerin die Gipfel als „kleine Hügelchen" *(colliculi permodici)* erscheinen, dann liegt die Ursache dafür nicht in der Geographie, sondern in der Religion.

ist auch eine Kirche mit einem Priester.[13] Dort blieben wir in dieser Nacht und dann frühmorgens am Sonntag begannen wir mit dem Priester und den Mönchen, die dort wohnten, die einzelnen Gipfel zu besteigen. Diese Gipfel besteigt man mit unermeßlicher Mühe, weil du sie nicht mählich und mählich im Kreis oder wie wir sagen im Wendelgang, sondern ganz direkt besteigst wie eine Mauer, und ebenso mußt du sie ganz direkt herabsteigen alle diese Berge, bis du an den eigentlichen Fuß jenes Berges in der Mitte kommst, der der eigentliche Syna ist.

2. Und so nun, dem Befehl gemäß Christi, unseres Gottes, und unterstützt von den Gebeten der Heiligen, die mich begleiteten, und unter großer Mühe - weil ich zu Fuß bergan gehen mußte (weil man schon gar nicht auf einem Sattel bergansteigen konnte; und doch wurde diese Mühe gar nicht gefühlt, deshalb aber wurde diese Mühe nicht gefühlt, weil ich die Sehnsucht, die ich über den Befehl Gottes spürte, erfüllt sah): um die vierte Stunde also (10 Uhr) kamen wir auf die Gipfelhöhe des hl. Berges Gottes Syna, wo das Gesetz gegeben worden ist, das ist an jenem Ort, da herabgestiegen ist die Herrlichkeit Gottes an jenem Tag, an dem der Berg rauchte.[14]

3. Dort nun steht jetzt eine Kirche, nicht sehr groß, weil auch der Platz selber, das ist die Gipfelhöhe, nicht sehr groß ist; doch hat die Kirche an sich viel Anmut.[15]

4. Als wir also im Auftrage Gottes diese Gipfelhöhe erstiegen hatten und zum Tor dieser Kirche gekommen waren, siehe, da begegnete uns ein Priester, der aus seiner Einsiedelei kam, der dieser Kirche

---

13 Im Sinai-Massiv gab es im 4. Jh. und später zahlreiche Mönchsniederlassungen. Egeria nennt sie *monasteria,* gewöhnlich mit „Klöster" übersetzt. Aber das ergibt ein falsches Bild. Die *monasteria* waren zunächst Einsiedeleien für Eremiten, oft nicht mehr als Höhlen. Mehrere solcher *monasteria* beieinander bildeten eine *laura,* ein Ausdruck, den Egeria nicht verwendet. *Monasterium* im Sinne von Klostergemeinschaft *(coenobium)* ist späterer Sprachgebrauch und nicht ganz sachgemäß. - Die hier und oft gerühmte Gastfreundschaft *(humanitas)* der Mönche war gewissermaßen die christliche Form der Humanität bei Mönchen, Priestern und Bischöfen.

14 *Ex 19,18-20; 24,16.*

15 Die heutige Kapelle auf dem Gipfel des *Ǧebel Mūsā* steht z. T. auf den Fundamenten der dreischiffigen Kirche mit polygonaler Apsis, die Etheria sah. Wann und von wem diese Kirche zerstört wurde, wissen wir nicht. In der Zeit Justinians (Mitte des 6. Jh.) wurde sie durch ein kleineres Gebäude ersetzt, das der Pilger von Piacenza (37) um 570 besuchte.

zugewiesen war, ein rüstiger Greis und Mönch von jung auf und ein Asket[16], wie man dort sagt; kurz, er war würdig, an jenem Ort zu leben. Es kamen uns auch noch andere Priester entgegen, alle auch Mönche, die dort in der Nähe des Gipfels wohnten, d.h. die durch Alter oder Schwäche nicht behindert waren.

5. Aber auf der Gipfelhöhe jenes mittleren Berges selbst wohnt niemand; dort ist nichts als die Kirche und die Höhle, wo der hl. Moses war.[17]

6. Als nun die ganze Stelle aus dem Buch des Moses vorgelesen, das Opfer ordnungsgemäß dargebracht war und wir kommuniziert hatten[18] und nunmehr aus der Kirche gingen, da gaben uns die Priester dieses Ortes „Eulogien" (Gaben)[19], d.h. von den Früchten, die auf diesem Berg wachsen. Obwohl nämlich der eigentliche hl. Berg Syna ganz felsig ist, so daß er keinen Strauch trägt, ist doch unten, nahe[19a] dem Fuß dieser Berge, d.h. am Fuß des mittleren und jener, die ringsum liegen, ein wenig Erdreich; sofort legen die Mönche ihrem Fleiß entsprechend kleine Obstkulturen und Obstgärten und

---

16 Der Ausdruck „Asket" *(ascitis)* scheint der Pilgerin neu zu sein. Er bezeichnete ursprünglich nicht Mönche, sondern Menschen, die sich dem Ideal christlicher Vollkommenheit, der Abtötung des Fleisches und dem Zölibat geweiht hatten, aber mit ihren Familien oder doch in ihren Ortschaften lebten (im westlichen Sprachgebrauch: *continentes*). Im Osten fängt er alsbald an, auf Mönche überzugehen, die diese Ideale exemplarisch und extrem verwirklichten.

17 *Ex 33,21f.* in Verbindung mit *34,4-7.*

18 Das „Opfer" *(oblatio)* ist die Eucharistiefeier im Gottesdienst. Kommunizieren *(communicare)* meint wie im heutigen Sprachgebrauch: die Eucharistie empfangen, am Abendmahl teilnehmen.

19 *Eulogia* (griech. „Segen, gesegnete Sache") ist eigentlich gesegnetes, aber nicht konsekriertes Brot, das am Ende der Eucharistiefeier an die anwesenden Gläubigen verteilt wird. Man bezeichnete damit aber auch kleine Geschenke - z. B. Kuchen, Früchte, Öl, heiliges Wasser -, die sich die Bischöfe gegenseitig schickten oder die die Mönche im Sinne der *humanitas* (s. o. Anm.13) ihren Gästen gaben. Manchmal wurden die Eulogien in Flaschen abgefüllt, die dann auch Eulogien hießen - eine Vorstufe der heute üblichen religiösen Souvenirs.

19a Vgl. dazu V. Väänänen, Itinerarium Egeriae 3,6: une méprise canonisée. Arctos 19 (1985) 251-253.

Äcker[20] an und daneben für sich Wohnstätten, als ob sie aus der Erde des Berges selbst etliche Früchte erhielten, die sie jedoch mit eigenen Händen sich erarbeitet haben.

7. Nachdem wir also kommuniziert und jene Heiligen uns die Eulogien gegeben hatten und wir vor das Tor der Kirche getreten waren, da begann ich sie zu bitten, uns die einzelnen Örtlichkeiten zu zeigen. Da geruhten jene Heiligen sofort, uns die einzelnen Orte zu zeigen. Sie zeigten uns jene Höhle, wo der hl. Moses gewesen war, als er zum zweiten Mal auf den Berg Gottes stieg, um von neuem die Gesetzestafeln zu empfangen[21], nachdem er die ersten über den Sünden des Volkes zerbrochen hatte[22], dann alle andern Orte, die wir wünschten oder die sie selbst besser kannten, geruhten sie uns zu zeigen.

8. Das aber will ich euch, ehrwürdige Frauen, meine Schwestern, wissen lassen, daß von dem Ort, da wir standen, d. h. rings um die Mauern der Kirche, d.h. auf der Gipfelhöhe des mittleren Berges, uns jene Berge, die wir zuerst nur mit Mühe erstiegen hatten, gegenüber dem mittleren Berg, auf dem wir standen, so unter uns zu liegen schienen, als wenn sie nur kleine Hügelchen wären, während sie doch unendlich hoch waren, so daß ich nie höhere gesehen zu haben glaubte - mit Ausnahme des einen hier in ihrer Mitte, der sie weit überragte. Ägypten aber und Palästina, das Rote Meer und das Parthenische Meer, das gegen Alexandria reicht[23], und auch die unermeßlichen Gebiete der Sarazenen[24] sahen wir von dort unter uns liegen, so daß man es kaum glauben konnte; und doch zeigten uns dies jene Heiligen in allen Einzelheiten.

---

20 Die Handschrift hat *orationes* „Gebete", ein Wort, das man allenfalls auch im Sinne von *oratoria* „Bethäuser" (wie griech. προσευχαί) verstehen kann; so Geyer, CSEL 39 (1898) 40. Die Meisten folgen einer Vermutung von Wölfflin, der Schreibfehler für *arationes* „kultiviertes Land" annahm; so auch CCSL 175 (1965) 41.

21 *Ex 34,* bes. *V.4-7.*

22 *Ex 32,19.*

23 Das Parthenische Meer *(mare Parthenicum* oder *Isiacum)* ist das Mittelmeer vor dem Nildelta, zwischen Pelusium und Alexandria. Es handelt sich wieder um religiöse Geographie (s. o. Anm. 12); denn mehr als den Golf von Suez und den von *ᶜAqaba* kann man vom Gipfel des *Ğebel Mūsā* nicht sehen, auch das nur mit Glück und bei gutem Wetter.

24 „Sarazenen" *(saraceni)* ist ein Sammelname für arabische Nomaden der Sinai-Halbinsel und des *Ḥeğāz.* Das Wort hängt mit arab. *šarqī* (östlich) zusammen.

4._1._ Nachdem wir nun jegliche Sehnsucht erfüllt hatten, die uns so eilig den Berg hatte besteigen lassen, begannen wir schon wieder von jener Gipfelhöhe des Berges Gottes herabzusteigen, den wir erstiegen hatten, auf einen anderen Berg, der ihm benachbart ist und Choreb[25] genannt wird; dort ist nämlich eine Kirche.

_2._ Denn dies ist der Ort Choreb, wo der hl. Prophet Elias weilte, als er floh vor dem Antlitz des Königs Achab, da zu ihm sprach der Herr, also sagend: „*Was tust du hier, Elias?*", wie geschrieben steht in den Büchern der Könige.[26] Auch die Höhle, da sich der hl. Elias verborgen hielt, wird noch heute gezeigt vor dem Tore der Kirche, die dort steht; gezeigt wird dort auch ein Steinaltar, den der hl. Elias selbst setzte, um Gott zu opfern, wie uns auch jene Heiligen zu zeigen geruhten.[27]

_3._ Wir brachten also dort ein Opfer dar und ein inständiges Gebet, und gelesen wurde die Stelle aus dem Buch der Könige: Denn dies war uns zumeist (zur Gewohnheit, daß uns allerorts, wohin)[28] uns unsere Sehnsucht trieb, sobald wir dorthin gekommen waren, immer die Stelle aus der Bibel gelesen wurde.

_4._ Nachdem wir also auch dort ein Opfer dargebracht hatten, gingen wir von dort wieder zu einem anderen Ort, den uns - nicht weit weg - die Priester und Mönche zeigten, d. h. zu jenem Ort, wo der hl. Aaron gestanden mit den 70 Greisen, als der hl. Moses vom Herrn das Gesetz empfing für die Söhne Israels.[29] Dort also - obwohl es da kein Gebäude gibt - ist ein mächtiger Fels, der oben eine

---

25 Horeb, im AT ein anderer Name des Gottesberges in der Wüste. Die beiden Namen Sinai und Horeb haben in der Überlieferung zur Annahme zweier Berggipfel geführt, obwohl schon Hieronymus in seiner Übersetzung von Euseb, On. 173,15f., ganz richtig notierte: „*mihi autem uidetur quod duplici nomine idem mons nunc Sinai nunc Choreb uocetur*" (mir aber will scheinen, daß ein und derselbe Berg mit Doppelnamen manchmal Sinai, manchmal Horeb genannt wird). Die seltsame Formulierung „*qui locus appellatur in Choreb*" stammt wohl aus *Ex 17,6* (nach der griech. und altlatein. Fassung). Der als Horeb gezeigte Gipfel ist der *Ǧebel el-Munāǧa* (2097 m), wo noch heute alle von der Pilgerin genannten Traditionen lebendig sind.

26 *1 Kön 19,9.13.*

27 Von einem Altar des Elia auf dem Horeb ist in *1 Kön 19* nicht die Rede.

28 Der Text hat nach *maxime* „zumeist" vermutlich eine Lücke. Gamurrini: *uel maxime desiderii fuerat;* Geyer: *uel maxime consuetudinis erat semper, ut ubicumque ad ea loca, quae desidaueram, uenissemus* (vgl. 10,7; danach die obige Übersetzung); CCSL: *uel maxime desidaueram semper* (ohne *ea*).

29 *Ex 24,1-14.*

kreisrunde Fläche hat, auf der die Heiligen gestanden haben sollen; in der Mitte ist eine Art Altar aus Steinen. Es wurde also auch dort jene Stelle aus dem Buch des Moses gelesen und ein hierfür geeigneter Psalm gesprochen. Und nach dem Gebet stiegen wir herab.

5. Und siehe, es begann schon etwa die achte Stunde (14 Uhr), und immer noch blieben uns 3 Meilen übrig, um aus jenen Bergen herauszukommen, die wir am Vorabend betreten hatten. Aber wir konnten nicht an derselben Stelle hinausgehen, wo wir sie betreten hatten - wie ich schon oben gesagt habe -, weil wir alle hl. Orte besichtigen und alle die Einsiedeleien, die es dort gab, besuchen und es daher bei jenem Talschluß, den ich oben beschrieben habe, verlassen mußten, d. h. jenes Tales, das zu Füßen des Berges Gottes liegt.

6. Deshalb aber mußten wir bei jenem Talschluß das Tal verlassen, weil dort sehr viele Einsiedeleien hl. Männer waren und eine Kirche dort, wo der Dornbusch steht; dieser Dornbusch lebt und treibt bis heute Zweige.[30]

7. Und da wir nun vom Berg Gottes herabgestiegen waren, kamen wir gegen die 10. Stunde (16 Uhr) zum Dornbusch. Hier nun steht der Dornbusch, den ich oben erwähnt habe, aus dem der Herr im Feuer zu Moses gesprochen hat, er ist dort, wo viele Einsiedeleien liegen und die Kirche am Talschluß. Vor der Kirche aber liegt ein lieblicher Garten mit herrlichem, reich fließendem Wasser, in dem dieser Dornbusch steht.

8. Ganz in der Nähe wird dort auch der Ort gezeigt, wo der hl. Moses stand, als ihm Gott sagte: *„Löse die Riemen deiner Schuhe!"* und das ff.[31] Und als wir an diesem Ort angekommen waren, war es die zehnte Stunde und weil es schon spät war, konnten wir das Opfer nicht darbringen. Aber gesprochen wurde ein Gebet in der Kirche und auch im Garten beim Dornbusch: gelesen wurde auch die Stelle aus dem Buch des Moses nach unserer Gewohnheit; und weil es spät war, nahmen wir auch an dem Ort unsere Mahlzeit im Garten vor dem Dornbusch mit den Heiligen selbst; und dann blie-

---

30 Die Kirche im *Wādi ed-Dēr* mit dem Garten, in dem man den Dornbusch von *Ex 3* zeigte, ist die Vorgängerin der zwischen 548 und 562 unter Kaiser Justinian errichteten Basilika des Katharinenklosters. In der bis heute erhaltenen, wenngleich oft umgebauten Basilika gibt es eine Kapelle zum Gedächtnis des brennenden Dornbusches.

31 *Ex 3,5ff.*

ben wir dort über Nacht. Am andern Tag, früh morgens, baten wir die Priester, daß dort ein Opfer dargebracht werde, und so geschah es auch.

5.*1.* Und da unser Weg so ging, daß wir mitten durch jenes Tal, und zwar seiner Länge nach, gingen, d. h. jenes Tal, das ich oben erwähnt habe, wo die Söhne Israels verweilt hatten, während Moses auf den Berg Gottes stieg und herabstieg: so zeigten uns also immer jene Heiligen alle Einzelheiten, sobald wir auf dem Marsch durch das Tal zu diesen kamen.

2. Denn ganz in jenem Talschluß, wo wir übernachtet und jenen Dornbusch gesehen hatten, aus dem Gott im Feuer zu Moses gesprochen hatte, hatten wir auch jenen Ort gesehen, an dem vor dem Dornbusch der hl. Moses gestanden hatte, als Gott zu ihm sprach: *„Löse die Riemen deiner Schuhe, denn der Ort, da du stehst, ist heiliges Land!"*

3. Und so begannen sie uns, da wir vom Dornbusch aufgebrochen waren, immer alle übrigen Orte zu zeigen. Und so zeigten sie uns den Ort, wo das Lager der Söhne Israels gelegen war an jenen Tagen, da Moses auf dem Berg war. Sie zeigten uns auch den Ort, wo das goldene Kalb gemacht worden ist: denn an diesem Ort ist bis heute ein großer Stein festgerammt.

4. Wie wir weiterschritten, sahen wir auch uns gegenüber die Gipfelhöhe eines Berges, die hereinsah in dieses ganze Tal, von welchem Ort der hl. Moses die Söhne Israels tanzen sah an jenen Tagen, da sie das Kalb gemacht hatten. Sie zeigten auch den ungeheuren Felsen dort, wo herabstieg der hl. Moses mit Josua, dem Sohn des Nun, an welchem Felsen er voll Zorn die Tafeln zerbrach, die er trug.[32]

5. Sie zeigten uns auch, wie in diesem Tal ein jeder von ihnen seine Wohnstätte hatte, wovon noch bis heute die Grundmauern sichtbar sind von ihrem Rundbau in Stein.[33] Sie zeigten uns auch den Platz, wo der hl. Moses die Söhne Israels laufen ließ *„von Tor zu Tor"*, als er vom Berg zurückkam.[34]

---

32 *Ex 32,15-19.*

33 Was die Pilgerin sah, waren vermutlich kreisrunde, ovale oder viereckige Steinsetzungen, wie es sie bis heute in den Wüstengebieten des Nahen Ostens gibt. Sie sind z.T. vielleicht schon vorgeschichtlich, z.T. beduinisch.

34 *Ex* 32,27. Nicht die Israeliten insgesamt, sondern die Leviten ließ Mose im

6. Ebenso zeigten sie uns den Ort, wo das Kalb verbrannt wurde auf Befehl des hl. Moses, das Kalb, das ihnen Aaron gemacht hatte. Ebenso zeigten sie uns den Bach, aus dem der hl. Moses getränkt hatte die Söhne Israels, wie geschrieben steht im Exodus.[35]

7. Sie zeigten uns auch den Ort, wo vom Geiste Moses empfingen die 70 Männer.[36] Ebenso zeigten sie uns den Ort, wo die Söhne Israels Verlangen hatten nach Speise.[37] Dann zeigten sie uns auch jenen Ort, der Brand(stätte) heißt, weil ein Teil des Lagers verbrannt worden ist, damals, als auf Bitten des hl. Moses das Feuer entschwand.[38]

8. Sie zeigten uns auch jenen Ort, wo es ihnen Manna und Wachteln regnete.[39] Und so wurde uns alles einzeln gezeigt, wovon geschrieben steht in den hl. Büchern Moses', daß es geschehen sei, an jenem Ort, d. h. in jenem Tal, das, wie ich sagte, am Fuß des Berges Gottes, d.i. des hl. Syna, liegt; dies alles im einzelnen zu beschreiben, wäre zu lang gewesen, weil man nicht so vieles behalten kann; aber wenn Euer Liebden[40] lesen die hl. Bücher Moses', werden Sie alles genauer erkennen, was dort geschehen ist.

9. Dies also ist das Tal, in dem das Passahfest gefeiert wurde nach Vollendung eines Jahres, seit die Söhne Israels aus dem Land Ägypten aufgebrochen waren[41]; denn in diesem Tal weilten die Söhne Israels eine Zeitlang, d. h. bis der hl. Moses auf den Berg Gottes hinaufstieg und wieder hinabstieg das erstemal und das zweitemal;

Lager umherlaufen und ihre Verwandten umbringen.

35 *Ex 32,20.* Der Bach, aus dem Mose die Israeliten trinken ließ, ist doch wohl der, in den er vorher die Asche des Kalbes geschüttet hatte, nicht der des Felsquellwunders von *Ex 17,5f.*

36 *Num 11,25.*

37 *Num 11,4.*

38 *Num 11,1-3.*

39 Das Manna beginnt bereits vor der Ankunft am Sinai, ebenso die Wachteln *(Ex 16,13f.).* Die Manna-Gabe zieht sich dann über 40 Jahre hin, bis an die Grenze Palästinas. Ein zweites Wachtelwunder, an das hier gedacht ist, berichtet *Num 11,31 ff.*

40 *Affectio vestra,* von Vretska mit „Euer Liebden" übersetzt, ist ein etwas affektierter Anredetitel ähnlich *caritas vestra* oder *dilectio vestra* (so z. B. in den Predigten des hl. Augustin).

41 *Num 9,1-5.*

und neuerdings verweilten sie solange, bis die Stiftshütte gemacht wurde und alles einzelne, das ihm gezeigt wurde auf dem Berg Gottes. Denn gezeigt wurde uns auch jener Ort, an dem von Moses erstmals die Stiftshütte zusammengefügt und alles einzelne vollendet wurde, was Gott dem Moses befohlen hatte auf dem Berg, auf daß es geschehe.[42]

10. Wir sahen auch, schon am Ende dieses Tales, die Gräber der Lust[43], dort nämlich, wo wir wiederum zu unserem (früheren) Weg zurückgebogen sind, d.h. wo wir beim Verlassen des Tales wieder den Weg betreten hatten, auf dem wir gekommen waren zwischen den Bergen, die ich oben geschildert habe.
An diesem Tag kamen wir auch zu den übrigen sehr heiligen Mönchen, die aber wegen ihres Alters und ihrer Schwäche sich nicht auf den Berg zur Darbringung des Opfers begeben konnten; doch geruhten sie, uns, die wir zu ihren Einsiedeleien kamen, überaus freundlich aufzunehmen.

11. Als wir so alle hl. Orte gesehen hatten, wonach wir verlangten, und auch alle Orte, die die Söhne Israels auf dem Hin- und Rückweg zu dem Berg Gottes berührt hatten, gesehen auch die hl. Männer, die dort wohnten, kehrten wir im Namen Gottes zurück nach Faran.

12. Und wenn ich auch immer Gott Dank sagen muß in allen Dingen - ich will nicht sprechen von diesen zahlreichen und großen, die er auf mich Unwürdige und Verdienstlose zu häufen geruht hat, so daß ich wandeln konnte durch alle die Orte, die zu sehen ich nicht verdient, so kann ich doch auch allen jenen Heiligen nicht hinreichend Dank sagen, die meine Wenigkeit in ihren Klöstern gastfreundlichen Herzens aufzunehmen geruhten und sicher zu allen Orten zu führen, die ich - immer nach der Hl. Schrift - aufsuchte. Sehr viele aber von jenen Heiligen, die auf dem Berg Gottes oder um ihn wohnten, waren so gnädig, mich bis Faran zu geleiten, soweit sie stärkeren Körperbaues waren.

6.*1.* Als wir nun nach Faran kamen, was 35 Meilen vom Berg Gottes sind[44], mußten wir zu unserer Erholung zwei Tage verweilen. Und am 3. Tag brachen wir frühzeitig auf und kamen wieder zu dem

---

42 *Ex 40,1-33.*

43 *Num 11,31-34* (s.o. Anm. 2).

44 35 Meilen = 52 km, eine sehr genaue Entfernungsangabe.

Halteplatz in der Wüste Faran, wo wir beim Hinweg gerastet hatten, wie ich schon oben erzählt habe.[45] Von dort kamen wir anderntags, da wir Wasser gefaßt hatten und noch eine kleine Strecke zwischen den Bergen zogen, zu dem Halteplatz, der schon am Meere liegt, d. h. dort, wo man schon aus dem Bergland herauskommt und nunmehr schon ganz am Meer zu wandern beginnt, und zwar so nahe am Meer, daß bald die Flut den Tieren die Füße umspült, bald man wieder 100 bis 200 Schritt, bisweilen auch mehr als 500 Schritt vom Meer weg durch den Wüstensand wandert; denn Weg gibt es dort gar keinen mehr, sondern nur mehr Sandwüsten.[46]

2. Die Faraniten, die dort mit ihren Kamelen zu ziehen pflegen, stellen sich von Ort zu Ort Zeichen auf, nach welchen Zeichen sie sich richten, und so ziehen sie des Tags. In der Nacht aber beachten die Kamele die Zeichen.[47] Wozu noch mehr? Genauer und sorgloser ziehen die Faraniten schon dort dank ihrer Gewöhnung des Nachts, als irgend ein Mensch dort gehen könnte, wo es einen klaren Weg gibt.

3. An derselben Stelle also kamen wir auf der Rückreise aus den Bergen heraus, an der wir bei der Hinreise das Bergland betreten hatten, und wandten uns so wieder zum Meer zurück. Auch die Söhne Israels waren, da sie vom Berg Gottes Syna bis zu diesem Ort zurückkehrten[48], zurückgekehrt auf demselben Weg, den sie hingezogen waren, d. h. bis dorthin, wo wir aus den Bergen herausge-

---

45 Ein Rückverweis auf leider verlorengegangene Teile des Reiseberichtes der Egeria. Die „Wüste Faran" ist das *Wādi Fērān,* das die Oase *Fērān* mit der Küste des Golfes von Suez verbindet. *Mansio* „Halteplatz" ist gewöhnlich Bezeichnung einer Station der römischen Post *(cursus publicus);* da eine röm. Straße hier nicht vorhanden, wohl einfach Rastplatz an einer Quelle.

46 Die *mansio* am Meer muß an der Stelle gesucht werden, wo sich das *Wādi Fērān* zur Küste des Golfes von Suez öffnet, ca. 40 km w. von *Fērān.*

47 Beduinenzeichen, meist Holzstangen oder kleine Steinpyramiden, sind noch heutigentags üblich.

48 Die angenommene Route der Israeliten nach ihrem Aufbruch vom Gottesberg ist merkwürdig und beruht sicherlich auf *Num 10,12.* Dabei war die „Wüste Pharan" für Egeria identisch mit *Fērān,* das sie kannte, während andere Stationen-und Territorialangaben des AT für dieses Pharan nach dem N und NO der Sinaihalbinsel weisen *(Num 33,16-37).* Zunächst ist die Oase Qadesch *(ᶜĒn Qdēs)* das Ziel, danach das Edomiterland ö. des *Wādi el-ᶜAraba.* Man darf alle diese Angaben nicht zu genau lokalisieren wollen. Sie bleiben unbestimmt, wie denn auch die Lage des alten Gottesberges selbst aus dem AT keineswegs eindeutig hervorgeht.

kommen waren und uns wieder dem Roten Meer zuwandten; von dort zogen wir den Weg, den wir gekommen waren, wieder zurück, aber die Söhne Israels zogen, wie in den Büchern des hl. Moses geschrieben steht, von hier ab ihren Weg.[49]

4. Wir aber kehrten auf demselben Weg und über dieselben Stationen, wie wir gekommen waren, nach Clesma[50] zurück. Als wir nun wieder nach Clesma gekommen waren, mußten wir uns auch dort wieder erholen, da wir einen sehr sandigen Wüstenmarsch gemacht hatten.

7.*1.* Gewiß, ich kannte klarerweise Gesse[51] schon, seit ich das erstemal nach Ägypten gereist war; doch um alle Orte zu sehen, die die Söhne Israels nach ihrem Aufbruch aus Ramesse[52] berührt hatten, bis sie zum Roten Meer kamen, an den Ort, der jetzt nach dem

---

49 Die Pilgerin zog an der Küste des Golfes von Suez entlang nach NNW über *Rās Abū Zenīm.* Für die Israeliten mußte sie vom *Wādi Fērān* aus den Weitermarsch nach NO annehmen (s. o. Anm. 48).

50 Clesma, gewöhnlich Clysma (Klysma) lag an der Stelle des heutigen Suez. Die Stadt war vermutlich von Kaiser Trajan (98-117) als römische Nachfolgesiedlung des ptolemäischen Arsinoë gebaut worden, ein befestigter Platz *(castrum),* der seine Blüte dem Seehandel verdankte. Für Egeria ist Clesma der Ort des Durchzugs der Israeliten durchs Meer *(Ex 14).*

51 Das Land Gosen als Aufenthaltsgebiet der Israeliten in Ägypten (hebr. *Gōšen,* griech. Γεσεμ, latein. *Gessen*); vgl. *Gen 45,10; 46,28f.34; 47,1.4.6.27; 50,8; Ex 8,22; 9,26.* Die Pilgerin schreibt *Gesse, Gessen, Iesse und Iessen.* Der Name ist in ägyptischen Texten nicht belegt, die Lage des Gebietes nur ungefähr auszumachen. Die griech. Septuaginta erwähnt zu *Gen 46,28* die Stadt *Heroonpolis* (s. u. Anm. 64) = *Tell Reṭābe* im *Wādi eṭ-Ṭumēlāt* zwischen dem östlichsten Nilarm und dem Krokodilsee *(Birket et-Timsāḥ)* im 8. unterägyptischen Gau. Egeria ist tatsächlich in dieses Gebiet gereist, zunächst entlang dem heutigen Suezkanal, der die sog. Bitterseen schneidet, dann auch noch nach NW oder W. Noch immer lesenswert ist das glänzend geschriebene Buch des Ägyptologen Georg Ebers, Durch Gosen zum Sinai (1881[2]).

52 Das Land Ramses nach *Gen 47,11.* Für Egeria ist es dasselbe Gebiet wie Gosen. Ursprünglich allerdings muß die Ramsesstadt gemeint gewesen sein, bei deren Bau die fronenden Israeliten eingesetzt wurden *(Ex 1,11).* Diese Stadt lag erheblich weiter im N, auf dem Territorium *von Ṣān el-Ḥagar* und *Qanṭīr* (unter Einbeziehung des alten Tanis), ca. 60 km w. des Suezkanals im Ostdelta. Es handelte sich um eine von Ramses II. (1301-1235 oder 1290-1223 v. Chr.) begonnene, fast 20 km n.-s. sich erstreckende Residenzstadt; vgl. A. Alt, Die Deltaresidenz der Ramessiden. Kleine Schriften zur Geschichte des Volkes Israel 3 (1959) 176ff.; E. P. Uphill, Pithom

Kastell, das dort ist, Clesma heißt, hatte ich also Verlangen, von Clesma ins Land Gesse zu ziehen, d.h. zu jener Stadt, die Arabia heißt[53], welche Stadt im Lande Gesse liegt; denn danach wird das ganze Land so genannt, das Land von Arabia, das Land Iesse, das doch ein Teil Ägyptens ist, aber viel besser als das ganze übrige Ägypten.[54]

2. Es sind also von Clesma, d. i. vom Roten Meer bis zur Stadt Arabia vier Stationen in der Wüste, so aber in der Wüste verteilt, daß bei den Stationen Posten mit Soldaten und Offizieren sind, die uns immer von Kastell zu Kastell führten.[55] Auf diesem Marsche nun

---

and Raamses: Their Location and Significance. JNES 27 (1968) 291 ff. und 28 (1969) 15ff.; M. Bietak, Tell ed-Dab^ca II. Der Fundort im Rahmen einer archäologisch-geographischen Untersuchung über das ägyptische Ostdelta. Denkschriften der österreichischen Akademie d. Wissenschaften, Bd. 4 (1975) 179-221. Aber das war längst in Vergessenheit geraten. Es kommt hinzu, daß *Gen 47,11* in der Tat die Identität des Landes Ramses mit Gosen nahelegte; der Vers liest sich wie eine Vorwegnahme von *Ex 1,11*.

53 Die griech. Septuaginta hat in *Gen 45,10* und *46,34* bei der Gebietsbezeichnung Gosen den Zusatz *„von (in) Arabia"*, um anzuzeigen, daß die Landschaft Gosen zum hellenistisch-ptolemäischen Distrikt *Arabia* gehört, den bereits Herodot II,158 erwähnt. Die Pilgerin bringt diese Notiz in Verbindung mit der von ihr besuchten Stadt Arabia, die vier Stationen *(mansiones)* von Clysma (7,2) und vier Meilen von der Ramsesstadt (vermutlich Pi-Sopd = *Saft el-Ḥenne,* s. u. Anm. 70) entfernt liegen soll (8,1), und zwar so, daß man zunächst durch Ramses hindurchziehen muß. Über dieses Arabia ist sonst nicht viel bekannt. Es war Bischofsstadt mit Poststation *(mansio);* vgl. Georgios Kyprios, *Descriptio Orbis Romani 707* (ed. H. Gelzer, S. 36 und 116; dort weitere Nachweise). Th. Mommsen, SBAW 1887, S. 362ff., hat wahrscheinlich zu machen versucht, daß Arabia mit dem in röm. Zeit so genannten *Thou* identisch ist; vgl. *Notitia Dignitatum XXVIII,41* (ed. O. Seeck, S. 60) in der Form *Tohu.* Heute vielleicht *el-Belqā* am W-Ausgang des *Wādi eṭ-Ṭumēlāt;* aber das ist keineswegs sicher. Ein anderer Vorschlag bei J. Wilkinson, Egeria's Travels (1971) 216: *Fāqūs,* das alte *Phacusa,* ca. 25 km nö. *von Saft el-Ḥenne* und 6 km (= 4 Meilen!) s. von *Qanṭīr,* der biblischen Ramsesstadt (s. o. Anm. 52), deren Lage freilich im 4. Jh. kaum mehr bekannt gewesen sein dürfte. Die in 8,1 gebotene Reihenfolge „Ramses -Arabia" spricht nicht gerade für *Fāqūs* und *Qanṭīr,* weshalb Wilkinson (S. 217) denn auch eine etwas seltsame Route annehmen muß: „... It is probable that Egeria arrived in the neighbourhood of Faqūs with enough time to go on to Qanṭīr before turning back for a night's lodging in Faqūs."

54 *Gen 47,6.*

55 Von Clysma bis zur Stadt Arabia (s. o. Anm. 53) sind es vier *mansiones* „Haltestationen" mit Militärposten. Deshalb heißen die *mansiones* auch *castra* „Kastelle", zum Schutz des Ostdeltas gegen Einfalle räuberischer

zeigten uns die Heiligen, die mit uns waren, d. h. Kleriker und Mönche, die einzelnen Orte, die ich immer nach der Hl. Schrift suchte; denn die einen waren zur Linken unseres Weges, die andern zur Rechten, bald weiter weg, bald näher.

3. Denn es mögen mir Euer Liebden glauben, die Söhne Israels haben, soweit ich sehen konnte, ihren Zug so gemacht, daß sie, wieweit sie nach rechts ausbogen, ebensoweit nach links zurückkehrten, wieweit sie aber nach vorne zogen, ebensoweit wieder zurückkehrten, und so zogen sie ihren Weg, bis sie ans Rote Meer kamen.[56]

4. Denn auch Epauleum wurde uns gezeigt, aber nur von gegenüber, und wir waren in Magdalum.[57] Dort gibt es nämlich ein Kastell, das einen Offizier mit Soldaten beherbergt, der dort herrscht mit römischer Disziplin. Auch uns geleiteten sie gewohnheitsgemäß von dort bis zum andern Kastell, und dort wurde uns der Ort Belsefon[58] gezeigt, vielmehr wir waren dort. Denn das ist ein Platz

---

Beduinen. Die Handschrift nennt die Militärposten *manasteria,* gewiß ein Fehler für *monasteria:* dasselbe Wort wie für die Behausungen der Mönche.

56 Was man sich dabei denken soll, ist leider ganz unklar.

57 *Ex 14,2. Epauleum* geht auf griech. ἔπαυλις „Wohnung, Hof, Gehöft" zurück, das die Septuaginta zur Wiedergabe des Ortsnamens Pi-Hahirot benutzt. *Magdalum* ist hebr. *Migdōl* „Turm, Fort"; zur Zeit des Besuches der Pilgerin ein *castrum.* Es ist die Frage, wie man das alles verstehen soll. Denn die Ortschaften von *Ex 14,2* sind unbekannt; sie haben jedenfalls nicht zwischen Clysma und den Bitterseen gelegen, sondern nach der größten Wahrscheinlichkeit unweit der Mittelmeerküste am Sirbonischen See *(Ṣabḫat el-Berdāwīl)* ö. von Pelusium. Vgl. O. Eißfeldt, Baal Zaphon, Zeus Kasios und der Durchzug der Israeliten durchs Meer (1932). Es gab bereits in atl. Zeit mehrere Stellen, an denen das Schilfmeerwunder lokalisiert wurde, darunter auch - bei der Priesterschrift als jüngster literarischer Schicht des Pentateuch (6./5. Jh. v. Chr.) - das Lagunengebiet des Sirbonischen Sees. Aber z. Zt. der Egeria wußte das niemand mehr; man dachte beim Schilfmeerwunder immer an das Rote Meer. Also sind die Namen *Epauleum, Magdalum, Belsefon* aus *Ex 14,2* dorthin übertragen worden. Galt das aber auch für die römischen Offiziere und Soldaten? Kaum. Wie nannten sie ihre *castra?* Wir wissen es nicht, mögen uns aber vorstellen, daß sich die Offiziere und Soldaten auf den Geleitschutz der Pilgergruppe beschränkten, ohne viel zu deren Bildung beizutragen. Das letztere besorgten die Kleriker und Mönche, die natürlich *Ex 14* im Sinne hatten.

58 *Belsefon* = Baalsephon aus *Ex 14,2.* Es könnte sein, daß sich die Pilgerin hier verrät. Sie kam unter Militärschutz zum nächsten *castrum,* wie immer es geheißen haben mag. Dort wurde ihr der *Ort Belsefon* gezeigt, nämlich von den Klerikern und Mönchen. Damit der Leser nicht denke, das seien zwei

am Roten Meer, am Abhang eines Berges, den ich oben erwähnte, wo die Söhne Israels, als sie die Ägypter hinter sich nachkommen sahen, aufschrien.[59]

5. Oton[60] wurde uns ebenfalls gezeigt, das dicht neben wüsten Gegenden liegt, wie geschrieben steht, und auch Socchoth.[61] Socchoth aber ist ein kleiner Hügel mitten im Tal, neben dem die Söhne Israels ihr Lager aufschlugen; denn hier ist der Ort, wo das Gesetz des Passah empfangen wurde.[62]

6. Auch die Stadt Pithona, die die Söhne Israels erbauten, wurde uns auf diesem Marsch gezeigt, und zwar dort, wo wir schon das Gebiet Ägyptens betraten und das Land der Sarazenen verließen. Dieses Pithona ist heute ein Kastell.[63]

7. Die Stadt Heroumpolis, die zu jener Zeit bestand, d. h. damals, als Josef seinem herankommenden Vater entgegeneilte, wie geschrieben steht im Buch Genesis[64], ist heute eine „*come*"[65], doch

---

verschiedene Orte, fügte sie hinzu „vielmehr (nicht nur gezeigt, sondern) wir waren dort."

59 *Ex 14,9f.* Der Platz lag immer noch am Golf von Suez, der sich n. von Clysma noch ein Stück fortsetzt.

60 Etham „am Rande der Wüste" *(Ex 13,20),* griech. *Othom,* latein. *Othon.* Der Ort ist nicht lokalisiert, dürfte aber am Ostrande des *Wādi eṭ-Ṭumēlāt* gelegen haben, zwischen dem Großen Bittersee und dem Krokodilsee, vielleicht unweit von Serapeum.

61 Sukkoth *(Ex 12,37; 13,20),* griech. *Sokchoth,* latein. *Soccoth* oder *Socchoth.* Der Ort, den die Pilgerin als Ruinenhügel *(tell)* sah, ist wahrscheinlich identisch mit ägypt. *Ṯ*kw = *Tell el-Masḫūṭa,* ca. 10 km w. des Krokodilsees im *Wādi eṭ-Ṭumēlāt.* Das biblische Pithom von *Ex 1,11* (s. u. Anm. 63) muß ebendort gelegen haben: ägypt. Pr-Itm-*Ṯ*kw = griech. Πατουμος (Herodot II,158). Das Verhältnis von Pithom und Sukkoth zueinander ist unklar. Vielleicht war *Ṯ*kw die Stadt und Pr-Itm der darin befindliche Tempel des Gottes Atum; vgl. W. Helck, VT 15 (1965) 35-40. Egeria unterscheidet beide Orte, wie die Bibel auch; vermutlich war der Name Pithom *(Pithona)* auf das in der Nähe gelegene römische Kastell übergegangen.

62 Zum Passahgesetz: *Ex 12,43ff.*

63 Pithom *Ex 1,11* (s.o. Anm. 61). Das Kastell *Pithona* markiert die röm. Ostgrenze Ägyptens.

64 *Heroum civitas* ist die latein. Wiedergabe des griech. *Heroonpolis* (Septuaginta zu *Gen 46,28f.;* s.o. Anm. 51) = *Tell Reṭābe,* ca. 12 km w. *von Tell el-Masḫūṭa (s.o. Anm. 61); vgl. Euseb, On.94, 11f. S. auch E. Kettenhofen, Einige Beobachtungen zu Hērōōnpolis.* Orientalia Lovaniensia Periodica 20 (1989) 75-97.

65 Das Wort *come* ist griech. κώμη „Dorf" (latein. *vicus).* Egeria muß des Griechischen einigermaßen mächtig gewesen sein, und zwar nicht nur im

eine bedeutende, wie wir sie einen Markt nennen würden. Es hat eine Kirche, Märtyrerzeichen[66] und sehr viele Einsiedeleien heiliger Mönche, zu deren Besichtigung wir dort herabsteigen mußten, der Gewohnheit gemäß, die wir einhielten.

8. Dieser Markt heißt heute Hero und ist 16 Meilen vom Lande Iesse entfernt, schon im Lande Ägypten. Der Ort selbst ist sehr annehmbar, denn es fließt dort ein Arm des Nil vorbei.[67]

9. Und da wir nun Hero verließen, kamen wir zu der Stadt, die Arabia heißt[68], eine Stadt im Lande Iesse. Davon, so steht geschrieben, habe Pharao zu Joseph gesagt: *„In einem besseren Landstrich Ägyptens siedle deinen Vater und deine Brüder an, im Lande Iessen, im Land Arabias."*[69]

8*.1.* Von der Stadt Arabia sind es vier Meilen nach Ramesses. Wir aber zogen, um nach der Station Arabias zu kommen, mitten durch Ramesses, die heute ein Feld ist, so daß sie nicht eine einzige Wohnstätte hat. Doch ist es wahrscheinlich, daß sie gewaltig im Umkreis war und viele Bauten hatte; denn sogar seine Ruinen, obwohl sie verfallen sind, erscheinen bis heute noch ungeheuer.[70]

2. Heute ist dort nichts anderes als ein einziger gewaltiger Felsblock von Theben, in dem zwei Reliefs ausgehauen sind, von gewaltiger Größe, die, wie man sagt, heilige Männer darstellen, nämlich Moses und Aaron; man sagt nämlich, die Söhne Israels hätten sie zu

---

Wort, sondern auch in der Schrift. Sie kann das Wort κώμη nicht nur gehört, sondern muß es gelesen haben; seine Aussprache war in ihrer Zeit längst *komi,* nicht mehr *kome.*

66 Die *martyria* sind Heiligtümer zu Ehren der Märtyrer, meist an ihrem Begräbnisort. Vretskas Übersetzung „Märtyrerzeichen" ist nicht sehr glücklich, „Märtyrergräber" wäre besser. Um welche Märtyrer es sich handelte, wissen wir nicht.

67 Die Kurzform *Hero* war gewiß volkstümlich. Der Pelusische Nilarm verläuft heute mehr als 30 km w. von *Tell Reṭābe.* Aber die Nilarme haben ihr Bett im Delta oft geändert; außerdem gab es zahlreiche Kanäle, auch in der Gegend des *Tell Reṭābe.* 16 Meilen = 24 km vom Lande *Iesse* entfernt: Das läßt erkennen, daß die Pilgerin das biblische Gosen (s. o. Anm. 51) mit der Tradition weiter w., in der Gegend *von Saft el-Ḥenne* (s. u. Anm. 70) beginnen und sich dann nach N erstrecken ließ.

68 S.o. Anm. 53.

69 *Gen 47,6.*

70 Die Lokalisationen sind unsicher. Das biblische Ramses *(Ex 1,11)* lag sicher nicht dort, wo man es der Pilgerin zeigte (s. o. Anm. 52). Wahrscheinlich zeigte man ihr die Ruinen von Pi-Sopd = *Saft el-Ḥenne* als Ramsesstadt.

Ehren dieser Männer gesetzt.[71]

3. Außerdem ist dort auch eine Sykomore, die noch von den Patriarchen gesetzt sein soll; denn sie ist schon sehr alt und daher klein, aber trägt doch noch bis heute Früchte. Wen immer eine Unpäßlichkeit befallen hat, die gehen dorthin und nehmen sich Zweige und es nützet ihnen wohl.[72]

4. Dies aber erfuhren wir durch den Bericht des hl. Bischofs von Arabia; er selbst sagte uns auch den Namen dieses Baumes, wie sie ihn griechisch nennen, nämlich *„dendros alethiae"*, was wir Baum der Wahrheit nennen.[73] Dieser heilige Bischof hat uns gewürdigt, bis Ramesses uns entgegenzugehen; denn es ist schon ein älterer Herr, sehr fromm, aus dem Mönchstum[74], und leutselig, der die Fremden sehr gastfreundlich aufnimmt. Er ist auch in den Schriften Gottes sehr bewandert.

5. Da er also geruht hatte, sich zu bemühen und uns entgegenzugehen, zeigte er uns alles einzelne und berichtete über jene Statuen, die ich erwähnt habe, wie auch über jene Sykomore. Auch das berichtete uns der hl. Bischof, der Pharao habe, als er gesehen, daß

---

71 Die Pilgerin sah *„unus lapis ingens thebeus, in quo sunt duae statuae exclusae"* - nämlich, wie der Bischof von Arabia mitteilte, des Mose und seines Bruders Aaron. Was die Formulierung besagen will, ist nicht ganz klar. Man könnte an Reliefarbeit denken (so Vretska in 8,2), oder an regelrechte Statuen (so Vretska in 8,5). Ägyptische Altertümer beider Art konnte man in Pi-Sopd zweifellos sehen; E. Naville hat dort u.a. zwei Kolossalstatuen der Pharaonen Ramses II. und Nektanebos I. gefunden. Vgl. E. Naville, The Shrine of Saft el Henneh and the Land of Goshen (1885).

72 Pi-Sopd, oder doch zumindest sein Haupttempel, wird in den Texten auch *Ḥ.t-Nbś „Haus des Christusdornbaumes"* genannt. Spuren eines Kultes, in dem der der Sykomore verwandte Christusdorn eine Rolle spielte, sind nachzuweisen; vgl. H. Bonnet, Reallexikon der ägyptischen Religionsgeschichte (1952) s.v. Baumkult 82-87 und s.v. Saft el Henne 646. Ein Zusammenhang mit der Sykomore *(arbor sicomori)*, die man der Pilgerin zeigte, ist nicht auszuschließen; solche Kultobjekte können bekanntlich die Religion wechseln.

73 *Dendros alethiae* ist griech. (latein. *arbor veritatis)*. Die Bezeichnung mag bei den Christen die Erinnerung an den *„Baum der Erkenntnis des Guten und Bösen"* aus *Gen* 2,9 wachgerufen haben.

74 Der Ausdruck „aus dem Mönchsstande" *(ex monacho)* auch 14,2; 23,1. Bischöfe, seltener auch Ortspriester, wurden gern aus dem Mönchtum rekrutiert, wobei es freilich oft zu Schwierigkeiten kam, da viele Mönche keine Ämter übernehmen, sondern in ihren Einsiedeleien bleiben wollten.

die Söhne Israels ihn verlassen hätten, damals habe er, bevor er hinter ihnen herzog, mit seinem ganzen Heer Ramesses betreten und es angezündet, die ganze unermeßliche Stadt, und dann erst sei er hinter den Söhnen Israels hergezogen.[75]

9.*1.* Durch Zufall traf es sich für uns überaus günstig, daß an dem Tag, da wir zum Halteplatz Arabia kamen, der Vorabend der seligen Epiphanie war; denn an diesem Tag mußten die Vigilien in der Kirche abgehalten werden.[76] Und zwei Tage hielt uns so dort der hl. Bischof zurück, ein heiliger und wahrhaft gottgefälliger Mann, der mir schon hinreichend von der Zeit bekannt gewesen, da ich in Thebais war.[77]

2. Dieser hl. Bischof ist ein Mönch; von jung auf war er in einer Einsiedelei aufgewachsen, und deshalb ist er in den Schriften so gelehrt und in seinem ganzen Leben so untadelig, wie ich schon oben gesagt habe.

3. Wir aber entließen nun die Soldaten, die uns mit römischer Disziplin Schutz geboten hatten, solange wir durch verdächtige Gegenden gezogen waren; nunmehr, da es die Staatsstraße durch Ägypten gab - sie ging quer durch das Gebiet von Arabia, d. h. von der Thebais nach Pelusium[78] -, und so war es nicht mehr nötig, die Soldaten zu bemühen.

4. Während unseres ganzen Zuges durch das Land Gessen gingen wir immer zwischen Gärten, die Wein geben, und anderen, die Balsam geben, und zwischen Obstgärten, gepflegtesten Äckern und zahlreichen Gärten, immer am Ufer des Nil zwischen fruchtbarsten Gründen, die einst das Eigentum gewesen waren der Söhne Israels.[79]

---

75 Eine sog. ätiologische Überlieferung, die erklären soll, warum die Stadt zum Ruinenfelde geworden war. Es gibt dergleichen Überlieferungen auch in der Bibel (z. B. Sodom und Gomorrha *Gen 19,1-28* oder Babel *Gen 11,1-9);* diese hier hat keinen biblischen Anhaltspunkt.

76 Epiphanias (6. Januar) ist das alte östliche Weihnachtsfest. Die Vigilien wurden am Abend des 5. Januar gefeiert. Eine Beschreibung der Epiphaniasliturgie in Jerusalem bietet Egeria im zweiten Teil ihres Berichtes (Kap. 25). Die Sinai-Reise geschah also im Dezember.

77 Egeria ist vor der Sinai-Reise bis nach Oberägypten gekommen. Ihr Bericht darüber ist leider verloren.

78 Die Staatsstraße *(ager publicus; ager* ist Verschreibung für *agger)* ist der von den Römern ausgebaute und unterhaltene alte Verkehrsweg im Niltal und von Heliopolis nach Pelusium im Ostdelta.

79 Das Land Gosen (s. o. Anm. 51), das für Egeria von Ramses und Arabia bis Tanis reichte, war wie alle unterägyptischen Gebiete durch Kanalbewässe-

Wozu viel Worte? Ein schöneres Land habe ich wohl nirgends gesehen, als es das Land Iessen ist.

5. Und so zogen wir von Arabia zwei Tage immer durch das Land Gessen und kamen nach Tatnis, in die Stadt, wo geboren war der hl. Moses.[80] Dies ist die Stadt Tathnis, die einst die Hauptstadt Pharaos war.

6. Und obwohl ich jene Orte, wie ich oben gesagt habe, schon kannte, von damals, da ich nach Alexandria und in die Thebais gegangen war, so mußte ich, weil ich völlig alle Orte kennenlernen wollte, durch die die Söhne Israels gezogen waren, da sie von Ramesses aufbrachen bis zum hl. Berg Gottes Syna, also mußte ich neuerdings ins Land Gessen zurückkehren und von da nach Tathnis. Von Tathnis aufbrechend, zog ich den schon bekannten Weg und kam nach Pelusium.[80a]

7. Und von hier wieder aufbrechend, zog ich über die einzelnen Halteplätze Ägyptens, über die wir (schon) gezogen waren, und kamen zu den Grenzen von Palästina.

Und von dort zog ich im Namen Christi, unseres Gottes wieder in mehreren Tagereisen durch Palästina nach Helia, d.i. Jerusalem, zurück.[81]

10.*1.* Als nun einige Zeit vergangen war, da faßte mich - über Befehl

---

rung zwischen den Nilarmen besonders fruchtbar. Gewiß aber ist die Beschreibung der außerordentlichen Fruchtbarkeit auch von Bibelstellen beeinflußt; vgl. z. B. *Gen 47,6; Num 11,5* u.ö.

80 Tanis, im AT *Ṣōʿan (Num 13,23; Jes 19,11.13; 30,4; Ez 30,14; Ps 78,12.43),* griech. und latein. *Tanis* (wozu *Tatnis* eine merkwürdige Nebenform), ist das ausgedehnte Ruinenfeld *von Ṣān el-Ḥagar* unweit der Mündung des Tanitischen Nilarmes (zunächst in den Menzale-See), ca. 50 km nnö. von Pi-Sopd. Tanis hatte seine Blütezeit unter den Ramessiden und in der 21. Dynastie (13.-12. Jh. v. Chr.). Die Stadt bestand bis ins 6. Jh. und verfiel dann langsam; sie ist auf der Madeba-Karte verzeichnet (MM Nr. 138). Vgl. Flinders Petrie, Tanis I/II (1885-88); P. Montet, Les nouvelles fouilles de Tanis 1929-32 (1933); ders., Tanis (1942). Die Überlieferung von Tanis als Geburtsstadt des Mose kann sich nicht auf die Bibel berufen *(Ex 2,1-10);* sie ist aus dem Umstand abgeleitet, daß Tanis zeitweilig Residenzstadt war.

80a Pelusium, das Egeria von einer früheren, im verlorengegangenen Teile ihres Berichtes geschilderten Ägyptenreise bereits kannte, ist *Tell el-Faramā* ö. des Menzale-Sees unweit der Mittelmeerküste. Es liegt an der alten Küstenstraße, die Ägypten mit Palästina verband.

81 *Helia* ist *(Colonia) Aelia Capitolina,* seit Hadrian (nach 135) der Name des röm. Jerusalem. Man erkennt, daß Egeria von Jerusalem aus zu ihrer Sinaireise aufgebrochen war.

Gottes - von neuem das Verlangen, bis nach Arabien zu gehen, d. h. zum Berg Nabau[82], an den Ort, den Gott dem Moses befohlen hatte zu besteigen, indem er sagte zu ihm: *„Steige auf den Berg Arabot, den Berg Nabau, der im Lande Moab ist gegenüber von Jericho, und sieh das Land Kanaan, das ich zum Besitz gebe den Söhnen Israels, und du wirst sterben auf diesem Berg, auf den du gestiegen bist."* [83]

2. Und also hat Jesus, unser Gott, der die auf ihn Hoffenden nicht verläßt, auch hier unserem Willen Gewährung zu geben geruht.

3. Aufbrechend also von Jerusalem in Begleitung von Heiligen, d. h. von einem Priester, von Diakonen aus Jerusalem und einigen Brüdern, d. h. Mönchen, kamen wir also bis zu jenem Ort am Jordan, wo die Söhne Israels hindurchgegangen, als sie der hl. Josua, der Sohn des Nun, über den Jordan geführt hatte, wie geschrieben steht im Buche Josua.[84] Man hat uns auch jenen Ort gezeigt, der sich ein wenig erhebt, wo die Söhne Rubens und Gads und der halbe Stamm Manasse einen Altar erbaut hatten, an der Stelle des Ufers, wo Jericho liegt.[85]

---

82 Wenn die Pilgerin jetzt *Arabia* sagt, dann meint sie die von Kaiser Trajan 106 n. Chr. errichtete röm. Provinz dieses Namens, deren Hauptstadt zunächst Petra, später Bostra *(Boṣra eski Šām)*, war. - *Nabau* ist die griech. Namensform des Berges Nebo *(Dtn 32,49; 34,1)*. Es sind zu unterscheiden: a) der Berg Nebo = *Rās es-Siyāġa*, 9 km sw. von Hesbon *(Ḥesbān)* und ebensoviele nw. von *Mādebā*, mit der Moses-Memorialkirche; vgl. Euseb, On. 136,6-8. b) Die Stadt Nebo *(Num 32,3.38; Jes 15,2; Jer 48,1; Inschrift des Königs Mēšaᶜ von Moab Z.14)* = *Ḫirbet el-Muḫayyiṭ*, 3 km ssö. von *Rās es-Siyāġa*, mit zahlreichen byzantinischen Ruinen, darunter eine Lot-Memorialkirche. Vgl. S. J. Saller, The Memorial of Moses on Mt. Nebo (Franciscan Press, Jerusalem 1941); S. J. Saller and B. Bagatti, The Town of Nebo *(khirbet el-Mekhayyat)* with a Brief Survey of Other Ancient Christian Monuments in Transjordan (Franciscan Press, Jerusalem 1949). *Ḫirbet el-Muḫayyiṭ* liegt in unmittelbarer Nachbarschaft des *Ǧebel en-Nebā* (806 m), an dem der alte Name noch haftet. S. auch M. Piccirillo, Nebo, Mount. NEncAEHL III 1106-1118.

83 *Dtn 32,49f. (LXX)*.

84 *Jos 3* und *4*.

85 *Jos 22,10-34*. Sowohl die Übergangsstelle über den Jordan wie auch die sonst kaum genannte Stätte des Altarbaus der ostjordanischen Stämme zeigte man bei *Dēr Mār Yuḥannā (Qaṣr el-Yehūd)*, ca. 9 km sö. von Jericho. Das ist die heutige Taufstelle. Egeria erwähnt die Taufe Jesu nicht; sie lokalisierte Johannes den Täufer nach Kap. 15 in Aenon bei Salim (s.u. Anm. 116). Leider hat sie nicht mitgeteilt, wie sie auf die Konkurrenz der verschiedenen Taufstellen reagierte. Denn natürlich waren bei dem heutigen *Dēr Mār Yuḥannā* Kleriker, Mönche, die beteuerten, das sei die richtige Taufstelle. Egeria glaubte wohl einfach ihren heiligen Begleitern.

4. Als wir nun den Fluß überschritten, kamen wir in eine Stadt namens Livias[86], die in jener Ebene liegt, wo damals die Söhne Israels ihr Lager aufgeschlagen hatten. Die Grundmauern des Lagers der Söhne Israels und ihrer Wohnungen, darin sie gewohnt hatten, sind heute noch dort sichtbar.[87] Die Ebene ist unermeßlich am Fuß der Berge Arabiens jenseits des Jordans. Denn hier ist der Ort, von dem geschrieben steht: *„Und es beweinten die Söhne Israels Moses im Lande Moab und am Jordan gegenüber von Jericho 40 Tage."*[88]

5. Hier ist auch der Ort, wo nach dem Weggang Mosis sofort Josua, Nuns Sohn, vom Geiste des Wissens erfüllt worden ist. Es hatte nämlich Moses seine Hände auf ihn gelegt, wie geschrieben steht.[89]

6. Denn dies ist der Ort, wo Moses sein Buch Deuteronomium geschrieben hat; hier ist auch der Ort, wo Moses vor den Ohren des ganzen Volkes Israel die Worte des Gesanges gesprochen hat bis zu seinem Ende, wie es geschrieben steht im Deuteronomium. Hier ist auch der Ort, wo Moses, der Mann Gottes, gesegnet hat die Söhne Israels einzeln der Reihe nach vor seinem Heimgang.[90]

---

86 Beth-Haram/n *(Num 32,36; Jos 13,27)*. Die Ortslage ist identisch mit *Tell er-Rāme,* 9 km ö. der Taufstelle. Zweifellos gehörte nicht nur der sehr kleine *Tell,* sondern auch seine Umgebung (vor allem im N) zum Stadtareal. Herodes Antipas nannte die hellenistisch-römische Stadt zu Ehren des Augustus und der Kaiserin Livia *Livias,* seit 14 n. Chr., als sich Livia Julia zu nennen begann, auch *Julias.* Der Ort ist ohne Inschrift auf der Mosaikkarte von Madeba (M 10;100) eingetragen. Vgl. auch Euseb, On. 48.13-15. Die Route der Egeria im s. Jordangraben ist ausführlich erörtert bei F.-M. Abel, Exploration du Sud-Est de la Vallée du Jourdain. RB 40 (1931) 214-226 und 375-400.

87 Das Lager der Stämme Israels vor dem Jordanübergang wird oft beschrieben: *„in den Gefilden Moabs, beim Jordan, gegenüber von Jericho" (Num 22,1; 31,12; 36,13),* gelegentlich auch bei Abel Sittim = wahrscheinlich *Tell el-Ḥammām,* 2,5 km osö. von *Tell el-Kefrēn* und ebensoweit onö. von *Livias (Num 33,48f.; Jos 2,1; 3,1).* Man hat Egeria kaum exakt dorthin geführt. Beduinische Steinsetzungen in dieser Gegend, auch und vor allem die heute noch sichtbaren mittel- oder jungsteinzeitlichen Dolmengräber, mögen den Gedanken an das Lager der Israeliten wachgerufen haben.

88 *Dtn 34,8.*

89 *Dtn 34,9.*

90 *Dtn 31,24; 31,30-32,44* (das Moselied); *33* (der Mosesegen). Die Formel „einzeln der Reihe nach" *(singulatim per ordinem)* stammt nicht aus *Dtn 33,1;* es könnte Einfluß von *Gen 49,28* vorliegen, der Schlußformel des Jakobsegens.

7. Als wir nun in diese Ebene gekommen waren, erreichten wir diese Stelle, und es wurde dort ein Gebet gesprochen, gelesen auch dort ein Teil des Deuteronomiums, dazu auch sein Gesang und die Gebete, die er über die Söhne Israels gesprochen. Und abermals wurde nach der Lesung ein Gebet gesprochen, und hierauf zogen wir, Gott dankend, von hier weiter. Dies war nämlich immer unsere Gewohnheit, wo immer wir zu ersehnten Örtlichkeiten kamen, dort zuerst ein Gebet zu sprechen, dann aus der Schrift die Stelle vorzulesen, auch einen hierher bezüglichen Psalm zu sprechen und dann wieder ein Gebet zu beten.[91] Diese Gewohnheit also hielten wir über Befehl Gottes immer bei, wo immer wir zu ersehnten Orten gelangten.

8. Um nun das begonnene Werk zu vollenden, begannen wir weiterzueilen, um auf den Berg Nabau zu gelangen. Unterwegs belehrte uns der Priester aus dieser Gegend, d.h. aus Livias, den wir, da wir aufbrachen, gebeten hatten, uns zu begleiten, weil er die Gegend besser kannte; es sagte uns also der Priester: *„Wenn ihr das Wasser sehen wollt, das aus dem Felsen fließt, das Moses den dürstenden Söhnen Israels gegeben hat, dann könnt ihr es sehen; allerdings müßt ihr euch die Mühe machen, vom Weg ungefähr am 6. Meilenstein abzubiegen."*[92]

---

[91] Auf diese Gewohnheit kommt Egeria immer wieder zurück (1,2; 4,3; 4,4; 4,8; 11,3; 12,3; 14,1; 15,4; 20,3; 21,1; 23,5). Hier wie auch sonst wird deutlich, daß in der Pilgergruppe der Egeria stets ein Bibelexemplar *(codex)* mitgeführt wurde (s. aber o. S. 77 m. Anm. 18a).

[92] Das Wasserwunder wird zweimal berichtet: *Ex 17,5f.* und *Num 20,7-13;* das eine Mal am Horeb, das andere Mal in der Gegend der Oase Qadesch *(ᶜEn Qdēs)* in der Südwüste. Man hat aber angenommen, daß Mose das Wunder öfter wiederholte: So wie Manna und Wachteln die ganze Wüstenzeit vorhanden waren, mußten die Israeliten auch Wasser gehabt haben. Welche Stelle hat man Egeria gezeigt? Sie ist auf dem Wege von *Livias* nach dem Nebo, und zwar auf einer wohlbekannten Römerstraße 2. Ordnung, die *Livias* mit *Esbus* (Hesbon, *Ḥesbān)* verbindet; vgl. P. Thomsen, Die römischen Meilensteine der Provinzen Arabia und Palaestina. ZDPV 40 (1917) 67f. (Strecke XXVI mit Meilensteingruppe Nr. 231); ferner auch A. Kuschke, ZDPV 76 (1960) 27f. Ziemlich genau 6 Meilen = 9 km von *Livias* entfernt trifft man auf die *Ḫirbet el-Mḫaṭṭa,* auf einem etwa 500 m hohen Rücken zwischen dem *Wādi Ḥesbān* und dem *Wādi ᶜAyūn Mūsā.* Von dort kann man nach S zur *Ḫirbet ᶜAyn Mūsā* hinabsteigen, in deren Nähe sich die Quelle *ᶜAyūn Mūsā* befindet. Beschreibung des Geländes bei O. Henke, Zur Lage von Beth Peor. ZDPV 75 (1959) 155-163. Diese „Mose-Quelle" muß hier gemeint sein.

9. Als er dies gesagt hatte, haben wir überaus heftig darum gebeten; und sofort bogen wir vom Weg ab und folgten dem Priester, der uns führte. An jenem Ort nun steht eine kleine Kirche am Fuße nicht des Nabau, sondern eines anderen Berges, der weiter innen liegt, aber nicht weit vom Nabau entfernt; sehr viele wahrhaft fromme Mönche weilen dort, die man hier Asketen nennt.[93]

11.*1.* Diese heiligen Mönche haben uns einer sehr gastfreundlichen Aufnahme gewürdigt, ja sie gestatteten sogar, zu ihrer Begrüßung bei ihnen einzutreten. Als wir zu ihnen eingetreten waren, beteten wir mit ihnen und nachher geruhten sie, uns Eulogien zu schenken, wie sie es in Gewohnheit bei denen haben, die sie gastfreundlich aufnehmen.

2. Dort also fließt zwischen der Kirche und den Einsiedeleien in der Mitte vom Fels herab eine mächtige Quelle, sehr schön und klar, von bestem Geschmack[93a]. Damals fragten wir auch jene heiligen Mönche, die dort wohnten, was für ein Wasser denn diese schöne Quelle von so gutem Geschmack sei. Da sagten sie: *„Das ist das Wasser, das der hl. Moses den Söhnen Israels gab in dieser Wüste."*

3. Dort wurden also nach Gewohnheit Gebet und Lesung gehalten aus den Büchern Mosis, auch ein Psalm gesungen, und so zogen wir zugleich mit jenen hl. Mönchen und Klerikern, die mit uns gekommen waren, gegen den Berg. Viele auch von jenen Mönchen, die dort bei dem Wasser wohnten, geruhten, soweit sie sich die Mühe aufbürden konnten, mit uns den Berg Nabau zu besteigen.

4. Nach unserem Aufbruch von dort kamen wir also zum Fuß des Berges Nabau, der zwar sehr hoch war, aber doch so, daß man den

---

93 *ᶜAyūn Mūsā* liegt am Fuße des Nebo *(Rās es-Siyāġa),* freilich nicht an seinem W-Fuß (wo er aus dem Jordantal steil aufragt), sondern im Tale nö. der *Siyāġa*-Spitze. Man hat, wenn man von dort nach O schaut, das Gebirge vor sich und den *Siyāġa* seitlich im Rücken. Einige der byzantinischen Anlagen sind inzwischen nachgewiesen bzw. ausgegraben: zwei kleine Klöster mit Kirchen des Aianos und des Diakons Thomas, durchgängig mit schönen Mosaikfußböden und -inschriften, und am Hang ö. der Quelle die Wohnhöhlen der Mönche. Vgl. M. Piccirillo, Archaeological Excavations at ᶜAyoun Moussa - Mount Nebo 1984-1987. ADAJ 32 (1988) 195-205.

93a Eine sehr genaue Beschreibung. Die Kirche des Diakons Thomas liegt w. der Quelle am Wege von Livias, die Wohnhöhlen ö. der Quelle. Die Quelle selbst ist nach wie vor ergiebig; sie diente zeitweilig sogar der Wasserversorgung der Hauptstadt Amman.

größten Teil auf Eseln ersteigen konnte, nur ganz wenig war er so steil, daß man ihn unter Mühen zu Fuß erklimmen mußte, wie es auch geschehen ist.

12.1. Wir kamen also zur Gipfelhöhe des Berges, wo jetzt eine nicht sehr große Kirche steht, gerade auf dem Gipfel des Nabau. In dieser Kirche, dort, wo das Lesepult steht, sah ich einen Platz, ein wenig erhöht, etwa so groß wie ein Grab.[94]

2. Da fragte ich also jene Heiligen, was denn dies sei; sie antworteten: *„Hier ist der hl. Moses von Engeln bestattet worden; weil, wie geschrieben steht, kein Mensch von seinem Begräbnis weiß, daher ist es sicher, daß er von Engeln bestattet wurde. Doch ein Grabdenkmal, wo er beigesetzt ist, wird bis heute nicht gezeigt. Sowie es uns die Älteren - die hier gewohnt haben, wo es gezeigt wurde -, so zeigen wir es euch; diese Älteren aber sagten, sie selbst hätten es wieder von Älteren erfahren."*[95]

---

94 Gemeint ist der *Rās es-Siyāġa* mit der Moses-Memorialkirche (s. o. Anm. 82). Egeria sah die Vorgängerin der im 5. Jh. entstandenen großen Basilika; diese ältere Kirche (um 350?) hatte eine Trikonchenapsis. Was Vretska mit „Lesepult" übersetzt hat *(pulpitus)*, ist eine kleine Tribüne als Standplatz für den Vorleser im Gottesdienst. Ihr Verhältnis zu dem „ein *wenig erhöhten Platz, etwa so groß wie ein Grab"* wird nur bei ganz wörtlicher Übersetzung deutlich: „ich sah einen leicht erhöhten Ort, der die Ausdehnung hatte wie sie Grabstätten zu haben pflegen" *(uidi locum modice quasi altiorem tantum hispatii habentem quantum memoriae solent habere)*. Egeria hat also kein Grabmonument *(memoria)* gesehen, sondern eine Erhöhung im Kirchenfußboden von der Größe eines Grabes.

95 Das ist eine schwierige Textstelle. Man zeigt der Pilgerin die Stelle des Mosegrabes und zitiert dazu *Dtn 34,6* - wonach niemand das Mosegrab kennt. Nun hat der hebr. Text den Singular „er *(Gott) begrub ihn"*, während die griech. Septuaginta den Plural *„sie begruben ihn"* (ἔθαψαν αὐτόν) bietet; letzteres konnte auf Engel gedeutet werden (vgl. schon *Judasbrief V.9)*. Wahrscheinlich dachte man, Mosis Leichnam sei hier nur einen Augenblick gebettet worden, dann hätten ihn die Engel in das den Menschen nicht bekannte Mosegrab gebracht. Wie dem auch sei: Man kennt eine Grabstätte und man kennt sie auch wieder nicht. Einen Grund, das Wort *memoria* anders als konkret „Grabmonument" zu übersetzen, gibt es nicht. Egeria hat aber kein Grabmonument gesehen (s. o. Anm. 94). Also ist das *non* der Handschrift *(in hodie non ostenditur)* korrekt und muß nicht getilgt werden (Löfstedt: *in hodiernum;* Bernard: *in hodie nunc;* Geyer: *in hodie,* unter Streichung von *non)*. Zu bedenken ist, daß die Abwesenheit eines Mosegrabes auf die Dauer sehr unbefriedigend sein mußte, weshalb der Islam ohne Rücksicht auf *Dtn 34,6* dann tatsächlich eines zeigte *(en-Nebī Mūsā* zwischen Jordangraben und Jerusalem). Christen hatten es wegen *Dtn 34* schwerer; daher zunächst Kompromißlösungen nach Art der hier vorliegenden. Vgl. J. Jeremias, HG 102f.

3. Und so sprachen wir bald ein Gebet, und alles, was wir an den hl. Orten zu tun gewohnt waren, geschah auch hier: und sodann begannen wir, aus der Kirche herauszugehen.

Dann aber sagten die Kenner des Ortes, d.h. die hl. Priester und Mönche, zu uns: *„Wenn ihr die Orte sehen wollt, die geschrieben stehen in den Büchern Mosis, dann tretet vor das Tor der Kirche und sehet vom Gipfel selbst, soviel man allerdings von hier aus sehen kann, und schauet herum, und wir sagen euch die einzelnen Orte hier, die sichtbar sind."*

4. Darauf freuten wir uns überaus und schritten hinaus. Und vom Tor der Kirche sahen wir die Stelle, wo der Jordan einmündet ins Tote Meer, eine Stelle, die gerade unter uns, wie wir da standen, sich zeigte. Wir sahen vor uns nicht nur Livias diesseits des Jordans, sondern auch Jericho, jenseits davon. So hoch ragte der Ort auf, auf dem wir uns befanden, d.h. vor dem Kirchentor.[96]

5. Auch den größten Teil von Palästina, dem Land der Verheißung, sah man von dort, und das ganze Jordanland, soweit das Auge blikken konnte. Zur Linken sahen wir die Länder der Sodomiten und Segor, die einzige Stadt, die noch heute von jenen fünf Städten besteht.[97]

---

[96] Was hier behauptet wird, ist vom Gipfel des *Rās es-Siyāġa* aus in der Tat zu sehen.

[97] Den größten Teil des „Landes der Verheißung" *(Hebr 11,9)* sieht man freilich nicht; nur die Linie der westjordanischen Gebirgstafel und heute, bei gutem Wetter, die Türme der Gebäude auf dem Ölberg. - „Religiöse Geographie" (s. o. Anm. 12.23) scheint bei der Panoramabeschreibung überhaupt zu überwiegen; man kann das, was die Pilgerin gesehen zu haben erklärt, nur mit den Augen des Glaubens sehen. Die Pilgerin „sieht" einfach wie Mose nach Dtn *34,1-3*. - Die „fünf" Städte sind Sodom, Gomorrha, Adma, Seboim und Zoar aus *Gen 14,2*. Zoar (hebr. *Ṣōᶜar,* griech. *Segor)* lag im *Ġōr eṣ-Ṣāfi* sö. des Toten Meeres; es existierte noch im 6. Jh., wie die Madeba-Karte beweist (MM Nr. 18). Die anderen Städte sind in derselben Gegend zu denken; ihre Zerstörung berichtet *Gen 19*. Vgl. zu Zoar auch Euseb, On. 152,8-12 (latein. 153,15-18). Daß man späteren Pilgern Sodom und Gomorrha am Nordende des Toten Meeres gezeigt hat (s. zum Pilger von Piacenza 10), spielt hier vermutlich noch keine Rolle.

6. Es steht auch ein Denkmal dort[98], von den übrigen Städten aber steht nichts mehr außer einem Trümmerfeld, wie sie in Asche verwandelt worden sind. Auch der Ort, wo die Statue von Loths Weib gewesen, wurde uns gezeigt, von welchem Ort auch in der Schrift geschrieben steht.[99]

7. Aber glaubt mir, ehrwürdige Frauen, wenn auch die Säule selbst nicht mehr sichtbar ist, so wird doch der Ort selbst gezeigt; die Säule aber soll vom Toten Meer überflutet worden sein. Sicher sahen wir den Ort, nicht aber die Säule, und deshalb kann ich euch nicht darüber betrügen. Auch der Bischof dieses Ortes, d.h. von Segor, sagte uns, es sei schon einige Jahre her, seit die Säule nicht mehr sichtbar sei. Von Segor ist es etwa 6 Meilen bis dorthin, wo die Säule stand, und wo alles heute das Meer bedeckt.[100]

8. Ebenso traten wir vor die rechte Seite der Kirche, außen natürlich, und gezeigt wurden uns von hier aus gegenüber zwei Städte, d. h. Esebon, die dem König Seon, dem König der Amoriter gehörte, und heute Exebon genannt wird, und die andere des Königs Og von Basan, die heute Safdra heißt.[101] Ebenso wurde uns vom selben Ort aus gegenüber Fogor gezeigt, eine Stadt des König-

---

98 Was das „Denkmal" *(memoriale)* ist, weiß niemand zu sagen.

99 *Gen 19,26.* Die „Statue" (hier *titulus)* heißt in der späteren latein. Literatur meist *columna* oder *statua.* Man zeigt am SW-Ende des Toten Meeres noch heute einen Felszacken als *Bint Lūṭ* „Tochter des Lot" (am *Čebel Usdum* „Sodom-Berg"), wie denn die Araber überhaupt das Tote Meer *Baḥr* (oder meist *Baḥayret) Lūṭ* „Meer des Lot" nennen. Zweifellos ist die Stelle der Salzsäule oft gewandert; *Gen 19* denkt eher an den SO des Toten Meeres. Das, was man zu Egerias Zeiten dafür hielt, war ohnehin nicht mehr sichtbar.

100 Der Bischof von *Segor* (Zoar) scheint mit auf dem Nebo gestanden zu haben. Ein Bistum *Zoora* oder *Zoara* gibt es seit dem 4. Jh. Vgl. noch Georgios Kyprios, *Descriptio Orbis Romani,* ed. H. Gelzer (1890) Nr. 1051. Eine Zusammenstellung der Belege bei P. Thomsen, *Loca Sancta I* (1907, Nachdruck 1966) 64 s.v. *Zoara.*

101 *Esebon* = Hesbon *(Ḥesbān),* Stadt des Amoriterkönigs Sihon *(Seon)* nach *Num 21,25-31; Dtn 29,7; Jos 13,10.* Die Form *Exebon* ist nicht erklärt; der Ort hieß z.Zt. der Pilgerin *Esbus. Safdra* = Edrei (griech. *Edraïn,* latein. auch *Edrai),* heute *Derʿā;* vgl. Euseb, On. 84,7-9. Die Form *Safdra* ist unerklärt. Edrei war Stadt des Königs Og von Basan nach *Num 21,33-35; Dtn 1,4; 3,10; Jos 13,12. Ḥesbān* liegt ca. 12 km nö. des Nebo, *Derʿā* mehr als 100 km n. von *Ḥesbān.* Vgl. R. Hill, Aetheria and the Site of Biblical Edrei. VT 16 (1966) 412-419.

reiches Edom.[102]

9. Alle diese Städte aber, die wir sahen, lagen auf Bergen, unterhalb aber, ein wenig tiefer, schien uns die Gegend ebener.[103] Damals wurde uns gesagt, in eben jenen Tagen, da der hl. Moses und die Söhne Israels gegen jene Städte gekämpft hätten[104], hätten sie dort das Lager aufgeschlagen. Und es waren noch Zeichen vom Lager sichtbar.

10. Auf der Seite des Berges, die ich die linke nannte, die über dem Toten Meer lag, wurde uns ein sehr steiler Berg gezeigt, der früher Agrispecula („Feldwache") hieß. Dies ist der Berg, auf den Balac, der Sohn Beors, den Wahrsager Balaam hinstellte, die Söhne Israels zu verfluchen, doch Gott wollte es nicht zulassen, wie es geschrieben steht.[105]

11. Und als wir alles gesehen hatten, was wir wünschten, kehrten wir im Namen Gottes über Jericho zurück und kamen den ganzen Weg, den wir gegangen waren, wieder zurück nach Jerusalem.

---

102 *Fogor* = (Beth Baal) Peor nach *Num 23,28 („Gipfel des Peor"); 25; Dtn 4,46; Jos 13,20* u.ö. Der Ort, vermutlich identisch mit *Ḫirbet ʿAyūn Mūsā* (s.o. Anm. 92), ist im AT oft erwähnt als Stätte des Abfalls der Israeliten zu einem kanaanäischen Baal (z.B. *Hos 9,10).* Aber mit dieser biblischen Reminiszenz hat man Egeria anscheinend nicht bedient. Stattdessen nennt sie *Fogor „eine Stadt des Königreiches Edom".* Edom aber lag auf dem Gebirge sö. des Toten Meeres. Die Verwechslung, oder besser die falsche Lokalisation könnte mit Euseb, On. 76,9-12 zusammenhängen: Dort wird zum edomitischen *Dan(n)aba* aus *Gen 36,32* notiert, es gebe noch ein anderes *Dan(n)aba „am Fuß des Berges Fogor".* Weniger wahrscheinlich ist eine Verwechslung mit dem ganz unbekannten *Fogo* in Edom von *1 Chron 1,50* nach Euseb, On. 170,13. Wie dem auch sei: Es schimmert Gelehrsamkeit durch den Text der Pilgerin. Kannte sie oder kannten ihre Führer das Onomastikon des Euseb?

103 Die letzte Verwerfungsstufe des ostjordanischen Tafelgebirges zum Jordangraben

104 *Num 21,21-35.*

105 *Num 23,14 („Späherfeld auf dem Gipfel des Pisga")* in Verbindung mit *Dtn 23,4f.* und *Jos 24,9f.* Hier ist Abhängigkeit von Euseb, On. 12,16-19 sehr wahrscheinlich: Ἀγροῦ σκοπιά. ὄρος Μωάβ (Hieronymus: *Agri specula mons Moabitarum),* vom Onomastikon freilich unweit der Arnonmündung, also ziemlich weit im S, lokalisiert. Was man der Pilgerin als *„Späherfeld"* zeigte, ist ungewiß. Aber es gibt s. des Nebo zahlreiche Berggipfel, die in Frage kommen konnten. - Eine weitere Abhängigkeit vom Onomastikon des Euseb liegt beim Vatersnamen des Königs Balac vor: nach *Num* 22,2 *Ṣippōr,* im Onomastikon (76,9) jedoch *Beor* (mit dem Vatersnamen Balaams verwechselt; vgl. *Num* 22,5 u.ö.).

13.*1.* Wieder nach einiger Zeit wollte ich auch die Gegend Ausitis[106] besuchen, um die Grabstätte des hl. Hiob zu sehen und dort zu beten. Denn ich sah viele heilige Mönche von dort nach Jerusalem kommen, um die hl. Stätten zu sehen und um des Gebetes willen[107], die mir einzelnes über jene Gegend berichteten und mir größere Sehnsucht erweckten, die Mühe auf mich zu nehmen, eine Reise auch dorthin zu machen, wenn man überhaupt von Mühe sprechen kann, wenn der Mensch seine Sehnsucht erfüllt sieht.

2. Also brach ich von Jerusalem auf mit Heiligen, die mich auf meiner Reise zu begleiten geruhten, auch sie selbst wegen des Gebetes.

Auf der Reise von Jerusalem bis nach Carneas in 8 Tagemärschen - Carneas aber heißt jetzt die Stadt des Hiob, die früher Dennaba hieß im Lande Ausitis, im Gebiet von Idumäa und Arabia.[108] Auf dieser Reise sah ich am Ufer des Jordans ein sehr schönes und liebliches Tal, reich an Weingärten und Bäumen, weil es dort viele und sehr gute Gewässer gab.

---

106 Die „Gegend *Ausitis“ (regio Ausitis)* ist die Wiedergabe des Namens der Heimat Hiobs *„Land ʿŪṣ“ (Jjob 1,1)* durch die Septuaginta in *Jjob 1,1; 42,17b* und durch die Vulgata in *Jer 25,20. Ausitis* kommt auch bei Euseb, On. 142,3f. vor. Zur Lage s.u. Anm. 108.

107 Die Formel *„um die hl. Stätten zu sehen und um des Gebetes willen“* erinnert an die Beschreibung der Reisemotive des Bischofs Alexander v. Kappadokien bei Euseb, Kirchengeschichte VI,11,1: εὐχῆς καὶ τῶν τόπων ἱστορίας ἕνεκεν „um des Gebetes und der Stätten der (heiligen) Geschichte willen.“

108 *Carneas* ist das *Karnaïn* von *1 Makk 5,43* und das *Karnion* von 2 *Makk 12,21* = heute *Šēḫ Saʿd* auf halbem Wege zwischen Damaskus und Amman, ca. 30 km n. von *ar-Ramṯā* (jordanische Grenzstation). Euseb, On. 112,3-6 rechnet den Ort zur Provinz *Arabia,* Hieronymus sagt ebendort (113,2f.), er liege in einer Ecke von *Batanaea.* Die Hiobtradition, freilich ohne das Grab, erwähnen beide. Wie gelangte sie dorthin? *Jjob 1,1* teilt nur mit, daß Hiob *„im Lande ʿŪṣ“* gewohnt habe, was die alten Übersetzungen gelegentlich mit *Ausitis* wiedergegeben haben (s. o. Anm. 106). Nun geht aber die Überlieferung hinsichtlich dieses Landes *ʿŪṣ* weit auseinander. *Jjob 42,17b LXX* lokalisiert *Ausitis „an der Grenze (oder im Gebiet) von Idumaea und Arabia“*, also irgendwo im s. Ostjordanland. Dem folgt die Pilgerin, und dorthin weisen auch *Gen 36,28; Jer 25,20; Klgl 4,21.* Ptolemaios, Geogr. V,19,2 kennt dort eine Völkerschaft *Ausitai* (Αὐσῖται). Euseb und Hieronymus jedoch haben die Hiobtradition in *Carneas,* wohin Egeria ja auch tatsächlich reist; vgl. Euseb, On. 142,3f. zu *Jjob 1,1: „Us im Lande Ausitis. Us wird auch einer von den Söhnen Esaus genannt“* (Esau = Edom!). Die Doppellokalisation ist vermutlich so zustandegekommen, daß man von *Gen 36,32 = Jjob 42,17d* LXX ausging: Dort wird die Stadt des Edomiterkönigs Bela (LXX Balak) *Dinhaba* (LXX *Dennaba*)

3. In diesem Tal lag ein großes Dorf, das jetzt Sedima heißt. In diesem Dorf, das mitten in der Ebene liegt, erhebt sich inmitten ein mäßiger Hügel, geformt wie die Grabhügel zu sein pflegen, aber die großen: auf seiner Höhe steht eine Kirche und unten im Kreis um den Hügel sind große alte Grundmauern sichtbar: auch jetzt noch sind im Dorf selbst einige Trümmerhaufen vorhanden.[109]

---

genannt; den Nachfolger des Bela namens Jobab nennt LXX *„Jobab, der auch Job (= Hiob) heißt"*. Natürlich hat dieser Ort im s. Ostjordanland gelegen; vgl. Euseb, On. 76,9-12. Aber man verwechselte ihn mit einem etwa gleichnamigen Orte *Dan(n)aba,* heute *eḏ-Ḏ(u)nēbe* am NW-Rande des Haurangebirges, ca. 20 km ö. von *Carneas/Šeḫ Saᶜd.* Auf diese Gegend wiesen auch *Gen 10,23; 22,21* und Josephus, *Ant. I,6,4.* Die Pilgerin hat also gelehrte Kenntnisse, die die Hiobtradition in oder bei Edom ansiedelten, unkritisch mit der zu ihrer Zeit lebendigen Hiobverehrung in *Carneas* verbunden. Vgl. zum Problem F. Horst, Hiob. BK XVI,1 (1960) 8f.; P. Dhorme, Le pays de Job. RB 8 (1911) 102-107; J. Jeremias, HG 101f. Schmitt, Die Heimat Hiobs. ZDPV 101 (1985) 56-63.

109 Leider versäumt die Pilgerin, ihren Weg von Jerusalem bis in die Gegend des von ihr *Sedima* genannten Dorfes zu beschreiben. Dieses Dorf muß im Jordangraben gelegen haben, genauer: in der Bucht von Bethschean *(Bēsān, Skythopolis).* Egeria reiste also auf Römerstraßen zunächst nach N bis zum alten Sichem *(Tell Balāṭa* bei *Nāblus/Neapolis),* nahm von dort aus die Richtung nach NNO über *Ṭubās* und *Teyāṣīr* und erreichte die Bucht von Bethschean in ihrem Südteile. Das ist die röm. Straße von *Neapolis* nach *Skythopolis;* vgl. P. Thomsen, ZDPV 40 (1917) Strecke XXXI, und P. Welten, ZDPV 81 (1965) 150-155. - Im Südteil der Bucht muß also Etherias *Sedima* gelegen haben. Der Name ist sonst nicht belegt; vielleicht ist er aus *Solyma* oder *Sicima* entstellt (auch Jerusalem und Sichem waren Melchisedek-Traditionsstätten). Aber was die Pilgerin meint, ist klar: die Ortschaft *Salumias,* von der zuerst bei Euseb, On. 152,4ff. (zum größten Teile nur als Zitat bei Prokop von Gaza 333 A und in der Übersetzung des Hieronymus erhalten) die Rede ist, 8 Meilen = 12 km s. von Bethschean/*Skythopolis.* Auch ein kleines Stück der Inschrift *Sa[lumias]* auf der Madeba-Karte (M 45; 97) ist erhalten; vgl. dazu H. Donner, ZDPV 83 (1967) 20f. Die genaue Lokalisation dieses Ortes ist bisher nicht gelungen. Geht man auf der ö. der heutigen Fahrstraße verlaufenden alten Römerstraße von Bethschean aus 12 km nach S, dann gelangt man in die Gegend des *Tell er-Ridġā,* der freilich wegen des völligen Fehlens römischer Keramik für *Salumias* selbst nicht in Frage kommt. W. F. Albright, BASOR 19 (1925) 18 nach M.-J. Lagrange, RB 4 (1895) 509 dachte an *Umm el-ᶜAmdān* sö. von *Tell er-Ridġā.* Gute Karten verzeichnen knapp 2 km sö. von *Tell er-Ridġā* auch eine *Ḫirbet Ḫisās ed-Dēr,* und manche nennen die quellenreiche und fruchtbare Gegend überhaupt *ᶜAyn ed-Dēr.* Unweit davon soll es sogar ein Landstück geben, das die Beduinen *eš-Šēḫ Sālim* nennen. Vgl. F.-M. Abel, RB 10 (1913) 220-223 und D. Buzy, Saint Jean-Baptiste (1922)

4. Als ich diesen so hübschen Ort sah, fragte ich, was denn das für ein lieblicher Ort sei. Dann wurde mir gesagt: das ist die Stadt des Königs Melchisedech, die früher Salem hieß, wonach das Dorf jetzt in verdorbener Sprechart Sedima genannt wird.[110] Das Gebäude auf dem Hügel inmitten des Dorfes, das du dort siehst, ist eine Kirche, die jetzt in Griechisch ... Melchisedech[111] heißt. Denn hier ist der Ort, wo Melchisedech Gott reine Opfer darbrachte, d.h. Wein und Brot, wie es von ihm geschrieben steht.[112]

14.*1.* Sofort, als ich dies hörte, stiegen wir von den Tieren, und siehe da, uns entgegenzutreten geruhten der hl. Priester dieses Ortes und die Kleriker; sie empfingen uns sofort und führten uns zur Kirche empor. Als wir dort ankamen, wurde sogleich nach unserer Gewohnheit ein Gebet gesprochen, dann die Stelle aus dem Buch des hl. Moses vorgelesen, auch ein Psalm gesungen, passend für den Ort[113], und dann wieder ein Gebet gesprochen, hierauf stiegen wir herab.

2. Als wir schon herabgestiegen waren, sagte uns jener hl. Priester, der schon älter und in den Schriften wohl bewandert war, d. h. der

---

221-228. Genaueres würde sich sicherlich durch Ausgrabungen ermitteln lassen. Das in Frage kommende Gebiet liegt 2-3 km w. des Jordanlaufes. - Die Beschreibung der Pilgerin ist ganz exakt: Sie sah einen besiedelten *Tell* mit einer Kirche und mancherlei Trümmer, auch im Dorfe selbst *(in ipso uico)* einige *turbae,* was immer das heißen soll: „Mönchswohnungen" (so Geyer unter Bezug auf 49,1) oder „Trümmerhaufen" (so A. Bludeau). Für *Tell er-Ridġā* tritt neuerdings wieder ein: J. Wilkinson, Egeria's Travels (1971) 221.

110 *Gen 14,18.* Der Lokalisation des rätselhaften Salem, der Stadt des Priesterkönigs Melchisedek, in Jerusalem oder bei Sichem, steht auch eine bei Bethschean/*Skythopolis* zur Seite; vgl. Hieronymus, *epistula ad Euangelum presbyterum de Melchisedech 73,7* (ed. I. Hilberg, CSEL 55, 1912, 20). Das ist zweifellos das *Salumias* des Onomastikon (s. o. Anm. 109).

111 Die Handschrift hat *opu Melchisedech* (so auch 15,5). Was *opu* heißt, weiß niemand. Es gibt mancherlei Vermutungen: ὄρος „Berg" (Gamurrini), *topu* von τόπος „Ort" (Mayr) oder- am wahrscheinlichsten - ὅπου „wo" (Heraeus), also *„wo Melchisedek war"*.

112 *Gen 14,18.* Der Bibeltext läßt nichts davon erkennen, daß es sich bei den Gaben des Melchisedek um reine Opfer für Gott gehandelt habe; er meint Gaben für Abraham. Aber Brot und Wein ließen die alten Christen an das Abendmahl denken (eine sog. Typologie), wie denn auch die Formulierung der Pilgerin *„optulit hostias Deo puras"* an die Sprache der Liturgie anklingt.

113 *Gen 14* (mindestens *V. 17-24)* und Ps *110.*

diesen Ort leitete - er war früher Mönch gewesen -, ein Priester, dem viele Bischöfe, wie wir später erfuhren, über sein Leben das beste Zeugnis ausstellten, denn über ihn sagten sie, er sei würdig, den Ort zu leiten, wo der hl. Melchisedech, als Abraham ankam, zuerst die reinen Gaben für Gott dargebracht habe. Als wir also herabgestiegen waren, wie ich oben gesagt, von der Kirche herunter, sagte uns jener hl. Priester: *„Seht diese Grundmauern rings um den Hügel, die ihr da seht, diese stammen von dem Palast des Melchisedech. Denn auch heute noch, wenn da jemand gleich hier ein Haus bauen will und die Grundmauern da berührt, wird er kleine Stücke Silber und Erz finden.*[114]

3. Und der Weg da, den ihr hindurchziehen seht zwischen dem Fluß Jordan und diesem Dorf, ist jener Weg, auf dem der hl. Abraham zurückgekehrt ist vom Untergang des Quodollagomor, des Königs der Völker, wo ihm der hl. Melchisedech, der König von Salem begegnete."[115]

15.*1.* Weil ich in Erinnerung hatte, daß geschrieben stehe, der hl. Johannes habe in Enon bei Salim getauft[116], fragte ich ihn, wie weit dieser Ort entfernt sei. Da sagte jener hl. Priester: *„Siehe, hier ist es, 200 Schritte weg. Wenn du willst, führe ich euch sofort zu Fuß hin. Denn dieses mächtige und klare Wasser, das ihr in diesem Dorf seht, kommt eben von dieser Quelle."*

2. Da begann ich ihm zu danken und ihn zu bitten, uns dorthin zu führen, so wie es auch geschehen ist. Sofort begannen wir mit ihm zu Fuß zu gehen immerdar durch das lieblichste Tal, bis wir zu einem sehr schönen Obstgarten kamen, wo er uns eine Quelle besten und reinsten Wassers zeigte, die auf einmal einen richtigen Fluß entstehen ließ. Vor sich hatte aber die Quelle einen kleinen See, wo offensichtlich der hl. Johannes die Taufe vorgenommen hat.

3. Nun sprach zu uns jener hl. Priester: *„Bis heute wird dieser Garten nicht anders genannt in der griechischen Sprache als cepos tu agiu iohan-*

---

114 Ein Stück naiver Archäologie! Die *„kleinen Stücke Silber und Erz"* sind Münzen, Figuren, Waffenbruchstücke u. dgl. Ruinen, deren Größe die Pracht des Melchisedek-Palastes ahnen lassen, erwähnt für Salem/*Salumias* auch Hieronymus, *epist. 73,7* (s.o. Anm. 110).

115 *Gen 14,1.18.* Die Handschrift hat *Quodollagomor* für den König Kedorlaomer von Ellasar (LXX *Kodollogomor,* Vulgata *Codorlahomor,* Euseb *Chodollagomor).* Den Titel „König der Völker" trägt in *Gen 14,1* Tideal, der vierte in der Reihe der Ostkönige.

116 *Joh 3,23* und Euseb, On. 40,1-4. Die Johannestaufstätte ist unter dem Namen *„Ainon bei Salem"* auf der Madeba-Karte (MM Nr. 2) verzeichnet. Erörterung über Lage und Tradition bei Kopp 166-172.

ni, was ihr lateinisch nennt Garten des hl. Johannes.[117] *Auch viele Brüder, hl. Mönche, kommen aus verschiedenen Gegenden und wollen sich hier baden."*

4. Von neuem wurde auch an dieser Quelle, wie an allen Orten, ein Gebet gesprochen und die Lesung abgehalten, gesungen auch ein passender Psalm, und alles, was zu tun unsere Gewohnheit war, wo immer wir an hl. Orte kamen, machten wir auch dort.

5. Auch das sagte uns der hl. Priester, daß bis zum heutigen Tag immer zu Ostern alle, die in diesem Dorf zu taufen sind, d. h. in der Kirche, die ... Melchisedech[118] heißt, in dieser Quelle getauft werden; dann kämen sie frühmorgens mit Leuchtern in Begleitung der Kleriker und Mönche zurück, unter Gesang von Psalmen und Antiphonen; und so werden sie von der Quelle bis zur Kirche des hl. Melchisedech in der Frühe alle geführt, die getauft wurden.

6. Wir also empfingen vom Priester die Eulogien, d. h. vom Obstgarten des hl. Johannes des Täufers, und ebenso von den hl. Mönchen, die dort ihre Behausungen hatten in diesem Obstgarten, dankten immer Gott und setzten unsern Weg fort, den wir gehen wollten.

16.*1.* Als wir so eine Zeitlang durch das Jordantal am Ufer dieses Flusses dahingingen, weil der Weg dort einige Zeit führte, sahen wir plötzlich die Stadt des hl. Propheten Elias, d. h. Thesbe[119], wo-

---

117 Griech. κῆπος τοῦ ἁγίου Ἰωάννου „Garten des hl. Johannes". Die Handschrift hat *copos* statt *cepos* (Schreibfehler?). *Iohanni* für *Iohannu* ist inkorrekt. Vgl. im übrigen Anm. 65.

118 S.o. Anm. 111.

119 *1 Kön 17,1; 21,17.28; 2 Kön 1,3.8; 9,36.* An allen diesen Stellen wird der Prophet Elia „der Thisbiter", d. h. der Mann aus Thisbe, genannt. Der Name des Ortes Thisbe *(Thesbe)* selbst begegnet nur andeutungsweise in *1 Kön 17,1* (vgl. LXX). Eine genaue Lokalisierung ist bisher nicht gelungen. Seit J. P. van Kasteren, ZDPV 13 (1890) 207-211 pflegt man die Ruinenstätte *Listib* (aus *el-Istib?)* ca. 5 km nw. von *ᶜAǧlūn* im bewaldeten *ᶜAǧlūn*-Gebirge dafür vorzuschlagen. Unmittelbar sö. davon ist eine 930 m hohe Bergkuppe mit einer kleinen Moschee namens *Mār Elyās* („Herr Elia"). Beide Kuppen erheben sich s. eines Tales, an dessen N-Hang die alte Römerstraße von Pella *(Ṭabaqāt Faḥil)* nach Gerasa *(Ǧeraš)* verlief. Es ist nicht auszuschließen, daß *Listib* und *Mār Elyās* der spätantike Nachfolger der 2 km weiter ö. gelegenen *Ḫirbet el-Hedamūs* sind, die das atl. Thisbe gewesen sein könnte. Vgl. S. Mittmann, Beiträge zur Siedlungs- und Territorialgeschichte des nördlichen Ostjordanlandes (1970) 228[34]. Man kann diese Gegend aus dem Jordangraben nicht sehen. Aber wir erfahren auch nicht, wie Egerias Reiseweg in dieser

her er den Namen hatte Elias Thesbites. Dort also ist bis heute jene Höhle, in der der Heilige saß, und dort ist auch das Grabmal des hl. Getha, dessen Namen wir in den Büchern der Richter lesen.[120]

2. Und so dankten wir auch dort Gott nach unserer Gewohnheit und setzten unsern Weg fort.
Als wir auf diesem Weg zogen, sahen wir zu unserer Linken ein liebliches Tal; ein mächtiges Tal, das einen unermeßlichen Strom in den Jordan ergießen ließ; und dort in diesem Tal sahen wir die Einsiedelei eines Bruders, d. h. eines Mönches.

3. Da begann ich, wie ich schon neugierig bin, zu fragen, was das für ein Tal sei, wo der hl. Mönch nun seine Einsiedelei gemacht habe; ich glaubte nicht, daß dies ohne Grund sei. Da sagten uns die Heiligen, die mit uns zogen, d.h. die Kenner des Ortes: *„Dies ist das Tal Corra, wo der hl. Elias, der Thesbiter, saß zu Zeiten des Königs Achab, als die Hungersnot herrschte, und auf Befehl Gottes brachte ihm ein Rabe Speise und aus diesem Bach trank er.*[121] *Denn dieser Bach, den du aus die-*

Gegend genau verlief. Vielleicht ist die Pilgerin gar nicht an Ort und Stelle gewesen, sondern bekam, nach Überquerung des Jordan auf der Höhe von *Salumias* und Weiterreise nach N, plötzlich *(ad subito)* die Gegend rechter Hand von ihren Führern gezeigt. Das führte dann zu einem kurzen andächtigen Aufenthalt. Oder sie überquerte den Jordan s. der Einmündung des *Wādi Yābis* (das liebliche, mächtige Tal), stieg nach O an und erreichte bei *Tell el-Maqlūb* die Römerstraße von Pella nach Gerasa, die ziemlich nahe an *Listib* vorbeiführte. Näheres bei W. Thiel, Zur Lage von Tischbe in Gilead. ZDPV 106 (1990) 119-134; vgl. auch G. Palumbo, Viaggi e esplorazioni nella regione dello *Wadi el-Yabis* dalla tarda antichità al XIX secolo. FrancLA 40 (1990) 375-395.

120 Gemeint ist der Richter Jephtah nach *Ri 12,7* (es gibt nur ein Richterbuch!). In der Tat steht in einem Madrider Fragment des Berichtes der Egeria (Dom. de Bruyne, Revue Bénédictine 26, 1909, 482) *Iepte* statt des unmöglichen *Getha.* Der Text von *Ri 12,7* ist verderbt; nur einige Septuaginta-Handschriften geben den Namen des Begräbnisorts mit *Seph(e)* an, wozu man Josephus, *Ant. V,7,12 (Sebee)* vergleichen kann. Das entspricht dem Wohnort Jephtahs Zaphon (griech. *Sephina)* nach *Ri 12,1;* nicht dem Mizpa (griech. *Massepha)* von *Ri 11,34.* Der Ort lag im w. *ᶜAǧlūn*-Gebirge, wohl unweit von Thisbe (s. o. Anm. 119). Vgl. J. Jeremias, HG 105f.

121 *1 Kön 17,2-6:* der Bach Krith, Septuaginta *Chorrath,* Vulgata *Carith;* Euseb, On. 174,16 *Chorra.* Die Lokalisation des Baches Krith hat im byzantinischen Altertum geschwankt. Hier dürfte das *Wādi el-Yābis* gemeint sein. Im 6. Jh. war es das *Wādi el-Ḫarrār* gegenüber der Taufstelle bei Jericho; vgl. Pilger von Piacenza 9. Heute haftet die Tradition am westjordanischen *Wādi el-Qelt.*

sem Tal in den Jordan einmünden siehst, der ist Corra."

4. Und so dankten wir nichtsdestoweniger Gott, der uns, ohne daß wir es verdienten, alles, was wir wünschten, zu zeigen geruhte, und begannen dann, wie an allen Tagen, unseren Weitermarsch. Und als wir nun Tag für Tag dahinzogen, da zeigte sich uns plötzlich zur Linken, von wo wir uns gegenüber Gegenden Phöniziens sahen, ein gewaltiger und unermeßlich hoher Berg, der sich weithin erstreckte ... [122]

(Es fehlt ein Blatt)

5. Dieser hl. Mönch und Asket hielt es für notwendig, nach sovielen Jahren, die er in der Wüste verbracht hatte, aufzubrechen und hinabzusteigen in die Stadt Carneas[123], um den Bischof und die Kleriker dieser Zeit zu ermahnen, gemäß dem, was ihm enthüllt worden war, an der Stelle zu graben, die ihm gezeigt war, so wie es auch geschehen ist.

6. Als diese dort, wo es ihnen gezeigt war, gruben, fanden sie eine Höhle, der sie etwa 100 Schritt nachgingen, wo sich ihnen beim Graben plötzlich ein Stein zeigte, und als sie diesen Stein freigelegt hatten, fanden sie auf seiner Oberfläche eingemeißelt: Iob.[124] Daher

---

122 Egeria verließ den Jordangraben auf der Römerstraße *Skythopolis - Gadara - Carneas - Damaskus,* die ein Stück weit auf der Südseite des Yarmuk verläuft, nach Gadara *(Umm Qēs)* ziemlich genau von W nach O, oder schon auf der Höhe von *Listib* (s.o. Anm. 119). Das Bergmassiv auf der linken Seite ist der Hermon *(Čebel eš-Šēḫ* oder *et-Telǧ).* - Nach 16,4 ist eine Seite der Handschrift herausgerissen worden. Der verlorengegangene Text kann zu einem ganz geringen Teil aus dem Madrider Fragment (s. o. Anm. 120), Z. 20-25, ergänzt werden: *„An jenem Ort, wo Hiob im Kote saß, ist jetzt eine Grube, rings umschlossen von Eisengittern, und eine große Kristallampe leuchtet dort von Abend zu Abend. Die Quelle aber, wo er sich mit einer Scherbe kratzte (Jjob 2,8), wechselt viermal im Jahr die Farbe: zuerst hat sie die Farbe des Eiters, dann die des Blutes, dann die der Galle, und schließlich wird sie (wieder) klar."* Das bezieht sich bereits auf *Carneas* (s.o. Anm. 108).

123 S.o. Anm. 108.

124 Diese Übersetzung ist problematisch. Der Stein (*lapis*) meint einen Steinsarkophag, *coperculum (< cooperculum)* heißt Deckel, nicht Oberfläche (vgl. ital. *coperchio,* franz. *couvercle*), *perdiscoperire* den Deckel abheben. Darauf hat G. Schmitt, Die Heimat Hiobs. ZDPV 101 (1985) 56-63, bes. 63, mit Recht hingewiesen. Sollte man den riesigen Hiobstein als Sargdeckel verwendet haben? - Die Hiobtraditionen *von Šēḫ Saᶜd* reichen bis in die Gegenwart. Man kennt unweit der Ortschaft ein Hiobs-Kloster *(Dēr Eyyūb),*

wurde diesem Hiob damals hier diese Kirche errichtet, die ihr seht, so jedoch, daß der Stein mit der Leiche nicht an einen andern Platz gebracht, sondern dort, wo man den Leib gefunden hatte, in Ruhe liegen gelassen wurde und die Leiche unter dem Altare liegt. Jene Kirche aber, die irgendein Tribun erbauen ließ, steht heute noch unvollendet da.[125]

7. Und nun baten sie anderntags in der Früh den Bischof, das Opfer darzubringen, wie er es auch zu tun geruhte, und nachdem uns der Bischof gesegnet hatte, brachen wir auf. Kommunizierend auch dort und Gott dankend immerdar, kehrten wir nach Jerusalem zurück über alle Halteplätze, durch die wir schon vor drei Jahren gezogen waren.

17.*1.* Ebenso im Namen Gottes, als schon einige Zeit vergangen war und drei Jahre voll geworden, seit ich nach Jerusalem gekommen war, da ich alle hl. Stätten gesehen hatte, zu denen ich des Gebetes willen gezogen, und als daher mich schon die Lust erfaßte, nach der Heimat zurückzukehren, da wollte ich wiederum noch nach

---

einen Standplatz Hiobs *(Maqām Eyyūb),* ein Hiobsbad *(Ḥammām Eyyūb)* und vor allem, weiter oben am Hügelabhange, das *Welī* über dem Hiobstein *(Ṣaḫrat Eyyūb).* Der berühmte Hiobstein, ein Denkmal Ramses II. von Ägypten mit leider sehr verwitterter Oberfläche (König vor dem Gotte opfernd, Hieroglyphenreste), ist es vermutlich, den die Pilgerin gesehen hat. Vgl. J. G. Wetzstein, Das Iobs-Kloster im Hauran und die Iobs-Sage (mit einer Karte der Umgebung des Iobs-Klosters). Exkurs in Franz Delitzsch, Das Buch Iob (1864) 507-539; G. Schumacher, Across the Jordan (1886) 189ff.; ders., Der Hiobstein, *Sachrat Ejjub,* im Hauran. ZDPV 14 (1891) 142-147; J. P. van Kasteren, Zur Geschichte von *Schĕch Saᶜd.* ZDPV 15 (1892) 196-204; A. Erman, Der Hiobstein. Ebenda 205-211; J. Wilkinson, Egeria's Travels (1971) 281-283.

125 Nach der größten Wahrscheinlichkeit stand diese, z. Zt. der Egeria noch nicht vollendete, also wohl nicht lange zuvor begonnene Kirche an der Stelle von *Ṣaḫrat Eyyūb.* Das Hiobgrab ist später mehrfach gewandert, immer jedoch nahe bei *Šēḫ Saᶜd.* - Für die Datierung des Berichtes der Egeria könnte eine Rolle spielen, daß die Überlieferung vom Grab Hiobs nicht zu den älteren Traditionselementen zu gehören scheint. Zu Zeiten Eusebs verehrte man in *Carneas* nur sein Haus. Noch Johannes Chrysostomus erwähnt in der 397 zu Antiochia gehaltenen 5. Homilie (MPG 49,69), daß man den Pilgern den Misthaufen, auf dem Hiob saß, zeigte. Von einem Grabe weiß er anscheinend nichts. Aber das muß nicht viel bedeuten; s. G. Schmitt (s.o. Anm. 124), S. 57.63.

Mesopotamien in Syrien[126] ziehen - im Auftrag Gottes -, um die hl. Mönche zu sehen, die dort in großer Zahl und in so heiligem Leben, sagte man, existieren, daß man es kaum berichten kann, und auch um des Gebetes willen am Grab des hl. Thomas, des Apostels, wo sein ganzer Leichnam bestattet ist, d. h. in Edessa[127]; daß er ihn dorthin senden werde, wenn er in den Himmel aufgestiegen sei, hat Jesus, unser Gott, durch einen Brief bezeugt, den er zum König Aggarus durch den Läufer Ananias sandte, welcher Brief mit großer Ehrfurcht in der Stadt Edessa, wo das Martyrium ist, gehütet wird.[128]

---

126 Im Jahre 349 unterteilte Kaiser Konstantius die alte Präfektur *Mesopotamia* in zwei Provinzen: *Osrhoëne* im Euphratknie mit der Hauptstadt *Edessa* und ö. davon *Mesopotamia* mit der Hauptstadt *Amid(a)*. Der Name *Osrhoëne* war weniger geläufig als die Bezeichnung *Mesopotamia Syriae*, die auch die Vulgata in *Gen 28,2.5* verwendet.

127 Edessa, heute *Urfa* im oberen Euphratknie, ca. 190 km nö. von Aleppo, gegründet von Seleukos I. Nikator (gest. 281 v. Chr.), wurde im 4. Jh. n. Chr. eines der Hauptzentren des syrischen Christentums. Dort lebte Ephraem (gest. 373), einer der bedeutendsten Theologen der syrischen Orthodoxie. Bischof Rabbula (411-435) führte die Peschitta, die syrische Bibelübersetzung, ein. Der christologische Streit führte schließlich zur Trennung der monophysitischen edessenischen Kirche von Ostrom. Fortan Zentrum des syrischen Monophysitismus, verkümmerte die Stadt nach dem Einbruch der Araber im 7. Jh. Vgl. R. Duval, Histoire politique, religieuse et littéraire d'Edesse jusqu'à la première croisade. JA 8, sér. 18 (1891) 87-133.201-278.381-439; 19 (1892) 5-102. Zu Egerias Aufenthalt in Edessa s. P. Devos, Égérie à Édesse. S. Thomas l'apôtre. Le roi Abgar. AnBoll 85 (1967) 381-400.

128 Zum Thomas-Martyrium s. u. Anm. 137. - König Aggarus, dem die Legende einen Briefwechsel mit Jesus zuschreibt, ist Abgar V. Ukama „der Schwarze" (9-46 n. Chr.). Der erste christliche König von Edessa scheint freilich erst Abgar IX. (179-214) gewesen zu sein; sein Sohn hieß *Maʿnu* IX. (Egeria: Magnus). Vgl. zur Problematik des edessenischen Christentums H. J. W. Drijvers, Hatra, Palmyra und Edessa. Die Städte der syrisch-mesopotamischen Wüste in politischer, kulturgeschichtlicher und religionsgeschichtlicher Beleuchtung. Aufstieg und Niedergang der römischen Welt II,8 (1977) 799ff., bes. 895f. Die Abgar-Legende findet sich zuerst bei Euseb, Kirchengeschichte I,13; II,1,6-8. In der syrischen Literatur taucht die Abgar-Korrespondenz erst um 400 auf. Vgl. W. Bauer, Rechtgläubigkeit und Ketzerei im ältesten Christentum (1934) 7-45. Deutsche Übersetzung bei E. Hennecke, Neutestamentliche Apokryphen (1904) 76-79; Erläuterungen bei E. Hennecke, Handbuch zu den neutestamentlichen Apokryphen (1904) 153-165. Abgar ist übrigens Titel, nicht Eigenname.

2. Denn es mögen mir Euer Liebden glauben, es gibt keinen unter den Christen, der nicht dorthin um des Gebetes willen zieht, unter all denen, die zu den hl. Stätten, d. i. nach Jerusalem, gekommen sind; und dieser Ort ist von Jerusalem 25 Tagereisen entfernt.

3. Und weil es von Antiochia[129] näher nach Mesopotamien ist, war es für mich - über Auftrag Gottes - sehr günstig, auf meiner Heimreise nach Konstantinopel, da der Weg über Antiochia ging, von da nach Mesopotamien zu gehen, so wie es auch geschehen ist über Auftrag Gottes.

18.*1.* Und so brach ich also im Namen Christi, unseres Gottes, von Antiochia nach Mesopotamien auf, wobei ich durch mehrere Halteplätze und Städte der Provinz Coelesyrien zog, die die Provinz Antiochias ist[130], und von dort betrat ich das Gebiet der Provinz Augustofratensis, kam zur Stadt Gerapolis, der Hauptstadt dieser Provinz, nämlich Augustofratensis.[131] Und weil diese Stadt sehr schön und reich ist und Überfluß an allem hat, mußte ich dort haltmachen, weil von dort das Gebiet von Mesopotamien nicht mehr weit ist.

2. Als ich demnach von Ierapolis, vom 15. Meilenstein, aufbrach, kam ich im Namen Gottes zum Fluß Euphrat, über den sehr richtig geschrieben steht, es gebe einen großen Fluß Euphrat[132], und er ist ungeheuer und wahrhaft schrecklich; er stürzt nämlich mit solchem Schuß herab, wie ihn der Fluß Rhône hat[133], nur ist der Euphrat noch größer.

---

129 *Antākya* an der nordsyrischen Küste.

130 *Syria Caele* oder *Coele* (Συρία Κοίλη) mit der Hauptstadt Antiochia, um 194 aus der Großprovinz *Syria* als Nordteil derselben hervorgegangen.

131 Um 341 wurde der Ostteil der Provinz Coelesyrien abgetrennt und als *Augusta Euphratensis* (auch *Euphratesia*) verselbständigt. Hierapolis (Egeria: *Gerapolis, Ierapolis*) ist heute *Membiğ (Menbiğ)* ca. 100 km nö. von Aleppo, noch w. des Euphratlaufes. Die Stadt war überwiegend Militärzentrum und hatte direkte Straßenverbindung nach Edessa. Vgl. V. Chapot, La frontière de l'Euphrate (1907). Ostgrenze der Provinz war der Euphrat.

132 *Gen 15,18.*

133 *Fluvius Rodanus* ist die Rhône, deren heftige Strömung im Altertum berühmt war. Vgl. RE II,1 (1920) s.v. *Rhodanus* 759-769. Die antiken Autoren beschreiben die Wildheit des Flusses für den ersten Teil seines Laufes, bis zum Eintritt in den Genfer See, danach allenfalls noch bis Lyon. Man sollte aus diesem schönen Vergleich keinerlei Schlüsse auf die Herkunft der Egeria ziehen, auch nicht auf ihre Reiseroute. Auf dem Wege von Aquitanien oder Südfrankreich nach Konstantinopel hat sie zwar sicherlich

3. Weil man ihn daher auf Schiffen überqueren mußte, und zwar nur auf größern, so verweilte ich dort etwas mehr als einen halben Tag; als ich dann im Namen Gottes den Euphrat überschritten hatte, betrat ich das Gebiet Mesopotamiens in Syrien.

19.*1.* Und als ich so mehrere Tagereisen weiterzog, kam ich zu einer Stadt, deren Namen wir in der Schrift lesen, d.h. Batanis[135], welche Stadt noch heute besteht. Denn sie hat eine Kirche mit einem wahrhaft heiligen Bischof, Mönch und Bekenner[136], und einige Märtyrergräber. Diese Stadt hat viele Einwohner, auch Soldaten lagern dort mit ihrem Tribunen.

2. Von dort wieder aufbrechend, kamen wir im Namen Christi, unseres Gottes, nach Edessa. Dort angekommen, eilten wir sogleich zur Kirche und zum Martyrium des hl. Thomas.[137] Als wir dort nach Gewohnheit unsere Gebete verrichtet hatten, lasen wir außer

---

die Rhône überquert, doch kaum an einem Abschnitt, dem starke Strömung hätte nachgesagt werden können. Also wird es sich hier um Lesefrüchte handeln: Man kannte, und auch Egerias Klosterschwestern kannten Tibull, Solinus, Ausonius, Claudianus, Venantius, auch Strabo, die das Naturphänomen erwähnen - zumindest kannte man einen oder zwei aus dieser Reihe.

135 *Batanis,* auch *Bathnis, Bat(h)na, Bathnae* u.ä., ist heute *Serūǧ,* ca. 60 km nö. von Hierapolis an der Straße nach Edessa, ein wichtiger Handelsplatz mit Militärkastell. An welche Schriftstelle Egeria dachte, ist ungewiß. *Jos 13,26* (Vulgata) oder *Judith 1,9* (Septuaginta)?

136 Der Bischof von *Batanis* erhält wie die Bischöfe von *Edessa* (19,5) und *Carrhae* (20,2) den Titel *confessor* „Bekenner“: ursprünglich, in den Zeiten der Christenverfolgungen, Ehrenbezeichnung der Märtyrer oder derer, die um des Glaubens willen gelitten hatten, ohne den Märtyrertod sterben zu müssen, seit Ende des 4. Jh. Bezeichnung von Männern mit heiligmäßigem Leben. Für Spanien ist eine Sonderbedeutung belegt: Mönch, der sich der Pflege des Gottesdienstes gewidmet hat.

137 Nach der Chronik von Edessa (um 540) hatte die Stadt im Jahre 201 nur eine Kirche, die in einer Überschwemmungskatastrophe zugrundeging. Sie wurde mehrfach (313, 323-324) wiederaufgebaut und erneut beschädigt. Man nannte sie die „alte Kirche“. Am 22.8.394 wurden die Reliquien des hl. Thomas dorthin überführt. Es bleibt unklar, ob in die alte Kirche oder in einen Neubau. Im ersteren Falle wäre das „und“ in der Formel *„ad ecclesiam et ad martyrium sancti Thomae“* disjunktiv aufzufassen (zwei Gebäude), im zweiten Falle konjunktiv (ein Gebäude). Sicherheit ist nicht zu gewinnen, und Schlüsse auf die Datierung des Berichtes der Egeria können nicht gezogen werden.

anderem, was an hl. Orten zu machen unsere Gewohnheit war, auch aus den Schriften des hl. Thomas dort.[138]

3. Die Kirche dort ist gewaltig und sehr schön und neu erbaut, so daß sie wahrhaft würdig
ist, Haus Gottes zu sein; und weil es viel gab, was ich dort zu sehen wünschte, mußte ich einen dreitägigen Aufenthalt dort machen.

4. Und ich sah in dieser Stadt zahlreiche Martyrien und auch heilige Mönche, die teils bei den Martyrien wohnten, teils weiter außerhalb der Stadt in zurückgezogenen Orten ihre Einsiedeleien hatten.

5. Und weil der hl Bischof dieser Stadt, ein wahrhaft religiöser Mann, Mönch und Bekenner[139], mich gastfreundlich aufnahm und sagte: „*Weil ich sehe, daß du, Tochter, um der Religion willen so große Mühe auf dich genommen hast, daß du von den entlegensten Orten hierher kamst, deshalb wollen wir dir, wenn du willst, alle Orte, die den Christen zu sehen willkommen sind, zeigen!*" darum dankte ich Gott zuerst und dann ihm und bat ihn innigst, er möge zu tun geruhen, was er gesagt.

6. Daher führte er mich zuerst zum Palast des Königs Aggarus[140] und zeigte mir dort dessen Riesenstatue, die ihm sehr ähnlich war - nach ihren Aussagen -, aus Marmor, von so hellem Glanz, als wenn sie aus Perlen wäre; in seiner, des Aggarus Miene zeigte sich - man brauchte ihn nur anzusehen -, daß dieser Mann wahrhaft weise und ehrenvoll gewesen war. Da sagte der hl. Bischof zu mir: „*Siehe den König Aggarus, der, ehe er noch den Herrn sah, an ihn glaubte, daß*

---

138 Die sog. Thomas-Akten, eine apokryphe gnostische Schrift aus der 2. Hälfte des 3. Jh. (vermutlich auf Syrisch in Edessa verfaßt), erhalten in einer griechischen kirchlichen Bearbeitung und einer armenischen Übersetzung, beide aus dem 4. Jh. Die Schrift schildert die Mission und das Martyrium des Apostels Thomas in Indien, womit auch der äußerste Iran gemeint sein könnte. Deutsche Übersetzung bei E. Hennecke - W. Schneemelcher, Neutestamentliche Apokryphen I (1964) 297-372; Erläuterungen bei E. Hennecke, Handbuch zu den neutestamentlichen Apokryphen (1904) 562-601. Vgl. auch G. Bornkamm, Mythus und Legende in den apokryphen Thomasakten (1933).

139 S.o. Anm. 136.

140 S.o. Anm. 128. Die Könige von Edessa hatten zwei Paläste: eine Sommerresidenz innerhalb der Stadt auf einem Hügel (hier gemeint) und eine Winterresidenz in der Festung.

er wahrhaft Sohn Gottes sei!"[141] Und daneben war noch eine ebenso aus solchem Marmor geschaffene Statue, die Statue seines Sohnes Magnus, wie er sagte.[142] Auch sie hatte in der Miene den Ausdruck der Milde.

7. Und nun traten wir in den inneren Teil des Palastes. Und dort waren Quellen mit vielen Fischen, wie ich sie bisher niemals gesehen habe, d.h. von solcher Größe und so herrlich und so wohlschmeckend. Denn diese Stadt hat im Innern gar kein anderes Wasser als dieses, das aus dem Palast kommt wie ein großer silberner Strom.[143]

8. Und dann erzählte mir der hl. Bischof über dieses Wasser dies: *„Einst, als der König Aggarus an den Herrn geschrieben und der Herr an Aggarus zurückgeschrieben hatte durch den Läufer Ananias*[144]*, so wie es geschrieben steht in jenem Brief; als also einige Zeit vergangen war, überfielen und umzingelten die Perser diese Stadt.*

9. *Da trug sofort Aggarus den Brief des Herrn zum Tor und betete mit dem ganzen Heer öffentlich. Und er sagte dann dies: Herr Jesus, du hattest uns versprochen, daß kein Feind diese Stadt betreten werde, und siehe,*

---

141 Der Bischof zitiert aus der Abgar-Korrespondenz; vgl. Euseb, Kirchengeschichte I,13: *„Selig bist du, daß du an mich geglaubt hast, ohne mich gesehen zu haben; denn es steht von mir geschrieben: Die mich gesehen haben, werden nicht an mich glauben, damit diejenigen, die mich nicht gesehen haben, glauben und dadurch leben."* Das erinnert an *Mt 13,13* und *Joh 20,29* und setzt beide Texte voraus, ein sicheres Zeichen für die „Unechtheit" der Abgar-Korrespondenz. Die Prädikation „Sohn Gottes" stammt aus dem Briefe Abgars an Jesus.

142 *Maʿnu,* falsch latinisiert als *Magnus* „der Große"; s.o. Anm. 128.

143 Durch Edessa floß von NW nach SO der *Daiçan,* vor den Wasserregulier ungsarbeiten des Kaisers Justinian im 6. Jh. in viele einzelne Wasserläufe sich verzweigend. Davon nimmt die Pilgerin keine Kenntnis. Sie spricht ausschließlich von *fontes* „Quellen" und meint damit die edessenischen Teiche, von denen einer besonders berühmt war, im SW der Stadt auf dem Gelände des Sommerpalastes, voll von Fischen, die wahrscheinlich der semitischen Göttin Athargatis geweiht waren. Man darf aus der Bemerkung, daß Edessa nur aus diesem Teiche bewässert werde, nicht schließen, Egeria sei erst nach den justinianischen Regulierungsarbeiten in der Stadt gewesen. Sie war wohl einfach nicht gut unterrichtet. Einzelheiten bei J. Wilkinson, Egeria's Travels (1971) 284-287.

144 S.o. Anm. 128. Die syrische *Doctrina Addai* (= Thaddäus), ein ausführlicher Zeuge der Abgar-Legende (nach 400), nennt den Boten *„Ḥannān der Schreiber".*

nun bekämpfen uns die Perser![145] *Als der König, in den erhobenen Händen diesen Brief haltend, dies gesagt hatte, da entstand plötzlich eine solche Finsternis, außerhalb der Stadt, aber vor den Augen der Perser, die sich schon der Stadt so näherten, daß sie bis drei Meilen vor der Stadt waren; und sie wurden alsbald so von der Finsternis verwirrt, daß sie kaum das Lager aufschlagen und die Stadt in einem Abstand von drei Meilen umgeben konnten.*

10. So aber sind die Perser verwirrt worden, daß sie niemals später die Stelle fanden, wo sie in die Stadt hätten eindringen können, sondern die Stadt umlagerten, die in einem Umkreis von drei Meilen von Soldaten umschlossen war, und sie umlagerten sie einige Monate.

11. Später aber, als sie erkannten, daß sie auf keine Weise in die Stadt eindringen könnten, wollten sie die Bürger der Stadt durch Durst töten. Denn dieser Berg, den du da siehst, meine Tochter, über dieser Stadt, dieser bot in jener Zeit der Stadt das Wasser. Die Perser nun, die das sahen, leiteten das Wasser von der Stadt weg und führten seinen Lauf zu dem Ort, wo sie ihr Lager aufgeschlagen hatten.

12. An dem Tag und in der Stunde, da die Perser das Wasser abgeleitet hatten, brachen sofort diese Quellen, die du an diesem Ort siehst, über Befehl Gottes auf einmal hervor; seit diesem Tage rinnen diese Quellen bis heute dank der Gnade Gottes. Jenes Wasser aber, das die Perser abgeleitet hatten, vertrocknete in jener Stunde, so daß sie nicht einen Tag zu trinken hatten, die die Stadt belagerten, wie es sich ja bis heute noch zeigt; denn später wurde niemals, auch nicht die geringste Feuchtigkeit dort sichtbar bis heute.

13. Und so mußten sie auf Befehl Gottes, der dies versprochen hatte, sofort in ihr Land, d. h. nach Persien, zurückkehren. Und auch später, sooft Feinde kommen und die Stadt erobern wollten, wurde dieser Brief hinausgetragen und am Tore gelesen, und sofort wurden auf den Wink Gottes alle Feinde vertrieben."

---

145 Dieses Versprechen berichtet nicht Euseb, wohl aber *die Doctrina Addai,* gegen Ende der Antwort Jesu: *„Und deine Stadt wird gesegnet sein, und kein Feind wird sich jemals ihrer bemächtigen."* Welche Belagerung von Edessa durch die Perser gemeint ist, wissen wir nicht; die Stadt ist in den Perserkriegen 337-363 mehrfach belagert worden. Jedenfalls muß die Belagerungsepisode im 4. Jh. zwischen Euseb und der *Doctrina Addai* zum Abgar-Stoff hinzugewachsen sein. Egeria kennt die *Doctrina Addai* noch nicht, sonst würde sie die in der *Doctrina* enthaltene Geschichte vom Porträt Jesu, das der Schreiber *Hannān* gemalt hatte, kaum verschwiegen haben.

14. Auch das erzählte der Bischof: „*Wo diese Quellen hervorsprudelten, war vorher ein Feld innerhalb der Stadt am Fuß des Palastes des Aggarus. Dieser Palast des Aggarus war an einem höheren Platz gelegen, wie es sich noch jetzt zeigt, wie du siehst. Denn das war Gewohnheit jener Zeit, daß Paläste, wenn sie gebaut wurden, immer auf höheren Plätzen angelegt wurden.*[146]

15. Aber *nachdem diese Quellen hier hervorgebrochen waren, da hatte Aggarus seinem Sohn Magnus, d.h. dem, dessen Statue du siehst neben dem Vater aufgestellt, diesen Palast hier erbaut, so jedoch, daß diese Quellen innerhalb des Palastes umschlossen wurden.*"

16. Nachdem also der hl. Bischof dies alles berichtet hatte, sagte er zu mir: „*Gehen wir nun zum Tor, durch das der Läufer Ananias mit jenem Brief, von dem ich sprach, eingetreten ist.*" Als wir also zu jenem Tor gekommen waren, sprach der Bischof stehend ein Gebet und las uns dort die Briefe vor, dann segnete er uns und sprach neuerdings ein Gebet.

17. Auch das erzählte uns noch unser Heiliger: „*Seit dem Tag, da der Läufer Ananias dieses Tor betreten hat mit dem Brief des Herrn, wird bis zum heutigen Tag darauf gesehen, daß kein Unreiner, kein Trauernder durch dieses Tor gehe, auch daß kein Leichnam eines Toten hinausgetragen werde durch dieses Tor.*"

18. Es zeigte uns auch der hl. Bischof das Grabmal des Aggarus und seiner ganzen Familie, das sehr schön und nach alter Sitte gemacht ist. Er führte uns auch zu jenem höheren Palast, den zuerst der König Aggarus gehabt hatte, und wenn sonst noch besondere Orte waren, zeigte er sie uns.

19. Auch das war mir besonders angenehm, daß ich die Briefe, sowohl den des Aggarus an den Herrn wie den des Herrn an Aggarus, die uns der hl. Bischof vorgelesen hatte, von diesem Heiligen für mich erhielt. Und mag ich auch in der Heimat Abschriften davon haben, so schien es mir doch willkommener, sie auch dort von ihm zu empfangen, wenn sie etwa weniger vollständig zu uns in die Heimat gekommen sein sollten; denn sicher ist der Text, den ich erhielt, vollständiger.[147] Wenn daher Jesus, unser Gott, es befiehlt

---

146 S.o. Anm. 140.

147 Hier wüßte man gerne mehr. War die Fassung der Abgar-Legende, über die man in der Heimat der Pilgerin verfügte, die in Eusebs Kirchengeschichte gebotene (s. o. Anm. 128)? Oder war es die 403 durch Rufinus von Aquileia

und ich in meine Heimat komme, werdet auch ihr ihn lesen, meine lieben Frauen.

***20**.1.* Als ich nun dort drei Tage verweilt hatte, war es notwendig, weiterzuziehen bis nach Charris, wie es jetzt heißt. Denn in der Hl. Schrift heißt es Charra, wo der hl. Abraham gewohnt hatte, wie in der Genesis geschrieben steht, da der Herr zu Abraham sagt: *„Zieh aus deinem Land und aus dem Haus deines Vaters und geh nach Charra* usw."[148]

2. Als ich dorthin kam, d.h. nach Charra, ging ich sogleich in die Kirche, die in der Stadt selbst liegt, sah auch bald den Bischof dieses Ortes, einen wahren Heiligen und Mann Gottes, Mönch und Bekenner[149], der alsbald geruhte, uns alle Orte dort zu zeigen, die wir wünschten.

3. Denn er führte uns sofort in die Kirche, die vor der Stadt liegt an dem Platz, wo das Haus des hl. Abraham gestanden, d. h. auf denselben Fundamenten und demselben Stein, wie uns der hl. Bischof sagte. Als wir nun in diese Kirche kamen, wurde ein Gebet gesprochen und jene Stelle aus der Genesis vorgelesen, auch ein Psalm gesungen und nochmals ein Gebet gesprochen, und nach dem Segen des Bischofs gingen wir hinaus.

4. Ebenso geruhte er, uns zu jenem Brunnen zu führen, woher die hl. Rebekka Wasser holte. Und es sagte uns der hl. Bischof: *„Siehe, der Brunnen, aus dem die hl. Rebekka die Kamele des Dieners des hl.*

---

gefertigte lateinische Übersetzung derselben? In welcher Sprache war der Text abgefaßt? War Egeria des Syrischen überhaupt mächtig? Wenn nicht, dann muß der Bischof griechisch gesprochen haben. Oder war ein syrisch-lateinischer Dolmetscher zugegen?

148 *Gen 12,1.* Ein merkwürdiges Mißverständnis. Denn weder der hebr. Urtext noch die alten Übersetzungen erwähnen den Namen *Charra* in *Gen 12,1.* Vielmehr heißt es: *„... ziehe ... in das Land, das ich dir zeigen werde"*, nämlich Kanaan. Ob Egeria einen anderen, obskuren Bibeltext vor sich hatte, ist zweifelhaft. Wahrscheinlich übersahen sie und ihre Gewährsleute den Umstand, daß Abraham nach *Gen 11,31f.* und *12,4* bereits in *Charra* wohnte und bezogen *Gen 12,1* auf Abrahams erste Heimat, Ur in Chaldäa *(Gen 11,28).* Diese Auffassung scheint auch Apg *7,2f.* vorzuliegen. - *Charris, Charra,* oft Carrhae, ist die alte, im 1. Jahrtausend v. Chr. dem babylonisch-assyrischen Mondgott Sîn geweihte Stadt *Ḫarrānu,* in der Bibel *(Gen 11,31f.; 12,4* u.ö.) *Ḥārān,* heute *Ḥarrān,* ca. 40 km sö. von Edessa.

149 S.o. Anm. 136.

Abraham, d. i. Eleazar, tränkte."[150] Und alles einzelne geruhte er, uns zu zeigen.

5. Denn die Kirche, die, wie ich sagte, vor der Stadt ist, ehrwürdige Frauen, meine Schwestern, wo einst das Haus Abrahams war, dort ist jetzt auch ein Martyrium errichtet, d.h. eines hl. Mönches namens Helpidius.[151] Das aber traf sich für uns sehr gut, daß wir dorthin am Tag vor dem Fest dieses hl. Helpidius hinkamen, am 23. April, an welchem Tag von überall her und von allen Teilen Mesopotamiens alle Mönche nach Charra kommen mußten, auch die älteren, die in der Einsamkeit wohnen und die man Asketen nennt, an diesem Tag, der dort sehr festlich begangen wird, auch in Erinnerung an den hl. Abraham, weil es sein Haus war, wo jetzt die Kirche steht, in der der Leib des hl. Märtyrers beigesetzt ist.

6. Und so traf es sich für uns wider Erwarten überaus günstig, daß wir die hl. Mönche und wahren Männer Gottes aus Mesopotamien dort sehen konnten, auch jene, von deren Ruf und Leben man weithin hörte, die je sehen zu können ich niemals geglaubt habe, nicht, weil es Gott unmöglich wäre, mir auch das zu gewähren, ihm, der mir alles zu gewähren geruhte, sondern weil ich von ihnen gehört hatte, sie kämen außer zu Ostern und an diesem Tag nicht aus ihrer Heimat hierher, weil sie solcherart sind, daß sie auch viele Wunder machen[152], und weil ich nicht wußte, in welchem Monat das Märtyrerfest hier gefeiert werde, von dem ich sprach. Auf Gottes Gebot hin also traf es sich, daß ich gerade an dem Tag, den ich nicht erhoffte, dorthin kam.

7. Wir hielten uns dort zwei Tage auf wegen des Märtyrerfestes und wegen des Besuches jener Heiligen, die freundlichen Herzens mich zu ihrer Begrüßung zu empfangen und anzusprechen geruhten, was ich nicht verdient hatte. Sie selbst aber wurden gleich nach dem Märtyrertag nicht mehr dort gesehen, sondern suchten

---

150 *Gen 24,10-20.* Der Name des Dieners, Elieser (nicht *Eleazar!*), stammt aus *Gen 15,2.*

151 In der Abrahamskirche befand sich das Martyrium eines sonst ganz unbekannten Mönches namens Helpidius, vermutlich eines Lokalheiligen, der den Christenverfolgungen unter Sapor II. zum Opfer gefallen war.

152 *Virtutes* sind Wunder, die von heiligen Menschen vollbracht werden, aber auch die aus der Norm fallende heiligmäßige Art ihres Lebens. Das Wort wird ähnlich wie *mirabilia* (13,1) verwendet.

noch nachts die Wüste auf und jeder seine Einsiedelei, wo er eben wohnte.

8. In der Stadt selbst fand ich außer wenigen Klerikern und hl. Mönchen, soweit solche in der Stadt wohnen, fast keinen Christen, sondern alle sind Heiden.[153] Denn so wie wir mit großer Ehrfurcht an den Ort eilten, wo einst das Haus des hl. Abraham gestanden, ebenso eilen auch jene Heiden ungefähr 1000 Schritt aus der Stadt hinaus mit großer Ehrfurcht zu jenem Ort, wo die Denkmäler Nahors und Bethuels sind.[154]

9. Und weil der Bischof dieser Stadt sehr bewandert ist in den Schriften, fragte ich ihn und sagte: *„Ich bitte dich, Herr, sage mir, was ich zu hören wünsche!"* Und jener sagte: *„Sag, Tochter, was du willst, und ich werde es dir sagen, wenn ich es weiß."* Daraufhin sagte ich: *„Der hl. Abraham ist mit seinem Vater Terach, mit seiner Frau Sarah und seinem Brudersohn Lot hierher gekommen - das weiß ich aus der Schrift*[155]*; von Nahor und Bethuel las ich nicht, wann sie hierher gekommen sind; ich weiß nur das eine, daß später der Diener Abrahams, um Rebekka, die Tochter Bethuels, des Sohnes des Nahor, für den Sohn seines Herrn Abraham, d.i. Isaak, zu freien, nach Charra gekommen ist."*[156]

10. Da sprach der hl. Bischof zu mir: *„Wahrlich, Tochter, es steht geschrieben, wie du sagst, in der Genesis, daß der hl. Abraham hierher mit den Seinen gezogen sei; von Nahor und den Seinen und von Bethuel sagt die kanonische Schrift*[157] *nicht, wann sie kamen. Aber ganz sicher sind auch sie später hierher gezogen, schließlich sind ihre Gräber hier, ungefähr 1000 Schritte außerhalb der Stadt. Denn wahrhaft bezeugt die Schrift das, daß, um die hl. Rebekka zu empfangen, der Knecht des hl. Abraham hierher*

---

153 *Carrhae* war noch im 6. Jh. überwiegend heidnisch. Prokopius von Caesarea, der Historiograph Justinians und seines Generals Belisar, berichtet, daß der Perserkönig Chosroes die Stadt deshalb abgabenfrei gemacht habe.

154 *Gen 22,20-24; 11,26f.* Vgl. A. Schlatter, Der Märtyrer in den Anfängen der Kirche (1915) 78.

155 *Gen 11,31.*

156 *Gen 24; 22,23.*

157 Griech. κανών, latein. *canon* „Richtschnur, Regel", wird seit dem 4. Jh. nicht mehr nur für die Glaubensbekenntnisse (z.B. das Apostolikum) verwendet, sondern auch für die kirchlich approbierten Bücher der Hl. Schrift. Vgl. G. Oppel, Κανών. Zur Bedeutungsgeschichte des Wortes und seiner lateinischen Entsprechungen *(regula - norma)* (1937).

kam, und daß wiederum der hl. Jakob hierher kam, als er die Töchter des Syrers Laban empfing."[158]

11. Dann fragte ich, wo jener Brunnen sei, wo der hl. Jakob die Herde getränkt habe, welche Rahel, die Tochter Labans, des Syrers, weidete. Und er sagte mir: *„Sechs Meilen von hier ist der Ort, nahe einem Dorf, das damals der Hof des Syrers Laban war. Aber wenn du gehen willst, gehen wir mit dir und zeigen es dir, denn es sind auch viele Mönche dort, überaus heilige und Asketen, und eine hl. Kirche ist dort."*

12. Auch das fragte ich noch den hl. Bischof, wo denn jener Ort bei den Chaldäern sei, wo zuerst Terach mit den Seinen gewohnt habe.[159] Darauf sagte mir der hl. Bischof: *„Jener Ort, Tochter, den du suchst, liegt am zehnten Halteplatz von hier in Persien. Denn von hier bis Nisibis sind fünf Halteplätze und von dort bis nach Hur, der Stadt der Chaldäer, sind wieder fünf Stationen; aber jetzt haben die Römer keinen Zutritt dahin; denn ganz beherrschen es die Perser.* [160] *Jener Teil aber wird speziell provincia orientalis*[161] *genannt, der an Römer, Perser und Chaldäer grenzt."*

---

158 *Gen 28,2-5; 29,1-30.* Der Bischof vollführt ein Stück Exegese: Nahor und Bethuel müssen in die Gegend von *Ḥarrān* gezogen sein, weil man ihre Gräber dort verehrt - deren Echtheit niemand anzweifelt - und weil andere Schriftstellen das voraussetzen. Man beachte die Reihenfolge der Argumente!

159 *Gen 11,28.*

160 Nisibis, heute *Nuṣaybin,* liegt 200 km ö. von Edessa. Die schon in assyrischen Quellen des 1. Jahrtausends bezeugte Stadt, römisch *Circesium,* war seit 300 n. Chr. Umschlagplatz des römisch-persischen Handels und im 5. Jh. theologische Hochburg der Nestorianer. Zwischen Römern und Persern zunächst umstritten, gehörte sie nach förmlicher Abtretung durch Kaiser Jovinianus seit 363 zum persischen Reiche. - Ur in Chaldäa *(Gen 11,28.31; 15,7)* ist *el-Muqqayyar* bei *en-Nāṣirīye* in Südbabylonien, in Luftlinie ca. 850 km sö. von Nisibis. Es hat freilich nicht den Anschein, als habe man das noch gewußt; denn die Zahl von zweimal fünf Übernachtungsstationen *(mansiones)* scheint ungefähr gleiche Entfernungen zwischen *Carrhae* und *Nisibis* und zwischen *Nisibis* und *Hur* (Ur) vorauszusetzen. Die fünf *mansiones* von *Charris/Carrhae* bis *Nisibis* sind auf den Peutingerschen Tafeln XI,3-4 eingetragen: *Charris, Sahal (Tell Sahal), Ressaina (Rās el-ᶜAyn), Rene* (besser: *Rede? = ᶜArrāde?), Macharta (Tell Ermen), Nisibi.* Zu Einzelheiten vgl. R. Dussaud, Topographie historique de la Syrie antique et médiévale (1927) *497f.*

161 *Provincia orientalis* ist keine offizielle Verwaltungsbezeichnung. Aber natürlich war Mesopotamien für die Römer der äußerste O ihres Reiches.

13. Und auch sonst noch geruhte er vieles zu berichten, wie auch alle übrigen hl. Bischöfe und Mönche zu tun geruhten, alles über die Schriften Gottes oder über die Taten heiliger Männer, d.h. Mönche, sei es, daß sie noch lebten, was sie täglich vollbringen, die nämlich, die Asketen sind. Denn ich will nicht, daß Euer Liebden glauben, unter Mönchen habe es je andere Gespräche gegeben als über die Schriften Gottes oder die Taten früherer Mönche.

21.*1.* Nach zwei Tagen, die ich dort verbrachte, führte uns der Bischof zu jenem Brunnen, wo der hl. Jakob das Vieh der hl. Rahel getränkt hatte. Dieser Brunnen ist sechs Meilen von Charris entfernt.[162] Zu Ehren dieses Brunnens ist gleich daneben eine hl. Kirche gebaut, eine ganz gewaltige und schöne. Als wir zu diesem Brunnen kamen, wurde vom Bischof ein Gebet gesprochen, gelesen auch die Stelle aus der Genesis, gesprochen auch ein für den Ort passender Psalm, und nach neuerlichem Gebet segnete uns der Bischof.

2. Wir sahen auch dort neben dem Brunnen jenen unermeßlichen Stein liegen, den der hl. Jakob vom Brunnen gewälzt hatte[163] und der noch heute gezeigt wird.

3. Dort um den Brunnen wohnen keine anderen Leute als Kleriker jener Kirche, die dort steht, und Mönche, die in der Nähe ihre Einsiedeleien haben, über deren Leben uns der hl. Bischof berichtete, ein wahrhaft unglaubliches Leben. Und nun - nach einem Gebet in der Kirche - ging ich mit dem Bischof zu den hl. Mönchen durch ihre Einsiedeleien, Gott dankend und ihnen selbst, die geruhten, mich in ihren Einsiedeleien, wo immer ich eintrat, mit gastfreundlichem Sinn aufzunehmen und anzusprechen mit jenen Gesprächen, die würdig sind, aus ihrem Mund zu strömen. Doch auch Eulogien mir und allen, die mit mir waren, zu geben geruhten sie, wie es Gewohnheit der Mönche ist, denen zu geben, die sie gastfreundlichen Herzens in ihren Einsiedeleien aufnehmen.

4. Da sich dieser Platz in einer großen Ebene befindet, wurde mir vom hl. Bischof gegenüber ein ganz gewaltiges Dorf gezeigt, ungefähr 500 Schritt vom Brunnen weg, durch das wir hindurchzogen. Dieses Dorf aber war, wie uns der Bischof sagte, einst das Haus des

---

162 *Gen 29,1-14.* Die Stelle, 9 km von *Charris* entfernt, ist nicht identifiziert.

163 *Gen 29,2f.10.*

Syrers Laban, und heißt nun Fadana.[164] Und im Dorf selbst wurde mir das Grabdenkmal des Syrers Laban gezeigt, des Schwiegervaters des Jakob; gezeigt wurde mir auch der Ort, wo Rahel die Götzenbilder ihres Vaters gestohlen hat.[165]

5. Und als wir so alles im Namen Gottes gesehen hatten, nahmen wir Abschied vom hl. Bischof und den hl. Mönchen, die uns bis an jenen Ort zu führen geruht hatten, und kehrten denselben Weg und dieselben Halteplätze wieder zurück, die wir hergekommen waren aus Antiochia.

22.*1.* Als ich nach Antiochia zurückgekehrt war, machte ich dort eine Woche halt, bis alles, was für die Reise nötig war, hergerichtet war. Und dann brach ich von Antiochia auf und kam in einigen Tagemärschen zur Provinz, die Cilicia heißt, die in Tharsus ihre Hauptstadt hat, wo ich schon auf meiner Reise nach Jerusalem gewesen war.

2. Und weil von Tharsus drei Tagemärsche, d. h. in Isaurien, das Martyrium der hl. Thekla ist[166], war es mir ganz recht, auch dorthin zu gehen, zumal es so nahe war.

23.*1.* Also brach ich von Tharsus auf und kam zu einer Stadt am Meer, noch in Cilicia, die Pompeiopolis heißt.[167] Von dort betrat ich schon Isaurien und übernachtete in einer Stadt, die Corico[168] hieß, und am dritten Tag kam ich zu einer Stadt, die Seleucia in

---

[164] Das Dorf *Fadana* ist sonst unbekannt. Immerhin gibt es w. von *Ḥarrān* Ruinen mit dem Namen *Tell Feddān.* Möglich ist, daß der Name das atl. Paddan-Aram *(Gen 25,20; 25,2.5.8* u.ö.) wiedergeben soll.

[165] Bethuel und Laban sind nach *Gen 25,20* und *28,5* „Aramäer"; Septuaginta und Vulgata übersetzen „Syrer". - Die Episode des Diebstahls der Hausgötter (Teraphim, *idola)* Labans durch Rahel steht in *Gen 31,19.30-35.*

[166] Die hl. Thekla war nach den apokryphen Paulusakten Schülerin des Apostels Paulus und Begleiterin auf seinen Missionsreisen; sie galt den alten Christen als Erzmärtyrerin. Ihr Grab lag auf einer Anhöhe bei Seleukia in Isaurien, heute *Selefkeh* und *Meriamlik* s. des Taurusgebirges unweit der Mündung des *Kalykadnos* und der Küste, ca. 100 km sw. von Tarsus. Ein Altar in der Kirche markierte die Stelle, an der sich die Heilige durch Verschwinden in einem Felsspalt ihren Verfolgern entzogen hatte; das berichtet Basilius v. Seleukia (gest. um 468), *de vita et miraculis S. Theclae libri II.* Vgl. F. Cabrol, La legende de Sainte Thècle (1895).

[167] *Pompeiopolis,* das alte *Soloi,* auf halbem Wege zwischen Tarsus und dem isaurischen Seleukia, heute das ausgedehnte Ruinenfeld von *Wiran-ehir.*

[168] *Corico, Korykos, Corioco* (Tab. Peut. X,3) u.ä., heute *Kizkalezi* bei *Korgos* an der kilikischen Küste unweit der Mündung des *Kalykadnos.*

Isaurien[169] hieß. Als ich dorthin kam, ging ich zum Bischof, einem wahrhaft heiligen Mönch, sah auch dort eine sehr schöne Kirche in dieser Stadt.

2. Und weil es von dort zur hl. Thekla, einem Ort, der außerhalb der Stadt auf einem Hügel lag, der aber oben flach ist, von der Stadt etwa 1500 Schritt waren, - so wollte ich lieber dorthin gehen, um dort die Rast zu machen, die ich ja beabsichtigt hatte. Dort aber gibt es bei der hl. Kirche nichts anderes als Klöster von Männern und Klöster von Frauen[170] sonder Zahl.

3. Dort aber fand ich eine meiner besten Freundinnen, der alle im Orient das Zeugnis ihres (hl.) Lebens gaben, eine hl. Diakonissin namens Marthana[171], die ich in Jerusalem kennengelernt hatte, wohin jene des Gebetes willen gekommen war; sie aber leitete Klöster der Aputaktiten und Jungfrauen.[172] Als sie mich gesehen hatte, wie groß war da ihre und meine Freude! Kann ich das je beschreiben?

4. Aber um zur Sache zurückzukehren, dort gibt es zahlreiche Einsiedeleien auf dem Hügel selbst und inmitten eine mächtige Mauer, die die Kirche einschließt, in der ein Martyrium ist, ein Martyrium, welches sehr schön ist. Deshalb aber wurde die Mauer zum Schutz der Kirche angelegt wegen der Isaurer, weil sie sehr schlecht sind und oft räuberisch einfallen, damit sie nicht etwa versuchten, etwas dem Kloster anzutun, das dort zugehörig ist.

5. Als ich also dorthin im Namen Gottes gekommen war, wurde ein Gebet am Martyrium gesprochen, auch die gesamten Akten der

---

169 S.o. Anm. 166.

170 Egeria erwähnt hier erstmalig Frauenklöster *(monasteria mulierum)*, gewiß keine Einsiedeleien, sondern koinobitische Gemeinschaften.

171 Den Ruhm der Diakonisse Marthana preist Basilius v. Seleukia (s. o. Anm. 166); nach ihm erinnerten ihre Tugenden an die der hl. Thekla. Diakonissinnen nannte man Jungfrauen oder Witwen, die der Bischof durch Handauflegung zu speziellen Diensten geweiht hatte.

172 *Aputactitae,* häufiger *Apotactiten* „sich vom Leben Abkehrende" (vgl. *Lk 14,33)* waren überwiegend aus Laien bestehende Asketengruppen im Kleinasien des 4. Jh. Sie enthielten sich jeden Besitzes, der Ehe, tierischer Nahrung, selbst des Abendmahlsweines. Ihr Rigorismus und Separatismus führten nicht selten zur Sektenexistenz. Sie wurden im *Codex Theodosianus XVI,5,7.9* zusammen mit den Manichäern verdammt. Vgl. G. Ficker, Amphilochiana (1906).

hl. Thekla gelesen[173], und ich dankte unendlichmal Christus, unserem Gott, der mich Unwürdige und Verdienstlose gewürdigt hatte, in allem meine Wünsche zu erfüllen.

6. Als ich zwei Tage dort zugebracht, auch die hl. Mönche und Aputaktiten gesehen hatte, Männer wie Frauen, die dort weilten, auch Gebet und Kommunion vollbracht hatte, kehrte ich zu meiner Route nach Tharsus zurück, wo ich drei Tage haltmachte und dann im Namen Gottes von hier meinen Weg weiter nahm. Und als ich so am selben Tage zu dem Halteplatz kam, der Mansocrenas[174] hieß und am Fuße des Taurus liegt, blieb ich dort.

7. Und von dort erstieg ich am andern Tag den Taurus und zog auf schon bekanntem Weg alle Provinzen, die ich schon auf der Hinreise durchzogen hatte, d.i. Cappadocia, Galatia und Bithinia, und kam nach Chalcedon[175], wo ich wegen des hochberühmten Martyriums der hl. Euphemia, das mir seit langem bekannt war und das dort liegt[176], am Orte blieb.

8. Und also am nächsten Tag übers Meer ziehend, kam ich nach Konstantinopel, Christus, unserem Gott, dankend, weil er mich Unwürdige und Verdienstlose solcher Gunst gewürdigt hat, d.h.

---

173 *Acta Pauli et Theclae,* in den Kanonverzeichnissen der alten Kirche gelegentlich unter die kanonischen Bücher gerechnet: eine Art Paulus-Roman aus dem Ende des 2. Jh. (Kleinasien). Die Thekla-Episode ist wegen der großen Verbreitung der Heiligen im Orient und im Abendland (bes. Gallien!) schon früh von den Paulusakten abgetrennt und gesondert überliefert worden. Übersetzung bei E. Hennecke - W. Schneemelcher, Neutestamentliche Apokryphen II (1964) 221-270 (bes. 243-251); Erläuterungen bei E. Hennecke, Handbuch zu den neutestamentlichen Apokryphen (1904) 358-395 (bes. 370-378).

174 *Mansocrenas* begegnet als *Mansucrinae* beim Pilger von Bordeaux 11. Der oft entstellte Name lautet eigentlich *Mopsukrene,* eine Station an der Straße von Tarsus zur Kilikischen Pforte, Sterbeort des Kaisers Konstantius (361). Die Lage ist noch nicht sicher bestimmt. In Frage kommt die Gegend zwischen dem heutigen *Mazar Oluk* und *Muzar.*

175 Chalcedon, heute *Kadiköi,* gegenüber Konstantinopel (Istanbul) auf der asiatischen Seite des Bosporus, war Stätte des berühmten 4. ökumenischen Konzils von 451. Das Konzil tagte in der Basilika der hl. Euphemia, einer vorwiegend von Griechen verehrten Märtyrerin der diokletianischen Christenverfolgungen von 303-304 oder 307.

176 N. der Stadt an der Stelle eines früheren Artemistempels, der nach einer Nachricht des *Chronicon Paschale* im Jahre 326 in eine Kirche verwandelt wurde.

daß er geruht hat, mir nicht nur den Wunsch nach der Reise zu gewähren, sondern auch die Möglichkeit, dorthin zu gehen, wohin ich wünschte, und wieder nach Kontantinopel zurückzukehren.

9. Als ich dorthin kam, ließ ich nicht ab, in allen Kirchen und in der Kirche zu den Aposteln[177] und bei allen Märtyrergräbern, die dort sehr zahlreich sind, unserem Gott Jesus Dank zu sagen, der so sehr über mich seine Barmherzigkeit zu senden geruht hatte.

10. Von diesem Platz aus, meine Frauen, mein Licht, war es, da ich dies an Euer Liebden schrieb, mein Vorsatz, im Namen Christi, unseres Gottes, nach Asien zu gehen, d.h. nach Ephesus[178], wegen des Martyriums des heiligen und seligen Apostels Johannes, wegen des Gebetes. Wenn ich aber nachher noch lebe und irgendwelche Stätten noch besichtigen kann, werde ich entweder persönlich, falls Gott mir das zu erfüllen geruht, Euer Liebden berichten, oder, wenn ein anderer Entschluß in meinem Geist reift, es Briefen anvertrauen.[179]

Ihr nur, meine Frauen, mein Licht, geruhet, meiner zu gedenken, ob ich im Leibe bin oder außerhalb dieses.[180]

---

177 Die unter Kaiser Konstantin erbaute prachtvolle Apostelkirche in Konstantinopel beschreibt Euseb, *Vita Constantini IV,58-60.* Die Pilgerin faßt sich sehr kurz; vermutlich hatte sie Einzelheiten im verlorengegangen Anfangsteil ihres Berichtes geboten.

178 Ephesus beim heutigen *Ayasoluk* an der Westküste Kleinasiens gegenüber der Insel Samos, ein altes Zentrum des kleinasiatischen Christentums. Es gibt eine kleine Johanneskirche auf dem *Ayasoluk*-Hügel und darüber die Reste der gewaltigen Johannes-Basilika Justinians vom Jahre 540.

179 Der Plural „Briefe" könnte darauf schließen lassen, daß Egeria die gesamte, ziemlich lange Beschreibung ihrer Reisen in mehreren Briefen nach Hause gesandt hat. Der „andere Entschluß" hält die Möglichkeit offen, die unermüdliche Pilgerin könne die Heimreise vielleicht doch noch nicht alsbald antreten, sondern eine Verlängerung ins Auge fassen. Aber wahrscheinlich hat sie das nicht getan.

180 *2 Kor 12,3* (vgl. auch schon Egeria 20,13).

3. St. Hieronymus, Paula und Eustochium (404)

(Epitaphium S. Paulae, epistula 108 ad Eustochium cap. 6-14)

Es ist ein Glücksfall, wenn die literarische Gattung des Pilgerberichtes in die Hand eines Meisters gerät. St. Sophronius Eusebius Hieronymus aus Strido in Dalmatien (ca. 347-419/20), den die Kirche zum *doctor maximus in exponendis sacris scripturis* promoviert hat, darf mit Recht ein großer Meister genannt werden. Sein bewegtes Leben und seine Leistungen für die abendländische Theologie lateinischer Zunge sind hier nicht darzustellen.[1] Hieronymus war - auch wenn er das je nach Bedarf unter- oder übertrieben hat - ein Mann von ausgezeichneter Bildung und profunder Gelehrsamkeit. Sein an der Kunstprosa Ciceros geschultes Latein ist von unvergleichlicher Eleganz und Flüssigkeit, selbst dann noch, wenn er - wie meistens - in Eile schrieb oder diktierte. Die Vielfalt seiner Interessen, die nervöse Unrast seines Geistes, sein von Tugenden und Lastern ungewöhnlich scharf gezeichneter Charakter machen ihn zu einer der faszinierendsten Gestalten des christlichen Altertums.

Der besondere Reiz des Berichtes über die Pilgerfahrt der Paula und ihrer Tochter Eustochium ist freilich nicht allein darin begründet, daß Hieronymus ihn geschrieben hat. Er hat seine Ursache auch in den Lebensumständen des Kirchenvaters und der beiden Pilgerinnen. Paula war eine Römerin höchsten Standes: *„vom Stamme der Gracchen, Nachkomme der Scipionen, Erbin des Paulus, ein wahrer und echter Sproß der Martia Papyria, der Mutter des Scipio Africanus"*, vermählt mit dem Julier Toxotius, der seine Herkunft gar von Aeneas ableitete[2], nun verwitwet. Sie war prominentes Mitglied eines Kreises vornehmer, wohlhabender, frommer und der Askese zugeneigter Damen, mit denen Hieronymus in Rom intime geistliche Beziehungen unterhielt. Als sein Gönner, der Papst Damasus, am 11. Dezember 384 starb, wurde das sicherlich unbegründete Gerede der feinen römischen Gesellschaft über dieses Konventikel unerträglich und veranlaßte, neben anderen Mißlichkeiten, die Ab-

---

[1] Vgl. die noch immer grundlegende Biographie von F. Cavallera, Saint Jérôme, 2 Bde. (1922); auch Hans Frhr. v. Campenhausen, Lateinische Kirchenväter. Urban-Bücher 50 (1965²) 109-150.

[2] *Epist. 108,1* bei I. Hilberg, CSEL 55 (1912) 306 (bes. Z. 7f.).

reise des Hieronymus in den Orient. Er war dort 372 schon einmal gewesen und hatte den vergeblichen Versuch unternommen, sich in der Gegend von Chalkis/Nordsyrien in einen Einsiedlermönch zu verwandeln.[3] Das war nicht gelungen, und er wollte es wohl auch nicht noch einmal versuchen. Jedenfalls reiste er im August 385 von Ostia ab[4], sagte Gott Dank, daß er ihn des Hasses der Welt für würdig erachtet hatte, und schrieb noch auf dem Schiff an Asella, sie möge beten, daß er *„von Babylon nach Jerusalem zurückkehren könne"*.[5] Wenig später entschloß sich dann auch Paula, zusammen mit ihrer Tochter Eustochium den Glanz der Paläste Roms gegen ein gottseliges Leben im Heiligen Lande einzutauschen. Sie reiste mit einem ansehnlichen Gefolge von Jungfrauen über Cypern nach Antiochia, traf dort Hieronymus und begann in seiner Begleitung die Wallfahrt durch Palästina und Ägypten, die im Sommer 386 in Bethlehem endete. Dort, an der Stätte der Geburt des Herrn, errichtete sie ausgedehnte Klosteranlagen für Frauen und Männer, die letzteren unter der Leitung des Hieronymus, der ihr geistlicher Freund und Berater blieb und der Bethlehem bis zu seinem Tode nicht mehr verlassen hat. Paula starb am 26. Januar 404 im Alter von 56 Jahren. Noch im selben Jahre, nachdem er mehrfach vergebliche Ansätze gemacht hatte[6], schrieb Hieronymus das *Epitaphium Sanctae Paulae,* eine Hagiographie im Gewande eines Trostbriefes an Eustochium, die in Bethlehem blieb und das Erbe der Mutter bis zu ihrem eigenen Tode 419 verwaltete. Der Pilgerbericht ist also Teil eines Heiligenlebens, 18 Jahre nach der Reise niedergeschrieben. Bereits dieser Umstand läßt erkennen, daß man es nicht mit einem Protokoll, nicht mit einem Reisetagebuch zu tun hat. Es ist ein Rückblick, veranlaßt durch Paulas Tod und getragen vom Schmerz über den Verlust der Heimgegangenen. Hieronymus schildert die Wallfahrt so, als habe Paula sie allein unternommen. Eustochium und das Jungfrauengefolge erwähnt er selten, sich selbst noch seltener und nur andeutungsweise, obwohl er doch Begleiter und Reiseführer der Damen gewesen war. Einer solchen Erwähnung bedarf es freilich nicht; man merkt es ohnedies.

---

3 Zu dieser ersten Reise vgl. *Epist. 3 ad Rufinum* bei I. Hilberg, CSEL 54,1 (1910) 12-18.

4 Über diese zweite Reise äußert sich Hieronymus *adversus Rufinum III,22.*

5 *Epist. 45,6 ad Asellam* bei I. Hilberg, CSEL 54,1 (1910) 327,12f.: *ora autem, ut de Babylone Hierosolyma regrediar.*

6 *Epist. 108,32.*

Der Bericht zeugt von der Landeskenntnis des Gelehrten, der um 390 das *„Onomastikon der biblischen Ortsnamen"* des Bischofs Eusebius von Caesarea aus dem Griechischen ins Lateinische übersetzte und ergänzte[7] und der das Motiv der palästinakundlichen Arbeit eines Exegeten wie folgt beschrieben hat: *„Wer Athen gesehen hat, lernt auch die griechische Geschichte besser verstehen, und wer von Troja über Leukas und Akrokeraunia nach Sizilien und weiter zur Tibermündung gefahren ist, der begreift das dritte Buch Vergils. Geradeso sieht man auch die Hl. Schrift mit anderen Augen an, wenn man Judäa besucht hat und die alten Stätten und Landschaften kennt, mögen sie inzwischen die alten Namen behalten oder geändert haben." (Paralip. Prologus)*

Der Bericht zeugt ferner von der Gelehrsamkeit des Übersetzers und Auslegers, der die Pilgerfahrt seiner beiden Freundinnen zu einer theologischen Bildungsreise gestaltete, zu dem etwa, was wir heute eine wissenschaftliche Studienreise nennen würden. Das gilt auch dann, wenn im Bericht manches oder vieles eher literarischen als Erinnerungscharakter tragen sollte. Allerdings wird oft, zu oft, auf der Vermutung herumgeritten, die Schilderung des Hieronymus sei überwiegend Fiktion. Zur Vorsicht mahnt hier der Umstand, daß wir einen Brief der beiden Damen an ihre römische Freundin und Lehrerin Marcella besitzen, der zwar sicherlich von Hieronymus als dem bethlehemitischen Epistolographen beeinflußt ist, an dem sie aber doch beteiligt gewesen sein müssen.[8] In diesem vermutlich 392/3 geschriebenen Briefe versuchen sie Marcella mit Menschen- und mit Engelszungen zu überreden, nach Palästina zu kommen und sich ihnen in Bethlehem anzuschließen. Dabei blicken sie auf ihre eigene Reise 385/6 zurück, und zwar in demselben Sinne, den Hieronymus dieser Reise 404 gegeben hat: mit ungefähr derselben Route, mit sehr ähnlichen Empfindungen, mit z.T. denselben Bibelstellen wie in der Darstellung des Hieronymus. Wie sich das im einzelnen auch verhalten möge: Jedenfalls hat Hieronymus im *Epitaphium S. Paulae 6-14* wenn nicht alle, so doch viele Register seiner Gelehrsamkeit gezogen. Er operiert ausführlich mit Worterklärungen (Etymologien) biblischer Namen

---

7 Kritische Ausgabe von E. Klostermann, GCS Eusebius Werke III,1 (1904).

8 *Epist. 46 Paula et Eustochium ad Marcellam,* bei I. Hilberg, CSEL 54,1 (1910) 329-344.

und zieht aus ihnen Konsequenzen für die Textauslegung.[9] Man zählt insgesamt 16 Fälle, von denen natürlich nicht alle heutigen sprachwissenschaftlichen Anforderungen entsprechen. Hieronymus gebraucht auch die - man möchte sagen: homiletische - Technik der assoziativen Aneinanderreihung von Bibelstellen, die einander ergänzen und erklären: Ochs und Esel in der Krippengrotte zu Bethlehem führen zur Kombination von *Jes 1,3* und *32,20* (10); in der Eulogie der Paula über Bethlehem (10) sind nicht weniger als neun Bibelstellen kunstvoll komponiert *(Mi 5,1f.; Apg 13,46; Mt 15,24; Gen 49,10; Ps 132,3-5/6/7/17; Ps 22,31);* die Erwähnung des „Herdenturmes" Ader bei Bethlehem (13) produziert die Assoziationsreihe Herden-Hirten *(Lk 2)* – Lammfell, Vlies *(Ri 6,36-40)* – Lamm Gottes, *agnus Dei (Joh 1,29)* – Blut des Passahlammes *(Ex 12).* Solche Zusammenordnungen können ein heilsgeschichtliches Konzept widerspiegeln: *Ri 20,47* im Lichte von *Röm 11,1 und Phil 3,5* gelesen (8), erweist die Rettung eines Restes des Stammes Benjamin als um des Apostels Paulus willen geschehen; die Tore Jerusalems aus *Ps 87,1f.* sind die *Mt 16,18* gemeinten Tore des himmlischen Jerusalem (9); *Mi 5,1f.* erhält erst unter dem Vorzeichen *von Apg 13,46* seinen vollen Sinn (10). Auch sozusagen kritische Bibelauslegung kommt vor: zum Problem des hebräischen Pronomens *zô* in *Ps 132,6* (10); zu Hebron als „Stadt der vier Männer" (11); zum Namen der Stadt Zoar/*Segor* (11); zur Steige Adommim zwischen Jerusalem und Jericho (12); auch einmal irrtümlich zu Sichem/Sychar (13).[10] Vor allem aber hat es sich Hieronymus nicht nehmen lassen, die beiden hauptsächlichen, von ihm nicht erfundenen, aber zu hoher Kunst entwickelten altchristlichen Auslegungsmethoden zu verwenden: die Typologese und die Allegorese. Unter Typologie versteht man die Stiftung eines inneren, sachlichen Zusammenhanges zwischen Personen oder Ereignissen der Heilsgeschichte Gottes mit den Menschen, und zwar so, daß Gott im Typos, dem jeweils Früheren und Alten, den Antitypos, das jeweils Spätere und Neue, immer schon mitgesetzt und mitgemeint hat. Es handelt sich also nicht um Vergleiche, Gleichnisse, Parabeln u.ä. Es handelt sich

---

9 Zu diesen Etymologien vgl. auch das *„Buch über die hebräischen Namen" (Liber de nominibus hebraicis),* die von Hieronymus besorgte freie Bearbeitung einer griech. Vorlage, die man fälschlich auf Philo von Alexandrien und Origenes zurückführte (P. de Lagarde, *Onomastica Sacra,* 1870, 1887²; auch CCSL 72 (1959) 57-161).

10 Vgl. die Anm. 61, 73, 79, 92, 111.

vielmehr um einen theologischen Zusammenhang, der im Alten, dem Typos, die Vorausdarstellung (Präfiguration) des Neuen, des Antitypos, erkennt. In der Praxis werden solche Typologien immer vom Antitypos aus entworfen und vom Typos aus entfaltet. Wenn z.B. Paulus in *1 Kor 10,1-6* entwickelt, die Väter seien *„auf Mose getauft in der Wolke und im Meer"* und sie hätten *„alle dieselbe geistliche Speise gegessen und alle denselben geistlichen Trank getrunken"*, dann ist gemeint: Gott bildete im Durchzug der Israeliten durchs Schilfmeer, in der Wolkensäule, in Manna und Wachteln, im wunderbaren Wasser aus dem Felsen die Geheimnisse von Taufe und Abendmahl bereits vor, d.h. er meinte den Antitypos schon mit. Es liegt in der Konsequenz dieser Auffassung, daß der Antitypos den Typos stets überbietet; er ist mehr und höher als der Typos.[11] In diesem Sinne hat Hieronymus fleißig typologisiert. Der Kämmerer aus dem Mohrenlande *(Apg 8,26-39)*, der gewissermaßen seine Hautfarbe änderte *(Jer 13,23)*, ist Typos der Heidenvölker, die zum Evangelium finden (11). Die Kundschaftertraube von *Num 13,23f.* ist im Lichte von *Jes 63,3* Typos Christi (11). Die Wasser Othniels *(Jos 15,13-19; Ri 1,9-15)* bilden die Taufe vor (11), und das Eselsfüllen von *Mk 11,7* geht wiederum auf die Heidenvölker (12). In den zwei Blinden von Jericho *(Mt 20,30-34)* kann man die Typen der Juden und der Heiden erkennen (12), und die zwölf Steine des Heiligtums von Gilgal *(Jos 4,1-9)* sind das Fundament der zwölf Apostel (12).[12] Daß der Prophet Elisa die Quelle von Jericho heilte *(2 Kön 2,19-22)*, ist eine typische Vorausdarstellung der Ablösung des Gesetzes durch das Evangelium (12), und der Stein von Bethel *(Gen 28,10-22)* ist Typos des Messias (13). Anders verfährt die Allegorese. Sie geht von der Überzeugung aus, daß der heilige Text etwas anderes meint als er sagt, daß also hinter seinem buchstäblichen Sinn ein tieferer Sinn verborgen liegt, der durch Auslegung ans Licht gebracht werden muß. Bei der Typologie meint der Text mehr als er sagt, bei der Allegorie meint er nicht, was er sagt. Nach einer berühmten Allegorese des Apostels Paulus in *Gal 4,21-27* sind die Frauen und Kinder

---

11 Vgl. L. Goppelt, Typos. Die typologische Deutung des Alten Testaments im Neuen (1939)

12 An diesem Beispiel ist besonders gut zu lernen, wie Typologese funktioniert: Die zwölf Steine sind wahrhaftig und real zwölf Steine, aber zugleich Typen für die Apostel; d. h. Gott dachte bei diesen Steinen an die Apostel und setzte so im Typos den Antitypos bereits mit, wobei letzterer den ersteren überbietet.

Abrahams nicht, was sie zu sein scheinen: Hagar und Ismael sind nicht Hagar und Ismael, sondern die Juden unter dem alten Bunde, Sarah und Isaak sind nicht Sarah und Isaak, sondern die Christen unter dem neuen Bunde. Hieronymus hat im vorliegenden Bericht nur einmal von der allegorischen Methode Gebrauch gemacht: bei der Deutung von *Joh 4,7-30* (13). Dort sind die fünf Männer der Samaritanerin am Brunnen die fünf Bücher des Pentateuch, der sechste ist der Irrlehrer Dositheus.[13] Der Kirchenvater hat alle diese kunstvollen Auslegungsweisen in seinen Bibelkommentaren, Predigten, Streitschriften und Briefen immer wieder verwendet - wie denn überhaupt theologische Gesichtspunkte im Bericht über die Pilgerfahrt der Paula und Eustochium kaum anzutreffen sind, die nicht auch anderwärts im Schrifttum des Hieronymus vorkommen. Zur Abrundung des Bildes ist darauf hinzuweisen, daß Hieronymus hier wie immer seine klassische Bildung hat zu Wort kommen lassen: Er erwähnt Scylla und Charybdis (7), zitiert die Aeneis des Vergil (7), verweist auf die Sage von Perseus und Andromeda (8) und erinnert sich des Raubes der Sabinerinnen (13). Das hat keine große Bedeutung, läßt aber erkennen, daß der Kirchenvater trotz beständig wiederholter gegenteiliger Beteuerungen und Forderungen für seine Person jedenfalls nicht vom Bildungsgut seiner Zeit losgekommen ist.

Schließlich und vor allem aber zeugt der Bericht von der Liebe und Verehrung des großen Lehrers für Paula, der er mit dem *Epitaphium* ein dauerndes Denkmal hat setzen wollen. Er sagt es selbst, und zwar mit den Worten des Horaz (Oden III,30,1): *exegi monumentum aere perennius, quod nulla destruere possit uetustas „ich habe ein Denkmal errichtet, dauernder als Erz, das keine Zeit zerstören kann."*[14] Wer die Eigenart dieses Pilgerberichtes würdigen und den Unterschied zu den gängigen Exemplaren der Gattung erkennen will, muß sich das alles beständig vor Augen halten. Er wird auch gut daran tun, das Gedicht in Hexametern zu lesen - selbst das konnte Hieronymus, wenn auch nicht so gut wie Horaz oder Vergil! -, das auf der Frontseite des Grabes der hl. Paula zu Bethlehem gestanden hat:

Despicis angustum praecisa rupe sepulchrum?
hospitium Paulae est caelestia regna tenentis.

---

13 S.u. Anm. 113.

14 *Epist. 108,33.*

fratrem, cognatos, Romam patriamque relinquens,
diuitas, subolem Bethlemitico conditur antro.
hic praesepe tuum, Christe, atque hic mystica reges
munera portantes hominique deoque dedere.

Das wollen wir auch versuchen:

Schaust du das Grab dir an, das schmal aus dem Felsen gehauen?
Das ist Paulas Hospiz, die das Himmelreich nun besitzet.
Bruder, Verwandte und Rom und die Heimat hat sie verlassen,
Reichtum und Kinder auch; sie ruht nun in Bethlehems Grotte.
Hier stand deine Krippe, Herr Christ, hier brachten die Weisen
Mystische Gaben, sie dem, der Mensch und Gott war, zu schenken.

Kritische Ausgabe des lateinischen Textes: I. Hilberg, CSEL 55 (1912) 306-351. Aus dem *Epitaphium S. Paulae* sind hier nur die Kapitel 6-14 dargeboten, die die Schilderung der Pilgerreise enthalten. Übersetzung, Kommentar und Einleitung beruhen auf H. Donner, St. Sophronius Eusebius Hieronymus, Die Pilgerfahrt der römischen Patrizierin Paula und ihrer Tochter Eustochium nach Bethlehem *(Epitaphium Sanctae Paulae, Epistula CVIII ad Eustochium, cap. 6-14)*. Zeugnis und Dienst, Beiträge zu Theologie und Kirche in Geschichte und Gegenwart, Günter Besch zum 70. Geburtstag, hrsg. von G. Sprondel (1974) 20-47. Noch ein Wort zur Übersetzung. Selbstverständlich ist der Text des Hieronymus oft und in alle Sprachen übersetzt worden. Ich habe ihn dennoch neu aus dem Lateinischen übertragen und dabei versucht, die hohe Darstellungskunst des Kirchenvaters wenigstens ahnen zu lassen. Ganz und allseits befriedigend gelingen solche Versuche nie. Die zahlreichen Bibelstellen habe ich, soweit möglich, in D. Martin Luthers Übersetzung dargeboten: eine Huldigung an die beiden größten Übersetzer, die der Christenheit geschenkt worden sind.

Ausgewählte Literatur: E. Camisani, San Girolamo e i pellegrinaggi in Terra Santa. Parole di Vita 10 (1965) 95-117. - J. Daoust, Lieux Saints: Le voyage de Jérôme et Paula. Bible et Terre Sainte 148 (1973) 6-20. - J. Wilkinson, St. Jérôme, sa contribution à la topographie. RB 81 (1974) 245-257. - J. Wilkinson, Jerusalem Pilgrims Before the Crusades (1977) 1f. 47-52.

Übersetzung

6. Als nun kaiserliche Erlasse die Bischöfe des Ostens und des Westens wegen gewisser kirchlicher Meinungsverschiedenheiten nach Rom versammelt hatten[1], lernte sie bedeutende Männer kennen, Bischöfe Christi: Paulinus, den Bischof der Stadt Antiochia, und Epiphanius von Salamis auf Cypern, das jetzt Constantia heißt.[2] Von denen hatte sie Epiphanius als Gast; den Paulinus aber, der in einem anderen Hause wohnte, behandelte sie zuvorkommend so, wie wenn er ihr eigener Gast gewesen wäre. Von den Tugenden dieser Männer beeindruckt, erwog sie zuweilen, ihre Vaterstadt zu verlassen. Sie dachte weder an ihr Haus, noch an ihre Kinder, ihr Gesinde, ihr Vermögen oder sonst ein weltlich Ding; vielmehr sehnte sie sich danach, sozusagen allein und ohne Begleitung zur Mönchseinsamkeit eines Antonius und Paulus[3] zu wallfahren. Als dann endlich der Winter vergangen, das Meer wieder offen war und die Bischöfe zu ihren Kirchen heimkehrten, da segelte sie in sehnsuchtsvollen Gedanken mit ihnen fort.

---

1 Es handelt sich um die auf Betreiben des Papstes Damasus I. (366-384) durch Kaiser Gratian (375-383) im Jahre 382 einberufene Synode zu Rom, auf der der Versuch unternommen werden sollte, das Schisma der Kirche von Antiochia zu beenden: ein untauglicher Versuch freilich, da sich Rom und Alexandria längst auf den Altnicäner Paulinus (Bischof seit 362) gegen Flavian I. (Bischof und Nachfolger des Meletius seit 381) festgelegt hatten. Die Synode war denn auch schlecht besucht: Der Osten stand im Zeichen der jungnicänischen Neuorthodoxie, der Flavian angehörte. Es erschienen nur Paulinus von Antiochia und Epiphanius von Salamis, aus Konstantinopel allerdings auch Hieronymus, der sich der besonderen Gunst des Papstes erfreute. Hieronymus verschweigt seine Beteiligung ebenso wie den Umstand, daß er später in Antiochia mit Paula und Eustochium zusammentraf.

2 Zu Paulinus von Antiochia, einem Freunde des Hieronymus, s. Anm. 1. Epiphanius (ca. 315-403), palästinischer Herkunft, wurde 367 Bischof von Constantia/Salamis und damit Metropolit von Cypern. Er war der schwärzeste aller schwarzen altnicänischen Orthodoxen und - wie viele Orthodoxe - ein eifriger Ketzerbestreiter, wobei der Eifer die Sachkenntnis beträchtlich überwog. Seine Hauptwerke sind der um 374 entstandene *Ancoratus* („der Festgeankerte"), eine Art orthodoxer Normaldogmatik, und das 374-377 geschriebene *Panarion* („Heilmittelkästchen"), ein Handbuch der Polemik gegen nicht weniger als 80 Häresien.

3 Antonius (gest. 356) aus Koma in der Thebais, der älteste bekannte Anachoret, lebte seit ca. 285 in den Einöden der ägyptischen Wüsten, zuletzt im Felsgebirge des *Mons Antonii* unweit des Roten Meeres.

Warum soll ich es länger verschweigen? Sie ging zum Hafen[4] hinunter, begleitet von ihrem Bruder, ihren Verwandten, ihren Schwägern und - was weit mehr besagen will - ihren Kindern. Schon wurden die Segel gesetzt und das Schiff durch Ruderschlag auf die hohe See hinausgetragen, da streckte der kleine Toxotius flehentlich seine Hände am Ufer aus, und Rufina, die kurz vor der Hochzeit stand, bat schweigend unter Tränen, sie möge doch noch ihre Vermählung abwarten. Sie aber blickte trockenen Auges zum Himmel auf und überwand die Liebe zu ihren Kindern durch die Liebe zu Gott. Sie wollte nichts mehr von Mutterschaft wissen, damit sie sich als Magd Christi würdig erweise. Im Inneren litt sie Qualen und kämpfte mit dem Schmerz, als ob ihr die Glieder auseinandergerissen würden - gerade dadurch allen umso bewundernswerter, daß sie so große Liebe überwinden konnte. In Feindeshand und in der harten Not der Gefangenschaft gibt es nichts Grausameres, als wenn die Eltern von den Kindern getrennt werden. Hier aber erduldete der vollkommene Glaube solchen Schmerz gegen die Vorrechte der Natur; ja, es verlangte der Geist geradezu mit Freuden danach. Sie setzte die Liebe zu ihren Kindern zugunsten der größeren Liebe zu Gott hintan und fand Trost allein in Eustochium, die ihres Vorhabens und ihrer Seereise Gefährtin war. Unterdessen durchfurchte das Schiff die See, und während ihre ganze Reisegesellschaft zum Strande zurückblickte, hielt sie ihre Augen nach der entgegengesetzten Seite gerichtet, damit sie die nicht sehen müsse, die sie ohne Qualen nicht anschauen konnte. Ich bezeuge es: Keine liebte ihre Kinder so sehr wie sie; und mit ihnen gab sie vor ihrer Abreise freiwillig alles hin und enterbte sich selbst auf Erden, damit sie ein Erbe im Himmel fände.

7. Zur pontinischen Inselgruppe gelangt, die als Verbannungsort der edelsten jener Frauen berühmt ist, die seinerzeit unter Kaiser Domitian den christlichen Namen bekannten, besuchte sie die Zel-

---

Athanasius hat ihn in der *Vita Antonii* zum Idealtyp des heiligen Einsiedlers stilisiert und erhöht. Paulus von Theben ist ein legendärer oberägyptischer Eremit, über den Hieronymus 374 mit literarischer Eleganz, aber ohne nennenswerte Kenntnis des ägyptischen Mönchtums, die *Vita S. Pauli primi Eremitae* schrieb. Geschichtlich Sicheres ist von diesem Ureinsiedler nicht bekannt.

[4] Ostia, der Seehafen von Rom.

len, in denen diese ein langes Martyrium erlitten hatte.[5] Dann eilte sie flügelgleich in Richtung Jerusalem weiter; denn es verlangte sie danach, die heiligen Stätten zu sehen. Zu träge bliesen ihr die Winde, und alle Schnelligkeit des Schiffes war ihr noch zu langsam. Zwischen Scylla und Charybdis[6] hindurch vertraute sie sich dem Adriatischen Meere an und gelangte, als ob es über ein stilles Wasser ginge, nach Methone[7], wo sie ihrem Körper etwas Ruhe gönnte

„und von der Salzflut triefend den Leib am Gestade hinstreckte.
Längs der Cykladen, verstreut in die See, Cythere, Malea,
und die Sunde vorbei, wildtosend an häufigen Landen“[8],

---

5 Flavia Domitilla, eine Angehörige des flavischen Kaiserhauses, wurde im Jahre 95 von Kaiser Domitian wegen Gottlosigkeit verbannt, ihr Gatte hingerichtet. Ob sie Christin war, wie die altchristliche Märtyrertradition behauptet, ist ungewiß; sie könnte auch zu den jüdischen Proselyten der Flavierfamilie gehört haben. - Die pontinische Inselgruppe liegt vor dem Golf von Gaeta im Tyrrhenischen Meer: heute Isole Ponziane mit der Hauptinsel Ponza *(Pontia).*

6 Eine der im Altertum geläufigen Lokalisationen von Scylla und Charybdis aus dem 12. Gesange der Odyssee ist die Straße von Messina (latein. *Fretum Siculum).* Auf der italienischen Seite liegt die Ortschaft Scilla (latein. *Scyllaeum).*

7 Stadt an der SW-Spitze der Peloponnes: heute Methoni.

8 Hieronymus zitiert mit Vorliebe den Vergil, nicht immer wörtlich, aber so, daß seine eigene Bildung nicht unerkannt bleibe und die Bildung seiner Leser angesprochen werde. Hier handelt es sich um eine freie Komposition aus zwei Zitaten:
a) Aeneis I,173: *et sale tabentis artus in litore ponunt.* Der Vers bezieht sich auf die Ankunft der Äneaden an der libyschen Küste. Die Übersetzung des Zusammenhangs nach W. Plankl und K. Vretska (Reclams Univ.-Bibliothek Nr. 221-224) I,170-173: *„Dorthin fuhr Aeneas mit sieben Schiffen, dem Rest, der / Ihm von der Flotte geblieben; mit großer Sehnsucht zum Lande / Steigen die Troer ans Land, das ersehnte Gestade gewinnend, / Lagern am Strand sodann die wassertriefenden Glieder.“*
b) Aeneis III, 124-127:
linquimus Ortygiae portus pelagoque uolamus,
bacchatamque iugis Naxon uiridemque Donusam
Olearon niueamque Paron sparsasque per aequor
Cyclades et crebris legimus freta concita terris.
Nach der obengenannten Übersetzung:
„Wir entfliehen Ortygias Hafen, durchstreifen die Wellen,
An dem bacchantischen Naxos, am grünen Donysa vorüber,
An dem glänzenden Paros, Olearos, durch der Kykladen
Inselmeer, ein Gewässer, besät mit zahlreichen Ländern.“

erblickte sie nach Rhodos und Lycia[9] endlich Cypern, wo sie, zu Füßen des heiligen und ehrwürdigen Epiphanius hingestreckt, zehn Tage lang von diesem aufgehalten wurde: nicht etwa zu ihrer Erquickung, wie jener dachte, sondern als gottseliges Werk, wie es sich in Wirklichkeit verhielt. Denn sie besuchte alle Klöster jener Gegend und hinterließ nach ihrem Vermögen Unterstützungsgelder für die Brüder, die die Liebe zu einem heiligen Manne aus aller Welt dorthin zusammengeführt hatte.[10] Danach setzte sie in kurzer Fahrt nach Seleucia[11] über, reiste von dort nach Antiochia[12] hinauf, wo sie von der Liebe des heiligen Bekenners Paulinus für kurze Frist aufgehalten wurde, und brach dann mitten im Winter, aber von der Glut ihres Glaubens erwärmt, mit einem Esel als Reittier auf: sie, eine vornehme Dame, die früher von Eunuchen in einer Sänfte getragen worden war.

8. Ich übergehe die Reise durch Coelesyrien und Phoenicien - denn ich will ja keine Beschreibung ihres Weges geben - und erwähne nur die Orte, die in den Heiligen Schriften vorkommen. Nach der römi-

---

Dem Kirchenvater kam die Erinnerung an diese Verse vermutlich deshalb, weil sie eine w.-ö. Route beschreiben, wie sie auch Paula genommen haben muß. *Ortygia* ist die der sizilianischen Hafenstadt Syrakus vorgelagerte, durch einen Damm mit dem Festland verbundene Insel; Naxos, Paros, *Donysa (Denusa)* und Olearos (Antiparos) sind Inseln der Kykladengruppe im Ägäischen Meer. Kythera, die Insel vor dem lakonischen Golf, und Malea, das sö. Vorgebirge Lakoniens auf der Peloponnes, kommen nur Aeneis I,680; X,51.86; V,193 vor. Ihre Erwähnung bei Hieronymus könnte den Grund haben, daß Paula auf dem Wege von Methone nach Rhodos tatsächlich dort vorbeikam. Hat er nachgeschlagen und bewußt komponiert oder sind ihm unter der Hand pseudovergilische Hexameter geraten? Beides ist ohne weiteres vorstellbar.

9 Die Küste Lykiens im S des kleinasiatischen Festlandes.

10 Gemeint ist der hl. Hilarion von Gaza (291-361?), ein Eremit, der seine letzten Lebensjahre auf Cypern zubrachte. Das Grab des Einsiedlers zog alsbald Mönche aus aller Welt an. Hieronymus hat auch diesem Heiligen eine idealtypische Lebensbeschreibung gewidmet: die *Vita S. Hilarionis,* nicht eben die Krone seines literarischen Schaffens, schwülstig und voller Zumutungen selbst an gutwillige Leser.

11 Hafenstadt an der Mündung des Orontes, von Seleukos I. Nikator um 300 v. Chr. angelegt, heute ein ausgedehntes Ruinenfeld *(Selūqye).*

12 Antiochia *(Antākya)* am Orontes, Haupt- und Bischofsstadt im n. Syrien, eines der großen Patriarchate des Ostens, Sitz einer berühmten Theologenschule. Von hier aus reiste Hieronymus als Begleiter der Damen nach Palästina und Ägypten.

schen Kolonie Berytus[13] und der alten Stadt Sidon[14] besuchte sie an der Küste bei Sarepta den kleinen Turm des Elia, wo sie den Erlöser anbetete[15], und gelangte über die sandigen Gestade von Tyrus, in die Paulus seine Knie gedrückt hatte[16], nach Accho, das jetzt Ptolomais heißt.[17] Durch die Ebene von Megiddo, die Josias Tod gesehen hatte[18], betrat sie dann das Philisterland, bewunderte die Ruinen der einst so mächtigen Stadt Dor[19] und weiter den Stratonsturm, den Herodes, der König von Judäa, zu Ehren des Kaisers Augustus Caesarea benannt hat.[20] Dort besuchte sie das Haus des Cornelius[21], jetzt eine Kirche Christi, ferner das Häuschen des Philippus und die Zelle der vier jungfräulichen Prophetinnen.[22] Sodann begab sie sich nach Antipatris, einem halbverfallenen Städtchen, dem Hero-

---

13 Beirut, die Hauptstadt des Staates Libanon, seit 15 v. Chr. *Colonia Iulia Augusta Felix Berytus.*

14 Arab. *Ṣaydā,* ca. 45 km s. von Beirut, alte phönikische Hafenstadt.

15 Arab. *Ṣarafand,* ca. 15 km s. von Sidon. In Sarepta spielen die beiden Erzählungen vom Propheten Elia *1 Kön* 77,7-24 (Speiswunder und Totenerweckung); in *V. 19* heißt es, Elia habe in einem „Obergemach" gewohnt, das man den Pilgern in Gestalt eines kleinen Turmes zeigte. Die Anbetung des Erlösers bezieht sich wahrscheinlich auf die Geschichte Jesu mit der Syrophönikerin *Mk 7,24-30; Mt 15,21-28* (Gegend von Tyrus und Sidon) in Verbindung mit *Lk 4,26.* Vgl. zu Sarepta und zum Fragment C der Madebakarte P. M. Bikai, The Region of Tyre and Sidon. In: The Madaba Map Centenary (s. o. S. 31) 238-240.

16 Arab. *Ṣūr,* ca. 83 km s. von Beirut, alte phönikische Hafenstadt.

17 Akko, arab. *ᶜAkkā,* von Ptolemaios II. Philadelphos 266 v. Chr. ausgebaut und *Ptolemais* genannt, seit 47 n. Chr. *Colonia Claudia Ptolemais.* Vgl. M. Dothan - Z. Goldmann, Acco. NEncAEHL I 16-27.

18 *2 Kön 23,29f.* Die Ebene von Megiddo (auch Ebene von Jesreel, arab. *Merǧ Ibn ᶜĀmir)* trennt Galiläa von Zentralpalästina. Streng genommen berührte Paula die Ebene nicht; sie reiste zweifellos auf der Römerstraße in Küstennähe durch die Bucht von Akko und um das W-Ende des Karmelgebirges nach S.

19 Arab. *el-Burǧ* bei *eṭ-Ṭanṭūra,* alte Hafenstadt ca. 22 km s. des Karmelgebirges. Vgl. E. Stern u.a., Dor. NEncAEHL I 357-372.

20 Arab. *Qēsārye,* 15 km s. von Dor, von Herodes 9 v. Chr. gegründete und *Caesarea* benannte Hafenstadt (seitdem *Caesarea maris* oder *maritima,* auch *Caesarea Palaestinae* oder *Stratonis).* Vgl. Josephus, *Ant. XV,9.6.* Die Stadt war Sitz der römischen Prokuratoren von Judäa, seit Kaiser Vespasian (69-79) *Colonia Prima Flavia Caesarea,* später Bischofsstadt mit berühmter Theologenschule, Wirkungsstätte des Origenes und Eusebius. Vgl. Ch. T. Fritsch (ed.), The Joint Expedition to *Caesarea Maritima,* Vol.I: Studies in the History of *Caesarea Maritima.* BASOR Suppl. Studies 19 (1975).

21 *Apg 10,1ff.*

22 *Apg 21,8f.*

des den Namen seines Vaters gegeben hat[23], weiterhin nach dem in Diospolis umbenannten Lydda[24], bekannt durch die Auferweckung der Dorcas und die Heilung des Aeneas.[25] Nicht weit davon liegt Arimathia, das kleine Dorf des Joseph, der den Herrn bestattete[26], und die ehemalige Priesterstadt Nob, die jetzt als Begräbnisplatz für Erschlagene dient[27]; ferner die Hafenstadt Joppe, von der aus Jona flüchtete[28] und die - um auch etwas aus den Fabeln der Dichter zu erwähnen - die an den Felsen gefesselte Andromeda sah.[29] Auf der Weiterreise kam sie dann nach Nicopolis, das früher Emmaus hieß, wo der am Brotbrechen erkannte Herr das Haus des Cleopas zu einer Kirche weihte.[30] Danach führte der Weg hinauf nach dem

---

23 Arab. *Qalᶜat Rās el-ᶜAyn,* ca. 15 km nö. von Tel Aviv, Neugründung des Herodes im Jahre 9 v. Chr. unmittelbar beim alten Aphek. Vgl. Josephus, *Ant. XVI,5,2.* Herodes' Vater Antipater war Statthalter von Idumäa und Graue Eminenz am Hofe des Ethnarchen Hyrkan II. in Jerusalem. Vgl. M. Kochavi, Aphek - Antipatris. Five Seasons of Excavation at Tel Aphek - Antipatris (1972-1976) (1977).

24 Hebr. Lod (der Flughafen von Tel Aviv), arab. *Ludd,* ca. 20 km sö. von Tel Aviv, seit Septimius Severus (ca. 200) *Diospolis.* Vgl. Josephus, *Ant. XIV,10-12.*

25 *Apg 9,32-43.* Hieronymus schreibt für kundige Bibelleser und darf sich deshalb gelegentlich Verkürzungen erlauben: Die Heilung des Aeneas fand in Lydda statt, zur Totenerweckung der Tabitha/Dorkas wurde Petrus aus Lydda nach Joppe geholt.

26 Arab. *Rentīs,* ca. 15 km nö. von Lydda, im AT Ramathaim, die Heimatstadt Samuels *(1 Sam 1,1).* Vgl. *Mt 27,57; Joh 19,38.* Dieser und die beiden folgenden Orte liegen nicht an der alten Straße von Lydda nach Jerusalem.

27 *1 Sam 21,2ff.; 22,9ff.* u.ö. Die alte Priesterstadt muß auf dem Skopus *(Rās el-Mušārif)* unmittelbar n. von Jerusalem gelegen haben. Der erste Zeuge für die falsche altchristliche Lokalisation in *Bēt Nūba* halbwegs zwischen Lydda und Jerusalem ist Hieronymus.

28 Arab. *Yāfā,* heute Großstadt Jaffa - Tel Aviv. Vgl. *Jona 1,3.* S. OLB 2,12-28; J. Kaplan - H. Ritter-Kaplan, Jaffa. NEncAEHL II 655-659.

29 Hieronymus denkt an die von Sophokles und Euripides dramatisierte Sage von Perseus und Andromeda, die zum Bildungsgut aller halbwegs Geschulten gehörte. Ihren Höhepunkt, die Errettung der äthiopischen Königstochter Andromeda vor dem Meerungeheuer, lokalisierte man seit alters u.a. in Joppe; vgl. Plinius, *hist.nat. 5,69;* Josephus, *Bell.Jud. III,9,3;* Hieronymus, Kommentar zu Jona 1,3 u.ö. Den Andromedafelsen zeigt man noch heute im kleinen Hafen von *Yāfā.*

30 Arab. *ᶜAmwās* an der alten Straße von Lydda nach Jerusalem; vgl. *Lk 24,13-35.* Die Reste der byzantinischen Basilika sind ausgegraben; vgl. H. Vincent - F.-M. Abel, Emmaus, sa basilique et son histoire (1932). S. auch M. Avi-Yonah - M. Gichon, Emmaus. NEncAEHL II 385-389; K.-H. Fleckenstein, Zur Geschichte der Erforschung von Emmaus. JDAH 5 (1997) 71-97. Der

unteren und oberen Bethoron, zwei von Salomo gegründeten und später durch mancherlei Kriegsläufte zerstörten Städten.[31] Zur Rechten sieht man Aialon und Gabaon, wo Josua, der Sohn des Nun, in der Schlacht gegen die fünf Könige der Sonne und dem Mond Befehle gab[32] und wo er die Gabaoniten wegen ihrer Hinterlist und des ränkevoll erwirkten Bündnisses zu Wasserträgern und Holzarbeitern machte.[33] In Gabaa, einer dem Erdboden gleichgemachten Stadt, hielt sie kurze Rast und bedachte die Sünde der Stadt, die in Stücke geschnittene Frau und wie vom Stamme Benjamin zweimal dreihundert Männer um des Apostels Paulus willen übriggelassen worden waren.[34]

9. Was halte ich mich auf? Linker Hand ließ sie das Grabmal der Königin Helena von Adiabene liegen, die das Volk während der Hungersnot mit Getreide versorgt hatte[35], und zog in Jerusalem

---

Streit um die Lokalisation der Ortschaft ist hier nicht auszubreiten; daß Hieronymus *ᶜAmwās* meint, leidet keinen Zweifel.

31 Arab. *Bēt ᶜŪr et-taḥtā* und *Bēt ᶜŪr el-fōqā* an der sog. Steige von Bethoron, dem Absturz des Gebirges zum judäischen Hügelland. Vgl. *1 Kön 9,17* und *2 Chron 8,5* (wo freilich an Ausbau und Befestigung, nicht an Stadtgründung gedacht ist).

32 Ajalon ist das arabische, heute völlig zerstörte und kaum mehr sichtbare Dorf *Yālō*; Gabaon/Gibeon ist mit großer Wahrscheinlichkeit *el-Ǧīb*, ca. 9 km nnw. von Jerusalem. Vgl. *Jos 10,12* und den Bericht von J. B. Pritchard, Gibeon, Where the Sun Stood Still (1967). Der Josuatext, in dem beide Ortschaften nebeneinanderstehen, ist die Ursache für die etwas sorglose Beschreibung des Kirchenvaters: Ajalon liegt noch im Hügelland nahe bei Emmaus (s. o. Anm. 30), also vor Bethoron, Gibeon oben auf dem Gebirge, nach Bethoron. Immerhin hat Hieronymus aus Kenntnis der geographischen Wirklichkeit die biblische Reihenfolge umgekehrt.

33 *Jos 9.*

34 Arab. *Tell el-Fūl*, ca. 5 km n. von Jerusalem, das alte Gibea des Königs Saul. Vgl. W. F. Albright, Excavations and Results at *Tell el-Fūl* (Gibeah of Saul). AASOR 4 (1924) 1-160; L. A. Sinclair, An Archaeological Study of Gibeah *(Tell el-Fūl)*. AASOR 34/35 (1960) 1-52. Die gemeinte Schriftstelle ist *Ri 19/20*, wonach Gibea dem Bann verfiel, d. h. die Bevölkerung ausgerottet wurde *(20,37.48)*. Nach *Röm 11,1* und *Phil 3,5* war Paulus Benjaminit. Das führte zu der Auffassung, die aus der Benjaminiterschlacht entkommenen 600 Mann *(20,47)* seien der Rest des Stammes, aus dem der Heidenapostel hervorgehen sollte.

35 Die Mitglieder der Königsfamilie des obermesopotamischen Adiabene waren jüdische Proselyten; sie unterhielten eine prächtige Grabanlage n. der Altstadt von Jerusalem, die früher sog. Königsgräber *(Qubūr el-Mulūk)*, ca. 800 m vom Damaskustor entfernt an der Straße nach *Nāblus*. Während der zwischen 44 und 48 n. Chr. in Jerusalem herrschenden Hungersnot sorgte

ein, in die Stadt mit den drei Namen Jebus, Salem und Jerusalem, die Aelius Hadrianus später aus Schutt und Asche als Aelia wiederaufgebaut hat.[36] Obwohl ihr der Proconsul von Palästina, der ihre Familie sehr gut kannte, Unterbeamte entgegengesandt und das Prätorium hatte herrichten lassen, wählte sie lieber eine bescheidene Hütte und besuchte alle Stätten immer wieder mit solcher Begeisterung und mit solchem Eifer, daß sie sich nur dadurch von den einen losreißen konnte, indem sie zu den anderen eilte. Vor dem Kreuze warf sie sich nieder und betete an, wie wenn sie den Herrn noch daran hängen sähe. Im Grabe küßte sie den Auferstehungsstein, den der Engel vom Eingang des Grabes weggewälzt hatte[37], und drückte ihre Lippen voller Glaubensdurst nach erwünschter Labung auf die Stelle, an der der Leichnam des Herrn geruht hatte.[38] Wieviele Tränen sie dort vergossen, wieviele Schmerzensseufzer sie ausgestoßen hat, das weiß ganz Jerusalem und das weiß auch der Herr selber, den sie anflehte. Von dort aus stieg sie zum Zion hinauf, was „Festung" oder „Warte" bedeutet. Diese Stadt hatte einst David erobert und wiederaufgebaut.[39] Von der eroberten steht geschrieben: *„Wehe dir Ariel"* - d. h. Gotteslöwe

---

Königin Helena für den Ankauf ägyptischen Getreides und cyprischer Feigen; vgl. Josephus, *Ant. XX,2,5.*

36 Von den drei Namen Jerusalems beruht zumindest einer auf geläufiger atl., jüdischer und christlicher Fehlinterpretation. Jebus *(Ri 19,10f.; 1 Chron 11,4f.)* ist ein aus dem Stammesnamen der vorisraelitischen Jebusiter abgeleiteter sekundärer Ortsname; Salem stammt aus *Gen 14,18* und ist dort wahrscheinlich Deckname für Jerusalem. Nach dem 2. Jüdischen Aufstand machte Kaiser Hadrian 135 n. Chr. die Stadt zur römischen *Colonia Aelia Capitolina.*

37 *Mt 28,2.* Das älteste Zeugnis vom Auferstehungsstein in der Anastasis Konstantins (der Rotunde über dem Hl. Grab) findet sich bei Kyrill von Jerusalem, Katechesen 13,39 und 14,22; danach befand er sich im Jahre 348 vor dem Eingang zum Grab. Spätere Pilger schwanken in ihren Angaben. „Im Grabe" bei Hieronymus kann bedeuten: im Vorraum zum eigentlichen Grab, wo noch heute Reliquienreste des Steines gezeigt werden (sog. Engelskapelle).

38 Über die Gestalt des Hl. Grabes in der konstantinischen Anastasis ist wenig bekannt; vgl. Euseb, *Vita Constantini III,27-40.* Erörterung bei Kopp 436-444 und Kroll 468-511; vgl. auch Pilger von Bordeaux Anm. 93. Wann das zuerst vom Pilger aus Piacenza um 570 bezeugte Grabhäuschen entstand, ist ungewiß. Hieronymus meint die Bank (oder den vertieften „Trog"?) in der Grabhöhle.

39 Gemeint ist der SW-Hügel der Stadt, der sog. christliche Zion (mit dem *Coenaculum* und dem Davidsgrab), nicht der SO-Hügel, der die von David eroberte Jebusiterfestung trug *(2 Sam 5,6-9)* und an dem der Name Zion

und einst sehr stark - *„die David eroberte“*[40]; und von der wiederaufgebauten: *„Ihre Fundamente stehen auf den heiligen Bergen, der Herr liebt die Tore Zions über alle Wohnungen Jakobs.“*[41] Gewiß sind nicht die Tore gemeint, die wir jetzt in Schutt und Asche sehen, sondern die Tore, die die Hölle nicht überwindet[42] und durch die die Menge der Christusgläubigen einzieht. Dort zeigte man ihr eine Säule, die die Vorhalle einer Kirche trägt; sie ist mit dem Blute des Herrn bespritzt, der bei der Geißelung daran gefesselt gewesen sein soll.[43] Ferner wurde ihr der Ort gewiesen, wo der Heilige Geist auf die einhundertundzwanzig Seelen herabgekommen war, damit die Weissagung Joels erfüllt würde.[44]

10. Nachdem sie im Rahmen ihrer Möglichkeiten Geld an die Armen und Dienstboten verteilt hatte, zog sie weiter nach Bethlehem. Sie verweilte an der rechten Straßenseite beim Grabe der Rahel[45], wo Rahel den Benjamin geboren hatte: nicht, wie die sterbende Mutter ausrief, Benoni - d.h. „Sohn meines Schmerzes“ -, sondern wie der Vater im Geiste weissagte, „Sohn der Rechten“.[46] Danach betrat sie die Grotte des Erlösers.[47] Nachdem sie die heilige Herberge der Jungfrau gesehen hatte und den Stall, in dem *„der Ochse*

---

ursprünglich haftete. Die Fehllokalisierung ist literarisch nicht vor dem 4. Jh. bezeugt, der Sache nach aber möglicherweise älter. Die Wortbedeutung von Zion ist ganz unsicher. Vgl. G. Fohrer - E. Lohse, ThW VII,291-338.

40 *Jes 29,1* (Septuaginta). Der hebr. Text hat: *„wo David lagerte“*.

41 *Ps 87,1f.*

42 Anspielung auf *Mt 16,18*. *Ps 87,1f.* wird geistlich auf das himmlische Jerusalem gedeutet.

43 Die Geißelungssäule stand in der vermutlich um 340 erbauten großen Zionsbasilika, der Nachfolgerin der alten Apostelkirche. Vgl. Pilger von Bordeaux Anm. 89. Im NT *(Mk 14,65* und *15,15* u.par.) ist die Säule nicht genannt.

44 *Apg 2,1-4; Joel 3,1-5* (Vulgata: *2,28-32)*. Daß die Zionskirche hauptsächlich dem Gedächtnis an das Pfingstereignis geweiht war, bezeugt bereits Kyrill von Jerusalem, Katechesen 16,4.

45 Das Rahelgrab ist noch in nachexilisch-atl. Zeit aus der Gegend von Rama *(er-Rām)* n. von Jerusalem (so richtig noch *1 Sam 10,2* und *Jer 31,15)* nach dem judäischen Bethlehem gezogen worden; vgl. *Gen 35,19* und *48,7*. Ursache ist die Bezeichnung „Ephrat“, die nach *Mi 5,1* auf Bethlehem gedeutet werden konnte. Das Grab wird bis heute ca. 2 km vor Bethlehem an der Straße von Jerusalem gezeigt.

46 *Gen 35,18*.

47 Die Geburtsgrotte in der von Konstantin erbauten und von Justinian im 6. Jh. erneuerten Geburtskirche: der einzigen altchristlichen Basilika, die den Persersturm des Jahres 614 überstanden hat. Vgl. Euseb, *Vita Constantini III,41-43* und R. W. Hamilton, The Church of Nativity Bethlehem (1947).

seinen Herrn kannte und der Esel die Krippe seines Herrn"[48] - damit erfüllt würde, was der Prophet darüber geschrieben hat: *„Selig, wer an Wassern sät, wo Ochs und Esel treten!"*[49] -, schwor sie in meiner Gegenwart, sie sähe mit den Augen des Glaubens das Kind in Windeln gewickelt und in der Krippe schreien, die Gott anbetenden Weisen, den glänzenden Stern in der Höhe, die jungfräuliche Mutter, den fleißigen Nährvater, die Hirten, die in der Nacht kamen, um das Wort zu sehen, das geschehen war und um schon damals den Anfang des Johannesevangeliums zu heiligen: *„Im Anfang war das Wort und das Wort ward Fleisch"*[50]; sie sähe auch die getöteten Knäblein, den grausamen Herodes und wie Joseph und Maria nach Ägypten flohen.[51]

Mit Freudentränen rief sie aus: Sei gegrüßt, Bethlehem, Brothaus, in dem das Brot geboren wurde, das vom Himmel herabkam![52] Sei gegrüßt, Ephrata, überreiche und fruchtbare Landschaft[53], deren Fruchtbarkeit der Herr ist! Von dir hat Micha dereinst geweissagt: *„Und du, Bethlehem, Haus Ephrata, bist mitnichten die kleinste unter den Städten in Juda. Aus dir soll mir der kommen, der in Israel Herr sei, welches Ausgang von Anfang und von Ewigkeit her gewesen ist. Deswegen wirst du sie preisgeben bis auf die Zeit, daß die, so gebären soll, geboren habe; da werden dann die übrigen seiner Brüder wiederkommen zu den Kindern Israel."*[54] Denn in dir ist der Herr geboren, gezeugt

---

48 *Jes 1,3* - in Verbindung mit *Hab 3,2* (Septuaginta) altchristlich auf die Geburtsgeschichte Jesu gedeutet. In der christlichen Ikonographie sind Ochs und Esel seitdem unentbehrliche Requisiten der Weihnachtsdarstellung; auf den ältesten Bildern stehen sie noch ohne Maria und Joseph an der Krippe.

49 *Jes 32,20* (Septuaginta). Der hebr. Text hat: *„Selig seid ihr, die ihr an jedem Wasser sät, die ihr Ochs und Esel frei gehen laßt!"* Die Stelle ist der Krippengrotte in Bethlehem assoziiert, weil in ihr Ochs und Esel genannt werden.

50 *Joh 1,1.14.*

51 *Mt 2,13-15.*

52 Die ursprüngliche, allerdings schon früh vergessene Bedeutung des Namens Bethlehem ist „Haus der (Göttin) *Laḫmu*". Das hebr. Wort *leḥem* „Brot", das man in dem Namen später zu vernehmen meinte, ermöglichte die assoziative Verbindung *mit Joh 6,48-51.*

53 Ephrata (eigentlich Ephrat) ist ursprünglich der Name des in Bethlehem ansässigen Sippenverbandes, dem David entstammte, dann auch Bezeichnung der bethlehemitischen Landschaft. Die alte Ableitung von hebr. *prh* „fruchtbar sein" ist zwar vielleicht falsch; sie gestattete aber, im Namen einen Hinweis auf Jesus als die wahre „Frucht" von Bethlehem zu sehen.

54 *Mi 5,1f.* (Septuaginta); im Wortlaut beeinflußt von *Mt 2,6.*

vor dem Morgenstern, dessen Geburt aus dem Vater vor aller Zeit geschehen ist.[55] Und solange blieb in dir der Stamm des davidischen Geschlechts, bis die Jungfrau geboren hatte und der Rest des christusgläubigen Volkes sich an die Kinder Israel wandte und frei verkündigte: *„Euch mußte zuerst das Wort Gottes gesagt werden; nun ihr es aber von euch stoßet und achtet euch selbst nicht wert des ewigen Lebens, so wenden wir uns zu den Heiden."*[56] Denn der Herr hatte gesagt: *„Ich bin nicht gesandt denn nur zu den verlorenen Schafen von dem Hause Israel."*[57] Zu jener Zeit sind auch Jakobs Worte über ihn in Erfüllung gegangen: *„Der Herr wird nicht von Juda weichen noch der Fürst von seinen Lenden, bis der kommt, dem es gehört, und der wird die Hoffnung der Völker sein."*[58] Recht hat David geschworen, recht hat er gelobt: *„Ich will nicht in die Hütte meines Hauses gehen noch mich aufs Lager meines Bettes legen; ich will meine Augen nicht schlafen lassen noch meine Lider schlummern noch meine Schläfen ruhen, bis ich eine Stätte finde für den Herrn, eine Hütte für den Gott Jakobs."*[59] Wenig weiter hat er erklärt, wonach er verlange, und mit prophetischen Augen den kommen gesehen, an dessen Advent wir jetzt glauben: *„Siehe, wir haben ihn in Ephrata gehört, ihn gefunden in den Waldgefilden."*[60] Das hebräische Wort „zo" bezeichnet nämlich, wie ich von dir als meinem Lehrer gelernt habe, nicht Maria, die Mutter des Herrn, sondern ihn selbst, hat also nicht weibliche, sondern männliche Bedeutung.[61] Deshalb spricht er (David) vertrauensvoll: *„Wir werden seine Wohnung betreten und an der Stätte anbeten, wo seine Füße gestanden*

---

55 Vgl. *Ps 110,3* (Septuaginta). Die *„Geburt aus dem Vater vor aller Zeit"* ist eine Anspielung auf den 2. Artikel des nizänischen Glaubensbekenntnisses in der Fassung von 381 (Konzil von Konstantinopel).

56 *Apg 13,46.*

57 *Mt 15,24.* Die Abfolge der Schriftstellen ist ein schönes Beispiel für die subtile biblische Argumentation des Kirchenvaters: In der messianischen Weissagung *Mi 5,1ff.* findet sich bereits die Begründung der christlichen Heidenmission *(V. 2).* Diese begann aber erst mit Paulus *(Apg 13,46),* weil Gott die Wirksamkeit Jesu auf Israel eingeschränkt hatte.

58 *Gen 49,10* (Septuaginta).

59 *Ps 132,3-5* (Septuaginta). Im hebr. Text fehlt *„noch meine Schläfen ruhen"*; statt *„Gott Jakobs"* steht *„Starker Jakobs"*.

60 *Ps 132,6.*

61 Die Übersetzung des hebr. Textes lautet: *„Siehe, wir haben von ihr in Ephrat gehört, haben sie in den Waldgefilden gefunden."* Wahrscheinlich ist die Bundeslade gemeint. Hieronymus hat die das Pronomen bezeichnenden Endungen (Verbalsuffixe) männlich aufgefaßt, was nach dem Konsonantentext durch-

haben.“[62] Und ich elende Sünderin soll würdig sein, die Krippe zu küssen, in der der Herr als kleines Kind schrie, und in der Grotte zu beten, wo die jungfräuliche Gebärerin das göttliche Kind gebar? Ja, das soll mein Ruheplatz sein; denn es ist die Heimat meines Herrn! Hier will ich wohnen, da ja der Erlöser diese Stätte auserwählt hat! *„Ich habe meinem Gesalbten eine Leuchte bereitet. Meine Seele soll ihm allein leben und meine Nachkommenschaft ihm dienen!“*[63]

Dann stieg sie zu dem nicht weit entfernten Turme Ader hinab, d. h. „Herdenturm“, in dessen Nähe Jakob seine Herde weidete[64] und wo die Hirten bei der Nachtwache hören durften: *„Ehre sei Gott in der Höhe und Friede auf Erden den Menschen, die guten Willens sind!“*[65] Beim Schafehüten fanden sie das Lamm Gottes mit dem reinsten und feinsten Fell, das trotz der Trockenheit der ganzen Erde vom Himmelstau befeuchtet ist, das Lamm, dessen Blut die Sünde der Welt hinwegnimmt und, an die Türpfosten gestrichen, den Würgeengel Ägyptens vertreibt.[66]

11. Alsbald begann sie raschen Schrittes die alte Straße entlangzupilgern, die nach Gaza führt, zur Macht und zum Reichtum Gottes.[67] Sie erwog bei sich in stiller Betrachtung, wie der äthiopische

---

aus möglich ist. Darüber hinaus aber hatte er wohl überhaupt eine andere Textform vor sich, die das archaische Demonstrativ- und Determinativpronomen *zô* (wie in *V. 12* desselben Psalms!) enthielt. Das bestärkte ihn in der durch „Ephrat“ nahegelegten Deutung des Psalmverses auf den Messias. Freilich ist *zô* weiblich; dagegen kann das konsonantisch gleiche *zû* für beide Geschlechter stehen. Es ist reizvoll zu beobachten, wie die Gelehrsamkeit den Kirchenvater dazu verführt, seine Auslegung des Textes in den Lobpreis der Paula hineinzukomponieren. Er decouvriert sich an dieser Stelle als Reisebegleiter der Paula und Eustochium und läßt zugleich erkennen, daß Paulas Hymnus auf Bethlehem sein eigener ist.

62 *Ps 132,7* (Septuaginta).

63 *Ps 132,17* und Anspielung auf *Ps 22,37*.

64 *Gen 35,21;* vgl. *Mi 4,8*.

65 *Lk 2,14*.

66 Verbindung von *Ri 6,36-40* mit dem *Agnus Dei (Joh 1,29)* und dem Passahblut von *Ex 12*.

67 Die Deutung des Namens Gaza (arab. *Ġazze)* als „Macht und Reichtum Gottes“ beruht auf der falschen Ableitung von hebr. ᶜzz „stark sein“. - Der Ausdruck *„die alte Straße“* ist nicht eindeutig. Man konnte von Jerusalem nach Gaza auf drei ausgebauten Römerstraßen gelangen: a) nach W über *Lydda/Diospolis,* dann an der Küste entlang; b) nach SW über *Eleutheropolis (Bēt Ğibrīn);* c) nach S über Hebron, dann weiter über *Eleutheropolis.* Paula wählte den dritten Weg.

Kämmerer, die Heidenvölker vorausdarstellend, seine Hautfarbe änderte und beim Lesen des Alten Testamentes die Quelle des Evangeliums fand.[68] Danach bog sie rechts ab. Von Bethsur[69] aus gelangte sie nach Eschkol, was „Traube" bedeutet. Von dort hatten die Kundschafter zum Beweis für die große Fruchtbarkeit des Landes und als Typus dessen, der spricht: *„Ich habe allein die Kelter getreten, und von den Völkern ist niemand bei mir gewesen"*[70], eine Traube von wunderbarer Größe mitgebracht.[71] Nach kurzer Wegstrecke betrat sie die Kammern Sarahs, sah die Geburtsstätte Isaaks und die Spuren der Abrahamseiche, unter der Abraham voller Freude den Tag Christi schaute.[72] Von dort aus stieg sie nach Hebron hinauf, das auch Chariatharbe, d.h. „Stadt der vier Männer" genannt wird: nämlich Abrahams, Isaaks, Jakobs und des großen Adam, von dem die Hebräer nach dem Buche Josua meinen, er liege dort begraben. Freilich halten die meisten Kaleb für den vierten, dessen Grabmal

---

68 Eine kunstvolle Auslegung von *Apg 8,26-39*. Der Kämmerer der äthiopischen Königin Kandake ist Typos der Heidenchristen und als solcher bereits in *Jer 13,23* angesagt: *„Kann auch ein Mohr seine Haut wandeln und ein Parder seine Flecken?"* Die Belehrung durch den Apostel Philippus führt zur Taufe in einer Quelle = *ʿĒn eḏ-Ḏirwe* n. von *Ḥalḥūl;* vgl. Euseb, On. 52,3f. Diese Quelle symbolisiert zugleich das den Heiden zuteilgewordene Evangelium.

69 *Ḫirbet eṭ-Ṭubēqa,* ca. 8 km n. von Hebron, unweit der an der Straße gelegenen *Ḫirbet Burǧ eṣ-Ṣūr,* die den alten Namen bewahrt hat und die Hieronymus hier meint.

70 *Jes 63,3.*

71 *Num 13,23f.* (Vulgata: *13,24f.).* Ursprünglich bezeichnete Eschkol ein nicht sicher lokalisierbares „Traubental" in der Nähe von Hebron; in altchristlicher Zeit dachte man an *Bēt Iskāhel,* ca. 7 km nw. von Hebron. Auch Gophna *(Ǧifnā)* ca. 21 km n. von Jerusalem ist in Betracht gezogen worden, vgl. Euseb, On. 168,15-18.

72 *Ḥaram Rāmet el-Ḫalīl,* der heilige Bezirk des Haines Mamre, ca. 3 km n. von Hebron. Vgl. *Gen 18,1-16.* Dazu Pilger von Bordeaux Anm. 112 und E. Mader, Mambre. Die Ergebnisse der Ausgrabungen im Heiligen Bezirk *Rāmet el-Ḫalīl* in Südpalästina 1926-28 (1957). - Der im 2. Jh. entstandene und in der alten Kirche hoch angesehene Barnabasbrief weiß in Kap. 9 zu berichten, Abraham habe *„die Beschneidung vollzogen, indem er im Geiste auf Jesus vorausschaute".* Diese Allegorese stützt sich auf zwei Schriftstellen: *Gen 17,26f.,* wonach Abraham außer sich selbst und seinen Sohn Isaak auch sein männliches Hausgesinde beschnitt, und *Gen 14,14,* wonach das männliche Hausgesinde 318 Mann betrug. Also beschnitt er 318 Mann, und zwar nicht zufällig 318: die griech. Zahlzeichen für 18 sind I und H (Abkürzung für Ἰησοῦς „Jesus") und für 300 das T (Zeichen für das Kreuz).

etwas abseits gezeigt wird.[73] Nach Cariath-sepher[74], d. h. „Buchstadt", mochte sie nicht pilgern, weil sie den tötenden Buchstaben verachtete und den lebenschaffenden Geist gefunden hatte. Um so mehr bewunderte sie die oberen und unteren Wasser, die Othniel, der Sohn des Kenaz und Enkel Jephunnes, anstelle des Südlandes und eines trockenen Besitztumes erhalten hatte und durch deren Ableitung er die dürren Äcker des früheren Besitztumes bewässerte (zum Zeichen dafür), daß man die Vergebung der alten Sünden im Taufwasser finden könne.[75]

Am folgenden Tage, als die Sonne gerade aufgegangen war, stand sie auf der Anhöhe bei Caphar-baruchae, d.h. „Segensort", bis wohin Abraham den Herrn geleitet hatte.[76] Von dort aus schaute sie auf die weite Einöde hinab, auf das einstige Gebiet von Sodom und Gomorrha, Adama und Seboim[77]; sie betrachtete die Balsamweingärten von Engaddi[78] und Segor, das „dreijährige Kalb", das Bala heißt

---

73 *Qiryat-arba^c* „Vierstadt" ist ein alter Name von Hebron (arab. *el-Ḫalīl* „der Freund (Gottes)", nämlich Abraham; *Jes 41,8).* Die Deutung auf vier große Männer ist falsch, aber naheliegend, da die Höhle Makpela *(Gen 23)* mit den Patriarchengräbern seit dem 2. Jh. v. Chr. dort gezeigt wird. Problematisch ist das Adamsgrab. Das Judentum lokalisierte es ursprünglich in der Höhle unter dem Heiligen Felsen in Jerusalem *(eṣ-ṣaḫra),* erst gegen Ende des 2. Jh. n. Chr. auf Grund schriftgelehrter Tradition in Hebron. Diese Tradition verteidigt Hieronymus gegen die spätestens seit Origenes nachweisbare christliche Auffassung, das Adamsgrab liege im Golgothafelsen. Er muß freilich das Schwanken der Überlieferung einräumen: Es gibt jüdische Gelehrte, die bei der Auslegung von *Jos 14,14f.* Kaleb als vierten Begrabenen nennen. Das Problem ist bis heute virulent. Zwar ist das Adamsgrab längst aus Hebron verschwunden, wohl aber zeigt man *„etwas abseits"* in der Moschee von Hebron das Grab Josephs, der doch nach *Jos 24,32* bei Sichem bestattet wurde und dort tatsächlich eine feste, bis in die Gegenwart reichende Grabstätte und Grabtradition hat. Vgl. J. Jeremias, HG 90-99.

74 Nach *Jos 15,15* und *Ri 1,11* alter Name von Debir *(Ḫirbet er-Rabūḍ),* ca. 12 km sw. von Hebron. Wo Hieronymus die Ortschaft suchte, ist ungewiß; vielleicht *eḍ-Ḍāherīye* 21 km sw. von Hebron?

75 *Jos 15,13-19* und *Ri 1,9-15.* Das Gebiet ist der heutige *Sēl ed-Dilbe.* Was Hieronymus und die altchristliche Tradition dafür hielten, weiß niemand. - Der Verdacht liegt nahe, daß Paula die Gegend s. von Hebron überhaupt nicht bereist hat. Der Name „Buchstadt" zog *2 Kor 3,6* an und damit auch den Kontext von *Jos 15,15,* der sich ebenfalls geistlich ausdeuten ließ.

76 *Gen 18,16-19;* arab. *Benī Na^cīm,* 6 km ö. von Hebron.

77 *Dtn 29,23* u.ö.

78 Arab. *^cĒn Ǧidī* am Westufer des Toten Meeres; vgl. *Hoheslied 1,14.* S. B. Mazar - D. Barag, En-Gedi. NEncAEHL II 399-409.

und im Syrischen mit Zoara, d.h. „die Kleine", übersetzt wird.[79] Sie vergegenwärtigte sich die Höhle des Loth und ermahnte mit Tränen ihre jungfräulichen Begleiterinnen, sich vor dem Wein in Acht zu nehmen, in dem die Ausschweifung liegt und dessen Werk die Moabiter und Ammoniter sind.[80]

12. Ich halte mich allzu lange beim Süden auf, wo die Braut den lagernden Bräutigam fand[81] und wo Joseph mit seinen Brüdern ein Freudenmal hielt.[82] Nun will ich mich wieder nach Jerusalem wenden, und zwar über Thecua im Gedanken an Amos[83], und das goldglänzende Kreuz auf dem Ölberg betrachten, von dem aus der Erlöser zum Vater aufstieg.[84] Dort wurde Jahr für Jahr dem Herrn eine rote Kuh als Brandopfer dargebracht, deren Asche das Volk Israel entsühnte[85]; dort gründeten nach Ezechiel die aus dem Tempel ausziehenden Cheruben die Kirche des Herrn.[86] Sie betrat das Lazarusgrab[87] und besuchte das gastliche Haus der Maria und Martha[88]; ferner Bethfage, den Ort der priesterlichen Kinnbacken[89], und die

---

79 Zoar (Septuaginta: *Segor)* lag im *Ġōr eṣ-Ṣāfi* sö. des Toten Meeres. Hieronymus bietet gegen den Text von *Gen 19,20-22* eine interessante, auf *Jes 15,5* beruhende Deutung, die freilich falsch ist. Bala gilt nach *Gen 14,2.8* als alter Name von Zoar.

80 *Gen 19,30-38;* vgl. *Eph 5,18.* Die Höhle Lots galt als heiliger Ort. Später stand dort eine Kirche oder Kapelle, die auf der Madebakarte dargestellt ist (MM Nr.18). Für die Lokalisation kommen zwei Örtlichkeiten in Betracht: Höhlen und Kapelle über dem rechten Ufer des *Wādi el-Ḥasā* ö. von *eṣ-Ṣāfi* und der Baukomplex von *Dēr ᶜAyn Abāṭe* ca. 4 km n. davon. Vgl. H. Donner, St. Lot and the Madaba Mosaic Map. The Near East in Antiquity 4 (1994) 87-92; K. D. Politis, The Sanctuary of Agios Lot, the City of Zoara and the Zared River. In: The Madaba Map Centenary (s.o. S. 31) 225-227.

81 *Hoheslied 1,7.*

82 *Gen 43,26-34* (die Erzählung spielt in Ägypten!).

83 Arab. *Ḫirbet Tkūaᶜ*, ca. 8 km s. von Bethlehem; vgl. *Am 1,1.*

84 Das Kreuz auf der um 378 erbauten Himmelfahrtskirche (sog. *Imbomon),* zu unterscheiden von der Eleona-Basilika des Kaisers Konstantin.

85 *Num 19,1-10.* Der Ölberg als Verbrennungsort der roten Kuh beruht auf mischnischer Tradition.

86 *Ez 10,19; 11,14-25.*

87 *Joh 11.* Das Lazarusgrab in Bethanien (arab. *el-ᶜĒzarīye)* ö. von Jerusalem war spätestens seit 390 von einer Kirche überbaut; vgl. Hieronymus bei Euseb, On. 59,16-18. Dazu Kopp 333-335 und Kroll 354-366.

88 *Lk 10,38-42.* Vgl. J. E. Taylor, The Cave of Bethany. RB 94 (1987) 120-123.

89 *Mk 11,1ff.* u.par. Heute Kirche und Kloster der Franziskaner auf der O-Seite des Ölberges auf halbem Wege zwischen der Ölbergkuppe und Bethanien. Die Bedeutung des Namens Bethphage ist umstritten; wahrscheinlich hieß

Stätte, an der das mutwillige Eselsfüllen der Heidenvölker die Zügel des Herrn annahm und, von den Kleidern der Apostel bedeckt, seinen weichen Rücken zum Sitzen darbot.[90]

Geraden Weges zog sie dann hinab nach Jericho[91] und dachte dabei an den Verletzten aus dem Evangelium und an die Barmherzigkeit des Samariters, d.h. des „Beschützers", der den Halbtoten, nachdem Priester und Levit rohen Gemütes vorübergegangen waren, auf sein Lasttier lud und zum Stall der Kirche brachte. Sie sah die Stelle Adommim, was mit „Blutflecken" zu übersetzen ist, weil dort bei häufigen Raubüberfällen viel Blut vergossen wurde[92]; ferner den Maulbeerbaum des Zachäus, d.h. „gute Werke der Buße", mit denen er die seit langer Zeit sträflichen und grausamen Sünden seiner Räubereien austilgte und den Herrn von seinem erhabenen Tugendsitz aus anschaute[93]; schließlich auch die Orte der Blinden am Wege, die mit wiedergewonnenem Augenlicht die Bekehrung der beiden Völker zum Glauben an den Herrn im voraus darstellten.[94] In Jericho angekommen sah sie die Stadt, die Hiel auf Abiram, seinen Erstgeborenen, gegründet und deren Tore er auf Segub, seinen Jüngsten, errichtet hat.[95] Sie betrachtete das Lager

---

es „Feigenhaus". Hieronymus übernimmt die Erklärung des Origenes (GCS 10,532 u.ö.), der die zweite Hälfte des Wortes aus dem Syrischen ableitet. Da die Kinnbacken der Opfertiere den Priestern gehörten *(Dtn 18,3),* hielt er Bethphage für ein Priesterdorf. Vgl. Kopp 323-330 und Kroll 382.

90 *Mk 11,7.* Esel und Eselsfüllen (aus *Sach 9,9;* dort im synonymen Parallelismus, bezeichnet also nur ein Tier!) bedeuten Juden und Heiden.

91 Arab. *Erīḥā* im Jordangraben. S. OLB 2, 492-520. 532-550; K. M. Kenyon - E. Netzer - G. Foerster - R. Hachlili, Jericho. NEncAEHL II 674-697.

92 *Lk 10,30-37.* Die traditionelle Herberge des barmherzigen Samariters (arab. *Ḫān Ḥatrūr)* liegt auf halbem Wege zwischen Jerusalem und Jericho unweit einer Stelle, wo eisenhaltiges Gestein die Oberfläche des Bodens auffällig rot färbt: die „Rotsteige" von *Jos 15,7* (arab. *Ṭalᶜat ed-Damm* „Blutsteige"). Die Gegend ist seit alters wüst und leer, ein bevorzugter Aufenthaltsort räuberischer Beduinen. Die römisch-byzantinische Militärverwaltung hat an dieser Stelle eine Straßenkontrollstation eingerichtet; vgl. *Notitia dignitatum* 74,48: *Cohors prima salutaria inter Aeliam et Hierichunta.* Hieronymus hielt, wie fast alle Kirchenväter, das Gleichnis für eine tatsächliche Begebenheit. Seine Deutung des Wortes „Samariter" als „Beschützer" beruht auf der hebr. Verbalwurzel *šmr* „beobachten, behüten".

93 *Lk 19,1-10.* Die altchristlichen Traditionen lokalisieren die Zachäus-Sykomore gewöhnlich nicht in Jericho, sondern am Ausgang des *Wādi el-Qelt* in den Jordangraben; vgl. Pilger von Bordeaux Anm. 101.

94 *Mt 20,30-34.* Die „beiden Völker" sind die Juden und die Heiden.

95 *Jos 6,26* und *1 Kön 16,34.*

von Galgala[96], den Hügel der Vorhäute, das Geheimnis der zweiten Beschneidung[97] und die zwölf Steine, die aus dem Jordanbett dorthin gebracht worden waren und das Fundament der zwölf Apostel bildeten[98]; sie betrachtete auch die einstmals sehr bittere und unfruchtbare Quelle des Gesetzes, die der wahre Elisa durch seine Weisheit gewürzt und in Süßigkeit und Fruchtbarkeit verwandelt hatte.[99] Kaum war die Nacht vergangen, kam sie mit glühender Inbrunst an den Jordan[100], hielt am Flußufer inne und gedachte bei Sonnenaufgang der Sonne der Gerechtigkeit[101]; sie dachte daran, wie die Priester trockenen Fußes mitten im Flußbett standen[102] und wie auf Befehl des Elia und des Elisa das Wasser sich zu beiden Seiten aufgetürmt hatte und die Wellen den Durchgang gestatteten.[103] Sie erwog, wie der Herr die durch die Sintflut verunreinigten und durch den Untergang des ganzen Menschengeschlechtes befleckten Gewässer durch seine Taufe gereinigt hat.[104]

13. Es würde zu weit führen, wollte ich vom Tale Achor berichten, d.h. „Getümmel und Gedränge", wo Diebstahl und Habgier bestraft wurden[105], oder von Bethel, d.h. „Haus Gottes", wo Jakob nackt und arm auf dem nackten Erdboden schlief und einen Stein als Kopfkissen hatte[106], der bei Sacharja als Stein mit sieben Augen beschrieben und bei Jesaja Eckstein genannt wird[107]: Er sah dort die bis zum Himmel reichende Leiter, auf der ganz oben der Herr stand

---

96 Das christlich-byzantinische Gilgal bei Jericho, noch nicht lokalisiert, auf der Madeba-Karte (MM Nr. 26) eingetragen. Es lag vermutlich nicht an derselben Stelle wie das atl. Heiligtum (*Jos 4,19ff.* u.ö.).

97 *Jos 5,2-9.*

98 *Jos 4,1-9.*

99 *2 Kön 2,19-22;* arab. *ʿĒn es-Sulṭān* am Fuße des alten Stadthügels von Jericho *(Tell es-Sulṭān).* Die Heilung der Quelle erscheint typologisch als Ablösung des Gesetzes durch das Evangelium.

100 Gemeint ist die Taufstelle am Jordan bei *Dēr Mār Yuḥannā (Qaṣr el-Yehūd),* ca. 9 km sö. von Jericho.

101 *Mal 3,20* (Vulgata: *4,2).*

102 *Jos 3,12-17.*

103 *2 Kön 2,8.13f.*

104 *Mk 1,9-11* u.par.

105 *Jos 7.* Die Bedeutung „Getümmel" o.ä. kommt vom hebr. Verbum *ʿkr* „in Unordnung bringen". Die Lage des Tales ist umstritten; in byzantinischer Zeit suchte man es bei Jericho, vermutlich auf dem Wege nach Bethel (das *Wādi en-Nuwēʿime?).*

106 *Gen 28,10-22;* arab. *Bētīn,* ca. 16 km n. von Jerusalem.

107 *Sach 3,9* und *Jes 28,16.* Der Stein von Bethel ist Typos des Messias.

und den Hinaufsteigenden die Hand reichte, die Nachlässigen aber kopfüber von der Höhe herabstürzte. Sie verehrte auch die nahebei im Gebirge Ephraim gelegenen Gräber Josuas, des Sohnes Nuns, und Eleazars, des Sohnes des Priesters Aaron, von denen das eine in Thamnatsare nördlich vom Berge Gaas und das andere, das seinem Sohne Pinehas gehört, in Gabaath steht.[108] Dabei wunderte sie sich sehr, daß der Verteiler der Landbesitztümer[109] sich selbst die gebirgigen und rauhen Gegenden erwählt hat. Was soll ich von Silo erzählen, wo der zerstörte Altar noch heute gezeigt wird und wo der Stamm Benjamin des Romulus Raub der Sabinerinnen gewissermaßen vorwegnahm?[110] Sie zog weiter nach Sychem - nicht wie die meisten fälschlich lesen: Sichar -, das jetzt Neapolis heißt[111], und betrat die am Fuße des Berges Garizim um den Jakobsbrunnen erbaute Kirche.[112] Auf diesem Brunnen saß der Herr voller Durst und Hunger und wurde durch den Glauben der Samaritanerin gesättigt - derselben Frau, die die fünf „Männer" des mosaischen Pentateuchs und den sechsten, den zu besitzen sie sich rühmte, nämlich die Irrlehre des Dositheus, aufgab und den wahren Messi-

---

108 Das jüdisch-christliche Josuagrab *(Jos 24,30)* lag in *Ḫirbet Tibne,* ca. 28 km nw. von Jerusalem; das Grab Eleazars *(Jos 24,33)* in *Ǧībyā,* ca. 10 km nw. des modernen *Rāmallāh.* Beide Gräber hat Paula anscheinend nicht besucht, sondern von Bethel aus der Ferne verehrt. Vgl. J. Jeremias, HG 46-49.

109 Nämlich Josua; vgl. *Jos 13,7.*

110 *Ri 21,16-23.* Silo (arab. *Ḫirbet Sēlūn)* ca. 22 km s. von Sichem war ein altberühmtes Heiligtum, in dem die Bundeslade stand *(1 Sam 1-3* u.ö.). Vgl. M. L. Buhl - S. Holm-Nielsen, Shiloh. The Danish Excavations at Tall Sailun, Palestine, in 1926, 1929, 1932 and 1963. Publications of the National Museum, arch.-hist. Series I,12 (1969); BRL², S. 307f.; A. Kempinski - I. Finkelstein, Shilo. NEncAEHL IV 1364-1370.

111 Hier ist Konfusion eingetreten. Die Bezugsstelle *Joh 4,5* nennt Sychar, arab. *el-ᶜAskar,* am Südostfuß des Berges Ebal *(Ǧebel Islāmīye).* Davon zu unterscheiden sind Sichem = *Tell Balāṭa* und die 72 n. Chr. durch Kaiser Vespasian zur Stadt erhobene *Colonia Flavia Neapolis = Nāblus.* Die Mehrzahl der altchristlichen Autoren unterscheidet diese drei Orte genau. Hieronymus wirft sie zusammen und muß in *Joh 4,5* folgerichtig Kopistenfehler annehmen. Der Grund für die sich später fortsetzende Verwirrung wird darin zu suchen sein, daß in Sychar eine christliche Lokaltradition (etwa nach *Joh 4,39f.*) wegen der Samaritaner nicht aufkommen konnte.

112 *Joh 4,6.* Der Jakobsbrunnen liegt ca. 1 km s. von *el-ᶜAskar* in der heutigen Ortschaft *Balāṭa.* Vgl. Kopp 196-211 und Kroll 248-255; Ch. Nauerth, Pilgerstätten am Garizim in frühchristlicher Zeit. DBAT 20 (1984) 17-45.

as, den wahren Erlöser fand.[113]

Sodann machte sie einen Abstecher und besuchte die Gräber der zwölf Patriarchen [114], ferner Sebaste, d.h. Samaria, das zu Ehren des Augustus von Herodes mit dem griechischen Wort für Augusta benannt worden ist.[115] Dort liegen die Propheten Elisa und Obadja begraben, auch Johannes der Täufer: Keiner von denen, die von Weibern geboren sind, war größer denn er![116] An diesem Orte wurde sie durch viele merkwürdige Geschehnisse sehr erschüttert. Denn sie hörte Dämonen unter verschiedenen Qualen stöhnen und

---

113 *Joh 4,7-30. - V. 18: „Fünf Männer hast du gehabt, und den du nun hast, der ist nicht dein Mann; da hast du recht gesagt."* Hieronymus bedient sich zur Erklärung dieser Stelle der allegorischen Auslegungsmethode: Die fünf Männer sind die fünf Bücher des Pentateuch, die die Samaritaner im Gegensatz zum orthodoxen Judentum als einzige Hl. Schrift anerkannten; der sechste ist Dositheus, einer der pseudognostischen „Religionsstifter" des 1. Jh. n. Chr. in Samarien, die als Messias oder Gottesinkarnation auftraten und von den Kirchenvätern bekämpft wurden, obwohl es ihre Gemeinden - vielleicht abgesehen von der des Simon Magus - seit dem 3. Jh. kaum mehr gab. Vgl. H. G. Kippenberg, Garizim und Synagoge. Traditionsgeschichtliche Untersuchungen zur samaritanischen Religion der aramäischen Periode. Religionsgeschichtl. Versuche und Vorarbeiten 30 (1971) bes. 122-128; K. Beyschlag, Simon Magus und die christliche Gnosis. Untersuchungen zum NT 16 (1974).

114 Die bereits im 2.-1. Jh. v. Chr. geläufige jüdische Überlieferung, nach der die Söhne Jakobs alle in Hebron begraben sein sollten, hat sich wegen einer wahrscheinlich schon *Apg 7,15f.* bezeugten samaritanischen Konkurrenztradition nicht vor dem 11. Jh. durchsetzen können. Heute kennt niemand mehr Patriarchengräber in oder bei Sichem, ausgenommen das Grab Josephs *(Qabr Yūsuf)* ö. des alten Sichem.Vgl. J. Jeremias, HG 36-38.

115 Arab. *Sebasṭye,* ca. 10 km nw. von *Nāblus,* seit 27 v. Chr. durch Herodes prächtig ausgebaut und *Sebaste* (griech. Form für *Augusta)* genannt. Vgl. BRL², S. 265-269 (mit Literatur); N. Avigad, Samaria (City) und I. Magen, Samaria. Hellenistic and Roman - Byzantine Periods. NEncAEHL IV 1300-1310 u. 1316-1318.

116 *Mt 11,11; Lk 7,28.* Das Grab Elisas ist spätestens seitdem 1. Jh. n. Chr. in Samaria lokalisiert, wo der Prophet nach *2 Kön 2,25* und 6,32 gewohnt hatte. Für das Obadjagrab ist Hieronymus der älteste Zeuge; es kam nach Samaria, weil man den Propheten mit dem gleichnamigen Palastminister des Königs Ahab *(1 Kön 18,3ff.)* identifizierte. Zu beiden Gräbern vgl. J. Jeremias, HG 30f.132. Seit wann das Grab Johannes des Täufers in Samaria verehrt wurde, ist ungewiß. Es wird noch heute in *Sebasṭye* zwischen den beiden anderen gezeigt (in der Krypta der Johanneskirche). Außerdem gibt es in Samaria seit dem 5.-7. Jh. eine Kirche zum Gedächtnis der Auffindung des Hauptes Johannes des Täufers. Die Tradition mag nach Samaria gelangt sein, weil man die Ruinen des großen Augustus-Tempels für die des Palastes des Her-

Menschen vor den Heiligengräbern wie Wölfe heulen, wie Hunde bellen, wie Löwen knurren, wie Schlangen zischen, wie Stiere brüllen; andere kreiselten mit dem Kopf und berührten mit dem Scheitel rückwärts die Erde. Auch Frauen gab es, die an den Füßen aufgehängt waren und denen die Kleider dennoch nicht ins Gesicht fielen. Sie hatte mit allen Mitleid und erflehte für jeden unter Tränen Christi Erbarmen.[117] Obgleich sie schwach war, bestieg sie zu Fuß den Berg, in dessen beiden Höhlen der Prophet Obadja zur Zeit der Verfolgung und Hungersnot hundert Propheten mit Brot und Wasser versorgt hatte.[118]

Darauf reiste sie eilends nach Nazara[119], der Jugendstadt des Herrn, ferner nach Cana und Capharnaum[120], den Zeugen seiner Wundertaten, weiter zum See von Tiberias, der durch die Schiffahrt des Herrn geheiligt ist[121], und in die Wüste, wo viele tausend Menschen von wenigen Broten satt und von dem, was die Esser übrigließen, auch noch die Körbe der zwölf Stämme Israels voll wurden.[122] Sie

---

odes Antipas hielt; vgl. *Mt 14,1-12.* Nach Josephus, *Ant. XVIII,* 5,2 ereignete sich die Enthauptung des Täufers auf der Burg Machaerus im Ostjordanland (heute *el-Mešneqe* bei *Ḫirbet el-Mukāwer).* Zum Johannesgrab vgl. Kopp 177-183 und Kroll 300-304.

117 Das Grab des Propheten Elisa galt als Wunderort; vgl. *2 Kön 13,21.* Die geschilderten Absonderlichkeiten lassen vermuten, daß sich Geisteskranke dort aufhielten, die selbst oder deren Angehörige auf die Wunderkraft des Propheten vertrauten. Näheres bei J. Jeremias, HG 132.

118 *1 Kön 18,4* - der Beweis für die Identifikation des Propheten Obadja mit dem Palastminister Ahabs (s. o. Anm. 116). Hieronymus berichtet ungenau; denn nur eine Höhle war dem Gedächtnis Obadjas geweiht. Die andere war Verehrungsort des Propheten Elia nach *2 Kön 1,9-12;* vgl. Petrus Diaconus nach Egeria (CSEL 39,114; CCSL 175,99). Der Ort ist vermutlich das islamische Heiligtum *Šēḫ Šaᶜle* sö. von Samaria.

119 Nazareth, arab. *en-Nāṣira.*

120 *Joh 2,1-11; Mk 1,21-28* u.par. Kana = *Ḫirbet Qāna,* ca. 14 km n. von Nazareth (nicht *Kafr Kennā!*); Kapernaum = *Tell Ḥūm* am NW-Ufer des Sees Gennezareth.

121 *Mk 4,35-41* u.par.

122 *Mk 6,31-44* u.par. Spätestens seit dem 4. Jh. lokalisierte man den Ort der wunderbaren Brotvermehrung in *eṭ-Ṭābġa* (aus griech. *Heptapegon* „Siebenquell"), ca. 3,5 km w. von Kapernaum am Seeufer. Seit ca. 350 gab es dort eine kleine Brotvermehrungskirche, die zwischen 400 und 450 durch die größere Basilika (mit prachtvollen Mosaiken) abgelöst wurde. Die Gegend ist keineswegs wüstenhaft. Hieronymus hat die Beschreibung von *Mk 6,31* (ἔρημος τόπος, latein. *desertus locus,* eigentlich „abgelegener Ort") einfach aufgenommen. Vgl. Kopp 269-277 und Kroll 305-314.

bestieg den Berg Thabor, wo der Herr verklärt worden ist.[123] Am Horizont schaute sie die Berge Hermon und Hermonim[124] und die weiten Gefilde von Galiläa, in denen Sisara und sein ganzes Heer vom siegreichen Barach geschlagen wurden.[125] Man zeigte ihr den Bach Cison, der die Ebene in zwei Hälften teilt[126], und nicht weit davon entfernt die Stadt Naim, wo der Sohn der Witwe auferweckt worden ist.[127] Eher würde mir die Zeit als die Rede ausgehen, wollte ich alles erwähnen, was die verehrungswürdige Paula mit außergewöhnlicher Glaubenskraft besucht hat.

14. Ich mache mich nun auf den Weg nach Ägypten. In Soccoth[128] und bei der Quelle Samsons, die er aus dem Backenzahn des Eselskinnbackens hatte hervorgehen lassen[129], will ich einen Augenblick verweilen und die trockenen Lippen netzen, um dann neugestärkt Morasthi[130] zu sehen, einst das Grab des Propheten Micha, jetzt

---

123 *Mk 9,2-13* u.par. Der älteste Zeuge für den Tabor (arab. *Ğebel eṭ-Ṭōr)* als Berg der Verklärung ist Kyrill von Jerusalem (348), Katechese 12,16.

124 Hermon = *Ğebel eš-Šēḫ* (oder *et-Telğ),* der S-Ausläufer des Antilibanos. Der Name Hermonim stammt aus dem dunklen Texte von *Ps 42,7:* Hieronymus lokalisiert ihn mit Origenes u. a. auf dem noch heute sog. „Kleinen Hermon" *(Ğebel ed-Daḥī)* sw. vom Tabor. Andere suchen ihn im Jordangraben unweit der traditionellen Taufstelle und verbinden ihn mit dem Hügel der Entrückung des Propheten Elia; vgl. zuerst Theodosius Anm. 83. Wieder hat der biblische Text die Beschreibung des Kirchenvaters bestimmt. Hieronymus wußte zweifellos, daß man vom Tabor aus nur den Hermon *„am Horizont"* sieht; der kleine Hermon ist dem Tabor unmittelbar benachbart.

125 Gemeint ist die Ebene von Megiddo (auch von Jesreel), arab. *Merğ Ibn ᶜĀmir;* vgl. *Ri 4-5.*

126 Arab. *Nahr el-Muqaṭṭaᶜ*. Es handelt sich um einen sehr großzügigen Rundblick, wie er noch heute Pilgern geboten wird. Den Bach Kison kann man vom Tabor aus unter gar keinen Umständen sehen und die folgende Ortschaft Nain liegt nicht in der Nähe des Kison, sondern am N-Abhang des *Ğebel ed-Daḥī.*

127 *Lk 7,11-17.* Nain/m = *Nēn,* eine heute entvölkerte Ortschaft ca. 10 km sö. von Nazareth.

128 Fehler für Socho = arab. *Ḫirbet eš-Šuwēke,* ca. 11 km nö. von *Eleutheropolis (Bēt Ğibrīn).* Paula reiste selbstverständlich nicht direkt vom Tabor aus nach Ägypten, sondern kehrte zuvor nach Jerusalem zurück, um die Straße über *Eleutheropolis* nach Gaza zu nehmen (s.o. Anm. 67).

129 *Ri 15,14-19.* Lokalisation unbekannt.

130 Das byzantinische Dorf mit der Michakirche lag auf der *Ḫirbet el-Basal* unweit des alten Moreschet-Gat = *Tell el-Ğudēde,* ca. 3 km n. von *Eleutheropolis.* Vgl. *Mi 1,1.14.*

eine Kirche. Ich lasse die Städte der Chorräer[131], die der Gethäer[132], Maresa[133], Idumaea[134] und Lachis[135] beiseite und komme durch den außerordentlich weichen Sand, der den Wanderern die Füße wegzieht, und durch die weite Wüstenei[136] zum ägyptischen Fluß Sior, übersetzt „trüber Fluß"[137], und zu den fünf ägyptischen Städten, die kanaanäisch sprechen.[138] Dann geht es weiter zum Lande Gesen[139] und in die Gefilde von Thanis[140], wo Gott Wunder tat, nach der Stadt Noo, die später in Alexandria umbenannt wurde[141], und zur Stadt des Herrn Nitria[142], wo täglich der Schmutz vieler durch reine Tugendlauge abgewaschen wird. Als sie das sah, und ihr der heilige und verehrungswürdige Bischof und Bekenner Isidorus[143]

---

131 Chorräer (Horiter) sind für Hieronymus die Ureinwohner der Gegend von *Eleutheropolis;* vgl. MPL 25,1101.

132 Die Einwohner von Gath = vielleicht *ʿArāq el-Menšīye,* ca. 11 km w. von *Eleutheropolis.*

133 Arab. *Tell Sandaḥanne,* 2 km s. von *Eleutheropolis.*

134 *Idumaea* heißt seit hellenistischer Zeit der teilweise von Edomitern bewohnte Südteil des Westjordanlandes. Der Name erscheint in der Aufzählung des Hieronymus deplaziert.

135 Arab. *Tell ed-Duwēr,* ca. 10 km sw. von *Eleutheropolis.* So nach bisheriger Übereinkunft. Neuerdings werden *Tell ʿĒṭūn* für Lachisch und *Tell ed-Duwēr* für Gath (s.o. Anm. 132) in Erwägung gezogen.

136 Hieronymus meint die Isthmuswüste zwischen dem Küstenstrich s. von Gaza und dem Nildelta.

137 Hebr. *Šīḥōr;* vgl. *Jos 13,3; Jes 23,3; Jer 2,18.* Es handelt sich um einen der ö. Nilarme oder -kanäle des Deltas. Die Übersetzung ist gelehrt, aber falsch; sie geht vom Hebräischen aus, während der Name ägyptischen Ursprungs ist *(„See des Horus").*

138 *Jos 19,18.*

139 Gosen, Aufenthaltsgebiet der Israeliten in Ägypten *(Gen 46,28f.* u.ö.). Ursprünglich war damit das *Wādi eṭ-Ṭumēlāt* gemeint, im christlichen Altertum die Gegend zwischen dessen W-Ende und Tanis. S. Nonne Egeria Anm. 51.79.

140 Arab. *Ṣān el-Ḥagar* im ö. Nildelta, ca. 60 km w. des Suezkanals. Vgl. *Ps 78,12.43.*

141 No *(Jer 46,25; Ez 30,14ff.)* oder No-Amon *(Nah 3,8)* ist das oberägyptische Theben im Niltal. Die Gleichsetzung mit Alexandria (Targume, Vulgata), das erst 332/1 v. Chr. gegründet worden ist, beruht auf dem Wunsch, das Zentrum der jüdischen Diaspora und die Hochburg des ägyptischen Christentums in der Bibel wiederzufinden.

142 Mönchssiedlung in der nitrischen Wüste sw. von Pelusium *(Tell el-Faramā)* im w. Nildelta.

143 Isidor von Pelusium (ca. 360/70-435) lebte als Mönchsvater in Nitria. Von ihm sind etwa 2000 griechische Briefe erhalten, die ihn als Anhänger der antiochenischen Theologenschule ausweisen.

entgegenkam, dazu zahlreiche Mönchsscharen, unter denen viele die Priester- und Levitenwürde zierte, freute sie sich zwar über die Verherrlichung des Herrn, hielt sich aber selber solcher Ehre für unwürdig.

Was soll ich weiter erzählen von Macharios, Arsetes, Sarapion[144] und den anderen Namen der Säulen Christi? Wessen Zelle betrat sie nicht? Zu wessen Füßen lag sie nicht? In jedem einzelnen Heiligen glaubte sie Christus selbst zu erkennen, und was immer sie ihnen darbrachte, brachte sie freudig dem Herrn dar. Welche wunderbare Leidenschaft und welche bei einer Frau kaum glaubliche Stärke! Ungeachtet ihres Geschlechts und ihrer körperlichen Zartheit wollte sie mit ihren Mädchen unter derart vielen tausend Mönchen wohnen! Und womöglich hätte sie das auch getan, wenn nicht größere Sehnsucht sie zurück zu den heiligen Stätten gezogen hätte. So kehrte sie denn angesichts der glühenden Sommerhitze zu Schiff von Pelusium[145] nach Maiumas[146] zurück, und zwar mit solcher Geschwindigkeit, daß man sie hätte für einen Vogel halten können. Wenig später nahm sie ihren dauernden Wohnsitz im heiligen Bethlehem und blieb zunächst drei Jahre lang in einer engen Herberge, bis sie Zellen und Klosteranlagen gebaut und eine Pilgerherberge an der Straße gegründet hatte, wo Maria und Joseph keine Herberge gefunden hatten.[147]

Bis hierher soll die Beschreibung ihrer Pilgerreise reichen, die sie mit vielen Jungfrauen und in Begleitung ihrer Tochter unternahm.

---

144 Makarios der Ägypter (ca. 300-390) gilt als Begründer des asketischen Mönchtums im *Wādi Naṭrūn* nw. von Kairo/Memphis. - Arsetes ist ein sonst unbekannter ägypt. Eremit des 4. Jh. - Serapion, seit der Mitte des 4. Jh. nizänischer Bischof von Thmuis im Nildelta, Schüler Antonius des Großen.

145 Hafenstadt *(Tell el-Faramā)* nahe der Mündung des östlichsten (bubastischen) Nilarmes.

146 Der Hafen von Gaza, arab. *el-Mīne.*

147 Paula gründete nach 386 in Bethlehem ein Männerkloster, dessen Leitung sie Hieronymus übertrug, und ein großes Frauenkloster, in dem die Nonnen nach ihrem sozialen Stande in drei Abteilungen gegliedert waren. Dazu kam eine Pilgerherberge (vgl. *Lk* 2,7) und eine Schule. Diese große klösterliche Anlage hat der Kirchenvater bis zu seinem Tode 419/420 nicht mehr verlassen.

4. Der Bischof Eucherius (nach 444)

(Eucherii quae fertur de situ Hierusolimae epistula ad Faustum presbyterum)

Wollte man strenge Maßstäbe anlegen, dann dürfte der unter dem Namen des Bischofs Eucherius von Lyon (ca. 434-449) überlieferte Brief in dieser Sammlung eigentlich gar nicht erscheinen. Aber dann würden wir auf ein wunderliches und interessantes Literaturprodukt verzichten. Dieser Brief ist kein Pilgerbericht, weder von einem Pilger verfaßt, noch von einem anderen über die Wallfahrt eines Pilgers geschrieben. Es handelt sich vielmehr um eine kleine gelehrte Abhandlung über das Heilige Land, auf nicht allzu hohem Niveau, eine Art Seminararbeit mit reichlicher Benutzung von Sekundärliteratur, die der Verfasser streckenweise ausführlich zitiert, man kann auch sagen, einfach abschreibt. Er sagt im Vorwort (1) selbst, daß er seine Kenntnisse der Lektüre verdankt; freilich nicht nur der Lektüre: auch mündliche Berichte standen ihm zur Verfügung - oder vielleicht war es der mündliche Bericht eines einzelnen Reisenden.[1] Daraus hat er eine kurze Einführung in die Landeskunde Palästinas gestaltet, in korrektem, wenngleich etwas hölzernem Latein, das durch gelehrte Anspielungen und Zitate stilistisch aufgeputzt ist. Daß der Verfasser selbst in Palästina gewesen sei, ist nicht zu erkennen.

Eucherius entstammte einem vornehmen gallisch-römischen Geschlecht. Wir wissen nicht viel von seinem Leben.[2] Er stand zunächst im Staatsdienst, zog sich dann aber um 420 mit seiner Gemahlin Galla und seinen Söhnen in die Mönchskolonie auf der Insel Lerinum vor der südfranzösischen Küste zurück.[3] 434 wurde er Bischof von Lyon und erfreute sich als solcher hohen Ansehens.[4]

---

1 Mit Sicherheit ist das nicht zu entscheiden. Denn der Singular in der Formel *„relatione cognitus erat"* kann im Sinne von „Bericht" (eines Einzelnen) oder „Berichterstattung" (im Gegensatz zur Lektüre) aufgefaßt werden.

2 Vgl. E. Hennecke, REpThK 5 (1898^3) 572-574.

3 Heute Îles de Lérins, Dpt. Alpes-Maritimes, bei Cannes. Es sind zwei Inseln: St. Honorat mit einem ehemals befestigten Zisterzienserkloster und St. Marguérite.

4 Vgl. Claudius Mamertus, *de statu animae* II,9: *magnorum saeculi sui pontificum longe maximus* „der weitaus bedeutendste von den großen Bischöfen seines Jahrhunderts".

Seine literarische Produktion ist nicht gerade originell, hat aber Nachwirkungen bis ins Mittelalter gehabt. Wir besitzen von ihm zwei exegetische Schriften, die *„Formulae spiritalis intelligentiae“* mit Beispielen allegorischer Schriftauslegung und die *„Instructiones ad Salonium libri II“* mit Worterklärungen nach Art von Hieronymus, *Liber de nominibus hebraicis*[5]; ferner zwei asketische Abhandlungen, *„De laude heremi“* das Lob der Wüste und *„De contemptu mundi et saecularis philosophiae“* die Verachtung der Welt und der weltlichen Philosophie; schließlich ein eher bescheidenes Stück Hagiographie, die *„Passio Agaunensium martyrum“* über die Märtyrer der Thebaischen Legion.[6] Ob dieser literarischen Hinterlassenschaft auch der Brief an den Presbyter Faustus zugerechnet werden darf, ist immer wieder bezweifelt worden. In dem um 492 verfaßten Schriftstellerkatalog des Gennadius[7] wird er nicht genannt. Aber das muß nicht viel bedeuten, da Gennadius mit einer summarischen Formel auf weitere Werke des Eucherius verweist. Da der Brief sachliche und z. T. wörtliche Übereinstimmungen mit dem Bericht des Bischofs Arkulf (um 680) und vor allem mit Beda Venerabilis, *De locis sanctis* (702/3), erkennen läßt, meinte P. Geyer[8] ihn einem Fälscher des 8. Jahrhunderts zuschreiben zu sollen. Doch K. Furrer[9] begründete die Unwahrscheinlichkeit dieser Annahme, und Geyer zog sie alsbald zurück.[10] Man wird freilich einräumen müssen: Positive Argumente für die Verfasserschaft des Bischofs Eucherius gibt es nicht. Aber es gibt eben auch keine Gründe, die dazu nötigten, ihn dem Eucherius abzusprechen, zumal der zeitliche Rahmen paßt. Wenn das so ist, dann empfiehlt es sich, an Eucherius festzuhalten.

Der Adressat des Briefes, *Faustus presbyterus insulanus,* könnte der bekannte Faustus von Reji gewesen sein, der zusammen mit Eucherius Mönch auf Lerinum gewesen war, 433 dortselbst Abt wurde und 449/50 oder 456 den Bischofsstuhl von Reji bestieg.[11] Das würde sehr gut passen. Völlige Sicherheit ist jedoch nicht zu erreichen.

---

5 S. o. S. 137, Anm. 9.

6 MPL 50 und C. Wotke, CSEL 31 (1894).

7 MPL 58, 1096.

8 P. Geyer, Adamnanus, Abt von Jona I (1895) 18f.; vgl. auch A. Heisenberg, Grabeskirche und Apostelkirche I (1908) 129-137.

9 ThLZ 18 (1896) 473.

10 CSEL 39 (1898) XVIII.

11 Vgl. R. Seeberg, REpThK 5 (1898³) 782-786; die Schriften des Faustus bei A. Engelbrecht, CSEL 21 (1891).

Die Datierung des Briefes hängt mit dem Problem seiner Verfasserschaft zusammen. In den Abschnitten 16-20 wird Hieronymus, *Epistula 129 ad Dardanum* zitiert. Diese Briefabhandlung entstand 414, also fällt Eucherius in die Zeit danach. Bei der Beschreibung des Zion (3) und des Siloahteiches (9) scheint aber auch der Mauerbau der Kaiserin Eudokia, Gemahlin Theodosius II., vorausgesetzt zu sein. Damit kommt man auf 444 und die folgenden Jahre. Stammt der Brief vom Lyoner Bischof Eucherius, dann muß er vor dessen Todesjahr (um 450, wahrscheinlich 449) geschrieben worden sein. Andernfalls könnte man weiter hinabgehen, allerdings nicht weiter als bis zur Mitte des 7. Jahrhunderts, da auf dem Tempelplatz von Jerusalem (17) noch keine islamischen Bauten stehen.

Eucherius verfügte über klassische Bildung; er spielt beiläufig auf Horaz (1), Tacitus (10) und Caesar (10) an. Vor allem aber verfügte er über eine gute Bibliothek. In ihr standen, oder besser: lagen, zumindest die folgenden Werke: die Chorographie des römischen Geographen Pomponius Mela aus den vierziger Jahren des 1. Jahrhunderts (2; 14); das Onomastikon der biblischen Ortsnamen des Bischofs Eusebius von Caesarea in der Bearbeitung und Ergänzung durch Hieronymus (8; 9; 11; 13?; 14)[12]; die Epistel 129 des Hieronymus an Dardanus (16-20)[13] und die unter dem Namen Hegesippus umlaufende, zwischen 367 und 375 entstandene lateinische Übersetzung und Bearbeitung von Flavius Josephus, Jüdischer Krieg (21-30)[14]. Vielleicht besaß er auch das griechische Original des Onomastikon[15]. Das Original des „Jüdischen Krieges" hat er mit Sicherheit nicht benutzt.[16] Jedenfalls waren Hieronymus und Josephus seine Hauptzeugen: „der gelehrteste Mann von allen in jeder Bibelwissenschaft" *(uir in omni scripturarum scientia omnium eruditissimus* 20) und „der edle Historiker der Juden" *(nobilis historicus Iudaeorum* 21) - ein prominentes Gespann, in dessen Hochschätzung jedermann dem Eucherius beipflichten wird.

Freilich ist er selber weit unter dem Niveau des Hieronymus oder gar des Josephus geblieben. Man erkennt das bereits, ganz abgesehen von allen Feinheiten der Darstellung, an der Auswahl. Euche-

---

12 E. Klostermann, GCS Eusebius III,1 (1904).

13 I. Hilberg, CSEL 56 (1918) 162-175.

14 Hegesippus, *Historiae libri* V, ed. V. Ussani, CSEL 66 (1932).

15 S. u. Anm. 21.

16 S. u. Anm. 71.72.74.

rius beschränkt sich auf Kurzbeschreibungen Jerusalems (2-10), Bethlehems (11), Jerichos und des Jordan (12; 14), Hebrons (13); bei Beerseba reicht es gerade zu einer Erwähnung (14). Dabei fällt auf, daß er so ziemlich alles übergeht, was Pilger interessiert: kein einziges Bibelzitat und kaum einmal ein Hinweis auf biblische Tatbestände! Der positiven Liste steht eine eindrucksvolle negative gegenüber. Eucherius verschweigt in Jerusalem: Kaiphashaus, Prätorium, Gethsemane, Verratsgrotte, Mariengrab, Bethanien, Bethfage; in Bethlehem: Geburtsbasilika, Hirtenfeld, Davididengräber; im Jordangraben: Gilgal, Elisaquelle, Zachäus-Sykomore, Taufstelle; in Südjudäa: Philippusbrunnen, Mamre, Patriarchengräber; in Galiläa: Nazareth, Tabor, Kana, alle Orte am See Gennezareth; in Zentralpalästina: Caesarea, Samaria, Sichem, Silo, Bethel, Emmaus - um nur einiges zu nennen. Gewiß kommt manches davon in den Exzerpten aus Hieronymus und Josephus dann doch vor. Aber im ganzen ist es recht dürftig. Fragt man nach dem, was bei Eucherius gegenüber älteren Berichten neu ist, dann bleiben eigentlich nur die Beschreibungen des Zion (3-4), des Siloahteiches (9) und der Krippe zu Bethlehem (11). Dennoch sollte man diesen Text nicht verachten. Er gibt ein gutes Bild davon, was herauskommt, wenn ein abendländischer Theologe aus mancherlei Quellen ein Summarium des Wissenswerten über das Hl. Land zusammenstellt. Er läßt auch erkennen, daß der Gegenstand unabhängig von Pilgerreisen und Wallfahrten theologisches Interesse für sich beanspruchen konnte. Mit einem Wort: ein Zeugnis für den mittleren Informationsstand der christlich Gebildeten über Palästina aus der Mitte des 5. Jahrhunderts.

Die kritischen Ausgaben des Textes bei P. Geyer, CSEL 39 (1898) 125-134 und in CCSL 175 (1965) 237-243 beruhen auf zwei Handschriften des 8. Jahrhunderts[17] und einer aus dem 13. Jahrhundert.[18]

Ausgewählte Literatur: M. Schuster, Zu Hieronymus und Eucherius. Philologische Wochenschrift 49 (1929) 190-192. - J. Opelt, Ein Horazzitat bei Pseudo-Eucherius. JAC 5 (1962) 175f. - J. Wilkinson, Jerusalem Pilgrims Before the Crusades (1977) 3f. 53-55.

---

17 *Cod. Escorial R. II* und *Cod. Parisinus 13348.*

18 *Cod. Vaticanus 636.*

Übersetzung

Der Bischof Eucherius an Faustus, den Presbyter der Insel.

1. Ich habe die Gestalt der Stadt Jerusalem und Judäas, wie sie mir teils durch Berichte bekannt geworden, teils durch Lektüre vertraut ist, in der Kürze dargestellt und leite das mit einem kurzen Vorwort ein, weil es ja doch nicht schicklich ist, daß eine kleine Schrift von geringem Umfang ein umfangreiches Vorwort habe. Fahre wohl in Christus, meine Zier und mein Hort![1]

2. Jerusalem pflegt man nach Aelius Adrianus Aelia zu nennen, weil es nach der Zerstörung durch Titus den Namen des Gründers Aelius zusammen mit (seinem) Aufbauwerke empfing.[2] Die natürliche Lage des Ortes ist hoch; sie ist für diejenigen, die von welcher Seite auch immer dahin kommen, zu ersteigen. Der Anstieg ist zwar lang, aber sanft. **3.** Die eigentliche Gestalt der Stadt ist nahezu kreisförmig von einem beträchtlichen Mauerring eingeschlossen; er hat auch den einstmals benachbarten Berg Zion schon in sich aufgenommen, der im Süden gelegen die Stadt nach Art einer Burg überragt.[3] Der größere Teil der Stadt liegt auf der Oberfläche eines niedriger gelegenen Hügels.

---

1 Die Grußformel *„vale in Christo, decus et praesidium meum"* enthält eine Anspielung auf die 1. Ode des Horaz an G. C. Maecenas: *Maecenas atavis edite regibus, O et praesidium et dulce decus meum* „Maecenas, Sproß königlicher Ahnen, mein Hort und meine liebe Zier!" (Oden I,1,lf.).

2 Titus zerstörte Jerusalem 70 n. Chr. unter der Regierung seines Vaters Vespasian (69-79). Nach dem 2. jüdischen Aufstand (132-135) verwandelte Hadrian (117-138) die Stadt in die röm. *Colonia Aelia Capitolina.*

3 Die Beschreibung der Stadt als „nahezu kreisförmig" *(paene in orbem)* ist ein Zitat aus Pomponius Mela, *de Chorographia II*, 27. Zu Pomponius Mela, einem röm. Geographen aus Südspanien unter Kaiser Claudius (41-54), vgl. F. Gisinger, RE 21,2 (1952) 2360-2411. Auf der Madeba-Karte (M 69; 70) hat Jerusalem die Gestalt einer Ellipse. Bei alledem sind die tatsächlichen Verhältnisse stark vereinfacht und schematisiert, und zwar unter dem Gesichtspunkt von Jerusalem als Nabel der Welt (vgl. bereits *Ez 5,5;38,12; Jub 8,19* u.ö.; s.u. Anm. 75), der später dazu geführt hat, daß die Stadt auf alten Erdkarten als Mittelpunkt dargestellt wurde. - Die Einbeziehung des christl. Zion (SW-Hügel) in den Mauerring gehört wahrscheinlich in den Zusammenhang der lebhaften Bautätigkeit der verbannten Kaiserin Eudokia Athenais, Gattin Theodosius II., die seit 442 in Jerusalem lebte und dort 460 starb. Man wird diese eudokianische Umwallung kaum vor 444 ansetzen dürfen; der Bericht des Eucherius ist also später. Vgl. F. Gregorovius, Athenais (1892, Nachdruck 1952).

4. Der Berg Zion wird auf der einen Seite, die nach Norden schaut, durch Behausungen von Geistlichen und frommen Leuten begrenzt.[4] Auf seiner Gipfelfläche haben sich Mönchszellen ausgebreitet, die die Kirche umgeben, die nach der Überlieferung dort von den Aposteln zur Verehrung des Ortes der Herrenauferstehung gegründet wurde; dort sind sie auch mit dem Pfingstgeist erfüllt worden, den der Herr einst verheißen hatte.[5]

5. Es gibt drei bedeutendere Torausgänge, einen im Westen, den anderen im Osten, den dritten im Norden.[6]

6. Betritt man die Stadt von Norden, dann wendet man sich nach der Lage der Straßen als erster von den hl. Stätten der Basilika zu, die Martyrium heißt, von Konstantin vor nicht allzu langer Zeit mit großer Pracht erbaut.[7] Sodann besichtigt man westlich anschließend die Stätten Golgotha und Anastasis; die Anastasis aber ist an der Stätte der Auferstehung. Golgotha in der Mitte zwischen der Anastasis und dem Martyrium ist die Stätte der Passion des Herrn, wo auch jener Felsen zu sehen ist, der einst das Kreuz mit dem daran hängenden Herrn getragen hat. Das liegt jedoch alles außerhalb des Berges Zion, der sich, nach Norden abnehmend, bis zum Hügel (dieser) Stätte erstreckt.[8]

---

4 Die Gegend des heutigen Armenierviertels, teils innerhalb, teils außerhalb der türkischen Mauer.

5 Die um 340 erbaute Zionsbasilika als Nachfolgerin der alten Apostelkirche (vgl. Pilger von Bordeaux Anm. 89) stand auf dem Gelände der heutigen *Dormitio* der Benediktiner (mit *Coenaculum* und Davidsgrab). Sie war hauptsächlich dem Gedächtnis an das Pfingstereignis geweiht (*Apg 2,1-4; Joel 3,1-5* [Vulgata: *2,28-32*]); vgl. Kyrill v. Jerusalem, Katechesen 16,4. „Ort der Herrenauferstehung" *(locus resurrectionis):* die Stätte der Erscheinung Jesu unter den Aposteln am Osterabend *(Mk 16,14-18; Lk 24,36-49; Joh 20,19-23).*

6 Jaffator *(Bāb el-Ḫalīl),* Stephanstor *(Bāb Sittī Maryam),* Damaskustor *(Bāb el-ᶜAmūd),* von denen die Hauptstraßen der Stadt ausgingen. Das Zionstor *(Bāb en-Nebī Dā'ūd)* ist nicht genannt, weil es seit der Einbeziehung des Zion in den Mauerring (s. o. Anm. 3) nicht mehr ins Freie führte.

7 Die Martyrium-Basilika Kaiser Konstantins, zwischen 326 und 336 erbaut; vgl. Pilger von Bordeaux Anm. 93. Die „Lage der Straßen" *(conditio platearum):* Man betritt die Stadt durch das Damaskustor und geht auf dem heutigen *Ṭarīq Bāb el-ᶜAmūd* (auch *Ḫān ez-Zēt)* nach S bis zum O-Eingang der konstantinischen Großanlage (heute auf der Höhe des russischen Hospizes). Vgl. die Darstellung auf der Madeba-Karte (M 69; 70).

8 Die Elemente der konstantinischen Großanlage, ohne nähere Beschreibung. Der sanfte N-Abfall des Zion läuft s. und sw. der Grabeskirche aus (Isohypse 760).

7. Der Tempel, im unteren Teile der Stadt in der Nähe der Ostmauer gelegen und großartig gebaut, war einst ein Wunderwerk. Von ihm ist nur noch eine Art Zinne von einer in Ruinen liegenden Mauer übrig, während der Rest vollkommen zerstört ist.[9] Man zeigt dort einige Zisternen für die Wasserversorgung in jenem Teile der Stadt, der sich nach Norden erstreckt.[10]

8. In der Nähe des Tempels sieht man den Teich Bethsaida als Doppelteich, von denen der eine durch die Winterregen ausreichend gefüllt wird, der andere rötlich verfärbtes Wasser hat.[11]

9. Auf jener Seite des Berges Zion, die mit steilem Abfall nach Osten schaut, entspringt innerhalb der Mauern und am Fuße des Hügels die Siloaquelle, die mit wechselndem Austritt des Wassers nach Süden fließt.[12]

---

9 Die Beschreibung ist nicht eindeutig. Wahrscheinlich bezeichnet „Tempel" wie üblich den ganzen heiligen Bezirk im O der Stadt *(Ḥaram eš-Šerīf)*. Dann ist die „Zinne" *(pinna)* der Ort der Versuchung Jesu nach *Mt 4,5* und *Lk 4,9* (an der SO-Ecke); vgl. Pilger von Bordeaux Anm. 83. Nicht auszuschließen ist allerdings, daß „Tempel" hier die Reste des von Hadrian nach 135 errichteten Jupitertempels meint, der auf dem Gelände des salomonischen und herodianischen Tempels und des heutigen Felsendomes stand und dessen Trümmer noch bis 635 sichtbar gewesen zu sein scheinen. Dann wäre *pinna* ein Mauerrest dessen, was der Pilger von Bordeaux *aedes ipsa* nennt (Anm. 86).

10 Gemeint ist der Stadtteil Bezetha (Josephus, *Bell. jud.* V, *4,2)* n. *des Ḥaram eš-Šerīf.* Die Zisternen sind vielleicht *Birket (Banī) Isrā'īl* (heute zugeschüttet) und der sog. Struthionsteich (Josephus, *Bell. jud. V,11,4)* n. außerhalb des heutigen *Ḥaram* oder Wasserreservoirs auf dem *Ḥaram.* Vgl. Pilger von Bordeaux Anm. 80.

11 Zum Teich Bethesda/Bethsaida vgl. Pilger von Bordeaux Anm. 81. Eucherius spricht weder von den Säulenhallen noch vom Aufwirbeln des Wassers nach *Joh 5,4;* er differenziert aber die beiden Teiche nach Euseb, On. 58,21-26 (Hieronymus 59,22-27 mit ähnlichem Wortlaut, also wohl Quelle).

12 Zum Teich Siloah *(ᶜĒn Silwān* oder *el-Birke)* an der S-Spitze des SO-Hügels vgl. Pilger von Bordeaux Anm. 88. Er liegt jetzt „innerhalb der Mauern" *(intra muros).* Also ist auch der SO-Hügel durch Kaiserin Eudokia nach 444 in den Mauerring eingeschlossen worden. Den „wechselnden Austritt des Wassers" *(alternante aquarum)* bezeugen einstimmig der Pilger von Bordeaux (16), Eucherius und der Pilger von Piacenza (24). Es handelt sich dabei um ein Intermittieren des Wasserzuflusses, hervorgerufen entweder durch Stauungen an der Gihonquelle *(ᶜĒn Sittī Maryam)* oder im Siloahkanal. Da der Kanal verschüttet und unbekannt war, hat man den Teich bis ins 16. Jh. für einen Quellteich gehalten.

Neben der Ostmauer Jerusalems oder des Tempelbezirks befindet sich die Geennon, die Tal Josaphat genannt wird, mit Nord-Süd-Verlauf. Durch sie fließt der Bach Kidron hinab, wenn er genug Regenwasser aufgenommen hat.[13]

10. Die Umgebung der Stadt Jerusalem ist rauh und gebirgig[14]; die Stadt blickt auch nach Osten auf den 1000 Doppelschritte entfernten Ölberg. Auf ihm gibt es zwei sehr berühmte Kirchen: Die eine ist an der Stätte errichtet, wo der Herr den Jüngern gepredigt hat[15], die andere an jener Stätte, von wo er nach der Überlieferung zum Himmel fuhr.[16]

11. Sechs Meilen südlich von Jerusalem entfernt[17] liegt Bethlehem, das auf sehr engem Raum von einer bescheidenen Mauer ohne Türme umschlossen wird. Dort ist in einer Kammer die oben mit Silber und glänzendem Golde geschmückte Krippe des Herrn.[18]

---

13 Das Kidrontal *(Wādi en-Nār)* ö. von Jerusalem, nach *Joel 4* (Vulgata:3), *2.12* auch Tal Josaphat genannt. Die Verwechselung mit *Geennon,* dem Hinnomtal = *Wādi er-Rabābe* s. von Jerusalem, beruht auf Euseb, On. 70,2-4 (Hieronymus 71,2-5), wovon Eucherius abhängig ist.

14 Das Wort *circumiecta* „Umgebung" ist eine Anspielung auf Tacitus, Annalen I,21,1 (dort die Umgebung von *Nauportus* = Oberlaibach im Krain). „Rauh und gebirgig" *(aspera ac/et montuosa)* erinnert an Caesar, *Bell. civ. III,42,5.*

15 Die 325 begonnene Eleonabasilika Konstantins über der Höhle der Belehrung der Jünger *(Mk 13,3ff.* u.par.); vgl. Euseb, *Vita Constantini III,41-43.* Einzelheiten bei Kopp 453-465 und Kroll 527-539.

16 Die Kirche an der Himmelfahrtsstätte *(Imbomon)* wurde 378 von einer frommen Dame namens Pomnia (Poemenia) gestiftet; vgl. Petrus der Iberer (ed. Raabe 35). Dazu Kopp 460-465 und Kroll 533-539. Eine Abbildung des oktogonalen Zentralbaus ist wahrscheinlich auf dem Apsis-Mosaik von S. Prudenziana in Rom (um 390) erhalten.

17 Die Distanz von 6 Meilen = 9 km wird von allen Pilgern, soweit sie überhaupt Angaben machen, festgehalten; vgl. Euseb, On. 42,10-14 (Hieronymus 43,19 -45,5). Eucherius verschweigt das Rahelgrab.

18 Die Krippengrotte unter der Geburtskirche in Bethlehem. Eucherius erwähnt weder die Geburtsbasilika noch die klösterlichen Anlagen ringsum, die seit Paula und Hieronymus dort entstanden waren; er übergeht auch alle weiteren bethlehemitischen Traditionsstätten. Was er über die Krippe mitteilt, ist leider nicht ganz klar. Wahrscheinlich ist nicht an einen Gegenstand (Kasten o.ä.) zu denken, wozu die Verzierung mit Edelmetall nur an

12. Jericho liegt 18 Meilen östlich von Jerusalem.[19] In derselben Himmelsgegend des Landes Judäa fließt der Jordan, 24 Meilen von Aelia entfernt; er durchfließt zuerst das Meer von Tiberias und mündet mit breit und ruhig dahinströmendem Wasser schließlich ins Tote Meer.[20] Dieses Meer ist ungefähr 20 Meilen von Jerusalem entfernt.

13. Die Stadt Hebron, einst den Giganten gehörig[21], liegt etwa 22 Meilen südlich von Jerusalem. Das Große Meer[22] ist nirgendwo näher (an Jerusalem) als in der Gegend der Stadt Joppe, die 40 Meilen westlich entfernt liegt.[23]

14. Das Land Judäa erstreckt sich in der Länge nordsüdlich von Dan bis Beerseba. Dan ist allerdings nur ein kleines Dorf an der Nordgrenze von Judäa[24], 4 Meilen von Paneas entfernt am Wege

---

der Oberseite *(insuper)* nicht sehr gut passen würde, sondern an eine Ausbuchtung im Felsen nach Art einer kleinen Höhle, deren Decke mit Edelmetallplatten belegt oder mit Schmuck verziert war. Hieronymus klagt in der Homilie auf das Christfest: *„Ach wäre es mir doch vergönnt, jene Krippe zu sehen, in der der Herr lag! Jetzt haben wir Christen, angeblich zu seiner Ehre, die aus Lehm weggenommen und eine silberne hingesetzt"*; vgl. Dom G. Morin, *Anecdota Maredsolana* (1895) III,393. Das dürfte uneigentliche Redeweise sein und sich auf metallbedeckte Felswände beziehen. Zu den unterschiedlichen Auffassungen: F.-M. Abel, Bethléem (1914) 115f.; G. Dalman, Orte und Wege Jesu (1924³) 41ff.; G. K. Klameth, Die neutestamentlichen Lokaltraditionen Palästinas in der Zeit vor den Kreuzzügen (1914) 45f.; Kopp 46-55. Eine ähnliche Beschreibung auch beim Pilger von Piacenza (29).

19 Die Distanz von 18 Meilen = 27 km auf der alten Straße von Jerusalem nach Jericho *(Erīḥā)* wird von allen Pilgern festgehalten.

20 Die Formulierung erinnert entfernt an Hegesippus, *Hist. III,26* ed. V. Ussani, CSEL 66 (1932) 233,9-238,12. Die 24 Meilen = 36 km von Jerusalem sind über Jericho gerechnet.

21 Hebron *(el-Ḫalīl)*; vgl. Euseb, On.6,8-16 (Hieronymus 7,11-24 ausführlicher). Daher stammen die 22 Meilen = 33 km und die „Giganten", d. h. die Enakiter von *Num 13,33f.; Dtn 2,11; Jos 14,15; 15,13f.* Die gelehrten Erwägungen des Hieronymus (s.o. St. Hieronymus, Paula und Eustochium Anm. 73) hat Eucherius nicht aufgenommen. War hier das griechische Onomastikon Eusebs die Vorlage?

22 Das Mittelmeer.

23 Joppe im AT *Jāfō*, arab. *Yāfā*, heute ein Teil der Großstadt Jaffa - Tel Aviv, liegt ca. 60 km nw. von Jerusalem.

24 Das alte Dan *(Ri 18; 1 Kön 12,29* u. ö.) ist der *Tell el-Qāḍi*, ca. 40 km n. des Sees Gennezareth am Fuße des Hermon. Seit seleukidischer Zeit hieß die Stadt auch *Antiochia* (Josephus, *Ant. XIII, 15,3; Bell. jud. I,4,8)*: ein Name, der sich nicht durchgesetzt hat. Dan galt als traditioneller Nordpunkt des

nach Tyrus[25]; dort entspringt der Jordan und hat vom Orte den Namen bekommen. Denn die Hebräer sagen zum Fluß Ior.[26] Das oben erwähnte Beerseba dagegen ist ein sehr großes Dorf 20 Meilen südlich von Hebron.[27]

15. Wie Judäa nach Länge und Breite beschaffen ist, hat auch der hl. Hieronymus im Briefe an Dardanus[28] beschrieben, aus dem wir exzerpiert haben, was für dieses Werk wichtig erscheint. Er redet darin gegen die Juden und fügt über das Land der neuen Verheißung folgendes hinzu:

Gelobten Landes in der Formel „von Dan bis Beerseba" *(1 Sam 3,20; 2 Sam 3,10; 24,2.15; 1 Kön 5,5* u.ö.). Zur Zeit des Eucherius gehörte es zur Provinz *Phoenicia.* Der Ausdruck „Nordgrenze von Judäa" ist sorglos und sachlich nicht zutreffend; vgl. Pomponius Mela, *de Chorographia II,48* und Euseb, On. 76,6-8. Zu den Ausgrabungen auf *Tell el-Qāḍi* (Tel Dan) vgl. A. Biran, Biblical Dan (Jerusalem 1994) u. NEncAEHL I 323-332.; BRL^2, S. 55f.

25 Paneas gehörte seit 3/2 v. Chr. zum Gebiet des Tetrarchen Herodes Philippus und hieß seitdem *Caesarea Philippi* (Josephus, *Ant. XVIII,2,1; Mt 16,13; Mk 8,27),* einmal, unter Agrippa II., sogar vorübergehend *Neronias* (Josephus, *Ant. XX,9,4).* Seit dem 4. Jh. hat sich der hellenistische Name *Paneas,* nach dem Heiligtum der großen Pan-Grotte, wieder durchgesetzt; heute *Bānyās.* Dan und Paneas liegen beide an der röm. Verbindungsstraße von Tyrus nach Damaskus.

26 Der ganze Abschnitt über Dan und die Jordanquelle beruht auf Euseb, On. 76,6-7 in der Übersetzung und Ergänzung durch Hieronymus 77,10-13. Dort findet sich zuerst die später oft wiederholte Auskunft, der Jordan habe seinen Namen von der Stadt Dan: *Ior* sei das hebr. Wort für „Fluß" *(y^e'ōr,* im AT stets der Nil!), also „Fluß von Dan". Später ist auch das noch mißverstanden worden: Man nahm an, von zwei Quellflüssen des Jordan heiße der eine *Ior* und der andere *Dan;* vgl. Theodosius 2 (Anm. 16); Pilger von Piacenza 7 (Anm. 35); Arkulf II,19. Das sind Spekulationen. Richtig ist nur soviel, daß der Jordan in der Tat aus mehreren Quellflüssen entsteht: *Nahr el-Ḥaṣbānī* (Quelle *^{c}Ayn Ḥaṣbānī* am NW-Fuß des Hermon), *Nahr Leddān* (Quelle bei Dan) und *Nahr Bānyās* (Quelle bei Paneas). Die beiden letzteren vereinigen sich zuerst ca. 7 km s. von Dan und nehmen kurz danach den *Nahr Ḥaṣbānī* auf.

27 Zu Beerseba *(Bīr es-Seba^c)* vgl. Euseb, On. 50,1-12 (Hieronymus 51,1-12). Dorther stammen die 20 Meilen = 30 km s. von Hebron.

28 Hieronymus, *Epistula 129 ad Dardanum de terra repromissionis,* ed. I. Hilberg, CSEL 56 (1918) 162-175; was zunächst in den Abschnitten 16-18 zitiert wird *(Epist. 129,4),* steht dort 169,20 - 170,10. Dardanus war ein adliger Gallier, der 409 und 413 röm. Präfekt *(praefectus praetorio)* von Gallien gewesen ist. Hieronymus schrieb ihm die briefliche Abhandlung über den Ausdruck „Land der Verheißung" im Jahre 414. Sie ist nicht eigentlich eine Landeskunde, sondern beschäftigt sich mit den theologischen Problemen, die mit

16. *„Diejenigen, welche annehmen, daß das Land, das uns jetzt durch Christi Passion und Auferstehung zum Lande der neuen Verheißung geworden ist, vom Volke der Juden in Besitz genommen wurde, nachdem es aus Ägypten zurückgekehrt war, mögen mir Auskunft geben, wieviel es denn eigentlich besaß: nämlich das Gebiet von Dan bis Beerseba, das sich in der Länge auf etwas weniger als 160 Meilen erstreckt.* **17.** *Denn die Schrift bezeugt, daß nicht einmal David und Salomo, die mächtigsten Könige, mehr innegehabt haben, abgesehen von dem, was sie nach dem Siege auf dem Wege des Freundschaftsvertrages erhielten.*[29] *Ich sage das, damit ich nicht zu nennen brauche: die fünf palästinischen Städte Gaza, Ascalon, Geth, Accaron, Azotus*[30]*, auch die Idumäer, weniger als* 25 *Meilen südlich von Jerusalem entfernt*[31], die Araber und Agarener[32], *die jetzt Sarazenen heißen, in der Nähe der Stadt Jerusalem.*

18. *Fast schäme ich mich, von der Breite des Landes der neuen Verheißung zu reden, damit es nicht so aussieht, als wollten wir den Heiden Gelegenheit zur Gotteslästerung geben. Von Joppe bis zu unserem Dörflein Bethlehem sind es 46 Meilen; jenseits davon folgt einsame Wüste, voll von wilden Barbaren."*

---

dem Begriff „Land der (neuen) Verheißung" *(Hebr 11,9)* gegeben sind. Eine deutsche Übersetzung des Briefes: L. Schade, Bibliothek der Kirchenväter, 2. Reihe, Bd. XVIII,3 (1937) 331-345.

29 Die Ausdehnung des Reiches Davids und Salomos in Palästina ergibt sich aus der sog. Liste der Gauvögte Salomos in *1 Kön 4,7-19.* Was Hieronymus „nach dem Siege auf dem Wege des Freundschaftsvertrages" erhalten nennt *(post uictoriam in amicitiam),* sind die außerpalästinischen Gebiete des Großreiches; vgl. *1 Kön 5,1.4.*

30 Der Fünfstädtebund *(Pentapolis)* der Philister in der Küstenebene: Gaza *(Ġazze),* Askalon *(ᶜAsqalān),* Gath *(ᶜArāq el-Menšīye?),* Akkaron/Ekron *(ᶜĀqir,* ältere Siedlung *Ḫirbet el-Muqannaᶜ),* Asdod *(Esdūd);* vgl. *Jos 13,3; 1 Sam 6,17* u.ö. Die Philister verloren ihre politische Selbständigkeit unter David; vgl. *2 Sam 5,17ff.; 8,1.*

31 Idumäa ist seit persischer und hellenistischer Zeit Name des teilweise von abgewanderten Edomitern und eingewanderten Arabern besiedelten Gebietes s. von Juda, etwa zwischen Hebron und dem *Wādi Ġazze.* Die hauptsächlichen Handschriften des Hieronymusbriefes 129 geben 75 Meilen = 112,5 km; das führt bis an den äußersten S-Rand des Gebietes. Eucherius und eine Marginalnotiz des *Cod. Turicensis Augiensis 41 s.* (9. Jh.) haben 25 Meilen = 37,5 km. Ein Schreibfehler (XXV aus LXXV?) oder eine Korrektur?

32 Agarener *(Ps 83,7; 1 Chron 5,10ff.; 27,31;* s. auch Abrahams Sklavin Hagar *Gen 16; 21; 25,12-18)* und Sarazenen (von arab. *šarqī* „östlich") sind Sammelnamen für Araber.

19. Und wenig weiter[33]: „*Wenn du aber einwendest, Land der neuen Verheißung sei zu nennen, was im Buche Numeri steht*[34], *im Süden vom Salzmeer über Sina und Cadesbarne bis zum Bach von Ägypten*[35], *der bei Rinocorura*[36] *ins Große Meer mündet, und im Westen vom Meer selbst, das sich entlang Palästina, Phönizien, Coele-Syrien und Cilicien*[37] *erstreckt, im Norden vom Taurusgebirge und von Zephyrium*[38] *bis Emath, das Epiphania Syriae genannt wird*[39], *im Osten aber von Antiochia*[40], *dem See Ceneret, der jetzt Tiberias genannt wird*[41], *und vom Jordan, der ins Salzmeer mündet, das jetzt Totes (Meer) heißt, jenseits des Jordans aber der Besitz der beiden Stämme Ruben und Gad und der Hälfte des Stammes Manasse*[42] *- dann werde ich sagen, daß dir das versprochen, nicht übergeben worden ist.*"

20. Im Anschluß daran fährt er fort[43]: „*Mir aber wird im Evangelium das himmlische Königreich versprochen, das das Alte Testament*

---

33 Abschnitt 19 entspricht Hieronymus, *Epist. 129,5* bei Hilberg, CSEL 56 (1918) 171,4-14.

34 *Num 34,3-12.*

35 Sin(a) ist die Wüste Sin *(Ex 16,1; 17,1; Num 33,11 f.)* s. von Palästina; vgl. Euseb On.152,18-154,4 (Hieronymus 153,24-155,3). Cadesbarne = Oase Qadesch *(ᶜĒn Qdēs)* in der Südwüste. Bach von Ägypten *(Num 34,5; Jos 15,4* u. ö.) = *Wādi el-ᶜArīš.*

36 *El-ᶜArīš* am Ausgang des *Wādi el-ᶜArīš* zum Mittelmeer.

37 Die Reihe der röm. Provinzen von S nach N. Mit dem kleinasiatischen Cilicien gerät Hieronymus freilich zu weit nach N.

38 Der Berg Hor von *Num 34,7f.* ist ursprünglich sicher nicht das kleinasiatische Taurusgebirge. Die Ortschaft Ziphron *Num 34,9* ist nicht lokalisiert; der Vorschlag *Zaᶜferāni* 5 km sö. von *er-Restān,* dem alten *Arethusa,* ca. 25 km s. von *Ḥama* in Syrien, ist ganz unsicher. Hieronymus identifiziert Ziphron fälschlich mit dem cilicischen *Zephyrium (Zephyrion),* Kap und Stadt w. von *Anchiale,* ö. von *Soloi,* heute *Gosel Torrek* oder *Mersin Zafra.*

39 Hamath *(Num 34,8),* heute *Ḥama* in Syrien, seit dem Seleukidenherrscher Antiochus IV. Epiphanes (175-164 v. Chr.) auch *Epiphania* genannt; vgl. Josephus, *Ant. I,6,2.*

40 Nach Euseb, On.146,22f. (Hieronymus 147,25f.): Ribla *(2 Kön 25,6* u.ö.) = *er-Rable* ca. 40 km s. von *Ḥoms* in Syrien. Dieses Ribla *(Antiochia)* kann freilich in *Num 34,11* nicht gemeint sein; vgl. M. Noth, Aufsätze z. biblischen Landes- und Altertumskunde 1 (1971) 271.

41 *Num 34,11.* Tiberias ist von Herodes Antipas um 20 n. Chr. gegründet worden.

42 *Num 32; Jos 13.*

43 Abschnitt 20 entspricht Hieronymus, *Epist. 129,5* bei Hilberg, CSEL 56 (1918) 172,3-8.

überhaupt nicht erwähnt.[44] *Aber wenn ich nicht getan haben werde, was geboten ist*[45], *dann wird die Schuld auf gar keinen Fall bei dem liegen, der verspricht, sondern bei mir, der ich nicht würdig gewesen bin, die Verheißung zu empfangen. Lies das Buch Josua und Richter, dann wirst du erkennen, wie schmal dein Landbesitz zusammengedrängt ist."* So Hieronymus, der gelehrteste Mann von allen in jeder Bibelwissenschaft.

21. Aber auch Josephus, der edle Historiker der Juden, berichtet über die Gestalt dieses ganzen Gebietes[46] und unterscheidet in seinem Bericht die Grenzen von Galiläa und Samaria einerseits, *„und andererseits die verschiedenen Völker, die an Galiläa, Syrien und Phönizien angrenzen, jedoch davon getrennt sind: im Westen Ptolomais*[47] *mit den Grenzen seines Territoriums und der Berg Carmel, der einst zu Galiläa gehörte, jetzt aber den Grenzen des Gebietes von Tyrus angeschlossen ist*[48], *womit die Stadt Gabaa verbunden ist, die den Juden einst Ursache schweren Verderbens war*[49]; *im Osten bleiben Hippene*[50] *und*

---

44 Hieronymus meint den in der Botschaft Jesu gegebenen Begriff des Gottesreiches (z.B. *Mt 5,3*), der im AT in der Tat nicht vorkommt, obwohl Gott auch atl. oft „König" genannt wird.

45 Die Forderungen des Willens Gottes nach dem Evangelium; vgl. z. B. die „bessere Gerechtigkeit" *Mt 5,20* oder die Frage des reichen Jünglings *Mk 10,17-22* u.par.

46 Die Abschnitte 21-24 stammen nicht aus dem griechischen Original des Josephus, *Bell. jud. III,3,1-3*, sondern aus der lateinischen Übersetzung bei Hegesippus, *Historiae libri* V, dort *III,6,1-2*, ed. V. Ussani, CSEL 66 (1932) 194,17-196,4. Es handelt sich bei Hegesipp um eine zwischen 367 und 375 entstandene sehr freie, christliche Bearbeitung des „Jüdischen Krieges". „Hegesippus" ist ein Phantom; der Name ist aus Josephus *(Iosepos, Iosippus, Egesippus)* entstellt. Als Verfasser wird gern Ambrosius von Mailand in Anspruch genommen. Vgl. M. Schanz, Geschichte der römischen Literatur IV,1. Handbuch der klassischen Altertumswissenschaft 8 (1914²) 109-111.

47 Akko *(ᶜAkkā)*, seit Ptolemaios II. Philadelphos 266 v. Chr. *Ptolemais*, seit 47 n. Chr. *Colonia Claudia Ptolemais*.

48 Der Karmel gehörte seit röm. Zeit zur Provinz *Phoenicia* mit den s. Hauptorten Tyrus und Ptolemais.

49 Gaba(a), auch *Hippeum*, ist noch nicht sicher identifiziert. Es muß am Durchgang von der Ebene Jesreel zur Bucht von Akko gelegen haben. In Betracht kommen *el-Ḥāriṯīye* und *Šēḫ Abrēk* (mit einer berühmten Nekropole). Vgl. M. Avi-Yonah, The Holy Land from the Persian to the Arab Conquests (1966) 140f. Die Verbindung mit *Ri 19-21* ist natürlich falsch; dort ist Gibea = *Tell el-Fūl* n. von Jerusalem gemeint.

50 Hippene ist das Gebiet von *Hippos* (aram. *Sūsīṯā* „Pferdestadt"), einer Stadt der Dekapolis, heute *Qalᶜat el-Ḥöṣn* auf der O-Seite des Sees Gennezareth.

Gadara[51] *mit ihren Grenzen.*

22. Dieselben *Grenzen sind in alter Zeit auch dem Gebiet der Gaulanitis und dem Königreich des Agrippa verordnet worden.*[52] *Im Süden grenzen Scythopolis*[53] *und Samaria beide mit ihren Gebieten aneinander, dürfen aber jeweils nicht über den Jordanfluß hinüber ausgreifen.*[54] *In seinem Norden schließt auf der rechten Seite Tyrus mit dem ganzen Königreich der Tyrier an, durch dessen Ende die Gebiete von Galiläa begrenzt werden.*[55] *Diese aber unterscheiden sich auf folgende Weise: Das sogenannte Untergaliläa erstreckt sich von der Stadt Tiberias bis zu der Stadt, die Zabulon heißt*[56]*, oberhalb der Küste von Ptolomais in der Länge.*

23. *Seine Breite aber reicht zweifellos von dem Dorfe Chaloth*[57]*, das in der Großen Ebene liegt, bis nach Bersabe.*[58] *Von da an beginnt Obergaliläa, das bis zu den Grenzen des Dorfes Bacata*[59] *reicht, das seinerseits wieder die Grenzen des tyrischen Landes bezeichnet. Der Länge nach ist sein Anfang das Dorf Thoalla*[60]*; die Grenze von Thoalla ist dem Jordan benachbart. Daraus kann man erkennen, wie weit sich die Gebiete Oberga-*

---

51 Gadara, heute *Umm Qēs*, Stadt der Dekapolis, ca. 10 km sö. des Sees Gennezareth.

52 Gemeint ist Herodes Agrippa II., der 53 n. Chr. von Kaiser Claudius das n. Ostjordanland im Austausch gegen Chalcis erhielt. Dieses Gebiet war nach dem Tode Herodes' des Großen zunächst an den Tetrarchen Philippus gefallen.

53 Bethschean *(Bēsān)*.

54 Die Nachwirkungen älterer komplizierter Territorialgliederungen im Reiche Herodes' des Großen und seiner Nachfolger. Ö. des Jordans lag Peräa, das nach dem Tode Herodes' des Großen an Herodes Antipas fiel. Erst in spätrömisch-byzantinischer Zeit reichte die Provinz *Palaestina Prima* über den Jordan hinüber.

55 S.o. Anm. 48.

56 Nicht der Name des israelitischen Stammes Sebulon, sondern Fehler für *Chabulon* (auch *Chabolo, Chabolon) = Kābūl* ca. 14 km ssö. von Akko am Rande des untergaliläischen Hügellandes zur Küste hin; vgl. *Jos 19,27; 1 Kön 9,13;* Josephus, *Bell. jud. II,18,9; III,3,1; Ant. VIII,5,3; Contra Apionem I,17.*

57 Ungenau für *Xaloth, Exaloth, Xsalus* am N-Rande der Ebene von Megiddo, heute *Iksāl* ca. 4 km sö. von Nazareth. Vgl. Josephus, *Bell. jud. III,3,1; Vita 44;* Euseb, On. 22,4 (dort fälschlich mit Aksaph gleichgesetzt).

58 Bersabe (auch *Bersubai*) ist *Abū-'š-Šeba*ᶜ nw. von *Kafr ᶜAnān* in Obergaliläa; vgl. Josephus, *Bell. jud. II,20,6; III,3,1; Vita 37.*

59 Bei Josephus, *Bell. jud. III,3,1: Baka,* an der N-Grenze Obergaliläas, nicht sicher lokalisiert. Vgl. M. Avi-Yonah, The Holy Land from the Persian to the Arab Conquests (1966) 133-135.

60 Ungenau für *Thella = et-Tulēl* an der Austrittsstelle des Jordan aus dem ehemaligen *Ḥūle-See.*

liläas erstrecken, dessen Anfang und Begrenzung der Jordan ist. Durch diese Abschätzung ihrer Größenverhältnisse lassen sich beide Galiläa unterscheiden.

24. *Das Land ist fett, reich an Kräutern, glänzend durch allerlei Art von Ackerwirtschaft, mit Bäumen geschmückt, so daß es jedermann gefallen und sogar den Arbeitsscheuen zum Eifer für die Ackerwirtschaft einladen und bewegen kann. Deshalb ist hier kein oder doch nur ein geringer Teil des Landes unbebaut; es ist reich bevölkert. Es gibt zahlreiche Städte, viele Dörfer, eine unzählige Menge von Menschen, so daß auch ein nach seinem Umfange kleines Dorf 15000 Einwohner haben kann."*

25. Und wenig weiter[61]: *„Das samaritanische Gebiet,* sagt er, *liegt in der Mitte zwischen Judäa und Galiläa; es beginnt bei einem Dorfe namens Helias[62] und endet im Distrikt der Acrabatthener.[63] Nach seiner Natur ist es Judäa ganz ähnlich, ohne jeden Unterschied.[64] Beide sind landschaftlich abwechslungsreich, teils gebirgig, teils eben; nicht überall breiten sich Ebenen aus, und nicht überall sind felsige Berge, vielmehr hat es die Qualität beider.*

26. *Zur Ausübung der Landwirtschaft ist der Boden locker und weich, dadurch für Korn geeignet und hinsichtlich der Fruchtbarkeit meiner Meinung nach keinem anderen ähnlich, nach der Vollkommenheit der Früchte sicherlich vor allen anderen. Denn wenn anderswo noch immer Getreide ausgesät wird, erntet man hier schon. Es gibt auch kaum irgendwo eine hervorragendere Art und Beschaffenheit des Getreides.*

27. *Das Wasser ist süß, schön anzuschauen, auch geeignet zum Trinken, so daß die Juden das den Vätern verheißene Land wohl wegen der Beschaffenheit der Elemente als von Milch und Honig fließend[65] angesehen*

---

61 Die Abschnitte 25-30 (Josephus, *Bell. jud. III,3,4-5)* stammen aus Hegesippus, *Hist. III,6,4-5* bei V. Ussani, CSEL 66 (1932) 197,3 - 198,19.

62 Die Vorlage Josephus, *Bell. jud. III,3,4* hat nicht Helias, sondern *Genis* (gelegentlich auch *Ginaia, Ginae, Gema)* = vermutlich *Ğenīn* am SO-Rande der Ebene von Megiddo.

63 Verwaltungsbezirk um Akraba (heute *ᶜAqraba),* ca. 13 km sö. von *Nāblus;* vgl. Madeba-Karte (MM Nr. 30).

64 Das Gebiet von Samaria ist landschaftlich sanfter und weniger schroff als Judäa. Im S des zentralpalästinischen Gebirges (Judäa) herrscht der dunkle, härtere Cenoman-Kalkstein vor, im N (Samaria) dagegen der weiche, helle Senon.

65 *Ex 3,8; 13,5* u.ö..

haben, als er ihnen das Anrecht auf Auferstehung versprach.[66] *Und die göttliche Liebe würde (ihnen) beides haben angedeihen lassen, wenn sie den Glauben angenommen hätten; aber den ungläubigen Seelen wurde beides entrissen, und zwar einmal durch das Joch der Gefangenschaft, zum andern durch die Fessel der Sünde.*[67]

28. *Das Gebiet ist dicht bewaldet und daher reich an Rindern, überströmend von Milch; es gibt überhaupt nirgendwo Rinder, deren Euter derart prall mit Milch gefüllt sind. Wildes und kultiviertes Obst ist reicher als in allen anderen Gebieten. Überaus groß ist auch die Menge der Menschen, sowohl in Samaria wie in Judäa, so daß mir scheinen will, von daher deuteten die Juden, was geschrieben steht: ,Da wird keine (Frau) unfruchtbar sein und Fehlgeburten haben'*[68]*- auch wenn es sich so verhält, daß das Gesetz die Fülle der Verdienste und die Fruchtbarkeit der Tugenden gemeint hat.*[69]

29. *An den Grenzen von Arabia beginnt Samaria bei einem Dorfe namens Jordanis*[70]*; seine Nordgrenze erstreckt sich bei dem Dorfe Bortheo (Borceo).*[71] *Judäa aber reicht in der Breite vom Jordanfluß bis Joppe. Es beginnt nämlich an den Jordanquellen und am Libanongebirge und zieht sich bis zum See von Tiberias.*[72] *Der Anfang seiner Längenausdehnung ist bei einem Dorfe Arfa*[73]*; es erstreckt sich bis zum Dorfe Julias, das von*

---

66 Unklar. Ist an Stellen wie *Dtn 32,39* und *Ez 37* gedacht?

67 Eine theologische Erwägung, deren Niveau sich unterhalb dessen befindet, was Paulus in *Röm 9-11* entwickelt hat.

68 *Ex 23,26.*

69 Allegorische Auslegung von *Ex 23,26.*

70 Die Ortschaft Jordan (nach anderen Handschriften Jardan) kommt nur bei Josephus, *Bell. jud. III,3,5* vor und ist unbekannt. Die gelegentlich erwogene Gleichung mit Arad *(Tell ᶜArād)* ist durch nichts begründet.

71 Der Text des Josephus, *Bell. jud. III,3,5* (§ 51 Niese) ist bei Hegesipp völlig mißverstanden. Er lautet: *„An der Grenze der genannten Länder (Samaria und Judäa) liegt das Dorf Anuath mit dem Beinamen Borkaios, das nördlichste Stück Judäas"*, also nicht die N-Grenze von Samaria! Das Dorf ist sehr wahrscheinlich *ᶜAyn Berkīt,* ca. 15 km s. von *Nāblus* in der Ebene von *el-Lubbān.* Vgl. Euseb, On. 28,18-20 (15 Meilen von *Neapolis* = 23,5 km; richtig Hieronymus 29,17f. 10 Meilen = 15 km).

72 Hegesipp hat Josephus mißverstanden. Der Satz *„es beginnt nämlich an den Jordanquellen etc."* bezieht sich bei Josephus, *Bell. jud. III,3,5* auf das Reich Herodes Agrippas II.

73 Arfa war ein Dorf in der Trachonitis an der O-Grenze des Reiches Agrippas II. Sollte es mit dem bekannteren *Raphon (1 Makk 5,37),* auch *Rafana* oder *Romfoi,* identisch sein, dann wäre an *er-Rāfe* im alten Lande Basan *(en-Nuqra),*

Juden und Tyriern gemeinschaftlich bewohnt wird.[74]

30. *In der Mitte von Judäa ist die Stadt Jerusalem gleichsam der Nabel des ganzen Gebietes, wie es nach Meinung kluger Leute heißt.*[75] *Das Gebiet ist reich an mittelmeerischen Gütern und entbehrt auch die des Meeres nicht; denn es erstreckt sich bis nach Ptolomais*[76], *und jenes ganze Meer bespült seine Küsten. Es gibt viele Städte, aber unter allen ragt Jerusalem hervor, und zwar so, daß es wie das Haupt am Körper die Glieder nicht überschattet, sondern regiert und ihnen Schutz und Schönheit gewährt."*

31. Soweit Josephus, den ich diesem Berichte glaubte einfügen zu sollen, damit denjenigen, die eifrig nach der Wahrheit suchen, ein jüdischer Berichterstatter über die Gestalt Judäas größere Gewißheit verschaffe.

---

ca. 12 km ö. von *Nawā*, zu denken; vgl. K. Furrer, ZDPV 13 (1890) 199. Auch *Zēzūn* am Yarmuk, ca. 20 km nw. von *Derʿā*, ist vorgeschlagen worden; vgl. G. Hölscher, ZDPV 29 (1906) 150f. Die Belege bei P. Thomsen, *Loca sancta I* (1907, Nachdruck 1966) 99.

74 Beschrieben wird die n.-s. Längenausdehnung des Reiches Agrippas II. Also ist Julias hier nicht Bethsaida am N-Ufer des Sees Gennezareth, sondern Beth-Haran/m - Livias - Julias im O-Teil des s. Jordangrabens, ca. 9 km ö. der traditionellen Taufstelle. Vgl. Nonne Egeria Anm. 86. Hegesipp *„Tyrier"* ist Irrtum für *„Syrer"*, d. h. Aramäer des Ostjordanlandes; so richtig in der Vorlage bei Josephus, *Bell. jud. III*,3,5.

75 Jerusalem als Nabel des Landes, später der ganzen Welt; vgl. *Ez* 5,5; *38,12; Jub 8,19* u.ö. S.o. Anm. 3.

76 Akko (*ʿAkkā)*, s.o. Anm. 47.

5. Der Archidiakon Theodosius (zwischen 518 und 530)

(Theodosii de situ terrae sanctae)

Den Theodosius muß man zweimal lesen. Denn die erste Lektüre hinterläßt einen sehr unbefriedigenden Eindruck: Welch ein Durcheinander von Informationen, interessanten, obskuren und oft fehlerhaften Angaben, ohne rechte Ordnung, zwischen verschiedenen Weltgegenden hin und her schwankend! Man begreift das Urteil von A. Baumstark, es handle sich um *„eine Reihe sehr stark voneinander abweichender Rezensionen einer Art von Palästinaführer"*, in denen ein buntes Allerlei *„trümmerhaft in und übereinander geschichtet ist"*, vermutlich nicht aus einer Hand, sondern auf mehrere *„Pilger aus der ersten Hälfte des 6. Jahrhunderts"* zurückgehend.[1] Ganz ähnlich hat sich J. Wilkinson[2] geäußert: Theodosius ist eine Materialsammlung aus verschiedenen literarischen Vorlagen, Itineraren, Reiseführern, Schriften liturgischen und exegetischen Inhalts, woraus sich eine *„encyclopaedia of pilgrimage in the Orient"* hätte ergeben sollen - aber diese Darstellung ist nie erschienen, nur der Zettelkasten ist übriggeblieben. An diesen Urteilen ist in der Tat etwas Richtiges. Der Text des Theodosius ist nicht einheitlich und in sich geschlossen, sondern ein Konglomerat. Aber bei der zweiten Lektüre sieht man dann doch, daß dieses Konglomerat Ansätze zu einem sinnvollen Darstellungsplan enthält und daß der Verfasser eine Fülle neuer wertvoller Informationen bietet, auf die ohne Schaden nicht verzichtet werden kann. In den Abschnitten 1-11 wird das Hl. Land gewissermaßen in konzentrischen Kreisen beschrieben. Mittelpunkt der Kreise ist selbstverständlich Jerusalem. Auf die Erwähnung der Tore Jerusalems (1) folgen die Routen, die von diesen Toren nach allen Gegenden der Windrose ausgehen: nach Osten (1), Norden (2), Südwesten (3), Nordwesten (4) und Süden (5). Danach schildert der Verfasser die weitere Umgebung Jerusalems (6) und schließlich Jerusalem selbst (7-11). In den Abschnitten 12-16 geht er dann allerdings nach Kleinasien und Ägypten hinüber. Das stört, denn 17-22

---

1 A. Baumstark, Abendländische Palästinapilger des ersten Jahrtausends und ihre Berichte. Görres-Gesellschaft z. Pflege der Wissenschaft im kathol. Deutschland, 2. Vereinsschrift (1906) 11f.

2 A.a.O., S. 184.

über den Ölberg und den Jordangraben bis zum Toten Meer würden gut an 11 anschließen. Sind die Abschnitte 12-16 ein Einschub? Oder handelt es sich in 17-22 um Nachträge und Ergänzungen des Verfassers, vielleicht auch um nachträgliche Zufügungen von anderen Händen? Endete etwa die Schrift ursprünglich mit Abschnitt 11, wo auch eine der Handschriften, der *Codex Haganus,* aufhört? Wir wissen es nicht. In den Abschnitten 23-32 wendet sich der Verfasser schließlich dem Umkreis des Hl. Landes zu: Phönikien, Ostjordanland, Sinai, Mesopotamien und Nordsyrien. Das könnte gewiß alles sehr viel geordneter sein, aber wirklich störend sind hier nur die Urbicius-Legende (28) und die Notiz über das Kreuzauffindungsfest (31), beide vielleicht nachträglich hinzugefügt - aber auch das ist keineswegs gewiß.

Wir sagen „Verfasser". Das sagt sich leicht. Denn genau genommen ist die Schrift so gut wie anonym. Nur zwei von insgesamt zwölf Handschriften geben den Namen Theodosius: der *Codex Vaticanus 6018* (9. Jh.)[3] und die im Jahre 1211 entstandene, auch unseren Text enthaltende Schrift des Gervasius Tilberiensis, *Otia imperialia*[4], eine Art Abriß der Geographie. In der ersten ist dieser Theodosius Archidiakon, in der zweiten nur Diakon - gleichviel: Wir wissen ohnedies nichts Genaueres und wollen deshalb vom Archidiakon Theodosius zu sprechen fortfahren. Der Archidiakon stammte vielleicht aus Nordafrika.[5] Man kann das aus Abschnitt 14 schließen, wo er ein arianisches und ein orthodoxes Kloster in Memphis erwähnt und das arianische *religionis Uandalorum* „von vandalischer Religion (Konfession)" nennt, während das orthodoxe *(religionis) Romanorum* „von römischer Religion" heißt: ein Sprachgebrauch, der auf nordafrikanische Verhältnisse hindeutet.[6] Theodosius war ein archivalisch gebildeter Mann, worüber unten mehr zu sagen sein wird. Er schrieb ein armseliges Latein, wie freilich viele seiner Zeitgenossen: ein Latein, das selbst jenes bescheidenen Glanzes entbehrt, den der nahe Übergang in die romanischen Tochtersprachen gewöhnlich verleiht. Die Schrift kann annäherungsweise datiert werden. Der Verfasser nennt an drei Stellen (20, 28, 29) den Kaiser

---

3 Überschrift: *In nomine domini dei summi incipit expositio civitatis Hierusalem vel rebus eius, dicta Theodosii archidiaconi, de partibus orientalibus per terminium.*

4 In drei Handschriften (Wolfenbüttel, Louvain, London).

5 So J. Gildemeister, a.a.O., S. 22 und B. Kötting, *Peregrinatio religiosa* (1950) 360.

6 S.u. Anm. 64.

Anastasius I. (491-518), ohne freilich anzugeben, ob dieser Kaiser noch am Leben ist oder nicht. Spätere byzantinische Kaiser kommen nicht vor, vor allem nicht der 527 zur Regierung gelangte Justinian, dessen extensive Bautätigkeit im Hl. Land - vorwiegend in den Jahren 531-543 - unerwähnt bleibt. Man wird also nicht fehlgehen, wenn man die Schrift zwischen 518 und 530 ansetzt, mit Blick auf das Anfangsdatum vielleicht auch etwas früher.

Theodosius scheint sich ziemlicher Beliebtheit erfreut zu haben. Jedenfalls ist er oft abgeschrieben worden, wenn auch nicht immer vollständig. Wir besitzen nicht weniger als 12 Handschriften, die sich nach ihrem Alter in drei Klassen gliedern lassen:
1) aus dem 8.-9. Jh.: *Codex Parisinus (Pithoeanus) 4808* (9. Jh.); *Codex Haganus 165* aus der Bertinus-Abtei bei St. Omer (8. Jh., nur bis Abschnitt 11)[7]; *Codex Guelferbytanus* (Weissenburg) *99* (8. Jh., nur bis Abschnitt 29); *Codex Vaticanus 6018* (9. Jh., nur bis Abschnitt 15, mit einer Lücke zwischen Mitte 7 und Ende 11). Hinzu kommen, mit sehr viel schlechterem Text: *Codex Wessobrunnensis* (München) 22053 (9. Jh., nur bis Abschnitt 30, mit kleineren Lücken und einer großen von 13 bis 16); *Codex Sangallensis 732* (Jahr 811, nur ein Auszug, mit anderen Texten zu einem Palästina-Vademecum verbunden).
2) aus dem 12.-13. Jh.: *Cod. Vatic. Christ. 445* (12. Jh.); *Cod. Parisin. 4892* (12. Jh.); *Cod. Vatic. Christ. 630* (13. Jh.). Diese drei gehören zu ein und derselben Textfamilie.
3) Gervasius Tilberiensis, *Otia imperialia* (Jahr 1211, Theodosius unter anderen Texten in einem Abriß der Geographie).
In keine dieser Klassen gehört ein von H. Omont[8] veröffentlichtes Fragment aus dem *Cod. Parisinus Bibl. Nat. n.a.l. 1065* (9.-10. Jh.). Seine Lesarten sind in CCSL 176 (1965) 852f. zusammengestellt. Bei der Herstellung des kritischen Textes hat sich P. Geyer, CSEL 39 (1898) 137-150, auf die ersten drei Handschriften unter 1) und auf den *„consensus codicum“* unter 2) beschränkt. Dieser kritische Text ist auch in CCSL 175 (1965) 115-125 abgedruckt.

---

7 Der *Codex* endet mit der Notiz (Kolophon): *„Virgilius moriens dictauit.“* J. Wilkinson, a.a.O., S. 5, hält das für die ironisch-resignative Bemerkung eines Kopisten, der sein Abschreibevorhaben mit dem Seufzer *„These are the dying words of Virgil“* - nämlich des Dichters! - aufgab. Ist das aber richtig übersetzt und gedeutet? Die Annahme ist vorzuziehen, daß Virgilius der Name eines Kopisten war, den der Tod an der Vollendung seiner Arbeit hinderte.

8 H. Omont, Bibliothèque de l'École de Chartres 74 (1913) 508.

Aber nicht nur die Handschriftenüberlieferung ist vielschichtig, auch der Stil scheint es zu sein. Man kann die Schrift nicht lesen, ohne daß z.T. gravierende Stilunterschiede auffallen. Die biblischen und außerbiblischen Heiligen werden manchmal *sanctus,* manchmal *domnus* (nie *dominus!)* genannt. Christus heißt zumeist *domnus,* gelegentlich aber auch *dominus.* Triebe man die Analyse ins Detail, dann würden sich noch weit mehr Beobachtungen ergeben. Der Verdacht würde sich verstärken, daß die Schrift keine einheitliche, geschlossene schriftstellerische Leistung ist, sondern ein Kompositionsprodukt aus mehreren, bereits schriftlich vorliegenden Quellen. Theodosius wäre dann nicht eigentlich der Verfasser, sondern der Redaktor, der unterschiedliches Quellenmaterial zu einem größeren Ganzen vereinigt hat. Diese Vermutungen hat J. Wilkinson, a.a.O., S. 184-192, zu einer scharfsinnigen Theorie entwickelt, die hier nur in den Grundlinien vorgestellt werden soll. Wilkinson glaubt den eigenen Stil des Theodosius vor allem aus Abschnitt 30, der schriftlichen Wiedergabe mündlicher Informationen eines Diakons namens Eudoxius, erkennen zu können. Tauchen die dort beobachteten Stilmerkmale anderwärts auf, außerhalb des Abschnitts 30, dann ist Theodosius selbst (Th) anzunehmen, also der Redaktor. Dieser Redaktor benutzte und komponierte folgende schriftlichen Quellen: eine Sanctus-Quelle (S), die die Heiligen in und außerhalb der Bibel durchgängig *sanctus* nennt, aber wahrscheinlich selbst schon aus verschiedenen Vorlagen zusammengesetzt ist; ferner mehrere weltliche Itinerare (i), die sekundär mit religiösen Notizen versehen wurden; ein von Anfang an religiöses Itinerar (r) und die Beschreibung eines Rundganges durch Jerusalem (J). Der Kompositionsvorgang ist so zu denken, daß die durch religiöse Zufügungen für Pilger zurechtgemachten Itinerare (i) von Jerusalem nach den bedeutendsten Städten Palästinas zunächst durch den Jerusalem-Rundgang (J) erweitert wurden. Danach kam das religiöse Itinerar (r) hinzu und zuletzt die Sanctus-Quelle (S), die - abgesehen von Palästina - überwiegend Gebiete des oströmischen Reiches behandelt (Nordsyrien, Kleinasien, Persien, Armenien, Memphis, Chersonese). Nach Abschluß des Werkes, jedoch noch vor dem 8. Jh., sind schließlich allerlei sekundäre Glossen und Interpretamente (+) hinzugetreten. Nach dieser Analyse hat Wilkinson den Text aufgeschlüsselt und die Quellen geschieden. Um ein Beispiel aus Abschnitt 32 zu geben: [i] *De Constantina in Edessa LXXX milia,* [Th] *ubi Abgarus rex,* [+] *qui domino Christo scripsit,* [Th] *manebat* = [i] Von Constantina bis Edessa sind es 80 Meilen, [Th] wo der König Abgarus, [+] der an den Herrn Christus schrieb, Th wohnte." Das nordsyrische Itinerar hatte hier nur *„de Constantina in Edessa LXXX milia"*. Der Redaktor Theodosius erläuterte „Edessa" durch den Zusatz *„ubi Abgarus rex manebat"*. Ein späterer Glossator ergänzte dann noch einmal *„qui domino Christo scripsit"*.

Die Kompliziertheit der Ergebnisse einer literarischen Analyse ist natürlich kein Argument gegen ihre Richtigkeit. Wenn die Quellenscheidung Wilkinsons in der unten gegebenen Übersetzung nicht berücksichtigt ist[9], dann heißt das nicht, daß sie abgelehnt werden soll. Es bedeutet zunächst nur, daß der Druckaufwand in keinem rechten Verhältnis zum Nutzen für den Leser stünde. Es bedeutet ferner aber auch, daß sich bei fortgesetzter Beschäftigung mit Wilkinsons Analyse Zweifel einstellen, die man dem Leser nicht aufbürden sollte. Es ist und bleibt fraglich, ob man es so genau wissen kann, wie es Wilkinson weiß. Seine Analyse beruht im wesentlichen auf der Beobachtung von Stileigentümlichkeiten, und dabei ist zu fragen, ob die Möglichkeit der Stilvariabilität gebührend berücksichtigt ist. Nicht, daß Theodosius Quellen benutzte, soll hier bezweifelt werden, sondern daß er sie redaktionell so komponierte, wie Wilkinson das angenommen hat. Die Möglichkeit ist einzuräumen und vielleicht vorzuziehen, daß Theodosius Informationen aus verschiedenen Quellen so in seine Darstellung einbrachte, daß die Stilmerkmale der Quellen nur manchmal, keineswegs immer, erhalten blieben - mit einem Worte: daß er sich nicht wie ein Abschreiber verhielt, sondern wie ein halbwegs selbständiger, vom Wortlaut seiner Quellen nicht sklavisch abhängiger Schriftsteller.

Die Schrift des Theodosius ist kein „Pilgerbericht" in gewöhnlichem Sinne, sondern eine wunderliche Mischung aus sehr verschiedenen literarischen Gattungen. Das begründet nicht zuletzt auch

---

9 Nur die von Wilkinson mit + bezeichneten nachtheodosianischen Glossen sind ebenfalls durch + und durch Kursivdruck gekennzeichnet, freilich nicht alle. Es sind die Stellen, an denen Christus *dominus* (nicht *domnus)* genannt wird. Wie problematisch dieses Ausscheidungskriterium aber ist, sieht man in Abschnitt 18: Dort sind nach Wilkinson die ersten beiden Wörter *„ager domini"* (der Acker des Herrn) sekundärer Zusatz; der Rest verteilt sich auf Theodosius und die Sanctus-Quelle. Aber damit wird dem Abschnitt das Thema-Stichwort genommen, und es bleibt ein Torso übrig. Kann *ager domini* nicht eine geprägte Formel gewesen sein (vgl. Pilger von Piacenza 13!), in der *dominus* eben nicht durch einen anderen Ausdruck *(domnus)* ersetzt werden konnte?

den Reiz, der von diesem Büchlein ausgeht. Folgende Gattungen kommen vor:

1. Itinerar (Wegebeschreibung) des Typs *„vom Orte A bis zum Orte B sind es x Meilen"*, wobei an den Ort B erklärende Bemerkungen angeschlossen werden können (z.B. mit *ibi* „dort (ist, sind)" oder *ubi* „wo (ist, sind)"). Solche Itinerare führen von Jerusalem nach allen Himmelsrichtungen (1-5), von Jerusalem in die weitere Umgebung der Stadt (6), von Jerusalem zum Sinai (27) und von Kleinasien nach Mesopotamien (32).
2. Pilgerbericht mit Beschreibung der heiligen Stätten und Angabe der Entfernungen zwischen ihnen: Jerusalem (7-11, 17, 21, 31), Kleinasien (12-13), Ägypten (14), Jordangraben (18-20), Phönikien (23), Provinz *Asia* (26).
3. Städtelisten des Typs *„Ort A, dort ist (ibi) oder wo ist (ubi)"* mit Angaben über Heilige und Märtyrer: Kleinasien (15), Provinz *Arabia* (24).
4. Bibelauszüge: Paradiesgeographie (16), Jordan (22).
5. Erzählungen: Urbicius (28), die Perser in Dara (29), Eudoxius über Melitine und Susa (30).
6. Provinzliste: der Nahe Osten (25).

Die Schrift ist also gewissermaßen eine kleine Bibliothek orient- und palästinakundlicher Stücke. Sie setzt eine echte Bibliothek voraus. War der Archidiakon Theodosius ein Bibliothekar, ein Archivar? Man kann sich das sehr gut vorstellen.

Wenn er aber ein Bibliothekar gewesen ist, dann einer aus der Provinz und von ziemlich bescheidenem Zuschnitt. Er hat sich beim Umgang mit seinem Material Dinge zuschulden kommen lassen, die nicht hätten passieren dürfen und die nicht zu beschönigen sind. Gewiß, manche seiner Fehler, Verwechslungen und Auslassungen mögen bereits in den Quellen gestanden haben, und einiges wird man auf das Schuldkonto der Abschreiber buchen müssen. Es bleibt aber immer noch genug übrig. Manchmal hätte schon ein Blick in die Bibel genügt, um Verwechslungen zu vermeiden: so bei Bethsaida statt Bethel (2), Silo statt Kirjathjearim (4), Samaria statt Sichem (2), oder wenn *„der hl. David 7 Jahre"* in Hebron *„wohnte, als er vor Saul floh"*, wo doch Saul zu dieser Zeit längst tot war (5). Es ist verfehlt, den Ort Bethulia aus dem Judithbuch im äußersten Süden Palästinas zu suchen (3), den Erzhäretiker Simon Magus in Diocaesarea geboren sein zu lassen (4) oder zu behaupten, das Sarepta des Propheten Elia liege in der Nähe des Karmelgebirges (23). Man kann auch nicht den Berg Armona von *Ps 42,7* für den Hügel der Entrückung Elias im Jordangraben ausgeben und zugleich erklären, es sei der Berg Tabor in Galiläa (20). Hier - und an anderen Stellen? - könnte der Fehler freilich auch beim späteren Glossator liegen. Anderes wiegt vielleicht noch schwerer. Die sagenhafte Geschichte von den gezähmten Menschenfressern (13) soll im kleinasiatischen Sinope spielen, das einst *Myrmidona* hieß: aber *Myrmidonia* war eine Bezeichnung der Insel *Aegina* im Saronischen Golf, und die Menschenfresser gehören auf die Krim, die *Chersonesos* der Alten, die Theodosius wiederum mit *C(h)ersona* östlich von Sinope verwechselt. Ähnlich ist es mit einer dunklen, in den Handschriften noch weiter entstellten Notiz über Alexander den Großen (27). Ein wenig erfreuliches Kapitel sind auch die Entfernungsangaben, von denen viele auch nicht annähernd stimmen. Die ärgsten Fehler sollen im Folgenden kommentarlos aufgelistet werden; wer Lust hat, mag sie nach der Landkarte korrigieren: Bethel - Neapolis/Samaria 18 Meilen (2), Magdala - Heptapegon 2 Meilen (2), Kapernaum -Bethsaida 6 Meilen (2), Bethsaida - Paneas 50 Meilen (2), Jerusalem - Anatot 6 Meilen (6), Grabeskirche - Zion 200 Doppelschritte (7), Kaiphashaus - Prätorium 100 Doppelschritte (7), Prätorium - Schafteich 100 Doppelschritte (7), Jeremiateich - Siloah 100 Doppelschritte (8), Sidon - Sarepta 12 Meilen (23), Babylon - Susa 30 Meilen (30), Adana - Masista 30 Meilen (32), Alexandria Scabiosa - Antiochia 60 Meilen (32), Cyrrhus-Barbarisso 60 Meilen (32). Anlaß zur Verwunderung bietet auch das, was Theodosius unerwähnt läßt: Er verschweigt in Gilgal die Kirche mit den zwölf Steinen (1), in Sichem die Kirche über dem Jakobsbrunnen (2), in Heptapegon die Brotvermehrungskirche (2), in Beth Zacharias die Zachariaskirche (3), in Emmaus die große Basilika (4); er übergeht in Kana das Weinwunder (4), auf dem Ölberg die Eleona-Basilika (17) und in Ephesus das Grab des Apostels Johannes (26). Die Liste ließe sich fortsetzen.

Fragt man nun aber nach dem Wert der merkwürdigen kleinen Schrift für die Kenntnis des alten Palästina und der umliegenden Länder, dann sollte man sein Urteil durch alle diese Mängel nicht trüben lassen. Gewiß, die Fehler sind schlimm, aber wir können sie korrigieren. Von ihnen abgesehen, bietet Theodosius eine Fülle wertvollen Informationsmaterials: Orte und Traditionen, die überhaupt nur bei ihm erscheinen - und an deren Zuverlässigkeit zu zweifeln kein Anlaß besteht - oder die bei ihm zuerst erscheinen. Wir wären sehr viel ärmer, wenn wir sie nicht hätten. Hierher gehören Notizen über Heilige und Märtyrer: Basilius in Skythopolis (2), das Martyrium des Cleopas in Emmaus (4), St. Georg in Lydda (4), die hl. Elisabeth in *ᶜĒn Kārim* (6). Zu nennen sind ferner interessante Lokalisationen biblischer Überlieferungen: die Jüngertaufe in Heptapegon (2), Bethsaida als Geburtsort der Zebedaiden (2), die Blutflüssige in Paneas (2), der Kampf Davids gegen Goliath in Buzana (3), das Abendmahl im Kidrontale (10). Theodosius erwähnt auch bemerkenswerte sakrale Gebäude: 24 Kirchen auf dem Ölberg (6), das Jungfrauenkloster unterhalb der Tempelzinne in Jerusalem (11), die Johanneskirche an der Taufstelle (20), die *Ancona*-Kirche auf dem Ölberg (21). Schließlich Mitteilungen über vermischte Gegenstände: das Grab des Propheten Jeremia in Anatot, obgleich der Prophet in Ägypten gestorben war (6); die Annahme einer Ortschaft Hermippo östlich von Jerusalem, die ihre Existenz der Fehldeutung einer apokryphen Jeremiaschrift verdankt (6); der Name *„Matzi"* für die Belehrungshöhle auf dem Ölberg (1); die Städteliste der Provinz *Arabia* (24); die eigentümliche Form der Siebenschläferlegende (26); die sonst völlig unbekannte Urbicius-Legende (28); die Informationen des Diakons Eudoxius über Susa (30). Auch diese Liste ließe sich fortsetzen. Es kommt hinzu, daß in die Schrift des Theodosius Stücke eingegangen sind, die sozusagen „echte" Pilgerliteratur darstellen, d.h. Beschreibungen auf Grund von Anschauung - ob nun Theodosius selber an Ort und Stelle war, was eher unwahrscheinlich ist, oder ob er anonymes Gut benutzte. Das gilt vor allem für die Beschreibung Jerusalems (7-11) und ganz zweifellos für die sehr lebendige Schilderung der den Jordanlauf begleitenden Mergelbänke (22).

Man kann die eingangs aufgeworfene Frage, ob wir es mit einem fertigen kleinen Literaturwerk zu tun haben oder mit einer Materialsammlung, aus der ein Literaturwerk erst hätte werden sollen, getrost auf sich beruhen lassen. Wir wollen - bei aller Kritik - froh sein, daß wir die Schrift des Archidiakons Theodosius besitzen.

Ausgewählte Literatur: J. Gildemeister, *Theodosius de situ terrae sanctae* im ächten Text und der *Breviarius de Hierosolyma* vervollständigt herausgegeben (1882). - D. Günzburg, L'Itinéraire de Theodosius. Revue critique d'histoire et de littérature 16 (1882) 221-223. - Ch. Kohler, Le Pseudo-Pèlerin Virgile. RB. NS 10 (1901) 93-96. - E. Nestle, *Armona mons* (Theod. 20). Archiv für Lateinische Lexikographie 13 (1904) 426. - A. Heisenberg, Grabeskirche und Apostelkirche I (1908) 106-110. - J. Wilkinson, Jerusalem Pilgrims Before the Crusades (1977) 5f.63-71.184-192.

Übersetzung

1. Die Stadt Jerusalem hat 6 größere Tore, abgesehen von einem Nebentor, dem Benjamintor in Richtung Jordan[1], 18 Meilen von Jericho entfernt. Von dort sind es bis zum Jordan 7 Meilen. Von Jericho bis Galgala ist es 1 Meile.[2] +*Dort ist der Acker des Herrn, wo der Herr Jesus Christus eigenhändig eine Furche gesät hat*[3]; dort sind die zwölf Steine, die die Israeliten aus dem Jordan aufgehoben haben.[4] Von Jericho bis zur Elisa-Quelle sind es 2 Meilen; dort war das Haus der Hure Rahab, die die Kundschafter beherbergte.[5]

---

1 Jaffator *(Bāb el-Ḫalīl)*, Damaskustor *(Bāb el-ᶜAmūd)*, Stephanstor *(Bāb Sittī Maryam)*, Misttor *(Bāb el-Muġāribe)*, Zionstor *(Bāb en-Nebī Dā'ūd)*. Zu diesen 5 Haupttoren kommt als sechstes das Goldene Tor in der O-Mauer des heiligen Bezirks *(Ḥaram eš-Šerīf)*, für das Theodosius der älteste Zeuge ist. Der Name „Goldenes Tor" *(porta aurea)* stammt aus *Apg 3,2:* die griech. Bezeichnung *thyra horaia* (θύρα ὡραία) „schönes Tor" ist von den Lateinern als *porta aurea* mißverstanden worden (Lautähnlichkeit von *(h)oraia* und *aurea!)*. Die arab. Namen für das Goldene Tor sind: *Bāb er-Raḥme* „Gnadentor", *Bāb ed-Daharīye* „ewiges Tor" und *Bāb eṯ-Ṯūb* „Tor der Bekehrung". Alle 6 größeren Tore *(portae maiores)* sind auf der Madeba-Karte (M 69; 70) eingetragen. Theodosius nennt ihre Namen nicht; er erwähnt aber an anderer Stelle *die porta Galilaeae* (8) oder *porta sancti Stephani* (28) = Damaskustor und die *porta Purgu* (3) = Jaffator. Das Benjamintor, ein Nebentor *(posticia)*, hat seinen Namen aus dem AT: *Jer 20,2; 37,13; 38,7; Sach 14,10.* Es lag in atl. Zeit in der N-Mauer des salomonischen *Ḥaram* und war vermutlich identisch mit dem Schaftor von *Neh 3,1* und *12,39.* Theodosius meint allerdings ein Tor in der S-Mauer des *Ḥaram;* darauf führt die Richtungsangabe zum Jordan und nach Jericho (Distanz: die üblichen 18 Meilen = 27 km der Straße von Jerusalem nach Jericho).

2 Galgala, das Heiligtum von Gilgal bei Jericho *(Jos 4-5* u.ö.). Seine Lage ist unbekannt. Euseb, On. 64,24-66,7: 2 Meilen = 3 km ö. von Jericho (was auch nö. oder sö. bedeuten kann); Theodosius: 1 Meile, wahrscheinlich zu kurz.

3 Die wunderbare Fruchtbarkeit des Herrenackers bei Gilgal schildert auch der Pilger von Piacenza (13). Die Tradition entstand wahrscheinlich aus der Verbindung der bekannten Fruchtbarkeit der Oase von Jericho mit den Berichten über Jesu Aufenthalt dortselbst *(Mk 10,46ff.* u.par.); also eine legendäre Weiterbildung.

4 *Jos 4,4-9.19-24.* Die auf der Madeba-Karte dargestellte (M 12-14; 98; 99) und vom Pilger von Piacenza (13) beschriebene Kirche mit den 12 Steinen erwähnt Theodosius nicht; vermutlich wurde sie erst nach ihm (unter Justinian) errichtet.

5 Jericho = *Erīḥā;* die Elisa-Quelle = *ᶜĒn es-Sulṭān.* Zum „Haus der Hure Rahab" *(Jos 2,1ff.; 6,17.22-25)* vgl. Pilger von Piacenza Anm. 66.

2. Ferner sind es von Jerusalem bis Bethsaida 12 Meilen; in Bethsaida sah Jakob im Traum die Engel vom Himmel hinauf- und herabsteigen.[6] Von Bethsaida bis Samaria, das jetzt Neapolis heißt, sind es 18 Meilen.[7] Dort ist der Brunnen, den Jakob gemacht hat; dort sind die Gebeine des hl. Joseph.[8] Von Samaria bis Sebastea sind es 6 Meilen, wo der Herr Johannes enthauptet worden ist.[9] Von Sebastea bis Scitopolis sind es 30 Meilen; dort ist der Herr Basilius als Märtyrer gestorben.[10] Von Scitopolis bis zum See von Tiberias sind es 24 Meilen; dort wandelte der Herr Jesus Christus auf seinen Füßen.[11] Von Tiberias bis Magdale, wo die Herrin Maria geboren ist, sind es 2 Meilen.[12] Von Magdale bis Siebenquell, wo der Herr Christus die Apostel taufte, sind es 2 Meilen; dort hat er auch das

---

6 Bethsaida ist ein seltsamer Irrtum für Bethel *(Gen 28,10-22)*. Die Distanz von 12 Meilen = 18 km auch bei Euseb, On.40,20-24.

7 Falsche Gleichsetzung von Samaria *(Sebasṭye)* mit Neapolis *(Nāblus)*. Gemeint ist, wie das Folgende zeigt, Sichem *(Tell Balāṭa)*. Die Entfernung von 18 Meilen ist zu kurz; die Angaben anderer Handschriften (P: 28; H: 29) zu lang.

8 Jakobsbrunnen: *Joh 4,5ff.* (vgl. *Gen 33,19; 48,22)*. Josephsgrab: *Jos 24,32*. Zu beiden: Madeba-Karte (M 22; 23; 111) und bereits Pilger von Bordeaux (13f.). Theodosius erwähnt die spätestens um 380 errichtete Kirche über dem Jakobsbrunnen nicht; vgl. F.-M. Abel, Le puits de Jacob et l'église Saint Sauveur. RB 42 (1933) 384-402 und J. Jeremias, HG 31-36; auch Kopp 196-211 und Kroll 248-255.

9 Samaria ist Irrtum für Sichem, Sebastea ist Samaria *(Sebasṭye*, aus griech. *Sebaste = Augusta*, seit Herodes d. Gr. 27 v. Chr.); vgl. St. Hieronymus, Paula und Eustochium Anm. 115 und 116. Wann die Überlieferung von der Enthauptung Johannes des Täufers in Samaria aufgekommen ist, weiß niemand. Jedenfalls zeigte man sein Grab (noch heute in der Krypta der Johanneskirche); seit dem 5.-7. Jh. gab es auch eine Kirche zum Gedächtnis der Auffindung seines Hauptes. Vermutlich hielt man die Ruinen des herodianischen Augustus-Tempels für den Palast des Herodes Antipas *(Mt 14,1-12)*. Nach Josephus, *Ant. XVIII,5,2* ist der Täufer auf der Burg Machaerus *(el-Mešneqe* bei *Ḫirbet el-Mukāwer)* im Ostjordanland hingerichtet worden. Vgl. Kopp 177-183 und Kroll 300-304.

10 Eine direkte röm. Straßenverbindung von Samaria *(Sebasṭye)* nach Skythopolis (Bethschean, *Bēsān)* gibt es nicht. Man kann aber über *Ğenīn* und das Gilboa-Gebirge *(Ğebel Fuqūʿa)* dorthin gelangen (ca. 42 km). Über den Märtyrer Basilius ist nichts bekannt; vielleicht handelt es sich um den Abt und Klostergründer dieses Namens aus *Acta Sanctorum Iulii I* (1867) 28.

11 *Mk 6,45-52* u.par.

12 Tiberias *(Ṭabarīye)* und Magdala *(el-Meğdel)*, 5 km n. von Tiberias, Heimatort der Maria Magdalena *(Lk 8,2)*, der Jüngerin Jesu, die unter seinem Kreuze stand *(Mk 15,40; Mt 27,56* u.ö.). Vgl. Kopp 246-251 und Kroll 266f.

Volk mit fünf Broten und zwei Fischen gespeist.[13] Von Siebenquell bis Capharnaum sind es 2 Meilen.[14] Von Capharnaum bis Bethsaida sind es 6 Meilen, wo die Apostel Petrus, Andreas, Philippus und die Söhne des Zebedäus geboren wurden.[15] Von Bethsaida nach Panias sind es 50 Meilen; von dort entspringt der Jordan aus den beiden (Quell)orten Ior und Dan. Sie lassen Panias in der Mitte, vereinigen sich unterhalb der Stadt, und von da an trägt er den Namen Jordan.[16] Von dort stammte die Frau, die der Herr Christus vom Blutfluß befreit hat; sie hieß Mariosa. Dort ist ein Standbild des Herrn aus Bernstein, das die Mariosa gemacht hat.[17] Dort beginnt

---

13 Spätestens seit dem 4. Jh. lokalisierte man die Speisung der Fünftausend *(Mk 6,35-44* u.par.) in *eṭ-Ṭābġa* (aus griech. *Heptapegon* „Siebenquell"), ca. 3,5 km w. von Kapernaum am Seeufer. Eine kleine Brotvermehrungskirche entstand dort schon um 350, die größere (mit prachtvollen Mosaiken) zwischen 400 und 450. Vgl. A. M. Schneider, Die Brotvermehrungskirche *von eṭ-Tābga* und ihre Mosaiken (1934); J. Meyring, Tabgha. Seine drei Heiligtümer in der christlichen Tradition im Laufe der Zeit. HL 98 (1968) 1-16; S. Loffreda, Scavi di Tabgha. Pubbl. della Stud. Bibl. Francisc., coll. min. 7 (1970); Kopp 269-277 und Kroll 305-314. Die Tradition von der Aposteltaufe in *Heptapegon* ist sonst nirgends bezeugt.

14 Kapernaum *(Tell Ḥūm).*

15 Bethsaida „Fischhausen", ein Dorf unweit der Mündung des Jordan in den See Gennezareth *(Ḫirbet el-ᶜArağ* oder *Ḫirbet el-Mesᶜādīye),* vom Tetrarchen Philippus erweitert und zu Ehren der Augustustochter *Julias* genannt (Ruinen von *et-Tell,* ca. 2 km landeinwärts); vgl. Josephus, *Ant. XVIII,2,1; 4,6; Bell. jud. II,9,1; III,10,7.* Bethsaida ist Heimatort der Apostel Petrus, Andreas und Philippus *(Joh 1,44; 12,21);* daß auch die Söhne des Zebedäus, Jakobus und Johannes *(Mk 1,19f.* u.par.) dorther stammen, ist im NT nicht bezeugt. Einzelheiten bei Kopp 230-246 und Kroll 282-285.

16 Paneas *(Bānyās)* am S-Fuß des Hermon, ca. 40 km von Bethsaida entfernt, seit 3/2 v. Chr. *Caesarea Philippi* (Josephus, *Ant. XVIII,2,1; Mt 16,13; Mk 8,27).* Vgl. Z. U. Maᶜoz, Banias. NEncAEHL I 136-143. Zu den Jordanquellen vgl. Euseb, On. 76,6-7 in der Übersetzung und Ergänzung durch Hieronymus 77,10-13. Jordan = Fluß von Dan *(Tell el-Qāḍi)* auch bei Eucherius 14 (Anm. 26); vgl. ferner Pilger von Piacenza 7 (Anm. 35) und Arkulf II,19. Der *Nahr Leddān* und der *Nahr Bānyās* vereinigen sich ca. 7 km unterhalb von Dan und bilden zusammen mit dem *Nahr Ḥaṣbānī* den Jordan.

17 *Mk 5,25-34* u.par. Die Gemeinde von Paneas hat die ursprünglich wohl in Kapernaum beheimatete Geschichte von der Heilung der blutflüssigen Frau an sich gezogen. Der älteste Zeuge ist Euseb, Kirchengeschichte VII,18,1-4: er beschreibt zwei Bronzestatuen, einer knienden Frau und eines in einen Mantel gehüllten Mannes mit ausgestreckter Hand; letztere soll Christus darstellen. Zu seinen Füßen sieht man eine Heilpflanze; mithin war die Statue wahrscheinlich ein Bild des Heilgottes Asklepios (vgl. A. v. Harnack, Die Mission und Ausbreitung des Christentums, 1924[4], I,146). Weiteres über

das Libanongebirge.[18]

3. Von der porta Purgu[19] bis dorthin, wo David mit Goliath auf dem Berge Buzana, d. h. Lampe, kämpfte, sind es 15 Meilen.[20] Von Buzana bis Eleuteropolis sind es 15 Meilen.[21] Von Eleuteropolis bis zu dem Ort, wo der hl. Zacharias begraben ist, sind es 6 Meilen, und von diesem Ort bis Askalon sind es 20 Meilen.[22] Von Askalon bis Gaza sind es 12 Meilen. Zwischen Askalon und Gaza liegen zwei

---

die Schicksale der Christus-Statue berichtet um 445 Sozomenos, Kirchengeschichte V,21 (MPG 67,1280). Bei Johannes von Damaskus (gest. um 754), *De imaginibus oratio 3* (MPG 94,1372), heißt die Frau *Berenike,* und die Statue ist aus Gold. Theodosius hält mit Bernstein die Mitte; vgl. auch - von ihm abhängig? - Gregor von Tours, *De gloria martyrum I,21.* Der Name *Mariosa (Cod. Haganus: Marosa)* ist aus griech. *(h)aimorrhusa* (αἱμοῤῥοῦσα) „die Blutflüssige" entwickelt. Vgl. Kopp 291-294; P. F. Beatrice, Pilgerreise, Krankenheilung und Bilderkult: Einige Erwägungen zur Statue von Paneas. In: E. Dassmann (ed.), Akten des XII Internationalen Kongresses für Christliche Archäologie 1 (1996).

18 Gemeint ist der Hermon *(Ǧebel eš-Šēḫ* oder *et-Telǧ)* als S-Ausläufer des Antilibanos.

19 *Porta Purgu* „Turmtor", von griech. *pyrgos* „Turm" *(Cod. Haganus: Pyrgu!).* Gemeint ist das Jaffator *(Bāb el-Ḫalīl)* bei den Türmen der Zitadelle von Jerusalem *(el-Qalʿa).* Noch heute ragt der herodianische Unterbau des „Phasael" (sog. Davidsturm) neben dem Jaffatore auf. Eine ähnliche Bezeichnung wie *porta Purgu* ist seit dem Mittelalter *porta castelli* u.ä.; vgl. T. Tobler, Topographie von Jerusalem 1 (1853) 145.

20 Die gleiche Distanz von Jerusalem nach Buzana und weiter nach Eleutheropolis *(Bēt Ǧibrīn)* führt auf Aseka *(Tell Zakarīye),* das nach Euseb, On. 18,10-12 *„in der Mitte zwischen Aelia und Eleutheropolis"* liegt. In dieser Gegend, ca. 20 km w. von Bethlehem, spielt die Geschichte von Davids Kampf gegen Goliath *(1 Sam 17):* Die Israeliten lagerten zwischen Socho *(Ḫirbet eš-Šuwēke* am S-Rande des *Wādi es-Sanṭ* „Akaziental") und Aseka *(Tell Zakarīye,* ca. 4 km weiter wnw.) bei Ephes-Dammim (unbekannt; ob *Ḫirbet Bēt Faṣal* 1,5 km sö. von Socho?). Socho ist nach Euseb, On. 156,18-20 9 Meilen von Eleutheropolis entfernt; es gibt ein oberes und ein unteres Socho (*Bīr eṣ-Ṣafṣāf* mit röm.-byzantin. Ruinen?). Woher der Name Buzana (d.i. Lampe) kommt, ist unbekannt; vgl. Epiphanius, *De mensuris et ponderibus* bei P. de Lagarde, Symmikta II,203,7. S. auch Pilger von Piacenza 31.

21 *Bēt Ǧibrīn* und *Tell Zakarīye* (das alte Aseka). Alle diese Orte erscheinen auf der Madeba-Karte (M 29; 34; 118; MM Nr. 83.84). Der hl. Zacharias ist der Vater Johannes des Täufers *(Lk 1,5)* oder/und der Prophet von *2 Chron 24,20f.* (vgl. *Mt 23,35*). Die Auffindung seiner Gebeine berichtet Sozomenos, Kirchengeschichte IX, 17 (MPG 67,1628f.).

22 *ʿAsqalān,* Hafenstadt an der Küste, ca. 40 km s. von Jaffa - Tel Aviv.

Städte, nämlich Antedona und Maioma.[23] Von Gaza bis Rafia sind es 24 Meilen.[24] Von Rafia bis Betulia, wo Holofernes starb, sind es 12 Meilen.[25]

4. Von Jerusalem bis Silona, wo die Bundeslade des Herrn war, sind es 9 Meilen.[26] Von Silona bis Emmau, das jetzt Nicopolis heißt, sind es 9 Meilen. In Emmau erkannte der hl. Cleopas den Herrn am Brotbrechen; dort erlitt er auch das Martyrium.[27] Von Emmau nach Diospolis sind es 12 Meilen, wo der hl. Georg als Märtyrer gestorben ist; dort ist auch sein Leichnam, und es geschehen viele Wunder.[28] Von Diospolis nach Ioppe sind es 12 Meilen, wo der hl.

---

23 *Ġazze.* Antedona = Anthedon, heute *Tēdā* ca. 3,5 km nw. von Gaza an der Küste. Zu Anthedon (seit Herodes d. Gr. auch *Agrippias)* vgl. Josephus, *Ant. XIII,13,3; XIV,5,3; Bell. jud. I,4,2; I,21,8.* Maioma = Maiumas *(el-Mīne),* der Hafen von Gaza.

24 *Refaḥ* an der Küstenstraße sw. von Gaza

25 Bit(h)olion (auch *Bethylion, Bathylion*) ist als Küstenort an der Hauptstraße auf der Madeba-Karte (MM Nr. 123) eingetragen. Die Belege bei P. Thomsen, *Loca Sancta I* (1907, Nachdruck 1966) 30f. Dieses Bitolion ist wahrscheinlich identisch mit dem Heiligtum des *Šēḫ Zuwayid* an der Straße von Palästina nach Ägypten; vgl. G. Dalman, PJB 20 (1924) 57 und A. Alt, ZDPV 49 (1926) 236ff. 333ff; OLB 2, 109-112; R. Reich, Tell Abu Salima. NEncAEHL I 15. Zur Küstenstr. s. auch P. Figueras, The Road Linking Palestine and Egypt along the Sinai Coast. In: The Madaba Map Centenary (s.o. S. 31) 211-214. Theodosius verwechselt diesen weit im S Palästinas gelegenen Ort mit dem Bethulia von *Judith 6-8,* das im N des zentralpalästinischen Gebirges, in der Gegend von Dothan *(Tell Dōtā)* und Jibleam *(Ḫirbet Belᶜame),* gesucht werden muß.

26 Hier kann nicht Silo *(Ḫirbet Sēlūn)* n. von Jerusalem gemeint sein, wo die Lade Gottes nach *1 Sam 1-3* gestanden hatte. Theodosius verwechselt das mit Kirjathjearim *(1 Sam 7,1 f.) = Dēr el-Azhar* bei *el-Qerye (Abū Ġōš),* ca. 12 km w. von Jerusalem. Die 9 Meilen auch bei Euseb, On. 114,23-27.

27 Emmaus ist *ᶜAmwās* an der alten Straße von Lydda nach Jerusalem *(Lk 24,13-35).* Zur Basilika, die Theodosius nicht erwähnt, vgl. H. Vincent - F.-M. Abel, Emmaus, sa basilique et son histoire (1932). Zur Traditionsbildung: Kopp 445-449 und Kroll 516-522. Emmaus hieß seit 220/1 *Nikopolis* auf Veranlassung des Kaisers Heliogabal.

28 Diospolis (seit Septimius Severus ca. 200) ist Lydda, hebr. *Lōd* (der Flughafen von Tel Aviv), ca. 20 km sö. von Tel Aviv. Vgl. Josephus, *Ant. XIV,10-12.* Theodosius ist der älteste Zeuge für die in der Folgezeit mächtig aufblühende Verehrung des hl. Georg in Lydda; vgl. Pilger von Piacenza 25; Arkulf III,4 u. ö. Man kann Lydda als Zentrum und Ursprungsort des Kultes um den legendären „Großmärtyrer" ansehen; von hier aus hat er sich durch Morgen- und Abendland ausgebreitet. Legendär ist dieser Märtyrer nicht deshalb, weil er etwa keine historische Gestalt wäre - ein Offizier aus den diokletianischen Christenverfolgungen um 300 mag dahinterstehen -, son-

Petrus die hl. Tabita auferweckte; dort hat auch der Walfisch den Jonas ausgeworfen.[29] Von Ioppe nach Caesarea Palaestinae sind es 30 Meilen; dort ist der Herr Cornelius vom Herrn Petrus getauft worden und als Märtyrer gestorben.[30] Von Caesarea nach Diocaesarea sind es 30 Meilen; von dort stammte Symon Magus.[31]Von Diocaesarea bis nach Cana in Galiläa sind es 5 Meilen.[32] Von Diocaesarea bis Nazareth sind es 5 Meilen. Von Nazareth bis syce Taburi sind es 7 Meilen; dort erschien der Herr nach der Auferstehung den Aposteln.[33]

---

dern weil sich St. Georg in einem faszinierenden Mischungsvorgang mit dem jüd.-christl. Propheten Elia, dem jüd.-samaritan. Priester Pinehas und schließlich mit dem islamischen Heiligen *el-Ḫaḍr* „der Grüne" verbunden hat. Die so entstandene religiöse Kompositfigur, zu der das Motiv des Drachentöters nicht vor dem 12. Jh. hinzutritt, ist in allen drei Großreligionen zu Hause. Aus der riesigen St. Georgs-Literatur: W. Budge, George of Lydda, The Patron Saint of England (1930); H. Leclercq, DACL 6 (1924) 1021-1029; C. Colpe, Das samaritanische Pinehas-Grab in Awerta und die Beziehungen zwischen *Ḫaḍir-* und Georgs-Legende. ZDPV 85 (1969) 162-196; H. Donner, St. Georg in den großen Religionen des Morgen- und Abendlandes. In: Reformation und Praktische Theolgie, FS W. Jetter (1983) 51-60.

29 Ioppe ist atl. *Jāfō,* arab. *Yāfā,* heute ein Teil der Großstadt Jaffa - Tel Aviv. Vgl. *Apg. 9,36-43; Jona 1,3.*

30 *Caesarea Palaestinae, maritima* oder *maris* (arab. *Qēsārye);* vgl. Josephus, *Ant. XV,9,6.* S. St. Hieronymus, Paula und Eustochium Anm. 20. Der Hauptmann Cornelius: *Apg 10,1 ff.*

31 Sepphoris im untergaliläischen Bergland, vermutlich seit der Zeit des Kaisers Hadrian (117-138) *Diocaesarea,* heute *Ṣaffūrye;* vgl. Josephus, *Ant. XIV,5,4; Bell. jud. I,8,5* u.ö. L. Waterman (ed.), Report of Excavations at Sepphoris (1937). - Simon Magus ist der Erzhäretiker der alten Kirche *(Apg. 8,9-25).* Er war der Stifter einer samaritanischen Konkurrenzreligion des frühen Christentums, Messias und Gottesinkarnation. Sein Heimatort ist nicht *Diocaesarea,* sondern *Gittai* = *Qaryet Ğīt,* 8 km w. von *Nāblus;* vgl. Justinus Martyr, *Apol.* I,26 u. ö.; *Dial.* 120; Pseudoclementinische Recognitionen I,12; II,7. S. St. Hieronymus, Paula und Eustochium Anm. 113.

32 *Ḫirbet Qāna,* ca. 14 km n. von Nazareth (nicht *Kafr Kennā!);* vgl. *Joh 2,1-11. Ṣaffūrye* liegt auf halbem Wege zwischen Nazareth und Kana.

33 Gemeint ist der Tabor *(Ğebel eṭ-Ṭōr).* Die Namensform ist schwer zu deuten. *Syke* heißt griech. der Feigenbaum, aber das ergibt keinen Sinn. *Cod. Haganus* hat *usque thaburi* = „bis Tabor" (Vereinfachung!). Sittl vermutete: *in uico Tabor* = „im Dorf Tabor", Geyer: *Itabyrium* = Name der Siedlung auf dem Tabor, nach Zeus Atabyrios auf Rhodos; vgl. Josephus, *Bell. jud. II,20,6; Vita 37* u. ö. Der Tabor ist seit Kyrill von Jerusalem, Katechesen 12,16 (348) als Berg der Verklärung *(Mk 9,2-13* u.par.) bezeugt; vgl. auch St. Hieronymus, Paula und Eustochium 13; Pilger von Piacenza 6; Arkulf II,27. Es ist aber fraglich, ob diese Vorstellung hinter dem Text des Theodosius *„Domnus post*

5. Von Jerusalem bis dorthin, wo der Herr Philippus den Eunuchen taufte, sind es 16 Meilen.[34] Von dort bis zur Terebinte, die Eiche von Mambre heißt, sind es 2 Meilen.[35] Von der Terebinte bis zur Doppelhöhle, wo die Patriarchen begraben liegen, sind es 4 Meilen.[36] Von der Doppelhöhle bis Cebron sind es 2 Meilen, wo der hl. David 7 Jahre wohnte, als er vor Saul floh.[37]

6. Von Jerusalem nach Ramatha, wo Samuel begraben ist, sind es 5 Meilen.[38] Von Jerusalem bis dorthin, wo die hl. Elisabeth, die Mutter des Herrn Johannes des Täufers, wohnte, sind es 5 Meilen.[39] Von Jerusalem nach Anato, wo der Herr Jeremia, der Prophet, geboren ist, wo er auch begraben ist, sind es 6 Meilen.[40] Von Jerusalem bis Bethanien sind es 2 Meilen, wo der Herr Christus den Lazarus auferweckte.[41] Von Jerusalem bis zum Ölberg, sagt die Schrift, ist es

---

resurrectionem apostolis apparuit" steht. J. Wilkinson, *loc. cit.* 65, bejaht diese Frage und hält *post resurrectionem* „nach der Auferstehung" für eine spätere Glosse, die die Anspielung auf die Verklärung nicht mehr verstand. Man kann freilich auch an den Berg in Galiläa von *Mt 28,16* denken.

34 *ᶜĒn eḏ-Ḏirwe* n. von *Ḥalḥūl*, ca. 22 km s. von Jerusalem; vgl. *Apg 8,26-39.*

35 Mamre *(Ḥaram Rāmet el-Ḫalīl)*, ca. 3 km n. von Hebron; vgl. *Gen 18,1-16.*

36 Die Höhle Makpela *(Gen 23)* in Hebron *(el-Ḫalīl).*

37 Der *Ḥaram* von Hebron mit den Patriarchengräbern und die alte Stadt werden hier auseinandergehalten, obwohl sich das Stadtgebiet z.Zt. des Theodosius längst in unmittelbare Nachbarschaft des *Ḥaram* verlagert hatte. Hebron als Königsstadt Davids: *2 Sam 2,1-7; 1 Kön 2,11.* Als David dort König von Juda wurde, war Saul allerdings bereits tot.

38 Gemeint ist *en-Nebī Samwīl*, ca. 7 km nw. von Jerusalem, wo noch heute das Grab Samuels verehrt wird. Die ältere Lokalisation des Ramathaim (Rama) von *1 Sam 1,1 (25,1; 28,3)* war allerdings *Rentīs*, 14 km nö. von Lydda; vgl. Euseb, On. 32,21-23. Die Verlagerung geht über die frühchristliche Gleichung Mizpa *(1Sam 7,6) = en-Nebī Samwīl;* Euseb, On. 128,1-3. Bereits Hieronymus bei Euseb, On. 145,27-29 deutet an, daß außer *Rentīs* noch ein anderer Ort für das Samuelgrab gehalten wird. Im Jahre 406 fand man dann unter Kaiser Arkadius (383-408) die Gebeine Samuels auf *en-Nebī Samwīl* und brachte sie nach Thrakien. Einzelheiten bei J. Jeremias, HG 44-46.

39 Der älteste Beleg für *ᶜĒn Kārim*, ca. 7 km w. von Jerusalem, als Geburtsort Johannes des Täufers. Vgl. Kopp 130-137 und Kroll 206-208.

40 Anathot *(Jer 1,1; 32)* ist ursprünglich *Rās el-Ḫarrūbe* bei *ᶜAnāta* (z.Zt. des Theodosius bereits *ᶜAnāta* selbst). Ein Jeremiagrab in Anathot erwähnt nur Theodosius. Sonst suchte man das Grab des Propheten in Ägypten; vgl. J. Jeremias, HG 108-111. Die Distanz von 6 Meilen = 9 km ist zu hoch.

41 Bethanien *(el-ᶜĒzarīye)* ö. von Jerusalem; vgl. *Joh 11.*

„7 Stadien eine Meile“[42]; von dort fuhr der Herr zum Himmel. Dort sind 24 Kirchen gebaut worden.[43] Vom Ölberg bis zum Dorf Hermippo, wo Abdimelech 46 Jahre unter einem Feigenbaum schlief, ist es 1 Meile; dieser Abdimelech war ein Schüler des hl. Jeremia. Dort war der Prophet Baruch.[44]

7. In der Stadt Jerusalem ist da ⁺ *beim Grabe des Herrn* der Calvarienort. Dort brachte Abraham seinen Sohn als Brandopfer dar, und weil der Hügel felsig ist, auf diesem Hügel, d.h. am Fuße dieses Hügels, machte Abraham einen Altar.[45] Über dem Altar erhebt sich der Hügel, den man auf Treppenstufen besteigt; ⁺ *dort ist der Herr*

---

42 *Apg 1,12* spricht von einem „Sabbathweg“, d. h. einer Entfernung, die am Sabbath zu gehen erlaubt ist. Die Formel *„7 Stadien, d. h. eine Meile“* findet sich nur in der syrischen und saïdischen (koptischen) Übersetzung.

43 Die seltsame Zahl von 24 Kirchen auf dem Ölberg könnte sich auf die Gebäude beziehen, mit denen Pomnia (Poemenia) die von ihr um 378 errichtete Himmelfahrtskirche *(Imbomon)* umgeben hat; vgl. Petrus der Iberer (ed. Raabe 35). Die jüngere Melania (gest. 439) hatte diese Annexe zu einem regelrechten Mönchskloster entwickelt; vgl. Kardinal Rampolla, Santa Melania Giuniore (1905) 32.75.

44 Einen Ort namens *Hermippo* gibt es nicht. Der Text enthält eine Anspielung auf eine vermutlich zwischen 70 und 135 n. Chr. entstandene apokryphe Schrift mit dem Titel *„Paralipomena des Propheten Jeremia“* (griech. Fassung) oder *„Rest der Worte Baruchs“* (äthiop. Fassung). Danach schickte Jeremia im Katastrophenjahr 586 v. Chr. seinen Vertrauten, den Äthiopier Abimelech, auf Geheiß Gottes zum *„Weinberg des Agrippa“* (εἰς τὸν ἀμπελῶνα τοῦ Ἀγρίππα) 3,10 oder zum *„Landgut des Agrippa“* (χωρίον τοῦ Ἀγρίππα) 3,15: mit dem Ziel, *„daß er nicht den Untergang der Stadt und die Verwüstung sähe, daß er nicht traurig würde“* 3,9. Abimelech sollte Feigen holen, aber Gott ließ ihn unter einem Feigenbaume einschlafen und erst 66 Jahre später erwachen (5; 6). Es handelt sich also um das Motiv des Verschlafens der Katastrophe, ähnlich wie in der Siebenschläferlegende (s.u. Anm. 96). Abimelech (so auch alle Handschriften des Theodosius) ist der Äthiopier Ebedmelech (Septuaginta: *Abdemelech)* aus *Jer 38,7-13;* danach hat Gildemeister Abdimelech verbessert. Die *„46 Jahre“* sind ein Irrtum; der *Codex Vaticanus 6018* (9. Jh.) hat immerhin *„60 Jahre“*. *Hermippo* ist aus *chorion tu Agrippa* (3,15; 5,25) entstellt. Zu dieser Schrift: A. M. Ceriani, *Monumenta sacra et profana* V,1 (1868); J. R. Harris, The Rest of the Words of Baruch. A Christian Apocalypse of the Year 136 A.D. (1889); Übersetzung bei P. Riessler, Altjüdisches Schrifttum außerhalb der Bibel (1928) 903-919. Vgl. auch A.-M. Denis, Introduction aux pseudépigraphes grecs d'Ancien Testament. *Studia in Veteris Testamenti Pseudepigrapha* 1 (1970) 70-78.

45 Theodosius unterscheidet den Calvarienort *(Calvariae locus)* vom Golgathafelsen *(mons petreus, mons, Golgotha)*. Unter „Calvarienort“ versteht er vermutlich den Hof zwischen Anastasis und Martyrion, in dessen SO-Ecke sich der

gekreuzigt worden.[46] Vom Grabe des Herrn bis zum Calvarienort sind es 15 Doppelschritte; das liegt unter ein und demselben Dach. Vom Calvarienort bis nach Golgatha sind es 15 Doppelschritte, wo das Kreuz des Herrn gefunden worden ist.[47] Von Golgatha bis zur hl. Zion sind es 200 Doppelschritte; das ist die Mutter aller Kirchen. Zion hat unser Herr Christus zusammen mit den Aposteln gegründet. Das war das Haus des hl. Evangelisten Markus.[48] Von der hl.

Golgathafelsen erhob; vgl. die Zeichnungen bei Kopp 427 und - neueren Datums - bei Kroll 481 (Abb. 277). Am Fuße des Hügels (also noch nicht in der Höhle des Adamsgrabes oder oben auf dem Felsen!) lokalisierte man das versuchte Isaakopfer von *Gen 22:* Der Golgathafelsen war der Berg Moria. Ähnlich, aber mit wechselnder Lokalisation des Abrahamsaltars, Jerusalem-Brevier 2, Pilger von Piacenza 19, Arkulf I,6. Dabei ist zu beachten, daß die jüdische Überlieferung den „Berg Moria" seit *2 Chron 3,1* stets mit dem heiligen Felsen *(eṣ-ṣaḫra)* auf dem Tempelplatz identifiziert hat. Seit dem 4. Jh. aber beginnt eine bemerkenswerte Traditionsverschiebung: Die Christen ziehen die Abrahamsüberlieferung und zahlreiche andere biblische und theologisch-spekulative Traditionen vom verödeten und heidnischen Tempelplatz ab und nach Golgatha hinüber. Vgl. J. Jeremias, Golgotha (1926); H. Donner, Der Felsen und der Tempel. ZDPV 93 (1977) 1-11.

46 Die Treppenstufen, vermutlich auf der S-Seite des Golgathafelsens, erwähnt auch der Pilger von Piacenza (19).

47 Die Entfernungsangaben sind schwer verständlich und verleiten zu falschen Schlüssen (z.B. Kroll 480). Bei Theodosius ist *passus* das röm. Längenmaß des Doppelschrittes zu 5 Fuß = ca. 1,5 m. 15 Doppelschritte sind also ca. 22,5 m. „Vom *Grabe des Herrn bis zum Calvarienort"* könnte bedeuten: vom Grabe bis in die Mitte des Hofes zwischen Anastasis und Martyrium = ca. 22 m. Von dort bis zum Fuße der Treppe auf der S-Seite des Golgathafelsens sind es noch einmal 22 m. Da der Hof unter freiem Himmel lag, muß sich die Formel *„sub uno tecto est"* auf die Kuppelüberdachung der Anastasis beziehen; d.h.: geht man vom Grabe aus nach O in Richtung Hof, dann ist man etwa 15 m weit unter Dach. Theodosius lokalisiert die der Kaiserinmutter Helena zugeschriebene Kreuzauffindung auf dem oder unmittelbar beim Golgathafelsen, also noch nicht in der sog. Helena-Grotte, der Krypta unter dem Mittelschiff des Martyriums. Auch die Kreuzauffindungsstelle ist mehrfach gewandert.

48 Die um 340 erbaute große Zionsbasilika als Nachfolgerin der alten Apostelkirche; vgl. Pilger von Bordeaux Anm. 89. „Mutter aller Kirchen" *(mater omnium ecclesiarum)* ist sie wegen des Pfingstereignisses *(Apg 2,1-4).* Daß Christus diese Kirche zusammen mit den Aposteln gegründet habe, geht auf die Vorstellung zurück, an ihrer Stelle habe das Haus der Apostel gestanden, einem gewissen Johannes Markus gehörig *(Apg 12,12),* also gewissermaßen das Zentrum der Urgemeinde; vgl. auch Eucherius (4) Anm. 5. Dazu die verdienstvolle, wenn auch in vielen Punkten spekulative Arbeit von Th. Zahn, Die *Dormitio Sanctae Virginis* und das Haus des Johannes Markus (1899). Die Entfernung von 200 Schritten = 300 m ist zu kurz; es sind ca. 600 m.

Zion bis zum Hause des Caiphas, das jetzt eine Kirche des hl. Petrus ist, sind es ungefähr 50 Doppelschritte.[49] Vom Hause des Caiphas bis zum Prätorium des Pilatus sind es ungefähr 100 Doppelschritte; dort ist die Kirche der hl. Sophia.[50] Nahe dabei ist der hl. Jeremia in den Teich geworfen worden.[51] Die Säule, die im Caiphashause war, an der der Herr Christus gegeißelt wurde, diese Säule ist jetzt auf Befehl des Herrn nach der hl. Zion überführt worden, und genau so, wie er sie bei der Geißelung umfaßt hielt, sind noch heute seine Arme, Hände und Finger sichtbar wie in Wachs eingedrückt, aber auch das ganze Gesicht, Kinn, Nase und seine Augen hat er wie in Wachs hinterlassen.[52]

---

49 Zum Kaiphas-Haus vgl. Pilger von Bordeaux Anm. 89. Um 500 ist dort eine Kirche zum Gedächtnis der Reue Petri gegründet worden. Einzelheiten bei Kopp 400-405 und Kroll 412-418.

50 Zum Prätorium des Pilatus vgl. Pilger von Bordeaux Anm. 92. Die Kirche der hl. Weisheit (St. Sophia) ist nach Petrus dem Iberer (ed. Raabe 94) spätestens um 450 entstanden. Zum Problem der Lokalisation des Prätoriums und der Sophienkirche trägt Theodosius wenig bei. Seine Entfernungsangaben sind viel zu kurz und lassen allenfalls erkennen, daß St. Sophia auf halbem Wege zwischen Kaiphas-Haus und Schafteich (8) lag, also jedenfalls im Stadttal *(el-Wād)*. Vgl. K. Bieberstein, Die Porta Neapolitana, die Nea Maria und die Nea Sophia in der Neapolis von Jerusalem. ZDPV 105 (1989) 110-122, bes. 117-120.

51 Diese Angabe könnte die Lokalisation des Prätoriums im N des Stadttales *(el-Wād)*, auf dem Gelände der heutigen Kirche Notre Dame du Spasme an der 4. Station der *Via Dolorosa*, begünstigen. Denn der Teich *(lacus)*, in den der Prophet Jeremia geworfen wurde, beruht auf großzügiger Auslegung von *Jer 38,6:* dort handelt es sich um eine Zisterne im Wachthofe des Königspalastes, also auf dem S-Teil des *Ḥaram eš-Šerīf*. Das kommt für den „Teich", an dem die frühe Christenheit die Erinnerung an das Schicksal des Propheten Jeremia pflegte, nicht in Betracht. Dieser Teich dürfte schwerlich im S der Stadt, eher im N gelegen haben: *Birket (Banī) Isrā'īl* n. der *Ḥaram*-Mauer? Darauf führt auch der Pilger von Piacenza (24). Der Teich aber lag nach Theodosius nahe *(iuxta)* beim Prätorium!

52 Die im NT nicht erwähnte Geißelungssäule hat ihren Ort mehrfach gewechselt. Sie stand zunächst im Kaiphas-Hause (Pilger von Bordeaux 16), kam noch im 4. Jh. in die Vorhalle der Zionskirche (St. Hieronymus, Paula und Eustochium 9), erscheint im 6. Jh. innerhalb dieser Kirche (Theodosius, Jerusalem-Brevier 4, Pilger von Piacenza 22) und verschwindet nach deren Zerstörung 614. Vielleicht geriet sie - auf welchen Zwischenwegen? - in die Grabeskirche, wo sie, literarisch seit dem 14. Jh. bezeugt, in der Verspottungskapelle sö. hinter dem Chor der Griechen noch heute gezeigt wird. Arkulf I,18 erwähnt sie nicht, wohl aber den Ort der Geißelung neben dem modestianischen Nachfolgebau der Zionskirche.

8. Der hl. Stephanus ist außerhalb des Galiläa-Tores gesteinigt worden. Dort ist auch seine Kirche, die die Herrin Eudocia, Gattin des Kaisers Theodosius, errichtet hat.[53] Der Teich Siloe ist von dem Teiche, in den der Prophet Jeremia geworfen wurde, 100 Doppelschritte entfernt; dieser Teich ist innerhalb der Mauer.[54] Vom Hause des Pilatus bis zum Schafteich sind es ungefähr 100 Doppelschritte. Dort hat der Herr Christus den Gelähmten geheilt, dessen Bett noch dort ist. Neben dem Schafteich ist dort die Kirche der Herrin Maria.[55]

9. Der hl. Jakobus, ⁺ *den der Herr eigenhändig zum Bischof geweiht hat,* ist nach der Himmelfahrt des Herrn von der Zinne des Tempels herabgestürzt und hat sich nicht verletzt; aber ein Walker hat ihn mit der Tragestange, an der er seine Sachen zu tragen pflegte, erschlagen. Er ist auf dem (am?) Ölberge beigesetzt. Dieser hl. Jakobus, der hl. Zacharias und der hl. Symeon sind in ein und demselben Grabmal beigesetzt; dieses Grabmal hat der hl. Jakobus selber errichtet, ihre Leichname selber dort aufbewahrt und angeordnet,

---

53 St. Stephanus, der Erzmärtyrer der Kirche *(Apg 7,54-60).* Die Stephanus-Basilika der Kaiserin Eudokia entstand um 444 vor dem Damaskustor *(Bāb el-ᶜAmūd).*

54 Zum Siloahteich vgl. Pilger von Bordeaux Anm. 88 und Eucherius Anm. 12. Wenn der Jeremia-Teich mit *Birket (Banī) Isrā'īl* identisch sein sollte (s. o. Anm. 51), dann geht der Weg durch das heutige Stephanstor *(Bāb Sittī Maryam)* nach S durchs Kidrontal bis zum S-Ende des SO-Hügels. Die Entfernung ist auf jeden Fall zu kurz.

55 Zum Schafteich (Bethesda) vgl. Pilger von Bordeaux Anm. 81. Man kann beobachten, daß die Tradition von der Heilung des Gelähmten *(Joh 5,1-16)* im Laufe der Zeit mehr und mehr abnimmt, während die Überlieferung an Gewicht gewinnt, beim Teiche Bethesda habe der Geburtsort der Gottesmutter gelegen. Joachim und Anna werden schon im Protevangelium des Jakobus (um 150) als Eltern der Maria genannt; vgl. E. Hennecke - W. Schneemelcher, Neutestamentliche Apokryphen I (1959³) 277-290 und Erläuterungen bei E. Hennecke, Handbuch zu den neutestamentlichen Apokryphen (1904) 106-131. Im sog. Pseudo-Matthäus aus dem 8.-9. Jh. erscheinen sie dann literarisch als Bürger Jerusalems; vgl. E. A. Amman, Le protévangile de Jacques et ses remaniements (1910) 283. Aber die Überlieferung ist älter. Es lag nahe, die Wohnung des Hirten Joachim am Schafteiche zu lokalisieren, zumal es dort eine Grotte gab, die sich als Geburtsort der Maria eignete. Die Marienbasilika über dem O-Teil des mittleren Portikus zwischen beiden Teichen entstand in der 1. Hälfte des 5. Jh.; vgl. Petrus der Iberer (ed. Raabe 94). Bei Theodosius stehen beide Traditionen zu Bethesda nebeneinander. Das Bett des Gelähmten kommt nur bei ihm vor.

daß er dort mit ihnen zusammen beigesetzt werden wolle.[56]

10. Dort ist das Tal Josaphat; dort hat Judas den Herrn überantwortet.[57] Dort ist die Kirche der Herrin Maria, ⁺*der Mutter des Herrn; dort hat auch der Herr die Füße der Jünger gewaschen, dort auch das Abendmahl gehalten.* Dort sind vier Bänke, wo der Herr selber inmitten der Apostel zu Tische lag; die Bänke fassen je drei Menschen. Viele Leute, die jetzt zur Verehrung dorthin kommen, essen dort gerne ihre Mahlzeiten, ausgenommen Fleisch, und zünden Lampen an, wo der Herr selber den Aposteln die Füße wusch, weil dieser Ort in einer Höhle ist; dort steigen jetzt 200 Mönche hinab.[58]

---

56 Der aus dem NT bekannte Bruder Jesu, Jakobus der Gerechte *(Apg 12,17; 15,13; 21,18; Gal 2,9; 1 Kor 15,7* u.ö.); vgl. REpThK 8 (1900³) 574-581 und E. Stauffer, Zum Kalifat des Jakobus. Zeitschrift für Religions- und Geistesgeschichte 4 (1952) 193-214. Jakobus war das Haupt der Urgemeinde zu Jerusalem. Aus einer sekundären Zufügung zu Josephus, *Ant. XX,9,1* erfahren wir, daß er im Jahre 62 von Sadduzäern gesteinigt worden ist. Nach Hegesipp bei Euseb, Kirchengeschichte II,23 dagegen wurde er 66 durch Pharisäer vom Turme gestürzt. Theodosius schildert ihn nicht als Märtyrer, schließt aber seinen Lebensausgang an die zweite Szene der Versuchung Jesu auf der *Pinna templi* (SO-Ecke des *Ḥaram)* an: *Mt 4,5-7;* Pilger von Bordeaux 15. Jesus hatte der Versuchung, dort hinabzuspringen, widerstanden, sein Bruder stürzte herab, blieb aber wunderbarerweise unverletzt. Daß ihn ein „Walker" *(fullo)* erschlägt, könnte damit zusammenhängen, daß man das Walkerfeld oder die Walkerfeldstraße *(2 Kön 18,17; Jes 7,3; 36,2)* im Kidrontale unterhalb der *pinna templi* suchte. Das Jakobusgrab, in dem auch Zacharias *(Lk 1,5; 1,59.67)* und Symeon *(Lk 2,25ff.)* beigesetzt sein sollen, ist vermutlich das noch heute so genannte Felsengrab auf der O-Seite des Kidrontales zwischen Absalomgrab und Zachariaspyramide. Demnach bedeutet *„in monte Olueti"* am Ölberg, nicht auf dem Ölberg.

57 Das Kidrontal *(Wādi en-Nār)* ö. von Jerusalem, nach *Joel 4* (Vulgata: 3),2.12 auch Tal Josaphat genannt. Die Verratsgrotte *(Mk 14,43ff.* u.par.), ö. des Vorhofs der Mariengrabbasilika, erwähnt schon der Pilger von Bordeaux (17). Einzelheiten bei Kopp 389-395 und Kroll 404-411.

58 Über den Ort des im NT *(Mk 14,12-26* u.par.; *1 Kor 11,23-32)* bekanntlich nicht lokalisierten Abendmahles schwankt die Tradition. Vor dem 4. Jh. weiß man darüber nichts. Kurz nach 400 beginnt mit der syrischen *Doctrina Addai* (= Thaddäus) die Überlieferung vom Abendmahl auf dem christlichen Zion; sie setzt sich bis zur Gegenwart fort. Nebenher läuft die Lokalisation im Kidrontale, für die Theodosius der älteste Zeuge ist. Ob er die Grotte des Mariengrabes oder - wahrscheinlicher - die des Verrates (s. o. Anm. 57) meint, ist nicht sicher auszumachen; vgl. Pilger von Piacenza Anm. 78a. Zur Fußwaschung: *Joh 13,1-20.* Einzelheiten bei Kopp 376-387 und Kroll 395-404.

11. Unterhalb der Zinne des Tempels ist ein Jungfrauenkloster, und wenn eine von ihnen aus der Welt abscheidet, wird sie dort innerhalb dieses Klosters beigesetzt; und solange sie leben, gehen sie dort nicht hinaus, wo sie hereingekommen sind. Nur dann, wenn eine von den Nonnen oder eine Büßerin sich dem Klosterleben anschließen will, werden die Tore geöffnet, sonst sind sie stets geschlossen. Die Nahrungsmittel werden für sie auf den Mauern abgelegt, und Wasser haben sie dort in Zisternen.[59]

12. Die Stadt Cersona liegt am Schwarzen Meer; dort ist der Herr Clemens als Märtyrer gestorben. Im Meere hat man sein Grabmal mit dem Leichnam aufgebaut. Dem Herrn Clemens ist ein Anker um den Hals gebunden worden. Und heutzutage steigen an seinem Geburtstage alle in Boote, Volk und Priester, und wenn sie dort ankommen, trocknet das Meer 6 Meilen weit aus. Und wo der Sarg ist, werden Baldachine ausgespannt, ein Altar aufgestellt und dort 8 Tage lang Messen gefeiert, und dort tut der Herr viele Wunder. Dort werden Dämonen ausgetrieben. Wenn einer von den Besessenen den Anker erreichen kann und ihn berührt, ist er sofort frei.[60]

13. Von Cersona bis nach Sinope, wo der Herr Andreas den Herrn Matthäus, den Evangelisten, aus dem Kerker befreit hat ...[61] Sinope hieß früher Myrmidona, und alle die dort wohnten, waren Menschenfresser. Jetzt aber herrscht dort solche Freundlichkeit, daß

---

59 Das Jungfrauenkloster *(monasterium de castas)* unterhalb der Tempelzinne ist nur bei Theodosius bezeugt. Es könnte im Kidrontale gelegen haben, wahrscheinlicher aber auf dem alten „Ophel" unmittelbar s. der S-Mauer des *Ḥaram.* Dort sind byzantinische Reste zutagegetreten; vgl. Jerusalem Revealed. Archaeology in the Holy City 1968-1974 (1975) 36-38.

60 Cersona, auch Chersona oder Cerasus, ist die heutige Hafenstadt *Girasun (Gireson)* an der türkischen Schwarzmeerküste oder die in der Nähe gelegene kleine Siedlung *Fol-Bazar.* Das Folgende zeigt jedoch, daß Theodosius diesen Ort mit der taurischen *Chersonesos* (Halbinsel Krim) verwechselt hat; s.u. Anm. 62. - Clemens I., Bischof von Rom, war nach Tertullian zweiter, nach Irenäus (und offiziell) dritter Nachfolger des hl. Petrus, Verfasser des 1. Clemensbriefes an die Korinther. Er lebte in den neunziger Jahren des 1. Jh. Die Nachrichten über seine Verwandtschaft mit Kaiser Domitian, seine Verbannung in die Bergwerke bei *Chersona(sos)* und seinen Märtyrertod im Schwarzen Meer sind Legende. Vgl. *Martyrium S. Clementis cum appendice* (MPG 2,618-646). Vielleicht ist „Kasten, Sarg" *(arca)* ein Irrtum für „Anker" *(anchora).*

61 Sinope, heute *Sinop,* Hafenstadt an der türkischen Schwarzmeerküste, Heimatort des Kynikers Diogenes (in der Tonne) und des Marcion, Mutterstadt zahlreicher griechischer Kolonien, seit der 1. Hälfte des 2. Jh. Bischofs-

sie an den Straßen sitzen, um die Pilger zu bewillkommnen. Dort beginnt schon Armenien.[62]

14. In Ägypten ist die Stadt Memphis, wo der Pharao wohnte, wo auch Joseph in den Kerker geworfen wurde.[63] Dort sind zwei Klöster: das eine vandalischer, das andere römischer Religion, d.h. die Vandalen gehören zum hl. Jeremia, die Römer zum hl. Eremiten Apollonius.[64]

---

sitz. Am Ende des Satzes ist die Entfernungsangabe ausgefallen: ca. 200 km = ca. 135 Meilen. Die Legende von den Aposteln Andreas und Matthias (so richtig statt Matthäus) findet sich in verschiedenen Rezensionen der sog. Andreasakten; vgl. E. Hennecke - W. Schneemelcher, Neutestamentliche Apokryphen II (1964) 270-296 und Erläuterungen bei E. Hennecke, Handbuch zu den neutestamentlichen Apokryphen (1904) 544-562.

62 *Myrmidona* zeigt ein ganzes Bündel von Irrtümern an. Sinope hat niemals so geheißen. Vielmehr ist *Myrmidonia* eine Insel im Saronischen Golf, gewöhnlich *Aigina* genannt, der Herkunftsort der Myrmidonen (bei Homer die Mannen Achills), die nach einer bekannten Legende aus Ameisen entstanden waren. Aber diese Insel kann hier nicht gemeint sein, zumal sie keinerlei Beziehung zum Thema „Menschenfresser" hat. Da nun die Stadt *Cersona* (s. o. Anm. 60) mit der taurischen *Chersonesos* verwechselt ist, dürfte es sich bei den Menschenfressern um die wilden Taurer handeln, deren barbarische Sitten schon Herodot IV,103 beschreibt. Das ist fälschlich auf Sinope bezogen. Gildemeister hat vorgeschlagen, statt *Myrmidona* den Namen der taurischen Stadt *Myrmiciona (Myrmekion)* einzusetzen; vgl. Ptolemäus III,6,3.

63 *Gen 39,19ff.* Memphis bei Kairo, die Hauptstadt des ägyptischen Alten Reiches.

64 Die „vandalische Religion" *(religio Uandalorum)* ist der Arianismus, die „römische" ist die großkirchlich-orthodoxe katholische Lehre - also gewissermaßen ein Konfessionsunterschied. Das von König Geiserich gegründete nordafrikanische Vandalenreich bestand zwischen 429 und 534; vgl. C. Courtois, Les Vandales et l'Afrique (1955); H. J. Diesner, Das Vandalenreich (1966). Der Sprachgebrauch dürfte außerhalb Nordafrikas kaum gebräuchlich gewesen sein. Vielleicht war Theodosius Nordafrikaner. - Die Arianer haben den Propheten Jeremia als Patron, der in Ägypten, wenn auch nicht in Memphis, gewesen und dort auch gestorben war *(Jer 43,1-7)*. Jeremia hatte auch über die Juden in Memphis geweissagt *(Jer 44,1; 46,14.19)*. Der atl. Prophet ist hier jedoch kaum gemeint, sondern ein koptischer Mönchsvater namens *Apa Jeremias;* vgl. St.Timm, Das christlich - koptische Ägypten in arabischer Zeit, Teil 5. BTAVO B 41/5 (1991) 2296-2301, s. auch B 41/4 (1988) 1551. Ein thebaischer Mönch und Märtyrer namens Apollonius ist aus der Zeit Diokletians bekannt; vgl. F. Halkin (ed.), *Bibliotheca Hagiographica Graeca 2* (1957) 201 (Nr. 1513y). Aber wahrscheinlich ist Apollonius ein Fehler für Paulus (wie ganz sicher in Abschnitt 32!); dann wäre der legendäre Eremit Paulus gemeint, dessen Biographie wir Hieronymus verdanken (S. St. Hieronymus, Paula und Eustochium Anm. 3).

15. Caesarea in Cappadocien, dort ist der hl. Eremit und Märtyrer Mammes, der wilde Tiere molk und Käse herstellte[65], und der hl. Märtyrer Mercurius.[66] In dieser Provinz ist die Stadt Sebastea, wo es 40 Märtyrer gibt; das ist in der Provinz Cappadocien.[67] Die Stadt Gangra, dort ist der hl. Märtyrer Galenicus; das ist in der Provinz Galatien.[68] Die Stadt Euchaita, wo der hl. Märtyrer Theodorus ist; das ist in der Provinz Galatien.[69] Die Stadt Anquira in der Provinz Galatien, wo der hl. Märtyrer Platon ist.[70]

16. Aus den armenischen Bergen entspringen zwei Flüsse, Tygris und Eufrates: der Tygris bewässert die Länder der Assyrer, und der Eufrates bewässert die Länder Mesopotamiens; der Phison aber bewässert das ganze Land Äthiopien und fließt bis Ägypten, der Geon bewässert das Land Euilath und fließt nahe an Jerusalem vorbei.[71]

---

65 Caesarea in Cappadocien, das alte *Mazaka* am Halys, heute *Kayseri.* Mammes oder Mamas war ein Märtyrer unter Valerian (253-260) oder Aurelian (270-275); vgl. *Bibliotheca Hagiographica Latina* (1900/1) 771f. Er lockte mit göttlichem Beistand wilde Tiere an, molk sie und bereitete Käse für arme Leute. Diese wunderbare Milchwirtschaft erwähnt Gregor von Nazianz, *Orationes 44,12* (MPG 36,620).

66 Zum Soldaten Mercurius aus der Christenverfolgung unter Decius (249-251) vgl. H. Delehaye, Les légendes grecques des Saints militaires (1909) 91-101.

67 Sebastea oder Sebastia in Phrygien am oberen Halys, heute Ruinen bei *Selçukler* in der Nähe von *Sivasli* am *Kyzyl Irmak.* Die 40 Märtyrer starben unter Licinius zwischen 303 und 311; vgl. Basilius d. Gr., *Homilia 19 in sanctos quadraginta martyros* (MPG 31,508-525).

68 Gangra *(Germanikopolis)* beim heutigen *Çankiri* nö. von Ankara, ursprünglich Galatien, seit den Gebietsreformen der Kaiser Diokletian und Konstantin, also seit dem 4. Jh., Paphlagonien. Zu Callinicus vgl. *Certamen Sancti Martyris Callinici* (MPG 115,477-488).

69 Die Stadt Euchaita an der Straße von Amaseia nach Konstantinopel ist noch nicht sicher lokalisiert. Theodorus starb unter Maximian, dem Kaiser der w. Reichshälfte seit 286; vgl. H. Delehaye, Les légendes grecques des Saints militaires (1909) 11-43.

70 Anquira, häufiger Ancyra, das heutige Ankara. Zu dem unter Maximinian enthaupteten Märtyrer Plato vgl. *Martyrium Sancti et gloriosi martyris Platonis* (MPG 115,404-425).

71 Die Nennung der Ströme Tigris und Euphrat hat einen Teil der Paradiesgeographie von *Gen 2,10-14* angezogen; vielleicht ist das ein späterer Zusatz. Die Angaben sind gegenüber dem Bibeltext verändert. Nach *Gen 2,11* umfließt der Pison das Land Hawilah *(Euilath),* nach *V. 13* der Gihon Äthiopien (Kusch). Bei Theodosius sind die Regionen vertauscht: Der

17. Vom Ölberg fuhr der Herr zum Himmel, und dort ist nahebei eine Höhle namens Matzi, d. h. der Jünger, wo der Herr, wenn er in Jerusalem predigte, ausruhte.[72] + *Dort lag der hl. Evangelist Johannes an der Brust des Herrn.*[73]

18. Der Acker des Herrn in Galgala wird von der Elisa-Quelle bewässert[74] (und) bringt ungefähr 6 Scheffel. Dieser Acker wird im Monat August zur Hälfte gepflügt und reift bis Ostern; man verwendet (seine Frucht) zur Kommunion beim Abendmahle des Herrn und zu Ostern. Wenn es abgeerntet ist, wird die zweite Hälfte gepflügt und reift zur zweiten Ernte aus. Dort ist auch der Weinstock, den der Herr gesetzt hat; dieser Weinstock bringt zu Pfingsten Frucht und wird von da aus zur Kommunion nach Konstantinopel gebracht, weshalb denn auch zur jeweiligen Zeit sowohl von dem Acker wie vom Weinstock (dorthin) geschickt wird.[75]

19. Die Stadt Leuiada jenseits des Jordans ist 12 Meilen von Jericho entfernt.[76] In diesem Leuiada schlug Mose mit dem Stabe Wasser aus dem Felsen; da kommt sehr viel Wasser heraus, das das ganze Leuiada bewässert.[77] Dort gibt es die große Nikolaus-

---

Phison ist der Nil und der Gihon *(Geon)* mit dem aus der gleichnamigen Stadtquelle von Jerusalem *(ʿĒn Sittī Maryam)* kommenden Bach identifiziert. Zu den Spekulationen über die Paradiesflüsse vgl. C. Westermann, Genesis. BK I,4 (1970) 292-298 (mit Literaturangaben).

72 *Lk 24,50-53; Apg 1,9-12.* Die Höhle *Matzi,* aus griech. μαθηταί *(mathetai)* „Jünger", liegt unter der von Theodosius nicht genannten Eleona-Basilika Konstantins und bewahrt die Erinnerung an die Belehrung der Jünger nach *Mk 13,3ff.* u.par. Vgl. Pilger von Bordeaux Anm. 98. Es ist nicht ganz sicher, ob Himmelfahrtsstätte *(Imbomon)* und Eleona hier auseinandergehalten werden, oder ob Eleona die an ihr ursprünglich haftende Himmelfahrtstradition noch bewahrt.

73 *Joh 13,23.*

74 S. o. Anm. 3. Die Elisa-Quelle ist *ʿĒn es-Sulṭān* am Fuße des alten Stadthügels von Jericho *(Tell es-Sulṭān),* in dessen Nähe man Galgala (Gilgal) zeigte (s. o. Anm. 2).

75 Der Pilger von Piacenza (13) spricht nur vom Acker (3, nicht 6 Scheffel!), nicht vom Weinstock (hinter dem gewiß *Joh 15,1ff.* steht).

76 Livias, seit 14 n.Chr. auch Julias, das alte Beth-Haram/n *(Num 32,36; Jos 13,27),* heute *Tell er-Rāme* und Umgebung im O-Teil des s. Jordangrabens. Vgl. Egeria Anm. 86.

77 Zu den zahlreichen Lokalisationen des Wasserwunders *(Ex 17,5f.; Num 20,7-13)* - vgl. Egeria Anm. 92 - kommen hier die Mosesthermen bei Livias, die auch der Pilger von Piacenza (10) beschreibt. Es handelt sich um die warmen Quellen bei *Tell el-Ḥammām,* dem alten Abel Sittim *(Num 33,49; Jos 3,1* u.ö.), 4 km nö. von *Tell er-Rāme.*

Dattelpalme.[78] Dort ist auch Mose aus der Welt abgeschieden[79]; dort sind auch heiße Quellen, in denen sich Mose wusch, und in diesen heißen Quellen werden Aussätzige geheilt.[80]

20. An dem Ort, wo der Herr getauft wurde, ist da eine marmorne Säule, und auf dieser Säule ist ein eisernes Kreuz angebracht. Dort ist auch die Kirche des hl. Johannes des Täufers, die der Kaiser Anastasius errichtet hat. Diese Kirche ist über großen Wölbungsbögen hoch erbaut mit Rücksicht auf das Hochwasser des Jordans.[81] In der Kirche halten sich Mönche auf; die Mönche bekommen für ihren Lebensunterhalt jährlich 6 Dukaten aus dem Fiskus.[82] Wo der Herr jenseits des Jordans getauft wurde, ist da ein kleiner Hügel, der Armona heißt - + *das ist der Berg Tabor in Galiläa* -, wo der hl. Elia entrückt worden ist.[83] Die Gedenkstätte des hl. Elisa, wo er jene Quelle segnete, ist dort, und über dieser Gedenkstätte ist eine Kirche errichtet.[84] Von dort, wo der Herr getauft wurde, bis dahin,

---

78 Zur Nikolaus-Dattelpalme vgl. Plinius, *hist. nat.* 5,9; verschiedene Arten von Dattelpalmen bei Josephus, *Bell. jud. IV,8,3* u. ö. Botanische Einzelheiten bei Ph. Wurster, Aus der Pflanzenwelt Palästinas (1930) 136-139.

79 *Dtn 34,5f.*

80 Ein Vergleich mit dem Pilger von Piacenza (10) ergibt, daß zwei Mosesthermen zu unterscheiden sind: eine bei Livias (s. o. Anm. 77) und eine in der Nähe des NO-Ufers des Toten Meeres. Die letztere ist wahrscheinlich *ᶜAyn es-Suwēme* bei *Ḫirbet Suwēme* (AT: Beth Jesimoth; *Num 33,49* u.ö.), wo heute freilich nur kaltes Wasser austritt. Vgl. H. Dechent, Heilbäder und Badeleben in Palästina. ZDPV 7 (1884) 173-210 (bes. 201-203).

81 Die traditionelle Taufstelle bei *Dēr Mār Yuḥannā (Qaṣr el-Yehūd).* Die Johanneskirche des Kaisers Anastasius I. (491-518) stand nicht auf dem w., sondern auf dem ö. Ufer des Jordans, ca. 50 m nö. der Taufstelle. Sie war wegen des tiefliegenden Geländes über Bogensubstruktionen erbaut. Noch 1902 sah man Reste davon, wie übrigens auch von der kreuzgeschmückten Säule. Vgl. Kopp 157-159; H. Donner, ZDPV 81 (1965) 26-28.

82 Zum *Fiscus* vgl. I. Rostowzew, RE 6 (1909) 2385-2405.

83 Den Hügel der Entrückung des Propheten Elia *(2 Kön 2,11f.)* im *Wādi Ḫarrār* ö. des Jordans gegenüber der Taufstelle nennen auch die Pilger von Bordeaux (s. dort Anm. 107) und Piacenza (s. dort Anm. 47-49). Daß dieser Hügel *Armona* = Hermon genannt wird, beruht auf *Ps 42,7*. Die Notiz *„das ist der Berg Tabor in Galiläa"* ist vermutlich ein Zusatz, jedenfalls aber ein grober Schnitzer. Denn einerseits darf man den Jordangraben nicht mit Galiläa verwechseln, und andererseits ist der sog. Kleine Hermon von *Ps 42,7* in der Tradition nicht der Tabor, sondern der sw. davon gelegene *Ǧebel ed-Daḥi (Nebī Daḥī).* Vgl. St. Hieronymus, Paula und Eustochium Anm. 124.

84 S.o. Anm. 74. Die Memorialkirche über der Elisa-Quelle bei Jericho *(2 Kön 2,19-22)* ist auf der Madeba-Karte (MM Nr. 24) dargestellt. Sie entsprang nicht in der Nähe der Taufstelle.

wo der Jordan ins Tote Meer mündet, sind es 5 Meilen. Das ist eben dieses Tote Meer, wo Sodom und Gomorrha zerstört wurden, zusammen mit den drei anderen, die die fünf Städte am Toten Meere bildeten. Dort ist Lots Weib, die zur Salzsäule geworden ist; wenn der Mond zunimmt, nimmt sie auch zu, und wenn der Mond abnimmt, nimmt auch sie ab.[85]

21. Auf dem Ölberg lehnte der Herr die Schultern an einen Felsen, und seine beiden Schultern drückten sich im Felsen wie in weichem Wachs ab. Der Ort heißt Ancona[86]; dort ist auch eine Kirche errichtet, nahe der Kirche der hl. Tecla, und dieser Ort heißt Betfage. Von dort wurde das Eselsfüllen geholt, auf dem der Herr saß, als er durch das Benjamintor in Jerusalem einzog.[87]

22. Geschrieben steht: *„Meer, warum bist du verwirrt, und du, Jordan, warum hast du dich rückwärts gewandt, und ihr Berge, warum hüpftet ihr wie die Lämmer, und ihr Hügel, wie die Widder?"*[88] Das meint die Jordangegend, d. h. da sind viele kleine Berge; und als der Herr zur Taufe herabkam, bewegten sich diese Berge hüpfend vor ihm, und noch heute sieht es aus, als ob sie sprängen.[89]

---

85 Die fünf Städte sind Sodom, Gomorrha, Adma, Seboim und Zoar aus *Gen 14,2; 19.* Zumindest Zoar (hebr. *Ṣōᶜar,* griech. *Segor)* lag im Ġōr *eṣ-Ṣāfi* sö. des Toten Meeres (vgl. Madeba-Karte M 20-21; 110; MM Nr. 18), die anderen sind ebendort zu denken. Vielleicht ist Theodosius der älteste Zeuge dafür, daß man den Pilgern diese Katastrophengegend einschließlich der Salzsäule von Lots Weib *(Gen 19,26)* aus Bequemlichkeitsgründen n. des Toten Meeres zeigte; vgl. Pilger von Piacenza 10 (s. dort Anm. 53). Zum Vergleich auch Egeria Anm. 97.99.

86 Von griech. ἀγκών *(ankon)* „Ellenbogen". Diese Kirche ist nur bei Theodosius bezeugt. S. vom Turm der russischen Himmelfahrtskirche hat man Reste einer Kirche gefunden, die *Ancona* sein könnte; vgl. Vincent-Abel, Jerusalem Nouvelle I,390. Der Name mag von der Beschaffenheit des Geländes herrühren. Vielleicht gehören auch die von Riess, ZDPV 8 (1885) 155-161 beschriebenen Reste einer armenischen Klosteranlage in diesen Zusammenhang.

87 *Mk 11,1-6* u.par. Vgl. St. Hieronymus, Paula und Eustochium Anm. 89. Bethfage liegt halbwegs zwischen Ölbergkuppe und Bethanien. Die hl. T(h)ecla ist natürlich nicht die berühmte Erzmärtyrerin (Egeria Anm. 166). Sollte eine Verwechslung mit der vom Pilger von Piacenza (16) genannten Pelagia vorliegen?

88 *Ps 114,5f.* (nicht nach Vulgata).

89 Eine ausgezeichnete und sicherlich auf Anschauung beruhende Beschreibung der Mergelbankregion zu beiden Seiten des Jordanlaufes. Die ihre Gestalt beständig verändernden weichen Mergelbänke sehen wirklich aus, „als ob sie sprängen" *(uelut saltantes uidentur).* Hier hat nicht, wie sonst oft, die

23. Das Saraptha von Sidon der Schrift liegt in Phönicien, der secunda Syria, beim Berge Karmel.[90] 12 Meilen sind es von Saraptha nach Sidon, und deswegen heißt es Saraptha von Sidon, weil damals Sidon für Saraptha die Hauptstadt war, jetzt aber ist Saraptha Hauptstadt. Wo der hl. Elia zu jener Witwe gesandt wurde, die ihn speiste, und wo er ihren Sohn auferweckte, da ist eine Kirche des hl. Elia; der Name der Witwe aber ist nicht bekannt, außer daß sie eben Witwe heißt.[91] Man kennt den Lazarus, den der Herr auferweckt hat, daß er auferweckt worden ist, aber niemand weiß etwas von seinem zweiten Tod. Das geschah in Bethanien zwei Meilen von Jerusalem entfernt, und (zum Fest der) Auferweckung des Lazarus versammelt sich an diesem Ort vor Ostern das ganze Volk, und es werden Messen gefeiert.[92]

24. In Arabia gibt es 13 Städte, die Josua, der Sohn des Nun, zerstört hat, wo die Amorriter, Girgasiter und Pheresiter wohnten[93]: nämlich Iuncta, Volumta, Medeua, Musica, Filadelphia, Gerassa, Genara, Vostra, Damasco, Gadara, Auila, Capitulia, Astra.[94]

Religion die Geographie bestimmt, sondern umgekehrt eine geographische Gegebenheit sich auf die Bildung einer religiösen Vorstellung ausgewirkt, der ein Schriftzitat zusätzlich zu Hilfe kam.

90 Saraptha, Sarepta ist *Ṣarafand*, ca. 12 km s. von Sidon *(Lk 4,26)*. Der Pilger von Bordeaux (12) gibt 9 Meilen = 13,5 km. Der Karmel liegt noch einmal ca. 75 km weiter im S.

91 *1 Kön 17,7-24.* Sarepta gehörte zum Gebiet von Sidon; vgl. *1 Kön 17,9.* Dabei ist es, abgesehen von einer kurzen Unterbrechung in persischer Zeit (4. Jh. v. Chr.), immer geblieben. Was Theodosius meint, ist nicht ganz klar: *metropolis* heißt gewöhnlich „Bischofsstadt", aber einen Bischof hatte Sarepta anscheinend erst im Mittelalter.

92 *Joh 11* in Bethanien *(el-ʿĒzarīye)*. Da Lazarus zwar auferweckt, aber nicht unsterblich geworden war, mußte er - doch wohl in Bethanien - zum zweiten Male gestorben sein. Zur Liturgie in Bethanien vgl. Egeria 29,3-6.

93 *Jos 12,1-6. Zur* Aufzählung der Vorbewohner vgl. *Jos 3,10; 24,11.* Theodosius meint die röm. Provinz *Arabia* (106 durch Kaiser Trajan begründet) vor der Gebietsreform von 429, bei der zumindest Gadara, Abila und Capitolias zur Provinz *Palaestina secunda* kamen.

94 Woher Theodosius diese Städteliste hat, ist nicht bekannt. Einige der Ortschaften gehören zu dem im 1. Jh. v. Chr. gegründeten und in seiner Gestalt variablen Zehnstädtebund der sog. *Dekapolis* (vgl. Plinius, *hist. nat.* 5,74 u.ö.): Philadelphia *(ʿAmmān)*, Gerasa *(Ğeraš)*, Damaskus, Gadara *(Umm Qēs)* und Auila/Abila *(Tell ʾĀbil*, 18 km ö. von *Umm Qēs)*. Eindeutig identifizierbar sind ferner: Medeua/Medeba *(Mādebā)* und Vostra/Bostra *(Boṣra eski Šām* im *Ḥaurān)* und Capitulia/Capitolias *(Bēt er-Rās*, 4 km n. von *Irbid)*. Astra steht vielleicht für Adra/Edrei *(Derʿā)* oder für Astarot *(Tell Aštara*

25. Die Gegend von Jerusalem heißt provincia Palestina, das Land Kanaan. Dann kommen Galilaea, Syria, Mesopotamia. Links liegen prima, secunda und Persa Armenia, alle drei unter der Gewalt des Kaisers.[95]

26. In der Provinz Asia ist die Stadt Epheso, wo die Siebenschläfer sind und das Hündchen Viricanus (Hyrkanus) zu ihren Füßen. Sie heißen Achellidis, Diomedis, Eugenius, Stephanus, Probatus, Sabbatius und Quiriacus (Cyriacus); ihre Mutter heißt griechisch Caritina, lateinisch Felicitas.[96] Dort ist der hl. Timotheus, der Schüler

---

bei *Šēḫ Saᶜd;* Tobler) oder für das nicht lokalisierte Adrassos bei Hierokles, Synekdemos 722,3 und 723,5 (ed. A. Burckhardt 1893); vgl. auch Georgios Kyprios, *Descriptio orbis Romani 1060* (ed. H. Gelzer 1890). Für Genara hat man Nemārā/Namārā in Betracht gezogen (Euseb, On. 138,11) = *Nimrā* im *Ḫaurān,* ca. 8 km ö. von *Šaḥbā*/Maximianopolis. Musica ist unbekannt; vielleicht Motha *(Notitia dignitatum 81,14* ed. O. Seeck 1876) = *Imtān* im *Haurān,* ca. 32 km ö. von *Boṣra eski Šām,* oder das ebenfalls unbekannte Maiudos bei Hierokles, Synekdemos 722,8. Iuncta und Volumta sind nicht identifizierbar.

95 Eine weder vollständige noch ganz korrekte Aufzählung der röm. Provinzen des Orients. Die drei Kaiserlichen Provinzen von Armenien liegen links von Mesopotamien, wenn man sich wie gewöhnlich nach O ausrichtet. Zur röm. Provinzialgliederung und -Verwaltung vgl. insgesamt G. Wesenberg, RE 45 (1957) 995-1029.

96 Ephesus an der Küste Lydiens in der alten röm. Provinz *Asia,* heute bei *Ayasoluk,* eines der Hauptzentren des kleinasiatischen Christentums; vgl. Egeria Anm. 178. Zu den Ausgrabungen: Ephesus, Forschungen in, hrsg. v. Österr. Archäol. Institut I-V,1 (1906-1953); J. Keil, Ephesus. Ein Führer durch die Ruinenstätte und ihre Geschichte (1915, 1957^4). Theodosius verschweigt das Grab des Apostels Johannes. Stattdessen nennt er die berühmten Siebenschläfer, deren Verehrung sich von Ephesus aus über Orient und Abendland verbreitet hat. Die Siebenschläfer waren nach der „kanonischen" Fassung der Legende 7 Brüder (Maximianus, Malchus, Martinianus, Dionysius, Johannes, Serapion, Constantinus), die die decische Christenverfolgung um 250 in einer Höhle bei Ephesus verschliefen und erst unter Kaiser Theodosius II. im Jahre 446 wieder erwachten; vgl. das Motiv des Verschlafens der Katastrophe auch oben Anm. 44. Die Siebenschläferlegende hat ungeheure Verbreitung gefunden, auch in der islamischen Welt (dort auf Grund der 18. Sure des Koran: *al-Kahf* „die Höhle"). Der Ort der Höhle und die Namen der Schläfer wechselten mehrfach. Theodosius kennt die Namensreihe in einer Form, die in einer syrischen Handschrift des 7. Jh. bezeugt ist (Land, *Anecdota Syriaca* III,87; vgl. *Acta Sanctorum Iulii VI* (1868) 376). Die Mutter kommt dort nicht vor, und die Siebenschläfer sind keine Brüder. Felicitas stammt aus einem anderen Legendenkreis *(Bibliotheca Hagiographica Latina* (1900/1) 429f.): eine röm. Märtyrerin unter Antoninus Pius (138-161), der seit Gregor d. Gr. (590-604; MPL 76,1078a) in Rom 7 Märtyrer als Söhne zugeordnet wurden; nach Theodosius ist das freilich älter. Zur Felicitaslegende vgl.

des Herrn Paulus.[97]

27. Beim Berge Sina in der Stadt Fara, wo der hl. Mose gegen Amalech kämpfte.[98] Von Jerusalem nach Elusath sind es 3 Übernachtungsstationen, von Elusath nach Aila 7 Übernachtungsstationen, das der Makedone Alexander der Große gebaut hat.[99] Von Aila bis

---

auch H. Delehaye, Étude sur le légendier Romain (1936) 116ff. Der Hund fehlt, abgesehen von Theodosius, in der christlichen Siebenschläferlegende völlig. Er begegnet im Koran, Sure 18,18(17).22(21), heißt in der islamischen Legende *Qiṭmir* und gelangt zusammen mit den Siebenschläfern ins Paradies: *„Ja, das Hündlein gar, das treue, darf die Herren hinbegleiten"* (Goethe, Ende des West-östlichen Divans). Der Name *Uiricanus* (Konjektur Sittl *Hyrcanus)* erinnert entfernt an die rätselhafte Nennung eines *ar-Raqīm* in Sure 18,9(8); aber nach dem Zusammenhang scheint es sich dort um einen Ortsnamen zu handeln (Petra? vgl. M. Weippert, ZDPV 82 (1966) 296-299). Die Vermischung ö. und w. Motive im Kurzbericht des Theodosius ist von großem Interesse; leider wissen wir nicht, aus welchen Quellen er schöpfte. Zu den Siebenschläfern allgemein: M. Huber, Die Wanderlegende von den Siebenschläfern (1910); Guy le Strange, Palestine under the Moslems (1890, Nachdruck 1965) 274-286.

97 *1 Tim 1,3.*

98 Die Handschriften haben *„infra ciuitatem"* (unterhalb der Stadt), was keinen Sinn ergibt. Durch die Konjektur *„in Fara ciuitate"* (Sittl) entsteht ein unvollendeter Satz (sog. Anakoluth). - Fara, Pharan ist die Oase *Fērān* am *Ǧebel Serbāl,* ca. 40 km nw. des Sinai-Zentralmassivs; vgl. Egeria 1,3; 6,1. Die Amalekiterschlacht *(Ex 17,8-16)* spielt in Raphidim.

99 Eluzath, Elusath, Elusa = *el-Ḥalaṣa,* ca. 25 km sö. von Beerseba (Belege bei P. Thomsen, *Loca Sancta I,* 1907, 60); vgl. Ph. Mayerson, The City of Elusa in the Literary Sources of the 4th-6th Century. IEJ 33 (1983) 247-253; OLB 2, 149-156; A. Negev, Elusa. NEncAEHL I 379-383. Aila, Elath, an der N-Spitze des Golfes von *ᶜAqaba* (Belege bei Thomsen 17f.). - Alexander d. Gr. hat Aila weder gegründet, noch hat er überhaupt etwas mit dieser Stadt zu tun. Hier müssen Irrtümer vorliegen. Nun ist der oben übersetzte Text das Ergebnis einer Rekonstruktion. In den Handschriften stehen hanebüchene Sachen. Statt *„de Elusath in Aila"* (Sittl) haben: *Cod. Parisinus „de glutinarinalia", Cod. Guelferbytanus „de Eluzath similiter",* andere Handschriften *„de Eulath uilla"* - alles hoffnungslos verderbt. Der *Cod. Wessobrunnensis München 22053* (9. Jh.) liest: *„de Hierusalem in Luza mansiones III"* und fährt fort *„et ibi Alexander magnus Macedo mensurauit altitudinem caeli, profunditatem maris"* (= und dort durchmaß der Makedone Alexander d. Gr. die Höhe des Himmels und die Tiefe des Meeres). Das bezieht sich auf die von Pseudo-Kallisthenes II,39.41 überlieferte Legende von Alexanders Auffahrt mit Adlern und seinem Abstieg in Meerestiefen mit einer Taucherglocke. Dort kommt auch ein Ort namens Λυσα *(Lysa)* vor, den der Schreiber mit *Luza* (aus *Eluzath*) identifizierte. In den anderen Handschriften ist die Textverderbnis in verschiedenen Richtungen weiter fortgeschritten, wobei sich die Notiz über Alexander zwar erhielt, aber verändert wurde.

zum Berge Syna sind es 8 Übernachtungsstationen, wenn man den kürzeren Weg durch die Wüste nehmen will, über Ägypten aber 25 Übernachtungsstationen. [100]

28. Urbicius hieß der Praepositus des Reiches, der für sieben Kaiser Praepositus war, diese Kaiser krönte, ihnen die Kronen wieder vom Haupte nahm und sie züchtigte.[101] Da ist ein Ort drei Meilen von der Stadt Jerusalem entfernt. Als die Herrin Maria, ⁺*die Mutter des Herrn,* nach Bethlehem kam, stieg sie von der Eselin, setzte sich auf einen Felsen und segnete ihn. Dieser Praepositus Urbicius aber schnitt diesen Stein heraus, machte ihn würfelförmig nach Art eines Altars und wollte ihn nach Konstantinopel transportieren. Als er zum Tor des hl. Stephanus kam, konnte er ihn schon nicht mehr bewegen. Ein Joch Ochsen zog den Stein, und als man sah, daß man ihn auf gar keine Weise mehr bewegen konnte, wurde ⁺*er zum Grabe des Herrn zurückgeschickt, dort* ein Altar aus diesem Felsen gemacht und auf diesem Altar die Kommunion gehalten. Er ist hinter dem Grabe des Herrn. Dieser Praepositus Urbicius aber starb unter Kaiser Anastasius in Konstantinopel und ...[102]. Den Urbicius nahm die

---

100 Man kann von Aila aus direkt nach SO zum zentralen Sinaimassiv gelangen, oder über Clysma (Suez) am Golf von Suez. Reguläre Römerstraßen gab es auf der Sinai-Halbinsel kaum; *mansio* heißt also wohl nur Rastplatz in der Nähe einer Quelle (Egeria Anm. 45).

101 Urbicius *(Urbikios),* ein Eunuch, bekleidete unter sieben byzantinischen Kaisern (von Theodosius II. bis Anastasius I.) das einflußreiche Amt eines *praepositus sacri cubiculi* „Chef des kaiserlichen Kabinetts". Das *cubiculum,* die Privatkanzlei des Kaisers, war im 5. Jh. wichtiger geworden als die große kaiserliche Ratsversammlung *(consistorium).* Wir wissen, daß Urbicius z.Zt. Zenos des Isauriers (474-491) auf der Höhe seiner Macht stand und daß er Anastasius I. (491-518) zur Krone verhalf. Die Funktionen der Krönung und der Kronabnahme (bei der Bestattung) scheinen darauf hinzudeuten, daß Urbicius - zumindest nach Meinung unseres Textes - auch das Ritualamt des *praepositus sacri palatii,* des Palastministers, innehatte; vgl. zum Begräbnisritual H. W. Haussig, Kulturgeschichte von Byzanz (1959) 236f. Aber bei der Kronabnahme, verbunden mit Züchtigung, könnte auch an Usurpationen gedacht sein, es sei denn, man liest mit Grummel *fastigabat* „er erhöhte, erhob" statt des *castigabat* „er züchtigte" der Handschriften. Vgl. Johannes Zonaras, *Annales 14,3* (MPG 134,1213); Theophanes, *Chronographia anno 5972* (MPG 108,313); Ephraemius, *Chronographia 1,1049* (MPG 143,52). Einzelheiten bei E. Honigmann, RE II,9 (1961) 992-994.

102 Diese Legende ist nur bei Theodosius bezeugt. Der Rastplatz der Gottesmutter auf halbem Wege zwischen Jerusalem und Bethlehem begegnet bereits im Protevangelium des Jakobus (um 150) 17,2f. Es ist *Bīr el-Qadismu* (von

Erde nicht auf, dreimal warf ihn das Grab aus.[103]

29. Anastasius baute in der Provinz Mesopotamia eine Stadt, die Dara heißt. Sie erstreckt sich 3 Meilen in die Länge wegen der Perser: Wenn sie in die Provinz des Kaisers kamen, um Beute zu machen, gruben sie dort einen Graben, weil anderswo keinerlei Wasser zu finden war. In der Stadt entspringt ein Fluß und verschwindet am Ende der Stadt unter der Erde, so daß dieser ganze Fluß vom Mauerring umgeben ist.[104]

30. Die Stadt Melitine liegt in Persa Armenia; es ist die Hauptstadt.[105] Andere Städte sind Arauisso (Arabissus), Cocusso und Germanicia.[106] In Persien, Susa genannt, 30 Meilen von Babylon entfernt, liegt der Leichnam des hl. Daniel.[107] Dort sind auch die drei Knaben.[108] In der Stadt gibt es wegen der Schlangen und Hip-

---

griech. *kathisma* „Sitz"), etwa 500 m vor dem heutigen Eliaskloster, eine alte Zisterne. Spätestens 451 stand dort eine Kirche; vgl. H. Usener, Der heilige Theodosius (1890) 13; A. M. Schneider, Die Kathismakirche. JPOS 14 (1934) 230f. Zum Stephanstor s. o. Anm. 1. Am Schluß des Abschnitts steht das rätselhafte Wort *obrierunt,* das bisher jeder Deutung gespottet hat. Vielleicht ist es ein Fehler für *obruerunt* „sie verscharrten (ihn)".

103 Zu diesem Legendenmotiv vgl. Johannes Moschus, *Pratum spirituale 88* (MPG 87, III 2945 B).

104 Dara in der Provinz *Mesopotamia,* heute Ruinen bei *Dārā,* ca. 28 km nw. von Nisibis (vgl. Egeria Anm. 160). Dara hieß seit seinem Ausbau durch Kaiser Anastasius I. 507 auch *Anastasiupolis.* Vgl. zur Tradition Prokop von Caesarea, *De aedificiis II,2,3* (ed. J. Haury 1964).

105 Melitene in Cappadocien unweit des Euphrat, nach der diokletianischen Neuordnung Hauptstadt der Provinz *Persa Armenia* (s. Abschnitt 25), heute Ruinen ca. 8 km n. von *Malaṭya,* 170 km ö. von Caesarea in Cappadocien *(Kayseri).*

106 Arabissus an der Straße von Caesarea über Komana nach Melitene, heute *Yarpuz,* ca. 50 km ö. von Caesarea, in der Provinz *Armenia secunda.* - Cocussus, Cocusa, Cucusus, heute *Göksun,* ca. 30 km s. von Caesarea, in der Provinz *Armenia secunda.* - Germanicia *(Kaisareia Germanike),* heute *Maraş,* ca. 100 km sö. von Caesarea, in der Provinz *Cilicia.*

107 Susa, eine der Hauptstädte des alten Perserreiches, heute *Kala-e-Schusch,* ca. 400 km (also nicht 30 Meilen!) ö. von Babylon. Susa kommt im AT öfter, im Danielbuch nur einmal vor *(Dan 8,2).* Zu den jüdischen, christlichen und islamischen Zeugnissen über das Danielgrab vgl. J. Jeremias, HG 113f.

108 Die „drei Männer im Feuerofen" *(Dan 3* und Zusätze in der Septuaginta), Sadrach, Mesach und Abednego, sind nach *Dan 1,7* Gefährten des Propheten. Ihre Grabtradition gelangte mit Daniel nach Susa.

pokentauren keine Menschenwohnungen. Das sagte der Diakon Eudoxius, der aus dieser Provinz stammt.[109]

31. Der Tag der Auffindung des hl. Kreuzes, als es von Helena, der Mutter Konstantins, gefunden wurde, ist der 14. September. Sieben Tage lang werden da in Jerusalem am Grabe des Herrn Messen gefeiert und dieses Kreuz gezeigt.[110]

32. In der Provinz Cilicia gibt es eine Stadt namens Aegea, wo 40 Tage lang Geschäfte gemacht werden, ohne daß jemand davon einen Gewinn hat. Wenn einer nach den 40 Tagen beim Handeltreiben angetroffen wird, muß er Steuern zahlen.[111] In der Provinz Cilicia ist die Stadt Tharso, aus der Apollonius (der Apostel Paulus?) stammt.[112] Von Tharso bis zur Stadt Adana[113] sind es 30 Meilen. Von Adana bis Masista[114] sind es 30 Meilen. Von Masista bis Anasta ... bis Aegeas sind es 60 Meilen.[115] Von Aegeas bis Alexandria Scabiosa[116] sind es 60 Meilen. Von Alexandria Scabiosa bis Antiochia[117] sind es 60 Meilen. Von Antiochia bis Quiro (Cyrrhus), wo die hl. Cosmas und Damianus sind, die dort erschlagen wurden, sind es 60 Meilen.[118] Von Quiro bis Barbarisso (Barbalissa), wo die hl. Sergi-

---

109 Der Diakon Eudoxius ist mindestens für Abschnitt 30 der mündliche Gewährsmann des Theodosius. Über ihn ist nichts bekannt.

110 Die Kreuzauffindungslegende ist in verschiedenen Fassungen in der alten Kirche weit verbreitet; vgl. J. Straubinger, Die Kreuzauffindungslegende (1912). Mit der Kaiserinmutter Helena ist sie zuerst bei Ambrosius von Mailand 395 verbunden. Zur Liturgie am Kreuzauffindungsfest vgl. etwas abweichend Egeria 48-49.

111 Aegea, Aegae an der cilicischen Mittelmeerküste, heute *Ayaş*, ca. 80 km osö. von Tarsus.

112 Tarsus, die Heimatstadt des Apostels Paulus *(Apg 9,11.30; 11,25; 21,39; 22,3).* Apollonius ist Fehler für Paulus (s.o. Anm. 64).

113 Adana, bedeutender Handelsplatz in der *Cilicia campestris,* Name unverändert, ca. 40 km ö. von Tarsus.

114 Masista, Mansista (Pilger von Bordeaux 11), eine von vielen Namensformen für *Mopsu(h)estia* in Cilicien, heute bei *Missis,* ca. 25 km ö. von Adana. Vgl. W. Ruge, RE 16 (1933) 243-250.

115 Anasta ist vielleicht Fehler für *Anazarbus (Anazarba),* die Hauptstadt der *Cilicia secunda,* heute *Anavarza* am Mittellauf des Pyramos. Zu Aegeas s. o. Anm. 111.

116 Alexandria Scabiosa (Pilger von Bordeaux 11) *ist Iskenderūn,* ca. 60 km n. von Antiochia an der Mittelmeerküste (nicht 60 Meilen!).

117 *Antākya.*

118 Quiro ist *Cyrrhus (Kyrrhos),* heute *Kuros* zwischen Orten *Marsowa und Zētūnek,* ca. 70 km onö. von Alexandria Scabiosa *(Iskenderūn).* Einzelheiten und

us und Bacco (Bacchus) erschlagen wurden, sind es 60 Meilen.[119] Von Barbarisso bis Eneapoli (Hierapolis)[120] ... bis Calonico (Gallinicum)[121] sind es 80 Meilen. Von Calonico bis Constantina[122] sind es 60 Meilen. Von Constantina bis Edessa sind es 80 Meilen, wo der König Abgarus wohnte, der an den Herrn Christus schrieb.[123] Von Edessa bis Dara sind es 120 Meilen. Von Dara bis Amida sind es 80 Meilen; das ist an der persischen Grenze.[124] Von Amida bis Ramusa sind es 18 Meilen.[125]

Literatur bei E. Honigmann, RE 12 (1924) 199-204. Die beiden Ärzte Kosmas und Damian waren Märtyrer der diokletianischen Christenverfolgung. Ihre Verehrung, vermischt mit Zügen des griechischen Asklepioskultes, breitete sich von Cyrrhus über Morgen- und Abendland aus. Vgl. L. Deubner, Kosmas und Damian (1907); DACL III,2350-2367.

119 Barbarisso, häufiger Barbalissos oder Barbalissa, ist *Bālis* am Euphrat, ca. 70 km osö. von Aleppo, unweit der im modernen Euphrat-Staudamm untergegangenen Ortschaft *Eski Meskene*. Entfernung von Cyrrhus (s. Anm. 118) ca. 200 km (nicht 60 Meilen!). Die beiden heiligen Brüder Sergius und Bacchus, Soldaten aus der Zeit der Christenverfolgung unter Maximian, nennt auch der Pilger von Piacenza (47). Das Martyrium dieser Heiligen ist in der Wüstenstadt *Ruṣāfe (Sergiupolis)* ca. 65 km sö. von *Bālis/Meskene* lokalisiert.

120 Eneapoli ist unbekannt. Gildemeister: Fehler für *Hierapolis*, heute *Membiğ*, ca. 55 km nnw. von Barbarisso (s.o. Anm. 119). Die Entfernungsangabe und der neue Ausgangsort sind ausgefallen (Textlücke).

121 Calonico, *Callinicum* ist *Raqqa* am Euphrat.

122 Constantina, richtiger *Constantia*, das alte *Antoninopolis* in der Provinz *Osrhoëne*, heute *Viranşehir.*

123 Edessa, heute *Urfa* im oberen Euphratknie, ca. 190 km nö. von Aleppo. Vgl. dazu und zur apokryphen Korrespondenz des Königs Abgar V. Ukama (9-46 n.Chr.) mit Jesus: Egeria Anm. 127-128.

124 Zu Dara s. o. Anm. 104. Amida ist das heutige *Diyarbekr* (türk. *Kara Amid)* am Oberlauf des Tigris, seit Kaiser Konstantin bedeutender Militärposten.

125 Ramusa ist unbekannt. Es kann nach der Entfernungsangabe von 18 Meilen nicht weit von *Diyarbekr* gelegen haben. Eine Vermutung bei Gildemeister 29.

6. Das Jerusalem-Brevier (um 550)

(Breviarius de Hierosolyma)

„Situated to the southwest of Amman, the Old City of Jerusalem is surrounded by a beautiful crenulated stone wall... The City has seven gates of which four are open, namely: the Damascus Gate, St. Stephen's Gate, the Dung Gate and Herodes Gate. Just inside St. Stephen's Gate is the Church of St. Anne (site of the birthplace of the Virgin Mary) and nearby is the Pool of Bethesda... Straight ahead is the Via Dolorosa (the Way of the Cross) from the site of Pilate's Praetorium to Calvary ..."

Was ist das? Das ist ein Ausschnitt aus einem Prospekt der Königlich Jordanischen Fluggesellschaft Alia, 1965 gedruckt, in den Maschinen, auf Flughäfen und in Reisebüros verteilt, mit einfachen Angaben über die Sehenswürdigkeiten, die dem Reisenden bevorstehen.[1] Dergleichen gibt es in allen Sprachen, mit Ausnahme einiger alter, die heute nicht mehr gesprochen werden, z.B. Latein. Aber man kann den sprachlich anspruchslosen Text ohne große Mühe auch ins Lateinische übersetzen: *Civitas antiqua Hierosolyma ad occidentalem plagam Philadelphiae sita murorum fuscorum ambitu cum turribus circumacta est, mirae pulchritudinis ... Ipsa civitas habens portas septem, quarum quattuor sunt apertae, id est porta Damascena, porta sancti Stephani, porta Sterquilinii et porta Herodis. Interius portae sancti Stephani ibi est ecclesia sanctae Annae, ubi nata est Maria virgo, et iuxta illam ecclesiam est ibi piscina probatica ... Inde venis ad viam dolorosam, quod interpretatur via crucis, de loco praetorii Pilati ad Calvariae locum* ... Das ist kein gutes Latein? Gewiß nicht, aber so ungefähr schrieb man im 6. Jahrhundert auf literarisch bescheidenem Niveau. Spätestens jetzt fällt auf, daß es klingt, wie wenn es der *Breviarius de Hierosolyma* wäre. Er ist es auch, oder sagen wir genauer: Er ist das älteste bekannte Exemplar einer Literaturgattung, deren Zeugnisse bis in die Gegenwart reichen, einer Literaturgattung, die auf der langen Strecke ihrer Geschichte so gut wie keine inhaltlichen und formalen Veränderungen erlebt hat. „Jerusalem-Führer"

---

1 *Welcome to Jordan. Valid from 6/11/65 to 19/11/65, Nr. 34. With the Compliments of Alia.* Natürlich hätte es nahegelegen, einen ähnlichen Prospekt der israelischen Fluggesellschaft El-Al zu zitieren. Aber ein solcher war im Nov. 1978 in Tübingen leider nicht aufzutreiben.

ist ein viel zu anspruchsvoller Ausdruck dafür. „Merkzettel für Pilger" ist angemessen.

Breviarius de Hierosolyma heißt wörtlich „Kurzbeschreibung Jerusalems", wobei - um sogleich einen Eindruck vom Latein dieses Textes zu geben - die Präposition *de* bereits zum Genetivzeichen geworden ist: wie in den romanischen Tochtersprachen des Lateinischen, z.B. italienisch *breviario di Gerusalemme* oder französisch *bréviaire de Jérusalem.* Der *Breviarius* ist nun in der Tat ein Merkzettel für Pilger mit der Kurzbeschreibung eines Rundgangs durch Jerusalem: von dem großen Kirchenkomplex des Kaisers Konstantin über Golgotha und dem Grabe des Herrn zur Zionsbasilika, dem Hause des Kaiphas, dann zurück zum Prätorium des Pilatus, zum Tempelplatz, nach Bethesda, ins Kidrontal und schließlich auf den Ölberg. Der *Breviarius* beschränkt sich wie sein eingangs zitierter englischer Nachkömmling auf elementare Informationen: Er teilt einfach mit, was es da zu sehen gibt, und wird nur bei der konstantinischen Großanlage und bei der Zionsbasilika etwas ausführlicher. Solche Merkzettel sind gewiß dazu bestimmt gewesen, daß der Pilger sie an Ort und Stelle bei sich führe und nach ihnen seinen Rundgang durch die Hl. Stadt einrichte. Es ist möglich, daß die Zettel von den heimischen Reiseagenturen verteilt wurden, bei denen man Pilgerfahrten buchen konnte. J. Wilkinson[2] hat das für anonyme Texte dieser Art aus der Kreuzfahrerzeit (zwischen 1100 und 1187) wahrscheinlich gemacht. Einer beginnt so: *„Wenn jemand aus den westlichen Ländern nach Jerusalem gehen will, dann muß er immer nach Osten gehen. Er wird die Gebetsplätze im Gebiet von Jerusalem finden, ganz wie sie hier beschrieben sind"*[3]; ein anderer so: *„Jeder, der das Land der Verheißung besuchen will, wird die folgenden Orte erreichen"*[4]. Bei solchen Exemplaren der Gattung ist es ganz eindeutig, für den *Breviarius* wird man es vermuten dürfen.

Der Text liegt in zwei Fassungen vor (A und B), die voneinander unabhängig sind, aber wohl auf eine gemeinsame Vorlage zurückgehen. Fassung A wird von zwei Handschriften dargeboten: *Codex Mediolanus, Ambrosianus M. 79 sup.* (12. Jh.) und *Codex Oxoniensis, Laud. Misc. 263* (8. Jh.). Die Fassung ist unvollständig; sie endet mit

---

2 A.a.O., S. 5; vgl. S. 215f.

3 *Qualiter sita est Jerusalem* (aus dem Jahre 1100); ed. T. Tobler und A. Molinier, *Itinera Hierosolymitana* (1879/80) 345-349).

4 Jahr 1185; ed. T. Tobler, *Descriptiones terrae sanctae* (1874) 193-196.

Abschnitt 6. In den erhaltenen Teilen ist sie freilich ausführlicher als die Fassung B, die nur vom *Codex Sangallensis* 732, *pag. 100-104* (Jahr 811) repräsentiert wird. Das Verdienst, beide Fassungen überlieferungskritisch als selbständig erkannt zu haben, gebührt R. Weber, CCSL 175 (1965) 107-112. P. Geyer, CSEL 39 (1898) 153-155, hatte versucht, beide Fassungen zu einer zu verbinden; seinen Text wird man heute nicht mehr zugrundelegen.

Die Vorschläge zur Datierung des *Breviarius* schwanken beträchtlich. Gründe für die unterschiedlichen Ansetzungen werden entweder gar nicht oder nur sehr vage genannt. R. Röhricht[5] datierte auf die Zeit um 590, nach dem Pilger von Piacenza. J. Gildemeister[6] beschränkte sich auf die Angabe: 6. Jh.; J. Wilkinson[7]: 1. Hälfte des 6. Jh. T. Tobler[8] erklärte den *Breviarius* für kurz vor oder nach Theodosius entstanden, und R. Weber[9] bestimmt ohne Angabe von Gründen das Datum auf die Zeit kurz vor Theodosius. Der Inhalt spricht in der Tat für das 6. Jahrhundert. Drei Beobachtungen erlauben, es etwas genauer anzugeben. Die Hl. Lanze befindet sich nach dem *Breviarius* im Mittelschiff der Martyriumsbasilika Konstantins (1), das Salbungshorn der israelitischen Könige bei Golgotha (2). Beide Reliquien trifft man beim Pilger von Piacenza (22) in der Zionsbasilika. Sie werden vom Martyrium zur Zionsbasilika gewandert sein, nicht umgekehrt. Über dem Grabe des Herrn ist nach dem *Breviarius* (3) ein *„transuolatile"*, ein Baldachin (Ziborium), dessen Gestalt wir zwar nicht kennen, das aber nach der Wortbedeutung wahrscheinlich aus leichtem Material (Stoff?) bestand. Der Pilger von Piacenza (18) kennt ein festes Grabhäuschen. Also liegt der *Breviarius* vor dem Pilger von Piacenza. Das Datum des letzteren ist zuverlässig auf die Zeit um 570 zu setzen.[10]

Der *Breviarius de Hierosolyma* bereichert trotz seiner Kürze und Kargheit unsere Kenntnis des alten Jerusalem beträchtlich. Er nennt die wichtigsten Kirchen Jerusalems im 6. Jh.: die konstantinische Großanlage aus Martyrium, Golgotha und Anastasis (1-3), die Zionsbasilika (4), die Kirche der Reue Petri im Kaiphashaus und die

---

5 *Bibliotheca Geographica Palaestinae* (1890, Nachdruck 1963) 11.

6 A.a.O., S. 13.

7 A.a.O., S. 5.183.

8 T. Tobler - A. Molinier, *Itinera Hierosolymitana* (1879/80).

9 CCSL 175 (1965) 107.

10 S. u. S. 229.

Sophienbasilika (5), die Kirche der Versuchung Jesu auf dem SO-Teil des *H&aram* (6), die Marienbasilika von Bethesda, die Mariengrabkirche im Kidrontal und die beiden Basiliken - Eleona und *Imbomon* - auf dem Ölberg (7). Das liest sich wie eine Erläuterung zur Jerusalem-Darstellung der Mosaikkarte von Madeba (M 69; 70). Die Ausführlichkeit der Beschreibung nimmt nach hinten ab, bis hin zur bloßen Erwähnung. Von Interesse sind ferner die Angaben über das im Jerusalem des 6. Jh. mächtig aufblühende Reliquienwesen. Der *Breviarius* nennt nicht weniger als 13 bedeutende Reliquien, die sich auf drei Stätten verteilen: im konstantinischen Martyrium das Kreuz des Herrn, die Hl. Lanze, das Rohr und der Schwamm der Passion und der Abendmahlskelch (1; 3); bei Golgotha die Schüssel für das Haupt Johannes des Täufers, das Salbungshorn der alten Könige Israels und der Siegelring Salomos (2); in der Zionsbasilika die Geißelungssäule, der Stephanusstein, die Dornenkrone, die Lampe der Jüngerbelehrung und ein rätselhafter grüner Zweig in einer Säule (4). Für Jerusalempilger, die Texte nach der Art des *Breviarius* benutzten, war die Kenntnis dieser Gegenstände wesentlich: Sie verehrten in ihnen das Heilige gewissermaßen materiell, durch Betrachtung, Berührung und Anbetung. Reliquien ermöglichten mehr noch als die bloße Kenntnis der hl. Stätten den Kontakt mit dem Heiligen. Das Bedürfnis danach scheint im Laufe der Zeit mehr und mehr gewachsen zu sein. Schließlich ist der *Breviarius* ein Zeugnis für den religionsgeschichtlich bedeutsamen Vorgang der Traditionsverschiebung vom alten Tempelplatz *(Ḥaram eš-Šerīf)*, der weitgehend in Trümmern lag und ein heidnischer Platz geworden war, hinüber nach Golgotha und Grab. Überlieferungen, die nach jüdischer und zunächst auch nach christlicher Überzeugung auf dem Tempelplatz zu Hause waren, wanderten nach Golgotha und zum Grabe des Herrn: die Dämonenbeschwörung Salomos (1; 2), der Ort der Erschaffung Adams, also das Paradies (2), Moria als der Ort des versuchten Isaakopfers von *Gen 22* (2) und das Zachariasblut (3). Dabei ist bemerkenswert, daß zumindest zwei dieser Überlieferungen (Adam, Isaak) zum Hl. Felsen *(es)-s)aḫra)* gehört hatten. Der Felsen von Golgotha, und in zweiter Linie der des

Hl. Grabes, erwies sich als religiöser Erbe des Hl. Felsens aus dem Tempel des Salomo und des Herodes.[11]

Das Latein des *Breviarius* ist schauerlich, ungefähr so schlecht wie, wenn nicht schlechter als die eingangs dargebotene lateinische Übersetzung des späten englischen Nachkömmlings. Die Demonstrativpronomina *ipse, ipsa* und *ille, illa, illud* haben nur noch die Funktion des bestimmten Artikels (der, die das). Die Präposition *de* ist - wie bereits angedeutet - einfaches Genetivzeichen geworden: *altare de argento et auro puro* (1), *de auro et gemmis ornata* (2), *cancellae de argento* (2B), *sacrarium de basilica* (3), *corona de spinis* (4) u. ö. Das Verbum *habere* „haben" heißt „sich befinden", *habet* also wie in manchen deutschen Mundarten „es hat": *habet columnas* (1B), *habet ostia* (2). Die Zeiten des Hilfsverbums *esse* „sein" werden nicht mehr auseinandergehalten: *est* und *fuit* (vgl. französisch *est* und *fut*). Schließlich die Kasusfehler! Aber davon wollen wir erst gar nicht reden. Diese Erscheinungen signalisieren den Übergang des Spätlateinischen in die romanischen Tochtersprachen, im *Breviarius* aber ohne jeden Glanz, in dürrem Stil: *Deinde ad sacrarium de basilica sancti Constantini, ubi est cubiculum, ubi est ille calamus et illa spongea et ille calix...* (3). Ich habe versucht, die Armseligkeit dieses Stils in der deutschen Übersetzung nachzuahmen. Ich bitte den Leser dafür um Nachsicht.

Ausgewählte Literatur: J. Gildemeister, *Theodosius de situ terrae sanctae* im ächten Text und der *Breviarius de Hierosolyma* vervollständigt (1882). - A. Heisenberg, Grabeskirche und Apostelkirche I (1908) 111-122. - Ein kurzer Bericht über Jerusalem. HL 59 (1915) 208-211. - A. Wilmart, Un nouveau témoin du ‚*Breviarius de Hierosolyma*'. RB 37 (1928) 101-106. - J. Wilkinson, Jerusalem Pilgrims Before the Crusades (1977) 4f. 59-61. 182-183.

---

11 Vgl. dazu J. Jeremias, Golgotha (1926); *H.* Donner, Der Felsen und der Tempel. ZDPV 93 (1977) 1-11; H . Busse, Tempel, Grabeskirche und *Ḥaram aš-Šarīf*. Drei Heiligtümer und ihre gegenseitigen Beziehungen in Legende und Wirklichkeit. In: Jerusalemer Heiligtumstraditionen in altkirchlicher und frühislamischer Zeit. ADPV 1987, 1-27.

Übersetzung

A: Anfang der Kurzbeschreibung, wie Jerusalem gebaut ist.
B: Unterrichtung über das, was im heiligen Jerusalem ist.

1. *A:* Die Stadt liegt auf einem Berge.[1] In der Stadtmitte ist die Basilika Konstantins.[2] Am Eingang der Basilika ist auf der linken Seite eine Kammer, wo das Kreuz des Herrn aufgestellt ist.[3] Und danach betritt man die Kirche des hl. Konstantin.[4] Weit im Westen ist die Apsis, wo die drei Kreuze gefunden worden sind. Darüber ist dort ein Altar aus Silber und reinem Gold und 9 Säulen, die den Altar tragen. In der Apsis ringsherum sind 12 Marmorsäulen, ganz unglaublich, über den Säulen 12 silberne Wasserschalen, wo Salomo die Dämonen versiegelte.[5] Und in der Mitte der Basilika ist die Lanze, mit der der Herr durchbohrt wurde; und man hat ein Kreuz aus ihr gemacht: das leuchtet in der Nacht wie die Sonne am hohen Tag.[6]

---

1 Ein Hinweis auf die allgemeine gebirgige Lage Jerusalems. Sie ist besonders eindrücklich, wenn man sich der Stadt von W nähert.

2 Die Basilika Konstantins ist das sog. Martyrium, ein fünfschiffiges Langhaus, ö. von Golgotha und Herrengrab. Die Großanlage Konstantins entstand zwischen 326 und 336. Grundrißskizzen bei Kopp 427 und - neueren Datums - bei Kroll 481 (Abb. 277). Vgl. Pilger von Bordeaux Anm. 93; Theodosius Anm. 45-47.

3 Die Reliquienkammer mit dem Kreuz des Herrn muß außerhalb der Martyriumsbasilika gelegen haben, vermutlich links von den Portalen. Der Eingang war in der SW-Ecke des Atriums (Nr. 8 bei Kroll 481, Abb. 277).

4 S.o. Anm. 2 (hier nicht *basilica,* sondern *aecclesia = ecclesia).*

5 Der *Breviarius* lokalisiert die zuerst bei Ambrosius von Mailand 395 der Kaiserinmutter Helena zugeschriebene Kreuzauffindung in der w. gelegenen *absida,* d.h. entweder in der Apsis der Martyriumsbasilika oder in einem Gewölbe (Krypta) darunter. Der kostbare, säulengetragene Altar ist „über" der Kreuzauffindungsstelle; das spricht für die Krypta. Aber die 12 Marmorsäulen mit Wasserschalen, Säulen ohne architektonische Funktion, standen nach Euseb, *Vita Constantini III,38* an der Rückwand der Apsis: Ihre Zwölfzahl entsprach der Zahl der Apostel, und die Schalen waren Mischkrüge, Geschenke des Kaisers Konstantin. Die Apsis des Martyriums gilt als Ort der Dämonenbeschwörung Salomos, die beim Pilger von Bordeaux (Anm. 82) noch auf dem Tempelplatz *(Ḥaram eš-Šerīf)* lokalisiert war: ein Zeugnis für die im 4. Jh. einsetzende Traditionsverschiebung vom Tempelplatz zur konstantinischen Großanlage; vgl. Theodosius Anm. 45.

6 Die hier zum ersten Male erwähnte Lanze *(Joh 19,34)* scheint im Mittelschiff der Martyriumsbasilika ausgestellt gewesen zu sein. Später war sie in der Zionsbasilika; vgl. Pilger von Piacenza 22. In der 2. Hälfte des 7. Jh. trifft man sie wieder in der modestianischen Grabeskirche; vgl. Arkulf I,8.

B: Die heilige Stadt liegt auf einem hohen Berge. Dann ist in der Stadtmitte die Basilika. Eine Kammer, wo das Kreuz unseres Herrn Jesus Christus aufgestellt ist. Dann betritt man die Basilika, wo die drei vergrabenen Kreuze gefunden worden sind. Und dort war ein Altar aus Gold und Silber; und es gibt 9 goldene Säulen, die den Altar tragen. Und in der Mitte der Basilika ist die Lanze, mit der der Herr Jesus Christus in seine Seite gebohrt wurde; und man hat aus der Lanze ein Kreuz gemacht: das leuchtet nachts wie die Sonne am Tag.

2. A: Und danach betritt man Golgotha. Dort ist ein großer Hof, wo der Herr gekreuzigt wurde.[7] Rings um den Hügel sind silberne Schranken, und auf dem Hügel befindet sich eine Art Hartkiesel. Es gibt silberne Türen, wo das Kreuz des Herrn aufgerichtet war, ganz mit Gold und Edelsteinen verziert, unter freiem Himmel. Die Schranken sind mit viel Gold und Silber verziert.[8] Wo die Schüssel ist, wo das Haupt des hl. Johannes getragen wurde.[9] Wo das Horn ist, aus dem David und Salomo gesalbt wurden.[10] Und dort ist der Siegelring, mit dem Salomo die Dämonen versiegelte: der ist aus Bernstein.[11] Wo Adam geschaffen wurde, wo Abraham seinen Sohn Isaak

---

7 Der *Breviarius* gebraucht „Golgotha" für den offenen Hof zwischen Martyrium und Anastasis. Der Felsen heißt *mons,* in der Fassung B *mons Caluariae.*

8 Die kostbaren Schranken befanden sich wohl nicht am Fuße des Golgothafelsen, sondern oben auf seiner Kuppe. Sie waren von ebenfalls silbernen Türen durchbrochen. Die Angabe *„ganz mit Gold und Edelsteinen verziert"* kann sich nicht auf das Kreuz Christi beziehen, das da einst *„aufgerichtet war";* gemeint ist wohl das Votivkreuz des Kaisers Theodosius II. (408-450), das er im Jahre 420 gestiftet hatte; vgl. Theophanes, *Chronographia A.M. 5920* (MPG 108,233). Der Boden der Felsenkuppe war nicht mit Platten belegt, so daß man den Stein *(genus silicis)* sehen konnte.

9 Auf Golgotha blüht das Reliquienwesen. Die Schüssel (A: *discus,* B: *missurius)* für das Haupt Johannes des Täufers: *Mk 6,25.28* u.par.

10 *1 Sam 16,1.13; 1 Kön 1,39.* Vgl. Egeria 37,3 und Pilger von Piacenza 22 (in der Zionsbasilika).

11 S.o. Anm. 5. Vgl. Egeria 37,3. Der Ring Salomos begegnet mehrfach in den arab. Märchen von 1001 Nacht; vgl. in der sechsbändigen Übertragung von E. Littmann (1960[4]): I,54.99.199; II,371f.; III,262; V,94.102 u.ö.

zum Opfer brachte an dem Ort, wo der Herr gekreuzigt wurde.[12] *B:* Und danach betritt man Golgotha, und dort ist ein großer Hof. Und dort ist der Calvarienhügel, wo der Herr gekreuzigt worden ist. Und rings um den Hügel sind silberne Schranken. Und dort ist eine Esca (Exedra?), wo der auferweckt worden ist, durch den das Kreuz Christi bestimmt wurde; und das Kreuz ist mit Gold und Edelsteinen verziert, und darüber ein goldener Baldachin[12a] Und außen befindet sich die Schranke. Dort ist die Schüssel, wo das Haupt Johannes des Täufers vor dem König Herodes getragen wurde. Und dort ist das Horn, mit dem David gesalbt wurde. Und dort ist Adam geschaffen worden. Und dort ist unser Herr gekreuzigt worden, und dort ist ein großer Altar.

---

12 Die spätjüdische Überlieferung lokalisierte den Ort der Erschaffung Adams und seine Wohnung bis zum Tode auf dem hl. Felsen *(eṣ-ṣaḫra)* des Tempelplatzes; Belege bei J. Jeremias, Golgotha (1926) 38, Anm. 4-6. Im Zuge der Traditionsverschiebung trat bei den Christen Golgotha dafür ein. Während sich aber die Vorstellung von der Erschaffung Adams auf Golgotha nicht durchsetzen konnte, blieb das ebenfalls vom hl. Felsen nach Golgotha gezogene Adamsgrab bis zur Gegenwart fest verankert (seit mindestens 626 in der sog. Adamskapelle unter der Kreuzigungstätte). Dazu J. Jeremias, Golgotha (1926) 34-40; ders., HG 98. Zur Konkurrenztradition in Hebron: St. Hieronymus, Paula und Eustochium Anm. 73; Arkulf II,10. - Zum Isaakopfer *(Gen 22)* vgl. schon Theodosius Anm. 45 und Einzelheiten beim Pilger von Piacenza Anm. 88. Die Opferung Isaaks galt der alten Christenheit als Typos der Passion Christi; das beförderte ihre Verlegung vom hl. Felsen nach Golgotha. Dazu vgl. J. Jeremias, Golgotha (1926) 48-50.

12a Die Fassung B bezieht sich auf die Kreuzauffindungslegende, die um 400 im Orient heimisch wurde, und zwar zunächst in Gestalt der sog. Cyriacus-Erzählung. In ihr wird das Herrenkreuz dadurch von den Schächerkreuzen unterschieden, daß man mit ihm einen toten Jüngling berührt: Er wird auferweckt, in der Mitte der Stadt um die 9. Stunde (Todesstunde Jesu: *Mk 15,34).* Vgl. J. Straubinger, Die Kreuzauffindungslegende (1912); J. Jeremias, Golgotha (1926) 30f. Eine Vorstufe der Legende bei Paulinus von Nola, *epist. 31,4-6 ad Severum* (CSEL 29, 1894, 271ff.). Die Stadtmitte als Ort des Kreuzprobewunders auch bei Arkulf I,11. Nach dem *Breviarius* dagegen ist der Ort eine *esca* beim Golgothafelsen. Für dieses Unwort hat T. Tobler *exedra* vermutet: eine apsidenförmige Nische oder ein Anbau; vgl. den ganz ähnlichen Sprachgebrauch bei Arkulf I,9. Möglicherweise ist damit der Raum ö. des Golgothafelsens gemeint (*post crucem;* Nr. 4 bei Kroll 481, Abb. 277). Die Fassung B nennt eindeutig das Votivkreuz des Kaisers Theodosius II. (s. o. Anm. 8), das von einem Baldachin (Ziborium) überdacht ist: *celum desuper aureum; celum = caelum* hier nicht wie in der Fassung A „Himmel".

3. *A:* Danach betritt man nach Westen die heilige Anastasis, wo das Grab des Herrn ist, wo davor der Stein ist, eine Art Hartkiesel. Darüber ist die Kirche in Rotundengestalt errichtet.[13] Über dem Grab ist ein Baldachin[14] aus Silber und Gold, und ringsum ist alles aus Gold. Vor dem Grabe ist der Altar, wo der hl. Zacharias getötet wurde, wo sein Blut vertrocknete.[15] Danach zur Sakristei der Basilika des hl. Konstantin, wo eine Kammer ist, wo das Rohr ist und der Schwamm und der Kelch, den der Herr segnete und seinen Jüngern gab und sprach: *„Das ist mein Leib und mein Blut."*[16] Danach gehst du zu der Basilika, wo Jesus die Taubenhändler fand und hinauswarf. [17]

---

13 Der älteste literarische Beleg für die auf der Madeba-Karte (M 69; 70) deutlich erkennbare Kuppelgestalt der konstantinischen Anastasis (hier: *sancta resurrectio)* über dem Hl. Grab. Das älteste Zeugnis für den Auferstehungsstein vor dem Grabeingang: Kyrill von Jerusalem, Katechesen 13,39 und 14,22 (vom Jahre 348).

14 *transuolatile:* eine Art Dach, ein Ziborium über dem Grab; vgl. G. Dalman, Orte und Wege Jesu (1924[3]) 377f. J. Gildemeister, a.a.O., S. 34 rechnet mit einer Übersetzung aus griech. παραπέτασμα „Vorhang, Decke", falsch von πέταμαι „fliegen" abgeleitet. Jedenfalls läßt die Wortbedeutung *(transvolare* „überfliegen") an einen Aufbau aus leichtem Material denken. Der Pilger von Piacenza beschreibt ein festes Grabhäuschen (18).

15 Das Zachariasblut *(Mt 23,35* mit Bezug auf *2 Chron 24,20f.)* sah der Pilger von Bordeaux (Anm. 86) in Übereinstimmung mit der jüdischen und sonstigen christlichen Tradition auf dem Tempelplatz; vgl. J. Jeremias, Golgotha (1926) 47f. Der *Breviarius* ist der einzige Zeuge dafür, daß auch diese Überlieferung auf dem Wege der Traditionsverschiebung in die konstantinische Großanlage gezogen worden ist. Nach Arkulf I,3 war der Felsen des Grabes „zweifarbig" *(bicolor),* nämlich „rötlich und weiß" *(ruber et albus).* Rötliche Streifen werden die Deutung auf das Zachariasblut nahegelegt haben, so daß es der Annahme von G. K. Klameth, Die neutestamentlichen Lokaltraditionen Palästinas in der Zeit vor den Kreuzzügen I (1914) 132, man habe womöglich die rötlichen Pflastersteine vom Tempelplatz herübergetragen, nicht bedarf.

16 Die Reliquienkammer des Martyriums, hier *sacrarium* genannt, ist wahrscheinlich mit dem in Abschnitt 1 genannten *cubiculus* (mit dem Kreuz) identisch. Es handelt sich also um einen Rundgang durch die konstantinische Großanlage. Vgl. Pilger von Piacenza 20. Rohr und Schwamm: *Mk 15,36* u.par.; Abendmahlskelch: *Mk 14,22-25* u.par.

17 Die Tempelreinigung: *Mk 11,15-19* u.par.; *Joh 2,14-17.* Natürlich ist dieses Ereignis auf dem Tempelplatz lokalisiert; anderswo hätte es keinen Sinn. Kopp 361[86] vermutet, daß der Satz zu der nur in Fassung B erwähnten kreuzförmigen Versuchungsbasilika auf dem SO-Teil des *Ḥaram* gehört (s. u. Anm. 27a), in der man nicht nur der zweiten Szene der Versuchung Jesu, sondern auch der Tempelreinigung gedachte. Der Satz müßte dann versehentlich an

B: Und auf der Westseite betritt man die heilige Anastasis, wo das Grab unseres Herrn Jesus Christus ist.

4. *A:* Danach gehst du zu der sehr großen St. Zionsbasilika, wo die Säule ist, wo der Herr Jesus geschlagen wurde. Es sieht dort so aus, als sei es in Wachs gedrückt, wie er (die Säule) mit den Armen umfaßte.[18] Danach gehst du zur Sakristei, wo der Stein ist, wo der hl. Stephanus gesteinigt wurde.[19] In der Mitte der Basilika ist die Dornenkrone, die der Herr empfing.[20] Und dort ist auch die Lampe, wo der Herr seine Jünger lehrte, als er gegessen hatte.[21] Dort ist der grüne Zweig, in eine silberne Säule eingeschlossen.[22]
B: Und du gehst danach zur anderen Basilika, wo der Herr gegeißelt wurde und seine Arme um die Säule legte. Und danach gehst du zur Sakristei; und dort ist der Stein, mit dem der hl. Stephanus gesteinigt wurde. Und dort in der Mitte der Basilika ist die Dornenkrone, mit der der Herr bei den Juden gekrönt worden ist. Und dort ist eine Lampe. Dort lehrte der Herr seine Jünger, als er mit ihnen aß. Und dort ist der grüne Zweig, von einem ausgerissenen Bogen (?) eingeschlossen.[22a]

---

eine falsche Stelle geraten sein. Diese Auskunft ist nicht ganz befriedigend, aber ich weiß nichts Besseres.

18 Die um 340 entstandene große Zionsbasilika auf dem SW-Hügel als Nachfolgerin der alten Apostelkirche; vgl. Pilger von Bordeaux Anm. 89 und Theodosius Anm. 48. Zu der im NT nicht erwähnten Geißelungssäule vgl. Theodosius Anm. 52. Die Eindrücke (Unebenheiten) im Stein des Säulenschaftes schildern noch Theodosius (7) und der Pilger von Piacenza (22).

19 *Apg 7,54-60.* Es handelt sich um die Reliquienkammer *(sacrarium)* der Zionsbasilika; vgl. Pilger von Piacenza 22.

20 *Mk 15,17* u.par.; *Joh 19,2.*

21 Hier ist nicht das Abendmahl gemeint, das nach Abschnitt 7 (Fassung B) im Kidrontal lokalisiert ist. In Betracht kommen die Abschiedsreden des Joh.-Evangeliums *(Joh 14-17)* im Anschluß an Mahl und Fußwaschung *(Joh 13).* Aber es scheint, als ob Jesus allein gegessen habe (allerdings nur nach Fassung A!). Deshalb ist eher an die Erscheinung des Auferstandenen am Osterabend nach *Lk 24,36-49* zu denken, wofür auch die Lokalisation auf dem Zion spricht (die Zionsbasilika stand nach der Überlieferung an der Stelle des Hauses der Apostel).

22 Rätselhaft. Ob die Geißelungsrute gemeint ist? Vgl. die *virga* im röm. Liktorenbündel. Oder gar der Aaronstab *(Num 17,16-26)*? Vgl. Chr. Nauerth, Der grüne Stab. Hinweise zu einer unerklärten Tradition in Jerusalem. DBAT 30 (1999) 137-141.

22a Der Text der Fassung B *„et ibi est illa uirga inclausa de arco uuolso"* ist vollends unverständlich.

5. *A:* Danach gehst du zum Haus des Kaiphas, wo der hl. Petrus verleugnete, wo eine große Basilika des hl. Petrus ist.[23] Danach gehst du zum Haus des Pilatus, wo er den gegeißelten Herrn den Juden überantwortete. Wo eine große Basilika ist, und dort ist die Kammer, wo sie ihn ausgezogen haben und er gegeißelt wurde: die heißt St. Sophia.[24]

B: Und danach gehst du zum Haus des Pilatus, wo der Herr den Juden überantwortet wurde.

6. *A:* Danach gehst du zum Tempel, den Salomo erbaut hat; nichts ist davon übriggeblieben, außer einer Höhle.[25] Danach gehst du zur Zinne, wo der Satan den Herrn draufstellte.[26] Wenn du nach Silua hinabsteigst, ist dort der Teich, wo der hl. Jeremia hineingeworfen wurde ... [27]

B: Und danach gehst du zur Zinne des Tempels, wo der Satan unseren Herrn Jesus Christus versuchte. Und dort steht eine kreuzförmige Basilika.[27a]

7. *B:* Und dort ist die Basilika, wo sich dereinst die Kranken wuschen und gesund wurden.[28] Und dort ist die Basilika der hl. Maria, und dort ist ihr Grab.[29] Und dort überantwortete Judas unseren

---

23 Zum Kaiphashaus (Pilger von Bordeaux Anm. 89) mit der Kirche der Reue Petri vgl. Theodosius Anm. 49. Einzelheiten bei Kopp 400-405 und Kroll 412-418.

24 Zum Prätorium des Pilatus (Pilger von Bordeaux Anm. 92) mit der Sophienbasilika vgl. Theodosius Anm. 50. Einzelheiten bei Kopp 412-421 und Kroll 422-439.

25 Die Höhle *(cripta)* unter dem Hl. Felsen *(eṣ-ṣaḫra)* auf dem Tempelplatz.

26 Die Tempelzinne *(pinna templi)*, d.h. die SO-Ecke der *Ḥaram*-Mauer, als Ort der zweiten Szene der Versuchung Jesu *(Mt 4,5-7; Lk 4,9-12)*.

27 Zum Jeremia-Teich *(Jer 38,6)* vgl. Theodosius Anm. 51. Es handelt sich wahrscheinlich um einen Teich n. des Tempelplatzes *(Birket Banī Isrā'īl?)*. Dafür spricht auch die Reihenfolge im *Breviarius:* voraus geht die Tempelzinne, es folgt in Abschnitt 7 (B) Bethesda. Also führt der Weg nach Silua = Siloah durch den Vorläufer des heutigen Stephanstores *(Bāb Sittī Maryam)*.

27a Diese kreuzförmige Basilika *(basilica in cruce)* wird nur vom *Breviarius* erwähnt, auch dort nur in Fassung B. Sie ist auf der Madeba-Karte (M 69; 70) abgebildet: vermutlich in der 1. Hälfte des 6. Jh. erbaut und 614 zerstört. Vgl. Kopp 361.

28 Bethesda *(Joh 5,2-9)*; vgl. Pilger von Bordeaux Anm. 81.

29 Der *Breviarius* formuliert unklar. Er meint zwei mindestens 350 m voneinander entfernte Marienkirchen: 1. die in der 1. Hälfte des 5. Jh. entstandene

Herrn Jesus Christus.[30] Und dort ist der Ort, wo der Herr mit seinen Jüngern aß, und danach stieg er auf den (Öl)berg.[31] Auf der rechten Seite ist dort das Tal Josaphat; dort wird der Herr die Gerechten und die Sünder richten. Und dort ist der kleine Fluß, der am Jüngsten Tage Feuer sprühen wird.[32] Und dort sind zwei Basiliken, wo Christus seine Jünger lehrte.[33] Und danach gehst du nach Galiläa, wo die Jünger den Herrn Jesus sahen, nachdem er von den Toten auferstanden war.[34]

Marienbasilika (zum Gedächtnis ihrer Geburt) auf dem O-Teil des Mittelportikus zwischen den beiden Teichen von Bethesda, zuerst erwähnt von Petrus dem Iberer (ed. Raabe 94) und Theodosius 8 (Anm. 55); 2. die Kirche über dem Mariengrab im Kidrontal, zuerst erwähnt von Theodosius 10 (vgl. auch Pilger von Piacenza 17 und Arkulf I,12). Dazu C. Kopp, Das Mariengrab (1954).

30 Die Verratsgrotte ö. des Vorhofs der Mariengrabbasilika, zuerst erwähnt beim Pilger von Bordeaux 17 (Anm. 95).

31 Das Abendmahl in der Verratsgrotte; vgl. Theodosius Anm. 58. Einzelheiten bei Kopp 376-387 und Kroll 395-404.

32 Der Name Tal Josaphat für das Kidrontal stammt aus *Joel 4* (Vulgata: 3),2.12 (dort Symbolname „Gott richtet" für ein Tal bei Jerusalem als Stätte des Jüngsten Gerichts), zuerst topographisch auf das Kidrontal bezogen bei Euseb, On. 70,2-4 und 170,8-10 (beidemale mit dem Hinnomtal = *Wādi er-Rabābe* verwechselt!). Die Vorstellung vom Endgericht im Kidrontal ist vom Islam übernommen worden und bis heute lebendig. Zum Feuerstrom vgl. z.B. *Jes 30,33; 34,9f.*

33 Die zwei Basiliken auf dem Ölberg: 1. die 325 begonnene sog. Eleona-Basilika Konstantins über der Höhle der Jüngerbelehrung nach *Mk 13,3ff.* u.par. (vgl. schon Pilger von Bordeaux Anm. 98); 2. die 378 von Poemenia gestiftete Kirche an der Himmelfahrtsstätte, das sog. *Imbomon.* Vgl. zu den schwierigen Problemen der Memorialstätten auf dem Ölberg: G. Klameth, Die neutestamentlichen Lokaltraditionen Palästinas in der Zeit vor den Kreuzzügen II (1923) 106-126; Kopp 453-465 und Kroll 527-539; G. Kretschmar, Festkalender und Memorialstätten Jerusalems in altkirchlicher Zeit. ZDPV 87 (1971) 167-205 (bes. 183ff) und ADPV 1987 (s.o. Anm.11), 29-111.

34 *Mk 14,28; 16,7; Mt 26,32; 28,16; Joh 21.* Es handelt sich um das Ende des Rundganges durch Jerusalem und das ö. davon gelegene Gelände. Also ist hier nicht die Landschaft Galiläa im N Palästinas gemeint, sondern der Ölberg. Er heißt bereits bei dem Syrer Jakob von Sarug (451-521) „Berg der Galiläer"; vgl. A. Baumstark, *Oriens Christianus 5* (1905) 95. Gewiß steht dahinter auch *Apg 1,11* (die Engel nach der Himmelfahrt zu den Jüngern: *„Ihr Männer von Galiläa, was steht ihr da und schaut zum Himmel?")*. So hat der Ölberg, zuzeiten auch der Zion, als Stätte der Erscheinungen des Auferstandenen vor den Jüngern gegolten. Erörterung und Belege bei Kopp 451f.

7. Der Pilger von Piacenza (um 570)

(Antonini Placentini Itinerarium)

Piacenza ist eine freundliche kleine Agrar- und Industriestadt in der oberitalienischen Tiefebene, auf dem rechten Ufer des mittleren Po, am Endpunkt der alten *Via Aemilia.* 1970 hatte es 104 500 Einwohner. 218 v. Chr. unter dem Namen *Colonia Placentia* gegründet und seit dem 4. Jahrhundert Bischofssitz, erlebte die Stadt Blütezeiten im Mittelalter und unter der Herrschaft der fürstlichen Familie Farnese (1545-1731). Italienreisende kennen den Dom im lombardisch-romanischen Stil (1122-1233), vielleicht auch die aus dem 5. Jahrhundert stammende und im 11. Jahrhundert erneuerte alte Kathedrale S. Antonino; sie kennen gewiß auch die Kirche S. Sisto, über deren Hochaltar sich bis 1753 Raffaels Sixtinische Madonna befand.[1] Piacenza liegt in einem fruchtbaren Agrargebiet. Es hat heute Lebensmittelindustrie (vor allem Zucker) und produziert landwirtschaftliche Maschinen. Es verfügt aber auch über Erdöl- und Erdgasvorkommen (Cortemaggiore), mit denen eine relativ bescheidene chemische Industrie verbunden ist.

Aus dieser Stadt ist in der 2. Hälfte des 6. Jahrhunderts ein Pilger nach dem Hl. Lande aufgebrochen, von dem man lange Zeit annahm, er habe die Märtyrerkrone getragen. Man nahm das an, weil es zwei der Handschriften seines Berichtes in der Überschrift behaupten: *„Über die heiligen Orte, die der Selige Märtyrer Antoninus bereiste"*[2] und *„Bericht des Märtyrers Antoninus über die überseeischen heiligen Orte".*[3] Aber es ist nicht wahr. Der Bericht beginnt mit den Worten: *Praecedente beato Antonino martyre* „unter Vorantritt (Führung) des Seligen Märtyrers Antoninus" (bin ich aus Piacenza ausgezogen) - und daraus könnte man allenfalls schließen, der Pilger habe zu einer Reisegruppe gehört, deren prominentestes Mitglied oder deren Leiter der nachmalige Märtyrer Antoninus gewesen

---

1 Vgl. E. Ottolenghi, Storia di Piacenza dalle origini sino all'anno 1918 (1947).

2 *Cod. Bruxellensis 2922* (9. Jh.): *De locis sanctis, quos perambulavit beatus Antoninus martyr.*

3 *Cod. Vaticanus 636 A* (13. Jh.): *Relatio Antonini martyris de locis transmarinis sacris.*

war.[4] Aber selbst das ist ganz unwahrscheinlich. Denn es würde bedeuten, daß jener prominente Pilger, vielleicht das Haupt der Reisegesellschaft, nach der Pilgerfahrt, aber vor der Abfassung des Berichtes den Märtyrertod erlitten hätte. Im 6. Jahrhundert? Und ohne daß wir sonst auch nur das mindeste über diesen Märtyrer Antoninus wissen? Unter solchen Umständen ist die Annahme viel wahrscheinlicher, daß sich der anonyme Pilger einfach unter den Schutz seines Ortsheiligen Antoninus gestellt hat, dem die Kathedrale von Piacenza geweiht war. Dieser Antoninus war Märtyrer der Thebaischen Legion: Er hatte, so erzählt die Legende, zusammen mit dem hl. Mauritius und 6600 Soldaten unter Kaiser Diokletian (284-305) den Tod erlitten und den Kranz des Martyriums gewonnen.[5] Was konnte ein Bürger von Piacenza Besseres tun, als mit dem Beistande seines Ortsheiligen zu reisen, bei so beschwerlicher und gefährlicher Fahrt?

Er tat recht daran. Die Fürbitte des Seligen Märtyrers Antoninus hat ihn auf seiner langen Reise begleitet. So kam er heil aus allen Gefahren, während sein teurer Gefährte Johannes, der Gatte der Thecla, bei den heißen Quellen im Yarmuktale unterhalb von Gadara sterben mußte (7). Er bewahrte sich ein freundliches, helles Gemüt und hatte Freude an allem, was er sah, mit Ausnahme der Samaritaner (8).[6] Vor allem aber hinterließ er uns einen bezaubernden Reisebericht, dessen Frische, Farbe und Lebendigkeit an den der Nonne Egeria heranreicht. Es gibt in der ganzen Pilgerliteratur nichts Kurzweiligeres zu lesen als Egeria und den Pilger von Piacenza - in dieser Reihenfolge! Denn der Ruhm, den allerschönsten Pilgerbericht geschrieben zu haben, soll der Nonne nicht genommen werden.

Die Reiseschilderung des Pilgers beginnt in Konstantinopel (1). Wie er von Piacenza aus dorthin gelangt war, wissen wir nicht:

---

4 Am Anfang der Fassung B ist diese Konsequenz tatsächlich gezogen: *Procedente beato Antonino martyre una cum collega suo ex eo quod ciuitatem Placentiam egressus est* „unter der Führung des Seligen Märtyrers Antoninus ist einer seiner Genossen aus der Stadt Piacenza ausgezogen".

5 Die Passion nach Eucherius von Lyon, *Passio Agaunensium martyrum,* ed. C. Wotke, CSEL 31 (1894) 163ff. Vgl. auch D. van Berchem, Le martyre de la légion thébaine (1956).

6 Vgl. J. Wilkinson, a.a.O., S. 6. Zu diesem Thema s. auch A. D. Crown, The Samaritans in the Byzantine Orbit. Bulletin of the John Rylands Library 69 (1986) 96-138.

vielleicht auf dem Landwege über den Balkan, wie 250 Jahre früher der Pilger von Bordeaux. Die nächste Station nach Konstantinopel ist Zypern (1). Dorthin muß er natürlich zu Schiff gefahren sein. Direkt von Konstantinopel aus oder von einem der Häfen an der Südküste Kleinasiens? Der Pilger schweigt darüber; es handelt sich ja nicht um biblische Länder. Von Zypern nahm er ein Schiff nach *Antaradus/Tortosa (Ṭarṭūs)* an der syrischen Küste und reiste dann nach Süden entlang der Mittelmeerküste bis Akko/*Ptolemais* (1-3). Dort verließ er die Küste und wandte sich ins Landesinnere: Sepphoris/*Diocaesarea* und Kana (4), Nazareth (5), der Berg Tabor (6), Tiberias und Kapernaum (7), mit einem Abstecher zu den Jordanquellen (7). Der Pilger passierte dann das Südende des Sees Gennezareth, besuchte Gadara und die heißen Quellen im Yarmuktal (7), kehrte nach Westen um, vorbei an Bethschean/*Skythopolis* (8), und stieg aufs Gebirge nach Samaria/*Sebaste* und Sichem/*Neapolis* (8). Anstatt nun aber von dort auf der alten Straße nach Jerusalem zu ziehen, stieg er wieder in den Jordangraben hinunter, besuchte die Taufstelle bei Jericho und vielleicht auch deren ostjordanische Umgebung (9-12), dann Jericho selbst mit Gilgal (13-15), und nahm die Straße durch die Wüste Juda über Bethanien und den Ölberg (16) bis Jerusalem. Dort hielt er sich längere Zeit auf (17-27) und machte einen Ausflug nach Bethlehem (28-29) und Hebron (30). Jerusalem war der Ausgangspunkt seiner großen Ägyptenreise. Er ging über Aseka (31) und *Eleutheropolis* (32) nach Askalon und Gaza (33), betrat die Wüste und zog über Elusa (34) durch das Innere der Sinaihalbinsel (35-36) bis zu den heiligen Gottesbergen Horeb und Sinai (37-39). Entlang der Westküste der Halbinsel reiste er dann nach Norden, über Pharan (40) und *Wādi Ġarandal* nach *Clysma*/Suez (41-42). Das Heiligtum des berühmten Eremiten Paulus ca. 150 km südlich von Suez reizte ihn (43); er nahm es wie im Vorbeigehen mit, wandte sich nach Westen und durchquerte die Wüste bis zum Nil bei Alt-Kairo und Memphis (43-44). Danach zog er nach Nordwesten über Athribis zur Menas-Stadt und nach Alexandria (45). Wie er von dort aus wieder nach Jerusalem gelangte, wissen wir nicht. Aber niemand wird sich wundern, daß er nach solchen Strapazen erst einmal krank wurde und in Jerusalem daniederlag (46). Als ihn die hl. Euphemia und der hl. Antonius kuriert hatten, reiste er über Joppe und *Caesarea Palaestinae* (46) durch Galiläa nach Damaskus (46), von dort aus über den Antilibanos nach Baalbek/*Heliopolis,* Emesa, Arethusa, *Epiphania*/Hamath, Larissa und

Apamea (46) bis Antiochia am Orontes (47). Von dieser großen und berühmten Stadt brach er, gewiß schon mit verminderten Kräften, nach Nordmesopotamien auf (47): Chalkis, *Carrhae/Ḥarrān*, Suras, Barbalissos und *Tetrapyrgium/Sergiupolis (Ruṣāfe)* in der syrischen Wüste. Dort endet leider der Bericht. Wir erfahren nicht, wie der Pilger wieder nach Hause gelangte.[7] Er muß aber nach Piacenza zurückgekehrt sein und dort seinen Bericht geschrieben haben; denn er erwähnt ausdrücklich, daß er pfundschwere Datteln aus Jericho einem Ratsherrn seiner Vaterstadt namens Paterius mitgebracht habe (14).

Die Reise ist zwar nicht aufs Jahr genau, aber doch immerhin einigermaßen zuverlässig zu datieren. Der Pilger nennt gleich im 1. Abschnitt den Namen des Kaisers Justinian (527-565) und berichtet, zu dessen Zeit sei die phönikische Küste von einem Erdbeben heimgesucht worden, das die Städte Tripoli, Triari, Byblos, *Berytus*/Beirut und Sidon zerstörte. Beirut hatte es besonders schwer getroffen; dort waren mehr als 30000 Menschen umgekommen. Im 6. Jahrhundert bebte die Erde im Nahen Osten mehrfach, allein während der Regierungszeit Justinians dreimal: 529, 551 und 554.[8] Das Erdbeben von 529 kommt jedoch als Datierungsmarke für den Bericht nicht in Frage; denn der Pilger erwähnt die Neue Kirche der Gottesmutter *(Nea Theotokos)* in Jerusalem (23), die erst 542 geweiht worden ist.[9] 554 sank Beirut in Trümmer. Also wird der Pilger nicht allzu lange danach, sagen wir um 570, im Orient gewesen sein. Genauer ist es leider nicht zu haben; jedenfalls darf man nicht unter 614 - das Datum der Verwüstung Palästinas durch die Perser - hinabgehen. Wie lange die Reise dauerte, ist nicht zu ermitteln. Es scheint, daß der Pilger klugerweise - oder zufällig? - das Winterhalbjahr nutzte: Zu Epiphanias (6. Januar) war er am Jordan (11), und das Araberfest im Sinai-Zentralmassiv (36; 39) könnte ein Frühjahrsfest gewesen sein. Selbstverständlich reiste der Pilger nicht allein; das tat niemand. Er war Mitglied einer Pilgergruppe, deren Zusammensetzung auf der Strecke gewechselt haben kann. Bis zu den Thermen am Yarmuk unterhalb Gadara gehörte ihr ein gewisser Johannes aus Piacenza an, Gatte der Thecla, der dort starb (7). In Elusa, in den Regionen

---

7 S.u. Anm. 230.

8 S.u. Anm. 4. Vgl. K. W. Russell, The Earthquake Chronology of Palestine and Northwest Arabia from the 2nd through the Mid - 8th Century A. D. BASOR 260 (1985) 37-59.

9 S.u. Anm. 108.

der Südwüste, hören wir von einem sehr frommen Christen, den der Pilger begleitete *(ille christianissimus, cum quo fui);* leider wird sein Name nicht genannt (34). Der Bericht ist überhaupt, wenn auch nicht ausschließlich, im Wir-Stile abgefaßt: *venimus ... vidimus* „wir kamen ... wir sahen" - man fühlt sich an Caesar erinnert, nur zu siegen gab es nichts.

Über das Verhalten und über das Brauchtum solcher Pilgergruppen im Hl. Lande und an den heiligen Orten erzählt die Nonne Egeria mehr als der Pilger von Piacenza. Aber auch er läßt hin und wieder eine Bemerkung fallen, und man kann erkennen, daß sich durch die Jahrhunderte bis zur Gegenwart erstaunlich wenig geändert hat. Wer kennt nicht die zahllosen Pilgerinschriften (Graffitti) überall im Lande, mit denen die Pilger aller Zeiten zum Ausdruck bringen: „Ich war hier"? Besonders eindrücklich ist das an den Felswänden des Zugangs zur Helena-Grotte unter der Grabeskirche in Jerusalem: unzählige kleine Kreuze, gewiß von Menschen, die nicht schreiben konnten. Der Pilger von Piacenza konnte schreiben: Wir mögen als besonders sympathisch ansehen, daß er in Kana, an der Stätte des Weinwunders von *Joh* 2, gerade nicht seinen eigenen Namen, sondern die Namen seiner Eltern schrieb (4). Das ist mehr als eine Visitenkarte; die Eltern sind nun, vertreten durch ihre Namen, am heiligen Orte gegenwärtig. Auch die Berührung des Heiligen mit dem Munde kommt oft vor: Man küßt beim Einzug in Jerusalem den Boden (18), man küßt das Kreuz des Herrn (20), man trinkt von dem Schwamm, aus dem er am Kreuze Essig zu sich nahm (20), man trinkt auf dem Zionsberg sogar aus der Hirnschale einer hl. Märtyrerin (22) - Frömmigkeit muß keineswegs immer mit gutem Geschmack Hand in Hand gehen. Man besteigt den Phasael, den sog. Davidsturm der Zitadelle von Jerusalem, und gedenkt daselbst des königlichen Psalmensängers (21). Man schert auf dem Horeb den Bart (37) - auch der Pilger von Piacenza hat das getan und ist also auf seiner Ägyptenreise stoppelig gewesen. Die Besucher der Taufstelle am Jordan bewahren die mit dem heiligen Wasser getränkten Kleider für ihr Begräbnis auf (11), und die Schiffseigner aus Alexandria nehmen Wasser aus dem Jordan mit, um ihre Schiffe vor dem Auslaufen zu besprengen (11). Man tut überhaupt vieles „zur Segnung" *(pro benedictione:* 4; 17; 22) oder „um Segen mitzunehmen" *(benedictionem tollere:* 18; 46); denn es verhält sich so, daß „Segen" viel mehr ist als wir uns in den kalten Ländern nördlich der Alpen darunter vorstellen. Segen ist heilige Kraft, die übertragen werden kann, und man nimmt die beschwerliche Reise nicht zuletzt deshalb auf sich, um gesegnet und geheiligt zu werden. Wir sollten uns nicht anmaßen, dergleichen zu verachten und Aberglauben zu nennen. Denn dieser Aberglaube ist eine Erscheinungsform der Religion einfacher Menschen und kann, so Gott will, Vehikel sein für das Heil. Es ist nicht wahr, daß nur das als Religion gelten darf, was wir dafür halten. Des Gedankens Blässe mag unser Teil sein. Nirgendwo steht geschrieben, daß christliche Religion nicht farbig sein darf.

Auch in der Schilderung liturgischer, gottesdienstlicher Begehungen läßt die Nonne Egeria den Pilger von Piacenza weit hinter sich, hat sie doch den ganzen zweiten Teil ihres Berichtes nichts anderem als der Beschreibung der Liturgie in den Jerusalemer Kirchen gewidmet.[10] Was der Pilger von Piacenza erwähnt, ist demgegenüber vergleichsweise bescheiden, wenn auch interessant und in einigen Fällen einzigartig. Er schildert in einem ganzen Abschnitt (11) das Epiphaniasfest an der Taufstelle bei Jericho: die Vigilien, die Matutinen, die Segnung des Wassers und die Taufhandlung, nicht ohne zu betonen, es sei dabei sehr wunderbar zugegangen. Er beschreibt ferner die ebenfalls von Wundern begleitete Kreuzprozession im Atrium der konstantinischen Martyriumsbasilika zu Jerusalem (20), das gemeinschaftliche Räuchern von Juden und Christen über den Patriarchengräbern in Hebron (30), eine Mönchsprozession am Sinai (37), den Morgengottesdienst auf dem Sinai (37) und das koptische Benediktus der Frauen und Kinder in der Wüstenstadt Pharan (40), das diese gewiß nicht ganz ohne touristische Absichten angestimmt haben. Andachten und Gottesdienste der Pilgergruppe selbst kommen im Bericht des Mannes aus Piacenza nicht vor, was natürlich nicht heißt, daß es sie nicht gegeben hat.

In einer Hinsicht allerdings muß dem Pilger von Piacenza die Palme des Ruhms vor der Nonne Egeria gereicht werden: wegen der Vielfalt seiner Interessen. Gewiß, die Nonne war neugierig gewesen und hatte das auch freimütig zugegeben[11], aber diese Neugier war überwiegend auf heilige Menschen und Dinge gerichtet, die ihr allein wesentlich erschienen und die sie daran hinderten, sich an weltliche Erscheinungen zu verzetteln. Der Pilger von Piacenza trug keinerlei Bedenken, sich zu verzetteln. Wir wollen ihn darob

---

10 S. o. S. 78.

11 16,3: *ut sum satis curiosa.*

nicht tadeln, sondern dankbar dafür sein, daß er so viele bunte Dinge aufgeschrieben hat. Sie sind über seinen Bericht verstreut und sollen im folgenden ein wenig geordnet werden.

Der Pilger hatte ein starkes Interesse an Menschen, an ihrem Charakter, ihren Lebensverhältnissen, ihrem Aussehen. Er schreckte nicht davor zurück, Pauschalurteile über die Bevölkerung ganzer Städte zu fällen. In Sidon - so hören wir - wohnen ganz üble Leute[12], in Tyrus reiche, prunksüchtige Leute[13] - sogar Bordelle gibt es da! -, in Alexandria unzuverlässiges, wenn auch pilgerfreundliches Volk[14], in Gaza dagegen wohlhabende, höfliche, ebenfalls pilgerfreundliche Menschen.[15] An solchen Pauschalurteilen ist bekanntlich immer etwas Wahres, auch wenn sie ungerecht sind. In Nazareth (5) hat die Schönheit der Frauen das Herz des Pilgers erwärmt: Kein Wunder, sie sind eben alle weitläufige Verwandte der hl. Maria! Auch sind die Juden in Nazareth den Christen freundlich gesinnt, während sie ihnen anderwärts eher mit Antipathie begegnen. In hohem Grade antipathisch, abseitig, wunderlich, wenn nicht abstoßend sind die Samaritaner der Gegend von Samaria und Neapolis (8): Ihnen hat der Pilger keine einzige freundliche Zeile gewidmet. Faszinierend sind die oftmals scheuen, negroiden Kamelnomaden der Südwüste, mit Schlitznasen, Schlitzohren, Galoschen und Zehenringen (35). Übrigens sind sie nicht alle scheu; es gibt auch einmal eine bettelnde Nomadenfamilie am Wege (36), deren Gebaren sich in nichts von dem ihrer Nachkommen in der Gegenwart unterscheidet. Der Pilger gedenkt der sprachenkundigen Äbte im Katharinenkloster am Sinai (37) ebenso wie des Lebens der Militärgarnison in der Oasenstadt Pharan (40); er vergißt auch nicht zu erwähnen, daß Apamea am Orontes eine Art Sammelpunkt für den syrischen Adel ist (46). Man wünschte sich öfter, er wäre ausführlicher gewesen und mehr in die Einzelheiten gegangen, so vor allem bei der Schilderung eines Festes der vorislamischen Araber (Sarazenen) auf der Sinaihalbinsel, die auf dem Horeb ein marmornes Kultbild verehren (36; 38). Denn über die Religion, die Sitten und Gebräuche dieser Menschen wissen wir fast nichts und müssen dem Pilger immerhin dankbar dafür sein, daß er überhaupt darauf zu sprechen kommt.

---

12 2: *homines pessimi.*

13 2: *homines potentes.*

14 45: *populus leuissimus, sed amatores peregrinorum.*

15 33: *homines honestissimi omni liberalitate decori, amatores peregrinorum.*

Vielleicht hängt es mit der oberitalienischen Herkunft des Pilgers zusammen, daß er sein Augenmerk auch auf Handel und Gewerbe in den von ihm bereisten Gegenden gerichtet hat. Für Tyros notiert er die Seidenfabrikation, und wer will, mag auch die dortigen Freudenhäuser *(genicia publica)* zum Gewerbe rechnen (2). In beiden Fällen könnten übrigens unausgesprochene biblische Erinnerungen eine Rolle gespielt haben: Tyrus ist im Alten Testament für seine Stoffe berühmt[16] und wird auch einmal mit einer Dirne verglichen.[17] Akko/*Ptolemais* ist eine wohlhabende Stadt (2); es hat ja auch ebensowenig wie Tyrus unter dem Erdbeben gelitten. Am Nordufer des Toten Meeres werden Schwefel und Asphalt gesammelt (10). Der Seehandel des byzantinischen Reiches mit Indien geht zu einem guten Teile über die Hafenstädte Elath/*Aila* (40) und *Clysma*/Suez (41) an beiden Golfen des Roten Meeres. Das Erdöl von *Clysma* (42), für das der Pilger der älteste Zeuge ist, scheint wirtschaftlich nicht genutzt worden zu sein.

Mit Handel und Gewerbe hängen Landwirtschaft und Gartenbau eng zusammen. Darüber äußert sich der Pilger mehrfach, manchmal auch nur über die Früchte des Bodens ohne menschliche Kultivierungsarbeit. In *Constantia*/Salamis auf Cypern gibt es Dattelpalmen (1). Galiläa ist von paradiesischer Fruchtbarkeit; der Pilger vergleicht es mit Ägypten (5). Man baut dort Wein, Öl, Obst, Weizen und Mohrenhirse, die letztere ungewöhnlich hoch, mit übermannsgroßen Halmen. Der Tabor hat ackerbaufähigen Boden (6), und bei Siebenquell *(eṭ-Ṭābġa)* am See Gennezareth wachsen Olivenbäume und Palmen (9). Eine wunderbare Sache für sich ist natürlich die unerhörte Fruchtbarkeit des Herrenackers in Gilgal bei Jericho (13). Aber auch wer sich nicht auf Wunder einlassen will, kommt in Jericho auf seine Kosten: Die Elisa-Quelle bewässert die Oase von Jericho und ermöglicht den Anbau von Zitronen, Wein, Bohnen und Datteln (14). Die Datteln sind pfundschwer *(de libra)*, d. h. doch wohl die Dattelrispen; eine davon hat der Pilger dem Piacenzer Ratsherrn Paterius als Souvenir mitgebracht. Obst und Wein wachsen übrigens auch auf dem Blutacker des Judas (Hakeldama) bei Jerusalem (26). Dem Pilger ist ferner nicht entgangen, daß Siloah die einzige Quelle Jerusalems ist (19).[18] Auch in der Ödnis der

---

16 Vgl. z.B. *Ez 27,7.16.24.*

17 *Jes 23,15f.*

18 S.u. Anm. 89.

inneren Sinaiwüste erlischt dieses Interesse nicht. Die Nomaden bringen Blattstengel mit Wurzeln *(resticulae cum radices),* wahrscheinlich eine Duftpflanze[19], und werden nur durch die Verbote der Festzeit daran gehindert, sie den Reisenden zum Kauf anzubieten (36). Selbstverständlich erwähnt der Pilger das Manna auf Sinai, das im Katharinenkloster gelagert wird und mit dem die Mönche einen schwunghaften Handel treiben (39). Das Rettigöl *(rafaninum oleum)* in Pharan (40) und der Pfefferbaum *(arbor piperis)* in Surandala (41) sind interessante exotische Gewächse. Vollends exotisch aber sind die gefüllten grünen Nüsse aus Indien (41), von denen die Leute glauben, sie kämen aus dem Paradies. Diese Nüsse haben eine wunderbare Gnadengabe *(gratia):* Wer sie ißt, wird satt!

Ein etwas merkwürdiges Sonderinteresse des Pilgers ist die Medizin. Sollte das berufliche Gründe gehabt haben? Wir wissen es nicht. Jedenfalls beschreibt er, und zwar ausführlich, die heißen Heilquellen, denen er begegnete: die Thermen südlich von Tiberias (7), die Elia-Thermen im Yarmuktal unterhalb von Gadara (7) und die Moses-Thermen bei Livias und am Nordostufer des Toten Meeres (10). Das sind Sanatorien vorwiegend für Leprakranke, die dort - nicht ohne Zeichen und Wunder - kuriert werden. Nicht alle freilich. Der Pilger ist nüchtern genug, um einzuräumen, daß eine wirkliche Heilung eher die Ausnahme *ist: „ab und zu wird einer, so Gott will, rein“.*[20] Aber eine gewisse Linderung *(aliqua paramitia)* finden alle. Das Wasser der südlichen Moses-Thermen kann auch als Abführmittel *(pro catarticum)* getrunken werden (10). Schlangen, aus deren Fleisch das im Altertum überaus beliebte Medikament Theriak hergestellt wird, findet man am Jordan unweit der Taufstelle (12). Der Wein von Jericho empfiehlt sich gegen Fieber (14). Ein sehr kritischer Medizinbeflissener ist der Pilger allerdings nicht gewesen. Wer sich davon überzeugen will, der lese die unglaubliche Geschichte vom Medizinaltau, der aus dem Jordangraben aufsteigt und über Jerusalem niedergeht, wo er dann zur Arzneibereitung verwendet wird (9). Es läßt sich zeigen, daß das alles aus zwei Psalmstellen herausgesponnen ist.[21] Viel glaubhafter ist die Überzeugung, daß das Erdöl einer Insel bei *Clysma*/Suez Besessene heilt (42); denn Erdöl ist etwas derart Wunderbares, daß es

---

19 S.u. Anm. 166.

20 10: *aliquotius, quem uult deus, mundatur.*

21 S.u. Anm. 48 und 49.

noch schöner wäre, wenn sich die Dämonen nicht vor ihm fürchteten. Und daß schließlich die hl. Euphemia und der hl. Antonius den kranken Pilger in Jerusalem heilten (46), ist vollends glaubhaft. Der weitgereiste Mann aus Piacenza ist weder der erste noch der letzte gewesen, der eine Orientkrankheit eingefangen hat und - gottlob! - wieder gesund geworden ist.

Es ist nicht viel mehr als eine Nachlese, wenn jetzt noch Beobachtungen und Bemerkungen des Pilgers zusammengestellt werden, die sich auf Landschaft und Kultur beziehen. Was ist das schon? Landschaft und Kultur ist schließlich alles. Um aber zu ermessen, welch unterschiedliche Dinge der Pilger für buchenswert gehalten hat, darf man darüber nicht hinweggehen. *Constantia*/Salamis auf Cypern erschien ihm als eine schöne, ergötzliche Stadt.[22] Das Tote Meer faszinierte ihn zwar wie jedermann auf Erden, vermochte aber doch keinen solchen Reiz auf ihn auszuüben, daß er sich zu einem Bade entschlossen hätte. Denn hätte er gebadet, dann würde er uns schwerlich mitgeteilt haben, daß nichts und niemand darin schwimmen kann, daß vielmehr alles sogleich in die Tiefe sinkt (10). Jericho erschien ihm mit vollem Rechte wie das Paradies, und er rühmt seine wunderbare Lage (13). Nicht weit von Jericho, so erzählte man ihm, lagen dereinst Sodom und Gomorrha[23]: und weil er das glaubte, vermochte er mit den Augen des Glaubens die beständig über dieser Gegend hängende dunkle Wolke wahrzunehmen und den schwefligen Geruch zu riechen (15). Vielleicht sah er wirklich eine Wolke; es war im Januar.[24] Später sah er Gaza als ansehnliche, ergötzliche Stadt[25], worin ihm jedermann umso bereitwilliger zustimmen wird, als südlich und südwestlich davon die schreckliche Einöde der Isthmus- und Sinaiwüste beginnt, die er lebhaft, fast schon poetisch beschreibt (35; 36). Der Umstand, daß der Berg Sinai fast keinen Humus hat (38), war ihm ebenso wichtig wie die Tierwelt dieser öden Gebirgslandschaft: Löwen, Panther, Wildesel, Gazellen oder Wildziegen, auch Maultiere (39). Im Vergleich dazu mußte ihm die Oase Pharan wirtlich erscheinen, obwohl auch sie noch mitten in der Wüste liegt und außerhalb der Ziegelmauern nichts ist außer Himmel und Sand (40). Daß ihm die Petroleuminsel

22 1: *ciuitas pulchra, deliciosa.*

23 S.u. Anm. 73.

24 Epiphanias (6. Jan.) am Jordan (11)!

25 33: *ciuitas splendida, deliciosa.*

unweit von *Clysma/Suez* einen ganzen Abschnitt wert war (42), wird niemanden verwundern: das sollte den Einwohnern des modernen Piacenza zu Bewußtsein gebracht werden! Einen Nilmesser bei Alt-Kairo hat der Pilger exakt beschrieben (43); sonst freilich hat man ihm gerade aus dieser ägyptischen Gegend wirre Dinge erzählt. Natürlich hat er nicht vergessen, die Krokodile im mariotischen See südlich von Alexandria zu erwähnen (45); solche exotischen Tiere leben nicht im Po. Alexandria selbst ist zwar eine ansehnliche Stadt *(ciuitas splendida)*, aber mit zweifelhafter Bevölkerung und, was den frommen Christen erschrecken muß, mit vielen Ketzereien (45: *haereses multae)*. Überaus ansehnlich *(splendidissima)* ist auch das syrische Apamea, die Adelsstadt (46). Für die Mesopotamienreise (47) hat es dann nicht mehr so recht reichen wollen. Der Pilger beschränkt sich aufs Itinerar und erwähnt außer den Heiligen nur die Euphratbrücke bei Suras.

Palästina stand in der 2. Hälfte des 6. Jahrhunderts, der nachjustinianischen Ära, in voller christlicher Blüte. Daran hatten auch die Nachbarländer teil. Der Bericht des Pilgers von Piacenza stellt die christlichen Überlieferungen und die kirchlichen Bauten gewissermaßen unversehrt vor unsere Augen, als habe Gott gewollt, daß das einer vor der Katastrophe der persischen (614) und arabischen (635) Eroberungen noch einmal aufschreibe. Die Einzelheiten sind hier nicht aufzulisten. Denn das liefe auf eine Wiederholung des Pilgerberichtes hinaus, mit dem wir nicht konkurrieren wollen. Nur auf einige ausgewählte Sachverhalte ist aufmerksam zu machen: solche, die für den Pilger von Piacenza typisch sind oder die ihn von den anderen Berichten des 6. Jahrhunderts unterscheiden.

Da ist zunächst ein Wort über das Reliquienwesen zu sagen. Schon im Jerusalem-Brevier war deutlich geworden, daß es im 6. Jahrhundert außerordentlich zunahm. Es ist das Jahrhundert der wachsenden Verehrung von Heiligen und Märtyrern, auch das Jahrhundert, in dem die Gebeine der Heiligen mehr als vordem „gefunden" und an andere Orte verbracht wurden. Der Kultus der Heiligengräber blühte. Der Pilger von Piacenza erwähnt nicht weniger als 43 Heiligengräber! Er nennt auch sonst biblische und außerbiblische Heilige in großer Zahl. Ohne Rücksicht auf die Gräber sind es aus dem Alten Testament: Abraham, Lot, Melchisedek, Isaak, Jakob, Joseph, Moses, Simson, Saul, Jonathan, David (und Goliath), Elia, Elisa, Jeremia, Habakuk, Jesaja; aus dem Neuen Testament: Maria, Johannes der Täufer, Petrus, Paulus, Philippus, Zachäus, Stephanus, Pilatus, Judas; außerbiblisch immerhin: Theodota, Euphemia und Antonius - insgesamt 29 Gestalten, von denen gewiß nicht allen der Würdetitel eines Heiligen zukommt. Im Zusammenhang damit wuchs die Zahl der Reliquien, die zur Verehrung angeboten wurden. Es ist erstaunlich, was es da alles gab. Der Pilger verzeichnet an Christusreliquien: die Weinkrüge in Kana (4), ein Blatt mit Buchstabierübungen des Heilandes und eine Art Schwebebalken in Nazareth (5), den Schöpfeimer am Jakobsbrunnen bei Sichem (6); in Jerusalem: das Kreuz, den Schwamm und das Rohr, den Abendmahlskelch (20), den Eckstein, die Geißelungssäule, die Dornenkrone (22), den Anklagestein und das Jesusportrait im Prätorium (23); ein Pallium in Memphis (44) und das Schweißtuch aus dem Grabe (12). Von der Gottesmutter Maria nennt er: Eimer, Körbchen und Verkündigungsstuhl in Sepphoris (4), Kleider in Nazareth (5), Gürtel und Kopfbinde in Jerusalem (20). Hinzu kommen noch: in Jerusalem die 7 Marmorstühle der Ältesten (20), das Salbungshorn der israelitischen Könige (22), die Steine des Stephanus (22), das Kreuz des Petrus (22), der Apostelkelch (22), der Schädel der hl. Theodota (22) und die schreckliche Eisenkette des Judas (27); ferner die Säge des Propheten Jesaja (32), das Bett des Hauptmanns Cornelius (46) und das Haupt Johannes des Täufers (46). Das alles hat der Pilger gläubig verehrt, und es bedeutet gar nichts, wenn er gelegentlich scheinbar einschränkende Bemerkungen wie „nach dem, was man uns sagte“ (4: *quasi dicentes nobis)* oder „es heißt“ (22: *dicunt)* hinzusetzt. Denn solche Einschränkungen mögen zwar vielleicht einen leisen Zweifel an der „Echtheit“, d.h. der historischen Zuverlässigkeit der Reliquie andeuten, sie besagen aber nichts über die sich in ihrer Verehrung aussprechende Frömmigkeit. Sie tun das beim Pilger von Piacenza nicht und tun es auch heute sehr oft nicht. Es gibt Dutzende von Beispielen dafür, daß das Historische das Religiöse nicht berührt, mit anderen Worten: daß historisch als zweifelhaft oder unmöglich Erkanntes weiterhin religiöse Verehrung genießt.

Verglichen mit dieser schönen Reliquienliste sind die Bibelzitate des Pilgers spärlich zu nennen. Er zitiert die Hl. Schrift überhaupt nur dreimal: *Mk* 9,5 u.par.; *Ps 133,3; Ps 107,34* (6; 9; 35). Aber das darf nicht zu falschen Schlüssen verleiten. Man spürt auf Schritt und Tritt, daß die Bibel dem Pilger gegenwärtig war, auch wenn er sie nicht wörtlich zitiert. Von seiner Reise darf gelten, was die Nonne Egeria von der ihren gesagt hat: *„immer nach der Hl. Schrift"*.[26]

Daß der Pilger von Piacenza bei der Abfassung seines Berichtes literarische Quellen benutzt habe, ist nirgendwo sicher zu erkennen. Er hat ein Erinnerungs-Itinerar geschrieben, um nicht zu sagen: ein Erlebnis-Itinerar, und hat sich dabei auf seine Erinnerung, vielleicht auch auf Tagebuchaufzeichnungen verlassen. Seine Erinnerung und seine Notizen haben ihn freilich öfter im Stich gelassen. Auch werden ihm die örtlichen Reiseführer nicht immer ganz sachgemäße Informationen gegeben haben. Jedenfalls gibt es eine beträchtliche Anzahl von Ungenauigkeiten und Fehlern in seinem Bericht. Was davon auf das Schuldkonto der Abschreiber geht, ist nicht sicher auszumachen. In zwei Fällen stehen Teile des Berichtes an der falschen Stelle. Mitten im Abschnitt 6 heißt es: *„Vom Tabor aus kamen wir zum See von Tiberias, in die Stadt, die dereinst Samaria hieß, jetzt aber Neapolis genannt wird."* Hier sind nicht nur die Städte Samaria *(Sebasṭye)* und Neapolis *(Nāblus)* fälschlich identifiziert; mehr noch: der mit dem zitierten Satze beginnende Teil des Berichtes gehört an das Ende des Abschnitts 8 oder an den Anfang des Abschnitts 9.[27] Man kann ihn dort aber nicht einfach einfügen, und deshalb ist ein Erinnerungsfehler des Pilgers wahrscheinlicher als ein Abschreiberversehen. Ebenso verhält es sich mit der Notiz über *Heptapegon* „Siebenquell" *(eṭ-Ṭābġa)* am Nordufer des Sees Gennezareth: Sie steht am Anfang des Abschnitts 9, gehört aber nach Abschnitt 7 zwischen Tiberias und Kapernaum.[28] Zweimal ist auch die Reihenfolge der Ortschaften im Itinerar falsch: Triari nach Byblos (1)[29] und Larissa - Aristosa - Epifania statt Aristosa - Epifania - Larissa (46).[30] Natürlich sind Gadara *(Umm Qēs)* und Gibeon/Gabaon *(el-Ǧīb)* nicht identisch (7); das eine liegt im Ostjordanland, das andere unweit von Jerusalem. Nicht identisch sind auch Diospolis (Lod, Lydda) und Azotus (Asdod), obwohl der Pilger das im 25. Abschnitt behauptet. Bis hierher kann man die Irrtümer klassifizieren. Es gibt aber noch mehr. Der Pilger erklärt Antharidus/Antarados an der mittelsyrischen Küste für eine Insel (1); aber es ist die Festlandsiedlung. Er wirft den Rastplatz der Gottesmutter *(Kathisma, Bīr el-*

---

26 5,12: *semper iuxta scripturas.*

27 S. u. Anm. 30.

28 S. u. Anm. 46.

29 S. u. Anm. 6.

30 S. u. Anm. 222.

Qadismu) mit dem Rahelgrab bei Bethlehem zusammen (28)[31] und verwechselt anscheinend Mamre *(Ḥaram Rāmet el-Ḫalīl)* mit Hebron (30). Er lokalisiert das Gebirge Gilboa *(Ǧebel Fuqūʿa)* im Hügelland südwestlich von Jerusalem (31) und schreibt den „Zankbrunnen" von *Gen 26,20* dem Patriarchen Jakob statt dem Isaak zu (32). Er schreibt *Abila* statt *Aila*/Elath am gleichnamigen Golf (40), lokalisiert die Nilkatarakte bei Alt-Kairo (43) und verwechselt die Hafenstadt *Caesarea maris (Qēsārye)* mit *Caesarea Philippi (Bānyās)* am Südfuß des Hermon (46). Schließlich teilt er mit, die beiden Brüder Sergius und Bacchus hätten in Suras *(Surīye)* am Euphrat den Märtyrertod erlitten (47); es war aber in Barbalissos *(Bālis)*. Für den Bericht insgesamt machen alle diese Fehler nicht viel aus; sie vermögen seinen Wert und seinen Reiz nicht zu mindern.

Der Pilger von Piacenza wird der Forschung auch in Zukunft noch manche Rätsel aufgeben. Eins davon ist die merkwürdige Übereinstimmung seines Berichtes mit verschiedenen Angaben des Theodosius.[32] Soviel ich sehe, ist darauf noch kaum aufmerksam gemacht worden. Natürlich kann man sagen, die Übereinstimmungen oder Ähnlichkeiten beruhten einfach auf dem beiden gemeinsamen zeitlichen Rahmen: dem 6. Jahrhundert. Aber zum einen stimmt das nicht ganz - Theodosius ist vorjustinianisch und der Pilger von Piacenza nachjustinianisch! - und zum anderen müßte es ja auch auf das Jerusalem-Brevier[33] zutreffen. Hat der Pilger von Piacenza den Theodosius gelesen und benutzt? Ist insoweit die oben gemachte Bemerkung, literarische Quellen seien nicht erkennbar, einzuschränken? Ich weiß es nicht. Jedermann mag sich an Hand der folgenden Aufstellung selber ein Urteil zu bilden versuchen.

Der Pilger von Piacenza reist in Galiläa von *Diocaesarea*/Sepphoris über Kana und Nazareth nach dem Berge Tabor (4-6): diese Route entspricht genau einem der Itinerare bei Theodosius (4). Das bedeutet gewiß nicht viel; denn die Itinerare folgen den üblicherweise begangenen Straßen. So reiste man eben oder konnte es doch tun. Wie aber steht es mit der seltsamen Identifikation von Samaria und Neapolis, die bei beiden - und nur bei diesen beiden! - vorkommt? Pilger von Piacenza 6: ... *Samaria, modo uero dicitur Neapolis, in qua est puteus etc.;* Theodosius 2: ... *Samaria, quae dicitur modo Neapolis,*

---

31 S. u. Anm. 127.

32 S. o. S. 181ff.

33 S. o. S. 214ff.

milia XVIII. Ibi est puteus etc. Ist das ein Zufall? In beiden Berichten gleich ist ferner die Etymologie des Namens Jordan: Piacenza 7 und Theodosius 2. Auch die Gleichung des sog. „Kleinen Hermon» aus *Ps 42,7* mit dem Hügel der Entrückung des Propheten Elia *(2 Kön 2,1-18)* im *Wādi el-Ḫarrār* östlich der Taufstelle findet sich hier wie dort: Piacenza 9 und Theodosius 20. Theodosius bringt den *114. Psalm* mit der Taufstelle in Verbindung (22), desgleichen, wenn auch in anderem Sinne, die Fassung B des Pilgers von Piacenza (11). In beiden Berichten kommen vor: die Moses-Thermen bei Livias (Piacenza 10, Theodosius 19), der Herrenacker von Gilgal (Piacenza 13, Theodosius 1/18), das Abendmahl in der Verratsgrotte (Piacenza 17, Theodosius 10) - jedesmal mit charakteristischen Unterschieden, aber auch Übereinstimmungen. Ist es Zufall, daß beide wunderliche Geschichten über die Salzsäule von Lots Weib erzählen, der eine (Theodosius 20) gläubig, der andere (Piacenza 15) kritisch? Die Aufzählung ließe sich fortsetzen.

Der Bericht des Pilgers von Piacenza hat nie „entdeckt" werden müssen; er war immer bekannt. Die älteste gedruckte Ausgabe erschien bereits 1640[34], die älteste Übersetzung - ins Englische - allerdings erst 1866.[35] Den ersten Versuch, aus den Handschriften einen kritischen Text herzustellen, unternahm 1889 J. Gildemeister.[36] Heute benutzt man die kritische Textedition von P. Geyer, CSEL 39 (1898) 159-218; sie ist mit geringfügigen Verbesserungen und Ergänzungen wieder abgedruckt in CCSL 175 (1965) 128-174. In beiden Ausgaben findet man den Text zweimal: in einer Normalfassung (A) und in einer *recensio altera* (B). Das ist die sachgemäße Konsequenz aus den textgeschichtlichen Einsichten J. Gildemeisters, der freilich selber noch versucht hatte, beide Fassungen ineinanderzuschieben und von ihm jeweils für schlechter gehaltene Lesarten in den kritischen Apparat zu verweisen. Da die Fassung B eine nachgeordnete Bearbeitung der Fassung A ist, sind beide auseinanderzuhalten. Fassung A wird von 2 Handschriften repräsentiert: 1. *Cod. Rhenaugiensis* (Rheinau unterhalb Schaffhausen), jetzt Kantonalbibliothek Zürich (1. Hälfte des 9. Jh.), vom Schreiber Reginbert (gest. 846) auf der Reichenau geschrieben. Im Kolophon

34 *Itinerarium b. Antonini Martyris de membranis veteribus descriptum. E Musaeo Cl. Menardi cum notationibus aliquot vocum obscurarum* (1640).

35 B. Harris Cowper, Journal of Sacred Literature 8 (1866) 404-422.

36 J. Gildemeister, *Antonini Placentini Itinerarium* im unentstellten Text mit deutscher Übersetzung (1889).

ist der berühmte Walahfrid Strabo genannt, der seit 838 Abt auf der Reichenau war. 2. *Cod. Sangallensis 133* (1. Hälfte des 9. Jh.) *pag. 602-657* mit ziemlich verwahrlostem Text. Fassung B gründet sich hauptsächlich auf 3 Handschriften: 1. *Cod. Bruxellensis 2922* (9. Jh.) *fol. 53-68*. 2. *Cod. Monacensis 19149* (10. Jh.), Fragment (Abschnitte 35-43). 3. *Cod. Bernensis 582* (10. Jh.). Der Text dieser Fassung liegt zusätzlich in mehreren Handschriften vor, die bis ins 16. Jh. reichen *(Cod. Vaticanus 636 A,* ferner Tournay, Paris, Wien, London, Piacenza, Berlin usw.). Man kann erwägen, ob man bei diesen nachgeordneten Texten nicht gar von einer dritten Fassung reden soll, aber sie sind doch wohl von B abhängig. Die Fassung B ist jedenfalls eine Umarbeitung von A. *„Ihr Urheber ist der Aufgabe, die er sich gesetzt, die Lectüre des Buches flüssiger zu gestalten, nicht gewachsen gewesen."*[37] Er hat manches, was er für unvernünftig oder nicht erbaulich hielt, weggelassen, hat ferner grammatische Verbesserungen versucht und Ortsnamen verändert. Das alles ist nicht so recht geglückt. Die folgende Übersetzung gibt ausschließlich den Text der Fassung A. Wo es nützlich und sinnvoll erschien, Fassung B heranzuziehen, ist das in den Anmerkungen geschehen.

Über Sprache und Stil des Pilgers von Piacenza zuletzt nur ein kurzes Wort. Der Pilger läßt nirgendwo literarische und rhetorische Bildung erkennen. Er schreibt ein sehr einfaches, anspruchsloses, stilistisch bescheidenes Latein: das Vulgärlatein seiner Zeit, das er freilich nicht ungeschickt handhabt und dessen Schlichtheit nirgendwo die hohe Lebendigkeit seines Berichtes beeinträchtigt. Es gibt keine Besonderheiten, die nicht auch anderswo anzutreffen wären: der Gebrauch des *participium praesentis* als *verbum finitum*[38], *habet* im Sinne von „es gibt" (wie franz. *il y a),* die degenerierten Demonstrativpronomina *ipse* und *ille* als Artikel, die Präpositionen *de* und *ex* fast bedeutungsgleich, Kasus- und Genusverwirrung u.a.m. Sehr häufig ist das Hilfsverbum *(est, sunt)* weggelassen: *Ciuitas honesta, monasteria bona* (2) „die Stadt wohlhabend, die Klöster gut". Das ist Tagebuchstil und verstärkt den Verdacht, daß der Pilger bei der Abfassung seines Berichtes eigene Aufzeichnungen benutzte. Sein Latein ist auf dem Wege, der dereinst einmal zum Italienischen führen wird. Er ist mit diesem gewiß nicht glanzvollen sprachlichen Instrument so umgegangen, daß man gerne liest, was

---

37 J. Gildemeister, a.a.O., S. XXII.

38 Z.B. *quia sic dicentes nobis* (3) statt *dicebant*

er schreibt: Den Vorwurf der Langweiligkeit wird ihm niemand machen können.

Ausgewählte Literatur: F. Tuch, Antoninus Martyr, seine Zeit und seine Pilgerfahrt nach dem Morgenlande (1864). - J. Gildemeister, Die Stadt Salamias bei Antoninus Placentinus. ZDPV 8 (1885) 100f.147f. - J. Gildemeister, *Antonini Placentini Itinerarium* im unentstellten Text mit deutscher Übersetzung (1889). - P. Geyer, Kritische und sprachliche Erläuterungen zu *Antonini Placentini Itinerarium* (1892). - I. Pomialowsky, *Antonini Placentini Itinerarium saeculo sexto exeunte scriptum recensuit, vertit, notis illustravit* (1895). - C. Weyman, *Procedere = proferre.* Archiv f. Lateinische Lexikographie 9 (1896) 136f. - P. Geyer, Orum der Rand. Ebenda 300. - H. Grisar, Zur Palästinareise des sog. Antoninus Martyr. ZKTh26 (1902) 760-770. - H. Grisar, Nochmals das Pilgeritinerar des Anonymus von Piacenza. ZKTh 27 (1903) 776-778. - L. Bellanger, *In Antonini Placentini Itinerarium grammaticalis inquisitio* (1902). - P. Piacenza, *De itinerario Antonini Placentini. Ephemerides Liturgicae* 17 (1903) 338-348. - G. M. Perrella, L'Antonino Piacentino, pellegrino in Terra Santa (570) (1933). - I. Opelt, Das Grab des Riesen Goliath *(Itin. Anton. 31).* JAC 3 (1960) 17-23. - G. F. M. Vermeer, Observations sur le vocabulaire du pèlerinage chez Égérie et chez Antonin de Plaisance. *Latinitas Christiana Primaeva* l9 (1965). F. Mian, L'Anonimo Piacentino al Sinai. *Vetera Christianorum* 9 (1972) 267-301. - C. Milani Per una nuova edizione del cosidetto *Itinerarium Antonini Placentini. Aevum* 48 (1974) 359-366. - J. Wilkinson, Jerusalem Pilgrims Before the Crusades (1977) 6f.79-89. - C. Milani, *Itinerarium Antonini Placentini.* Un viaggio in Terra Santa del 560-570 d. C. (Mailand 1977).

Übersetzung

1. Der Selige Märtyrer Antoninus ging mir voran, seit meiner Abreise aus der Stadt Placentia, an den Orten, die ich als Pilger besucht habe, und zwar die heiligen Orte.

Von Constantinopoli aus reisten wir nach der Insel Cyprus in die Stadt Constantia, in der der hl. Epiphanius ruht.[1] Das ist eine schöne, ergötzliche, mit Dattelpalmen geschmückte Stadt. Dann kamen wir nach Syrien zur Insel Antharidus[2] und von dort zum syrischen Tripoli, wo der hl. Leontius ruht.[3] Diese Stadt ist zur Zeit des Kaisers Justinian mit anderen Städten durch ein Erdbeben zerstört worden.[4] Alsdann erreichten wir Biblo[5], das mit seiner Bevölkerung ebenfalls zerstört ist, ebenso auch die Stadt Triari[6], gleichermaßen zerstört. Weiter gelangten wir zur ansehnlichen Stadt Berito, wo früher eine wissenschaftliche Schule war. Auch diese Stadt ist zerstört; der Stadtbischof berichtete uns, es seien von namentlich bekannten Personen - die Pilger nicht gerechnet - dreißigtausend in kurzer Zeit hier umgekommen. Die Stadt liegt am Fuße des Libanongebirges.[7]

---

1 Epiphanius von *Constantia*/Salamis (ca. 315-403), gebürtiger Palästinenser aus der Gegend von Eleutheropolis *(Bēt Ǧibrīn)*, seit 367 Metropolit von Cypern. Vgl. St. Hieronymus, Paula und Eustochium 6/7 (Anm. 2).

2 Antharidus, häufiger Antaradus: die der Insel *Arwad* (Aradus, arab. *er-Ruād, Arwād*) gegenüber liegende Siedlung auf dem syrischen Festlande, das *Tortosa* der Kreuzfahrer (arab. *Ṭarṭūs)*. „Insel Antharidus" ist also ein unpräziser Ausdruck. Die Stadt hieß seit 346 auch *Constantia* (Ausbau unter Kaiser Constans, 337-350).

3 Tripolis *(Ṭarāblus)*, eine um 800 v. Chr. vermutlich von *Arwad* aus gegründete Handelsniederlassung an der mittelsyrischen Küste. Zum hl. Leontius, einem Märtyrer unter Kaiser Vespasian (69-79), vgl. F. Halkin (ed.), *Bibliotheca Hagiographica Graeca 2* (1957) 55f. (Nr. 986-987d); W. Till, Koptische Heiligen- und Märtyrerlegenden. *Oriens Christianus* (1936) 126ff.

4 Im 6. Jh. ist der Nahe Osten durch mehr als ein Erdbeben erschüttert worden. Allein in die Zeit Justinians (527-565) fallen drei: 529, 551 und 554; später noch 580 und 583. Wir wissen, daß Beirut durch das Erdbeben von 554 schwer gelitten hat; vgl. Agathias, *Hist. II, 15,2* (ed. Keydell 59,23) und Georgios Kedrenos, *Historiarum Compendium P. 384/5* (MPG 121, 733). S. o. Anm. 8.

5 Byblos *(Ǧbēl)*, ca. 25 km n. von Beirut.

6 Triari, häufiger Trieris, heute *Herī* s. von Tripolis unweit des *Rās eš-Šaqqā;* also ein Rücksprung im Itinerar (Byblos liegt weiter s.).

7 Die Rechtsschule von *Berytus* (Beirut) blühte seit dem 3. Jh. (Gregorius Thaumaturgos) bis gegen Ende des 5. Jh.; dann trat sie in den Schatten von

2. Von Berito aus erreichten wir Sidona[8], das teilweise eingestürzt ist und ebenfalls an den Libanon grenzt; dort wohnen ganz üble Leute. Daselbst fließt der Fluß Asclipius[9], und an der Quelle, aus der er entspringt, steht ....[10]. Von Sidon kamen wir nach Sarapta, einem bescheidenen, sehr christlichen Städtchen, wo sich das Obergemach befindet, das für Elia hergerichtet wurde; dort steht auch das Bett, auf dem er schlief und die marmorne Mulde, in der die Witwe Sauerteig ansetzte.[11] An diesem Orte werden viele Opfer dargebracht; viele Wunder geschehen dort. Nach Sarapta erreichten wir die Stadt Tyro. Die Entfernung von Sidona nach Tyro über Sarapta beträgt 7 Meilen.[12] In Tyro wohnen reiche Leute, und es herrscht dort ein böses Leben von solcher Üppigkeit, daß es nicht zu sagen ist: öffentliche Freudenhäuser mit Seide und verschiedenartigen Stoffen. Von dort aus kamen wir dann nach Ptolomais.[13] Das ist eine wohlhabende Stadt mit guten Klöstern.

3. Von Ptolomais sind es bis zur jüdischen Stadt Sucamina[14] an der Meeresküste entlang 6 Meilen, auf geradem Wege übers Meer eine

---

Konstantinopel. Vgl. F. Wieacker, Recht und Gesellschaft in der Spätantike. Urban-Bücher 74 (1964) 88f. u.ö. - Die Übersetzung „in kurzer Zeit“ beruht auf einer Vermutung von J. Gildemeister: *ad breuissimum* statt des unverständlichen Ausdrucks *ad breue missi* der Handschriften.

8 Sidon, arab. *Ṣaydā*.

9 *Nahr el-ᶜAwālī* n. von Sidon. Strabo, *Geogr. XVI,2,22* (ed. A. Meineke 1877), nennt zwischen Berytus und Sidon: Tamyras *(Nahr ed-Dāmūr)*, Asklepios-Hain und Leontopolis (vielleicht *Nāᶜime* ca. 15 km s. von Beirut). Der Asklepios-Hain stand wahrscheinlich an der Stelle des alten Tempelbezirkes des Gottes Eschmun bei *Bostān eš-Šēḫ*, ca. 5 km nö. von Sidon.

10 Der Satz ist unvollständig, vermutlich eine schon sehr früh entstandene Textlükke. Wir erfahren leider nicht, was an der Quelle des *Nahr el-ᶜAwālī* „stand“.

11 Sarepta *(Ṣarafand)*; vgl. *1 Kön 17,8-24*. Das Bett *(lectum)* stammt aus der Erzählung von der Totenerweckung des Sohnes der Witwe *(V. 19)*, die Mulde *(alueus)* ist aus *V. 15* derselben Erzählung erschlossen.

12 Tyrus *(Ṣūr)*. Die Entfernung beträgt fast 40 km = 27 Meilen, nicht 7 Meilen. Von Sidon nach Sarepta sind es ca. 14 km = 10,5 Meilen.

13 Ptolemais, Name der Hafenstadt Akko *(ᶜAkkā)* seit dem Ausbau unter Ptolemaios II. Philadelphos (285-246 v.Chr.).

14 Abschnitt 3 ist ausführlich behandelt bei S. Mittmann, Zur spätantiken Topographie der Karmelküste. ZDPV 105 (1989) 136-150 (mit Kartenskizzen). Sykaminos (Pilger von Bordeaux 12: *Sicaminos*; vgl. Euseb, On. 108,29-31) = Gelände des Rambam-Hospitals im NO der Landzunge *Rās el-Kurūm* (Mittmann). - Vgl. C. Kopp, Elias und das Christentum auf dem Karmel (1929); E. Graf von Mülinen, Beiträge zur Kenntnis des Karmels. ZDPV 30 (1907) 117ff.; 31 (1908) 1ff. (mit Karte).

halbe Meile.[15] Das samaritanische Castra liegt eine Meile von Sucamina entfernt am Fuße des Berges Karmel.[16] Eine halbe Meile oberhalb von Castra ist das Kloster des hl. Elisa, wo ihm die Frau begegnete, deren Sohn er auferweckte.[17] Auf dem Karmelberge befindet sich ein kleiner runder Stein, der tönt, sobald man ihn bewegt, der aber massiv ist. Mit dem Stein hat es folgende Bewandtnis: Wenn er einer Frau oder irgend einem Tier angehängt wird, kann keine Fehlgeburt mehr vorkommen.[18] 6 oder 7 Meilen weiter liegt die Stadt Porfiriona.[19]

4. Bei Ptolomais verließen wir die Küste. Im Gebiet von Galiläa gelangten wir zur Stadt Diocaesarea, in der wir - nach dem, was man uns sagte - den Eimer und das Körbchen der hl. Maria verehrten.[20] An diesem Orte war auch der Stuhl, auf dem sie saß, als der Engel zu ihr kam.[21] 3 Meilen weiter erreichten wir Cana, wo der Herr auf der Hochzeit war, und legten uns auf der Bank zu Tisch; dort habe ich Unwürdiger die Namen meiner Eltern hingeschrieben.[22]

---

15 Die Entfernungsangaben des Pilgers sind konfus und stimmen nicht. Auf dem Wasserwege sind es ca. 15 km = 10,75 Meilen, auf dem Landwege mindestens 20 km = 13 Meilen.

16 Vermutlich eine Ortschaft. F.-M. Abel, Géographie II,415 erwägt nach Vorgängern *Ḫirbet Kafr es-Sāmir* am W-Fuß des Karmel, wobei freilich die Entfernung nicht stimmen würde. Sehr viel wahrscheinlicher ist *Tell es-Samak* w. der Karmel-Nase (Mittmann).

17 *2 Kön 4,8-37*, bes. *V.25* (die Sunamitin). Auffallend ist das Fehlen der Elia-Tradition auf dem Karmel (vgl. Pilger von Bordeaux 12).

18 Diese anderwärts nicht bezeugte Legende ist abhängig vom „Adlerstein" *(aetites)* bei Plinius, *hist. nat.* 10,4; 33,44; 36,39.

19 Kaum das phönikische Porphyreon *(Ǧīye* mit *Ḫān en-Nebī Yūnus)* zwischen Beirut und Sidon, auch kaum einer der alten Namen von Haifa. (vgl. Brief Simeons d. J. an Justin II. (565-578) in *Act. Conc. Nic. 787* (Mansi XIII,259); Wilhelm von Tyrus XIII,2: *novissima Porphyria quae alio nomine Heffa, vulgari apellatione Caifas)*, sondern *Ḫirbet Kafr Sāmir*, 4 km sö. von *Tell es-Samak* (Mittmann). Dazu F.-M. Abel, Géographie II,410..

20 Sepphoris *(Ṣaffūrye)*, vermutlich seit Hadrian (117-138) *Diocaesarea;* vgl. Theodosius Anm. 31. Nachgewiesen ist eine mittelalterliche St. Annenkirche auf den Resten einer älteren Synagoge. Zu den Grabungen vgl. Z. Weiss, Sepphoris. NEncAEHL IV 1324 - 1328. Die Rivalität zwischen Nazareth und Sepphoris als Geburtsort der Maria bezeugt erst wieder Johannes von Würzburg (1165) bei T. Tobler, *Descriptiones terrae sanctae* (1874) 111.

21 *Lk 1,26ff.*

22 *Joh 2,1-11*. Kana ist *Ḫirbet Qāna* am N-Rand des *Sahl el-Baṭṭōf* (gewiß nicht *Kafr Kennā!)*; vgl. A. Alt, Die Stätten des Wirkens Jesu in Galiläa. Kleine Schriften 2 (1953) 446f.; C. Kopp, Das Kana des Evangeliums (1940); Kopp 184-195 und Kroll 234-238. Die Entfernungsangabe von 3 Meilen = 4,5 km

(Textlücke, vermutlich folgendermaßen zu ergänzen: Dort steht eine Basilika, und in der Basilika ist die Quelle, aus der die 6 Wasserkrüge gefüllt wurden, in denen der Herr Wasser in Wein verwandelte.)[23] Von diesen Wasserkrügen sind noch zwei dort vorhanden. Einen davon füllte ich mit Wein, hob ihn voll auf die Schulter und brachte ihn zum Altar. In der Quelle selbst wuschen wir uns zur Segnung.

5. Dann kamen wir zur Stadt Nazareth[24], in der es viele Wunderdinge gibt. Dort befindet sich in der Synagoge ein Blatt, auf das der Herr das ABC gesetzt hat. In derselben Synagoge ist auch ein Balken, auf dem er mit anderen Kindern saß. Dieser Balken wird von den Christen bewegt und hochgehoben, die Juden aber können ihn auf gar keine Weise bewegen; er läßt sich auch nicht hinaustragen. Das Haus der hl. Maria ist eine Basilika[25], und von ihren Kleidern gehen dort viele Wohltaten aus. In jener Stadt sind die hebräischen Frauen so reizend, wie unter den Hebräerinnen des Landes schönere nicht angetroffen werden. Sie sagen, die hl. Maria habe ihnen das verliehen; denn sie halten sich für ihre Verwandten. Und während die Hebräer die Christen sonst nicht mögen, sind sie

---

und die Reiseroute scheinen auf *Kafr Kennā* hinzudeuten, aber vgl. Kopp 189f. S. auch o. S. 21f.

23 Der Lückentext ist eine Rekonstruktion von P. Geyer. Eine Quelle gibt es in *Kafr Kennā,* nicht jedoch in *Ḫirbet Qāna.* Aber die archäologisch faßbaren Reste in *Kafr Kennā* beginnen relativ spät, und der Wechsel der Tradition von *Ḫirbet Qāna* nach *Kafr Kennā* ist literarisch erst im 17. Jh. nachzuweisen (ein orthodoxer Kirchenbau bereits 1566).

24 *en-Nāṣira.* Vgl. V. Tzaferis - B. Bagatti, Nazareth. NEncAEHL III 1103-1106.

25 *Uirtus* heißt beim Pilger von Piacenza gewöhnlich „Wunder, Wundertat", jedoch hier, wie der Fortgang des Textes zeigt, „Wunderding, wunderbare Sache". Man sieht: Nazareth war im 6. Jh. auch nicht viel besser als heute. Zu den Buchstabierübungen des Heilandes vgl. die im 2. Jh. entstandene gnostische Kindheitserzählung des Thomas 14f.: E. Hennecke - W. Schneemelcher, Neutestamentliche Apokryphen I (1959[3]) 296f. und Erläuterungen bei Hennecke, Handbuch zu den neutestamentlichen Apokryphen (1904) 132-142. - Die Marienbasilika ist der byzantinische Vorläufer der Verkündigungskirche; vgl. die Planskizze bei Kroll 112 (ABB. 63). Sie muß nach den aufgefundenen Mosaikresten vor 427 erbaut worden sein; denn 427 untersagte ein überall befolgter Erlaß des Kaisers Theodosius II. die Verwendung von Kreuzmotiven auf Fußböden. Die Verkündigungsgrotte und das Martyrium mit dem berühmten Konon-Mosaik lagen n. außerhalb der Basilika; erst in der Kreuzfahrerzeit kamen sie unter Dach. Vgl. P. Viand, Nazareth et ses deux églises de l'Annonciation et de St. Joseph d'après les fouilles récentes (1910); B. Bagatti, Ritrovamenti nella Nazareth evangelica. *Studii Biblici Franciscani 6* (1954/55); Kopp 92-106 und Kroll 103-122.

voller Freundlichkeit. Die Provinz ist paradiesisch, an Weizen und Früchten Ägypten ähnlich; zwar klein, aber sie übertrifft Ägypten an Wein, Öl und Obst. Die Mohrenhirse ist ungewöhnlich hoch, über Mannsgröße, mit dickem Halm.[26]

6. Von Nazareth aus gelangten wir auf den Berg Tabor, der sich inmitten flachen Landes erhebt: ackerbaufähiger Boden, 6 Meilen Umfang, 3 Meilen Aufstieg, dagegen oben eine Meile eben.[27] Dort stehen drei Basiliken, wo der Jünger sprach: *„Laßt uns hier drei Hütten bauen!"*[28] Im Umkreis sind verschiedene Städte, die in den Königsbüchern vorkommen.[29] Vom Tabor aus kamen wir zum See von Tiberias, in die Stadt, die dereinst Samaria hieß, heute aber Neapolis genannt wird.[30] Dort ist der Brunnen, wo der Herr die Samaritanerin um Wasser bat; da ist auch eine St. Johannesbasilika gebaut worden. Der Brunnen befindet sich vor den Altarschranken; auch der Schöpfeimer ist da, von dem es heißt, es sei derselbe, aus dem der Herr getrunken hat.[31] Dort werden viele Krankheiten geheilt.

---

26 Mohrenhirse, Kafferkorn, Durra *(Sorghum vulgare).*

27 *Ǧebel eṭ-Ṭōr.* Die Entfernungsangaben sind ungefähr richtig. Der Aufstieg von *Dabbūrye* beträgt in Luftlinie etwa 2 km, verlief aber wohl in Serpentinen.

28 *Mk 9,5* u.par. Auf dem Gipfel des Tabor hatte sich aus einer 218 v. Chr. von Antiochus III. stationierten militärischen Besatzung langsam eine Siedlung namens *Atabyrion (Itabyrion)* entwickelt, nach Zeus Atabyrios auf Rhodos (daher der Name der am Fuß des Tabor gelegenen Ortschaft *Dabbūrye).* Der älteste Zeuge für den Tabor als Berg der Verklärung ist Kyrill von Jerusalem (348), Katechesen 12,16. Die 3 Kirchen sind nur hier und bei Arkulf II,27 bezeugt. Willibald (724-730) kennt nur eine Kirche, das *Commemoratorium de casis dei* (808) dann wieder deren drei; vgl. T. Tobler - A. Molinier, *Itinera Hierosolymitana et descriptiones terrae sanctae* (1879) 304. Dazu F. Barnabé, Le mont Thabor (1900); Kopp 299-306 und Kroll 335-338.

29 Z. B. Endor, Schunem, Jesreel, Megiddo. Zum Rundblick vgl. St. Hieronymus, Paula und Eustochium 13.

30 Hier ist Konfusion eingetreten. Das Textstück von *„quae uocata est"* (die ... hieß) bis Abschnitt 7 *„in ciuitate"* (zur Stadt) steht nicht an der richtigen Stelle. Man erwartet es in Abschnitt 8 nach der Erwähnung von *Sebaste* oder am Anfang des Abschnitts 9; aber es läßt sich nirgendwo einfügen. Entweder handelt es sich um Korruption der Handschriftenüberlieferung oder - wahrscheinlicher - um einen Erinnerungsfehler des Pilgers. Für das letztere spricht auch die falsche Gleichsetzung von Samaria *(Sebasṭye)* mit Neapolis *(Nāblus);* derselbe Fehler bei Theodosius 2 (Anm. 7).

31 Die Johanneskirche gehört nach Samaria *(Sebasṭye);* vgl. Kopp 177-183 und Kroll 300-304. Dort ist die Tradition des Täufergrabes seit dem 4.-5. Jh. bezeugt; vgl. auch Theodosius Anm. 9. Der Brunnen von *Joh 4,5ff.* ist der sog. Jakobsbrunnen in *Balāṭa* nahe dem alten Sichem *(Tell Balāṭa).* Dort stand

7. Alsdann gelangten wir zur Stadt Tiberias[32], in der es heiße, von selbst fließende, salzige Quellen gibt, während das Wasser des Sees dagegen süß ist. Der See hat 60 Meilen Umfang.[33] Ferner kamen wir nach Capharnaum zum Hause des seligen Petrus, das jetzt eine Basilika ist.[34] Sodann zogen wir an Lagern, Dörfern und Städten vorüber und erreichten zwei Quellen, Ior und Dan, die sich vereinigen: von da an heißt es Jordan[35], ein ganz kleiner Fluß, der in den

---

seit dem 4. Jh. eine Basilika, die 529 von den Samaritanern oder 614 von den Persern zerstört worden ist. Nach einem bescheidenen Wiederaufbau (Arkulf II,21 mit Zeichnung) errichteten die Kreuzfahrer im 12. Jh. eine dreischiffige Kirche, von der die Krypta erhalten ist. Heute steht dort ein unvollendeter moderner Kirchenbau. Vgl. F.-M. Abel, Le puits de Jacob et l'église Saint Sauveur. RB 42 (1933) 384-402; J. Jeremias, HG 31-36; Kopp 196-211 und Kroll 248-255. Beim Pilger von Piacenza ist die Verwirrung komplett. Der Jakobsbrunnen scheint sich vor den Altarschranken der Johannesbasilika zu befinden, die doch in Samaria steht. Der Text liest sich fast wie eine Wiederholung und Ausschmückung der konfusen Angaben bei Theodosius (2).

32 Tiberias *(Ṭabarīye)* am W-Ufer des Sees Gennezareth; ca. 2 km s. davon die heißen Quellen von *el-Ḥammām.* Vgl. Orientierungskarte in ZDPV 9 (1886) Taf. III.

33 Der Umfang des Sees beträgt nach den Messungen von G. Schumacher 37,33 röm. Meilen. Die Handschriften schwanken; Fassung B hat nur 8 Meilen.

34 Kapernaum *(Tell Ḥūm)* am N-Ufer des Sees Gennezareth. Die Petruskirche war zuerst im verlorenen Teil des Pilgerberichtes der Nonne Egeria bezeugt: Petrus Diaconus zu Beda Venerabilis, *Liber de locis sanctis XVI* (CSEL 39,1898,112f.; CCSL 175 (1965) 98f.). Die sich über Jahrzehnte erstreckenden Ausgrabungen erbrachten einen byzantinischen oktogonalen Zentralbau aus dem 5. Jh., sehr wahrscheinlich der Memorialbau unseres Pilgers. Darunter liegt ein Wohnbezirk aus dem 1.-2. Jh. V. Corbo nimmt an, daß eines der Häuser die Hauskirche der judenchristlichen Gemeinde von Kapernaum gewesen ist (2. Jh.); das wäre dann der sakrale Vorgänger der byzantinischen Memorialkirche. Vgl. G. Orfali, Capharnaum et ses ruines (1922); V. Corbo, The House of St. Peter at Capharnaum (1969); S. Loffreda - V. Tzaferis, Capernaum. NEncAEHL I 291-296; Kopp 215-230 und Kroll 278-282 (mit Planskizzen auf S. 277, Abb. 168, und S. 280, Abb. 170).

35 Zu den Jordanquellen vgl. Euseb, On. 76,6-7 in der Übersetzung und Ergänzung durch Hieronymus 77,10-13; Eucherius Anm. 26; Theodosius Anm. 16; Arkulf II,19. Der bei Dan *(Tell el-Qāḍi)* entspringende *Nahr Leddān* vereinigt sich mit dem von Paneas *(Bānyās)* kommenden *Nahr Bānyās* etwa 7 km s. von Dan zum Jordan. Die „Etymologie" Jordan = *Ior + Dan* beruht auf einem Mißverständnis. Hieronymus glaubte, Jordan als „Fluß *(hebr.yᵉ'ōr)* von Dan" deuten zu sollen, was sprachlich ebenfalls falsch ist. - Es fällt auf, daß der Pilger Paneas/*Caesarea Philippi (Bānyās)* nicht erwähnt; in Abschnitt 46 verwechselt er es mit *Caesarea Palaestinae.*

See mündet, das Wasser des Sees - das ganze Becken[36] - durchfließt und am anderen Seeufer wieder austritt. Auf dem Rückweg kamen wir an die Stelle, wo der Jordan den See verläßt. Wir überschritten ihn dort und kamen zur Stadt Gadera, dem alten Gabaon.[37] Auf jener Seite (des Jordans), 3 Meilen von der Stadt entfernt, gibt es warme Quellen, die Elia-Thermen heißen[38]; dort werden Aussätzige gereinigt, die von einem Hospiz aus öffentlichen Mitteln ein gutes Leben haben. Zur Abendstunde strömen die Thermen. Vor dem Quellort des Wassers ist ein großes Becken; wenn es voll ist, werden alle Vordertüren geschlossen und sie mit Lampen und Weihrauch durch die Hintertür eingelassen. Dann sitzen sie die ganze Nacht im Bassin, und sobald sie schläfrig geworden sind, sieht der, der geheilt werden soll, eine Vision. Wenn er sie mitgeteilt hat, werden die Thermen 7 Tage lang zurückgehalten, und während der 7 Tage wird er rein.[39] Hier ist auch Johannes aus Placentia, der Gatte der

---

36 Die Formulierung „das Wasser des Sees, das ganze Becken" *(aquam maris totum pelagum)* ist überfüllt (pleonastisch); Fassung B hat dafür kürzer (und sekundär) „das ganze Becken des Sees" *(totum maris pelagum).* Wahrscheinlich ist einer der beiden Ausdrücke *(aquam maris)* Zusatz eines Späteren, der die Theorie vom ungemischten Durchfluß des Jordan durch den See Gennezareth vertreten wollte; vgl. C. Ritter, Erdkunde XV (1848-1854^2) 308.

37 Gadera, Gadara ist *Umm Qēs* auf dem ostjordanischen Gebirge, ca. 12 km sö. der Austrittsstelle des Jordan aus dem See Gennezareth. Die Gleichung mit Gabaon, Gibeon *(el-Ǧīb)* bei Jerusalem ist natürlich falsch. J. Gildemeister, a.a.O., S. 38 vermutete als ursprüngliche Lesart Galaad (= Gilead, als Stadt *Ri 12,7* in Septuaginta und Vulgata); vgl. immerhin Josephus, *Ant. XIII,13,5* (Gadara zur Landschaft *Galaaditis* gerechnet).

38 *el-Ḥamme* im Yarmuktal, ca. 5 km n. von Gadara *(Umm Qēs).* Vgl. Übersichtskarte in ZDPV 9 (1886) Taf. 6 und Erörterung bei H. Dechent, Heilbäder und Badeleben in Palästina. ZDPV 7 (1884) 173-210 (bes. 187-196); Y. Hirschfeld, The History and Town - Plan of Ancient *Ḥammat Gādēr.* ZDPV 103 (1987) 101 - 116 Der Name „Elia-Thermen", der nur hier vorkommt, ist aus der Elia-Überlieferung nicht zu begründen; der Bach Krith *(1 Kön 17,3-6)* kann nicht gemeint sein (s.u. Anm. 50). Zu den Grabungen s. Y. Hirschfeld - G. Solar, The Roman Thermae at *Ḥammat-Gader.* Three Seasons of Excavations. Qadmoniot 13 (1980) 66-79; Y. Hirschfeld - M. Avi-Yonah, Ḥammat Gader. NEncAEHL II 565-573.

39 Die nicht in jeder Hinsicht klare Schilderung des Pilgers vom Badeleben in *el-Ḥamme* ist ausschließlich an der Heilung von Leprosen interessiert und scheint unter dem Gesichtspunkt der Heilung jeweils nur eines Einzelnen konzipiert zu sein. Es ist unglaubhaft, daß man die Thermen nach jeder Einzelheilung eine Woche lang dem öffentlichen Gebrauch entzog. Ob man den Text *„dum eam recitarit, abstinentur ipsae termae septem diebus"* (wenn er sie mitgeteilt hat, werden die Thermen 7 Tage lang zurückgehalten) mit H. Dechent, a.a.O., S. 194f. nach *„dum eam recitauerit* (Fassung B!), *abstinetur ipse*

Thecla, gestorben. Dieser warme Fluß, der Gadera heißt, stürzt hinab und mündet in den Jordan; durch ihn wird der Jordan vermehrt und größer.[40]

8. Danach stiegen wir durch Galiläa in Jordannähe hinab, kamen an vielen Städten vorbei, die (in der Schrift) genannt sind, und gelangten zur Hauptstadt von Galiläa Scitopolis[41], auf einem Berge gelegen, wo der hl. Johannes viele Wunder getan hat.[42] Dann stiegen wir durch verschiedene Orte von Samaria und Judäa nach der Stadt Sabastae hinauf, in der der Prophet Elisa ruht.[43] Wir stiegen durch Felder, Städte und Dörfer der Samaritaner hinab. Auf den Straßen, wo wir oder die Juden vorbeikamen, zündeten sie unsere Spuren mit Spreu an: Das ist ihre Art, beide zu verfluchen.[44] Mit den Christen treten sie immerhin in Verkehr, freilich so, daß du das, was du kaufen willst, nicht berühren darfst, bevor du den Preis gezahlt hast; wenn du es doch berührst und dann nicht erwirbst, gibt es gleich Skandal. Außerhalb eines Dorfes haben sie Posten aufgestellt, die Antwort geben. Die Münzen mußt du ins Wasser werfen; denn aus der Hand nehmen sie nichts an. Wenn du hineingehen willst, erklären sie dir: „Spucke nicht!" Und spuckst du dann doch, verursachst du einen Skandal. Abends aber reinigen sie sich mit

---

termis septem diebus" (wenn er sie mitgeteilt hat, enthält er sich der Thermen 7 Tage lang) ändern soll, bleibt ungewiß. Jedenfalls wird, wie in der Antike häufig, mit nächtlichen Heilungsinkubationen gearbeitet.

40 Johannes aus Piacenza war ein Reisegenosse des Pilgers; die Fassung B nennt ihn *collega noster.* Der Fluß Gadara ist der Yarmuk *(Šerīʿat el-Menāḍire).*

41 Skythopolis, Bethschean *(Bēsān)*; der „Berg" ist der *Tell el-Ḥōṣn.*

42 Die Johannestradition gehört zu dem s. von Betschean/Skythopolis gelegenen Aenon bei Salem/*Salumias (Joh 3,23)*; vgl. Egeria Anm. 109. Der Pilger kennt die traditionelle Taufstelle am Jordan bei Jericho (11) und erwähnt deshalb die Tauftradition von Aenon nicht.

43 Samaria *(Sebasṭye),* ca. 10 km nw. von *Nāblus,* seit 27 v. Chr. durch Herodes ausgebaut und *Sebaste* (griech. Form für *Augusta)* genannt. Das Elisagrab ist spätestens seit dem 1. Jh. n. Chr. in Samaria lokalisiert (auf Grund von *2 Kön 2,25* und *6,32)* und wird noch heute dort verehrt. Vgl. St. Hieronymus, Paula und Eustochium Anm. 115.116; J. Jeremias, HG 30.132. Der Pilger nennt den Namen Samaria nicht (s.o. Anm. 30).

44 Nach dem samaritanischen Buche Josua war diese Sitte ursprünglich gegen Kaiser Hadrian gerichtet; vgl. *Chronicon Samaritanum, Liber Josuae,* ed. T. Juynboll (1848) *cap.47.* Ähnliche Gebräuche bei den alten Arabern; vgl. J. Gildemeister, a.a.O., S. 39, Anm. 14.

Wasser und betreten so das Dorf oder die Stadt.[45]

9. Alsdann kamen wir zu der Stätte, wo der Herr mit fünf Broten 5000 Menschen satt gemacht hat.[46] Das ist ein weitläufiges Gefilde mit Oliven und Palmen. Von dort aus gelangten wir an den Ort, wo der Herr getauft worden ist. Dort überschritten die Israeliten den Jordan, dort verloren auch die Prophetenschüler die Axt, und von derselben Stelle wurde Elia entrückt.[47] Dort ist der kleine Hermonberg, der im Psalm vorkommt.[48] Am Fuße des Berges steigt zur ersten Stunde eine Wolke vom Flusse auf. Wenn die Sonne aufgeht, kommt sie über Jerusalem, über die Zionsbasilika, über die Basilika beim Grabe des Herrn, über die St. Marienbasilika und nach St. Sofia, wo das Prätorium war, in dem der Herr verhört worden ist. Auf diese Orte fällt Tau wie Regen: den sammeln die Ärzte, und in ihm werden alle Arzneien für die Hospitäler gekocht, wie denn überhaupt viele Krankheiten dort geheilt werden, wo dieser Tau fällt. Das ist der Tau, von dem im Psalm gesungen wird: „*Wie der Tau, der vom Hermon herabfällt auf den Berg Zion.*“[49] Auf jener Seite des

---

45 Ergänzend zu dieser höchst lebendigen Schilderung samaritanischer Eigentümlichkeiten durch einen Augenzeugen vgl. M. Gaster, Studies and Texts in Folklore, Magic, Medieval Romance, Hebrew Apocrypha and Samaritan Archaeology I-III (1925/28).

46 *Mk 6,31-44* u.par. (die Fische nur in Fassung B). Die wunderbare Brotvermehrung, nach den Evangelien am O-Ufer des Sees geschehen, wird spätestens seit dem 4. Jh. in *eṭ-Ṭābġa* (aus griech. *Heptapegon* „Siebenquell“) ca. 3,5 km w. von Kapernaum am Ufer des Sees Gennezareth lokalisiert. Vgl. St. Hieronymus, Paula und Eustochium Anm. 122; Theodosius Anm. 13; Kopp 269-277 und Kroll 305-314. S. auch M. Avi-Yonah - A. Negev, Heptapegon (ᶜEn Shevaᶜ; Eṭ-Ṭabgha). NEncAEHL II 614 - 616. Die Angabe über *Heptapegon* mit seinen Oliven und Palmen steht beim Pilger in falschem Zusammenhang; sie gehört sachlich in den 7. Abschnitt zwischen Tiberias und Kapernaum. Erinnerungsfehler des Pilgers? S.o. Anm. 30.

47 *Mk 1,9-11* u.par.; *Jos 3-5; 2 Kön 6,7-7; 2 Kön 2,1-18.* Es handelt sich um die traditionelle Taufstelle am Jordan bei *Dēr Mār Yuḥannā (Qaṣr el-Yehd)* ca. 9 km sö. von Jericho. Vgl. Kopp 153-166 und Kroll 226-234.

48 *Ps 42,7: „Ich denke an dich aus dem Lande des Jordan und der Hermonim, vom kleinen Berge* (Vulgata: *mons modicus*) *her.“* Dieser Text bezieht sich ursprünglich auf das Gebiet der Jordanquellen am Hermon *(Ğebel eš-Šēḫ* oder *et-Telğ).* Der älteste Beleg für die falsche Beziehung auf den Hügel der Entrückung des Propheten Elia (Pilger von Bordeaux Anm. 207) findet sich bei Theodosius 20 (Anm. 83). Gemeint ist eine der Mergelbänke im *Wādi el-Ḫarrār* ö. der Taufstelle; vgl. H. Donner, ZDPV 81 (1965) 26ff.

49 Die Identifikation von *„Hermonim“* und *„kleiner Berg“* aus *Ps 42,7* mit dem Hügel der Entrückung Elias (s. o. Anm. 48) hat assoziativ *Ps 133,3* angezogen Die ganze fabelhafte Geschichte vom Medizinaltau über Jerusalem ist

Jordans ist eine Quelle, wo der hl. Johannes taufte, 2 Meilen vom Jordan entfernt. In demselben Tale hielt sich Elia auf, als ihm der Rabe Brot und Fleisch brachte. In der Umgebung des Tales gibt es viele Einsiedler.[50]

10. Ganz in der Nähe liegt die Stadt Livias, wo zweieinhalb Stämme Israels zurückblieben, bevor sie den Jordan überschritten.[51] Dort gibt es von selbst fließende Thermen, die Moses-Thermen heißen.[52] Auch da werden Aussätzige rein. Dort ist eine Quelle mit sehr süßem Wasser, das als Abführmittel getrunken wird und viele Krankheiten heilt; gar nicht weit vom Salzmeer, in das auch der Jordan unterhalb von Sodoma und Gomurra mündet[53] und an dessen Ufer Schwefel und Asphalt gesammelt werden. In diesem Meer liegen die Aussätzigen im Juli, August und halben September den ganzen Tag lang. Abends baden sie in den Moses-Thermen, und ab und zu

---

wohl aus dieser Psalmstelle geflossen. Naturerscheinungen in Jerusalem, die auf diese Weise hätten erklärt werden können, sind nicht bekannt.

50 Die Johannes-Taufstelle im *Wādi el-Ḫarrār* ö. des Jordans ist auf der Madeba-Karte (M 9; 10; 98; 100; MM Nr. 5) unter der Bezeichnung *„Ainon, wo jetzt Sapsaphas ist"* dargestellt. Vgl. C. Mommert, Aenon und Bethanien (1903); Kopp 159-162; M. Piccirillo, Ainon Sapsaphas and Bethabara. In: The Madaba Map Centenary (s. o. S. 31) 218-221. Der Pilger ist der älteste Zeuge für die Identifikation des Baches Krith *(1 Kön 17,3-6)* mit dem *Wādi el-Ḫarrār;* bei Egeria (Anm. 121) war es noch das *Wādi el-Yābis* gewesen. Die Tradition der Entrückung Elias (s. o. Anm. 48) hat den Bach Krith mit der wunderbaren Rabenspeisung nach sich gezogen.

51 Livias (seit 14 n. Chr. auch Julias) ist *Tell er-Rāme* und Umgebung, 9 km ö. der Taufstelle; vgl. Euseb, On. 48,13-15 und die Mosaikkarte von Madeba (M 10; 100 - ohne Beischrift!). Es handelt sich um das alte Beth Haram/n *(Num 32,36; Jos 13,27).* Die „zweieinhalb Stämme" sind Ruben, Gad und Halb-Manasse nach *Num 32* und *Jos 13* (vgl. *Jos 1,12ff.),* verbunden mit dem Lager der 12 Stämme bei Abel Sittim *(Tell el-Ḥammām* 2,5 km onö. von Livias) nach *Num 33,48f.; Jos 2,1; 3,1;* vgl. Egeria Anm. 87. Es ist möglich, daß der Pilger nicht selbst an Ort und Stelle war; es fehlt das übliche *uenimus* „wir kamen (nach)". Aber das ist nicht zu beweisen. Die Fassung B hat übrigens *Salamiada statt Liuiada:* vielleicht eine Verwechslung mit Salem/*Salumias* s. von Bethschean (s.o. Anm. 42).

52 Vgl. die Erörterung bei Theodosius Anm. 80. Zum Verschwinden der Thermen von *Tell el Ḥammām* vgl. S. Merrill, East of the Jordan (1881) 193.

53 Das ist *ᶜAyn es-Suwēme* bei *Ḫirbet es-Suwēme* (AT: Beth Jesimoth *Num 33,49* u. ö.) unweit des NO-Ufers des Toten Meeres, wo heute nur noch kaltes Wasser austritt. Zumindest die Quelle, aus der das Abführmittel floß *(pro catarticum),* kann auch im Altertum nicht zu heiß gewesen sein. - Der Pilger ist der älteste eindeutige Zeuge für die N-Lokalisation von Sodom und Gomorrha (s.u. Anm. 73).

wird eine - so Gott will - rein. Aber auch die Allgemeinheit findet etwas Linderung. In diesem Meere findet sich nichts Lebendiges; weder Spreu noch Holz schwimmen darauf, und auch der Mensch kann nicht darin schwimmen. Vielmehr sinkt alles, was hineingeworfen wird, in die Tiefe.[54] Vom Jordan bis zu der Stätte, wo Mose gestorben ist, sind es 8 Meilen[55], und von dort aus ist es auch nicht weit nach Segor.[56] An diesem Orte gibt es viele Einsiedler. Wir sahen auch das Grabmal Absaloms.[57]

11. Ich hielt aber das Erscheinungsfest am Jordan.[58] In jener Nacht geschehen folgende Wunder an der Stätte, an der der Herr getauft worden ist: Ein von Schranken umschlossener Obelisk ist aufgerichtet, und an der Stelle, wo das Wasser in sein Bett zurückkehrte, steht ein hölzernes Kreuz mitten im Wasser; und Stufen führen zum Wasser hinunter, von beiden Seiten aus Marmor. Am Vorabend des Erscheinungsfestes werden große Vigilien abgehalten, mit zahllosem Volk; beim vierten oder fünften Hahnenschrei folgen die Matutinen. Wenn die Matutinen zu Ende sind, zieht die Geistlichkeit im Morgengrauen unter freiem Himmel auf. Von Diakonen gestützt,

---

54 Die Heilkraft des Wassers im Toten Meere war über die Grenzen Palästinas hinaus bekannt; vgl. ZDPV 7 (1884) 204. Ansonsten sind die Eigenschaften des Wassers merkwürdigerweise völlig verkannt. Der Pilger sagt das genaue Gegenteil dessen, was man bei Josephus, *Bell. jud. IV,8,4* und beim Pilger von Bordeaux 19 lesen kann. Wahrscheinlich fürchtete man sich, im Toten Meere zu baden. Der Pilger jedenfalls hat gleich beim ersten Male gewagt, wozu Palästinareisende gewöhnlich erst beim zweiten Male imstande sind: auf das Bad zu verzichten. Die Leprosen lagen wohl nur im seichten Uferwasser.

55 Mose starb auf dem Nebo *(Rās es-Siyāġa);* vgl. *Dtn 34,1-8*. Von *ʿAyn es-Suwēme* bis dahin sind es tatsächlich 12 km = 8 Meilen (Luftlinie!).

56 *Segor* ist die griech. Form für hebr. *Ṣōʿar* (Zoar); vgl. *Gen 14,2; 19,22f.30*. Die Stadt lag im *Ġōr eṣ-Ṣāfi* sö. des Toten Meeres (Euseb, On. 152,8-12) und ist dort auch auf der Madeba-Karte (MM Nr. 18) eingetragen. Sie ist jedoch ähn-lich wie Sodom und Gomorrha (s.u. Anm. 73) nach dem N gezogen worden.

57 Man lokalisierte z. Zt. des Pilgers den „Wald von Ephraim" *(2 Sam 18,6.17)*, in dem Absalom umkam und begraben wurde, in der Gegend des Nebo. In Wirklichkeit muß er viel weiter im N gelegen haben, bei Machanaim *(Tell Ḥeǧǧāǧ* s. des Jabbok). Gemeint ist jedenfalls das wirkliche Grab, nicht die Denksäule bei Jerusalem *(2 Sam 18,18);* vgl. Josephus, *Ant. VII,10,3*.

58 Das Erscheinungsfest *(theophania)* ist Epiphanias am 6. Januar. Also handelte es sich um eine Winterreise, wozu auch die vom Pilger immer wieder gegebenen Schilderungen landwirtschaftlicher Eigentümlichkeiten in Palästina und den angrenzenden Ländern passen.

steigt ein Priester in den Fluß, und sobald er das Wasser zu segnen anfängt, kehrt der Jordan rauschend um, bis die Taufe vollendet ist.[59] Alle alexandrinischen Reeder haben an jenem Tage ihre Leute mit Krügen voller Duftstoffe und Balsam dabei; und in dem Augenblick, da er das Wasser gesegnet hat, bevor man zu taufen beginnt, schütten sie alle die Krüge in den Fluß und schöpfen daraus Weihwasser. Das verwenden sie später als Wasser zum Besprengen ihrer Schiffe, ehe sie in See stechen.[59a] Wenn die Taufe zu Ende ist, steigen alle zur Segnung in den Fluß, mit Leinen und mancherlei anderen Stoffen bekleidet, die sie sich fürs Begräbnis aufheben. Vom Austritt des Jordans aus dem See von Tiberias bis zum Salzmeer, in dem er verschwindet, sind es ungefähr 30 Meilen.[60]

12. Auf jenem Ufer des Jordans gibt es eine Höhle, in der Zellen mit 7 Jungfrauen sind, die als kleine Mädchen dort ausgesetzt werden. Wenn eine von ihnen stirbt, wird sie in ihrer Zelle begraben, eine andere Zelle ausgehauen und ein anderes kleines Mädchen dorthin ausgesetzt, damit die Zahl gleichbleibe. Draußen sind Leute, die sich immer um sie kümmern. Diese Stätte betraten wir mit großer Furcht zum Gebet, ohne daß wir eines Menschen Antlitz gesehen

---

59 Der Obelisk steht anscheinend am Ufer des Jordans, das hölzerne Kreuz im Jordanbett. Theodosius kennt an der Taufstelle im Jordan eine Marmorsäule mit einem Kreuz aus Eisen (20). - Dem Leser wird bei der Beschreibung der Epiphanias-Festlichkeiten einiges zugemutet. Er soll glauben, daß der Jordan bei der Segnung des Wassers und beim Taufritus oberhalb der Taufstelle ebenso gestaut wird wie einst, als die Priester mit der Lade Gottes trockenen Fußes den Jordan überschritten *(Jos 3,13.16f.; 4,18)*. Dahinter steht wiederum die ferne Erinnerung an den Durchzug durchs Schilfmeer *(Ex 14,16.21f.26f.;* vgl. *Jos 4,23)*. Die genannten Stellen sind typologisch auf die Taufe Christi gedeutet, und das „Wunder" ist aus den atl. Stellen entwickelt. Dazu bedarf es *Ps 114,3* nicht; die Fassung B fügt diesen Psalmvers hinzu, um die einschlägigen atl. Belegstellen komplett darzubieten. Auch Theodosius 22 (Anm. 89) zitiert *Ps 114,* allerdings in etwas anderem Sinn. Zu beachten ist, daß die tatsächlichen Verhältnisse durch den Bericht hindurchscheinen: Das Jordanbett ist mitnichten trocken, sonst könnte weder getauft noch Weihwasser entnommen werden. Zur Segnung des Wassers vgl. P. de Puniet, DACL 2 (1910) 685-713 (bes. 696-702).

59a Ähnliche Praktiken beschreiben Johannes Chrysostomus, *De baptismo Christi* 2 (MPG 49, 366); Gregor von Tours, *De gloria Martyrum I,24* (MPL 71, 956); Jakob von Edessa bei A. Mai, *Scriptorum veterum nova collectio Xb* (1838) 14.

60 30 Meilen = 45 km. Die Entfernung beträgt in Luftlinie ca. 105 km. Fassung B kommt mit 130 Meilen = 195 km den wirklichen Verhältnissen näher. *Cod. Sangallensis* greift mit 320 Meilen zu hoch.

hätten.[61] Dort soll auch das Schweißtuch sein, das auf dem Angesicht des Herrn lag.[62] Oberhalb des Jordan, nicht sehr weit (von dem Ort) entfernt, an dem der Herr getauft worden ist, befindet sich das überaus große St. Johanneskloster mit zwei Hospizen.[63] Sowohl auf dem einen wie auf dem anderen Jordanufer gibt es am Hügel Stellen, wo man die Schlangen findet, aus denen Theriak hergestellt wird.[64]

13. Vom Jordan nach Jericho geht man 6 Meilen.[65] Jericho aber erscheint Menschenaugen wie das Paradies. Die Mauern sind zerstört, das Gelände in wunderbarer Lage. Das Haus der Rahab steht noch; es ist jetzt ein Hospiz, und das Obergemach, aus dem sie die Kundschafter herabließ, ist eine St. Marienkapelle.[66] Die Steine, die die Israeliten aus dem Jordan mitnahmen, sind nicht weit von der Stadt Jericho in einer Basilika hinter dem Altar aufgestellt; sie sind sehr groß.[67] Vor der Basilika ist ein Feld, der Acker des Herrn, den

---

61 Die Überlieferung ist sonst unbekannt und nicht zu lokalisieren. Auch im Mittelalter wußte man damit nichts anzufangen: *Cod. Rhenaugiensis* (9.-10. Jh.) hat Knaben *(infantuli)* statt Mädchen und scheint damit an die Mönchsniederlassungen in der Nähe der Taufstelle (auch im *Wādi el-Ḫarrār)* zu denken.

62 Das Schweißtuch von *Joh 20,7* (vgl. *Mk 15,46* u.par.; *Joh 19,40;* 20,5); dazu ausführlich Arkulf I,9.

63 *Dēr Mār Yuḥannā (Qaṣr el-Yehūd*) auf dem W-Ufer des Jordans unweit der Taufstelle.

64 Theriak ist ein altertümliches, bis ins 18. Jh. beliebtes Arzneimittel gegen Gifte, nach verschiedenen Rezepten aus Pflanzen, Opium, Schlangenfleisch u.dgl. hergestellt. Im Altertum schrieb man ein berühmtes Theriak-Rezept dem Leibarzt Neros, Andromachus, zu *(Theriaca Andromachi).*

65 Die übliche richtige Entfernung von 9 km.

66 Es ist ungewiß, welche zerstörten Mauern man dem Pilger zeigte. Fassung A läßt an *Jos 6* denken, während Fassung B ein Erdbeben erwähnt *(de terrae motu).* In der Tat hat Justinian nach dem Erdbeben von 551 die Pilgerherberge des sog. Hauses der Rahab (Pilger von Bordeaux 19) aus *Jos 2* und *6* wiederherstellen lassen, ebenso die Marienkapelle. Das Gebäude stand unweit der Elisaquelle *(ʿĒn es-Sulṭān)* auf dem Ruinenhügel des alten Jericho *(Tell es-Sulṭān).* Vgl. S. Vailhé, Revue de l'Orient Chrétien 5 (1900) 23.

67 Das byzantinische Gilgal, nicht lokalisiert, nach Euseb. On. 64,24-66,6 2 Meilen = 3 km ö. von Jericho (was auch nö. oder sö. heißen kann). Die Basilika mit den 12 Steinen *(Jos 4,20)* wird hier erstmalig erwähnt. Sie ist auf der Madeba-Karte (M 12; 14; 98; 99; MM Nr. 26) dargestellt, und zwar so, daß die Steine außerhalb der Kirche zu liegen scheinen. Das ist kein Widerspruch gegenüber der Beschreibung des Pilgers. Der Mosaizist wollte die Steine sichtbar machen und setzte sie deshalb neben die Kirche. S. auch OLB 2, 520-527.

der Herr mit eigener Hand besät hat; er bringt bis zu 3 Scheffel Saat und wird zweimal im Jahr abgeerntet. Er wird niemals besät, vielmehr wächst es von selber. Geerntet wird im Februar und davon zu Ostern kommuniziert. Sobald die Ernte eingebracht ist, wird umgepflügt und dann erneut mit der übrigen Ernte eingebracht; darauf wird gepflügt und die Sache so belassen.[68]

14. Die Wasserquelle, die Elisa süß gemacht hat, bewässert ganz Jericho.[69] Dort wächst ein erstklassiger Wein (?)[70], der Fieberkranken gegeben wird. Ferner wachsen dort pfundschwere Datteln, von denen ich mir in die Provinz mitgenommen und eine dem Ratsherrn Paterius gegeben habe. Auch gedeihen Zitronen von 40 Pfund und Bohnenstangen, zwei Fuß lang und zwei Finger breit. Schließlich gibt es da einen Weinstock, von dem am Himmelfahrtstage Kisten voller Trauben auf dem Ölberg und zu Pfingsten Most und damit gefüllte Krüge feilgeboten werden.[71]

15. Wenn man die Stadt verläßt und in Richtung Jerusalem geht, steht nicht weit von der Stadt Jericho der Baum, den Zachäus

---

68 Zum Herrenacker, wahrscheinlich einer legendären Weiterbildung der neutestamentlichen Berichte über Jesu Aufenthalt in der fruchtbaren Oase von Jericho *(Mk 10,46ff.* u.par.), vgl. Theodosius 1 und 18 (Anm. 3 und 75).

69 *2 Kön 2,19-22. ʿĒn es-Sulṭān* am Fuße des alten Stadthügels von Jericho *(Tell es-Sulṭān).* Der Pilger verschweigt den Memorialrundbau über der Quelle; vgl. Madeba-Karte (M 11-14; 98; 99; MM Nr. 24). S. auch Theodosius 20; Prokop von Caesarea, *De aedificiis V,9* (ed. I. Haury 1964).

70 Die Qualifikation dieses Weines schwankt in den Handschriften beider Fassungen: *Cod. Rhenaugiensis* (9.-10. Jh.) *potiston; Cod. Sangallensis* (9. Jh.) *postun; Cod. Bruxellensis* (9. Jh.) *potiscon; Cod. Bernensis* (10. Jh.) *potissimum.* Davon ist neutr. *potissimum* ungewöhnlicher Gebrauch des Superlativs zu *potis* „stark, kräftig";*potiston* vielleicht von griech. *potisteon* „tränkend, süffig". J. Gildemeister, a.a.O., S. 43 vermutete *protiston* (griech.) „allererster, vorzüglicher" und P. Geyer *pausticon* (griech.) „zum Aufhören, beendigend, beruhigend" (als Sedativum?).

71 Unter „Provinz" versteht der Pilger seine Heimatprovinz *Gallia Cispadana,* an deren Nordrande *Placentia* (Piacenza) liegt. - Die landwirtschaftlichen Angaben sind nicht völlig klar; auch weicht Fassung B im Vokabular etwas ab. Statt Zitronen könnten auch Kürbisse gemeint sein, und anstelle des Mostes *(mustus)* hat Fassung B Mischtrank *(mixtus).* Zu den märchenhaften Größen vgl. J. Gildemeister, a.a.O., S. 43, Anm. 23.

bestieg, um den Herrn zu sehen.[72] Dieser Baum, in eine Kapelle eingeschlossen, ist durch deren Dach nach draußen gelassen; er ist freilich verdorrt. Verläßt man Jericho durch das Tor und geht von Osten nach Westen, dann betrittst du linker Hand die Asche von Sodoma und Gomurra.[73] Über dieser Gegend senkt sich beständig eine dunkle Wolke; der Geruch ist schweflig. Was die Leute aber von Lots Weib fabeln, daß sie nämlich durch das Lecken der Tiere immer kleiner werde, ist nicht wahr; vielmehr steht sie da noch in derselben Gestalt wie einst.[74]

---

72 Die Zachäus-Sykomore *(Lk 19,1-10)* wurde am Ausgang des *Wādi el- Qelt* in den Jordangraben, unweit des herodianischen Winterpalastes *(Tilāl Abū'l-ᶜAlāyiq),* gezeigt; vgl. Pilger von Bordeaux 18 (Anm. 101) und St. Hieronymus, Paula und Eustochium 12 (Anm. 93). Der Pilger von Piacenza bietet die ausführlichste Beschreibung vor der Kreuzfahrerzeit. Es ist möglich, daß der Baum aus einem verfallenen Gebäude nach draußen ragte und daß fromme Phantasie dieses Gebäude für eine Kapelle hielt. Ebenso gut könnte *oratorium* eine kleine Memorialkirche bezeichnen, die um die Sykomore herumgebaut war. Vgl. Kopp 316-319 und Kroll 372.

73 S. o. Anm. 56. Sodom und Gomorrha *(Gen 19)* sind aus Bequemlichkeitsgründen für die Pilger vom s. ans nw. Ufer des Toten Meeres gezogen worden, s. der Straße von Jericho nach Jerusalem. Diese Gegend war leichter erreichbar. Wer kam schon in die unwirtlichen Regionen s. des Toten Meeres?

74 Der Pilger sagt nicht ausdrücklich, daß er Lots Weib *(Gen 19,26)* gesehen habe. Wenn man jedoch Sodom und Gomorrha am NW-Ende des Toten Meeres lokalisierte (s. o. Anm. 73), wird man sie den Pilgern schon gezeigt haben. Es gibt in dieser Region, bes. am Ausgang des *Wādi Mukellik,* genügend Felszacken, die sich anboten und für die Salzsäule von Lots Weib gehalten werden konnten. Etwas Ähnliches findet man bereits im *AT: Jos 15,6* und *18,17* nennen einen *„Stein des Rubeniten Bohan"* als Grenzmarkierung zwischen den Stämmen Juda und Benjamin, und da *Bohan* „Daumen" heißt, wird das eine Felsbildung dieser Art und in dieser Gegend gewesen sein. Die Vorstellung von der Verkleinerung durch das Lecken der Tiere konnte leicht aufkommen, da in *Gen 19,26* von einer Salzsäule die Rede war. Die Überlieferung von der *minutio uxoris Loth* ist anscheinend rabbinischen Ursprungs; vgl. H. P. Rüger, Eine rabbinische Überlieferung im Pilgeritinerar des Anonymus von Piacenza. Mélanges Barthélemy. OBO 38 (1981) 336-345 und Syrien und Palästina nach dem Reisebericht des Benjamin von Tudela. ADPV 12 (1990) 45 mit Anm. 228. Lot-Erinnerungen sind zu allen Zeiten mit dem Toten Meere verbunden gewesen: Das Meer heißt nicht umsonst arab. *Baḥr* (öfter *Baḥayret) Lūṭ*. Vgl. zu Lots Weib auch Egeria Anm. 99 und Theodosius 20.

16. Wir stiegen von Gebirgsseite her in Richtung Jerusalem an und kamen nicht weit von Jerusalem nach Baorin[75], danach links zu den Ortschaften des Ölberges nach Bethanien zum Lazarusgrab.[76] Wir blickten in die Täler, durchwanderten viele Klöster, Wunderstätten, und sahen auf dem Ölberg eine Menge Männer und Frauen in Klausur. Und oben auf dem Berg an der Stätte, von der aus der Herr auffuhr, sahen wir viele Wunderdinge und die Zelle, in der die hl. Pelagia eingeschlossen war und begraben liegt.[77] Auf demselben Berge liegen auch Jakobus, Zebedäus, Cleophas und viele Leiber der Heiligen.[78]

17. Wir stiegen vom Ölberg hinab ins Tal Gessemani an den Ort, wo der Herr verraten wurde.[78a] Dort sind drei Bänke, auf denen er zu

---

75 *Bahurim (2 Sam 3,16; 16,5; 1 Kön 2,8* u.ö.; bei Josephus, *Ant. VII,9,7 Bokchores)* ist wahrscheinlich *Rās eṭ-Ṭmīm* unweit der Straße von Jerusalem nach Jericho auf der O-Seite des Ölberges oder *Ḫirbet Ibqeʿḏān* nö. vom Ölberg. Vgl. J. P. van Kasteren, ZDPV 13 (1890) 101-107; E. Voigt, AASOR 5 (1925) 67-76; J. Stoebe, BHH 191 f.

76 Bethanien ist *el-ʿEzarīye* ca. 2,5 km ö. von Jerusalem. Die alte Ortschaft lag wahrscheinlich nw. oberhalb der heutigen am Hang des *Rās eš-Šiyāḥ*. Der Pilger erwähnt zwar das Lazarusgrab *(Joh 11)*, nicht aber die im 4. Jh. darüber erbaute Kirche. Vgl. Hieronymus bei Euseb, On. 59,16-18. Dazu: S. J. Salier, Excavations in the Ancient Town of Bethany. *Studii Biblici Franciscani* 2 (1951/2) 119-162; ders., Excavations at Bethany (1957); Kopp 332-335 und Kroll 354-366 (mit Plänen und Skizzen).

77 Pelagia war eine Schauspielerin und Dirne namens Margarito gewesen, die ihr Leben als heilige Büßerin in Männerkleidern (Pelagius) auf dem Ölberge beschloß. Ihre Zelle lag in der Nähe des *Imbomon* (Theodosius Anm. 43). Auf sie spielt Johannes Chrysostomus, *Homiliae in Matth. 67,3* (MPG 58,636f.) an. Vgl. F. Halkin (ed.), *Bibliotheca Hagiographica Graeca 2* (1957) 188 (Nr. 1478-79); H. Usener, Legenden der hl. Pelagia (1879).

78 Jakobus: 1. der Sohn des Zebedäus, Jünger Jesu *(Mk 1,19f.* u.par. u.ö.). Ihn meint eindeutig die Fassung B *(Iacobus Zebedaei* statt *Iacobus Zebedaeus)*. Sein Grab wird in Santiago de Compostela verehrt. 2. der Sohn des Alphäus *(Mk 3,18)*. 3. der Herrenbruder mit dem Beinamen „der Gerechte", Haupt der Jerusalemer Urgemeinde *(Apg 12,17* u.ö.; *Gal 2,9.12; 1 Kor 15,7)*; vgl. Theodosius Anm. 56. Sein Grab lag freilich nicht auf dem Ölberg, sondern am Ölberg im Kidrontale (Felsgrab zwischen dem sog. Absalom-Monument und der sog. Zacharias-Pyramide). - Zebedäus: der Vater der beiden Jünger Jakobus und Johannes *(Mk 1,19f.* u.par.). - Cleophas: ein Glied der Jerusalemer Urgemeinde *(Lk 24,18)*.

78a Die Verratsgrotte ö. der Mariengrabkirche im Kidrontal, das hier Tal Gessemani = Gethsemane heißt. Der Verrat: *Mk 14,43ff.* u.par.; *Joh 18,1ff.* Vgl. Pilger von Bordeaux 17 (Anm. 95). Die Verratsgrotte galt mindestens bis 614 auch als Ort des Abendmahls, dessen Lokalisierung auf dem Zion, seit

Tische lag, und auch wir lagen da zur Segnung. In diesem Tale steht die St. Marienbasilika, die ihr Haus gewesen sein soll, in welchem sie starb.[79] Das Tal Gessemani heißt hier Josaphat.[80] Von Gessemani aus stiegen wir auf vielen Stufen zum Tore Jerusalems hinauf.[81] Auf der rechten Seite des Tores ist ein Olivenhain. Dort steht der Feigenbaum, an dem sich Judas erhängte; sein Stamm steht noch, mit Steinen ummauert.[82] Das Stadttor schließt an das Schöne Tor des Tempels an, dessen Schwelle und Tafelwerk noch stehen.[83]

---

ca. 400 nachweisbar, sich erst im Mittelalter endgültig durchgesetzt hat. Vgl. Jerusalem-Brevier 7 (Anm. 30.31) und vor allem Theodosius 10 (Anm. 57.58). Theodosius beschreibt 4 Bänke für je 3 Personen (= 12 Apostel); er nahm wahrscheinlich an, daß Jesus in der Mitte des Raumes einen Sonderplatz einnahm *(ubi Domnus cum apostolis ipse medius accubuit).* Beim Pilger von Piacenza sind es nur 3 Bänke (zu je 4 Personen?), wobei die vierte, nicht ausdrücklich genannte, für Jesus reserviert ist. Oder hatte man eine der Bänke verbaut? Einzelheiten zu Verrat und Abendmahl bei Kopp 376-395 und Kroll 395-411.

79 Die Mariengrabkirche im Kidrontal, um 450 erbaut, erwähnt zuerst Theodosius 10; vgl. Jerusalem-Brevier 7 und Arkulf I,12. Vgl. C. Kopp, Das Mariengrab (1954). Die Notiz über den Tod der Gottesmutter lautet in beiden Fassungen verschieden: A *basilica sanctae Mariae, quam dicunt domum eius fuisse, in qua et de corpore sublatam fuisse* „die Basilika der hl. Maria, die ihr Haus gewesen sein soll, in dem sie aus dem Körper genommen worden ist"; B *domus sanctae Mariae, de qua eam dicunt ad caelos fuisse sublatam* „das Haus der hl. Maria, aus dem sie in den Himmel aufgenommen worden sein soll". Fassung B scheint die Vorstellung von der Himmelfahrt Mariae *(Assumptio Mariae)* vorauszusetzen, die theologisch seit dem Konzil von Ephesus 431 möglich war und als „leibliche" Himmelfahrt 1950 durch Pius XII. dogmatisiert worden ist.

80 Der Name Josaphat stammt aus *Joel 4* (Vulgata: *3),2.12* (dort Symbolname „Gott richtet" für ein Tal bei Jerusalem als Stätte des Jüngsten Gerichts), zuerst topographisch auf das Kidrontal bezogen bei Euseb, On. 70,2-4 und 170,8-10 (beidemale mit dem Hinnomtal = *Wādi er-Rabābe* verwechselt).

81 Der Vorgänger des heutigen Stephanstores *(Bāb Sittī Maryam).*

82 *Mt 27,5; Apg 1,18f.* Z. Zt. des Pilgers gedachte man des Judas im Stadtteil Bezetha; vgl. Abschnitt 27, wo die Kette, mit der er sich erhängte, bei Bethesda erwähnt ist. Die Überlieferung ist allerdings abgewandert, vielleicht weil Bezetha 614 von den Persern besonders schlimm verwüstet worden war. Arkulf I,17 sah den Feigenbaum des Judas im W der Stadt, außerhalb des Jaffatores *(Bāb el-Ḫalīl).*

83 Das Goldene Tor. Der Name stammt *aus Apg* 3,2; griech. *thyra horaia* (θύρα ὡραία) „schönes Tor" ist von den Lateinern als *porta aurea* mißverstanden worden (Lautähnlichkeit von *(h)oraia* und *aurea!).* Beim Pilger von Piacenza steht *porta speciosa,* eine genaue Wiedergabe des Namens aus *Apg* 3,2. Dieses Tor stand im Zusammenhang *(cohaerit)* mit dem Tor an der Stelle des heutigen Stephanstores *(Bāb Sittī Maryam),* d. h. beide Tore gehörten zu

18. Zur Erde geneigt und den Boden küssend betraten wir die Heilige Stadt, in der man das Grab des Herrn verehrt. Das Grab ist aus dem gewachsenen Felsen herausgehauen, und aus dem Felsen ist ein ...[84] herausgehauen, wo der Leib des Herrn Jesus Christus bestattet war. Eine Bronzelampe, die einst zu seinen Häupten stand, brennt dort Tag und Nacht; wir nahmen den Segen von ihr und stellten sie zurück. In das Grabmal wird von draußen Erde gebracht, und die eintreten, nehmen davon den Segen. Der Stein, mit dem das Grab verschlossen war, befindet sich vor dem Eingang des Grabes; die Felsenfarbe aber zeigt an, daß er aus dem Golgothafelsen herausgehauen ist. Der Felsstein ist mit Gold und Edelsteinen verziert und sieht wie ein Mühlstein aus.[85] Es (das

---

ein und demselben Mauerlauf. Die *porta speciosa* gehört zum Tempel *(quae fuit templi).* Der Pilger erwähnt ihn nur hier und fährt fort: *cuius liminare et tabulatio stat* „dessen Schwelle und Tafelwerk noch stehen". Wenn sich dieser Nebensatz auf *templum* bezieht, dann heißt *templum* hier nicht wie sonst „Tempelbezirk" *(Ḥaram),* sondern Tempelgebäude, und der Pilger meint Reste des von Hadrian nach 135 errichteten Tempels für die capitolinische Göttertrias. Möglich wäre aber auch der Bezug auf *porta speciosa.* Das würde voraussetzen, daß das Goldene Tor selbst in Trümmern lag, so daß man nur noch seine Schwelle und sein Tafelwerk sehen konnte. Gegen diese Annahme spricht die Madeba-Karte (M 69; 70). Es ist zu beachten, daß die Elemente des heutigen Goldenen Tores gerade auf die Zeit Justinians zurückgehen.

84 Im Text steht: *et potus ex ipsa petra excisus.* Was *potus* heißen soll, weiß niemand genau. Nach dem Zusammenhang ist wahrscheinlich die Grabbank gemeint. Eine einfache Bank oder ein sog. Troggrab (mit Vertiefung)? Sollte, wenn letzteres richtig ist, griech. *potos,* lat. *potus* „das Trinken" im Sinne von „Tränke" dahinterstehen? Aber das wäre ein höchst ungewöhnlicher Sprachgebrauch. Nettleship vermutete *puteus* „Grube, Schacht, Brunnen" und meinte damit ebenfalls ein Troggrab. J. Wilkinson, a.a.O., S. 83 ersetzt *et potus* durch *uel potius* und zieht die folgende Lampe syntaktisch zum Vorangegangen: „The Tomb is hewn out of living rock, or rather in the rock itself... and in the place where the Lord's body was laid, at the head, has been placed a bronze lamp. It burns there etc."

85 Diese ausführliche Beschreibung ist einfacher und besser zu verstehen, als es nach den Darlegungen der Ausleger scheint. Vgl. A. Heisenberg, Grabeskirche und Apostelkirche I (1908) 123-125; Kopp 439f. und Kroll 489-491. Man muß die Begriffe auseinanderhalten: *monumentum* ist das ganze Grabmal; *lapis* ist der Auferstehungsstein *(Mt 28,2;* Kyrill v. Jerusalem, Katechesen 13,39 und 14,22;St. Hieronymus, Paula und Eustochium Anm. 37); *petra* ist das Felsmaterial von Golgotha, aus dem der Auferstehungsstein herausgehauen ist. Dann aber ist *petra monumenti* „der zum Grabmal gehörige Felsstein" noch einmal der Auferstehungsstein, der wie ein Mühlstein aussieht *(uelut molaris),* d. h. der ein Rollstein ist. Mit anderen Worten: Der Pilger beschreibt von *lapis* bis *molaris est* nichts anderes als den Auferstehungsstein, nicht das ganze Grabmal.

Grabmal) hat zahllose Schmuckstücke: an Eisenstäben hängende Armspangen, Armbänder, Halsketten, Fingerringe, Kopfschmuck, Gürtelchen, Wehrgehänge, Kaiserkronen aus Gold und Edelsteinen und Schmucksachen von Kaiserinnen. Das Grabmal ist nach Art einer Pyramide gestaltet, mit Silber, unter goldenen ...[86]. Vor dem Grabmal steht ein Altar.

19. Vom Grabmal bis Golgotha sind es 80 Schritte.[87] Von einer Seite steigt man auf Stufen hinauf, auf denen unser Herr zur Kreuzigung hinaufstieg. Man sieht auch die Stätte, wo er gekreuzigt wurde, und den Blutfleck im Felsen. Seitlich steht der Altar Abrahams, an den er trat, um Isaak zu opfern und wo auch Melchisedek das Opfer darbrachte.[88] An diesem Altar ist ein Spalt, an den du das Ohr legen

---

86 *Ornamenta infinita* „zahllose Schmuckstücke" bezieht sich auf das Grabmal insgesamt *(monumentum)*. Es ist über und über mit Votivgaben behängt und hat die Gestalt einer silberbedeckten Pyramide, d. h. ein spitz zulaufendes Dach. Es handelt sich also um ein festes Grabhäuschen, das ungefähr so aussah wie die sog. Zachariaspyramide im Kidrontal. Wir besitzen Abbildungen auf den Ölampullen des Domschatzes von Monza, die der Langobardenkönigin Theodelinde (gest. 627) gehörten; vgl. A. Grabar, Les ampoules de Terre Sainte (1958) und Kroll 492 (Abb. 284). Unklar ist nur *„sub solas aureos"*, da wir nicht wissen, was *solas* bedeuten soll. A. Heisenberg, a.a.O., S. 125 dachte an Balken; J. Gildemeister, a.a.O., S. 45 erwog *soles* „Sonnen" und P. *Geyer caelos* „Himmel". Sollte das *transuolatile* S. o. S. 190ff. des Jerusalem-Breviers 3 (Anm. 14) gemeint sein, das dann oberhalb des festen Grabhäuschens zu denken wäre?

87 Die Entfernung beträgt in Luftlinie ca. 35 m; wenn man vom Grabe aus nach O über den Hof geht, ca. 45 m. Bei Annahme von Halbschritten *(gressus,* nicht *passus)* stimmt das mit der Schrittzahl des Pilgers überein. Vgl. Theodosius Anm. 47.

88 Die Treppenstufen, vermutlich auf der S-Seite des Golgothafelsen, auch bei Theodosius 7. Der Blutfleck im Felsen, hier erstmalig erwähnt und wohl auf rötliche Steinadern zurückgehend (Arkulf I,3), zeigt an, daß die Kuppe von Golgotha unbedeckt war. Spekulationen über das Blut des Herrn auf Golgotha gibt es mindestens seit Epiphanius von Salamis, *adv. haer. 46,5;* vgl. J. Jeremias, Golgotha (1926) 46. Sie sind durch den Widerstand des Hieronymus im Abendlande nur langsam heimisch geworden; der Pilger äußert sich ja auch sehr zurückhaltend (und verschweigt Adam in diesem Zusammenhange ganz!). - Der Abrahamsaltar *(Gen 22)* ist zuerst bei Theodosius 7 (Anm. 45) erwähnt; vgl. Jerusalem-Brevier 2 (Anm. 12). Er steht nach Theodosius am Fuße des Golgothafelsens. Der Pilger von Piacenza lokalisiert ihn *in latere* „seitlich", nach dem Zusammenhang: seitlich vom Kreuzigungsort. Danach scheint der Altar oben auf dem Golgothafelsen zu stehen, und dafür würde die folgende abenteuerliche Geschichte mit dem Apfel dann sprechen, wenn der in ihr genannte Spalt (s. u. Anm. 89) mit dem noch heute gezeigten Felsspalt zwischen der Kuppe von Golgotha und

und Wasserströme hören kannst: Wenn du einen Apfel oder sonst etwas, das schwimmen kann, hineinwirfst und zur Siloa-Quelle gehst, kannst du es dort wieder herausholen. Ich würde sagen, Siloa und Golgotha sind eine Meile voneinander entfernt. Jerusalem hat kein lebendiges Wasser außer der Siloa-Quelle.[89]

20. Von Golgotha bis dahin, wo das Kreuz gefunden worden ist, sind es 50 Schritte.[90] In der Basilika Konstantins, die an das Grabmal und an Golgotha anschließt, und zwar im Atrium der Basilika[91], befindet sich eine Kammer, in der das Holz des Kreuzes aufbewahrt wird. Wir haben es angebetet und geküßt. Auch den Titel, der zu Häupten des Herrn gesetzt war und auf dem geschrieben steht *„Das*

---

der Adamskapelle identisch wäre. Aber es kann natürlich auch eine unpräzise Formulierung im Sinne von „seitlich vom Hügel Golgotha" vorliegen; dann würde der Pilger mit Theodosius zusammenstimmen. - Der Abrahamsaltar ist zugleich Melchisedekaltar *(Gen 14,18-20; Ps 110,4):* ebenfalls eine Traditionsverschiebung vom Hl. Felsen *(eṣ-ṣaḫra)* des Tempelplatzes nach Golgotha. Von einem Opfer ist in *Gen 14* nicht die Rede; aber die alte Christenheit hat „Brot und Wein" Melchisedeks typologisch als Vorausdarstellung der Eucharistie verstanden (s. o. S. 142f.). Einzelheiten bei J. Jeremias, Golgotha (1926) 49f. Es gibt übrigens noch heute einen griech.-orth. Melchisedekaltar in der Adamskapelle.

89 Stand der Abraham/Melchisedek-Altar (s. o. Anm. 88) oben auf Golgotha, dann ist der Spalt der noch heute gezeigte senkrechte Riß, den man mit *Mt 27,57* in Verbindung zu bringen pflegt; vgl. Kyrill v. Jerusalem, Katechesen 13,39. Stand der Altar jedoch am Fuße von Golgotha, dann muß man einen heute verschwundenen Felsspalt in oder an der Adamskapelle annehmen. Wie dem auch sei: Die Sache mit dem Apfel ist ohnehin unglaubwürdig. Sie läßt erkennen, was man der Vertrauensseligkeit der Pilger alles zumuten konnte. - Die Entfernung zwischen Golgotha und Siloah ist ganz gut geschätzt: es sind in Luftlinie etwa 800 m. Siloah ist in der Tat die einzige Stadtquelle Jerusalems. Man muß nur in Betracht ziehen, daß die Gihonquelle (*ʿĀn Sittī Maryam* an der O-Seite des SO-Hügels) seit Hiskias Tunnelbau 701 v.Chr. verschüttet und unbekannt war. Bis ins 16. Jh. ist der Siloah-Teich für einen Quellteich gehalten worden; der Kanal war unbekannt.

90 Zum Problem der Kreuzauffindungsstätte (wahrscheinlich die Apsis der Martyriumsbasilika Konstantins, noch nicht die Helenakapelle!) vgl. Jerusalem-Brevier Anm. 5. Die 50 Schritte sind nicht nachzuprüfen, da man auf mindestens zwei Wegen von Golgotha dorthin gelangen konnte; vgl. Kroll 481 (Abb. 277).

91 Die drei Elemente der konstantinischen Großanlage: Anastasis, Golgotha, Martyrium; vgl. Pilger von Bordeaux Anm. 93. Das „Atrium der Basilika" ist dem Martyrium ö. vorgelagert; in seiner SW-Ecke befand sich die auch vom Jerusalem-Brevier (3) erwähnte Reliquienkammer (Kroll 481, Abb. 277: D und 8).

ist der Juden König"[92], habe ich gesehen, in meiner Hand gehalten und geküßt. Das Holz des Kreuzes ist Nußbaum.[92a] Wenn das Heilige Kreuz zur Anbetung aus seiner Kammer getragen wird und ins Atrium gelangt, wo es angebetet wird, erscheint im selben Augenblick ein Stern am Himmel und kommt über den Ort, an dem sich das Kreuz befindet; und während das Kreuz angebetet wird bleibt er über ihm stehen. Da wird Öl in halben Flaschen dargebracht, damit es gesegnet werde. Sobald das Holz des Kreuzes den Rand einer Halbflasche berührt, wallt das Öl rasch auf, und wenn sie nicht schnell geschlossen wird, fließt es ganz heraus. Wenn das Kreuz an seinen Ort zurückkehrt, verschwindet auch der Stern; später, wenn das Kreuz eingeschlossen ist, erscheint der Stern nicht mehr.[93] Ferner sind dort der Schwamm und das Rohr, von denen im Evangelium zu lesen ist[94]; von diesem Schwamm haben wir Wasser getrunken. Auch der Onyxkelch wird da aufbewahrt, den er beim Abendmahl segnete[95], und viele andere wundertätige Dinge. An einem höhergelegenen Ort sind die Sachen der Seligen Maria, ihr Gürtel und die Binde, die sie um den Kopf trug. Dort sind auch die 7 Marmorstühle der Ältesten.[96]

21. Dann bestiegen wir den Davidsturm, wo er den Psalter sang.[97]

---

92 *Lk 23,38.* Fassung B zitiert den Kreuzestitel nach *Joh 19,19.*

92a Der Glaube, das Kreuz sei aus Nußbaumholz gewesen, geht wahrscheinlich auf *Hoheslied 6,11* zurück: *„Ich stieg hinab in den Nußbaumgarten";* vgl. Kyrill v. Jerusalem, Katechesen 14,5.

93 Dieser superstitiöse Ritus (Kopp 432: suggestiver Wunderglaube) ist nur hier bezeugt. Kleine Ampullen der beschriebenen Art sind z.B. aus dem Domschatz von Monza bekannt (s.o. Anm. 86; Kroll 492, Abb. 284).

94 *Mk 15,36* u.par.

95 *Mk 14,22-25* u.par.

96 Das Wort *species* heißt zwar „Gestalt, Ansehen", aber auch „Ding, Sache" (= *res;* vgl. Abschnitt 11 *„mit Leinen und mancherlei anderen Sachen, Stoffen bekleidet"*). Gemeint sind der Gürtel und die Kopfbinde der Maria. Für die Deutung J. Wilkinsons, a.a.O., S. 83 (Porträt der Gottesmutter) besteht ebensowenig ein Grund wie für die Vermutung J. Gildemeisters, a.a.O., S. 46f., Anm. 29: *specillum* oder *speculum* statt *species.* - Die 7 Marmorstühle der Ältesten sind unbekannt. Sind es die 7 Diakone *von Apg 6,3* (vgl. *21,8),* die man mit den „Ältesten" der Urgemeinde *(Apg 15,2ff.)* identifizierte?

97 Dies ist die älteste literarische Verbindung der Zitadelle von Jerusalem *(el-Qal^ca* beim Jaffatore) mit David. Die Zitadelle war von Herodes d. Gr. glanzvoll ausgebaut worden; vgl. Josephus, *Bell. jud. V,4.* Sie hatte drei mächtige Türme: Phasael, Hippikus, Mariamne. Die herodianischen Quader des Phasael sind bis heute auf eine Höhe von ca. 20 m erhalten. Der Phasael wird immer noch „Davidsturm" genannt: Seit dem 6. Jh., wenn nicht schon

Der ist sehr groß, und es befinden sich darin Mönchsaufenthalte in Einzelgemächern. Der Turm ist viereckig und ein ungedecktes Bauwerk ohne Dach. Die Christen besteigen ihn andachtshalber und halten dort Nachtlager. Und wenn sie dann gegen Mitternacht aufstehen, hören sie Murmelstimmen unten im Tale Josaphat gegen den Jordan an den Orten, die nach Sodoma und Gomorra blicken.[98] Das Tal wird gewöhnlich Josapha genannt, heißt aber auch Gessemani.

22. Dann begaben wir uns zur St. Zionsbasilika[99], wo es viele Wunderdinge gibt, darunter das, was man von dem Eckstein nachlesen kann, den die Bauleute verworfen haben. Als der Herr Jesus diese Kirche betrat, fand er jenen ungefügen Stein daliegen, hob ihn auf und setzte ihn in die Ecke ein. Wenn du ihn nimmst, mit deinen Händen aufhebst und das Ohr in diese Ecke hältst, dann klingt es in deinen Ohren wie das Gemurmel vieler Menschen.[100] In dieser Kirche steht die Säule, an der der Herr gegeißelt worden ist. Mit der Säule hat es folgende Bewandtnis: Als er sie umfaßt hielt, drückte sich seine Brust in den Marmor ein, und es erschienen beide Hände, Finger und Handflächen, im Stein, so daß man für die einzelnen Krankheiten davon Maß nehmen kann; man trägt das dann um den Hals und wird gesund.[101] An der Säule ist das Horn, aus dem die

---

früher (jedoch noch nicht beim Pilger von Bordeaux, Anm. 90!), hält man ihn für einen Rest des Davidspalastes. David galt wegen der zahlreichen Psalmen, die seinen Namen tragen, als Verfasser des biblischen Psalters.

98 Zu Sodom und Gomorrha s. o. Anm. 73 und 74. Die „Murmelstimmen" *(uoces murmurantium)* sind doch wohl die Stimmen der Verdammten in Gehenna; also steht dahinter die alte Verwechslung des Kidrontales mit dem biblischen Hinnomtale *(Wādi er-Rabābe),* die zuerst bei Euseb, On. 70,2-4 und 170,8-10 begegnet. Eine mitternächtliche Geisterstunde für Pilger! Man hat ihnen wirklich alles geboten.

99 Die um 340 erbaute große Zionsbasilika auf dem SW-Hügel (heute *Dormitio* der Benediktiner mit Abendmahlssaal und Davidsgrab), die Nachfolgerin der alten Apostelkirche. Vgl. Pilger von Bordeaux Anm. 89 und Theodosius Anm. 48.

100 *Mt 21,42* (Zitat aus *Ps 118,22;* vgl. auch *Jes 28,16).* Der Eckstein ist aus der Symbolsprache in die Realität übersetzt worden: beim Pilger von Bordeaux (Anm. 84) noch auf dem Tempelplatz, beim Pilger von Piacenza in der Zionsbasilika. Sehr ungefüge *(deformis)* kann der Stein nicht gewesen sein, wenn man ihn aufheben und das Ohr an die Lücke im Mauerwerk, in der er saß, halten konnte.

101 Zur Geißelungssäule vgl. Theodosius 7 (Anm. 52) und Jerusalem-Brevier 4. Die Unebenheiten im Stein des Säulenschaftes, die man als Körperspuren Jesu deuten konnte, schildert Theodosius ausführlicher. Der Pilger von

Könige gesalbt wurden, auch David.[102] Ferner befindet sich dort in der Kirche die Dornenkrone, mit der der Herr gekrönt, und die Lanze, mit der der Herr in die Seite gestochen wurde.[103] Auch sind da viele Steine, mit denen Stephanus gesteinigt worden ist.[104] Dort ist auch eine kleine Säule, an der das Kreuz des Seligen Petrus befestigt ist, an dem er in Rom gekreuzigt wurde.[105] Schließlich ist da der Apostelkelch, mit dem sie nach der Auferstehung des Herrn die Messen feierten[106], und viele andere Wunderdinge, an die ich mich nicht mehr erinnere. Es gibt dort ein Frauenkloster. Ich sah einen mit Gold und Edelsteinen verzierten Menschenschädel in einem goldenen Kasten eingeschlossen. Es heißt, er stamme von der hl. Märtyrerin Theodota. Viele trinken daraus zur Segnung, und auch ich habe daraus getrunken.[107]

Piacenza hat dafür die Maßabnahme für Amulette gegen Krankheiten, vielleicht Wachsabdrücke oder auch nur Holzstäbchen. Ähnliches bei Gregor von Tours, *de gloria Martyrum I,7* (MPL 71,712).

102 *1 Sam 16,1.13; 1 Kön 1,39.* Vgl. Egeria 37,3. Das Jerusalem-Brevier erwähnt das Salbungshorn bei Golgotha (2).

103 Dornenkrone: *Mk 15,17* u.par.; *Joh 19,2.* Hl. Lanze: *Joh 19,34;* nach dem Jerusalem-Brevier 1 (Anm. 6) noch im Mittelschiff der Martyriumsbasilika Konstantins, nach 614 (Arkulf I,8) wieder in der Grabeskirche.

104 *Apg 7,54-60;* vgl. Jerusalem-Brevier 4.

105 Das Kreuzigungsmartyrium des Petrus wird in den apokryphen Petrusakten (um 180) 30-41 erzählt. Dort finden sich erstmalig auch die Quo-vadis-Legende und die besondere Kreuzigungsart (Kopf nach unten); vgl. E. Hennecke - W. Schneemelcher, Neutestamentliche Apokryphen II (1964[3]) 216-221 und Erläuterungen bei E. Hennecke, Handbuch zu den neutestamentlichen Apokryphen (1904) 395-491 (bes. 474ff.). Dazu auch Euseb, Kirchengeschichte II,25,8. Andeutungen und Hinweise auf das Petrusmartyrium sind freilich älter: *Joh 21,18f.; 1 Clem ad Cor 5; Ignatius ad Rom 4,3; Ascensio Isaiae 4,2f.* Einzelheiten und Literatur in RGG[3] 5 (1961) 261ff. s. v. Petrustradition. Über die Schicksale der für Jerusalem nur hier bezeugten Reliquie des Peterskreuzes ist wenig bekannt.

106 Nicht der Abendmahlskelch, der sich nach Abschnitt 20 in der Reliquienkammer der Martyriumsbasilika befand. St. Zion galt als Haus der Apostel, als Zentrum der Urgemeinde; vgl. Theodosius Anm. 48.

107 Theodota, deren Schädel als heiliges Trinkgefäß im Frauenkloster neben der Zionsbasilika benutzt wurde, war vermutlich eine 13jährige Märtyrerin aus Alexandria unter Diokletian (284-305); vgl. Sophronius v. Jerusalem, *Laudes SS. Martyrum Cyri et Ioannis 18* (MPG 87,3,3400f.). Es gibt auch eine Märtyrerin dieses Namens aus Ancyra (Ankara); vgl. F. Halkin (ed.), *Bibliotheca Hagiographica Graeca 2* (1957) 289 (Nr. 1780). Auf den auch für Verhältnisse des Altertums phänomenalen Mangel an Geschmack darf immerhin hingewiesen werden.

23. Vom Zion gelangten wir zu St. Marienbasilika[108], wo sich eine sehr große Mönchsvereinigung befindet. Dort sind auch Hospize für Männer und Frauen, eine Pilgerherberge, zahllose Tische, mehr als 3000 Krankenbetten. Dann beteten wir im Prätorium[109], wo der Herr verhört worden ist; dort steht jetzt die St. Sofienbasilika vor den Ruinen des salomonischen Tempels an der Straße, die entlang

---

108 Die „Neue Kirche der Gottesmutter" *(Nea Theotokos)* des Kaisers Justinian, 542 geweiht. Sie heißt „neu" im Unterschied zur „alten" beim Teiche Bethesda (Theodosius Anm. 55); anders K. Bieberstein, ZDPV 105 (1989) 117. Die *Nea Theotokos* ist ausführlich bei Prokop v. Caesarea, *De aedificiis V,6* (ed. I. Haury 1964) beschrieben und auf der Madeba-Karte (M 69; 70) ö. des S-Endes des *cardo maximus* (Hauptstraße) dargestellt. Vgl. L. H. Vincent- F.-M. Abel, Jérusalem Nouvelle II, 913-919. Neuere israelische Ausgrabungen w. des alten jüdischen Viertels haben Reste der Kirche zutagegebracht; vgl. IEJ 27 (1977) 56f. und P1.8: B; K. Bieberstein - H. Bloedhorn, Jerusalem. Grundzüge der Baugeschichte vom Chalkolithikum bis zur Frühzeit der osmanischen Herrschaft. BTAVO B 100 (1994). Auch eine Inschrift kam dabei ans Licht: *„Und dieses Werk hat unser allerfrömmster Kaiser Flavius Justinianus unter der Aufsicht und Mühe des ehrwürdigsten Priesters und Hegumens Konstantin im 13. (Jahr der) Indiktion gestiftet"*; vgl. N. Avigad, A Building Inscription of the Emperor Justinian and the Nea in Jerusalem. IEJ 27 (1977) 145-151.

109 Das Prätorium des Pilatus *(Mk 15,16* u.par.; *Joh 18,28)* ist erwähnt: Pilger von Bordeaux 17 (Anm. 92), Theodosius 7 (Anm. 50.51), Jerusalem-Brevier 7. Die St. Sophienkirche ist spätestens um 450 entstanden; vgl. Petrus der Iberer (ed. Raabe 94). Einzelheiten bei Kopp 412-421; Kroll 422-439; H. Donner, ZDPV 81 (1965) 49-55. Das historische Prätorium war vermutlich die Zitadelle *(el-Qalᶜa)* am Jaffator oder der Hasmonäerpalast oberhalb des sog. *Xystus* (nicht die Burg Antonia an der NW-Ecke des Tempelplatzes!). Das geriet jedoch in Vergessenheit, und die Traditionsstätte wechselte bis zur Kreuzfahrerzeit anscheinend mehrfach den Ort. Seit ca. 450 war sie mit der 614 zerstörten Sophienbasilika verbunden, die im Stadttale *(el-Wād)* gelegen haben muß: wahrscheinlich an der Stelle der heutigen Kirche Notre Dame du Spasme an der 4. Station der *Via Dolorosa* (s. bes. Theodosius Anm. 51). Das Problem der Lokalisation des byzantinischen Prätoriums ist freilich kontrovers. Fassung A unseres Pilgerberichtes trägt nicht allzu viel dazu bei: Die Straße *(platea)*, die vor den Ruinen des salomonischen Tempels *(Ḥaram eš-Šerīf)* entlang der Säulenhalle Salomos *(secus porticum Salomonis;* wahrscheinl. die W-Mauer des *Ḥaram* oder Baulichkeiten in der Nähe dieser W-Mauer) nach Siloah führt, ist ganz zweifellos die Straße im Stadttal (Tyropoiontal, *el-Wād*). Fassung B läßt nach *„basilica sancte Sophie"* folgenden Satz neu beginnen: *Ante ruinas templi Salomonis sub platea aqua decurrit a fonte Syloa secus porticum Salomonis* „vor den Ruinen des salomonischen Tempels fließt unterhalb der Straße entlang der Säulenhalle Salomos Wasser von (?) der Siloahquelle hinab". Das scheint, ziemlich unmotiviert, auf Entwässerungsanlagen (Kanalisation) hinzudeuten, ist aber doch wohl gegenüber dem Text der Fassung A sekundär.

der Säulenhalle Salomos zur Siloa-Quelle hinabführt. In dieser Basilika befindet sich der Sitz, auf dem Pilatus saß, als er den Herrn verhörte. Der viereckige Stein aber (ist der), der in der Mitte des Prätoriums stand; auf ihn wurde der Angeklagte beim Verhör gehoben, damit er von allem Volke gesehen und gehört werden konnte. Auch der Herr ist auf ihn gehoben worden, als er von Pilatus verhört wurde; seine Spuren sind dort zurückgeblieben. Einen schönen, kleinen, klar gezeichneten Fuß, auch eine normale Statur, ein schönes Gesicht, lockige Haare, eine feine Hand und langgliedrige Finger läßt das Bild erkennen, das zu seinen Lebzeiten gemalt und im Prätorium aufgestellt worden ist. Von dem Stein aber, auf dem er stand, gehen viele Wunderkräfte aus: Man nimmt von den Fußspuren das Maß, bindet es sich an die einzelnen kranken Stellen und wird gesund. Der Felsen ist mit Gold und Silber verziert.[110]

24. Und von dort aus begaben wir uns zu dem Bogen, wo das alte Stadttor war.[111] An diesem Ort gibt es fauliges Wasser, in das Jeremia geworfen wurde.[112] Wenn man von jenem Bogen auf vielen Stufen nach Siloa hinabsteigt, befindet sich oberhalb von Siloa eine ... basilika, unterhalb derer die Siloa-Quelle entspringt; sie hat zwei von Menschenhand gemachte marmorne Becken und zwischen den Becken Trennungsschranken.[113] In dem einen baden die Män-

---

110 Der Pilger sah den Richtstuhl des Pilatus und den viereckigen Stein, auf dem Jesus stand, mit *uestigia* „Spuren", d. h. Fußspuren. Der erhöhte Standort des Angeklagten ist weder röm. noch jüd. Sitte, sondern aus dem Kriminalverfahren am athenischen Areopag übertragen. Darüber hinaus sah der Pilger ein vollständiges Porträt Jesu *(imago ... picta)*, zu seinen Lebzeiten gemalt, ähnlich dem berühmten Bilde des Schreibers *Ḥannān* aus der apokryphen Abgar-Legende (s. Egeria Anm. 128 und 145). Der Stein mit den Fußspuren wurde wie die Geißelungssäule behandelt (s. o. Anm. 101). Es ist möglich, daß die Mosaiksandalen in der Krypta der Spasmenkirche Nachbildungen der Fußspuren Jesu sind, was für die n. Lokalisation des byzantinischen Prätoriums sprechen würde; vgl. ZDPV 81 (1965) 49-55.

111 Wahrscheinlich der Vorgänger des heutigen Stephanstores *(Bāb Sittī Maryam)*; s. Abschnitt 17 (Anm. 81) ebenfalls „auf vielen Stufen".

112 Zu diesem Jeremia-Teich vgl. Theodosius Anm. 51 und Jerusalem-Brevier Anm. 27. Er verdankt seine Existenz einer großzügigen Auslegung von *Jer 38,6* und lag nach den Andeutungen, die die Pilger geben, im N des *Ḥaram eš-Šerīf:* vielleicht *Birket (Banī) Isrā'īl* (heute zugeschüttet) neben dem Stephanstor.

113 Siloah ist *ʿĒn Silwān* (auch *el-Birke)* an der S-Spitze des SO-Hügels; s.o. Abschnitt 19 (Anm. 89). Z. Zt. des Pilgers von Bordeaux (Anm. 88) stand dort ein Tetranymphon des Kaisers Hadrian. Wann die Kirche erbaut wurde, ist

ner, in dem anderen die Frauen zur Segnung. Dieses Wasser zeigt viele Wunderkräfte; sogar die Aussätzigen werden rein. Vor dem Atrium ist ein großer, von Menschenhand gemauerter Teich, in dem beständig Leute baden; denn zu bestimmten Stunden läßt die Quelle viel Wasser in die Becken fließen, das durch das auch Josaphat genannte Tal Gessemani herunterfließt[114] bis zum Jordanfluß; es mündet in den Jordan dort, wo sich der Jordan unterhalb von Sodoma und Gomorra im Salzmeer verliert.[114a]

---

ungewiß: ob bereits unter Valentinian (364-375), nach einer unklaren Notiz der Handschrift P des georgischen Festkalenders bei H. G. Goussen, Über georgische Drucke und Handschriften (1923) S. 16? Sie stand jedenfalls um 450; vgl. Petrus der Iberer (ed. Raabe 56). Einzelheiten zur Tradition und ihrer Deutung: Kopp 371-376; Kroll 341-352; J. Wilkinson, The Pool of Siloam. Levant 10 (1978) 116-125. Ausgrabungen: H. Guthe 1881 (ZDPV 5, 1882); F. J. Bliss - A. C. Dickie 1894-97 (Excavations at Jerusalem, 1898, 178-210). Die letztgenannten Grabungen haben die vom Pilger beschriebene Anlage im großen und ganzen, leider nicht in allen Details, geklärt; vgl. Planskizze bei Kroll 350 (Abb. 208). Die Kirche stand auf einer Anhöhe unmittelbar n. des Teiches. Sie war dreischiffig, geostet, und hatte aus Gründen der Geländebeschaffenheit den Zugang über ein Atrium und einen Treppennarthex nicht im W, sondern im N, also auf der Langseite. Das Atrium lag ca. 3 m höher als die Kirche, diese wiederum ca. 8 m höher als der Teich: eine Anlage mit ungleichen Niveaus. Der Siloahkanal lief unterhalb des Chores durch; daher die Formulierung: *„unterhalb derer die Siloahquelle entspringt"*. Man hielt den Teich bis ins 16. Jh. für einen Quellteich, da die Gihon-Quelle *(ʿĒn Sittī Maryam)* am O-Fuß des SO-Hügels seit der Zeit des Königs Hiskia (701 v. Chr.) verschüttet und unbekannt war. Ob das Mittelschiff der Kirche überkuppelt war, wie die Ausgräber annahmen, ist ungewiß. Auf der Madeba-Karte (M 69; 70; 112) ist die Kirche rechts von der *Nea Theotokos* schematisch dargestellt (nicht ganz erhalten); sie hat dort keine Kuppel. Also ist es fraglich, ob man *basilica uolubilis* mit Kuppelbasilika übersetzen darf, wie es gewöhnlich geschieht. J. Wilkinson, Jerusalem Pilgrims, S. 84 übersetzt „hanging basilica", was zwar sehr gut zur Topographie paßt, aber für *uolubilis* eine nicht belegte Wortbedeutung voraussetzen würde. Die beiden „Becken" *(solia)*, genauer: das eine Becken mit Trennungsschranke, ist der Teich selbst, vermutlich von Säulen umgeben (Tetranymphon Hadrians).

114 „Vor dem Atrium" der Siloah-Basilika ist ein zweiter Teich. Hier kann mit „Atrium" nicht die Vorhalle oder der Vorplatz der Kirche im N gemeint sein. Vielmehr betrachtete man den Siloahteich selbst als Atrium der Basilika. Vor ihm, d. h. s. von ihm, befand sich die zweite Badeanlage (nicht *Birket el-Ḥamrā!)*. Die Planskizze bei Kroll 350 (Abb. 208) wäre danach zu korrigieren. - Das Wasser, das durch den Kanal aus dem Felsen trat, alternierte; vgl. Pilger von Bordeaux 16 und Eucherius 9 (Anm. 12). Vermutlich waren Stauungen oben an der Gihonquelle oder im Kanal die Ursache.

114a S.o. Anm. 56 und 73.

25. Gegenwärtig ist die Siloa-Quelle in die Stadt eingeschlossen, da die Kaiserin Eudoxia die Stadtmauern erweitert hat.[115] Sie hat auch die Basilika und das Grabmal des hl. Stephanus gebaut[116], und ihr eigenes Grabmal befindet sich neben dem Grabmal des hl. Stephanus.[117] Die Entfernung zwischen den Grabmälern beträgt 20 Schritte. Der hl. Stephanus ruht außerhalb des Tores, einen Pfeilschuß weit an der Straße nach Westen, die in Richtung Joppe, Caesarea Palaestinis und der früher Azotus genannten Stadt Diospolis hinabläuft, in der der hl. Märtyrer Georgius ruht.[118] An dieser Heerstraße steht nicht weit von der Stadt entfernt auf halbem Wege eine marmorne Säule, zu der der Herr zuerst zur Geißelung geführt wurde; sie floh, wurde von einer Wolke aufgehoben und an diese Stelle versetzt. Das wird man umso eher für wahr halten dürfen, als sie keinerlei Basis hat, auf der sie doch stehen müßte, sondern nur so auf der Erde steht und beweglich ist. Auf ihrer Spitze ist ein eisernes Kreuz angebracht; man steigt auf Treppenstufen hinauf, und Lampen und Weihrauch werden dort verwendet.[119] An diesem

---

115 Der Mauerbau der Kaiserin Eudokia, Gemahlin Theodosius II. (nicht Justinians, wie Fassung B fälschlich hinzufügt), erfolgte nach 444; vgl. Eucherius 1 (Anm. 3). Durch die eudokianische Umwallung wurden der SO- und der SW-Hügel in das Stadtareal einbezogen.

116 Die Reliquien des Erzmärtyrers Stephanus *(Apg 7,54-60)* tauchten 415 in *Caphargamala* (wahrscheinlich *Ǧemmāla* ca. 25 km nnw. von Jerusalem) auf; vgl. *Luciani presbyteri epistula* (MPL 41, 807). Sie wurden nach Jerusalem gebracht, zunächst wohl in die Zionsbasilika, wo man auch die Steine seiner Hinrichtung verehrte (s.o. Anm. 104). Kaiserin Eudokia (s.o. Anm. 115) errichtete dann nach 444 die große Stephanusbasilika ca. 450 m n. des Damaskustores, die mit ihren zahlreichen Annexen und Klosteranlagen bis zum Bau der *Nea Theotokos* Justinians (542) der größte Kirchenkomplex Jerusalems gewesen ist. Am 15. Mai 460 erfolgte die feierliche Überführung der Stephanusreliquien in diese Basilika. Sie ist 614 von den Persern zerstört und so gründlich vergessen worden, daß die zur Basilika gezogene Tradition von der Steinigung des Stephanus nach dem O-Tor Jerusalems, dem heutigen Stephanstor, wandern konnte (s. bereits Arkulf I,1).

117 Eudokia starb 460 in Jerusalem.

118 Die große Verbindungsstraße vom Damaskustor *(Bāb el-ᶜAmūd)* in die Küstenebene nach Joppe *(Yāfā)* und Caesarea *(Qēsārye)* über Diospolis/Lydda *(Ludd,* Lod, Flughafen von Tel Aviv). Daß Diospolis früher Azotus geheißen habe, ist ein Irrtum des Pilgers: Azotus ist Asdod *(Esdūd).* Zum hl. Georg, dessen Verehrung von Lydda aus in alle Welt gegangen ist, vgl. Theodosius Anm. 28.

119 Diese merkwürdige Säule ist sonst nirgends bezeugt. Sie hat gewiß nichts mit der auf der Madeba-Karte (M 69; 70) dargestellten Säule auf der Innenseite des Damaskustores *(Bāb el-ᶜAmūd* „Säulentor") zu tun; denn die Karte ist mit unserem Pilger etwa gleichzeitig. Vielleicht war es ein Meilenstein,

Ort finden Besessene Heilung. Auch in der Landschaft überhaupt tut der Selige Georgius viele Wunder.

26. Von Siloa aus gelangten wir zu dem Acker, der mit dem Kaufpreis des Herrn erworben worden ist und Acheldemach heißt, d. i. Blutacker; dort werden alle Pilger beerdigt. Zwischen den Gräbern sind Zellen von Gottesdienern; viele wundertätige Männer. Zwischen den Grabmälern gibt es stellenweise auch Obstbäume und Weinstöcke.[120]

27. Wieder in die Stadt zurückgekehrt begaben wir uns zu dem Schwimmteich, der fünf Säulenhallen hat; eine davon trägt die St. Marienbasilika, in der viele Wunder geschehen.[121] Der Teich ist jetzt in eine Kloake verwandelt worden; dort wird alles gewaschen, was in der Stadt nötig ist. Wir sahen auch in einer finsteren Ecke die Eisenkette, mit der sich der unselige Judas erhängt hat.[122] Als wir dann zum größeren Tor hinausgingen[123], kamen wir zum hl. Isicius[124], dessen Leichnam dort liegt; da wird auch Brot an arme Leute

---

versprengt und ohne Inschrift, oder eine funktionslose Architektursäule (Abfall der Stephanusbasilika?).

120 Hakeldama *(Mt 27,3-10; Apg 1,18f.)* am S-Hang des Hinnomtales *(Wādi er-Rabābe).* Der älteste Zeuge ist Euseb, On. 38,20f. (fälschlich im N des Zion = SW-Hügel lokalisiert; richtig Hieronymus 39,26f.!). Im 6. Jh. ein Pilgerfriedhof mit Mönchsbehausungen, dazwischen (Fassung B: unterhalb) Obstpflanzungen. Dieses Idyll gab es im 7. Jh. nicht mehr; vgl. Arkulf I,19. S. auch G. Avni - Z. Greenhut, The Akeldama Tombs. The Burial Caves in the Kidron Valley, Jerusalem (1996).

121 Der Teich Bethesda *(Joh 5,2-9)* mit der in der 1. Hälfte des 5. Jh. entstandenen Marienbasilika zum Gedächtnis des Ortes ihrer Geburt: Pilger von Bordeaux 15 (Anm. 81); Eucherius 8 (Anm. 11); Theodosius 8 (Anm. 55); Jerusalem-Brevier 7 (Anm. 29). Der Pilger übergeht die Heilung des Gelähmten von *Joh 5* ganz. Das Gedenken daran war schon in der voraufgegangenen Zeit mehr und mehr geschwunden, die Heiligkeit des Ortes vom Teich auf die Marienkirche übergegangen.

122 S.o. Anm. 82.

123 Da im Texte (28) der Weg nach Bethlehem folgt, müßte eigentlich das Jaffator *(Bāb el-Ḫalīl)* gemeint sein. S. aber Anm. 125!

124 Isicius ist eine schlechte Schreibung für den häufigen Namen Hesychius. Gemeint ist wahrscheinlich der Mönch und Presbyter Hesychius von Jerusalem (gest. nach 450), der sich als Bibelkommentator einen Namen gemacht hat; vgl. B. Altaner, Patrologie (1978[8]) 333f. Zur Debatte um das Isicius-Problem: P. Thomsen, ZDPV 29 (1906) 128f.; 30 (1907) 214f.; G. Mercati, RB.NS 4 (1907) 79f.

und Pilger ausgegeben, das Helena gestiftet hat.[125]

28. An der Straße nach Bethlehem, beim dritten Meilenstein von Jerusalem aus, liegt der Leichnam der Rahel, am Rande des Ortes, der Rama heißt.[126] Dort sah ich auf halbem Wege unbewegliches Wasser aus dem Felsen hervorkommen, ungefähr bis zu 7 Sextarien, aus dem alle schöpfen, ohne daß es weniger oder mehr wird. Sein Wohlgeschmack ist unbeschreiblich; man sagt, das komme daher, daß die hl. Maria auf der Flucht nach Ägypten dort saß und Durst hatte: da sei dieses Wasser hervorgebrochen. Dort ist jetzt auch eine Kirche erbaut worden.[127]

---

125 Der Name Helena könnte eine Erinnerung an Helena von Adiabene sein, die die Bevölkerung Jerusalems während der Hungersnot 44-48 n.Chr. unterstützt hatte (Josephus, *Ant. XX,2,5);* vgl. St. Hieronymus, Paula und Eustochium 9 (Anm. 35). Aber selbst wenn das zutreffen sollte: Im 6. Jh. dachte man gewiß an die Mutter des Kaisers Konstantin, deren Name vielfältig mit Jerusalem verbunden war. - Wo befanden sich die Hesychius-Kirche und die Pilger- und Armenspeisung? Wahrscheinlich handelt es sich um das Passarion-Hospiz *„ö. vor den Toren der Hl. Stadt":* so Johannes Rufus, *Leben Petrus des Iberers* (ed. Raabe 33) und *Über den Tod des Theodosius 5* (ed. Brooks, CSCO (syr.) III,25,S. 19). Wenn das aber zutrifft, dann muß die *porta maior* (s. o. Anm. 123) der Vorgänger des heutigen Stephanstores sein.

126 Das Rahelgrab *(Gen 35,19; 48,7),* ca. 2 km n. von Bethlehem an der rechten Seite der Straße von Jerusalem. Ursprünglich muß es in der Nähe der benjaminitischen Ortschaft Rama *(er-Rām)* n. von Jerusalem gelegen haben; vgl. noch *1 Sam 10,2* und *Jer 31,15.* Aber der Name „Ephrat" wurde mit dem Namen der berühmten bethlehemitischen Sippe Ephrat, der David entstammte *(Mi 5,1),* zusammengebracht. So ist das Rahelgrab schon früh in die Gegend von Bethlehem gezogen worden. Vgl. Pilger von Bordeaux 19f. (Anm. 108); St. Hieronymus, Paula und Eustochium 10 (Anm. 45); Arkulf II,7. Sogar die Ortschaft Rama soll mit dem Grabe in die Region von Bethlehem gewandert sein; vgl. bereits Euseb, On. 146,28-148,2 und Belege bei P. Thomsen, *Loca sancta I* (1907) 98. Aber vielleicht ist das Theorie, aus den Texten erschlossen. In der Gegenwart gibt es diese Ortschaft tatsächlich: *Ramat Rahel*; vgl. OLB 2, 596-606. Die Entfernungsangabe des Pilgers ist ungenau. Er erweckt den Anschein, als liege das Rahelgrab auf halbem Wege zwischen Jerusalem und Bethlehem, was nicht der Fall ist.

127 Auf halbem Wege zwischen Jerusalem und Bethlehem, wenn auch nicht an der heutigen Fahrstraße, liegt der Rastplatz der Gottesmutter: eine Zisterne namens *Bīr el-Qadismu* (von griech. *kathisma* „Sitz"), ca. 500 m vor dem Eliaskloster *(Mār Elyās).* Diese Stelle kommt bereits um 150 im Protevangelium des Jakobus 17,2f. vor. Spätestens um 450 stand dort eine Kirche. Vgl. H. Usener, Der hl. Theodosius (1890) 13; A. M. Schneider, Die Kathismakirche. JPOS 14 (1934) 230f.; Kopp 30f. Eben dieser Ort (s. auch Theodosius Anm. 102) ist auch hier gemeint. Aber die Erinnerung des Pilgers war getrübt, und die Informationen, die er bekam, waren es wohl auch. Er wirft *Kathisma* mit

29. Von diesem Ort sind es bis nach Bethlehem 3 Meilen.[128] Bethlehem ist eine sehr ansehnliche Ortschaft. Es gibt da viele Gottesdiener. Die Höhle, in der der Herr geboren ist und in der die Krippe steht, ist mit Gold und Silber verziert; drinnen brennen Tag und Nacht Lampen. Die Eingangsöffnung der Höhle ist ganz eng.[129] Der Presbyter Hieronymus hat den Felsen am Eingang der Höhle aushauen und sich ein Grabmal machen lassen, in dem er auch beigesetzt ist.[130] Eine halbe Meile von Bethlehem entfernt in der Vorstadt liegt der Leichnam Davids, auch der seines Sohnes

---

dem Rahelgrab zusammen und lokalisiert dort zwar eine Rast, aber eine falsche: die auf der Flucht nach Ägypten *(Mt 2,13-15)*. Das paßt weder auf das alte *Kathisma* noch auf das Rahelgrab. Der Versuch von Kopp 49f. (Anm. 141), die ganze Geschichte doch für das Rahelgrab zu retten, ist gequält und verfehlt: Weder liegt das Grab 3 Meilen von Jerusalem entfernt, noch gibt es dort Wasser (die alte röm. Wasserleitung kann wegen *aqua inmobilis* „unbewegliches Wasser" nicht gemeint sein!), noch ist dort ein Kirchenbau nachzuweisen. Alles das trifft aber auf *Kathisma* zu. Einzelheiten zu *Bīr el-Qadismu* bei T. Tobler, Topographie von Jerusalem II (1854) 530-535; G. Dalman, Orte und Wege Jesu (1924^3) 22f. Es ist zu beachten, daß die *Kathisma-Tradition* mit dem Wasserwunder auch im Koran vorkommt: Sure 19,24-26. Das Motiv stammt aus dem AT: *Gen 21,19*.

128 Nämlich von *Bīr el-Qadismu* aus (s.o. Anm. 127), nicht vom Rahelgrabe.

129 Der Pilger sagt nichts über die von Kaiser Konstantin erbaute und von Justinian prachtvoll erneuerte Geburtskirche zu Bethlehem: die einzige altchristliche Basilika, die den Persersturm des Jahres 614 überstanden hat. Er beschränkt sich auf das Höhlensystem unter der Geburtskirche; vgl. die Planskizze bei Kroll 60 (Abb. 33). Die Geburtsgrotte mit dem Annex der Krippengrotte hat edelmetallverzierte Wände; vgl. Eucherius Anm. 18. Der Grotteneingang ist sicher nicht identisch mit einem der beiden heutigen Zugänge; wahrscheinlich ist der schmale, heute meist verschlossene Eingang auf der w. Schmalseite gemeint. Einzelheiten bei Kopp 40-46 und Kroll 60-64.

130 St. Hieronymus starb 419/20 in Bethlehem und wurde dort begraben. Niemand weiß genau, wo sich sein Grab befand. Er selbst bezeugt, daß die hl. Paula unten neben der Geburtsgrotte bestattet wurde; vgl. *Epist. 108,33 ad Eustochium* (CSEL 55, 1912, 350f.). Eine spätere Hieronymus-Vita (MPL 22,200) läßt ihn dann auch selber dort ruhen, was immerhin einige Wahrscheinlichkeit für sich hat. Aber das Höhlensystem unter der Geburtskirche ist im Laufe der Jahrhunderte so stark verändert worden, daß die Suche nach dem historischen Hieronymusgrab wohl immer aussichtslos bleiben wird. Es ist auch nicht ganz sicher, wo unser Pilger das Hieronymusgrab sah: vermutlich in oder bei der heutigen Josephsgrotte n. der Geburtsgrotte (Kroll 60, Abb. 33, Nr. 3); vgl. Kopp 44-46. Heute werden die Hieronymusgrotten im NW-Teil des Höhlenkomplexes gezeigt; sie reichen bis unter die n. unmittelbar an die Geburtskirche anschließende Katharinenkirche (Kroll

Salomo, zwei Grabmäler. Die Basilika heißt Zum hl. David.[131] Auch die Kinder, die Herodes umbringen ließ, haben an dieser Stätte ihr Grabmal; sie ruhen alle beieinander, und wenn geöffnet wird, kann man ihre Gebeine sehen.[132] Außerhalb Bethlehems gibt es ein ummauertes Kloster, in dem sich eine Menge von Mönchen zusammengefunden hat.[133]

30. Von Bethlehem aber bis zur Eiche Mambre sind es 24 Meilen.[134] Dort liegen Abraham, Isaak, Jakob, Sarah, aber auch die Gebeine Josephs. Da ist eine Basilika mit vier Säulenhallen errichtet, im mittleren Atrium ungedeckt: mitten hindurch läuft eine Schranke,

---

60, Abb. 33, Nr. 8.9.11). - Fassung B bedenkt den Presbyter Hieronymus mit schönen, schmückenden Beiworten: *in loquendo peritus, interpretatione clarus, inter omnes relator conspicuus* „redegewandt, in der Auslegung klar, der ausgezeichnetste Schriftsteller von allen". Das ist das mindeste, was man von ihm sagen kann.

131 Das Familiengrab der Davididen, ursprünglich auf dem SO-Hügel Jerusalems, ist wahrscheinlich alsbald nach 70 dorthin gewandert, wo man den Familiengrundbesitz Davids vermutete: nach Bethlehem, n. oder nw. der Geburtskirche am Hang oder im Tal. Vgl. Euseb, On. 42,11f.; Pilger von Bordeaux 20 (Anm. 110); Arkulf II,4 (der als letzter die Kirche erwähnt). Die Reste der Davidsbasilika sind bislang nicht aufgefunden. Einzelheiten bei Kopp 74-76.

132 *Mt 2,16-18.* Die Gebeine der Unschuldigen Kinder, deren Verehrung seit dem 5. Jh. nachweisbar ist, haben in Bethlehem mehrfach den Ort gewechselt: zunächst wahrscheinlich in der Geburtskirche, im 6. Jh. in der Davidsbasilika (s.o. Anm. 131), seit dem 7. Jh. in der sog. Milchgrotte, dann auch an verschiedenen Orten der Umgebung von Bethlehem, seit dem Mittelalter wieder unter der Geburtskirche (Kroll 60, Abb. 33, Nr. 5.6). Nachweise bei Kopp 74-85.

133 Vermutlich ein Teil der Klosteranlagen, die die hl. Paula nach 386 in und bei Bethlehem errichtete. Vgl. Hieronymus, *Epist. 108,20 ad Eustochium* (s.o. Anm. 130).

134 Die Entfernung ist zu hoch gegriffen: 24 Meilen = 36 km. Von Bethlehem bis Hebron sind es ca. 25 km. Mamre *(Ḥaram Rāmet el-Ḫalīl)* liegt ca. 3 km n. von Hebron.

und von der einen Seite treten die Christen ein, von der anderen die Juden, und bringen viel Weihrauch dar.[135] Auch der Todestag Jakobs und Davids wird in jener Gegend am Tage nach Weihnachten andächtig gefeiert, und zwar so, daß die Juden aus der ganzen Gegend zusammenkommen, eine unzählbare Menge, viel Weihrauch und Lampen darbringen und den Geistlichen dort Geschenke geben.[136]

31. Dann kehrten wir nach Jerusalem zurück, stiegen die Straße in Richtung Gaza und Askalon hinab und erreichten 20 Meilen von Jerusalem entfernt das Gebirge Gelbua, wo David den Goliath erschlagen hat.[137] Dort sind auch Saul und Jonathan gestorben.[138] Ferner liegt dort Goliath mitten am Wege, einen Holzhaufen zu seinen Häupten. Da ist ein Steinhaufen, ein hoher Hügel, so daß man auf 20 Meilen keinen beweglichen Stein finden

---

135 Der Pilger wirft Mamre *(Ḥaram Rāmet el-Ḫalīl)* und den hl. Bezirk über den Patriarchengräbern in Hebron *(Ḥaram el-Ḫalīl)* zusammen; den Namen Hebron nennt er nicht. Es ist möglich, daß er gar nicht in Mamre *(Gen 18,1-16)* war. Der *Ḥaram* über den seit dem 2. Jh. v. Chr. in Hebron verehrten Patriarchengräbern (Höhle Makpela, *Gen 23)* ist in der Zeit Herodes d. Gr. prachtvoll ausgebaut und in späteren Jahrhunderten als Simultanheiligtum für Juden und Christen verwendet worden (seit 639 muslimisch). Der Pilger hat Rebekka und Lea vergessen, dafür aber Joseph genannt, d. h. das zusätzliche Grab, das man in der Tradition manchmal mit Adam, manchmal mit Kaleb besetzte (St. Hieronymus, Paula und Eustochium Anm. 73), in Konkurrenz zum klassischen Josephsgrab bei Sichem *(Tell Balāṭa)* dem Joseph zugeschrieben. Die Beschreibung läßt erkennen, daß der *Ḥaram* ein von 4 Säulenhallen umgebener offener Hof war, in dem die Patriarchengräber (Kenotaphe wie heute?) unter freiem Himmel lagen, offenbar nach dem Vorbild des Jerusalemer Tempelbezirkes gestaltet. Vgl. J. Jeremias, HG 90-99; OLB 2, 670-696.

136 26. Dezember; nach dem armenischen Lektionar 71 (ed. F.C.C. Conybeare 1905) um 450/500 schon am 25. Dezember. Vgl. F. Manns, L' Anonyme de Plaisance 30,3 à la lumière d'un texte caraïte. Cristianesimo nella Storia 13,1 (1992) 165-168.

137 Die Straße von Jerusalem nach Gaza über Eleutheropolis *(Bēt Ǧibrīn).* Die Lokalisation des Kampfes Davids gegen Goliath *(1 Sam 17)* ist topographisch ungefähr richtig, biblisch jedoch mit einem Irrtum des Pilgers belastet. Denn das Gebirge Gilboa *(Ǧebel Fuqūʿa)* ist der NO-Zipfel des zentralpalästinischen Gebirges und hat mit *1 Sam 17* nichts zu tun. Gemeint ist die Gegend von Socho *(Ḫirbet eš-Šuwēke)* und Aseka *(Tell Zakarīye);* vgl. Theodosius 3 (Anm. 20). Die Entfernung von Jerusalem beträgt ca. 25 km; also sind die 20 Meilen zu hoch gegriffen (Theodosius 3: 15 Meilen).

138 *1 Sam 31,* irrtümlich in die Gegend zwischen Jerusalem und Eleutheropolis *(Bēt Ǧibrīn)* versetzt.

kann. Der Grund dafür besteht darin, daß eine Verwünschung vorliegt: Soviel und sooft Leute vorübergehen, tragen sie drei Steine und werfen sie auf den Grabhügel.[139] In diesen Bergen regnet es niemals, und zu nächtlicher Stunde geschieht ein Geheimnis: man sieht unreine Geister wogen; sie erscheinen einem wie Wollfelle oder wenigstens wie Meereswellen.[140]

32. Danach bogen wir seitlich ab und gelangten nach der Stadt Eleutheropolis[141], an den Ort, wo Simson mit dem Eselskinnbakken 1000 Mann erschlug; aus dem Kinnbacken ging eine Quelle hervor, die die Orte bis zum heutigen Tage bewässert.[142] Wir waren auch an der Stelle, wo sie entspringt. Dann kamen wir an den Ort, wo Zacharias getötet wurde und wo sein Leichnam begraben liegt:

---

139 Man wüßte gern, was dem Pilger als Goliathgrab gezeigt worden ist. Der Steinhaufen findet seine Erklärung durch die schon im AT bezeugte Sitte, den Leichnam eines Verurteilten oder einfach eines Bösewichtes mit Steinen zuzudecken, ursprünglich wohl, um die Totengeister zu bannen; vgl. *Jos 7,26; 8,29; 10,27; 2 Sam 18,17.* Die Sitte ist auch bei den vorislamischen Arabern bezeugt; vgl. J. Wellhausen, Reste arabischen Heidentums (1927³, Nachdruck 1961) 180. Durch Hinzuwerfen von Steinen konnte sich auch noch später jedermann daran beteiligen: eine Art Fortsetzung der Steinigung nach dem Tode. Daß im Umkreis von 20 Meilen kein beweglicher Stein mehr zu finden sein soll, ist eine arge Zumutung an die Glaubensbereitschaft des Lesers. Denn Palästina verfügt über ungeheure Mengen von Steinen, es könnte Kontinente damit versorgen. Aber das Goliathgrab war eine verwunschene Stätte. Die Furcht trübte das Urteil des Pilgers; aus Furcht glaubte er wohl selber, was er schrieb.

140 Es spukt am verwunschenen Ort: Totengeister? Dämonen? Lokalgottheiten des Volksglaubens? Vielleicht darf man mit einer Vorform dessen rechnen, was die Araber später *Ǧinn* genannt haben. Vgl. J. Wellhausen, Reste arabischen Heidentums (1927³, Nachdruck 1961) 148ff.; W. Robertson Smith, Lectures on the Religion of the Semites (1927³, Nachdruck 1969) 538ff. - Fassung B fügt hinzu, daß es in dieser Gegend deshalb nicht regnet, weil David sie verflucht hat: *2 Sam 1,21* (dort auf das Gilboa-Gebirge bezogen; s.o. Anm. 137).

141 *Beth Gubrin,* ein Dorf ca. 35 km sw. von Jerusalem, nach der Zerstörung des benachbarten Maresa *(Tell Sandaḥanne)* 40 v. Chr. durch die Parther aufgeblüht, seit 200 unter Septimius Severus *Eleutheropolis.* Heute *Bēt Ǧibrīn.* S. OLB 2, 854-880; A. Kloner, Beth Guvrin. NEncAEHL I 195-201; ders., The City of Eleutheropolis. The Madaba Map Centenary (s. o. S. 31) 244-246.

142 *Ri 15,14-19* (vgl. *2 Sam 23,11).* St. Hieronymus, Paula und Eustochium 14. Man suchte und zeigte die „Kinnbackenhöhe" *(Rāmat) Leḥī* in der Nähe von Eleutheropolis. Lokalisation unbekannt.

eine schöne schmuckreiche Basilika und viele Gottesdiener.[143] Ferner kamen wir zu der Stätte, wo Jesaja mit einer Säge zerschnitten worden ist und liegt; diese Säge ist zum Zeugnis beim hl. Zacharias ausgestellt.[144] Sodann erreichten wir den Ort, wo Habakuk den Schnittern Speise brachte.[145] Dort entspringt auch eine Quelle, an

---

143 *Tell Zakarīye* (das alte Aseka), ca. 12 km n. von Eleutheropolis; vgl. Theodosius 3 (Anm. 21). Wer der hl. Zacharias ist, wissen wir nicht genau: der atl. Prophet Sacharja oder/und der Prophet von *2 Chron 24,20f. (Mt 23,35)* oder der Vater Johannes des Täufers *(Lk 1,5)?* Die beiden ersten sind schon früh zusammengeworfen worden; sie meint unser Pilger (Fassung B zitiert *Mt 23,35: inter templum et altare* „zwischen Tempel und Altar"). Die Auffindung der Gebeine des Heiligen berichtet Sozomenos, Kirchengeschichte IX,17 (MPG 67,1628f.). Ortschaft und Kirche sind auf der Madeba-Karte dargestellt (M 34; 118; MM Nr. 84). Vgl. J. Jeremias, HG 73, Anm. 3. Reste der nach der Madeba-Karte beachtlich großen Zacharias-Basilika sind m.W. bisher nicht gefunden worden. Ich würde sie unter der kleinen Moschee des ehemals arabischen Dorfes *Zakarīye* ca. 1 km nö. von *Tell Zakarīye* vermuten. S auch OLB 2, 821-823.

144 Spätjüdische Legenden schildern das Martyrium des Propheten Jesaja unter König Manasse: wie er in einen hohlen Baum floh, dort entdeckt und mit dem Baum zersägt wurde. Belege und Erörterung bei J. Jeremias, HG 61-67. Die bekannteste Fassung dieser Legende, die Motive des Adoniskultes wiederholt, findet sich in den *Vitae prophetarum 68,19ff.* Was die Lokalisation betrifft, so führen alle Quellen auf Jerusalem: die unterste s. Terrasse des SO-Hügels, ö. über dem Ausfluß des Siloahkanals. Diese Stelle nannten die Araber früher *Tell el-Minšār* „Hügel der Säge", weil dort „unser Herr Zacharias" getötet worden sei: also eine Fusion der Jesaja- und der Zachariastradition; vgl. G. Dalman, PJB 11 (1915) 51f. Fassung B zitiert sogar die *Vitae prophetarum* mit dem Satz: *et ibidem iacet sub quercu Rogel iuxta aquarum decursu* „und dort ruht er unter der Walkereiche neben dem Wasserausfluß" - eindeutig Jerusalem. Der Pilger bezeugt, daß die Tradition zusammen mit Zacharias (s.o. Anm. 143) nach *Zakarīye* gewandert ist. Voraussetzung dazu war das Erlöschen der Jesajagrabüberlieferung in Jerusalem, befördert durch die Überführung seiner angeblich in Caesarea Philippi *(Bānyās)* aufgefundenen Gebeine unter Theodosius II. nach Konstantinopel im Jahre 442.

145 Fassung B ergänzt: *„als ihn der Engel am Kopf ergriff und über die Grube führte, in der Daniel zwischen den Löwen betete."* Es handelt sich um eine Legende aus dem apokryphen Zusatz zum Danielbuch „Bel und der Drache" *(Bel et Draco 33-39),* nach der der Prophet Habakuk zur Erntezeit durch einen Engel auf dem Luftwege von Palästina nach Babylonien transportiert wurde, um Daniel in der Löwengrube mit dem Brote zu speisen, das er eigentlich

der Philippus den Kämmerer taufte.[146] An diesen Orten gibt es Brunnen, die Abraham und Jakob gegraben haben: den Schwurbrunnen und den Zankbrunnen.[147]

33. Wir betraten Askalon.[148] Dort befindet sich der ziemlich umfangreiche Friedensbrunnen, nach Art eines Theaters gebaut; man steigt auf Stufen zum Wasser hinunter.[149] Dort ruhen die drei ägyptischen Märtyrerbrüder; sie haben zwar Eigennamen, aber gewöhnlich nennt man sie einfach die Ägypter.[150] Eine Meile entfernt liegt

---

den Schnittern auf dem Felde hatte bringen wollen. Diese Überlieferung war dort beheimatet, wo man den Geburts- und Begräbnisort des Habakuk suchte: nach Euseb, On. 70,23-25 in *Ḫirbet Bēt Skārye* 9 km sw. von Bethlehem und 5 km ö. von *Ǧebaᶜ* (= Gabatha); damit konkurrierend Euseb, On. 114,15-18 in *Ḫirbet Qīla* (= Kegila) 12 km ö. von Eleutheropolis *(Bēt Ǧibrīn)*. Vgl. J. Jeremias, HG 81f. Die Lokalisation schwankt also, aber es ist deutlich, daß die Blüte des Zacharias-Heiligtums (s. o. Anm. 143) auch Habakuk in die Gegend von *Tell Zakarīye* gezogen hat.

146 *Apg 8,26-39.* Auch hier liegt eine Ortsverschiebung vor. Denn die altchristl. Tradition ist sich sonst einig darüber, daß die Taufe des Kämmerers aus dem Mohrenlande in *ᶜĒn eḏ-Ḏirwe* n. von *Ḥalḥūl* stattfand; vgl. Euseb, On. 52,3f. und die Madeba-Karte (M 33; 34; 118; MM Nr. 81). Das kann hier nicht gemeint sein. Da aber der Apostel Philippus auf der *„Straße, die von Jerusalem nach Gaza führt"* reiste *(Apg 8,26)*, konnte die Überlieferung in die Gegend von *Tell Zakarīye* gezogen werden, das an einer der Verbindungsstraßen zwischen Jerusalem und Gaza lag.

147 Das ist schwer verständlich. Der „Schwurbrunnen" Abrahams *(Gen 21,31)* gehört nach Beerseba, der „Zankbrunnen" Isaaks (nicht Jakobs! *Gen 26,20)* in die Gegend von Gerar: beide liegen viel weiter im S. Immerhin ist anzumerken, daß Euseb, On. 168,2f. notiert, es gebe *„mehrere Brunnen in der Schrift, die bis jetzt in der Gegend von Gerar und bei Askalon gezeigt werden."* Askalon ist die nächste Station des Pilgers.

148 *ᶜAsqalān*, eine der alten Philisterstädte. Vgl. OLB 2,49-75; L. E. Stager, Ashkelon. NEncAEHL I 103-112.

149 *Gen 26,22:* Brunnen Rechobot, Vulgata *Latitudo.* Vielleicht ist *puteus pacis in latitudine maior* zu übersetzen: „der große Brunnen des Friedens im weiten Raum". Dazu, daß man ihn in Askalon zeigte, s.o. Anm. 147. Sextus Julius Africanus (gest. nach 240), Fragment 14 (ed. J. M. Routh, *Reliquiae sacrae* II, 1814, 153) identifiziert Gerar mit Askalon. Zu Askalon vgl. K. Galling, BRL^2 (1977) 15f. (mit Lit.).

150 Nach Euseb, *Über die Märtyrer in Palästina 10,1* (ed. Th. Mommsen, GCS Eusebius II,2 (1908) 930) drei Brüder namens Promos, Ares und Elias, die 309/10 den Märtyrertod erlitten; vgl. auch Basilius d. *Gr., Menologion* (MPG 117,213). Ihr Heiligtum, n. außerhalb der Stadt gelegen, ist auf der Madeba-Karte (M 79; 119; MM Nr. 92) dargestellt gewesen; man sieht noch ein Fragment der Beischrift.

die Stadt Sarafia[151] und in der Nähe die Stadt Maioma Ascalonitis[152]. Danach erreichten wir die Stadt Maioma Gazis, in der der hl. Märtyrer Victor ruht.[153] Die Entfernung von Maioma bis Gaza beträgt eine Meile.[154] Gaza aber ist eine ansehnliche, ergötzliche Stadt; die Bewohner sind sehr wohlhabend und durch Höflichkeit ausgezeichnet, sie sind Freunde der Pilger. Zwei Meilen von Gaza entfernt ruht der hl. Vater Hilario.[155]

34. Und danach kamen wir in die Stadt Elusa[156] am Anfang der Wüste, die sich bis Sina erstreckt. In ihr lebte nach der Erzählung des Bischofs[157] ein vornehmes Mädchen namens Maria: Als sie Hochzeit

---

151 Wahrscheinlich *Ḫirbet Šerāf* n. von *Herbyā,* ca. 7 km s. von Askalon (beim Pilger ist vielleicht die Meilenzahl ausgefallen). Es handelt sich um das alte *Sariphaea* oder *Diocletianopolis* (dessen Reste in *Herbyā* anzunehmen sind); vgl. F.-M. Abel, Geographie II, (1938³, Nachdruck 1967) 306.

152 Ein Nebenhafen von Askalon, nicht identifiziert, vermutlich unweit der Mündung des *Wādi el-Ḥesī,* ca. 7 km s. von Askalon an der Küste.

153 Der Hafen von Gaza, arab. *el-Mīne* oder *Maymās.* Belege bei P. Thomsen, *Loca sancta I* (1907) 86. Zu Gaza insgesamt s. OLB 2, 76-96; A. Ovadiah, Gaza. NEncAEHL II 464-467. Die Stadt und das in der Nähe gelegene Heiligtum des hl. Victor sind auf der Madeba-Karte (M 38; 85; 122; MM Nr. 118-120) dargestellt. Es ist nicht ganz sicher, um welchen hl. Victor es sich handelt: ein unter Antoninus Pius (138-161) in Ägypten getöteter Märtyrer *(Bibliotheca Hagiographica Latina* 2 (1900/01, Nachdruck 1949) 1237f., Nr. 8559-8563) oder - weniger wahrscheinlich - einer aus Antiochia unter Diokletian (284-305; P. Peeters, *Bibliotheca Hagiographica Orientalis* (1910) 269f., Nr. 1242-1244).

154 Von *el-Mīne* bis *Ġazze* sind es ca. 3 km.

155 Der hl. Hilarion von Gaza (291-361 ?), ein Eremit, der seine letzten Lebensjahre auf Cypern zubrachte und dort auch starb; vgl. St. Hieronymus, Paula und Eustochium 7 (Anm. 10). Neben seinem berühmten Grabe auf Cypern verehrte man auch eins bei Gaza. Es ist auf der Madeba-Karte dargestellt (MM Nr. 121).

156 Elusa ist *el-Ḫalaṣa,* ca. 25 km sö. von Beerseba in der Wüste. Belege bei P. Thomsen, *Loca sancta I* (1907) 60. Dargestellt auf der Madeba-Karte (M 36; 37; 123; MM Nr. 104). Vgl. Ph. Mayerson, The City of Elusa in the Literary Sources of the 4th-6th Century. IEJ 33 (1983) 247-253. Über die üblichen Pilgerwege zum Sinai s. dens., The Pilgrim Routes to Mount Sinai and the Armenians. IEJ 31 (1981) 44-57. Der Anonymus von Piacenza hat einen eher ungewöhnlichen Weg genommen.

157 Elusa hatte mindestens seit dem Konzil von Ephesus 431 (MPG 79, 692A) einen Bischof. Was der z. Zt. des Pilgers dort residierende Bischof erzählt, ist sonst ganz unbekannt, entspricht aber nach Inhalt und Stil völlig den in Palästina und anderwärts üblichen abenteuerlichen Berichten über die Schicksale heiliger Asketinnen und Asketen. Die Einzelheiten sind nicht zu kontrollieren, doch an der Zuverlässigkeit der Berichterstattung des Pilgers besteht kein Zweifel.

hatte, starb in ihrer Hochzeitsnacht ihr Bräutigam. Sie trug es mit Geduld, und innerhalb einer Woche ließ sie sein ganzes Gesinde frei ...[158] verschenkte den Armen und den Klöstern. Nachdem sie den 7. Tag in ihrem Herzen feierlich begangen hatte, verschwand sie in der Nacht unter Mitnahme der Kleider ihres Bräutigams. Es heißt, sie sei in der Wüste jenseits des Jordans zwischen Schilfrohrdickicht und Palmen und wandle in der Gegend von Segor um das Salzmeer. In diesem Gebiet fanden wir ein Kloster mit 16 oder 17 Mädchen in der Wüste, die die Christen mit Nahrung versorgten. Sie besaßen ein Eselchen, das ihnen die Mühle drehte, und zogen einen zahmen Löwen auf - gewaltig, schrecklich anzusehen[159] -, vor dessen Gebrüll, als wir uns den Zellen näherten, alle unsere Tiere Wasser ließen und einige davon sogar zu Boden stürzten. Auch erzählten sie, daß der Löwe das Eselchen auf die Weide führe.[160] Diesen Mädchen ließ der so überaus fromme Christ, den ich begleitete, hundert Goldstücke durch mich überreichen; aber sie wollten nichts annehmen. Immerhin schickte er nach Jerusalem und ließ ihnen 30 Gewänder, Gemüse für die Vorratskammer und Öl für die Lampen holen. Sie berichteten uns von den Tugenden der Maria, die in der Wüste wandelte. Zwei Tage lang ging der, den ich begleitete, auf die Suche; ob er sie nun aber gefunden oder nicht gefunden hatte, wollte er uns nicht sagen. Von den Gewändern allerdings, den Datteln, gerösteten Kichererbsen, den Speisekörbchen, die er mit sich führte, auch von den Wolfsbohnen, brachte er nichts zurück. Seinen Kummer und sein Weinen konnten wir auf keine Weise trösten; er sagte nur immer: „Wehe mir Elendem! Mit welchem Rechte nenne ich mich einen Christenmenschen?"

35. Wir brachen von der Stadt Elusa auf und betraten die Wüste. Nach 20 Meilen kommt ein Kastell, in dem sich das St. Georgius-Hospiz befindet[161]; dort finden die Reisenden eine Art Zuflucht und

---

158 Wahrscheinlich eine Lücke im Text der Fassung A. Fassung B: „sie verteilte seine ganze Habe den Armen" *(omnia sua pauperibus distribuit).*

159 Löwen sind in Palästina vereinzelt bis ins Mittelalter bekannt. Textzuwachs?

160 Verhältnisse wie im Friedenszeitalter am Ende der Tage; vgl. *Jes 11,6-9.*

161 Dieses Hospiz des hl. Georg (zu ihm s. Theodosius Anm. 28) ist unbekannt. Nach der Entfernungsangabe (20 Meilen = 30 km) könnte es an mehreren Orten in der Südwüste gelegen haben: in Oboda, Eboda, Avdat *(el-ᶜAbde)* 37 km s. von Elusa; in Nessana, *Niṣṣānā (ᶜAuğa el-Ḥāfir)* 32 km sw. von Elusa (s. OLB 2, 172); allenfalls in Subaita, Shivta *(eṣ-Ṣbayṭa)* 25 km s. von Elusa. Alle diese Städte blühten im 6. Jh. und lagen an Straßen (Wegen), die von Palästina durch die Wüste zur Sinaihalbinsel und nach Ägypten führten.

die Einsiedler Unterstützung. Danach gelangten wir in die innere Wüste und kamen zu den Orten, von denen es heißt: *„das Land in der Salzwüste, wegen der Bosheit derer, die darin wohnen“*. [162] Dort sahen wir ab und zu Menschen mit Kamelen, die uns flohen (wie wir sie ähnlich auch in Jerusalem gesehen hatten), Menschen aus Äthiopien mit geschlitzten Nasen, geschlitzten Ohren, kleinen Galoschen an den Füßen und Ringen durch die Zehen gezogen. Auf die Frage, warum das so sei, antwortete man uns: „Der römische Kaiser Trajan hat uns dieses Zeichen hinterlassen.“[163]

36. Bei unserer Wanderung durch die Wüste brachten uns Kamele aller 5 bis 6 Tage Wasser; wir erhielten jeder einen Sextarius am Morgen und einen am Abend. Weil dieses Wasser in den Schläuchen gallebitter wurde, taten wir Sand hinein, um es süß zu halten.[164] Eine Arabersippe aber war mit ihren Frauen aus der Wüste gekommen; sie saßen klagend am Wege, die Kleider vor sich ausgebreitet, und baten die Reisenden um Brot. Die Männer kamen, brachten Schläuche mit frischem Wasser aus der inneren Wüste und boten sie dar; dafür empfingen sie Brot.[165] Sie brachten

---

162 *Ps 107,34*

163 Eine sehr anschauliche Schilderung der z.T. scheuen Kamelnomaden der Südwüste. Unter ihnen gab und gibt es Menschen negroiden Typs, von denen der Pilger annahm, sie kämen aus Äthiopien. Was das Zeichen *(signum)* des Kaisers Trajan (98-117) ist, wissen wir nicht. Eine ähnliche Geschichte erzählen Strabo, *Geogr. XIV,2,31* (ed. A. Meineke 1877, S. 1059) und Diodorus Siculus, *Bibliotheca Historica 1,60* (ed. F. Vogel I,1888, S. 102-104; Übersetzung: C. H. Oldfather, Diodorus Siculus I, Loeb Classical Library 1968, S. 207-210) für *Rhinocorura.* J. Wilkinson, a.a.O., S. 87, Anm. 45 vermutet, daß die Beamten Trajans im Zusammenhang mit der Errichtung der Provinz *Arabia* 106 auch mit Beduinenstämmen verhandelten. Waren vielleicht wenigstens die Zehenringe ein Zeichen für die röm. Grenzbeamten, die Beduinen passieren zu lassen? Oder ein Strafzeichen wie im Falle von *Rhinocorura?*

164 Der Text ist nicht eindeutig. Nach der oben gegebenen Übersetzung besagt er, daß die Reisegruppe aller 5-6 Tage Wasser erhielt, vermutlich von Kamelnomaden, die es gegen Entgelt von den Wasserstellen herbeibrachten. Möglich ist auch folgende Übersetzung: *„Wir wanderten 5-6 Tage durch die Wüste, (unsere) Kamele transportierten Wasser für uns, (und) wir erhielten jeder einen Sextarius am Morgen und einen am Abend.“* Der Sand diente als primitiver Wasserfilter.

165 Eine Szene von zeitloser Lebendigkeit, jedem Orientreisenden bekannt. Was hier und im Folgenden mit Araber übersetzt wird, sind die *Saraceni:* ein Sammelname für die von O kommenden Stämme der arab. Halbinsel (von arab. *šarqī* „ö.“).

auch Blattstengel mit Wurzeln, deren Wohlgeruch besser war als alle Aromata[166], boten aber nichts feil; denn sie standen unter dem Bann und feierten gerade ihre Festtage. Das Volk aber, das durch die weite Wüste (zum Fest) zog, zählte 12600 Mann.[167]

37. Als wir nun durch die Wüste zogen, gelangten wir am 8. Tage an den Ort, wo Mose Wasser aus dem Felsen hervorgehen ließ.[168] Sodann erreichten wir am nächsten Tage den Gottesberg Choreb.[169] Als wir uns anschickten, den Sina zu besteigen, siehe, da kam uns eine gewaltige Schar von Mönchen und Einsiedlern entgegen, mit Kreuzen und Psalmen singend. Sie begrüßen uns voller Ehrerbietung auf den Boden hingestreckt, wie auch wir es ganz ähnlich unter Tränen taten. Dann führten sie uns in das Tal zwischen Choreb und Sina. Am Fuße des letzteren Berges ist die Quelle, wo Mose das Wunderzeichen des brennenden Dornbusches sah, in dessen Nähe er die Schafe tränkte.[170] Diese Quelle ist in ein Kloster einge-

---

166 Vermutlich *Andropogon laniger Desf.;* vgl. J. Gildemeister, a.a.O., S. 55, Anm. 47. Andere denken an arab. *abēṯirān,* eine von Beduinen geschätzte Duftpflanze.

167 Über die Feste der vorislamischen Araber auf der Sinaihalbinsel und in den benachbarten Gebieten wissen wir nur wenig. Vielleicht handelt es sich hier um ein Frühjahrsfest; vgl. J. Wellhausen, Reste arabischen Heidentums (1927³, Nachdruck 1961) 94-101; W. Robertson Smith, Lectures on the Religion of the Semites (1927³, Nachdruck 1969) 400ff.641-645 und J. Henninger, Les fêtes de printemps chez les Sémites et la pâque israélite (1975) bes. 37-44. Der Reiseverlauf des Pilgers würde dazu passen; Anfang Januar war er noch am Jordan (Abschnitt 11). - „Sie standen unter dem Bann" *(anathema habebant)* bedeutet, daß sich die Festteilnehmer in jenem restriktiven Ausnahmezustand befanden, den die vorislamischen Araber *iḥrām* nannten; vgl. J. Wellhausen, a.a.O., S. 122f. und W. R. Smith, a.a.O., S. 446-454.481-485.

168 *Ex 17,5f.:* Rephidim, ursprünglich vielleicht *Wādi Refāyed* nw. des *Ğebel Mūsā,* in byzantinischer Zeit jedoch zwischen *el-Ḥeswe* und der Oase *Fērān.* Vgl. Euseb, On. 142,22-25.

169 Die beiden Namen für den Gottesberg in der Wüste, Horeb und Sinai, haben in der Überlieferung zur Annahme zweier Berggipfel im Zentralmassiv der Sinaihalbinsel geführt, obgleich bereits Hieronymus in seiner Übersetzung von Euseb, On. 173,15f. ganz richtig erklärte: *mihi autem uidetur quod duplici nomine idem mons nunc Sinai nunc Choreb uocetur* „mir aber will scheinen, daß ein und derselbe Berg mit Doppelnamen manchmal Sinai, manchmal Horeb genannt wird." Sinai = *Ğebel Mūsā* „Mosesberg" (2292 m); Horeb = *Ğebel el-Munāğa* (2097 m). Zu den Abschnitten 37-39 vgl. insgesamt Egeria 1-5.

170 Das Tal zwischen Horeb und Sinai ist das *Wādi ed-Dēr* „Klostertal", so benannt nach dem zwischen 548 und 562 unter Kaiser Justinian errichteten Katharinenkloster; vgl. Prokop von Caesarea, *De aedificiis V,8* (ed. I. Haury 1964). Dort zeigte und verehrte man den brennenden Dornbusch von *Ex 3.*

schlossen, und das Kloster ist von Schanzmauern umgeben; darin gibt es drei sprachenkundige Äbte, die Latein, Griechisch, Syrisch, Ägyptisch und Bessisch[171] können, auch viele Dolmetscher der einzelnen Sprachen. Darin sind Mönchszufluchtsorte. Dann stiegen wir geradeswegs 3 Meilen auf den Berg und kamen an die Stelle der Höhle, wo sich Elia versteckt hielt, als er vor Isebel floh.[172] Vor dieser Höhle entspringt eine Quelle, die den Berg bewässert. Von da aus stiegen wir geradeswegs 3 Meilen auf den höchsten Berggipfel, auf dem eine kleine Kapelle steht, ungefähr 6 Fuß breit und lang.[173] Dort wagt niemand zu bleiben; erst bei Morgengrauen steigen die Mönche hinauf und halten Gottesdienst. An diesem Orte scheren alle ihre Bärte und Haare als Opfer und bringen sie dar; auch ich habe dort meinen Bart abgenommen.

Von einer Quelle ist in *Ex 3* nicht ausdrücklich die Rede, wohl aber verfügt das Katharinenkloster über Brunnenanlagen (vgl. vielleicht auch *Ex 2,17*).[35] B. Harris Cowper, Journal of Sacred Literature 8 (1866) 404-422.

171 Im Katharinenkloster blühten im 6. Jh. christl. Kultur und Gelehrsamkeit. Nicht nur für die Pilger verschiedener Nationen und Sprachen, sondern auch für die Arbeit in der berühmten Bibliothek waren Sprachkenntnisse nötig und vorhanden. Die Aufzählung umfaßt alle damals im Nahen Osten gesprochenen Sprachen. „Ägyptisch" ist das Koptische, und „Bessisch" muß wohl das Arabische sein, obgleich diese eigentümliche Bezeichnung bislang unerklärt ist. Vgl. J. Gildemeister, a.a.O., S. 56, Anm. 48. E. A. Knauf verdanke ich den Hinweis, daß „Bessisch" vielleicht aus „Abessinisch" entstellt sein könnte; immerhin gab es die äthiopische (= abessinische) Bibelübersetzung bereits im 5. Jh. Vgl. E. Ullendorf, Ethiopia and the Bible. Schweich Lectures 1967 (1968) 31-72.

172 *1 Kön 19,2f.9-14.* Vgl. Egeria 4,2.

173 Eine bereits im 4. Jh. auf dem *Ǧebel Mūsā* erbaute dreischiffige Kirche mit polygonaler Apsis, die Egeria (3,3) sah, wurde unter Justinian in der Mitte des 6. Jh. durch einen sehr viel kleineren Sakralbau ersetzt, den Prokop v. Caesarea, *De aedificiis V,8* leider nicht genauer beschreibt; er erwähnt aber, daß man auf dem Gipfel des *Ǧebel Mūsā* nicht zu nächtigen pflegte. - Das Abscheren des Haares, dem auch der Bart des Pilgers zum Opfer fiel, ist als Sitte der vorislamischen Araber mehrfach bezeugt; vgl. J. Wellhausen, a.a.O. (Anm. 167), S. 123f.; W. R. Smith, a.a.O. (Anm. 167), S. 323-334.606f. und J. Henninger, Zur Frage des Haaropfers bei den Semiten. Festschrift: Die Wiener Schule der Völkerkunde (1956) 349-368. Es wird ursprünglich ein Haaropfer gewesen sein, das mehr und mehr zu bloßem religiösem Brauchtum degenerierte und von den christlichen Pilgern übernommen wurde.

38. Der Berg Sina ist felsig und hat nur an wenigen Stellen etwas Erde. Rings um ihn sind viele Zellen von Gottesdienern, ähnlich auch beim Choreb, und es heißt, der Choreb sei heiliges Land.[174] Auf diesem Berg, auf einer Seite des Berges, haben die Araber ihr marmornes, schneeweißes Kultbild aufgestellt.[175] Dort hält sich auch ständig ihr Priester auf, bekleidet mit der Dalmatica und einem leinenen Pallium. Wenn aber der Zeitpunkt ihres Neumondfestes naht, beginnt, bevor der Mond wieder aufgeht, an ihrem Festtage der Marmor die Farbe zu wechseln. Sobald der Mond eintritt, wenn sie zu beten anfangen, wird der Marmor schwarz wie Pech. Wenn dann die Festzeit zu Ende ist, gewinnt er seine frühere Farbe wieder, worüber wir uns sehr gewundert haben.[176]

39. Zwischen Sina und Choreb befindet sich ein Tal, in dem zu gewissen Zeiten Tau vom Himmel fällt, der Manna heißt; er gerinnt und wird wie Mastixkorn. Man sammelt ihn ein, und sie haben im Kloster volle Fässer davon, aus denen sie als Segensgabe kleine Flaschen darbieten. Auch uns haben sie 5 Sextarien davon gegeben. Sie trinken es auch als Süßtrank und gaben uns zu trinken.[177] In diesen Bergen gibt es auch Löwen, Panther, Wildesel, Gazellen, auch

---

174 *Ex 3,5.*

175 Von diesem altarabischen Kult auf dem Horeb oder auf dem Sinai (nicht ganz klar), hören wir nur hier. Das marmorne, schneeweiße Kultbild *(idolum marmoreum, candidum tam quam nix)* war vermutlich keine ausgeführte Götterstatue, sondern ein heiliger Stein (arab. *nuṣb, manṣab),* in dem die Gottheit wohnend gedacht wurde; vgl. J. Wellhausen, a.a.O., S. 101-109 und W. R. Smith, a.a.O., S. 568-571 (s. Anm. 167). Es hat freilich auch heilige Steine mit bescheidener Bearbeitung (Andeutung des Kopfes, der Körperteile) gegeben (arab. *ṣanam).*

176 Die alten Araber kannten keinen Klerus, keine Hierarchie. Ein „Priester" *(sacerdos)* kam nur dort vor, wo ein heiliger Bezirk (*ḥimā, ḥaram)* mit einem Kultobjekt zu bewachen war. Das ist hier der Fall. Die Pflege und Bewachung des Heiligtums heißt *sidāna* oder *ḥiǧāba,* der Priester demnach *sādin* oder *ḥāǧib.* Vgl. J. Wellhausen, a.a.O., S. 130; J. Henninger, La religion bédouine préislamique. L'antica società beduina, ed. F. Gabrieli. Studia Semitica 2 (1959) 115-140.

177 Das Manna *(Ex 16,11-36; Num 11,6-9)* erwähnt für diese Gegend auch Egeria 5,8. Die kleinen Flaschen *(ampullae modicae)* heißen auch „Eulogien" (s. Egeria Anm. 19), und die vom Pilger beschriebene Praxis ist bis heute lebendig. Manna (arab. *mann)* gibt es im Inneren der Sinaihalbinsel noch immer: ein zähflüssiges Sekret aus den Blättern der sog. Manna-Tamariske *(tamarix mannifera),* das durch den Stich einer Schildlaus freigesetzt wird und zu Boden fällt. Es hat eine niedrige Schmelztemperatur und wird daher gewöhnlich in der Morgenfrühe gesammelt. Vgl. P. Maiberger, Das Manna. Eine literarische, etymologische und naturkundliche Untersuchung. Ägyp-

Wildziegen genannt, und Maultiere, die in den Bergen die Mühle drehen; sie weiden zusammen, und keines von ihnen wird vom Löwen verletzt, wegen der Ödnis der Wüste.[178] Und da die Festtage der Araber gerade zu Ende waren, ging ein Herold aus: Weil es niemand überstehen könne, durch die Wüste zurückzukehren, durch die wir hereingekommen waren, möchte man entweder über Ägypten oder über Arabien in die Heilige Stadt zurückkehren.[179]

40. Vom Berge Sina nach Arabien bis zur Stadt Abila[180] sind es 8 Übernachtungsstationen. In Abila landet das Schiff aus Indien mit verschiedenen Gewürzstoffen. Wir aber wollten über Ägypten zurückkehren und kamen zur Stadt Fara[181], wo Mose gegen Amalek

---

ten und Altes Testament 6/1.2 (1983), bes. Register s.v. Antoninus Martyr. Der Pilger vergleicht es mit Mastixkorn *(granum masticis):* das getrocknete Rindenharz des Mastixstrauches *(Pistacia lentiscus),* seit alters beliebtes Klebe-, Kau- und Räuchermittel, in der Medizin (Mastixöl) bereits von den Ägyptern verwendet und durch Vermittlung der arabischen Arzneikunst als *Granomastice* auch im Abendland heimisch geworden. Näheres bei L. Kroeber, Zur Geschichte, Herkunft und Physiologie der Würz- und Duftstoffe (1949).

178 Die Friedfertigkeit der wilden Gebirgstiere erinnert wieder an *Jes. 11,6-9;* s. o. Abschnitt 34. - Die Sache mit den Mühlen, die die Maultiere im Gebirge drehen, ist unsicher: *molent* müßte als Nebenform zu *molunt* von *molere* „mahlen" angesehen werden, aber im Abschnitt 34 wird diese Tätigkeit mit dem Verbum *macinare* beschrieben.

179 Der Herold *(praeco),* der nach dem Ende der arabischen Festtage (s. o. Anm. 167; Fassung B hat *dies festi Hysmahelitarum* „ismaelitische Festtage") ausging, muß eigens für die Pilgerscharen bestimmt gewesen sein; denn die Araber der Sinaihalbinsel kehrten ja nicht nach Jerusalem zurück. Wahrscheinlich handelte es sich um einen Repräsentanten der byzantinischen Militärverwaltung, die für die Sicherheit der Pilger verantwortlich war. Wir wissen, daß die Araber während der Festzeiten unter sich und mit Fremden Frieden halten mußten. War die Festzeit vorüber, dann empfahl es sich, die durch Militärposten halbwegs geschützten Wegverbindungen in Küstennähe zu benutzen: nach NW über *Clysma*/Suez oder nach NO über *Aila*/Elath - nicht jedoch nach N durch das Innere der Halbinsel (Wüste *et-Tīh).* Vgl. Nonnosus bei Photius, *cod.3* ed. Müller, *Fragm. hist. Graec.* IV,180. Es ergibt sich übrigens, daß der Pilger auf dem Hinwege tatsächlich durch die Wüste *et-Tīh* gezogen war.

180 Abila ist Fehler für *Aila*/Elath an der Nordspitze des Golfes von *ʿAqaba* (Belege bei P. Thomsen, *Loca sancta I,* 1907, S. 17f.). Die Distanz von 8 (Fassung B: 7) Stationen *(mansiones)* zwischen *Aila* und dem Sinai hat auch Theodosius 27.

181 Fara, Pharan ist die Oase *Fērān* n. des *Ǧebel Serbāl,* ca. 40 km nw. des Sinai-Zentralmassivs. Der Pilger zog denselben Weg wie fast 200 Jahre früher die Nonne Egeria (6,1-4).

kämpfte; dort steht eine Kapelle, deren Altar über den Steinen errichtet ist, die man dem betenden Mose untergelegt hatte.[182] An diesem Orte ist die Stadt mit Ziegelmauern befestigt; eine sehr unfruchtbare Stätte, abgesehen von den Stellen mit Wasser und Palmen. In dieser Stadt gibt es einen Bischof. Frauen und Kinder kamen uns entgegen, mit Palmzweigen und Flaschen mit Rettigöl[183]; zu unseren Füßen ausgestreckt salbten sie unsere Fußsohlen und Häupter und sangen in ägyptischer Sprache die Antiphon: *„Seid gesegnet vom Herrn, und gesegnet sei eure Ankunft! Hosianna in der Höhe!"*[184] Es handelt sich um das Land Madian, und die Einwohner der Stadt sollen von der Familie Jethros, des Schwiegervaters Mosis, abstammen.[185] 80 Militärposten sind dort zum allgemeinen Nutzen mit ihren Frauen stationiert. Sie erhalten Proviant und Kleidung auf Staatskosten aus Ägypten; (Land)arbeit treiben sie keine, und könnten es dort auch gar nicht, weil überall Sand ist.[186] Abgesehen von einzelnen Tagen haben sie jeder Araberstuten, die Futter, Stroh und Gerste auf Staatskosten erhalten. Mit ihnen durchstreifen sie die Wüste zum Schutze der Klöster und Einsiedler wegen der Raubüberfälle der Araber; die Araber freilich lassen sich durch die Furcht vor ihnen nicht beunruhigen. Wenn sie die Stadt verlassen, schließen sie ab und nehmen die Schlüssel mit. Die drinnen sind, verhalten sich wegen der Raubüberfälle der Araber ähnlich; denn sie haben nichts, wohin sie hinausgehen könnten, außer Himmel und Sand.

---

182 *Ex 17,8-16;* vgl. Theodosius 27 (Anm. 98).

183 Rettigöl *(Raphanus sativus)* gilt seit dem Altertum als Arznei gegen Gallen- und Leberkrankheiten, auch gegen Husten.

184 Die Antiphon nach *Ps 118,25f.* (*Mk 11,9f.* u.par.) wurde ägyptisch, d.h. koptisch gesungen. Pharan war eine Stadt mit koptisch-christlicher Bevölkerung.

185 *Ex 3,1; 18,1.* Jethro war Midianiter, daher „Land Madian".

186 Eine schöne Beschreibung des Lebens und der oft fruchtlosen Tätigkeit der byzantinischen Militärgarnison in Fara/Pharan. Weshalb die Soldaten Araberpferde „abgesehen von einzelnen Tagen" *(praeter singulis diebus)* zur Verfügung hatten, ist unklar. Wahrscheinlich ist der Text verderbt. Zu erwägen ist *per* statt *praeter:* „an einzelnen Tagen", nämlich dann, wenn Kontrollritte oder Razzien gegen räuberische Sarazenen fällig waren.

41. Von da aus gelangten wir nach Sochot und stiegen dann nach Magdalum hinab[187], ferner auch an den Ort mit den 72 Palmen und 12 Quellen[188], wo wir zwei Tage lang Rast machten nach solcher Mühsal und Ödnis der Wüste. An diesem Orte gibt es ein kleines Kastell namens Surandala[189]; drinnen ist nichts außer einer Kirche mit ihrem Presbyter und zwei Hospizen für die Reisenden. Dort habe ich den Pfefferbaum gesehen und von ihm gepflückt.[190] Danach kamen wir zu der Stätte, wo die Israeliten ein Lager aufschlu-

---

187 Sochot, Sukkoth, griech. *Sokchoth (Ex 12,37; 13,20)* ist ägypt. *Ṯkw = Tell el-Masḫūṭa,* ca. 10 km w. des Krokodilsees *(Birket et-Timsāḥ),* im *Wādi eṭ-Ṭumēlāt;* vgl. Egeria 7,5 (Anm. 61). Damit sind wir etwas plötzlich im ö. Nildelta. Magdalum, hebr. *migdōl* „Turm, Fort" *(Ex 14,2),* gehört von Hause aus an die W-Seite des Sirbonischen Sees *(Ṣabḫat el-Berdāwīl),* einer Lagune des Mittelmeers. Aber die Tradition hat Magdalum zusammen mit weiteren Ortschaften aus *Ex 14,2* von der Mittelmeerküste abgezogen und in die Gegend zwischen Clysma (s.u. Anm. 193) und den Bitterseen verlegt, weil man annahm, dort habe das Schilfmeerwunder stattgefunden; vgl. Egeria 7,4 (Anm. 57). Man kann freilich schon hier erkennen, daß alle diese Lokalisationen nicht fest und beständig gewesen sind. Denn nähme man sie so, wie sie bei Egeria 7,1-5 vorkommen, dann würde sich für den Pilger von Piacenza eine unmögliche Reiseroute ergeben (s.u. Anm. 189).

188 *Ex 15,27:* Elim mit 12 Quellen und 70 (nicht 72!) Palmen, Lagerplatz der Israeliten in der Wüste nach dem Durchzug durchs Schilfmeer.

189 Elim ist das Kastell Surandala. Der Name begegnet in der Form *Arandara* bei Petrus Diaconus zu Beda Venerabilis, *Liber de locis sanctis cap. XVIII, 12;* CSEL 39 (1898) 118,1; CCSL 175 (1965) 102,103. Petrus Diaconus (1137) hat das aus verlorengegangenen Teilen des Berichtes der Nonne Egeria. Gemeint ist das *Wādi Ġarandal* an der O-Küste des Golfes von Suez, etwa halbwegs zwischen Suez und dem *Wādi Fērān.* Die vorausgesetzte Route ist völlig unmöglich. Man kann nicht von Fara/Pharan über Sukkoth und Magdalum nach Clysma und dann ins *Wādi Ġarandal* reisen. P. Geyer hat vorgeschlagen, Sochot und Magdalum an den Anfang des 43. Abschnitts zu stellen: *Exinde uenimus < in Magdalo et exinde descendimus in Sochot et exinde uenimus > per heremum etc.* Das würde eine einigermaßen verständliche Reiseroute ergeben; übrigens kann man für solche Umstellungen auf die Abschnitte 6 und 9 verweisen. Damit käme folgender Weg zustande: Fara/Pharan - Surandala - Clysma - Magdalum/Sochot - Höhle des Eremiten Paulus.

190 Nicht echter Pfeffer, sondern das Samenkorn der Capperstaude, die im Sinaigebiet öfter vorkommt. Vgl. G. Ebers - H. Guthe, Palästina in Bild und Wort, nebst der Sinaihalbinsel und dem Lande Gosen 2 (1882) 293. Aus dem Altertum: Diodorus Siculus, *Bibliotheca Historica XIX,94,10* (ed. C. Th. Fischer V, 1906, S. 147; Übersetzung bei R. M. Geer, Diodorus Siculus X, Loeb Classical Library, 1962, S. 91); Plinius, *hist. nat. 6,5* (ed. C. Mayhoff I, 1933, S.434f.).

gen, nachdem sie durchs Meer gezogen waren.[191] Dort ist ebenfalls ein kleines Kastell mit einem Hospiz. Und dann erreichten wir die Stelle am Ufer, wo die Israeliten durchs Meer gezogen sind. Wo sie aus dem Meere kamen, befindet sich eine Elia-Kapelle; und wenn man zu der Stelle übersetzt, wo sie ins Meer hineingingen, ist dort eine Mose-Kapelle.[192] Es gibt da auch eine kleine Stadt namens Clisma[193], wo ebenfalls Schiffe aus Indien anlegen. An der Stelle des Meeres, wo sie hinüberzogen, kommt ein Golf aus dem größeren Meer und erstreckt sich viele Meilen landeinwärts; er hat Flut und Ebbe.[194] Bei Ebbe erscheint ein Bild: die Kriegsgeräte des Pharao und die Spuren der Wagenräder, aber alle Kriegsgeräte in Marmor verwandelt.[195] Dort bekamen wir gefüllte grüne Nüsse[196], die aus Indien kommen (und) von denen die Leute glauben, sie stammten aus dem Paradies. Ihre Gnadengabe ist folgende: Soviele auch davon kosten, die werden satt.

42. Im Meere selbst aber ist 11 Meilen entfernt eine kleine Insel, ein lebendiger Felsen, an dem weiche Finger wie aus Fleisch hängen, nach Art von Datteln, die dann das Fett hervorbringen, das man Steinöl nennt; man erntet es zu großem Segen.[197] Wenn das Gefäß, in dem es transportiert wird, einmal voll geworden ist, und du

---

191 *Ex 15,22.* Der Pilger befindet sich noch immer ö. des Golfes von Suez, der sich im Altertum weiter nach N erstreckte als heute (s.u. Anm. 194).

192 Von diesen Kapellen *(oratoria)* ist sonst nichts bekannt. Auch die genaue Stelle, an der man im 6. Jh. den Durchzug der Israeliten durchs Schilfmeer annahm, ist nicht ermittelt. Es muß unweit n. von *Clysma*/Suez gewesen sein. Elia mag an diesen Platz wegen seiner klassischen Partnerschaft mit Mose gelangt sein; vgl. z.B. *Mk 9,4f.* u.par.

193 Clisma, gewöhnlich *Clysma,* liegt an der Stelle des heutigen Suez *(Tell Qolzum).* Die Stadt ist vermutlich von Kaiser Trajan (98-117) als röm. Nachfolgesiedlung des ptolemäischen Arsinoë ausgebaut worden. Sie lebte vom Seehandel. Vgl. Egeria 7,1 u. ö. Es hat den Anschein, als habe man der Nonne Egeria den Ort des Schilfmeerwunders weiter n. gezeigt als unserem Pilger.

194 Im Altertum setzte sich der Golf von Suez n. der Stadt *Clysma*/Suez noch mindestens 10 km in Gestalt einer unterschiedlich breiten Wasserzunge fort. Diese flache Zunge hatte an den Gezeiten des Roten Meeres teil.

195 *Ex 14,28.* Selbstverständlich konnte man bei Ebbe auf dem sandigen Meeresboden alles Mögliche sehen.

196 Zum Indienhandel des röm. Imperiums vgl. RE 9 (1916) 1300.

197 Beiderseits des Golfes von Suez gibt es auf einer Länge von ca. 200 km Erdölvorkommen, aus denen der ägyptische Staat einen beträchtlichen Teil seiner Einkünfte gewinnt. Auf der W-Seite: am *Gebel Ġārib* und dem s. anschließenden *Gebel ez-Zayt* (Ölberg); auf der O-Seite: *Ṣudr* (im *Wādi Ṣudūr*)

willst ein zweites Mal ernten, dann nimmt es nichts mehr auf und hält nichts fest. Soviele Kranke, besonders Besessene, an diesen Ort gelangen können, werden alle geheilt. Die es (das Steinöl) zum Segen ernten, lassen es nicht unvermischt aus Clisma hinausgehen; es wird vielmehr mit (gewöhnlichem) Öl versetzt. Wenn es nicht gepanscht würde, glaube ich, daß es seine Kraft immer behielte; denn die Flüssigkeit des Fettes hält (den Geruch?) zwei Meilen weit. Der Geruch ist etwas schweflig.[197a] Mag das Meer auch noch so stürmisch sein, so steht es doch unter der Flüssigkeit fest, als ob es ein

---

mit ᶜ*Asl* und *Matarma, Rās Abū Zenīme, Abū Rudēs,* zwischen *Fērān* und *Ṭūr* (am *Gebel el-ᶜAraba* und der rückwärtig gelegenen Wüste *el-Kāᶜ).* Das geförderte Öl wird heute überwiegend in Raffinerien s. der Stadt Suez verarbeitet. Der Pilger von Piacenza ist der älteste literarische Zeuge für Erdöl *(oleum petrinum)* in dieser Region. Man hat angenommen, er schildere in dem textlich leider schlecht überlieferten Abschnitt die Erdölquellen von *Gebel ez-Zayt;* vgl. J. Gildemeister, a.a.O., S. 60, Anm. 58. Diese sind es auch, die vor 200-300 Jahren zuerst bekannt wurden. Ältere Beschreibungen finden sich bei U. J. Seetzen, Reisen durch Syrien, Palästina, Phönicien, die Transjordan-Länder, *Arabia Petraea* und Unter-Ägypten, hrsg. von F. Kruse, 4 Bde. (1854-59) III,75; J. L. Burckhardt, Reisen in Syrien, Palästina und der Gegend des Berges Sinai, hrsg. von W. Gesenius, 2 Bde. (1823/24) II,771; R. Lepsius bei C. Ritter, Erdkunde XIV (1848) 472. Aber es ist sehr fraglich, ob der Pilger tatsächlich *Gebel ez-Zayt* meint. Denn diese Gegend liegt ca. 240 km sö. der Stadt Suez, eine Distanz, die er gewiß nicht zurückgelegt hat. Sollten ihm die Bewohner von Suez etwas darüber erzählt haben? Aber Abschnitt 42 liest sich wie ein Augenzeugenbericht. Auch wenn die 11 Meilen = 16,5 km nur eine ungefähre, geschätzte Entfernungsangabe sind, müßte das Ölvorkommen doch näher an Clysma gelegen haben als *Gebel ez-Zayt.* Außerdem schildert der Pilger eine Insel im Meer. Damit könnte allenfalls auch eine Halbinsel, ein Küstenvorsprung (arab. *rās),* gemeint sein. Aber wer vermag zu sagen, ob im 6. Jh. nicht tatsächlich eine der Inseln zwischen Suez und *Rās el-ᶜAdabīye* (am *Gebel ᶜAtāqa,* ca. 12 km von Suez entfernt) ein bescheidenes Ölvorkommen hatte? Es gibt in der Bucht von Suez und in der ᶜ*Adabīye* -Bai mehrere Inseln und Riffe, die man immerhin einmal näher untersuchen müßte: z.B. *Qalᶜa kebīre,* die *Etūle*-Bänke, das ᶜ*Atāqa*-Riff, das *Menšīye*-Riff, den Newport-Rock u.a.; vgl. die Karte bei K. Baedeker, Ägypten, 1. Theil: Unter-Ägypten und die Sinai-Halbinsel (1885^2) 442. Die „Finger ... nach Art von Datteln“, die am Felsen hängen, könnten sog. Konkretionen gewesen sein: längliche Ablagerungen, wie sie sich bilden, wenn Öl aus Felslöchern ausfließt. Vgl. insgesamt die reich bebilderte, im Text nicht immer ganz zuverlässige Darstellung von G. Hansen, Steinöl und Brunnenfeuer (1975).

[197a] Es ist nicht zu verwundern, daß eine fabelhafte und einem italienischen Pilger völlig neue Sache wie Erdöl zu Spekulationen Anlaß gibt: Dabei muß es wunderbar zugehen. Wunderbar ist, daß man mit ein und demselben Gefäß nicht zweimal „ernten“ *(tollere)* kann. Wunderbar ist

stehendes Gewässer wäre. Innerhalb von Clisma sahen wir in der Basilika mehr als 18 hölzerne Särge der heiligen Einsiedlerväter.[198]

43. Sodann kamen wir durch die Wüste zur Höhle des Paulus, d. h. auf Syrisch cuba; die Quelle fließt noch immer.[199] Danach gelangten wir wiederum durch die Wüste zu den Nilkatarakten. Dort steigt das Wasser bis zu einem Pegel, einem von Menschenhand gemachten Bauwerk, nämlich 12 ‚Stufen' hoch.[200] In der Nähe der Katarakte sind auf beiden Seiten des Nils zwei Städte, die die Töchter des Lot gebaut haben sollen; eine davon heißt Babylonia.[201]

---

auch, daß das Erdöl Besessene heilt. Aber damit verbindet der Pilger konkrete, realistische Angaben: Das Öl hält, trägt *(tenet)* den schwefligen Geruch - das ist doch wohl gemeint - zwei Meilen weit. Man mischt es mit anderem Öl, vielleicht um die Menge zu vergrößern und es flüssiger zu machen. Läuft Öl aufs Meer, dann dämpft es durch sein Gewicht den Wellengang - der Pilger hat im 6. Jh. gesehen, was es heißt, wenn „Öl auf die Wogen gegossen" wird.

198 Die Basilika des hl. Athanasius in Clysma, 539 unter Kaiser Justinian erbaut. In der Fassung B sind es, je nach den Handschriften, nur 13 oder 14 Särge.

199 Der legendäre Eremit Paulus, über dessen Leben Hieronymus 374 die *Vita S. Pauli primi Eremitae* geschrieben hat; vgl. St. Hieronymus, Paula und Eustochium Anm. 3 und Theodosius Anm. 64. Die Höhle *(spelunca)* des Eremiten, an die sich wie üblich alsbald eine Klosteranlage anschloß, ist *Dēr Mār Būlus*, ca. 150 km s. von Suez am Ausgang des *Wādi el-ᶜAraba* zum Golf von Suez. Die Lesart *syriace cuba* „auf Syrisch cuba" ist eine Vermutung von P. Geyer; die Handschriften haben *syracumba*. *Cuba* könnte auf syr. *qubbēṯā* „Wölbung, Kuppel" hindeuten; auch eine gewölbte Höhle kann man vielleicht so bezeichnen. Ist das Fehlen des *ṯ* ein Hinweis darauf, daß der Pilger das arab. Äquivalent *qubba* hörte und das gesprochene Arabisch für Syrisch hielt?

200 Das sind selbstverständlich nicht die Nilkatarakte s. von Assuan. Der Fortgang des 43. Abschnitts zeigt, daß sich der Pilger nach dem Besuch des Paulusklosters nach W wandte (vielleicht wieder über *Clysma*/Suez) und an der Spitze des Delta-Dreiecks den Nil erreichte. Man sagte ihm, dort seien die Katarakte, und da er nicht genau wußte, was das ist, glaubte er es auch. Einen Nilmesser allerdings hat er gesehen. Vielleicht war es der Vorgänger des 716 unter dem Omayyadenkalifen *Sulēmān* erbauten Nilmessers *(el-Miqyās)* auf der S-Spitze der Nilinsel *Rōḍa* bei Alt-Kairo: im Laufe der Zeiten immer wieder restauriert, diente das Gerät zur Feststellung der Überschwemmungshöhe des Nils und damit zusammenhängend zur Festsetzung der jährlichen Besteuerung. *El-Miqyās* ist eine oktogonale Säule in einem Brunnenloch mit Inschriften und einer Skala von 17 altarab. Ellen (1 Elle = 0,54 m). Die „Stufen» *(gradus)* des Pilgers sind gewiß auch „Grade" zu Meßzwecken. S. E. Brunner-Traut, Ägypten. Kunst und Reiseführer mit Landeskunde (1982[4]) 238f.

201 Was die Töchter des Lot *(Gen 19,8.14.16.30-38)* in Ägypten zu suchen haben, ist unerfindlich. Babylonia ist der Name eines röm. Kastells, in das die alte Ortschaft *Fusṭāṭ* hineingebaut wurde: der s. Teil von Alt-Kairo *(Maṣr*

Wir zogen durch die Gefilde von Tanis[202] und erreichten die Stadt Memphi und Antinou[203], wo der Pharao residierte (und) von wo aus auch die Israeliten auszogen. An diesen Orten befinden sich die vollen 12 Kornspeicher Josephs.[204]

44. In Memphi gab es einen Tempel, der jetzt eine Kirche ist. Eins von seinen Hauptportalen schloß sich vor unserem Herrn, als er mit der Seligen Maria dort war, und kann bis heute nicht geöffnet werden.[205] Dort sahen wir auch das leinene Pallium, auf dem das Antlitz des Erlösers zu sehen ist. Man sagt, er habe seinerzeit sein Gesicht damit abgewischt und sein Bild sei darauf geblieben; es wird zu gewissen Zeiten verehrt. Auch wir verehrten es, konnten es aber wegen des Glanzes nicht genau erkennen; denn je genauer

---

el-ᶜAtīqa). Welche andere Stadt auf dem w. Nilufer der Pilger meint, ist ungewiß. Ob den Vorgänger des heutigen Dorfes *Gīza* bei den großen Pyramiden?

202 Tanis, im AT *Ṣōᶜan (Num 13,23; Jes 19,11.13; 30,4; Ez 30,14; Ps 78,12.43)* ist das Ruinenfeld von *Ṣān el-Ḥagar* im N-Teil des ö. Nildeltas; vgl. Egeria Anm. 80. Aber das kann hier nicht gemeint sein. Das Nebeneinander von Tanis und Memphis in *Jes 19,13* hat dazu geführt, daß man Tanis in die Gegend von Memphis zog. Welche Ruinen man dem Pilger als Tanis zeigte, ist unbekannt. *Abūṣīr? Saqqāra?*

203 Memphis ist die Hauptstadt des ägyptischen Alten Reiches. Seine Ruinen liegen beim Dorfe *Mīt Rahīne* auf dem w. Nilufer, ca. 18 km s. von Alt-Kairo. Antinoupolis (Antinoë) ist ein Ruinenfeld bei *Šēḫ ᶜAbāde* gegenüber von Hermopolis magna *(Ašmunēn),* ca. 260 km s. von Kairo auf dem ö. Nilufer. Das letztere kann nicht gemeint sein; man zeigte dem Pilger einen Teil der Ruinen des Großraumes von Memphis als Antinou (wie auch Tanis, s. o. Anm. 202). Zu Memphis vgl. auch Theodosius 14 (Anm. 63.64). Zu den Überlieferungen im Raume von Memphis bis Alt-Kairo vgl. aus Egeria: Petrus Diaconus (1137) zu Beda Venerabilis, *Liber de locis sanctis cap. XVIII,1-2;* CSEL 39 (1898) 114,23 - 115,12; CCSL 175 (1965) 100,1-21. Die Nonne sah in Memphis den Pharaonenpalast, in dem Joseph verkehrte, nahe dabei einen Gedächtnisort für den Aufenthalt der hl. Familie in Ägypten und die Pyramiden als Kornspeicher Josephs.

204 *Gen 41,35f.48f.56.* Das älteste Zeugnis dafür, daß man den christl. Pilgern die Pyramiden als Kornspeicher Josephs zeigte, findet sich bei Egeria (s. o. Anm. 203). Die Zahl der Kornspeicher wechselt; es sind wohl auch nicht immer dieselben Pyramiden.

205 *Mt 2,13-15.* Vgl. Egeria (s. o. Anm. 203). Die Traditionen über den Aufenthalt der hl. Familie in Ägypten haften sonst (bis heute) vor allem in Heliopolis 12 km nnö. von Kairo und in Alt-Kairo (Kirche *Abū Serge* aus dem 6. Jh.). Sollte „Memphi“ dem Pilger auf dem Gelände des spätern Kairo gezeigt worden sein?

du hinschaust, desto mehr verändert es sich in deinen Augen.[206]

45. Wir reisten durch Ägypten, kamen zur Stadt Athlefi[207] und zogen bis zum hl. Mennas, der dort viele Wunder tut.[208] Dann bestiegen wir ein Schiff und gelangten über ein stehendes Gewässer nach Alexandria.[209] In diesem stehenden Gewässer sahen wir eine Menge Krokodile. Alexandria ist eine ansehnliche Stadt, die Bevölkerung sehr unzuverlässig, lieben aber die Pilger. Es gibt da viele Ketzereien.[210] Dort ruhen auch der hl. Athanasius, der hl. Faustus, der hl. Epimachius, der hl. Antoninus, der hl. Marcus und viele andere Leiber der Heiligen.[211]

---

206 Das Pallium ist ein Tuch, dreimal so lang wie breit, als Überwurf (Toga) gebraucht. In der alten Kirche ist es das Ehrenkleid Christi und der Apostel. Hier ist eines der vielen Tücher mit dem Porträt Jesu gemeint. Der Pilger ist aufrichtig genug, um bei aller Verehrung zuzugeben, daß man bei genauer Betrachtung nichts Bestimmtes sehen kann.

207 *Kōm el-Atrīb,* kopt. *Athrebi,* bei *Benhā* im Mittelteil des s. Nildeltas, ca. 40 km n. von Kairo. Vgl. Madeba-Karte (MM Nr. 136).

208 Der hl. Menas (gest. 296), Märtyrer unter Diokletian, der Nationalheilige der ägyptischen Christenheit. Um sein Grab bildete sich im 6.-8. Jh. eine ausgedehnte Oasensiedlung: die Menas-Stadt, ca. 60 km sö. von Alexandria in der mariotischen Wüste, halbwegs zwischen Alexandria und dem *Wādi Naṭrūn,* mit Kirchen (Basiliken Konstantins und des Arkadius), Thermen, Pilgerherbergen u. a. Heute *Karm Abūm* oder *Karm Būmnā* (aus *Karm Abū Mīnā*). Ausgrabungen: C. M. Kaufmann 1906/7, gegenwärtig fortgesetzt vom Deutschen Archäologischen Institut. Vgl. C. M. Kaufmann, Die hl. Stadt in der Wüste (1924); Mitteilungen d. Deutsch. Arch. Inst., Abt. Kairo 19 (1964) 114ff.; 20 (1965) 122ff.; 21 (1966) 171ff.; 22 (1967) 206ff.; 26 (1971) 53ff.

209 *Iskenderīye.* Das „stehende Gewässer" ist der mariotische See *(Maryūṭ)* unmittelbar s. von Alexandria, heute weitgehend versumpft oder ausgetrocknet.

210 Alexandria war die Weltstadt des ö. Mittelmeerraumes, in ihrer Bedeutung nur noch mit Rom und Byzanz/Konstantinopel zu vergleichen. In einer Stadt wie dieser gab es selbstverständlich „viele Ketzereien" *(haereses multae).* Dort hatte im 2.-3. Jh. die berühmte Katechetenschule geblüht, aus der Clemens und Origenes hervorgegangen waren: ihre von hellenistischer Philosophie durchdrungene christl. Gnosis wirkte noch in späteren Jahrhunderten nach. Außerdem war Alexandria zeitweise Zentrum des Arianismus und des Monophysitismus, ganz zu schweigen von obskuren Ketzereien, die dort in Blüte standen.

211 Athanasius (ca. 295-373), seit 328 Metropolit von Alexandria: der große Theologe der kirchlichen Orthodoxie; vgl. H. Frhr. v. Campenhausen, Griechische Kirchenväter. Urban-Bücher 14 (1967^4) 72-85. Faustus: unbekannt. Eine Faustus-Kirche beim Leuchtturm Pharos bezeugt Johannes Moschus, *Pratum spirituale 106* (MPG 87,3: 2965). Epimachius oder Epimachus: ein alexandrinischer Märtyrer (MPG 115,1320-25). Antoninus: unbekannt. Marcus: der Evangelist, angeblich der erste Bischof von Alexandria; 823 Überführung seiner Gebeine nach Venedig.

46. Wir gelangten dann wieder nach Jerusalem, wo ich ziemlich lange krank zurückblieb. Ganz deutlich sehe ich mit Augenschein die Selige Euphemia und den Seligen Antonius in einer Vision; als sie kamen, heilten sie mich.[212] Ich verließ Jerusalem und stieg nach Joppe hinab. Dort ruht die hl. Tabitha, die auch Dorcas genannt wird.[213] Von da aus kam ich nach Caesarea Philippi, das Stratonsturm oder auch Caesarea Palaestinis heißt.[214] Dort ruhen der hl. Pamphilus, der hl. Procopius und der hl. Cornelius, von dessen Bett wir Segen mitnahmen.[215] Dann stiegen wir durch Galiläa hinauf und erreichten Damaskus.[216] Dort ist beim zweiten Meilenstein ein Kloster, wo der hl. Paulus bekehrt wurde, (und) die Straße, welche man die ge-

---

212 Die hl. Euphemia starb als Märtyrerin 303 unter Diokletian oder 307. Über ihrem Grabe entstand 326 eine Kirche, in der das Konzil von Chalcedon 451 tagte. Vgl. Egeria 23,7 und F. Halkin (ed.), *Bibliotheca Hagiographica Graeca 1* (1957) 188-190 (Nr. 619-624n.). Eine Kirche der hl. Euphemia scheint es auch in Jerusalem gegeben zu haben. Antonius ist wahrscheinlich der berühmte Ureinsiedler aus Koma in der Thebais, der seit ca. 285 in den Einöden der ägyptischen Wüsten, zuletzt im Felsgebirge des *Mons Antonii* unweit des Roten Meeres, lebte und 356 starb.

213 *Apg 9,36-43.*

214 *Caesarea Palaestinae,* auch *maris* oder *maritima,* Hafenstadt an der palästinischen Küste, 9 v. Chr. von Herodes d. Gr. an der Stelle der älteren Ortschaft Stratonsturm gegründet; vgl. Josephus, *Ant. XV,9,6.* Die Stadt war seit Kaiser Vespasian (69-79) *Colonia Prima Flavia Caesarea,* später Bischofsstadt mit berühmter Theologenschule, Wirkungsstätte des Origenes und des Eusebius. Vgl. Ch. T. Fritsch (ed.), The Joint Expedition to *Caesarea Maritima,* Vol.I: Studies in the History of *Caesarea Maritima.* BASOR Supp. 19 (1975); K. G. Holum - A. Raban - A. Negev - A. Frova - M. Avi-Yonah u.a., Caesarea. NEncAEHL I 270-291. Der Pilger verwechselt die Stadt mit *Caesarea Philippi (Bānyās)* am S-Fuß des Hermon.

215 Pamphilus: Schüler des Origenes und Lehrer des Euseb, gebürtig in Beirut, 309 in Caesarea als Märtyrer gestorben; vgl. Euseb, *Über die Märtyrer in Palästina 11,14* (ed. Th. Mommsen, GCS Eusebius II,2 (1908) 939). Procopius: Märtyrer der diokletianischen Verfolgung 303/4; vgl. Euseb, ebenda 1,1-2. Cornelius: der Hauptmann *(centurio)* von *Apg 10.*

216 Für diese Reise kommen verschiedene Straßen in Betracht. Der Pilger zog über *Legio/Maximinianupolis (el-Leǧǧūn)* durch die Ebene von Megiddo, dann durch das galiläische Gebirge zum See Gennezareth. Er verließ den Jordan vermutlich schon s. des *Ḥūle*-Sees (bei *Ǧisr Benāt Yaᶜqūb),* um über das *Ǧōlān*-Hochland nach Damaskus zu gelangen. Eine andere Möglichkeit wäre gewesen, um den S-Fuß des Hermon herumzugehen. Aber dann hätte der Pilger *Caesarea Philippi*/Paneas *(Bānyās)* berührt und diese Stadt eigentlich nicht mit *Caesarea Palaestinae* verwechseln dürfen (s. o. Anm. 213).

rade nennt, auf der viele Wunder geschehen.[217] Sodann kamen wir nach Heliopoli[218] und weiter nach Emiza[219], wo sich das Haupt des hl. Johannes des Täufers befindet; es wird in einem gläsernen Fasse aufbewahrt, und wir haben es in dem Fasse mit eigenen Augen gesehen und angebetet.[220] Von dort aus durchreisten wir Städte, nämlich Larissa[221], Aristosa[222] und Epifania[223], und kamen zu der sehr ansehnlichen Stadt Apamia[224], wo sich der gesamte syrische Adel aufhält.

---

217 *Apg 9,1-9* und *10-19 (V. 11:* die „gerade Straße", *via recta,* die Hauptstraße des röm. Damaskus). Fassung B verlegt die Bekehrung des Paulus an die *via recta* und lokalisiert das Kloster dort. Nach Fassung A muß es aber ungefähr 3 km s. der Stadt gewesen sein. Der Ort ist leider unbekannt. Man könnte an *Dērēye* „Klosterdorf" ca. 6 km sw. von Damaskus denken, eher noch an *Dēr Bišr* bei *Ḥaǧīra,* wo sich noch zwei Klöster befinden *(Dēr Futrus* „Peterskloster" und *Dēr Bawlus* „Pauluskloster").

218 *Heliopoli(s)* ist Baalbek in der *Biqāᶜ,* dem Hochtale zwischen Libanon und Antilibanos. Der Pilger ist also im Flußtal des *Barada* zunächst nach W, dann nach N über den Antilibanos gezogen, vorbei an der Stelle des heutigen *Zebdāni,* und hat auf der Höhe des heutigen *Zaḥle* die nach N in Richtung Baalbek führende Straße erreicht.

219 Emiza, häufiger Emesa, heute *Ḥoms* in Mittelsyrien.

220 Wie die Kopfreliquie Johannes des Täufers nach Emesa gelangt ist, weiß niemand genau. Marcellinus Comes berichtet um 550 in seinem *Chronicon* für das Jahr 453 (MPL 51,928f.), ein Töpfer aus Emesa habe das Haupt in Samaria/*Sebaste* gestohlen. Um 512 jedenfalls ist es in Emesa; vgl. Zacharias Rhetor, *Vita Severi Antiocheni,* bei M. A. Kugener, *Patrologia Orientalis* 2 (1907) 92. Als Willibald, Bischof von Eichstätt, zwischen 724 und 730 in Emesa war, befand sich das Haupt des Täufers nicht mehr dort. Es war in die Johanneskathedrale zu Damaskus überführt worden, die Kalif *Walīd* 709-715 in eine Moschee verwandelte. Dort, in der sog. Omayyadenmoschee, wird es bis heute verehrt.

221 Larissa ist *Šēzār* (auch *Šēǧār)* am Orontes, ca. 20 km nw. von *Ḥama* und 20 km sö. von Apamea; vgl. *Tabula Peutingeriana X,5* (ed. K. Miller 1929², Nachdruck 1962).

222 Aristosa, häufiger Arethusa, ist *er-Restān,* ca. 18 km n. von *Ḥoms* (Emesa).

223 Epiphania (Syriae), das alte Hamath am Orontes, heute *Ḥama;* vgl. Euseb, On. 90,4-8. Die Reihenfolge der Ortschaften zwischen Emesa und Apamea ist verstellt und müßte lauten: *Aristosa, Epifania, Larissa.*

224 Apamea, ein gewaltiges Ruinenfeld im O der mittelalterlichen Festung *Qalᶜat el-Muḍīq* am O-Rande des s. *Ġāb,* ca. 60 km ö. von *Lāḍiqīye* (Laodicea). Man hört für die Ruinen gelegentlich noch den Namen *Afamyā.* Zu den Ausgrabungen der hellenistisch-römischen Stadt vgl. Lacoste - Mayence, Antiquités Classiques 1 (1932), 4 (1935), 5 (1936).

47. Wir verließen Apamia und gelangten nach dem größeren Antiochia[225], wo der hl. Babyllas und die drei Knaben ruhen, ferner die hl. Justina, der hl. Julianus und die Brüder der Makkabäer, d. h. 9 Gräber; und über jedem Grabe hängen ihre Marterwerkzeuge.[226] Danach stiegen wir nach Mesopotamien zur Stadt Chalcis hinab.[227] Weiter gelangten wir nach Carran, wo Abraham geboren ist.[228] Ferner stiegen wir hinab und erreichten die Stadt Barbarisso[229], wo der hl. Bacchus ruht, der Bruder des hl. Sergius. Schließlich kamen wir in die Stadt Suras[230], durch die der Euphratfluß mitten hindurchfließt; man überschreitet ihn an dieser Stelle auf einer Brücke.

---

225 *Antākya,* Haupt- und Bischofsstadt im n. Syrien, eines der großen Patriarchate des O, Sitz einer berühmten Theologenschule. Der Pilger nennt die Stadt *maior* „größer", zum Unterschied von einigen kleineren Städten dieses Namens, z. B. Dan *(Tell el-Qāḍi),* Hippos/Susitha *(Tell el-Ḥöṣn),* Gadara *(Umm Qēs)* u.a.

226 Der hl. Babyl(l)as war Bischof von Antiochia, Märtyrer unter dem Caesar Numerian 282; vgl. F. Halkin (ed.), *Bibliotheca Hagiographica Graeca 1* (1957) 74f. (Nr. 205-208). Die drei Knaben: Johannes Chrysostomus, *Spuria ad homiliam in Ps 95* (MPG 55,619-630) und *Spuria ad homiliam de tribus pueris* (MPG 56,593-600). Justina: zusammen mit dem Zauberer Cyprian Märtyrerin unter Diokletian; vgl. *Bibl. Hag. Graec. 1* (1957) 137-140 (Nr. 452-461c). Julian von Anazarbus *(Anavarza* am Mittellauf des Pyramos, Hauptstadt der *Cilicia secunda),* Märtyrer unter Diokletian; vgl. *Bibl. Hag. Graec 2* (1957) 47f. (Nr. 965-967e). Die Brüder der Makkabäer: der Schriftgelehrte Eleasar und 7 Brüder mit ihrer Mutter, die unter dem Seleukiden Antiochus IV. Epiphanes (175-164 v. Chr.) den Tod erlitten; vgl. *2 Makk 6,18 - 7,42.* Fassung B hat anstelle der Marterwerkzeuge: *„und über jedem Grabe sind ihre Leidensgeschichten aufgeschrieben."*

227 *Qinnesrīn,* ca. 22 km sw. von Aleppo.

228 Carran, häufiger *Charra, Carrhae* u. ä.: die alte, im 1. Jahrtausend v. Chr. dem Mondgott Sîn geweihte Stadt *Ḫarrānu,* das biblische *Ḥārān (Gen 11,31f.; 12,4* u. ö.), heute *Ḫarrān* im Euphratknie, ca. 40 km so. von Edessa. Vgl. Egeria 20-21. Daß Abraham dort geboren sein soll, erfahren wir sonst nicht. Als sein Geburtsort wird gewöhnlich Ur in Chaldäa angegeben *(Gen 11,28);* nach einer jüdischen und später islamischen Tradition auch *Berze,* 5 km n. von Damaskus (vgl. bereits Josephus, *Ant. I,7,2: „Abrahamsheim"* bei Damaskus).

229 Barbarisso, häufiger Barbalissos oder Barbalissa, ist *Bālis* am Euphrat, ca. 70 km osö. von Aleppo, unweit der im modernen Euphrat-Staudamm untergegangenen Ortschaft *Eski Meskene;* vgl. Theodosius 32 (Anm. 119). Die beiden heiligen Brüder Bacchus und Sergius waren Soldaten aus der Zeit der Christenverfolgungen unter Maximinian.

230 Suras, auch Sura, heute *Sūrīye,* ca. 30 km n. von *Ruṣāfe* (Sergiupolis), am Euphrat. Das Martyrium der beiden Brüder Sergius und Bacchus gehört nach Barbalissos.

In dieser Stadt haben die Heiligen Sergius und Bacchus gelitten, und 12 Meilen landeinwärts in der Wüste unter den Arabern ruht der hl. Sergius in der Stadt Tetrapyrgium.[231]

231 *Tetrapyrgium,* ein seltener Name für die Wüstenstadt *Ruṣāfe* (Sergiupolis), ca. 65 km sö. von Barbalissos/*Meskene;* vgl. E. Storm, Rusafa in der syrischen Wüste - Stadt eines Heiligen und eines Kalifen. Die Karawane 22/1 (1981) 3-56. R. Dussaud, Topographie historique de la Syrie antique et médiévale (1927) 518 plädiert für eine Veränderung der Stationen: *Suras* (dort Euphratübergang auf der Brücke des nahegelegenen *Thapsake),* dann *Barbarisso* (mit dem Martyrium des Sergius und des Bacchus), zuletzt *Tetrapyrgium (Ruṣāfe).* - Fassung B hat folgendes Schlußkapitel: *„So viele und so wunderbare Orte haben wir damals gesehen. Nachdem wir zahlreiche Kastelle, Straßen, Dörfer, Landgüter und Städte hinter uns gelassen hatten, begannen wir, ermüdet von so langer Fahrt, die Rückreise anzutreten. Wir fuhren übers Meer und kamen in unser Heimatland Italien, mit Hilfe unseres Herrn Jesus Christus, durch dessen Liebe wir ausgezogen waren, um seiner Wunder ansichtig zu werden: solcher, die er selbst getan hat, als er unter den Menschen wohnte, und solcher der seligen Apostel, auch solcher, die unser Herr Jesus Christus vor der Zeit seiner Fleischwerdung einst durch seine Patriarchen und Propheten getan hatte. Lebendig und fröhlich kamen wir zu unserer Heimatstadt Placentia, die am Flusse Padus* (= Po) *liegt, unterhalb des schon erwähnten Italien* (d. h. tiefer als das eigentliche Italien gelegen). *Glücklich abgeschlossen. Amen."*

8. Der Bischof Arkulf und der Abt Adomnanus (um 680)

(Adamnani de locis sanctis libri tres)

Wir lesen in der ältesten britischen Kirchengeschichte, der *Historia Ecclesiastica Gentis Anglorum V,15*[1] des gelehrten Mönches Beda Venerabilis (673/4-735), das folgende:

„*Dieser Mann* (der Abt Adamnanus des Klosters Iona) *hat ein für die Leserschaft sehr nützliches Buch über die heiligen Orte geschrieben. Dessen Urheber war auf dem Wege des Lehrens und Diktierens der gallische Bischof Arcuulfus, der wegen der heiligen Orte nach Jerusalem gegangen war und der, nachdem er das ganze Land der Verheißung durchwandert hatte, auch nach Damaskus, Konstantinopel, Alexandria und zu vielen Meeresinseln kam. Als er zu Schiff in sein Vaterland zurückkehrte, wurde er durch die Gewalt eines Sturmes an die Westküste Britanniens verschlagen und gelangte danach zu dem erwähnten Diener Christi Adamnanus, wo er, ein Schriftgelehrter und ausgezeichneter Kenner der heiligen Orte, von diesem sehr freundlich aufgenommen und noch freundlicher angehört wurde: und zwar so sehr, daß jener alles, was er bei der Erzählung über die heiligen Orte als sehenswert bezeugte, nahezu vollständig schriftlich niederlegte. So schuf er ein Werk, das - wie gesagt - vielen nützlich ist und ganz besonders denen, die von den Orten, an denen die Patriarchen und Apostel waren, weiter entfernt sind, so daß sie darüber nur aus der Lektüre lernen können. Adamnanus überreichte das Buch sodann dem König Aldfridus, und durch dessen Großzügigkeit ist es auch Geringeren zum Lesen gegeben worden. Der Schreiber selbst aber wurde von ihm reich beschenkt nach Hause entlassen.*“

Derselbe Beda, Mönch in Wearmouth und später in Jarrow, hat sich von der Schrift des Abtes Adamnanus offenbar so sehr beeindrucken lassen, daß er sie bearbeitete, teils verkürzte und teils ergänzte, und ungefähr 703/4 unter dem Titel *Liber de locis sanctis* herausgab. Im Schlußwort XVIII,4-5[2] äußert er sich darüber folgendermaßen:

---

1 Ed. C. Plummer (1896) 316f.

2 Ed. P. Geyer, CSEL 39 (1898) 323f.; I. Fraipont, CCSL 175 (1965) 279f.

„In diesem Bericht über die heiligen Orte bin ich, soweit es mir möglich war, glaubwürdigen Geschichten gefolgt, und zwar besonders dem, was der gallische Bischof Arculfus diktiert hat; der in der Hl. Schrift ausgezeichnet bewanderte Presbyter Adamnanus[3] *hat das in drei Büchern ausführlich dargestellt. Der erwähnte Geistliche verließ nämlich, von der Sehnsucht nach den heiligen Orten getrieben, sein Vaterland und kam ins Land der Verheißung. Er hielt sich einige Monate in Jerusalem auf, nahm einen bejahrten Mönch namens Petrus als Führer und Unterweiser und besichtigte mit gespannter Aufmerksamkeit alles ringsumher, wonach ihm der Sinn stand. Er reiste auch nach Alexandria, Damaskus, Konstantinopel und Sizilien. Als er jedoch sein Vaterland wiedersehen wollte, wurde das Schiff, auf dem er fuhr, nach vielen Irrfahrten von einem widrigen Wind an unsere britannische Insel getrieben. Schließlich kam er nach unzähligen Gefahren zu dem oben erwähnten verehrungswürdigen Mann Adamnanus, erzählte ihm seine Reise und was er gesehen hatte und veranlaßte ihn, die großartige Geschichte aufzuschreiben. Daraus haben wir einiges weggelassen, mit den Schriften der Alten verglichen und schicken es dir zum Lesen. Wir bitten inständig, du mögest dich bemühen, die Arbeit dieses Weltzeitalters nicht mit der Muße üppiger Behäbigkeit, sondern mit eifriger Lektüre und eifrigem Gebet zu bewältigen."*

Das ist alles, was wir über die Umstände der Entstehung dieser *„Drei Bücher über die heiligen Orte"* erfahren. Es ist nicht viel, aber immerhin werden wir mit den Personen der Handlung und ihrem Schicksal bekanntgemacht. Bekanntgemacht? Leider ist das zuviel gesagt. Adamnanus, Abt des Klosters Iona auf einer kleinen Insel der Inneren Hebriden vor der Westküste Schottlands, ist anderweitig bekannt. Wir werden auf ihn zurückkommen. Aber der Bischof Arkulf bleibt unbekannt. Wir erfahren seinen Namen und sein Herkunftsgebiet, dieses nun wieder so umfassend - Gallien! -, daß wir weit davon entfernt sind zu wissen, woher er stammte und wo er amtierte. Die abenteuerliche Geschichte seines Schiffbruchs, wenn es einer war, oder doch jedenfalls seiner Irrfahrten, gibt Rätsel auf. Denn um an die Küste der britannischen Insel verschlagen zu werden, muß Arkulf von Rom aus (III,5,10) den Seeweg durch die Straße von Gibraltar genommen haben. Wütete der Sturm im Golf von Biscaya und trieb das Schiff durch den St. Georgs-Kanal in die

---

3 Adamnanus war Abt. In den iroschottischen Klöstern herrschte eine merkwürdige hierarchische Ordnung: Der Abt war nur Presbyter, aber einer seiner Mönche hatte die Bischofsweihe.

Irische See, ungefähr 1300 km weit bis zu den Hebriden? Oder landete Arkulf irgendwo an der südenglischen Küste und schlug sich bis zum Kloster Iona durch, dessen Ruhm an sein Ohr gedrungen war? Wir wissen es nicht, und ein Blick auf die Karte zeigt, daß es auch noch andere Möglichkeiten gibt. Warum wählte er überhaupt diesen Reiseweg und fuhr nicht von Rom aus zu Schiff in 3-4 Tagen nach Marseille oder nahm den Landweg über Norditalien? Auch das wissen wir nicht. Vielleicht veranlaßte ihn die Weltlage dazu. Es war um das Jahr 680. In Italien herrschten seit 586 die Langobarden; in Rom regierten die Päpste Agathon (678-681), Leo II. (682/3) und Benedikt II. (683-685). Das Land war halbwegs befriedet, und italienische Straßen brauchte Arkulf kaum zu fürchten. Frankreich dagegen stand im Zeichen der Agonie der Merowingerherrschaft. Das Land war zerrissen: Austrasien, Neustrien und Burgund stritten widereinander; fast allerorten erhob sich der Adel gegen die me-rowingischen Schattenkönige, deren Amtsgeschäfte von mehr oder minder starken Hausmeiern geführt wurden. Gerade eben erst (672) war Aquitanien zwischen der Loire und den Pyrenäen vom Fränkischen Reiche abgefallen, und nicht mehr lange sollte es dauern, bis der Karolinger Pippin II. Majordomus des ganzen Reiches wurde (687). Man mag sich vorstellen, daß ein gallischer Bischof unter diesen Umständen den Seeweg über den Ostatlantik einer Reise auf den Straßen Frankreichs vorzog. Freilich erging es dem Bischof Arkulf dabei nach einem Worte des biblischen Propheten Amos *(5,19):* Er war *„wie einer, der vor dem Löwen flieht, und es packt ihn der Bär."* Ihn packte der Sturm und trieb ihn nach Britannien. Dort herrschten politisch einigermaßen ruhige Verhältnisse, unter der Vorherrschaft der Könige von Northumbria. Britannien schickte sich eben an, endgültig römisch-katholisch zu werden. Hatte es um 660 noch drei Kirchentümer gegeben - das altbritische, das iroschottische und das römische -, so überwog seit der Synode von Streaneshalch (664) der römische Katholizismus auf der ganzen Linie. Dabei war die Eigenart der iroschottischen Mönche, die von Irland und Nordbritannien aus als *Scoti peregrinantes* (wandernde Schotten) eine lebhafte Missionstätigkeit entfalteten, am schwersten einzuschmelzen. Zu diesen klugen, frommen und eigenwilligen Iroschotten gehörte Arkulfs Gastgeber Adamnanus.

Der Name des Adamnanus[4] sollte Adomnanus geschrieben werden. So jedenfalls lesen die besseren Handschriften, und so wollen wir ihn hinfort nennen.[5] Adomnanus wurde um 628 zu Drumhome in der irischen Grafschaft Donegal geboren. Er trat unter Seghine, dem 5. Abt des Klosters Iona, als Mönch in dieses Kloster ein. Im Jahre 679 wurde er der 9. Abt des berühmten Klosters, das unter den Namen *Hy, Eo, Io* oder *Iona* in die Kirchengeschichte eingegangen ist. Es liegt auf einer kleinen Insel vor der Südwestspitze der Insel Mull und gehört zu den Inneren Hebriden, die der Westküste Schottlands vorgelagert sind. Der hl. Columba hatte das Kloster 563 gegründet, und es war alsbald zum Zentrum der sog. albanischen Kirche, d.h. der alten Kirche Nordbritanniens, aufgestiegen. Iroschottische Mönche waren es gewesen, die die wilden Pikten und Scoten Nordbritanniens zum Christentume bekehrt hatten. Der Abt Adomnanus unterhielt gute Beziehungen zu dem zeitweilig verbannten König Aldfrith von Northumbria; es heißt, der König sei sein Schüler gewesen. Jedenfalls hat Adomnanus den König zweimal besucht: 686 und 688.[6] Bei einem dieser Besuche - wir wissen leider nicht bei welchem - hat er Aldfrith das Buch über die heiligen Orte überreicht.[7] Durch den König ist es dann wohl in die Hände des Beda Venerabilis gelangt. Beim zweiten Besuch bekehrte er sich unter dem Einfluß prominenter Theologen am Königshofe zur römischen Praxis der Tonsur und zur römischen Osterfeier: Sitten, die er in der Folgezeit zwar nicht bei seinen Klosterbrüdern in Iona, wohl aber in Irland durchzusetzen vermochte. Am 23.9.704 ist Adomnanus gestorben, ein Jahr vor König Aldfrith (685-705).

Außer den drei Büchern über die heiligen Orte besitzen wir aus der Feder des Adomnanus ein Leben des hl. Columba in drei Büchern,

---

4 Vgl. zu Leben und Werk: W. Reeves, The Life of St. Columba (1857) XL-LXVIII; P. Geyer, Adamnanus, Abt von Iona. I. Teil: Sein Leben, seine Quellen, sein Verhältnis zu Pseudo-Eucherius *de locis sanctis,* seine Sprache (1895); M. Manitius, Geschichte der lateinischen Literatur des Mittelalters 1 (1911) 236-239; J. F. Kenney, The Sources for the Early History of Ireland, I: Ecclesiastical (1929) 283-287.429-433.

5 Sein Name kommt auch in keltischen Formen und seltsamen Verballhornungen vor: *Eunan, Eunen, Thewnan, Skeulan* u. ä.

6 Vgl. *Annales Ultionenses sub anno 686;* Adomnanus, *Vita S. Columbae II,46.*

7 S. o. S. 315.

die *Vita S. Columbae*[8], zwischen 692 und 697 geschrieben, ein Stück Hagiographie mit traditionellem Stoff, aber unverkennbar eigenen schriftstellerischen Zügen. Eine Anzahl kirchlicher Rechtssätze und Lebensregeln, die sog. *Canones Adamnani,* mag auf ihn zurückgehen, ist aber kaum von ihm geschrieben.[9] Mit Sicherheit unecht ist eine Art mystischer Himmelsreise, die *Visio Adamnani,* ein Werk des 10.-11. Jh.[10]

Man kann sich vorstellen, daß Adomnanus es als einen Glücksfall ansah, als der weitgereiste gallische Amtsbruder bei ihm auftauchte. Der Abt war damals etwas mehr als 50 Jahre alt, hatte sich in der Welt gelehrter Bildung umgetan, natürlich besonders auf dem Felde der Theologie, hatte vielleicht auch selbst einmal die Sehnsucht verspürt, das Land der Verheißung zu bereisen, dort anzubeten und nachzusehen, wie sich alles wirklich verhielt. Er erkannte in Arkulf einen Geistesverwandten und zögerte nicht, dessen Erfahrungen, Kenntnisse und Einsichten zunächst sich selbst, dann einem weiteren Leserkreise zunutze zu machen. Woher wissen wir das? Es ergibt sich mit hinreichender Deutlichkeit aus seinem Werk. Das Kloster verfügte über eine Bibliothek, die Adomnanus zu nutzen verstand und aus der er sicherlich schon vor Arkulfs Besuch Kenntnisse über Gestalt und Geschichte des Hl. Landes gezogen hatte. Selbstverständlich nahmen die Schriften des hl. Hieronymus, des *doctor maximus in exponendis Sacris Scripturis,* in dieser Bibliothek eine hervorragende Stelle ein. Adomnanus kennt und zitiert beständig die um 390 entstandene lateinische Übersetzung des *„Onomastikon der biblischen Ortsnamen"* aus der Feder des Bischofs Eusebius von Caesarea: das schlechthin klassische topographische und geographische Handbuch zur Bibel, das Hieronymus im Zuge seiner Übersetzung ergänzt, korrigiert und bereichert hatte.[11] Dazu kommen die Bibelkommentare des Kirchenvaters: zur Genesis[12], zu Ezechiel[13], zu Nahum[14] und zum Matthäusevangeli-

---

8 MPL 88,726-775. Vgl. W. Reeves, The Life of St. Columba (1857); ders., The History of Scotland 6 (1874); I. T. Fowler, kritische Textausgabe 1895, 1920²; A. O. und M. O. Anderson, Übersetzung 1961.

9 K. Meyer, *Cáin Adamnáin,* an Old Irish Treatise on the Law of Adamnan (1905).

10 *Fis Adamnáin,* ed. Wh. Stokes (1870).

11 Kritische Ausgabe von E. Klostermann, GCS Eusebius Werke III,1 (1904).

12 *Quaestiones in Genesin,* ed. P. de Lagarde, CCSL 72 (1959).

13 Ed. F. Glorie, CCSL 75 (1964).

14 Ed. M. Adriaen, CCSL 76 A (1970).

um.[15] Häufig bezieht sich Adomnanus auch auf einen vielgelesenen „weltlichen" Historiker: Hegesippus, *Historiae libri V*[16] - eine sehr freie, christliche Übersetzung und Bearbeitung von Fl. Josephus Jüdischem Krieg *(De bello judaico)*, entstanden zwischen 367 und 375; daraus hat Adomnanus ziemlich viel abgeschrieben.[17] Ferner gehörten zu den Bibliotheksbeständen: die von der Schöpfung bis ins Jahr 400 reichende Weltchronik des Sulpicius Severus (gest. um 420)[18] und die um 330 geschriebene Hexameter-Nachdichtung der Evangelien von einem spanischen Priester namens C. Vettius Aquilinus Juvencus.[19] Adomnanus hat nicht versäumt, in seiner Darstellung mehrfach auf die vorhandene und von ihm benutzte Literatur zu verweisen.[20] Vor allem aber kannte und schätzte er den Brief des Bischofs Eucherius von Lyon an den Inselpresbyter Faustus: *Eucherii quae fertur de situ Hierusolimae epistula ad Faustum presbyterum.*[21] Er hat diese kleine Schrift, jedenfalls im 1. Buche, geradezu zur Grund- und Vorlage des Interviews mit Arkulf gemacht. Als Interview ist das Ganze in der Tat gestaltet, so als ob der Erfahrungsbericht des Pilgers Arkulf die Funktion hätte, die Schriften der Alten zu bestätigen und zu ergänzen. Aber das darf nicht darüber hinwegtäuschen, daß Arkulfs Bericht für Adomnanus in Wirklichkeit die Hauptquelle war: Vor allem eben das, was dieser Mann an Ort und Stelle gesehen hatte, wollte er aufschreiben und hat er aufgeschrieben. Das war nur möglich, weil der Abt in seinem Gast einen verläßlichen, gründlichen und gescheiten Zeugen erkannte - mit dem Verfasser des Jerusalem-Breviers[22] beispielsweise hätte er dergleichen nicht machen können. Diese Hochschätzung des Bischofs Arkulf spricht sich nicht zuletzt auch darin aus, daß er dessen Namen nicht weniger als 88 Mal erwähnt. Er nennt ihn

---

15 Ed. D. Hurst - M. Adriaen, CCSL 77 (1969).

16 Ed. V. Ussani, CSEL 66 (1932).

17 „Hegesippus" ist ein Phantom. Der Name ist aus Josephus über mehrere Zwischenglieder *(Iosepos, Iosippus, Egesippus)* entstellt. Über den wirklichen Verfasser herrscht Unklarheit. Man hat, unter anderen und sehr vermutungsweise, an Ambrosius von Mailand gedacht. Vgl. M. Schanz, Geschichte der römischen Literatur IV,1. Handbuch der Klassischen Altertumswissenschaft 8 (1914²) 109-111.

18 *Historia Sacra*, ed. C. Halm, CSEL 1 (1866).

19 *Evangeliorum libri IV*, ed. J. Huemer, CSEL 24 (1891).

20 Vgl. I,1,1; 23,9; II,7,1; 11,3; 20,5; 27,6; 29,2.4; 30,21.

21 S. o. S. 171ff.

22 S. o. S. 226ff.

zumeist einfach *Arculfus* oder *sanctus Arculfus,* wobei daran zu erinnern ist, daß *„sanctus"* im 7. Jh. noch nicht unbedingt und überall ein Titel war, sondern auch Anredewort von Christen, besonders prominenten Christen, untereinander. Aber auch umständliche, erlesenere Bezeichnungen kommen vor: unser Arkulf *(noster Arculfus)*[23], unser heiliger Arkulf *(sanctus noster Arculfus)*[24], unser Bruder Arkulf *(noster frater Arculfus)*[25], unser heiliger Bruder Arkulf *(noster sanctus frater Arculfus)*[26], der heilige Priester Arkulf *(Arculfus sacerdos sanctus)*[27], der heilige Bischof Arkulf *(Arculfus sanctus episcopus)*[28], der (unser) oft erwähnte(r) (heiliger) Arkulf *(noster sepe memoratus sanctus Arculfus)*[29], der heilige Arkulf, eifriger Besucher der heiligen Orte u.ä. *(sanctorum locorum sedulus frequentator sanctus Arculfus)*[30], unser Arkulf, der viele Gegenden bereiste *(plurimarum peragrator regionum noster Arculfus).*[31] Man sieht: Der Abt hat seinen Gast geschätzt, bewundert - und vielleicht ein wenig beneidet?

Er hatte allen Grund dazu. Arkulf war ein aufmerksamer, verständiger, nüchterner und auf seine Art nicht unkritischer Reisender, ein Pilger der anspruchsvollen Klasse, von dem auch wir unseren Wissensdurst gern stillen lassen würden, wenn es uns nicht vergönnt wäre, das Hl. Land selber zu besuchen. Nehmen wir ein Beispiel, und zwar eines, bei dem nicht so tiefgreifende, durch den Persersturm von 614 bewirkte Veränderungen zu bedenken sind wie anderwärts: die Geburtsgrotte zu Bethlehem. Der Pilger von Bordeaux (20) teilt darüber mit: *„Wo der Herr Jesus Christus geboren wurde, ist auf Befehl Konstantins eine Basilika errichtet worden."* Er nennt also mit dürren Worten die Geburtskirche, verschweigt aber die Geburtsgrotte. Eucherius (11) schreibt: *„Dort ist in einer Kammer die oben mit Silber und glänzendem Golde geschmückte Krippe des Herrn."* Er erwähnt, etwas undeutlich, die Grotte, verschweigt aber die Kirche; außerdem macht er keinerlei Unterschied zwischen Geburts- und Krippengrotte. Der Pilger von Piacenza (19) ist genauer:

---

23 I,19; 23,9; II,3,4; 19,1; 22/23,2.

24 II,13,1; III,4,14.

25 I,9.16.

26 I,12,5.

27 II,21,1; III,5,10; 6,4.

28 Vorwort.

29 I,23,14; II,14,1; 20,1; 22,1; 24,1; III,1,1; 5,1.

30 I,12,1; 23,6; 24; 25,9.

31 II,29,1.

„Die Höhle, in der der Herr geboren ist, und in der die Krippe steht, ist mit Gold und Silber verziert; drinnen brennen Tag und Nacht Lampen. Die Eingangsöffnung der Höhle ist ganz eng." Auch hier kein Wort über die Geburtskirche und keine Andeutung eines Unterschiedes zwischen der Geburts- und Krippengrotte. Wüßten wir es nicht besser, müßten wir auf den Gedanken kommen, vor 614 habe es diesen Unterschied nicht gegeben. Was aber bietet Arkulf? II,2,1-4: *„In der am weitesten östlich gelegenen Ecke der Stadt befindet sich eine Art natürlicher Halbhöhle, deren innerster Teil Krippe des Herrn heißt, in der die Mutter den neugeborenen Knaben niederlegte. Ein anderer Platz aber, nahe der oben erwähnten Krippe und für die Eintretenden näher, war nach der Überlieferung die eigentliche Stätte der Geburt des Herrn. Diese Höhle von Bethlehem mit der Krippe des Herrn ist zur Ehre des Erlösers innen ganz mit kostbarem Marmor geschmückt. Zu dieser Halbgrotte gehörig, über dem steinernen Kämmerlein, oberhalb der genauen Stätte, wo der Herr nach der Überlieferung geboren wurde, ist eine Kirche der hl. Maria in großartiger Bauart errichtet."* Adomnanus zitiert hier keine Literatur. Er gibt wieder und faßt zusammen, was er von Arkulf hörte, und was er da hörte, war gut.

Ganz erstaunlich und von keinem Pilger erreicht ist Arkulfs Interesse an der Architektur, verbunden mit der Fähigkeit zu einigermaßen exakter Baubeschreibung. Man lese unter diesem Gesichtspunkt z.B. die Kapitel über den Kirchenkomplex des Patriarchen Modestus an der Stätte von Herrengrab und Golgotha (I,2-6), über die Mariengrabkirche im Kidrontal (I,12), über die Himmelfahrtskirche *(Imbomon)* auf dem Ölberg (I,23) u. a. m. Man wird finden, daß Baubeschreibungen ähnlichen Stils sonst nur noch bei Prokop von Caesarea, dem Zeitgenossen und Historiographien des Kaisers Justinian (527-565), in seinem Werke *De aedificiis libri VI* vorkommen.[32] Aber Arkulf hat noch ein Übriges getan. Er hat Grundrißzeichnungen von vier Kirchen auf Wachstafeln geritzt, und Adomnanus hat diese Pläne dann in sein Manuskript übertragen. Es handelt sich um den Golgotha- und Grabeskirchenkomplex des Modestus (Abb. 1), die Zionsbasilika (Abb. 2), die Himmelfahrtskirche (Abb. 3) und die kreuzförmige Kirche über dem Jakobsbrunnen bei Sichem (Abb. 4). Wir müssen bedauern, daß Adomnanus den Arkulf anscheinend nicht ermunterte, noch mehr solcher Planzeichnungen anzuferti-

32 Ed. I. Haury, *Bibliotheca Scriptorum Graecorum et Romanorum Teubneriana: Procopii Caesariensis opera omnia IV* (1964).

gen. Denn sie sind sehr gut und verhältnismäßig genau, auch wenn ihre Interpretation im einzelnen dadurch erschwert wird, daß hier und dort Differenzen zwischen Zeichnung und Beschreibung auftreten und daß Arkulf nur Fundamentlinien angegeben hat, die wir aus der Beschreibung gewissermaßen nach oben ergänzen müssen. Natürlich sind diese Pläne weder in Arkulfs Wachsoriginal noch in Adomnans Pergamentoriginal auf uns gekommen. Sie finden sich auch nicht in allen Handschriften, dafür aber - in minderer Qualität - in einigen Handschriften von Beda Venerabilis, *Liber de locis sanctis.* Insgesamt sind 9 Exemplare vorhanden[33], von denen die aus dem *Cod. Parisinus lat. 13048* (9. Jh.) und aus dem *Cod. Vindobonensis 458* (9. Jh.) den Originalen am nächsten kommen. Die Zeichnungen sind genordet, einige davon farbig ausgemalt. Adomnanus hat im Text mehrfach auf sie verwiesen.[34] Er hat - wie er im Vorwort ausführt - überhaupt den gesamten Text der drei Bücher nach Arkulfs Diktat zunächst auf Wachstafeln geschrieben und erst später, wohl nach Arkulfs Abreise, auf Pergament übertragen. Wir werden uns das so vorstellen dürfen, daß die Reinschrift (Pergament) sehr viel umfangreicher ausfiel als das Konzept (Wachs), erweitert vor allem um das gelehrte Material aus der Literatur.

Gegenüber diesem Interesse an der Kirchenarchitektur tritt alles andere in den zweiten Rang zurück. So jedenfalls würden wir die Sache ansehen, wobei wir freilich nicht sicher sein können, daß Arkulf und Adomnanus sie auch so angesehen haben. Relative Zurückhaltung übt Arkulf in der Schilderung heiliger Reliquien. Er nennt den Auferstehungsstein vor dem Eingang zum Grabe des Herrn (I,3), den Abendmahlskelch und den Schwamm (I,7), die hl. Lanze (I,8), das Schweißtuch von *Joh 20,7* u.par. (I,9), das Leinentuch der Gottesmutter mit den Bildern Jesu und der Apostel (I,10), Reliquienteile der Abrahamseiche von Mamre (II,11,5), die zwölf Steine von Gilgal bei Jericho (II,14/15,2-4), das Kreuz Christi in der Hagia Sophia zu Konstantinopel (III,3,2-14) und ein konstantinopolitanisches Marienporträt (III,5), das letztere vielleicht keine Reliquie im strengen Sinne des Wortes. Es sind also mit Ausnahme von zweien oder dreien durchgängig Christusre-

33 Vgl. J. Wilkinson, Jerusalem Pilgrims Before the Crusades (1977) 193-197; früher schon A. Heisenberg, Grabeskirche und Apostelkirche I (1908) 175-177 und Taf. X-XI.

34 I,2,2; 2,14-15; 18,1; 23,19; II,21,2.

liquien. Notizen über die Landesnatur sind hier und dort eingestreut und lassen erkennen, daß Arkulf Sinn für landschaftliche und landwirtschaftliche Gegebenheiten besaß. Er beschreibt, mehr oder weniger ausführlich: die Landschaft n. und nw. von Jerusalem (I,20), die Fruchtbarkeit der Äcker und Plantagen auf dem Ölberg (I,21), Ölbaumpflanzungen in Bethanien (I,24), den gras- und blumenreichen „Hügel" von Mamre (II,11,1), einen Pinienwald zur Brennholzversorgung Jerusalems (II,12), die notorische Fruchtbarkeit der Oase von Jericho (II, 13,4-5), die Farbe des Jordans und das Salz des Toten Meeres im Vergleich zu sizilianischem Erdsalz (II, 17/18), Landschaft und Fische des Sees Gennezareth (II,20), die Heuschrecken und den wilden Honig im Jordangraben (II,22/23,2-3), die grasbewachsene Ebene von *Heptapegon - eṭ-Ṭābġa* (II,24), das schöne Hochplateau auf dem Thabor (II,27,1), die Oase von Damaskus (II,28,1), die Landesnatur Ägyptens und die Krokodile im Nil (II,30,27-29), schließlich als besondere Attraktion den Vulkan auf der Insel Volcano n. von Sizilien (III,6,1-3). Nicht alles davon geht auf Arkulfs Schilderungen zurück; einiges hat Adomnanus aus der Literatur gewonnen und hinzugefügt. Ganz auf Arkulfs Konto gehen dagegen die leider nicht sehr zahlreichen Bemerkungen über Reiseverlauf und Reisezeiten. Vom See Gennezareth bis zum Toten Meer brauchte er 8 Tage (II,20,5), vom Thabor bis Damaskus 7 Tage (II,29,4), von Joppe zu Schiff nach Alexandria nicht weniger als 40 Tage (II,30,2)[35], durch Alexandria zu Fuß einen ganzen Tag (II,30,23). Sein Aufenthalt in Konstantinopel dauerte von Ostern bis Weihnachten (III,5,10). Arkulf reiste ebensowenig allein wie die anderen Pilger vor oder nach ihm. Zweimal erwähnt er einen landes- und ortskundigen Führer, den Mönch Petrus von Burgund, der freilich die unangenehme Eigenschaft besaß, beständig zur Eile anzutreiben (II,26,5; 27,5) - er unterschied sich darin nicht von den Reiseführern späterer Tage bis auf unsere Gegenwart. Arkulfs Reiseroute ist einigermaßen rekonstruierbar, obwohl Adomnanus stark systematisiert hat und sich nicht überall an die Abfolge der Stationen hält. Der Pilger besuchte, wie sich das gehört, zunächst Jerusalem und Bethanien (I,1-25), wobei wir allerdings nicht ganz sicher sein können, ob die Mitteilungen des 1. Buches sich auf ein und denselben Aufenthalt oder auf mehrere beziehen. Eine erste Reise führte von Jerusalem über Bethlehem nach Hebron (II,1-12),

35 Vgl. zu dieser sehr langen Reisezeit u. Anm. 177a.

eine zweite von Jerusalem über Jericho zum See Gennezareth (II,13-25), einen Abstecher nach Neapolis/Sichem (II,21) eingerechnet. Sodann zog Arkulf durch Untergaliläa nach Nazareth und zum Berge Thabor (II,26-27), begab sich von dort aus nach Damaskus (II,28) und Tyrus (II,29) - wenn er dort nicht schon früher gewesen war - und reiste zur See von Joppe nach Alexandria (II,30). Vielleicht aber ist er vorher noch einmal nach Jerusalem zurückgekehrt. Von Alexandria ging es über Kreta nach Konstantinopel (III,1-5) und zurück über Sizilien nach Rom (III,6). Dort endet der Bericht, und für alles Weitere sind wir auf Beda Venerabilis[36] und auf unsere Spekulationen angewiesen.

Ob es der Abt oder der Bischof war, der das größere Interesse an den in den Bericht eingestreuten Legenden hatte, läßt sich nicht mit Sicherheit sagen - vielleicht auch beide gleichmäßig. Immerhin kann man den Verdacht nicht unterdrücken, daß die Legenden dem Abt besonders wichtig waren: gaben sie ihm doch Gelegenheit, seine Fähigkeiten als Schriftsteller und als Theologe zu entfalten. Das hat er denn auch fleißig getan, und deswegen sind die meisten Legenden ziemlich lang. Adomnanus hat mit ihnen den Beweis angetreten, daß er trotz der Schwerfälligkeit und Geschraubtheit seines Stils ansprechend und kurzweilig zu erzählen weiß. Inhaltlich sind die Legenden von unterschiedlichem Niveau, meist von unterschiedlich niedrigem Niveau. Gewiß, wir haben diese Legenden nicht zu richten, denn nicht für uns, sondern für die Zeitgenossen waren sie bestimmt. Doch ein Urteil wird uns erlaubt sein, und das sollte denn auch an Deutlichkeit nichts zu wünschen übrig lassen: Makulatur! Natürlich sind die Legenden für den Religionshistoriker interessant: der nimmt, was er kriegen kann. Aber sie liegen, mit einer oder zwei Ausnahmen, religiös unterhalb dessen, was unsereinem zumutbar ist. Das gilt besonders für die abgeschmackte Geschichte vom Schweißtuch des Herrn (I,9), nicht weniger freilich auch für die beiden St. Georgs-Legenden (III,4) und erst recht für die unappetitliche Erzählung vom Marienbild in der Kloake (III,5). Wirklich schön und sinnig ist nur die in I,1,7-13 erzählte Geschichte von der Regentaufe nach der Jerusalemer Herbstmesse: Die besondere Sorge Gottes für die Reinlichkeit seiner Hl. Stadt ist bei aller Naivität ein bewegendes Exempel für die Liebe, die die Christenheit Jerusalem zu allen Zeiten entgegengebracht hat. Übri-

---

36 S. o. S. 297f.

gens hat Adomnanus nicht versäumt, aus einigen der Legenden ausdrücklich eine christliche Moral zu ziehen[37], wie immer man darüber denken möge.

Der Abt und der Bischof haben zusammengearbeitet. Deshalb ist es schwierig und mißlich, unterscheiden zu wollen, was dem einen oder dem anderen zugehört. Immerhin kann man sich einiges überlegen. Der Abt scheint von den beiden der eifrigere und vielleicht auch kundigere Bibelausleger gewesen zu sein. In einem Falle läßt sich zeigen, daß ein ganzes exegetisches Kapitel (I,25) ausschließlich auf ihn zurückgeht.[38] Aber auch sonst wird mancherlei Exegese ausgebreitet: die Unterscheidung von *monumentum* „Grabmal" und *sepulchrum* „Grab" nach den Evangelien (I,2,9f.)[39], die Typologie des wunderbaren Wassers zu Bethlehem (II,3,3-4), der Gedanke von Weissagung und Erfüllung angesichts des Adamsgrabes in Hebron (II,9/10,5) und die Überlegungen zum Salzwort aus *Mt 5,13* (II,17/18,4).[40] Auch mit „weltlicher" Bildung vermag Adomnanus zur Freude seiner Leser aufzuwarten. Er benutzt ungewöhnliche, sehr gewählte Himmelsrichtungsbezeichnungen (I,2,5; II,11,1)[41] und bedient sich eines nicht sehr gebräuchlichen griechischen Längenmaßes (II,21,5)[42]. Er zitiert Vergil (I,9,8)[43], kümmert sich um die Orthographie des Namens Thabor (II,27,6)[44] und erklärt die Zusammensetzung des Namens Konstantinopel (III, 2,8).[45] Die Bildung hat ihn freilich nicht davor bewahrt, gelegentlich Fehler zu machen, öfter sind Entfernungsangaben falsch, z. B. die 5 Meilen von Jericho nach Gilgal (II,14/15,5). Den Stein (oder die Steine), mit dem (oder denen) der Erzmärtyrer Stephanus gesteinigt wurde, verwechselt er mit dem Ort der Steinigung (I,18,2).[46] Von der Eleona-Basilika Konstantins spricht er so, wie wenn sie noch stände und nicht 614 in Schutt und Asche gegangen wäre (I,25,1.8).[47] Im Gefolge des Hieronymus hat er Schwierigkeiten bei der Unterscheidung der

---

37 Vgl. I,1,13; 11,3-4; III,4.10f.31; 5,9.

38 S.u. Anm. 76.

39 S.u. Anm. 13.

40 S.u. Anm. 136.

41 S.u. Anm. 10 und 112.

42 S.u. Anm. 150.

43 S.u. Anm. 34.

44 S.u. Anm. 166.

45 S.u. Anm. 192.

46 S.u. Anm. 56.

47 S.u. Anm. 83.

Orte Neapolis, Sichem und Sychar (II,21, 1).[48] Für Tyrus gibt er als semitischen Namen fälschlich Soar statt Sor (II,29,1)[49], und die Provinz auf der asiatischen Seite von Konstantinopel nennt er Cilicien statt Bithynien (III,2,1).[50] Aber im Grunde sind das Kleinigkeiten, an denen nicht viel gelegen ist.

Wesentlich und ganz Eigentum des Adomnanus ist sein Stil. Über ihn könnte man sich seitenlang verbreiten. Aber dazu ist hier natürlich nicht der Ort. Einige Hinweise und Beispiele zur Charakterisierung müssen genügen. Das Latein des Adomnanus sitzt auf dem hohen Rosse mönchischer Gelehrsamkeit. Es ist kompliziert, geziert, geschraubt, verschroben und stellenweise abstrus: eine Kunstsprache, die nicht der Verständigung dient, sondern entschlüsselt und entziffert werden will. Die Vorstellung, der Abt und der Bischof hätten sich auch nur annähernd so unterhalten, ist sehr erheiternd. Die Besonderheiten der Grammatik des mittelalterlichen Latein sollen hier nicht ausgebreitet werden. Es genügt ein Blick auf die Wortwahl und die Satzkonstruktion.[51] Adomnanus hat eine besondere Vorliebe für Deminutiva (Verkleinerungsformen), die bei ihm keineswegs überall verkleinernde Bedeutung haben. Er sagt, um nur weniges auszuwählen: *agellulus* für *ager* „Acker, Feld", *ciuitatula* für *ciuitas* „Stadt", *descriptiuncula* für *descriptio* „Beschreibung", *homunculus, homullus* oder *homuncio* für *homo* „Mensch", *imaguncula* für *imago* „Bild", *litterula* für *littera* „Buchstabe", *sermunculus* für *sermo* „Rede, Predigt" u.a.m.[52] Geradezu einschläfernd ist der überaus häufige Gebrauch von rückverweisenden Floskeln nach Art von „oben erwähnt, wie oben gesagt" *(supra memoratus, supra descriptus, ut superius dictum est* u.ä.): Wenn ich mich nicht verzählt habe, sind es in den drei Büchern 69 solcher Rückverweise, manchmal mehrere in ein und demselben Satz. Adomnanus liebt ferner feine, erlesene Wörter, die nicht jedermann kennt. Er bedient sich fleißig des gelehrten graeco-lateinischen Wortschatzes, verschmäht aber auch Kunstformen der poetischen Prosa nicht, wie z.B. die Alliteration (Stabreim).[53] Wie fein es zugeht, mag ein Beispiel zeigen: I,23,13 *Haec fulgida et praedicabilis octenalium magnarum*

48 S.u. Anm. 147.
49 S.u. Anm. 170.
50 S.u. Anm. 191.
51 Ein gutes Wörterverzeichnis in CCSL 176 (1965) 787-815.
52 Vollständige Übersicht in CCSL 176 (1965) 794.
53 Belege in CCSL 176 (1965) 788.

coruscatio lucernarum de monte sancta et de loco Dominicae ascensionis noctu refulgentium maiorem, ut Arculfus refert, diuini amoris alacritatem credulorum respicientium cordibus infundit quendamque pauorem mentis cum ingenti interna conpunctione incutit. Man kann das zwar verstehen, aber kaum übertragen. Überhaupt ist sprachliche Komplikation ein Merkmal des adomnanischen Stils; einfach tut er's nicht, und je schwieriger, desto besser. Beim folgenden[54] kann man allenfalls noch sagen, es sei eben nur steif und gestelzt: I,3,1 *Sed inter haec de illo supra memorato lapide qui ad hostium monumenti Dominici post ipsius Domini sepultionem crucifixi multis trudentibus uiris aduolutus est breuiter intimandum esse uidetur* - was heißt hier *breuiter* „kurz"? Aber im letzten Beispiel erreicht der Stil die Grenzen der Verständlichkeit: I,23,4-5 *Nam cum haec de qua nunc pauca commorantur basilica fabricaretur, idem locus uestigiorum Domini, ut alibi scriptum repertum est, contenuari pauimenteo cum reliqua stratorum parte non potuit, siquidem quaecumque adplicabantur insolens humana suscipere terra respueret in ora adponentium excussis marmoribus. Quin etiam calcati Deo pulueris adeo perenne est documentum ut uestigia cernantur inpressa, et cum cotidie confluentium fides a Domino calcata diripiat, damnum tamen arena non sentit et eandem adhuc sui speciem ueluti inpraesis signata uestigiis terra custodit.* Das soll mal einer nachmachen!

Bei der Frage nach der Datierung ist zwischen dem Datum der Abfassung der Schrift des Adomnanus und dem Datum der Pilgerfahrt des Arkulf zu unterscheiden. Adomnanus hat die *„Drei Bücher über die heiligen Orte"* König Aldfrith von Northumbria überreicht, den er 686 und 688 besuchte. Die Abfassung fällt also in die Zeit vor 688, vielleicht vor 686. Hohe Wahrscheinlichkeit spricht dafür, daß Adomnanus bereits Abt des Klosters Iona war, daß er also nach 679 schrieb. Denn wenn er im Epilog (III,6,5) mitteilt, er habe geschrieben, als ihn *„die von allen Seiten andrängenden Sorgen um die Kirche schwer, ja fast unerträglich belasteten"*, dann wird man das vielleicht nicht ausschließlich, aber doch auch auf die Amtsführung als Abt des berühmten Klosters beziehen dürfen. Was die Pilgerreise des Bischofs Arkulf betrifft, so ist zunächst völlig klar, daß sie nach der Verwüstung Palästinas durch die Perser 614 und nach der arabi-

54 Alle Beispiele werden hier nur lateinisch gegeben; die Übersetzung s.u.

schen Eroberung unter dem 2. Kalifen *ᶜOmar*[54a] 635 stattgefunden hat - auch wenn es scheint, als hätten Arkulf und Adomnanus vom Persereinfall und den dadurch bewirkten Zerstörungen keine Kenntnis gehabt.[55] Des weiteren ist deutlich, daß Arkulf vor dem Bau des Felsendomes (687-691) in Jerusalem war[56]; das ergibt sich ja auch aus dem Datum der Abfassung der Schrift. Die Pilgerfahrt muß mindestens zwei Jahre, wenn nicht länger, gedauert haben: In Jerusalem hielt sich Arkulf 9 Monate auf (Vorwort), von Joppe nach Alexandria brauchte er 40 Tage (II,30,2), in Alexandria war er im Oktober (II,30,23) und in Konstantinopel von Ostern bis Weihnachten, vermutlich des darauf folgenden Jahres (III,5,10). Eine genauere Datierung ist nicht möglich. Man hat aus der Notiz „vor ungefähr drei Jahren" (I,9,2 *ante annos ferme ternos)* schließen wollen, Arkulf habe das Schweißtuch Christi ungefähr drei Jahre vor seinem Besuch bei Adomnanus gesehen. Das würde bei Annahme des frühest möglichen Besuchstermins bei König Aldfrith auf 683/4 führen.[57] Aber die Formel kann ebensogut Bestandteil der Erzählung sein und würde dann über den Zeitpunkt der Reise des Bischofs nichts besagen. Hält man für wahrscheinlich, daß Arkulfs Reise, sein Besuch bei Adomnanus und die Abfassung der Schrift zeitlich nicht allzu weit auseinander liegen, dann kann man die Reise auf ca. 680 datieren.

Die Schrift des Adomnanus ist weit verbreitet gewesen. Wir kennen mehr als 20 Handschriften. Den ersten Druck besorgte J. Gretser S. J., *Adamnani Scotohiberni de situ terrae sanctae* (Ingolstadt 1619). Die beiden kritischen Textausgaben beruhen auf 4 Handschriften, von denen die ersten drei eine Handschriftenfamilie bilden, während die vierte unabhängig ist: 1. *Cod. Parisinus lat. 13048* (9. Jh.); 2. *Cod. Vindobonensis 458* (9. Jh.); 3. *Cod. Turicensis Rhenaugiensis 73* (9. Jh.); 4. *Cod. Bruxellensis 3921-22* (9. Jh.). Man kann die von P. Geyer, CSEL 39 (1898) 221-297 gegebene Edition noch immer benutzen.

54a Nach den überzeugenden Darlegungen von H. Busse erfolgte die arabische Eroberung Palästinas nicht, wie früher angenommen, im Jahr 638, sondern schon im Winter 634/5, wobei der tatsächliche Anteil des 2. Kalifen offen bleiben muß. Vgl. H. Busse, ᶜOmar's Image as the Conqueror of Jerusalem. Jerusalem Studies in Arabic and Islam 8 (1986) 149-168, bes. 150 f. S.u. Anm. 170.

55 Vgl. I,6,1.3 und Anm. 23.

56 Vgl. I,1,14 und Anm. 8.

57 L. Bieler, CCSL 175 (1965) 177f.

Allerdings glaubte Geyer drei Handschriftenfamilien annehmen zu sollen, was nach neueren Untersuchungen und Kollationen nicht zutrifft. Deshalb ist der neuen Ausgabe von L. Bieler, CCSL 175 (1965) 177-234 der Vorzug zu geben.

Ausgewählte Literatur: T. Wright (ed.), Early Travels in Palestine (1848, Nachdruck 1968). - P. Geyer, Adamnanus, Abt von Iona. I. Teil: Sein Leben, seine Quellen, sein Verhältnis zu Pseudo-Eucherius *de locis sanctis,* seine Sprache (1895); II. Teil: Die handschriftliche Überlieferung der Schrift *de locis sanctis* (1897). - C. Mommert, Die Grabeskirche des Modestus nach Arkulfs Bericht. ZDPV 20 (1897) 34-53. - C. Mommert, Zur Orientirung der Arculf'schen Planzeichnung der Zionskirche des VII. Jahrhunderts. ZDPV 22 (1899) 105-117. - G. Klameth, Beiträge zu Arkulfs Pilgerbericht über den Gethsemanigarten. 14. Jahresbericht des öffentlichen Mädchen-Lyzeums in Mährisch-Ostrau 1915-16 (1916) 9-17. - P. Mickley, Eines Pilgers Reise nach dem Heiligen Lande (1917, Nachdruck 1977). - J. F. Kenney, The Sources for the Early History of Ireland, I: Ecclesiastical (1929) 285f. - M. Esposito, Hermathena 50 (1937) 155f. - L. Bieler, Adamnan und Hegesipp. Wiener Studien 69 (1956) 344ff. - D. Meehan, Adamnan, *De Locis Sanctis. Scriptores Latini Hiberniae* 3 (1958). - J. Wilkinson, Jerusalem Pilgrims Before the Crusades (1977) 9f. 93-116. 193-197. - J. Daoust, Arculfe en Terre Sainte. Esprit et Vie 93 (1983) 611-614. - Th. O'Loughlin, The Exegetical Purpose of Adomnán's *De locis sanctis.* Cambrige Medieval Celtic Studies 24 (1992) 37-53.

Übersetzung

Im Namen des Vaters und des Sohnes und des Heiligen Geistes. Ich beginne, ein Buch über die heiligen Orte zu schreiben.

Arkulf, ein heiliger Bischof gallischer Herkunft, verschiedener weit entfernter Orte kundig, ein wahrhaftiger und vollkommen zuverlässiger Berichterstatter, der sich in der Stadt Jerusalem neun Monate besuchsweise aufgehalten und die heiligen Orte täglich aufgesucht hat, hat mir - dem Adomnanus - alle unten beschriebenen Erfahrungen nach gründlicher Erkundigung diktiert. Ich habe seine getreuliche und verläßliche Erzählung zunächst auf Tafeln geschrieben, die jetzt auf Pergament in Form einer kurzen Abhandlung übertragen werden.[1]

Die Kapitel

I. Über die Lage Jerusalems

II. Über die Rotundenkirche, die über dem Grabe des Herrn errichtet ist, über die Gestalt des Grabes und seine Überdachung

III. Über den Stein, der vor den Eingang seines Grabmals gewälzt war, den der Engel des Herrn, der vom Himmel herabstieg, nach seiner

IV. Über die Kirche der hl. Maria, < der immerwährenden Jungfrau >, die an die Rotundenkirche anschließt

V. Über die Kirche, die am Calvarienort erbaut ist

VI. Über die Basilika, die Konstantin nahe der soeben beschriebenen Kirche an dem Orte errichten ließ, wo das von Trümmern bedeckte Kreuz des Herrn nach langer Zeit gefunden wurde, als man die Erde aufgrub

VII. Über die andere Exedra zwischen der Calvarienkirche und der Konstantinsbasilika, in der der Kelch des Herrn und darin der Schwamm aufbewahrt werden, aus dem er Essig sog, als er am Holze hing

VIII. Über die Lanze des Soldaten, mit der er den Herrn in die Seite stach

IX. Über das Schweißtuch, mit dem das Haupt des begrabe-

---

[1] Zu den Angaben dieses Vorwortes s. o. die Einleitung S. 296ff.

nen Herrn bedeckt war

X. Über das Leinentuch, das nach der Überlieferung die hl. Maria gewebt hat

XI. Über die andere hohe Säule an dem Ort, wo der tote Jüngling durch das aufgelegte Kreuz des Herrn ins Leben zurückkehrte

XII. Über die Kirche der hl. Maria im Tale Josaphat, in der sich ihr Grabmal befindet

XIII. Über den Turm Josaphat im gleichnamigen Tale

XIV. Über die Grabmäler Symeons und Josephs

XV. Über die Höhle im Ölbergfelsen gegenüber dem Tale Josaphat, < in der sich vier Tische und zwei Zisternen befinden >

XVI. Über das Davidstor

XVII. Über den Ort, an dem sich Judas Ischarioth mit einem Strick erhängte

XVIII. Über die Gestalt der großen Basilika auf dem Berge Zion und über die Lage dieses Berges

XVIX. Über den kleinen Acker, der auf Hebräisch Acheldemag heißt

XX. Über die schroffe und felsige Landschaft, die sich von Jerusalem bis zur Stadt Samuels erstreckt und nach Caesarea Palaestinae westwärts fortsetzt

XXI. Über den Ölberg

XXII. Über die Höhe und Beschaffenheit seines Bodens

XXIII. Über den Ort der Himmelfahrt des Herrn

XXIV. Über die dort erbaute Kirche

XXV. Über das Lazarusgrab und die darüber errichtete Kirche

XXVI. Über das dazugehörige Kloster

XXVII. Über die andere Kirche auf der rechten Seite von Bethanien

XXVIII. Über die Weingärten und Saatfelder des Ölberges

XXIX. Über die Orte auf seinem Gipfel[2]

Soweit die Titel des ersten Buches.

---

[2] Die allen drei Büchern vorangestellten Inhaltsverzeichnisse stimmen nicht ganz mit dem überein, was die Bücher selbst bieten. Es gibt Unterschiede in der Zählung der Kapitel und in der Formulierung der Überschriften. Die hier aufgeführten Kapitel 28 und 29 fehlen im 1. Buch; ihr Inhalt verteilt sich auf die Kapitel 21-25.

Das erste Buch über die heiligen Orte

I. *Über die Lage Jerusalems*

1. Über die Lage Jerusalems soll jetzt nur verhältnismäßig wenig von dem aufgeschrieben werden, was mir der heilige Arkulf diktiert hat; das nämlich, was man in den Büchern anderer über die Lage dieser Stadt finden kann, wird von uns weggelassen. *2.* In ihrem großen Mauerring hat Arkulf 84 Türme und zweimal drei Tore gezählt, deren Reihenfolge sich beim Umgang um die Stadt folgendermaßen darstellt: *3.* zuerst das Davidstor an der Westseite des Berges Zion, dann das Tor des Walkergutes, drittens das Tor des hl. Stephanus, viertens das Benjamintor, fünftens eine Pforte, d.h. ein kleines Tor, von dem aus man auf Treppenstufen ins Tal Josaphat hinabsteigt, sechstens das Thekoa-Tor.[3] *4.* Diese Reihenfolge der Tore und der sie unterbrechenden Türme geht von dem oben

---

3 Adomnanus nimmt öfter auf Eucherius Bezug; s. o. S. 321. In I,1,2, ist der „große Mauerring" *(magnus murorum ambitus)* eine Anspielung auf Eucherius 3. - Die Bestimmung der Stadttore hat den Auslegern große Schwierigkeiten bereitet; vgl. z.B. J. Wilkinson, a.a.O., S. 160f. Es ist empfehlenswert, sich streng an den Text zu halten, der eindeutig mit dem Davidstor beginnt und danach im Uhrzeigersinn fortfährt (I,1,4 *per circuitum septemtrionem uersus et exinde ad orientem).* Daraus ergeben sich folgende Identifikationen:
1. Davidstor *(porta Dauid): Bāb el-Ḫalīl;* vgl. das diesem Tore gewidmete bes. Kapitel I,16. Der Name kommt vom „Davidsturm" (Phasael) der Zitadelle des Herodes *(el-Qalʿa),* die man spätestens im 6. Jh. anfing, für den Palast des Königs David zu halten; vgl. Pilger von Piacenza 21 (Anm. 97).
2. Tor des Walkergutes *(porta uillae fullonis): Bāb el-ʿAmūd,* Damaskustor. Diese Konsequenz, so merkwürdig sie scheint, ist zwingend, will man dem Adomnanus nicht unterstellen, er habe den Uhrzeigersinn von I,1,4 nicht beachtet. Der Name stammt aus *Jes 7,3* (Walkerfeld; Vulgata: *ager fullonis).* Die Deutung auf diese Prophetenstelle könnte obendrein noch durch den arab. Namen für den Ruinenhügel von Gibea Sauls unterstützt worden sein: *Tell el-Fūl,* ca. 5 km n. von Jerusalem rechts der Straße, die am Damaskustor beginnt. Das ist in der 2. Hälfte des 7. Jh., nach der arab. Eroberung, keineswegs ausgeschlossen. Wir wissen freilich nicht, wie alt der Name *Tell el-Fūl* ist.
3. Tor des hl. Stephanus *(porta sancti Stephani): Bāb Sittī Maryam,* der älteste Beleg für den seit dem Mittelalter bis heute geläufigen Namen Stephanstor. Der Richtpunkt der großen Stephansbasilika der Kaiserin Eudokia vor dem Damaskustore (vgl. Pilger von Piacenza 25, Anm. 116), der diesem Tore im 5. und 6. Jh. den Namen Stephanstor eingetragen hatte, existierte seit der Zerstörung durch die Perser 614 nicht mehr; der Name war frei geworden und gewandert.

erwähnten Davidstor nach Norden und wendet sich dann nach Osten. *5.* Aber obwohl man sechs Tore in den Mauern zählen kann, werden von ihnen doch nur drei bedeutendere Toreingänge häufig benutzt: einer von Westen, der andere von Norden, der dritte von Osten.[4] *6.* Der Teil der Mauern mit Türmen dazwischen, der sich vom oben genannten Davidstor über die Nordanhöhe des Berges Zion, welcher von Süden her die Stadt überragt, bis zur Stirnseite dieses Berges erstreckt, die in plötzlichem Abfall nach Osten schaut, hat keine Tore.[5]

7. Aber auch das darf nicht übergangen werden, was uns der heilige Arkulf über die dieser Stadt durch Christus zuteilgewordene Ehrerweisung erzählt hat: *8.* Eine nahezu unzählbare Menge verschiedener Völkerschaften pflegt alljährlich am 12. September von überall her in Jerusalem zusammenzukommen, um Handel mit Wechselgeschäften, Verkäufen und Käufen zu treiben. *9.* Dabei muß es geschehen, daß sich während einiger Tage gewaltige Massen verschiedener Völker in dieser gastlichen Stadt aufhalten, deren überaus große Menge von Kamelen, Pferden und Eseln, auch Ochsen, die allerlei Dinge tragen, überall auf den Straßen der Stadt abscheulichen Kot hinterläßt, dessen Gestank den Einwohnern ziemliche

---

4. Benjaminstor *(porta Beniamin):* ein Tor in der O- oder S-Mauer des Tempelplatzes *(Ḥaram eš-Šerīf),* also das Goldene Tor oder eins der S-Tore; vgl. Theodosius 1 (Anm. 1).
5. Pforte, d. h. kleines *Tor (portula hoc est paruula porta):* kaum *Bāb el-Muġāribe* (Misttor), sondern eher ein zweites Tor in der S-Mauer des *Ḥaram.*
6. Thekoa-Tor *(porta Tecuitis):* kaum *Bāb en-Nebī Dā'ūd* (Zionstor), da dieses Tor schon längst nicht mehr ins Freie führte, sondern eher *Bāb el-Muġāribe* (Misttor). Darauf führt auch der Name. Nach Thekoa *(Ḫirbet Tkūᶜa)* ca. 8 km ssö. von Bethlehem gelangte man gewöhnlich über Bethlehem, also vom Jaffatore aus *(Bāb el-Ḫalīl).* Vielleicht aber gab es einen Weg ö. an Bethlehem vorbei; er könnte - wie noch heute - am *Bāb el-Muġāribe* begonnen und über *Ṣūr Bāhir* geführt haben. -
Mit diesen Identifikationsvorschlägen sind natürlich stets die antiken Vorgänger der Tore in der heutigen türkischen Stadtmauer gemeint.

4 Zitat aus Eucherius 5 (leicht verändert). Die drei bedeutenderen Tore *(celebriores)* sind: das Jaffator (Davidstor, *Bāb el-Ḫalīl),* das Damaskustor (Tor des Walkergutes, *Bāb el-ᶜAmūd)* und das Stephanstor *(Bāb Sittī Maryam)*

5 Anklänge an Eucherius 3 und 9. Gemeint ist der Mauerverlauf zwischen dem Davidstor *(Bāb el-Ḫalīl)* und dem Zionstor *(Bāb en-Nebī Dā'ūd)* oder - falls dies nicht mit dem Thekoa-Tor identisch ist (s. o. Anm. 3) - dem Misttor *(Bāb el-Muġāribe).*

Beschwernis bereitet und der auch das Umhergehen beträchtlich schwierig macht. *10.* Wunderbarerweise fällt nach dem oben erwähnten Tage, in der dem Abzug der verschiedenen Viehherden folgenden Nacht, eine gewaltige Fülle von Wolkenbruchregen auf die Stadt herab, der allen abscheulichen Dreck von den Straßen beseitigt und sie (die Stadt) vom Schmutze sauber macht. *11.* Denn die Lage Jerusalems ist durch Gott, den Schöpfer, von der Nordanhöhe des Berges Zion beginnend in sanfter Abwärtsneigung bis zu den tiefer gelegenen Orten der nördlichen und östlichen Mauern so eingerichtet worden, daß jene Regenfülle, die auf keine Weise mit den sonst in den Straßen sich stauenden Wassern verglichen werden kann, nach Art von Flüssen von den höher gelegenen Teilen zu den tieferen herabfließt. *12.* Diese Überschwemmung mit Himmelswasser - muß man wissen - durchfließt die Osttore, trägt allen abscheulichen Schmutz mit sich fort, tritt in das Tal Josaphat und läßt den Bach Kidron anschwellen; doch sogleich nach dieser Jerusalemtaufe geht die Regenmenge wieder zurück.[6] *13.* So kann man denn nicht unterlassen anzumerken[7], wie groß und von welcher Art die Bedeutung ist, die diese auserwählte und preiswürdige Stadt in den Augen des ewigen Schöpfers hat, der nicht duldet, daß sie längere Zeit schmutzig bleibe, sondern sie wegen der seinem eingeborenen Sohn gebührenden Ehre alsbald reinigt, da sich ja in ihrem Mauerring die ehrwürdigen Orte des hl. Kreuzes und der Auferstehung befinden.

---

6 Für die abenteuerliche, aber doch sinnige Geschichte von der Regentaufe nach der Jerusalemer „Herbstmesse" haben wir sonst kein Zeugnis. Es ist allenfalls möglich, daß die Winterregen im Jahre des Jerusalemaufenthaltes des Arkulf früher als gewöhnlich einsetzten. Aber nicht dies ist das Wesentliche an derlei Geschichten, sondern der Gedanke, daß Gott diese Stadt um Christi willen vor allen anderen ausgezeichnet hat (I,1,7 *in Christo honorificantia).*

7 Eine der zahlreichen umständlichen Formeln des Adomnanus, mit der er entweder selbst die Moral aus der Geschichte von der Regentaufe zieht oder die von Arkulf gezogene Moral einleitet.

14. Übrigens haben an dem berühmten Ort, wo vorzeiten der Tempel prächtig errichtet war, in der Nähe der östlichen Mauer gelegen, die Sarazenen jetzt ein viereckiges Bethaus gebaut, das sie mit aufrecht stehenden Brettern und großen Balken über einigen Trümmerresten aufgeführt haben; sie besuchen es fleißig, und das Haus kann - wie berichtet wird - etwa 3000 Menschen fassen.[8]

II. *Über die Rotundenkirche, die über dem Grabe des Herrn errichtet ist, <über die Gestalt des Grabes und seine Überdachung>*

1. Ferner hat Arkulf, von uns über die Wohnungen der Stadt befragt, folgendes mitgeteilt: „Ich erinnere mich, daß ich viele Bauwerke der Stadt gesehen und besucht, auch zahlreiche große Steinhäuser durch die ganze Stadt innerhalb der umgebenden Mauern oftmals betrachtet habe, die überaus kunstvoll errichtet sind"

---

8 Anklänge an Eucherius 7. Welches Gebäude Arkulf gesehen hat, ist nicht sicher auszumachen. Es war jedenfalls ganz gewiß nicht der 687-691 unter dem Omayyadenkalifen *ᶜAbd el-Malik* errichtete Felsendom, sondern entweder ein bescheidener Vorgänger desselben oder ein Vorgänger der *Aqṣā*-Moschee. Vielleicht ist die zweite Möglichkeit vorzuziehen. Der Ausdruck „Bethaus" *(orationis domus)* deutet auf eine Moschee *(ǧāmiᶜ, masǧid). El-Aqṣā* ist eine Moschee; dagegen konnte ein Gebäude über dem Hl. Felsen *(eṣ-ṣaḫra)* nur ein Memorialbau, d. h. eine Reliquienkapelle, sein. Aber natürlich sind die Kenntnisse Arkulfs über den damals ein halbes Jh. alten Islam minimal gewesen. Er berichtete vom Hörensagen und war selber gewiß nicht auf dem *Ḥaram.* Man kann ferner die überwiegend legendären arab. Nachrichten heranziehen; vgl. J. Gildemeister, Die arab. Nachrichten zur Geschichte der Harambauten. ZDPV 13 (1890) 1-24 und A. S. Marmadji, Textes géographiques arabes sur la Palestine (1951). Dort ist mehrfach davon die Rede, daß der 2. Kalif *ᶜOmar ibn el-Ḫaṭṭāb* eine Gebetsstätte s. der *ṣaḫra* mit Gebetsrichtung *(qibla)* nach Mekka einrichten ließ. Nach Theophanes, *Chronographia* (ed. C. de Boor 1883/85) *I*,342 tat er das zwei Jahre vor seinem Tode, also 642. Aber die muslimischen Berichte beginnen erst im späten 9. und im 10. Jh.; sie haben durchweg ätiologisches Interesse, d. h. sie wollen spätere Zustände durch Rückführung auf das Jh. des Propheten und der rechtgeleiteten Kalifen erklären. - Vgl. auch H. Busse, The Sanctity of Jerusalem in Islam. Judaism, A Quarterly Journal of Jewish Life and Thought 17,4 (1968) 441-468; ders., ᶜOmar b. al - Ḫaṭṭāb in Jerusalem. Jerusalem Studies in Arabic and Islam 5 (1984) 73-119.

2. Ich halte aber dafür, daß sie alle jetzt von uns übergangen werden können, ausgenommen die Bauwerke, die an den heiligen Orten des Kreuzes und der Auferstehung auf das herrlichste gebaut sind. Über diese haben wir den heiligen Arkulf genau befragt, insonderheit über das Grab des Herrn und die darüber errichtete Kirche, deren Plan mir Arkulf selbst auf eine Wachstafel gezeichnet hat.[9]

3. Diese sehr große, ganz aus Stein gebaute Kirche von wunderbarer Rundung auf jeder Seite erhebt sich von den Fundamenten her in drei Mauerzügen; zwischen jeweils einer Mauer und der anderen Seite ist ein straßenbreiter Zwischenraum. Ferner sind drei Altäre an drei Stellen der mittleren Mauer kunstvoll aufgebaut. 4. Die soeben erwähnte runde und sehr hohe Kirche hat also Altäre: der eine blickt nach Süden, der andere nach Norden, der dritte nach Westen. Zwölf Säulen von wunderbarer Größe tragen sie. 5. Sie (die Rotundenkirche) hat zwei vierfache Portale, d.h. jeweils vier Eingänge, durch die drei von straßenbreiten Mauerzwischenräumen unterbrochenen Mauerzüge, von denen vier Ausgänge in Richtung des Ulturnuswindes schauen, der auch Caeciaswind heißt; die anderen vier blicken nach Südosten.[10]

Abb. 1

Grundrißzeichnung des Bischofs Arkulf: Der Komplex Grabeskirche (Anastasis) - Golgotha - Martyrium des Patriarchen Modestus von Jerusalem (nach 614)

a) aus dem *Cod. Parisinus lat. 13048* (9. Jh.)
b) aus dem *Cod. Vindobonensis 458* (9. Jh.)

---

9 S. Abb. 1 (a: aus dem *Cod. Parisinus lat. 13048*, 9. Jh.; b: aus dem *Cod. Vindobonensis 458*, 9. Jh.). Zu den Wachstafelplänen des Arkulf s. o. die Einleitung S. 323f. - Es handelt sich um die Darstellung und Beschreibung (I,2,3-I,9) der relativ bescheidenen Baulichkeiten, die der Patriarch Modestus an der Stelle der 614 von den Persern zerstörten Großanlage des Kaisers Konstantin errichten ließ. Vgl. A. Baumstark, Die Modestianischen und Konstantinischen Bauten am Hl. Grabe zu Jerusalem (1915); Vincent-Abel, Jerusalem Nouvelle I (1914) 218-233 (Planskizze 219, Abb. 119); Kopp 441f.; Kroll 494-496.

10 Die Einzelheiten der Beschreibung und der Zeichnung sind nicht immer leicht zu deuten. Der Patriarch Modestus dürfte die Fundamente und Ruinen der konstantinischen Anlage, soweit es ihm möglich war, benutzt haben. Für die Anastasisrotunde heißt das, daß ihr Durchmesser dem der konstantinischen Rotunde ungefähr entsprach: ca. 35 m (so bis heute).

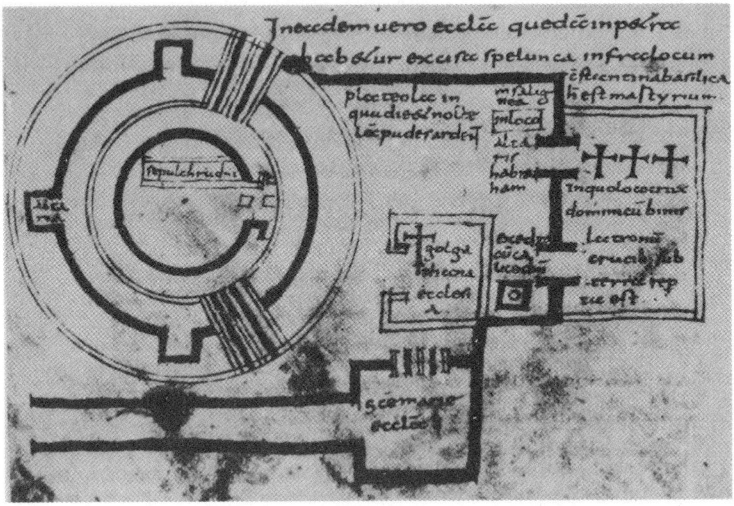

a)

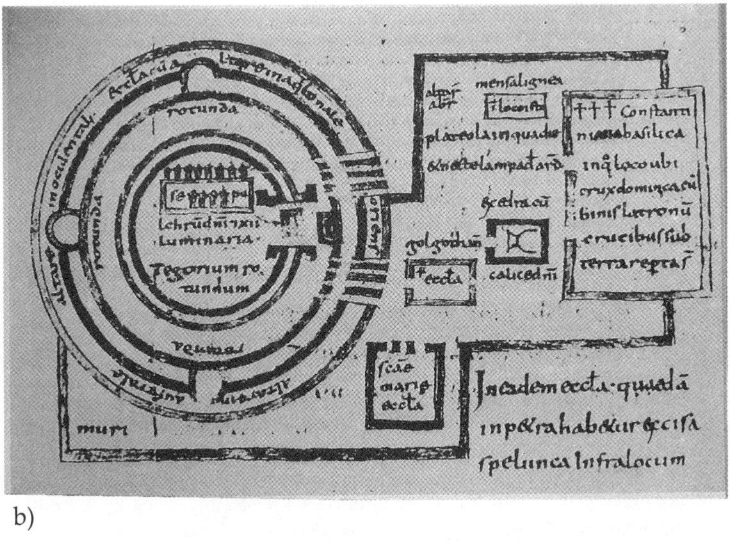

b)

6. Im mittleren Zwischenraum des inneren Rotundengebäudes befindet sich eine runde, aus einem Felsen gehauene Hütte[11], in der dreimal drei Menschen betend stehen können. Von oben her bleiben bei einem stehenden Menschen von nicht zu kleiner Statur bis zur Decke des Häuschens noch anderthalb Fuß Höhe übrig.

Problematisch sind die drei Mauerzüge *(parietes).* Wir wissen nicht, ob sie - wie die Zeichnung nahelegt - geschlossen oder ob sie nach O geöffnet waren, also etwa Zweidrittelkreise bildeten. Außerdem kann es sich nicht um „Mauerzüge" im genauen Sinn des Wortes gehandelt haben. Denn der mittlere hatte im W, N und S Apsiden für drei Altäre: auf der Zeichnung (Abb. 1a) rechteckig, in Wirklichkeit wohl eher rund (Abb. 1b). Diese Apsiden mußten vom Zentrum der Anastasis aus sichtbar und vor allem zugänglich sein. Also kann der innere „Mauerzug" keine feste Steinmauer gewesen sein. Es legt sich nahe, an einen Säulenumgang zu denken, obwohl die Zeichnung das nicht berücksichtigt: die 12 Säulen von I,2,4. Sie sind es, die die Rotunde, d. h. das Kuppeldach, tragen. Die beiden vierfachen Zugänge von NO und SO durchbrachen die beiden festen Mauerzüge und endeten im Säulenumgang. Sie waren - entgegen der schematischen Zeichnung - seitlich nicht abgeschlossen, so daß man von ihnen aus sowohl zu den Altären als auch in den Umgang hinter den Altären gelangen konnte. Mit den Himmelsrichtungen sind Adomnanus oder Arkulf ins Gedränge geraten: Eindeutig ist der SO-Wind (*eurus,* griech. εὖρος) und der NO-Wind *(caecias,* griech. καικίας); der *ulturnus* aber, häufiger *vulturnus* (nach dem Berge Vultur in Apulien bei Venusia) bläst von SO, muß aber hier wegen der Gleichung mit dem *caecias* als NO-Wind gemeint sein.

11 *Tegorium* oder *tegoriolum* (Überschrift!), sonst öfter auch *tegurium* oder *tugurium,* bezeichnet das „Grabhäuschen"; vgl. Pilger von Piacenza 18 (Anm. 86) und Jerusalem-Brevier 3 (Anm. 14). Es stand in der Mitte der Anastasisrotunde; auf der Zeichnung (Abb. 1) der innerste Kreis. Im Sprachgebrauch des Adomnanus ist *tegorium/tugurium* oder *tegoriolum/ tuguriolum* anderwärts die gesondert stehende Abtszelle (auch *domus, hospitium, hospitiolum);* vgl. *Vita S. Columbae III,30* (MPL 88, 772) u. ö. Es ist möglich, daß diese „Hütte" die Zerstörung von 614 im Rohzustande überdauerte. Sie ist außen mit Marmorplatten belegt und hat ein Goldkreuz auf der Spitze (I,2,7); die Innenseite ist gänzlich schmucklos (I,3,3), da die Perser alle Wertgegenstände mitgenommen hatten. Das *tegorium* ist rund *(rotundum),* d. h. entweder im Grundriß kreisförmig oder im Grundriß viereckig mit Kuppelrundung. Die Decke ist mit ca. 2,15 m relativ niedrig.

7. Der Eingang dieser Hütte blickt nach Osten. Die Außenseite ist ganz mit auserlesenem Marmor bedeckt; die oberste, außen mit Gold verzierte Spitze trägt ein nicht kleines goldenes Kreuz. Im nördlichen Teil der Hütte befindet sich das Grab des Herrn, innen aus dem Felsen gehauen. *8.* Aber der Fußboden der Hütte liegt niedriger als der des Grabesortes, und von ihrem Fußboden bis zum seitlichen Rande des Grabes sind es ungefähr drei Handbreit Höhe.[12] So hat es mir Arkulf, der das Grab des Herrn oft besuchte und genau vermessen hat, geschildert.

9. An diesem Orte muß eine Besonderheit erwähnt werden, nämlich der Unterschied der Bezeichnungen „Grabmal" *(monumentum)* und „Grab" *(sepulchrum).* Denn die oben genannte Rundhütte bezeichnen die Evangelisten oft als Grabmal. Sie berichten, daß der Stein an seinen Eingang hingewälzt und bei der Auferstehung des Herrn wieder abgewälzt wurde.[13] *10.* Dagegen ist das eigentliche Grab der Ort in der Hütte, d.h. im nördlichen Teil des Grabmales, an den der Leib des Herrn, in leinene Tücher gewickelt, gelegt wurde; seine Länge hat Arkulf eigenhändig mit sieben Fuß ausgemessen.[14] *11.* Das Grab ist freilich nicht - wie fälschlich angenommen wird - doppelt und hat keine aus dem Felsen gehauene Abteilung, die die beiden Schienbeine und Oberschenkel zerschneidet und trennt, sondern es ist im ganzen ein einfaches, vom Kopf bis zu den Fußsohlen reichendes Bett nach der Größe eines Menschen, der auf dem Rücken liegt; es stellt sich nach Art einer Höhle dar, mit einem seitlichen Eingang, der in Richtung der Südseite des Grabmals blickt, mit einem niedrigen Dach darüber.[15] *12.* Im Grabe brennen

---

12 Die Differenz zwischen Fußboden und Grabbank beträgt 3 Handbreit = Spannen, also ca. 60 cm.

13 *Mk 15,46; 16,3f.* u.par. Das Grab insgesamt, also die Grabhöhle oder die Gruft, heißt im Sprachgebrauch der Vulgata *monumentum.* Adomnanus und Arkulf nehmen naiverweise an, dieses *monumentum* sei mit dem *tegorium rotundum* identisch. Davon zu unterscheiden ist die eigentliche Grabbank *(sepulchrum)* rechts vom Eingang, auf der Zeichnung (Abb. 1) korrekt eingetragen.

14 7 Fuß = ca. 2 m (dies ist auch die gegenwärtige Länge der Grabbank).

15 Die Beschreibung deutet auf ein sog. Bogenbankgrab *(arcosolium)* ohne Längstrennwand, wie man sie öfter bei Grabbänken für zwei Leichen findet. Aus der Stellung der Lampen hat man auf ein (Bogen)troggrab schließen wollen (Kopp 441f.; Kroll 494): mit einer Vertiefung für die Leiche, von 4 Lampen erleuchtet, während 8 Lampen auf dem seitlichen Rande des Troges stehen (I,2,12). Aber das ist nicht zwingend. Denn die Positionsangaben für

zu jeder Zeit bei Tag und Nacht zwölf Lampen nach der Zahl der heiligen Zwölf Apostel, von denen vier unterhalb des Grabbettes an einem tieferen Platz aufgestellt sind, die übrigen zweimal vier an seiner Seite rechts oben angebracht sind und, mit Öl versorgt, hell leuchten.

13. Ferner muß angemerkt werden, daß das Mausoleum des Erlösers, d. h. die oben mehrfach erwähnte Hütte, mit Recht eine Grotte oder Höhle genannt werden kann; denn der Prophet weissagte von dem in ihr bestatteten Herrn Jesus Christus: *„Der wird in der höchsten Höhle des stärksten Felsens wohnen"*; und er fügt wenig später mit Bezug auf die Auferstehung des Herrn zur Freude der Apostel hinzu: *„Ihr werdet den König mit Herrlichkeit sehen!"*[16]

14. Die Gestalt der oben genannten Rotundenkirche mit der runden Hütte, die in ihrer Mitte errichtet ist, in deren nördlichem Teil sich das Herrengrab befindet, erklärt das beigefügte Bild; und nicht nur dies, sondern auch die Grundrisse dreier anderer Kirchen, auf die weiter unten eingegangen werden soll.[17] *15.* Diese vier Kirchengrundrisse haben wir nach der Vorlage, die mir - wie oben erwähnt - der heilige Arkulf auf eine kleine Wachstafel gezeichnet hat, abgemalt: nicht, daß ihre bildhafte Ähnlichkeit wiedergegeben werden könnte, sondern damit gezeigt werde, soweit es durch eine derartige geringe Darstellung überhaupt möglich ist, daß das Herrengrabmal in der Mitte der Rotundenkirche steht, und damit deutlich werde, welche Kirchen diesem näher oder ferner liegen.

---

die Lampen *(inferius* „weiter unten" und *superius super eius marginem* „weiter oben an seiner Seite") könnten auch besagen, daß 4 Lampen tiefer als die Bank (auf einem kleinen Vorsprung oder auf dem Fußboden) und 8 Lampen rechts oberhalb der Bank (Kopfseite!) standen. Vgl. zur Troggrab-Theorie immerhin Pilger von Piacenza Anm. 84.

16 *Jes 33,16f.* Vgl. Hieronymus, *Matthäuskommentar IV zu 27,64* ed. D. Hurst -M. Adriaen, CCSL 77 (1969) 279,1904-1907.

17 S. Abb. 1. Die drei anderen Kirchen sind die der hl. Maria (I,4), die Calvarienkirche um den Felsen Golgotha (I,5) und die Martyriumsbasilika (I,6).

III. *Über den Stein, der vor den Eingang seines Grabmals gewälzt war und den der Engel des Herrn, der vom Himmel herabstieg, nach seiner Auferstehung abwälzte*

1. Dazwischen erscheint es jedoch notwendig, kurz auf den oben erwähnten Stein einzugehen, der nach der Grablegung des gekreuzigten Herrn von vielen Arbeitern an den Eingang des Herrengrabmals gewälzt worden ist. Arkulf berichtet, er sei zerschnitten und in zwei Teile gespalten. Er versichert, daß der kleinere, mit Eisengeräten bearbeitete Teil als würfelförmiger Altar in der oben beschriebenen Rotundenkirche vor dem Eingang der mehrfach erwähnten Hütte, d.h. des Herrengrabmals, stehe; der größere, ebenfalls behauene Teil desselben Steines befindet sich im Ostteil der Kirche als ein anderer fester, mit Leinentüchern bedeckter, würfelförmiger Altar.[18]

2. Von mir befragt, erklärte Arkulf über die Farben des Felsens, in den die mehrfach genannte Hütte mit Eisenwerkzeugen eingeschnitten worden ist und die im Nordteil das aus demselben Felsen gehauene Herrengrab enthält - wie auch das Grabmal, d.h. die Hütte-: *3.* „Die Hütte des Herrengrabmals, die auf der Innenseite mit keinerlei Schmuck bedeckt ist, zeigt bis heute überall Spuren der Eisenwerkzeuge, mit denen die Arbeiter oder Steinmetzen zu Werke gegangen sind. Die Farbe des Felsens des Grabmales und des Grabes ist nicht einheitlich, sondern es scheinen zwei vermischt: rot vor allem und weiß; so stellt sich der Felsen zweifarbig dar."[19] Das genügt hierüber.

---

18 *Mk 15,46; 16,3f.* u.par.; *Mt 28,2.* Der Auferstehungsstein ist literarisch zuerst bei Kyrill v. Jerusalem (348) bezeugt: Katechesen 13,39 und 14,22. Vgl. St. Hieronymus, Paula und Eustochium Anm. 37; Pilger von Piacenza Anm. 84. Vielleicht hatten ihn die Perser 614 zerschlagen. Die beiden Altäre sind auf der Zeichnung (Abb. 1) eingetragen.

19 S.o. Anm. 11. Die Doppelfarbe *(bicolor)* des Felsens wird aus rötlichen Adern im Gestein herrühren. Sie haben vermutlich die nur im Jerusalem-Brevier 3 (Anm. 15) erwähnte Zachariasblut-Tradition vom Tempelplatz in die Anastasis herübergezogen.

IV. *Über die Kirche der hl. Jungfrau Maria, die an die Rotundenkirche anschließt*

Im übrigen ist über die Bauten an den heiligen Orten wenig weiteres hinzuzufügen. Im Anschluß an die oben mehrfach erwähnte Rotundenkirche, die auch Anastasis, d.h. Auferstehung, genannt wird, und die an der Stätte der Auferstehung des Herrn errichtet ist, befindet sich auf der rechten Seite die rechteckige Kirche der hl. Maria, der Mutter des Herrn.[20]

V. *Über die Kirche, die am Calvarienort erbaut ist*

1. Eine andere sehr große Kirche ist weiter östlich an dem Orte errichtet, der auf Hebräisch Golgotha genannt wird. In ihrem Oberteile hängt an Seilen ein großes bronzenes Rad mit Lampen, unter dem ein großes silbernes Kreuz an der Stelle fest verankert steht, wo dereinst das Holzkreuz befestigt war, an dem der Erlöser des Menschengeschlechtes litt.[21] 2. In derselben Kirche gibt es eine aus dem Felsen gehauene Höhle unter dem Ort des Herrenkreuzes, wo auf einem Altar das Opfer für die Seelen vornehmer Personen dargebracht wird, deren Körper inzwischen auf dem Platze vor

---

20 Die Marienkirche s. von Golgotha (vgl. Zeichnung Abb. 1) ist eine Neuerung des Modestus. Sie war der Gottesmutter geweiht (Überschrift: *Maria Virgo!)*, nicht etwa dem Gedächtnis der „Gärtnerszene" mit Maria Magdalena *(Joh 20,14-17)*. Arkulf ist der einzige Zeuge dieses quadratischen oder rechteckigen Kirchenbaus. Es könnte aber sein, daß noch Baureste von ihm vorhanden sind. Ö. des Vorplatzes der heutigen Grabeskirche befindet sich die Johanneskapelle der Armenier (Kroll 499, Abb. 287: Nr. 31): Sie ist nichts anderes als die Apsis einer größeren Kirche mit Resten eines fast ganz vermauerten Triumphbogens. Die Apsis müßte geostet gewesen sein, also reichte die Kirche bis auf den heutigen Vorplatz. W. des Vorplatzes führt eine lange Treppe zum griech.-orth. Patriarchatskloster (Kroll: Nr. 36): Sie liegt in der Fluchtlinie des Ganges (?), der auf Arkulfs Zeichnung (Abb. 1a) w. aus der Marienkirche herausführt.

21 Der Felsen von Golgotha, bis 614 unter freiem Himmel gelegen, ist von Modestus zum ersten Male überdacht worden. Die Kirche heißt *Golgothana eclesia* (I,5,2; 6,3; 7,1), ist viereckig (I,6,1) und *pergrandis* „sehr groß" (I,5,1) - das letztere wohl eher nach ihrer Bedeutung als nach ihren Ausmaßen. Das silberne Kreuz ersetzte das goldene Votivkreuz, das Kaiser Theodosius II. 420 gestiftet hatte: Es war 614 von den Persern geraubt, von Kaiser Heraklius zurückerobert und 633 nach Konstantinopel gebracht worden; vgl. Theophanes, *Chronographia A.M. 5920* (MPG 108,233.692). S. auch Jerusalem-Brevier 2 (Anm. 8).

dem Eingang der Golgotha-Kirche aufgebahrt liegen, bis die allerheiligsten Mysterien für die Toten beendet sind.[22]

VI. < *Über die Basilika, die Konstantin nahe der soeben beschriebenen Kirche an dem Ort errichten ließ, wo das von Trümmern bedeckte Kreuz des Herrn nach langer Zeit gefunden wurde, als man die Erde aufgrub* >

1. An diese rechteckige, aus Stein gebaute Kirche am Calvarienort schließt östlich eine Basilika an, die von Konstantin mit großer Sorgfalt errichtet worden ist und auch Martyrium genannt wird.[23] Es handelt sich nach der Überlieferung um den Ort, wo das Kreuz des Herrn zusammen mit den Kreuzen der beiden Schächer in der Erde verborgen nach Verlauf von 233 Jahreszyklen als Geschenk des Herrn wiedergefunden wurde.[24] *2.* Zwischen diesen beiden Kirchen befindet sich der berühmte Ort, an dem der Patriarch Abraham einen Altar errichtete, auf ihm Holzscheite anhäufte, und wo er, um seinen Sohn Isaak zu opfern, das Schwert aus der Scheide

---

22 Die sog. Adamskapelle unter dem Golgothafelsen diente als Totenkapelle. Gewiß lebte dort auch die Tradition vom Adamsgrab; vgl. Jerusalem-Brevier Anm. 12. Aber Arkulf übergeht sie mit Schweigen, da er Adam in Hebron begraben sein läßt (II,10,5-7).

23 Nach der Zeichnung (Abb. 1) scheint es, als habe Modestus die konstantinische Martyriumsbasilika nur sehr bescheiden und jedenfalls beträchtlich verkleinert wiederaufgebaut. Man muß aber in Betracht ziehen, daß die Zeichnung ungenau und schematisch ist (I,2,15). Das *Commemoratorium de casis Dei* (808) bietet Maßangaben, die auf eine Länge von ca. 145 m führen: also genau wie die Basilika Konstantins bis zur Hauptstraße *(cardo maximus).* Wußte Arkulf überhaupt etwas von der persischen Zerstörung im Jahre 614? Er erwähnt sie nicht, und der Text des Adomnanus erweckt den Anschein, als solle der ganze Kirchenkomplex auf Konstantin zurückgeführt werden.

24 Zur Kreuzauffindung vgl. J. Straubinger, Die Kreuzauffindungslegende (1912); J. Jeremias, Golgotha (1926) 30f. Über den Ort: Theodosius 7 (Anm. 47), Jerusalem-Brevier 1 (Anm. 5.8a), Pilger von Piacenza 20 (Anm. 90). Gemeint ist kaum schon die sog. Helenagrotte, sondern die Apsis der Basilika oder eine Krypta darunter. Übrigens fällt auf, daß die Pilger im Zusammenhang mit der Kreuzauffindung den Namen der Kaiserinmutter Helena nicht erwähnen. Arkulf verschweigt ihn sogar dort, wo er am ehesten zu erwarten wäre: I,11. - Ganz rätselhaft sind die 233 Jahreszyklen. Geht man davon aus, daß für Jesu Lebenszeit im allgemeinen 30 Jahre angenommen wurden (vgl. z.B. Venantius Fortunatus, *Miscellanea II,2* [Hymnus zu Ehren des hl. Kreuzes] MPL 88,88), dann kommt man auf 263. Das ist zu früh. J. Wilkinson, a.a.O., S. 97, Anm. 17 vermutet einen Schreibfehler: CCXCVIII = 298 statt CCXXXIII = 233; also 328 n.Chr. - ein akzeptables Datum.

zog. Dort ist jetzt ein nicht kleiner hölzerner Tisch, auf dem die Barmherzigkeitsgaben für die Armen vom Volke dargebracht werden.[25] 3. Der heilige Arkulf, von mir eifrig befragt, fügte noch dieses hinzu: „Zwischen der Anastasis, d.h. der oben mehrfach erwähnten Rotundenkirche, und der Basilika Konstantins erstreckt sich ein kleiner Platz bis zur Golgotha-Kirche; auf diesem Platz brennen Tag und Nacht Lampen."[26]

VII. *Über die andere Exedra, in der der Kelch des Herrn und darin der Schwamm aufbewahrt werden, aus dem er Essig* sog, *als er am Holze hing*

1. Zwischen der Golgotha-Basilika und dem Martyrium befindet sich noch eine Exedra[27], in der der Kelch des Herrn ist, den er segnete und beim Abendmahl am Tage, bevor er zu leiden begann, eigenhändig den mit ihm zu Tische liegenden Jüngern gab. Der silberne Kelch hat das Maß eines gallischen Sextarius und zwei Henkel auf jeder Seite.[28] 2. In dem Kelch ist der Schwamm, den diejenigen, die den Herrn kreuzigten, mit Essig tränkten, um einen Ysop banden

---

25 Der Abrahamsaltar von *Gen 22*, spätestens in der 1. Hälfte des 6. Jh. vom alten Tempelplatz in die Grabeskirche herübergezogen und im Sinne einer Typologie Isaak-Christus gedeutet, hat seinen Ort gewechselt. Er befand sich im 6. Jh. unmittelbar bei Golgotha; vgl. Theodosius 7 (Anm. 45), Jerusalem-Brevier 2 (Anm. 12), Pilger von Piacenza 19 (Anm. 88). Jetzt steht er in der nö. Ecke des Hofes zwischen Anastasis und Martyrium (s. die Zeichnung Abb. 1), also auf dem Gelände des heute sog. „Heiligen Gartens" (s. u. Anm. 26), allenfalls noch mit Einschluß des „Gefängnisses Christi" (Kroll 499, Abb. 287: Nr. 20). Zur Abrahamstradition in der Grabeskirche: J. Jeremias, Golgotha (1926) 48-50.

26 Der „kleine Platz" *(plateola)* ist der bereits in der konstantinischen Anlage vorhandene und nach 614 konservierte offene Hof zwischen der Anastasisrotunde und der Martyriumsbasilika, das sog. innere Atrium. Der Ausdruck *„bis zur Golgotha-Kirche"* besagt, daß dieser Platz im S von der Golgotha-Kirche begrenzt wird (s. Zeichnung Abb. 1).

27 *Exedra* (griech.) ist ursprünglich eine offene Halle mit Sitzen, meist in Apsidialform. Im christl. Sprachgebrauch bezeichnet das Wort entweder die Apsis einer Kirche oder einen Kirchenanbau. Nach der Zeichnung (Abb. 1) ist hier eine freistehende, nach W geöffnete kleine Kapelle *„post crucem"* (hinter Golgotha) gemeint, die - zumindest teilweise - die Reliquienkammer der konstantinischen Anlage ersetzt hatte. Vgl. Jerusalem-Brevier 3 (Anm. 16) und Pilger von Piacenza 20 (Anm. 91).

28 *Mk 14,22-25* u.par. Ein *Sextarius* ist der 6. Teil eines *Congius* = 3,3 1 (röm. Hohlmaß für Flüssigkeiten).

und zu seinem Munde führten.[29] *3.* Aus diesem Kelch trank der Herr - wie berichtet wird -, als er nach der Auferstehung mit den Jüngern zu Tische lag.[30] Der heilige Arkulf hat ihn gesehen und ihn durch ein kleines Fensterwerk des Schreines, in dem er aufbewahrt wird, mit eigener Hand berührt und geküßt. Den Kelch nämlich besucht die gesamte Bevölkerung der Stadt mit besonders großer Verehrung.

VIII. *Über die Lanze des Soldaten, mit der er den Herrn in die Seite stach*

Des weiteren hat Arkulf auch die Lanze des Soldaten betrachtet, mit der dieser die Seite des am Kreuz hängenden Herrn durchbohrte. Diese Lanze ist in der Vorhalle der Konstantinsbasilika in ein hölzernes Kreuz eingelassen; ihr Schaft ist in zwei Teile zerschnitten. Sie wird gleichermaßen von ganz Jerusalem besucht, geküßt und verehrt.[31]

IX. *Über das Schweißtuch, mit dem das Haupt des begrabenen Herrn bedeckt war*

1. Auch über das allerheiligste Schweißtuch des Herrn, das im Grabe über sein Haupt gelegt wurde[32], wissen wir durch den Bericht des heiligen Arkulf Bescheid, der es mit eigenen Augen betrachtet hat. Diese Geschichte, die wir jetzt erzählen, wird von der gesamten Bevölkerung Jerusalems als wahr bezeugt. Und der heilige Arkulf hat diesen Bericht auf Grund des Zeugnisses zahlreicher frommer Bürger von Jerusalem gegeben, die, während er aufmerksam zuhörte, des öfteren folgendes erzählten:

---

29 *Mk 15,36* u.par. Die Formulierung ist an *Joh 19,29* angelehnt.

30 *Mk 16,14-18; Lk 24,36-49; Joh 20,19-23.* Der Abendmahlskelch hat die Funktion des Apostelkelches, den man im 6. Jh. in der Zionsbasilika zeigte (Pilger von Piacenza 22, Anm. 106), mit übernommen.

31 Die hl. Lanze von *Joh 19,34* ist fleißig gewandert. Nach dem Jerusalem-Brevier 1 (Anm. 6) befand sie sich im Mittelschiff der Martyriumsbasilika Konstantins, nach dem Pilger von Piacenza (22) in der Zionsbasilika, jetzt im *porticus,* d. h. der ö. Vorhalle der Martyriumsbasilika des Modestus.

32 *Joh* 20,7 (vgl. Mk 15,46 u.par.; *Joh 19,40; 20,5).* In der 2. Hälfte des 6. Jh, wurde dieses Schweißtuch *(sudarium)* am Jordan unweit der Taufstelle gezeigt; vgl. Pilger von Piacenza 12.

2. Vor ungefähr drei Jahren[33] ist das allerheiligste Leinentuch, das ein gewisser wahrhaft gläubiger Jude aus dem Grabe des Herrn sogleich nach seiner Auferstehung entwendet und lange Zeit bei sich versteckt hatte, als Geschenk des Herrn nach vielen Jahreszyklen wieder aufgetaucht und zur Kenntnis des ganzen Volkes gekommen. *3.* Denn jener glückliche und gläubige Dieb übergab das Schweißtuch des Herrn, das er dereinst gestohlen hatte, zuletzt als Vermächtnis seinen beiden herbeigerufenen Söhnen und sprach: *4.* „Meine Söhne, jetzt seid ihr vor die Wahl gestellt! Jeder von euch beiden sage mir, was er lieber haben will, damit ich zweifelsfrei weiß, wer von euch es sei, dem ich nach seiner eigenen Wahl entweder mein ganzes Vermögen, das ich besitze, anvertrauen soll, oder allein dieses heilige Schweißtuch des Herrn." *5.* Als sie diese Worte aus dem Munde des Vaters gehört hatten, übernahm der eine, der sämtliche Reichtümer seines Erzeugers haben wollte, dieselben nach dem Versprechen des Vaters auf dem Testamentswege. *6.* Wunderbarerweise begannen von jenem Tage an alle seine Reichtümer und Erbgüter, um deretwillen er auf das Schweißtuch des Herrn verzichtet hatte, geringer zu werden, und schließlich ging alles, was er besaß, durch verschiedene Umstände verloren und wurde auf Null gebracht. *7.* Aber der andere, glückliche Sohn des oben genannten glücklichen Diebes, der das Schweißtuch des Herrn allen Erbgütern vorgezogen hatte, nahm von dem Tage an, da er es aus der Hand seines sterbenden Erzeugers empfing, mehr und mehr durch Gottes Gabe zu, wurde auch reich an irdischen Gütern und verlor dabei die himmlischen nicht. *8.* Und so übergaben die Väter den Söhnen aus der Nachkommenschaft dieses dreimal glücklichen Menschen[34] das Schweißtuch getreulich im Erbgange, die Gläubigen den Gläubigen nach ihrer Familienfolge bis zur 5. Generation. *9.* Aber nach den Zeiten der 5. Generation hörten die gläubigen Erben der Familie im Fortgang der Übereignungen auf, und das heilige Leinentuch ging in die Hände anderer,

---

33 Die Formel „vor ungefähr drei Jahren" *(ante annos ferme ternos)* gehört wahrscheinlich zu der Erzählung, die Arkulf in Jerusalem hörte. Sie erlaubt deshalb wohl keine Schlüsse auf das Datum seiner Reise; s. o. S. 309f.

34 Adomnanus war ein gebildeter Mann und kannte Vergil. Er spielt zur Freude seiner Leser mit den Worten *de eiusdem ter beati hominis semine* „aus der Nachkommenschaft dieses dreimal glücklichen Menschen" auf eine berühmte Stelle aus Vergils *Aeneis I,94* an: *o terque quaterque beati* „o ihr dreimal, viermal Glücklichen!"

ungläubiger Juden über, die es ihrerseits, waren sie eines solchen Geschenkes auch noch so unwürdig, dennoch in Ehren hielten und durch die göttliche Segensfülle überaus reich an verschiedenen Gütern wurden. *10.* Aber als die gläubigen Juden im Volke die wahre Geschichte vom Schweißtuch des Herrn hörten, begannen sie, mit den ungläubigen Juden um das heilige Leinentuch heftig zu streiten und suchten es mit allen Mitteln in die Hände zu bekommen. Dieser Streit, einmal begonnen, teilte die Bevölkerung von Jerusalem in zwei Parteien, nämlich die getreuen Gläubigen gegen die ungetreuen Ungläubigen. *11.* Deshalb sprach der Sarazenenkönig Mavias[35], der von beiden Parteien um Entscheidung angegangen worden war, zu den ungläubigen Juden, die das Schweißtuch des Herrn hartnäckig zurückhielten, in Gegenwart der christlichen Juden als Richter: „Gebt das heilige Leinentuch, das ihr besitzt, in meine Hand!" Sie gehorchten dem Befehl des Königs, holten es aus einem Schrein hervor und legten es dem Herrscher auf den Schoß. *12.* Der König nahm es mit großer Ehrerbietung in Empfang und befahl, auf der Straße vor allem Volk einen Scheiterhaufen herzurichten. Als der in hellen Flammen stand, erhob er sich, trat zum Scheiterhaufen und sprach mit lauter Stimme zu den beiden zerstrittenen Parteien: *13.* „Nun, Christus, der Welt Erlöser, hat für das menschliche Geschlecht gelitten; er hatte dieses Schweißtuch, das ich jetzt bei mir trage, in seinem Grabe auf seinem Haupte liegen. Zwischen euch, die ihr um das Leinentuch streitet, richte das Feuer durch die Flamme, damit wir erfahren, welche der beiden streitenden Parteien einer solchen Gabe würdig ist." Als er das gesagt hatte, warf er das heilige Schweißtuch des Herrn in die Flammen. *14.* Aber das Feuer konnte ihm nichts anhaben, vielmehr erhob es sich unversehrt und unverletzt vom Scheiterhaufen und begann, wie ein Vogel mit ausgebreiteten Flügeln hoch in der Luft zu schweben. Es schaute von oben auf die beiden untereinander zerfallenen Parteien des Volkes, die gleichsam in Kriegsbereitschaft einander gegenüberstanden, herab, flog etliche Male in der leeren Luft hin und her und senkte sich dann allmählich nieder: durch Gottes Fügung auf die Seite der Christen, die inzwischen Christus als Richter angerufen hatten. Es kam herab und legte sich in ihren Schoß. *15.* Sie dankten Gott, erhoben die Hände zum Himmel,

---

35 *Muʿāwiya* (658-680), der Begründer der Omayyadendynastie in Damaskus, seit der Ermordung des 4. rechtgeleiteten Kalifen *ʿAlī* (22. Jan. 661) und dem Verzicht seines Sohnes *Ḥasan* Inhaber der Kalifatswürde.

brachen in großen Jubel aus und beugten in großer Ehrerbietung vor dem Schweißtuch des Herrn die Knie. Damit nahmen sie das verehrungswürdige, vom Himmel gesandte Geschenk in Empfang, brachten Christus, der es gegeben hatte, Hymnen und Loblieder dar und legten es in einen Schrein der Kirche, in ein anderes Leinentuch gewickelt. *16.* Unser Bruder Arkulf hat es gesehen, als es an einem anderen Tage aus dem Schrein herausgenommen wurde; er hat es mitten in der Volksmenge, die es betrachtete, auch selbst im Gottesdienst betrachtet. Es ist ungefähr acht Fuß lang.[36] Das genügt hierüber.

X. *Über das andere heilige Leinentuch, das nach der Überlieferung die hl. Jungfrau Maria, die Mutter des Herrn, gewebt hat*

1. Auch ein anderes, größeres Leinentuch hat Arkulf in der Stadt Jerusalem gesehen, das nach der Überlieferung die hl. Maria gewebt hat und das deswegen in einer Kirche aufbewahrt und mit großer Ehrerbietung von allem Volke verehrt wird. 2. In dieses Leinentuch sind die Bilder der Zwölf Apostel hineingewebt und das Bild des

---

36 Diese abgeschmackte Geschichte, ein würdiger Vorläufer späterer Schweißtuchspekulationen, bedarf keines Kommentars. Auf die beiden weitverbreiteten Märchenmotive vom wertvollen und wertlosen Erbe und von der Feuerprobe sei nur eben hingewiesen. Wie sehr dergleichen Erzählungsmaterial weiterwucherte, sieht man z. B. an einer aus dem 16. Jh. stammenden Randnotiz auf einer untergeordneten Adomnanus-Handschrift (Abtei von Caduinum, 12. Jh.). Der Schreiber glaubte das Folgende seinen Lesern nicht vorenthalten zu sollen: *„Aber später kam es* (das Schweißtuch) *in den Besitz des Bischofs von Anicia, der in die Gegenden jenseits des Meeres gereist war; der starb dort und gab es einem, der sein Priester war. Dieser Priester starb ebenfalls, und zwar bei der Überfahrt; er hinterließ den kostbaren Gegenstand einem Kleriker, der ihm diente. Als der im Lande Petragora war, wo er geboren war, legte er das Schweißtuch des Herrn in einer Kirche unweit von Caduinum nieder, die ihm empfohlen worden war. Und eines Tages, nicht lange nachdem er die Kirche verlassen hatte, brach ein Feuer in einem Bauerngut und auch in jener Kirche aus und verzehrte alles. Aber es konnte den Behälter neben dem Altar, in dem das Schweißtuch aufbewahrt war, nicht berühren. Als das einige der Brüder aus Caduinum hörten, eilten sie herzu, und als sie den Behälter gefunden hatten, zerbrachen sie ihn gewaltsam, nahmen das barletum, in dem das Schweißtuch des Herrn war, trugen es schnell mit sich fort und deponierten es in ihrem eigenen Kloster um das Jahr des Herrn 1512. Als aber der Kleriker den Schatz nicht mehr fand, ging er nach Caduinum: und als er ihn nicht zurückbekommen konnte, nahm er das Mönchsgewand und bewachte dort sein ganzes Leben lang, was er früher besessen hatte."*

Herrn selbst dargestellt.[37] Der eine Teil des Leinentuches ist von roter Farbe, der andere auf der anderen Seite grün, nach Art grüner Kräuter.

XI. *Über die andere hohe Säule an dem* Ort, *wo der tote Jüngling durch das aufgelegte Kreuz des Herrn ins Leben zurückkehrte*

1. Über die andere sehr hohe Säule, die nördlich der heiligen Orte in der Stadtmitte steht, wo die Fußgänger vorbeikommen, muß kurz berichtet werden.[38] 2. Diese Säule, die an dem Orte steht, wo der tote Jüngling durch das aufgelegte Kreuz des Herrn ins Leben zurückkehrte[39], wirft wunderbarerweise zur Sommersonnenwende um die Mittagszeit, wenn die Sonne über das Himmelszentrum geht, keinen Schatten. Wenn aber die Sonnenwende vorüber ist, d. h. am 24. Juni, wirft sie nach drei Tagen, wenn der Tag allmählich kürzer wird, einen ersten kurzen Schatten, danach im Fortgang der Tage einen längeren. *3.* Diese Säule, zur Sommersonnenwende um die Mittagszeit von der Sonnenhelle von oben her umstrahlt und auf jeder Seite von Licht umgeben, beweist, daß das Gebiet von Jerusalem in der Mitte der Welt gelegen ist. *4.* Daher singt auch der Psalmist mit Bezug auf die heiligen Orte des Leidens und der Auferstehung, die sich in der Helia[40] befinden, weissagend: *„Gott*

---

37 Bei der Konjunktur heiliger Leinentücher im christl. Altertum verwundert es nicht, daß auch eins aus der Hand der Gottesmutter mit dem Porträt ihres Sohnes und der Apostel dabei war. Ein *pallium lineum* mit dem Bilde Jesu sah der Pilger von Piacenza (44, Anm. 206) in Memphis.

38 Es handelt sich wahrscheinlich um die Säule auf dem freien Platz gegenüber der Innenseite des Damaskustores, die auf der Mosaikkarte von Madeba (M 69; 70) dargestellt ist und der das Damaskustor seinen arab. Namen *Bāb el-ᶜAmūd* „Säulentor" verdankt. Die Säule trug vor 614 vermutlich das Standbild eines röm. Kaisers.

39 Anspielung auf das sog. Kreuzprobewunder, ein Teil der Kreuzauffindungslegende in der Fassung der um 400 im Orient heimisch gewordenen Cyriakus-Erzählung; vgl. J. Straubinger, Die Kreuzauffindungslegende (1912); J. Jeremias, Golgotha (1926) 30f. Das Kreuz des Herrn wird dadurch von den Schächerkreuzen unterschieden, daß man es in der Stadtmitte um die 9. Stunde (Todesstunde Jesu: *Mk 15,34)* einem toten Jüngling auflegt, der daraufhin wieder lebendig wird. Die Fassung B des Jerusalem-Breviers 2 (Anm. 8a) lokalisiert die Kreuzprobe in der Nähe des Golgothafelsen.

40 *Colonia Aelia Capitolina,* Name Jerusalems seit dem Ende des 2. jüdischen Aufstandes (135).

aber, unser König von alters her, hat das Heil in der Mitte der Welt bereitet"[41], d.h. in Jerusalem, das Mitte der Welt und Nabel der Erde genannt wird.[42]

XII. *Über die Kirche der hl. Maria, der immerwährenden Jungfrau, im Tale Josaphat, in der sich ihr Grabmal befindet*

1. Als eifriger Besucher der heiligen Orte hat der heilige Arkulf die Kirche der hl. Maria im Tale Josaphat besucht, die doppelt gebaut und deren niedrigerer Teil unterhalb eines steinernen Stockwerkes in wunderbarer Rotundengestalt errichtet ist.[43] 2. In ihrem östlichen Teile befindet sich ein Altar, an dessen rechter Seite das leere Felsengrab der Maria liegt, in dem sie eine Zeitlang bestattet war. 3. Aber auf welche Weise und wann und von welchen Leuten ihr heiliger Leichnam aus diesem Grabe weggenommen wurde und

---

41 *Ps 74,12* nicht in der Vulgata-Fassung des Hieronymus (sog. *Psalterium iuxta Hebraeos),* sondern aus *dem Psalterium iuxta Septuaginta* (bes. *Cod. Vindobonensis lat. 1861,* 8. *Jh.: salutem* statt *salutes;* vgl. auch die Sixto-Clementina von 1592/93 und 1598).

42 Die Vorstellung von Jerusalem als Nabel der Welt ist alt; vgl. bereits *Ez 5,5; 38,12; Jub 8,19 u.ö.* Hieronymus bedient sich ihrer im *Ezechielkommentar I zu 5,5f.* (ed. F. Glorie, CCSL 75 (1964) 55,63 - 56,89) ebenso wie Eucherius 30 (dort Zitat aus Hegesipp) und viele andere christl. Autoren. Zumeist gilt die Grabeskirche als Mittelpunkt des Mittelpunktes; dort wird die Stelle des Nabels bis heute durch einen becherförmigen Stein markiert. Bei Arkulf ist es, wahrscheinlich wegen des Kreuzprobewunders (s. o. Anm. 39), die Säule am Damaskustor.

43 Die Kirche des Mariengrabes im Tale Josaphat (= Kidrontal; Name aus *Joel 4*(Vulgata: *3),2.12* - vgl. Euseb, On. 70,2-4 und 170,8-10) ist um 450 entstanden. Vgl. C. Kopp, Das Mariengrab (1954). Ihr ältester literarischer Zeuge ist Theodosius 10 (Anm. 57); ferner erwähnen sie das Jerusalem-Brevier 7 (Anm. 29) und der Pilger von Piacenza 17 (Anm. 79). Während die Fassung B des Pilgers von Piacenza die leibliche Himmelfahrt Mariae *(Assumptio Mariae)* vorauszusetzen scheint, spricht sich Arkulf deutlich gegen diese Vorstellung aus. Die Mariengrabkirche, von den Pilgern sonst nur genannt, nicht beschrieben, ist 614 von den Persern nicht verschont worden. Arkulf ist der erste, der die nach 614 unter Modestus restaurierte Kirche genauer beschreibt. Sie war doppelstöckig angelegt, d.h. es gab eine Oberkirche (Gemeindekirche) und eine Unterkirche (Krypta mit dem Mariengrab); also ähnlich wie später z.B. die Franziskuskirche zu Assisi. Trotz vieler Umbauten und Erneuerungen ist diese Gestalt bis zur Gegenwart konserviert worden; nur von der Rotunde der Unterkirche ist nichts mehr zu sehen. Das Mariengrab liegt unverändert im ö. Teile, rechts von der Eingangstreppe (vgl. Lageskizze bei Kroll 405, Abb. 243).

an welchem Orte sie die Auferstehung erwartet, darüber weiß dem Vernehmen nach niemand etwas Sicheres. 4. Wenn man in diese untere Rotundenkirche der hl. Maria eintritt, sieht man in der rechten Wand den Felsen eingelassen, auf dem der Herr im Garten Gethsemane in der Nacht, da er dem Judas und in die Hände der Sünder überantwortet wurde, mit gebeugten Knien vor der Stunde seiner Überantwortung betete.[44] Man erkennt in diesem Felsen die Spuren seiner beiden Knie wie in weiches Wachs eingedrückt.[45] 5. So hat es uns unser heiliger Bruder Arkulf, der Besucher der heiligen Orte, berichtet, der das, was wir beschreiben, mit eigenen Augen sah. In der oberen, ebenfalls rotundenförmigen Kirche der hl. Maria kann man vier Altäre sehen.

---

44 Gethsemane: *Mk 14,26ff* u.par. Verrat: *Mk 14,43ff.* u.par.; *Joh 18,1ff.* (vgl. bereits Pilger von Bordeaux 17, Anm. 95). Die Stunde der Todesangst Jesu (Agonie) auf dem Landgut Gethsemane und der Verrat sind seit alters miteinander verbunden: Kyrill v. Jerusalem (348), Katechesen 10,19; 13,38. Sie sind auch gemeinschaftlich lokalisiert: in der sog. Verratsgrotte ö. des Vorhofs der Mariengrabbasilika. Vgl. Kopp 389-399 und Kroll 404-411. Diese Verbindung ist nie ganz erloschen, obwohl die Agonietradition jahrhundertelang ca. 100 m weiter s. ihre eigene Stätte und Kirche hatte: die *ecclesia elegans* der Nonne Egeria (36,1), vor 385 entstanden, 614 zerstört und nicht wieder aufgebaut; vgl. Lageskizze bei Kroll 405, Abb. 243. Wie man den Bericht des Arkulf deuten soll, ist nicht völlig klar. Denn es sieht ja so aus, als befinde sich der Felsen der Agonie und des Verrates in der Unterkirche des Mariengrabes. Zwei Möglichkeiten kommen in Betracht: 1. Die Angabe ist richtig. Das würde bedeuten, daß die Verratsgrotte, ca. 50 m weiter ö. gelegen, nach 614 nicht mehr im Gebrauche war. Sie war verwüstet, und man hatte den Felsen in die Unterkirche des Mariengrabes herübergenommen. 2. Adomnanus hat sich geirrt, vielleicht auch die Mitteilungen des Arkulf falsch verstanden. Die Verratsgrotte war nach 614 unverändert im Gebrauch, und man erreichte sie durch einen Gang, der ö. (= rechts!) aus der Unterkirche des Mariengrabes herausführte. Von einer solchen Verbindung hören wir 1112 anläßlich einer Restauration der Mariengrabkirche; der Verbindungsgang ist unter Saladin 1187 zugemauert worden, woraufhin die Christen den heutigen Zugang zur Verratsgrotte freilegten. Eben diese Verbindung könnte älter als 1112 und hier gemeint sein.

45 Spuren Jesu, im harten Gestein *„wie in Wachs eingedrückt"*, finden sich außerdem noch: an der Geißelungssäule (Theodosius 7, Jerusalem-Brevier 4, Pilger von Piacenza 22), in einem Felsen der *Ancona*-Kirche auf dem Ölberg (Theodosius 21) und auf dem Angeklagtenstein im Prätorium des Pilatus (Pilger von Piacenza 23).

XIII. *Über den Turm Josaphat im gleichnamigen Tale*

In dem oben erwähnten Tale, nicht weit von der Kirche der hl. Maria entfernt, wird der Turm Josaphat gezeigt, in dem sich sein Grab befindet.[46]

XIV. *Über die Grabmäler Symeons und Josephs*

Im Anschluß an den kleinen Turm befindet sich auf der rechten Seite ein aus dem Felsen herausgehauenes und vom Ölberg abgetrenntes Steinhaus, in dem man zwei schmucklose, mit Eisenwerkzeugen bearbeitete Gräber zeigt.[47] Eins davon gehört dem gerechten Manne Simeon, der den kleinen Herrn Jesus im Tempel mit beiden Armen umschlang und über ihm weissagte[48]; das andere dem ebenso gerechten Joseph, dem Gemahl der hl. Maria und Nährvater des Herrn Jesus.[49]

XV. *Über die Höhle im Ölbergfelsen gegenüber dem Tale Josaphat, in der sich vier Tische und zwei Zisternen befinden*

1. Am Abhang des Ölberges, nicht weit von der Kirche der hl. Maria entfernt, gibt es gegenüber dem Tale Josaphat eine höher gelegene Höhle. In ihr sind zwei sehr tiefe Zisternen. Eine davon zieht sich unter dem Berge unendlich weit hin; die andere, im Fußboden der Höhle, soll unermeßlich tief eingesenkt in gerader Richtung verlaufen. Beide Zisternen sind stets verschlossen. 2. In dieser Höhle sind

---

46 Das heute sog. Absalomgrab im Kidrontal, ca. 300 m s. der Mariengrabkirche. Beim Pilger von Bordeaux 18 (Anm. 97) gehörte es noch dem König Hiskia von Juda. Jetzt ist es, vermutlich wegen des Namens Tal Josaphat, in den Besitz des Königs Josaphat von Juda (872/1-852/1 oder 868-847 v.Chr.) übergegangen; vgl. *1 Kön 22,41-51* und 2 *Chron 17,1-21,1*.

47 Das Steinhaus *(lapidea domus)* ist die sog. Zachariaspyramide im Kidrontal, als Schmuckmonument zur Felsgrabanlage des Priestergeschlechtes *B^enē Ḥ^ezīr* (heute Jakobusgrab) gehörig. Nach Theodosius 9 (Anm. 56) lagen dort der Herrenbruder Jakobus, Symeon und Zacharias; im 4. Jh. scheint man die Pyramide als Jesajagrab angesehen zu haben (Pilger von Bordeaux 18, Anm. 97). Vgl. J. Jeremias, HG 67-72.

48 *Lk 2,25-35.*

49 Ein Grab des Nährvaters Joseph gab es seit dem 4. Jh. auch in Nazareth; vgl. S. Morenz, Die Geschichte von Joseph dem Zimmermann (1951) 23f. Im Mittelalter verehrte man das Grab Josephs in der Verkündigungskirche zu Nazareth; vgl. Kopp 99-105.

vier steinerne Tische, von denen einer, innen neben dem Höhleneingang, dem Herrn Jesus gehörte; dort befand sich zweifellos sein Tischplatz, wo er mit den Zwölf Aposteln, die ebenso an anderen Tischen saßen, dereinst oftmals zusammen war. 3. Das verschlossene Zisternenloch, das wir oben als im Fußboden der Höhle befindlich beschrieben haben, wird näher zu den Aposteltischen gezeigt. Der Eingang dieser Höhle wird durch eine hölzerne Tür verschlossen, wie der heilige Arkulf berichtet, der die Höhle des Herrn oft besucht hat.[50]

XVI. *Über das Davidstor*

Das Davidstor schließt an den westlichen Teil des sanften Abhanges des Zionsberges an. Wenn man durch dieses Tor die Stadt verläßt und den Zionsberg nahe zur Linken hat, führt eine steinerne, von Bögen gestützte Brücke hoch über das Tal geradeswegs nach Süden.[51]

---

50 Nicht die Zisternen oder Brunnen *(putei),* wohl aber die Steintische *(lapideae mensae),* erinnern an Theodosius 10 (Anm. 58), Jerusalem-Brevier 7 (Anm. 31) und Pilger von Piacenza 17 (Anm. 78a.79): die Verratsgrotte als Stätte des Abendmahles (s. o. Anm. 44). Arkulf lokalisierte jedoch das Abendmahl auf dem Zion: zwar nicht in seiner Beschreibung der Zionsbasilika (I,18), wohl aber auf der beigegebenen Zeichnung (s. Abb. 2). Also meint er hier nicht das Abendmahl, umso weniger, als er sagt, Jesus habe an dieser Stelle „oft" *(sepe)* mit den Jüngern zusammen gespeist. Aber handelt es sich hier überhaupt um die Verratsgrotte? Das ist sehr zweifelhaft, wenn nicht ausgeschlossen. Man kann dabei die o. Anm. 44 geäußerten Bedenken ganz außer Betracht lassen. Es genügen zwei Argumente: 1. Wenn Arkulf die Verratsgrotte meinte, warum behandelte er sie dann nicht in I,12, sondern erst nach den Gräbern im Kidrontale? 2. Wenn Arkulf die Verratsgrotte meinte, dann muß ihn Adomnanus gründlich mißverstanden haben. Denn die Verratsgrotte ist nicht „höher gelegen" *(in eminentiore loco posita* I,15,1) - höher übrigens als was? Die Mariengrabkirche oder die Zachariaspyramide? In beiden Fällen wäre die Angabe falsch. Außerdem kann man kaum sagen, die Verratsgrotte liege „am Abhang des Ölberges" *(in latere montis Oliueti),* dann jedenfalls nicht, wenn man sie erst jetzt und nicht schon bei der Mariengrabkirche erwähnt. Mit einem Wort: Arkulfs Beschreibung paßt am besten auf das sog. Jakobusgrab, das *„höher"* liegt als die unmittelbar vorher genannte Zachariaspyramide, eindeutig in die Seite *(latus)* des Ölberges geschnitten ist und Grabbänke hat, die man als Steintische deuten konnte. Über die Zisternen (oder Brunnen?) läßt sich nichts sagen.

51 S. o. Anm. 3. - Davidstor = Jaffator, *Bāb el-Ḫalīl.* Die Brücke könnte die alte herodianische Wasserleitung sein, die die sog. Salomonischen Teiche bei Bethlehem mit dem Tempelplatz von Jerusalem verband. Sie kam von S,

XVII. *Über den Ort, an dem sich Judas Ischarioth mit einem Strick erhängte*

Unmittelbar westlich der Mitte dieser Brücke befindet sich der Ort, wo sich Judas Ischarioth, von Verzweiflung übermannt, mit einem Strick erhängte und starb.[52] Dort wird noch heute ein großer Feigenbaum gezeigt, von dessen Krone der erhängte Judas - wie es heißt - herabhing; wie denn auch der Presbyter Juvencus[53] in Versen über Judas gesungen hat:

„Schlimmen Tod hat er sich geraubt von der Krone der Feige."

XVIII. *Über die Gestalt der großen Basilika auf dem Berge Zion <und> über die Lage dieses Berges*

1. Weil der Zionsberg ein wenig weiter oben erwähnt worden ist, muß noch einiges über die auf ihm errichtete sehr große Basilika[54] kurz und zusammenfassend mitgeteilt werden. Ihre Zeichnung

---

lief an der W-Seite des *Wādi el-Mēṣ* (n. Fortsetzung des Hinnomtales = *Wādi er-Rabābe)* nach N und überquerte das *Wādi el-Mēṣ* n. vom ehemaligen Sultansteich - ca. 350 m s. des Jaffatores - auf 9 steinernen Bögen, um dann auf der O-Seite des *Wādi el-Mēṣ* wieder nach S und um den Zion herum in die Altstadt zu führen. Heute ist von diesem Talübergang nichts mehr zu sehen. Vgl. E. Robinson - E. Smith, Palästina und die südlich angrenzenden Länder 2 (1841/2) 168, Anm. 2. In diesem Falle freilich wäre die Formulierung des Adomnanus nicht ganz exakt: Nicht die Brücke selbst, also der Aquädukt über dem Tal, verlief nach S *(per uallem in austrum recto tramite directus),* sondern das Tal und die Wasserleitung an seinen Seiten.

52 *Mt 27,5; Apg 1,18f.* In der 2. Hälfte des 6. Jh. zeigte man den Feigenbaum des Judas rechts von der Innenseite des Osttores *(Bāb Sittī Maryam);* vgl. Pilger von Piacenza 17 (Anm. 82). Die Abwanderung der Tradition mag mit der Verwüstung des Stadtteiles Bezetha 614 durch die Perser zusammenhängen.

53 C. Vettius Aquilinus Juvencus (um 330), ein spanischer Priester, Verfasser einer Art Evangelienharmonie in 3211 Hexametern: *Evangeliorum libri IV* ed. Huemer, CSEL 24 (1891); vgl. B. Altaner, Patrologie (1978[8]) 405f. Die zitierte Stelle ist *IV,631* (Huemer S. 138) - die obige Übersetzung der schwache Versuch, einen etwas schwülstigen Hexameter nachzubilden.

54 Die große Basilika auf dem Zion, die um 350 erbaute Nachfolgerin der alten Apostelkirche (Eucherius 4, Theodosius 7, Jerusalem-Brevier 4, Pilger von Piacenza 22), war 614 von den Persern zerstört und unter dem Patriarchen Modestus in bescheidenem Umfang wiederaufgebaut worden.

wird folgendermaßen beschrieben[55]: 2. Man zeigt dort den Felsen, auf dem der vor der Stadt gesteinigte Stephanus entschlafen ist.[56] Außerhalb der oben beschriebenen großen Basilika, die in ihrem Inneren solche heiligen Orte umschließt, befindet sich an der Westseite ein weiterer bemerkenswerter Felsen, auf dem - wie berichtet

---

55 S. Abb. 2 (a: aus dem *Cod. Parisinus lat. 13048*, 9. Jh.; b: aus dem *Cod. Vindobonensis 458*, 9. Jh.). Man erkennt ein einfaches Langhaus mit einem Portal auf der s. Langseite (der n. Eingang auf Abb. 2b ist vermutlich nach Beschädigung des Pergamentes später hinzugefügt worden). Das ist merkwürdig, da die Basilika doch wohl geostet war und der Zugang auf der W-Seite hätte liegen müssen (Kroll 399, Abb. 240). Das Langhaus hat auf der W- und S-Seite je einen Anbau, nach Art einer *Exedra (s.* o. Anm. 27). Abb. 2b hat allerdings den w. Anbau verselbständigt und als Geißelungsfelsen Jesu gedeutet. Es fällt auf, daß die Beischriften zur Zeichnung ganz unabhängig vom Text des Adomnanus sind; die Zeichnung bietet mehr als das kurze Kapitel I,18. Sollten die Beischriften aus anderen Quellen, nicht aus Arkulfs Bericht, geschöpft sein? Es sind die folgenden (nach a, wenn abweichend auch nach b):

1. im Zentrum: *hic columna marmorea stat cui d(omi)n(u)s adherens flagellatus est* „hier steht die Marmorsäule, an der der Herr gegeißelt worden ist"; vgl. Theodosius Anm. 52.
2. links oben (NW): *locus caene d(omi)ni,* b: *locus hic caenae d(omi)ni* „der Ort des Herrenmahles".
3. rechts oben (NO): *hic sp(iritu)s s(an)c(tu)s sup(er) apost(o)l(os) discendit* (b: *descendit)* „hier kam der Hl. Geist auf die Apostel herab".
4. rechts unten (SO): *hic s(an)c(t)a maria obiit* „hier starb die hl. Maria".
5. links unten (SW): *porta* (b: *porta basil(icae) montis sion)* „Tor (b: Tor der Zionsbasilika)".
6. links außerhalb (W): nur in b: *lapis sup(er) quem d(omi)n(us) flagellat(us) est* „der Stein, auf dem der Herr gegeißelt worden ist".

Die genannten Traditionsstätten sind bis auf den Sterbeort der Maria *(dormitio Mariae)* bereits in den früheren Pilgerschriften bezeugt; s. o. Anm. 54.

56 *Apg 7,54-60.* Es ist damit zu rechnen, daß Adomnanus den Arkulf mißverstanden hat. Denn in der Zionsbasilika zeigte man im 6. Jh. die Steine, mit denen der Erzmärtyrer Stephanus gesteinigt worden war (Pilger von Piacenza 22, Anm. 104), oder auch nur einen davon (Jerusalem-Brevier 4, Anm. 19). Der Ort der Steinigung war vor dem Damaskustore, wo Kaiserin Eudokia die Stephansbasilika hatte errichten lassen (Theodosius 8, Anm. 53; Pilger von Piacenza 25, Anm. 116). Diese Basilika war 614 zerstört worden und in Vergessenheit geraten, so daß die Ortsüberlieferung zum Osttore Jerusalems (Stephanstor, *Bāb Sittī Maryam)* wandern konnte; s. o. Anm. 3.

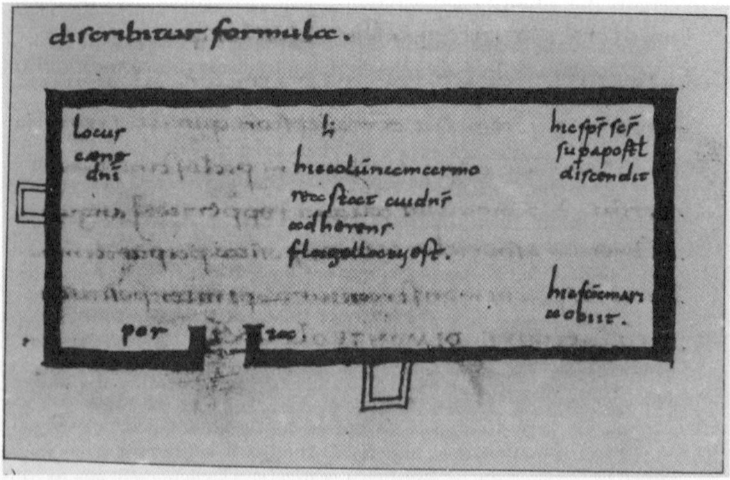

discribitur formulae.

a)

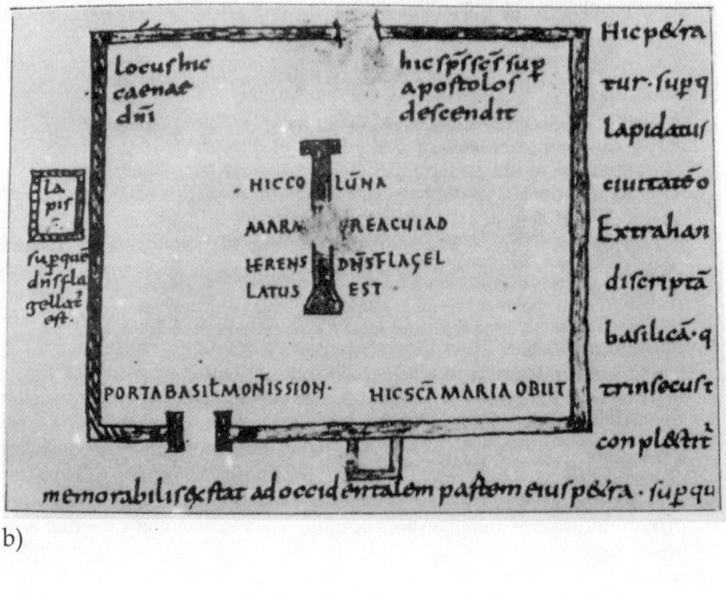

locus hic
caenae
dni
hic sps scs sup
apostolos
descendit
HICCO LUNA
EST
PORTA BASIL MONISSION
HIC SCA MARIA OBIIT
Extrahan

b)

wird - der Herr gegeißelt wurde.[57] 3. Und diese apostolische Kirche[58] ist, wie oben gesagt, auf der ebenen Hochfläche des Zionsberges als Steinbauwerk errichtet.

XIX. *Über den kleinen Acker, der auf Hebräisch Acheldemach heißt*

Diesen kleinen Acker auf der Südseite des Zionsberges hat unser Arkulf oft besucht und betrachtet. Er hat eine steinerne Umfassungsmauer, und auf ihm werden viele Pilger sorgsam bestattet. Manche von ihnen freilich bleiben mit Lappen oder Fellen bedeckt unbestattet und verwest auf dem Erdboden liegen.[59]

Abb. 2

Grundrißzeichnung des Bischofs Arkulf: Die Zionsbasilika des Patriarchen Modestus von Jerusalem (nach 614)

a) aus dem *Cod. Parisinus lat. 13048* (9. Jh.)

b) aus dem *Cod. Vindobonensis 458* (9. Jh.)

---

57 *Mk 14,65* u.par. im Kaiphashaus; *Mk 15,15* u.par. und *Joh 19,1* im Prätorium des Pilatus. Die Verehrung der Geißelungssäule in der Zionsbasilika (vgl. Theodosius Anm. 52) hat den Ort der Geißelung nach sich gezogen (vgl. die Fassungen A und B des Jerusalem-Breviers 4!) - bei Arkulf umso mehr, als er weder das Kaiphashaus noch das Prätorium kannte.

58 Die Zionsbasilika war „Mutter aller Kirchen" *(mater omnium ecclesiarum,* Theodosius 7), und zwar wegen des Pfingstereignisses *(Apg 2,1-4),* aber auch deswegen, weil man annahm, dort habe das dem Johannes Markus gehörige Haus der Apostel gestanden *(Apg 12,12),* also das Zentrum der Urgemeinde. Vgl. Eucherius 4 (Anm. 5); Theodosius 7 (Anm. 48).

59 *Acheldemach* (im Inhaltsverzeichnis zum 1. Buch: *Acheldemag)* ist der Blutacker Hakeldama *(Mt 27,3-10; Apg 1,18f.)* am S-Hang des Hinnomtales = *Wādi er-Rabābe;* vgl. Euseb, On.38,20f. (korrigiert durch Hieronymus 39,26f.). Der Pilgerfriedhof als ein ruhiges Idyll mit Mönchsbehausungen und Obstpflanzungen bestand schon im 6. Jh.; vgl. Pilger von Piacenza 26 (Anm. 120). Die Zeiten haben sich gewandelt, der Ort ist wüst und schauerlich. Eine gute Beschreibung des Zustandes im 19. Jh.: T. Tobler, Zwei Bücher Topographie von Jerusalem und seinen Umgebungen 2 (1854) 260-275.

XX. *Über die schroffe und felsige Landschaft, die sich von Jerusalem bis zur Stadt Samuels erstreckt und nach Caesarea Palaestinae westwärts fortsetzt*

1. Von Helia[60] nordwärts bis zur Stadt Samuels, die Armathem[61] heißt, erstreckt sich felsiges und schroffes Land, gelegentlich durch Täler unterbrochen; die mit Disteln bewachsenen Täler reichen bis ins tamnitische Gebiet.[62] 2. Anders ist dagegen die Beschaffenheit des Geländes von der oben genannten Helia und dem Zionsberg westwärts bis Caesarea Palaestinae[63]; denn obwohl es da auf engem Raum und in kurzem Abstand ziemlich viele schroffe Orte gibt, so liegen doch immerhin weite Feldflächen mit fruchtbaren Ölpflanzungen dazwischen.

XXI. *Über den Ölberg*[64]

Andere Baumarten außer Weinstöcken und Olivenbäumen kann man - wie der heilige Arkulf berichtet - auf dem Ölberg kaum antreffen. Getreidesaaten und Gerste jedoch gedeihen dort sehr gut; die Güte des Bodens zeigt sich nicht nur in Gestrüpp, sondern auch in Kräutern und Blumen.

XXII. *<Über die Höhe und Beschaffenheit seines Bodens>*

Seine Höhe entspricht offenbar der Höhe des Zionsberges, obwohl der Zionsberg im Vergleich zum Ölberg nach geometrischen Ma-

---

60 S. o. Anm. 40.

61 *Armathem* ist das Ramathaim (Rama) von *1 Sam 1,1 (25,1; 28,3) = en-Nebī Samwīl,* ca. 7 km nw. von Jerusalem. Einzelheiten bei Theodosius (6) Anm. 38.

62 Der Ausdruck „felsiges und schroffes Land" *(terra petrosa et aspera)* ist eine Anspielung auf Eucherius 10 *(aspera ac montuosa).* - Das „tamnitische Gebiet *(Tamnitica regio)* ist der Distrikt von *Thamna* (Thimnat Serach) = *Ḫirbet Tibne,* ca. 28 km nw. von Jerusalem, Hauptort einer Toparchie bei Fl. Josephus, *Bell. jud. IV,8,1;* vgl. auch Euseb, On. 24,3-5 und St. Hieronymus, Paula und Eustochium 13 (Anm. 108). Die Belege bei P. Thomsen, *Loca sancta I* (1907, Nachdruck 1966) 67.

63 *Qēsārye,* ca. 15 km s. von Dor; vgl. St. Hieronymus, Paula und Eustochium Anm. 20. Was Arkulf mit den Unterschieden in der Geländebeschaffenheit gemeint hat, ist unklar. Die Richtung von Jerusalem nach *Thamna* (s. o. Anm. 62) und nach *Caesarea maritima* ist dieselbe (NW).

64 Aus inhaltlichen Gründen sind die Kapitel 21 und 22 umzustellen.

ßen, d.h. nach Breite und Länge, klein und schmal zu sein scheint.[65] Zwischen diesen beiden Bergen liegt das oben erwähnte Tal Josaphat, das von Norden nach Süden verläuft.[66]

XXIII. *Über den Ort der Himmelfahrt des Herrn und die dort erbaute Kirche*

1. Auf dem ganzen Ölberg ist augenscheinlich kein Ort höher als der, von dem aus der Herr nach der Überlieferung zum Himmel gefahren ist. Dort steht eine große Rotundenkirche[67], die rundum drei gewölbte, überdachte Hallen hat. *2.* Das innere Gebäude dieser Rotundenkirche ist ohne Dach und ohne Wölbung unter freiem Himmel nach oben geöffnet. In seinem Ostteil ist ein Altar unter einer schmalen Überdachung aufgebaut. *3.* Das innere Gebäude hat deswegen keine Überwölbung, damit von dieser Stätte, an der zum letzten Male göttliche Fußspuren blieben, als der Herr in der Wolke zum Himmel aufgehoben wurde, der Weg für die Augen der dort Betenden stets offen und zum Ätherhimmel gerichtet bleibe.[68]

---

65 Die Höhendifferenz beträgt immerhin ca. 50 m. Ölberg: Kuppe auf Isohypse 800 (höchster Punkt 812 m); Zion: Kuppe auf Isohypse 760 (höchster Punkt 768 m). Den optischen Eindruck hat Arkulf ganz richtig wiedergegeben.

66 S.o. Anm. 43. Anspielung auf Eucherius 9.

67 Die Kirche zum Gedächtnis der Himmelfahrt Christi, das sog. *Imbomon* (griech. ἐν βωμῷ „auf der Höhe"), wurde 378 von einer frommen Dame namens Pomnia (Poemenia) gestiftet; vgl. Petrus der Iberer (ed. Raabe 35). Sie wird mehrfach erwähnt (z. B. Eucherius 10, Jerusalem-Brevier 7), jedoch vor 614 nie beschrieben. Vgl. Einzelheiten bei Kopp 460-465 und Kroll 533-539. Im Jahre 614 von den Persern zerstört, wurde sie vom Patriarchen Modestus vermutlich auf den alten Fundamenten wiederaufgebaut. Die relativ bescheidenen Ausgrabungen auf dem Gelände der heutigen Himmelfahrtskapelle ergaben einen byzantinischen Memorialbau in Rotundengestalt (Kroll 534, Abb. 300): Die angeschnittene Rundmauer hat einen Durchmesser von 27 m (gegenüber 7 m der heutigen Himmelfahrtskapelle). Außen konnte noch ein Oktogon von 40 m Durchmesser nachgewiesen werden, vermutlich aus dem 8. Jh., jedenfalls später als Arkulf. Vgl. V. Corbo, Ricerche archeologiche al Monte degli Ulivi (1965) 94-162. Arkulf hat den Grundriß der Kirche gezeichnet: Abb. 3 (a: aus dem *Cod. Parisinus lat. 13048,* 9. Jh.; b: aus dem *Cod. Vindobonensis 458,* 9. Jh.).

68 Die Himmelfahrtsrotunde hat „rundum drei gewölbte, überdachte Hallen" (I,23,1 *ternas per circuitum cameratas habens porticos desuper tectas).* Auf Abb. 3 sind das die drei äußeren Kreise, im S von einem dreifachen Portal durchbrochen, das im Text nicht erwähnt ist. Die Kreise bezeichnen

4. Als aber diese Basilika, von der jetzt einiges mitgeteilt wird, gebaut werden sollte, konnte der Ort der Fußspuren des Herrn - wie anderwärts beschrieben und dargelegt - hinsichtlich des Fußbodens nicht mit der übrigen Fläche in Verbindung gebracht werden. Was man auch immer hinzutat, der Erdboden war nicht gewohnt, etwas Menschliches zu tragen, und stieß die Marmorplatten in Gegenwart derer, die sie legten, wieder ab. *5.* So ist denn der Staub, auf dem Gott stand, ein dauernder Beweis, so daß man die eingedrückten Fußspuren erkennen kann; und obwohl die dort zusammenströmenden Menschen in ihrem Eifer den Staub, auf dem Gott stand, täglich wegnehmen, so erleidet der Sand dennoch keinen Schaden und bewahrt immer noch denselben Anblick, wie in die Erde eingedrückte Fußspuren.[69]

Abb. 3

Grundrißzeichnung des Bischofs Arkulf: Die Himmelfahrtskirche (Imbomon) des Patriarchen Modestus von Jerusalem auf dem Ölberg (nach 614)

a) aus dem *Cod. Parisinus lat. 13048* (9. Jh.)
b) aus dem *Cod. Vindobonensis 458* (9. Jh.)

Fundamentlinien (wie auch bei der Anastasis Abb. 1); man kann nicht erkennen, ob sich auf ihnen Mauern oder Säulen erhoben. Der innere Kreis wurde sicherlich von einer Mauer gebildet, die höher gezogen war als die beiden äußeren *„porticos"*: wegen der im W eingezeichneten 8 Fenster mit Lampen. Dieser Innenkreis hatte kein Dach, wofür Arkulf zwei Gründe anführt: einen religiösen (hier) und einen architektonischen (I,23,16-18; s.u. Anm. 72).

69 I,23,4-5 (von *„der Ort der Fußspuren"* bis *„eingedrückte Fußspuren")* ist ein Auszug aus der 405 geschriebenen Weltchronik des Sulpicius Severus (gest. 420): *Historia Sacra II,33,6-8* ed. C. Halm, CSEL 1 (1866). Auch I,23,3 enthält bereits Anklänge an diesen Text. Zu vgl. ist ferner: Paulinus von Nola (403), *Epist. 31,4 ad Severum* ed. W. v. Hartel, CSEL 29 (1894) 271,5-272,4; Augustin, *Johanneskommentar 47,4* ed. R. Willems, CCSL 36 (1954) 406,16-19. Man kann sich nur mühsam vorstellen, wie die Sache mit den Fußspuren im Sande funktioniert hat. Seit dem Mittelalter der Kreuzfahrer (Neubau 1102 vollendet) zeigte man sie in Stein. Vgl. G. Klameth, Die neutestamentlichen Lokaltraditionen Palästinas II: Die Ölbergüberlieferungen (1923) 106-121.

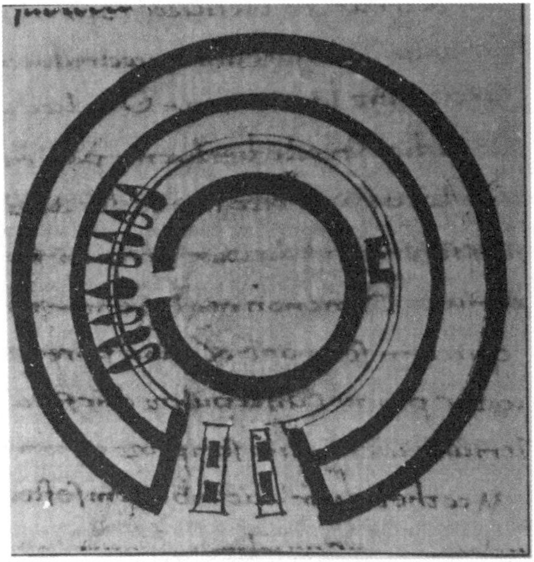

a)

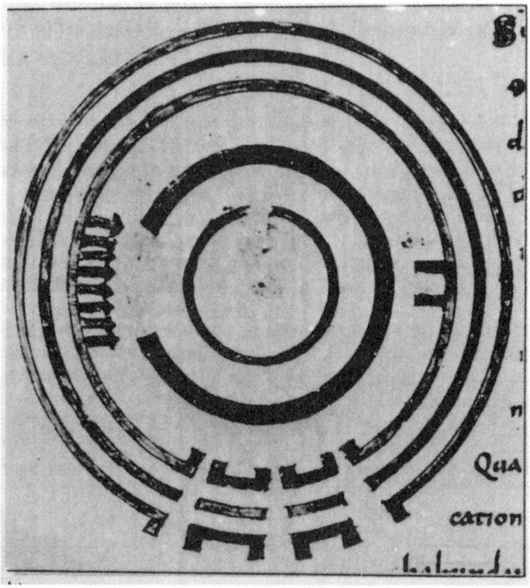

b)

6. An diesem Orte ist - wie der heilige Arkulf, sein eifriger Besucher, berichtet - ein großes bronzenes Rad von oben her angebracht, dessen Höhe bis zum Hals reicht. *7.* In seiner Mitte ist ein beträchtliches Loch offengelassen, durch das hindurch von oben die Fußspuren des Herrn, klar und deutlich im Staube eingedrückt, gezeigt werden. *8.* Auch befindet sich an dem Rade auf der Westseite eine Art stets offener Tür, damit die Eintretenden den Ort des geheiligten Staubes leicht erreichen können und durch ein offenes Loch im Rade von oben her mit ausgestreckten Armen Teile vom heiligen Staube nehmen können.[70]

9. Der Bericht unseres Arkulf über den Ort der Fußspuren des Herrn stimmt mit den Beschreibungen anderer[71] darin richtig überein, daß er weder durch eine Überdachung des Gebäudes noch durch eine tiefere und nähere Bedeckung irgendwie geschützt ist, damit er von allen, die ihn besuchen, stets deutlich wahrgenommen werden kann und die im Staube dieses Ortes klar abgezeichneten Spuren der Herrenfüße gezeigt werden können. *10.* Diese Fußspuren des Herrn werden vom Licht einer großen Lampe, die an einem Flaschenzug über dem Rade hängt und Tag und Nacht brennt, erleuchtet.

11. Die oben erwähnte Rotundenkirche hat im Westteil zweimal vier oben angebrachte Fenster mit gläsernen Scheiben; in der Nähe dieser Fenster sind an der Innenseite entsprechend ihrer Zahl an Stricken hängende Lampen angebracht und leuchten. Die Lampen sind so angebracht, daß jeweils eine Lampe weder oberhalb noch unterhalb (des Fensters) hängt, sondern gewissermaßen mit dem Fenster verbunden erscheint, das man gerade von der Innenseite her besonders betrachtet.

---

70 Das offene bronzene Rad *(aerea rota)* mit Lochöffnung von oben und Öffnung von W ist nicht völlig klar. Auf Abb. 3a ist es der innere Kreis. Abb. 3b hat zwei innere Kreise: vielleicht wollte der Zeichner das Loch *(pertussura)* andeuten, durch das man die Fußspuren von oben betrachtete. Das Rad freilich konnte nicht von oben herabhängen, wie die *aerea rota* in der Golgothakirche (I,5,1); denn die innere Rotunde hatte kein Dach. Also wird man sich wahrscheinlich eine kreisrunde Balustrade von mindestens 1,50 m Höhe vorstellen müssen, mit Eingangstür im W. Es wird ungefähr so ausgesehen haben wie die hölzerne Balustrade rings um den Hl. Felsen *(eṣ-ṣaḫra)* im Felsendom.

71 S.o. Anm. 69.

12. Diese Lampen erstrahlen in solcher Klarheit, daß durch ihr Licht, vom höchsten Orte des Ölberges aus dem Fenster weit erstrahlend, nicht nur der Teil des Berges beleuchtet wird, der westlich an die steinerne Rotundenkirche anschließt, sondern auch derjenige, der vom Tal Josaphat zur Stadt Jerusalem auf Stufen emporsteigt, in dunklen Nächten wunderbar Licht empfängt; darüber hinaus erstrahlt der nähere Teil der Stadt, der in dieser Richtung liegt, ganz ähnlich im Lichtglanz. *13.* Dieses helle und wunderbare Blinken der acht großen Leuchten, die in der Nacht vom heiligen Berge und vom Orte der Himmelfahrt des Herrn erglänzen, gießt in die Herzen der schauenden Gläubigen - wie Arkulf berichtet - die große Lust der göttlichen Liebe, flößt aber auch Seelenangst mit großer innerer Reue ein.

14. Wir dürfen aber auch das nicht verschweigen, was der oft erwähnte Arkulf mir über diese Rotundenkirche auf genauere Nachfrage mitgeteilt hat. Er sagte: *15.* „Am jährlichen Feiertag der Himmelfahrt des Herrn pflegt durch alle Jahre hindurch um die Mittagszeit, nachdem die allerheiligsten Meßfeiern in der Basilika abgeschlossen sind, ein gewaltiger Sturmwind mit derart starkem Druck hereinzubrechen, daß niemand von den Leuten in der Kirche und an den ihr nahegelegenen Orten irgend stehen oder sitzen kann; vielmehr liegen alle solange ausgestreckt auf dem Boden, bis der schreckliche Sturm vorüber ist. *16.* Wegen dieses schreckenerregenden Wehens kann jener Teil des Gebäudes keine Überwölbung über dem Ort der eingedrückten Fußspuren des Herrn bekommen, die mitten im Loch des oben erwähnten Rades gezeigt werden. Er erscheint daher stets zum Himmel offen. *17.* Denn was immer für Baumaterialien für die Überwölbung oben verwendet werden sollten, wenn die Kunst der menschlichen Hand zu bauen versuchte, das zerstörte die Gewalt des oben erwähnten von Gott gesandten Windes.“ *18.* Über diesen furchtbaren Sturm also hat uns der heilige Arkulf solches erzählt; er war in der Stunde, als am Tage der Himmelfahrt des Herrn das gewaltige Wehen hereinbrach, selbst in der Ölbergkirche anwesend.[72] *19.* Der Grundriß der Rotundenkirche wird durch das hier abgemalte, wenn auch schlichte Bild

[72] Wir sollten Arkulf Glauben schenken. Er hat sicherlich einen kräftigen Sturm erlebt - wie denn auf der Höhe des Ölberges, freilich nicht nur am Himmelfahrtstage, um die Mittagszeit gerne steife Winde wehen. Der religiöse Schauer, der den Pilger dabei überkam, hat ihn nicht gehindert,

erläutert, ferner auch die Gestalt des in ihrer Mitte angebrachten bronzenen Rades nach dieser vorliegenden Schilderung gezeigt.[73]

20. Wir haben aber auch folgendes nach dem Bericht des heiligen Arkulf gelernt, daß in der Rotundenkirche zu den gewöhnlichen acht oben erwähnten Leuchten, die des Nachts im Inneren erstrahlen, in der Festnacht der Himmelfahrt des Herrn unzählige weitere Lampen hinzugefügt werden. Durch ihr schreckliches und wunderbares Blinken durch die Glasscheiben der Fenster wird nicht nur der Ölberg im Überfluß erleuchtet; es scheint vielmehr alles zu brennen, und die ganze niedriger gelegene Stadt mit Umgebung ist in Licht getaucht.

XXIV. *Über das Lazarusgrab und die darüber errichtete Kirche <und> über das dazugehörige Kloster*

Arkulf hat als Besucher der heiligen, oben erwähnten Orte auch die kleine Ebene von Bethanien aufgesucht, die von einer großen Ölbaumpflanzung umgeben ist.[74] Dort befindet sich ein großes Kloster, und eine große Basilika ist über der Höhle errichtet, aus der der Herr den seit vier Tagen toten Lazarus auferweckt hat.[75]

XXV. *Über die andere Kirche auf der rechten Seite von Bethanien*

1. Wir meinen, es müßte kurz über die andere, noch berühmtere Kirche auf der Südseite von Bethanien geschrieben werden, die an

---

eine architektonische Erwägung anzustellen: Nicht nur der zum Himmel gerichtete Blick der Gläubigen (I,23,3; s. o. Anm. 68), sondern auch der Sturm ist Ursache dafür, daß die innere Rotunde keine Überdachung hat. Das allerdings brauchen wir dem Arkulf nicht zu glauben.

73 Abb. 3; s.o. Anm. 67.

74 Zu Bethanien = *el-ᶜĒzarīye* (Lazarusort), ca. 2,5 km ö. von Jerusalem, vgl. Kopp 332-335 und Kroll 354-366 (mit Plänen und Skizzen). Die Landschaft des Dorfes Bethanien ist freilich weit davon entfernt, eine kleine Ebene *(campulus)* zu sein.

75 Die dreischiffige Basilika über dem Lazarusgrab *(Joh 11)* ist schon um 390 bezeugt; vgl. Hieronymus bei Euseb, On. 59,16-18. Die Pilger erwähnen gewöhnlich nur das Grab: Pilger von Bordeaux 18 (Anm. 100); St. Hieronymus, Paula und Eustochium 12 (Anm. 87); Pilger von Piacenza 16 (Anm. 76). Zu den Ausgrabungen: S. J. Saller, Excavations in the Ancient Town of Bethany. *Stud. Biblici Franciscani 2* (1951/2) 119-162; ders., Excavations at Bethany (1957).

dem Orte des Ölberges errichtet ist, wo der Herr seinen Jüngern gepredigt haben soll.[76] 2. Dabei muß sorgfältig untersucht werden, was für eine Predigt das war, zu welcher Zeit und zu welchen besonderen Personen unter den Jüngern der Herr gesprochen hat. 3. Wenn wir die drei Evangelienschriften aufrollen - Matthäus, Markus, Lukas -, dann werden diese drei Fragen klar beantwortet. 4. Über den Gegenstand der Predigt stimmen sie überein. Über den Ort der Zusammenkunft und über das Hauptthema[77] der Predigt wird niemand zweifeln können, der das Matthäusevangelium liest, wo der Evangelist selber über den Herrn berichtet: *„Und als er auf dem Ölberge saß, traten zu ihm seine Jünger besonders und sprachen: Sage uns, wann wird das geschehen? Und welches wird das Zeichen sein deiner Zukunft und des Endes der Welt?“*[78] 5. Über die Personen der Fragenden schweigt Matthäus hier, Markus aber schweigt nicht, er schreibt: *„Es fragten ihn Petrus, Jakobus, Johannes und Andreas besonders.“*[79] Als Antwort für die Frager gibt er den Gegenstand der Predigt, nach den drei bereits erwähnten Evangelisten, folgendermaßen an: *„Sehet zu, daß euch nicht jemand verführe! Denn es werden viele kommen unter meinem Namen und sagen: Ich bin's“*[80] und die weitere Rede über die letzten Zeiten und den Untergang der Welt. 6. Matthäus verfolgt das in einem ausführlichen Textabschnitt bis zu dem Punkte, wo derselbe Evangelist aus den Worten des Herrn den Zeitpunkt dieser langen Predigt angibt: *„Und es begab sich, da*

---

76 Die Formulierung *»an dem Orte ... errichtet, wo der Herr seinen Jüngern gepredigt haben soll“* ist fast wörtliches Zitat aus Eucherius 10. - Es sprechen gute Gründe dafür, daß Adomnanus das Kapitel I,25 erst nach der Abreise des Bischofs Arkulf, jedenfalls aber ohne Arkulf geschrieben hat. Denn die Kirche, von der er handelt, ist die berühmte Eleona-Basilika Konstantins, 325 begonnen, über der Höhle der Jüngerbelehrung von *Mk 13,3ff.* u.par. (die Höhle *„Matzi“* des Theodosius 17, Anm. 72); vgl. Kopp 453-465 und Kroll 527-539. Über die Eleona aber konnte Arkulf dem Adomnanus nichts mitteilen, weil sie nach der Zerstörung durch die Perser 614 nicht wieder aufgebaut worden ist. Kap. 25 enthält denn auch keinerlei Angaben über die Eleona-Kirche, sondern einen kleinen exegetischen Traktat. Dabei wird aber davon ausgegangen, daß die Kirche noch steht (I,25,1.8), was nicht hätte geschehen können, wenn Adomnanus den Arkulf darüber befragt hätte. Die Eleona lag auch nicht s., sondern nw. von Bethanien.

77 Vgl. P. Grosjean, Latomus 23 (1956) 133ff.; *styma* von griech. τὸ στύμμα „das, was zusammenzieht, fest macht“ (ursprünglich Färbstoff, Ölzusatz u.dgl.).

78 *Mt 24,3.*

79 *Mk 13,3.*

80 *Mk 13,5f.*

Jesus alle diese Reden vollendet hatte, sprach er zu seinen Jüngern: Ihr wisset, daß nach zwei Tagen Ostern wird, und des Menschen Sohn wird überantwortet werden, daß er gekreuzigt werde" usw.[81] *7.* Es wird also ganz deutlich gezeigt, daß der Herr die oben erwähnte lange Predigt den vier oben genannten fragenden Jüngern gehalten hat, und zwar am 4. Festtage, zwei Tage vor dem Tag der ungesäuerten Brote, d.h. Ostern.[82] *8.* An dem Orte, wo diese Predigt gehalten wurde, ist zur Erinnerung die oben erwähnte Kirche gegründet worden, die hoch verehrt wird.[83]

9. Bis hierher reicht die Wiedergabe des zuverlässigen Berichtes über die heiligen Orte der Stadt Jerusalem, des Berges Zion, auch des Ölberges und des dazwischen liegenden Tales Josaphat nach dem heiligen Arkulf, der die Stätten besucht hat.
Hier endet das erste Buch.

Nun folgen die Kapitel des zweiten Buches

I. Über die Lage der Stadt Bethlehem
II. Über den Ort der Geburt des Herrn
III. Über den außerhalb der Mauer gelegenen Felsen, auf den das Wasser seiner ersten Waschung nach der Geburt ausgegossen wurde
IV. Über die andere Kirche, in der man das Grabmal Davids sehen kann
V. Über die Grabmäler der drei Hirten, die bei der Geburt des Herrn die Klarheit des Himmels umleuchtete
VI. Über die andere Kirche, in deren Innerem sich das Grab des hl. Hieronymus befindet
VII. Über das Rahelgrab
VIII. Über Hebron
IX. Über das Tal Mamre
X. Über die Gräber der vier Patriarchen
XI. Über den Berg und die Eiche von Mamre
XII. Über den Pinienwald, aus dem das Holz für die Jerusalemer Feueropfer auf Kamelen gebracht wird
XIII. Über Jericho

---

81 *Mt 26,1 f.*
82 Karmittwoch.
83 S.o. Anm. 76.

XIV.	Über Gilgal
XV.	Über die zwölf Steine, die die Israeliten mitnahmen, als sie den trockenen und tiefen Jordanfluß überschritten hatten
XVI.	Über die Stelle, an der der Herr von Johannes getauft worden ist
XVII.	Über die Farbe des Jordans
XVIII.	Über das Tote Meer
XIX.	Über die Jordanquellen
XX.	Über das galiläische Meer
XXI.	Über den Brunnen von Samarien
XXII.	Über die kleine Wüstenquelle
XXIII.	Über die Heuschrecken und den wilden Honig
XXIV.	Über den Ort, an dem der Herr die fünf Brote und die zwei Fische segnete
XXV.	Über Kapernaum
XXVI.	Über Nazareth und seine Kirchen
XXVII.	Über den Berg Thabor
XXVIII.	Über Damaskus
XXIX.	Über Tyrus
XXX.	Über Alexandria und den Nil mit seinen Krokodilen

Das zweite Buch

I. *Über die Lage Bethlehems*

1. Zu Beginn dieses unseres zweiten Buches ist kurz einiges wenige über die Lage der Stadt Bethlehem mitzuteilen, in der unser Erlöser der Geburt aus der hl. Jungfrau gewürdigt worden ist. *2.* Die Stadt ist nach dem Bericht des Arkulf, der sie besucht hat, nicht so sehr durch ihre Lage groß, sondern durch den Ruhm, den sie in den Kirchen aller Völker genießt. Sie liegt auf einem schmalen Rücken, auf allen Seiten von Tälern umgeben. *3.* Der Landrücken erstreckt sich von Westen nach Osten ungefähr 1000 Doppelschritte weit.[84] *4.* Oben auf der ebenen Fläche überragt eine

[84] Der Ortshügel von Bethlehem liegt halbmondförmig um das n. vorgelagerte *Wādi el-Ǧemel* und erstreckt sich von W nach O. Es ist ein Doppelhügel von ca. 1 km Länge (1 Meile =1,5 km ist etwas zu viel) mit einem Sattel zwischen der w. Erhebung *el-Baṭn* (ca. 790 m) und der ö. Kuppe mit der Geburtskirche (ca. 760 m). Vgl. Luftaufnahme und Kartenskizze bei Kroll 44f., Abb. 24 und 25. Vgl. auch OLB 2, 611-638; M. Avi-Yonah - V. Tzaferis, Bethlehem. NEncAEHL I 203-210.

niedrige Mauer ohne Türme[85], die rings um den Höhenrand des kleinen Bergzuges gebaut ist, die hier und da umliegenden Täler. Innerhalb der Mauer erstrecken sich, durch eine Unterbrechung in der Mitte geteilt, in langem Zuge die Wohnhäuser der Einwohner.

II. *Über die Stätte der Geburt des Herrn*

1. In der am weitesten östlich gelegenen Ecke der Stadt befindet sich eine Art natürlicher Halbhöhle, deren innerster Teil Krippe des Herrn heißt, in der die Mutter den neugeborenen Knaben niederlegte. *2.* Ein anderer Platz aber, nahe der oben erwähnten Krippe und für die Eintretenden näher, war nach der Überlieferung die eigentliche Stätte der Geburt des Herrn.[86] *3.* Diese Höhle von Bethlehem mit der Krippe des Herrn ist zur Ehre des Erlösers innen ganz mit kostbarem Marmor geschmückt. *4.* Zu dieser Halbgrotte gehörig, über dem steinernen Kämmerlein, oberhalb der genauen Stätte, wo der Herr nach der Überlieferung geboren wurde, ist eine Kirche der hl. Maria von großartiger Bauart errichtet.[87]

III. *Über den außerhalb der Mauer gelegenen Felsen, auf den das Wasser seiner ersten Waschung < nach der Geburt ausgegossen wurde >*

1. Ich halte dafür, daß kurz über den außerhalb der Mauer gelegenen Felsen berichtet werden muß, auf den das Wasser der ersten

---

85 Die „niedrige Mauer ohne Türme" *(humilis sine turribus murus)* ist Zitat aus Eucherius 11.

86 Die Geburtsgrotte ist eine „natürliche Halbhöhle" (II,2,1 *naturalis dimedia spelunca; II,2,4 semiantrum),* und zwar deshalb nur „halb", weil man wegen des Gewichtes der drüber befindlichen Geburtsbasilika die Decke der Höhle mit Mauerwerk und Säulen abgestützt und die Höhle selbst nahezu rechteckig zugeschnitten hatte. Vgl. Kopp 46-55 und Kroll 41-66 (bes. 60, Abb. 33 mit einer Planskizze des Höhlensystems). Die Grotte der Geburt erreicht man zuerst, die Krippengrotte liegt weiter hinten *(interior ultima pars).* Arkulf ist also auf einer der beiden noch heute benutzten Treppen (Kroll Abb. 33: E) hinabgestiegen.

87 Die Geburtsbasilika des Kaisers Konstantin (vgl. Euseb, *Vita Constantini III,41-43),* um 530 unter Justinian ausgebaut und im Persersturm des Jahres 614 als einzige Kirche Palästinas unversehrt geblieben. Planskizze und Beschreibung bei Kroll 52, Abb. 30; vgl. auch R. W. Hamilton, The Church of the Nativity Bethlehem (1947). Das Edelmetall in der Krippengrotte hatten die Perser allerdings mitgenommen; vgl. zum Zustande vor 614 Eucherius 11 (Anm. 18) und Pilger von Piacenza 29 (Anm. 129).

Reinigung des kleinen Körpers des Herrn nach der Geburt aus einem kleinen Gefäß, in dem es sich befand, von der Höhe der Mauer hinabgegossen wurde. *2.* Das von der Mauer gegossene Wasser des heiligen Bades verursachte im tiefer gelegenen Felsen eine Art natürlich ausgehöhltes Loch. Dieses am ersten Geburtstage des Herrn mit Wasser gefüllte Loch ist seit jenem Tage durch viele Jahrhundertperioden bis in unsere Zeit voll von allerreinstem Quellwasser, ohne jeden Makel und ohne daß es weniger würde.[88] Dieses Wunder wird von unserem Erlöser seit seinem Geburtstage gewirkt. *3.* Von ihm singt der Prophet: *„der Wasser aus dem Felsen fließen ließ"*[89] und der Apostel Paulus: *„der Fels aber war Christus"*[90], der aus dem härtesten Felsgestein in der Wüste gegen die Natur Trostwasser für das dürstende Volk hervorbrachte. *4.* So ist es denn Gottes eigene Wunderkraft und Gottes Weisheit[91], der auch aus dem Felsen von Bethlehem Wasser fließen ließ und sein Loch immer voll Quellwasser hält. Unser Arkulf hat es mit eigenen Augen gesehen und das Gesicht darin gewaschen.

---

88 Dieses Zisternenloch (?) im Felsboden ist rätselhaft und schwer zu lokalisieren. Es lag „außerhalb der Mauer" *(extra murum)*, und damit meint Arkulf die Stadtmauer, von deren „Höhe" *(summitas)* das Badewasser des Neugeborenen hinabgegossen wurde. Das schließt die Annahme, es handle sich um die ca. 10 m ö. der Geburtsgrotte befindliche Naturhöhle, ziemlich sicher aus; diese Annahme bei Kopp 38f., Anm. 100f. Denn die Naturhöhle lag z. T. noch unter der Ostapsis der justinianischen Basilika: Kroll 52, Abb. 30, ö. von T; vgl. B. Bagatti, Gli antichi edifici di Betlemme (1952) 152-156. J. Wilkinson, a.a.O., S. 152 denkt an die Wasserleitung von den Salomonischen Teichen nach Jerusalem, aber die verlief in der Nähe der Straße von Jerusalem nach Hebron, mithin zu weit w. Auch der seit dem Mittelalter oft bezeugte Brunnen (oder die Zisterne), in dem der Stern der Weisen aus dem Morgenlande verschwand, kommt kaum in Betracht: Arkulf spricht nicht von den Weisen und ihrem Stern, und zumindest nach einem Teil der Zeugen war die Stelle identisch mit der oben genannten Höhle unter der Ostapsis der Geburtskirche; vgl. Kopp 70-74. Es handelt sich also wohl um eine isolierte Einzelüberlieferung. Da Arkulf schwerlich annahm, man habe das Badewasser Jesu erst einmal einige hundert Meter weit transportiert, ehe man es ausgoß, ist am ehesten an den steilen, terrassierten S-Hang des *Wādi el-Ǧemel* n. der Geburtskirche zu denken, wo es noch heute zahlreiche Höhlen gibt.

89 *Ps 78,16* (nach dem *Psalterium iuxta Septuaginta)*. Der „Prophet" ist Asaph *(Ps 78,1)*.

90 *1 Kor 10,4.*

91 Anspielung auf *1 Kor 1,24.*

IV. *Über die andere Kirche, in der man das Grabmal Davids sehen kann*

1. Arkulf gab uns auf meine Frage nach dem Grabe des Königs David folgende Auskunft: *2.* „Das Grabmal des zur Erde bestatteten Königs David habe ich oft besucht und gründlich erforscht. *3.* Es liegt im Mittelteil des Fußbodens einer Kirche ohne irgendwelches Schmuckwerk darüber. Eine niedrige steinerne Pyramide[92], die es oben bedeckt, ist vorhanden; auch brennt allezeit hell eine aufgesetzte Lampe. *4.* Diese Kirche ist außerhalb der Mauer in einem angrenzenden Tale errichtet, das an den Hügel von Bethlehem nördlich anschließt."[93]

V. *Über die andere Kirche, in deren Innerem sich das Grab des hl. Hieronymus befindet*

1. Auf unsere ebenso interessierte Frage nach dem Grab des hl. Hieronymus antwortete Arkulf folgendermaßen: *2.* „Das Grab des hl. Hieronymus, nach dem ihr fragt, habe ich selber besichtigt. Es befindet sich in einer anderen Kirche, die außerhalb des Städtchens in einem Tale gebaut ist, das auf der Südseite an den Rücken des oben erwähnten Hügels von Bethlehem anschließt. *3.* Das Grab des Hieronymus ist im übrigen ähnlich gestaltet wie das Grabmal Davids; es hat keinerlei Schmuckwerk."[94]

---

92 Das Familiengrab der Davididen ist nach der Katastrophe von 70 n. Chr. aus Jerusalem dorthin abgewandert, wo man den Grundbesitz der Familie Davids annahm: nach Bethlehem *(1 Sam 16,1.18; 17,12* u.ö.); vgl. Euseb, On. 42,11f.; Pilger von Bordeaux 20 (Anm. 110); Pilger von Piacenza 29 (Anm. 131). Arkulf ist der letzte, der die Davidsgrabkirche erwähnt. Erörterung und Belege bei Kopp 74-76 und J. Jeremias, HG 77-79. - Die „niedrige steinerne Pyramide" *(humilis lapidea piramis)* wird von den Übersetzern für eine Art Umzäunung gehalten: J. R. Macpherson in PPTS 3 (1895, Nachdruck 1971) 30 übersetzt „fence" (Zaun, Balustrade) und beruft sich auf W. Reeves, The Life of St. Columba. The Irish Archaeological and Celtic Society (1857) 452; J. Wilkinson, a.a.O., S. 104 mit „rail" (Geländer) nach D. Meehan, Adamnan, *De Locis Sanctis. Scriptores Latini Hiberniae 3* (1958) 77, Anm. 1.

93 Die Davidsgrabkirche, von der bisher keinerlei Spuren gefunden worden sind, lag nach Arkulf im *Wādi el-Ğemel.* Darauf führt auch der Pilger von Piacenza 29 (Anm. 131); seine Entfernungsangabe (½ Meile = 750 m) ist allerdings etwas zu hoch gegriffen.

94 Das Grab des hl. Hieronymus, der 419/20 in Bethlehem starb, befand sich im Höhlensystem unter der Geburtskirche in der Nähe der Grabstätten der hl. Paula und Eustochium. Einzelheiten bei Kopp 44-46; zum Stand der Dinge im 6. Jh. vgl. Pilger von Piacenza 29 (Anm. 130). Im 7. Jh. ist

VI. *Über die Grabmäler der <drei> Hirten, die bei der Geburt des Herrn die Klarheit des Himmels umleuchtete*

1. Über die Grabmäler der Hirten, die in der Nacht der Geburt des Herrn die Klarheit des Himmels umleuchtete[95], hat uns Arkulf folgenden kurzen Bericht gegeben: *2.* „Ich habe die drei Grabmäler der drei Hirten besucht, die in einer Kirche beim Turme Gader begraben sind, ungefähr 1000 Doppelschritte östlich von Bethlehem.[96] Als der Herr geboren wurde, umgab sie an diesem Orte, d.h. in der Nähe des Herdenturmes, die Klarheit des Lichtes der Engel; dort ist die Kirche errichtet, die die Gräber der Hirten enthält.

VII. *Über das Rahelgrab*

1. Das Buch Genesis erzählt, Rahel sei in Ephrata, d. h. in der Gegend von Bethlehem, begraben worden[97]; auch das Buch der Orte berichtet, daß Rahel in derselben Gegend an der Straße beerdigt ist.[98] *2.* Auf meine Erkundigung nach dieser Straße antwortete Arkulf: „Das ist eine Königsstraße, die von Helia[99] in Südrichtung nach Hebron führt. Nicht weit östlich der Straße liegt Bethlehem, 6 Meilen von Jerusalem entfernt. *3.* Das Rahelgrab aber befindet sich nahe am Westrand derselben Straße, d.h. auf der rechten Seite, wenn man nach Hebron geht. Es ist auf schlichte Weise errichtet und hat keinerlei Schmuck; nur von einer Steinpyramide[100] ist es

---

das Hieronymusgrab vorübergehend nach S abgewandert und hat eine eigene Kirche erhalten, von der bisher keine Spuren gefunden worden sind. Wahrscheinlich stand sie im *Wādi er-Rāhib* (Kroll 45, Abb. 25).

95 *Lk 2,9.*

96 Die Formulierung ist angelehnt an Hieronymus bei Euseb, On. 43,22-45,1; vgl. auch St. Hieronymus, Paula und Eustochium 10 (Anm. 64). Der „Herdenturm" *(Migdal ʿĒder,* griech./lat. *Ader* oder *Gader)* aus *Gen 35,21* (vgl. *Mi 4,8)* ist von den Christen seit alters auf die Hirten in der Weihnacht gedeutet worden. Arkulf meint das sog. griechische Hirtenfeld, ca. 700-800 m ö. des Dorfes *Bēt Sāḥūr:* arab. *Dēr* oder *Kenīset er-Ruʿāt* „Kloster oder Kirche der Hirten", mit Sicherheit nicht das lateinische Hirtenfeld *(Ḫirbet el-Eṣyār* „Schafstallruine") etwas mehr als 500 m weiter nnö. Für die Gräber der Hirten in der Kirche ist Arkulf der einzige Zeuge; eine Notiz bei Felix Fabri (1483), *Evagatorium I,458* (ed. C. D. Hassler 1843) dürfte eine Lesefrucht sein. Erörterung bei Kopp 55-66; OLB 2, 639-650.

97 *Gen 35,19; 48,7.*

98 Hieronymus bei Euseb, On. 83,12-16.

99 S.o. Anm. 40.

100 Das ca. 2 km n. von Bethlehem an der Straße von Jerusalem gelegene

umgeben. *4.* Dort zeigt man noch heute die Inschrift mit ihrem Namen, die ihr Ehemann Jakob daraufgesetzt hat."[101]

VIII. *Über Hebron*

1. Hebron, das auch Mamre heißt, war einst Hauptstadt der Philister und Wohnort der Giganten; dort regierte David sieben Jahre lang.[102] Heutzutage hat es, wie der heilige Arkulf berichtet, keinen Mauerring. Man sieht von der einst zerstörten Stadt nur noch ein paar Trümmerspuren. *2.* Es gibt immerhin einige Gehöfte von einfacher Bauart und Güter, teils innerhalb, teils außerhalb der eingefallenen Mauern übriggeblieben, auf ebenem Felde gelegen. In den Gehöften und Gütern wohnen viele Leute.

IX.X. *Über das Tal Mamre und die Gräber der vier Patriarchen*

1. Auf der Ostseite von Hebron aber befindet sich das Feld mit der Doppelhöhle gegenüber von Mamre, das Abraham dem Hittiter Ephron abgekauft hat, um die Doppelhöhle zu besitzen.[103] **(X.)** *2.* Im Tale dieses kleinen Grundstücks hat der heilige Arkulf die Gräberstätte Arbe besucht, d. h. die Gräber der vier Patriarchen Abraham, Isaak, Jakob und des ersten Menschen Adam[104], *3.* deren

---

Rahelgrab ist seit vorchristlicher Zeit bis zur Gegenwart keinen Fingerbreit von seiner Stelle gewichen. Für die Lokalisation bei Bethlehem: der Glossator zu *Gen 35,19* und *48,7 („das ist Bethlehem"); Jub. 32,34; Mt 2,16-18* und so durch die Jahrhunderte. Zur Vorgeschichte und Geschichte: Pilger von Bordeaux 20 (Anm. 108); St. Hieronymus, Paula und Eustochium 10 (Anm. 45); Pilger von Piacenza 28 (Anm. 126); vgl. J. Jeremias, HG 75f. - Zu *piramis* s.o. Anm. 92.

101 *Gen 35,20.*

102 Die Formulierung ist abhängig von Hieronymus bei Euseb, On. 7,15. Hebron *(el-Ḫalīl)* war nie Philisterstadt, galt aber als Wohnort der Enakiter (Giganten); vgl. *Jos 14,15; 15,13f.; Ri 1,20; Num 13,23.* Davids Regierungszeit in Hebron: *2 Sam 2,11; 5,5.* Die topographisch falsche Gleichung von Hebron *(el-Ḫalīl)* mit Mamre *(Ḥaram Rāmet el-Ḫalīl)* beruht auf *Gen 13,18* (Vulgata: *convallis Mambre quod est in Hebron;* vgl. Euseb, On. 124,5) und *Gen 23,19* (vgl. *35,27*). Arkulf hat allerdings unbeschadet dieser durch Bibelstellen erzwungenen Gleichung das richtige Mamre gesehen und beschrieben (II,11), im Gegensatz zum Pilger von Piacenza 30 (Anm. 135).

103 *Gen 23,17.19.* Der *Ḥaram* von Hebron liegt am NO-Rande der Ortschaft.

104 *Arbe,* als Name der Gräberstätte, ist hergeleitet von *Qiryat-arbaᶜ* „Vierstadt", einer alten Bezeichnung für Hebron *(Gen* 23,2; *Jos 14,15; 15,13.54; 20,7* u.ö.).

Füße nicht, wie es in anderen Weltgegenden üblich ist, nach Osten, sondern nach Süden und deren Köpfe nach Norden gerichtet sind.

4. Diese Gräberstätte wird von einer niedrigen viereckigen Mauer eingeschlossen. *5.* Adam, der Erstling der Schöpfung[105], der Sünder, zu dem Gott der Schöpfer unmittelbar nach vollzogenem Sündenfall gesagt hatte *„Du bist Erde und sollst zu Erde werden!"*[106], ist, von den drei anderen nicht sehr weit entfernt, auf der äußersten Nordseite jener viereckigen steinernen Umfriedung begraben.[106a] Er ist nicht in einem aus dem Felsen gehauenen Steingrab oberhalb der Erde bestattet, wie die anderen von seinen Nachkommen in Ehren ruhen, sondern in der Erde mit Erde bedeckt: Selber Staub ruht er in Staub verwandelt mit seiner ganzen Nachkommenschaft in Erwartung der Auferstehung. So ist durch die Art seines Begräbnisses an ihm selbst das über ihn ergangene Gotteswort erfüllt worden.[107] *6.* Und nach dem Beispiel des Grabes des ersten Elternpaares ruhen auch die drei anderen Patriarchen nur mit Erde bedeckt im Todesschlaf. Auf ihren vier Gräbern stehen aus einzelnen Steinen gearbeitete und behauene kleine Grabmäler, ungefähr in Basilikalform,

---

Die Deutung auf 4 Männer ist zwar sachlich falsch, aber naheliegend, da man in Hebron seit dem 2. Jh. v. Chr. die Gräber der Patriarchen verehrte; vgl. Einzelheiten bei J. Jeremias, HG 90-99. Umstritten war bei Juden und Christen, wem das 4. Grab gehören sollte: Kaleb, Joseph (so der Pilger von Piacenza 30 und bis heute) oder Adam? Arkulf folgt Hieronymus in der Zuweisung an Adam; vgl. Hieronymus bei Euseb, On.7,11-14 und *Quaestiones in Genesin zu 23,2* ed. P. de Lagarde, CCSL 72 (1959) 28,20-30. Zum Problem auch St. Hieronymus, Paula und Eustochium 11 (Anm. 73). Das Adamsgrab in Hebron hat sich gegen die Jerusalemer Konkurrenztradition nur mühsam behaupten können und ist schließlich unterlegen. Es beruht auf der Exegese von *Jos 14,15.* Dort heißt es im hebr. Text:... *qiryat-arba*ᶜ *hā'ādām haggādōl hū bā*ᶜᵃ*nāqīm* „... Stadt des Arbaᶜ, der war der größte (mächtigste) Mensch unter den Enakitern". Dabei ist das Element *Arba*ᶜ fälschlich als Personenname gedeutet. Hieronymus hat, jüdischer Auslegungstradition folgend, *hā'ādām* als Bezeichnung Adams genommen und in der Vulgata übersetzt:... *Cariatharbe Adam maximus ibi inter Enacim situs est."*

105 Im Text steht *protoplaustus,* ein Fehler für *protoplastus* aus griech. πρωτόπλαστος „der Ersterschaffene". Die zugrundeliegende Bibelstelle ist *1 Tim 2,13.*

106 *Gen 3,19.*

106a Zur heutigen Lage der Gräber im *Ḥaram el-Ḫalīl* vgl. H. Vincent, La sépulture des patriarches d'après la Bible. RB 29 (1920) 507-539; H. Vincent - E. J. H. Mackay - F.-M. Abel, Hebron, Le *Ḥaram el-Khalīl* (1923).

107 *Gen 3,19.*

in der Länge und Breite einem Grabe entsprechend gestaltet.[108] *7.* Die drei beieinander gelegenen Gräber Abrahams, Isaaks und Jakobs werden von drei aufgesetzten harten weißen Steinen bedeckt, die - wie oben gesagt - in der beschriebenen Gestalt gebildet sind. Das Adamgrab wird ebenfalls von einem Stein bedeckt, aber einem von dunklerer Farbe und schlichterer Form. *8.* Arkulf hat auch die schlichteren und kleineren Grabmäler der drei Frauen dort besucht, der Sarah, der Rebekka und der Lea, die in der Erde begraben sind.[109] *9.* Das kleine Begräbnisgrundstück der Patriarchen ist von der Mauer des alten Hebron ein Stadium in Ostrichtung entfernt.[110] *10.* Hebron ist, wie berichtet wird, nicht nur vor allen Städten Palästinas gegründet worden, sondern in seiner Gründung selbst allen Städten Ägyptens vorangegangen[111]; es ist jetzt nur noch ein Trümmerhaufen. *11.* Soviel über die Patriarchengräber.

XI. *Über den Berg und die Eiche von Mamre*

1. Nun über den Hügel Mamre. Der Hügel von Mamre liegt 1000 Doppelschritte nördlich der beschriebenen Grabmäler; er ist gras- und blumenreich und schaut auf Hebron nach Südwesten.[112] *2.* Auf der Kuppe dieses kleinen Hügels namens Mamre ist eine ebene Fläche; dort ist auf der Nordseite der Kuppe eine große steinerne Kirche errichtet worden, in deren rechtem Teil zwischen zwei Mauern der großen Basilika wunderbarerweise die Eiche von Mamre in

---

108 Es handelt sich hier deutlich um Kenotaphe, die den heutigen ähnlich gewesen sein mögen. Im übrigen entspricht die Beschreibung des *Ḥaram el-Ḫalīl* im großen und ganzen der des Pilgers von Piacenza 30 (Anm. 135). Es fällt auf, daß Arkulf über die muslimische Inbesitznahme der Patriarchengräber kein Wort verliert. Vgl. H. Busse, Die Patriarchengräber in Hebron und der Islam. ZDPV 114 (1998) 71-94.

109 Die Patriarchenfrauen - selbstverständlich ohne Rahel, die bei Bethlehem begraben war - nennt bereits der Pilger von Bordeaux 20.

110 1 röm. Meile hat etwa 8 Stadien; 1 Stadium = ca. 187 m.

111 *Num 13,23;* vgl. Euseb, On. 170,25-27. Die Formulierung beruht auf Hegesippus, *Historiae IV,23* ed. V. Ussani, CSEL 66 (1932) 277,3-7. Zu Hegesipp vgl. Eucherius Anm. 46.

112 Der hl. Bezirk von Mamre *(Ḥaram Rāmet el-Ḫalīl)* liegt ca. 3 km (nicht 1 Meile!) n. von Hebron, nicht eigentlich auf einem Hügel *(mons, collis),* aber etwas höher als Hebron. Vgl. Pilger von Bordeaux 20 (Anm. 112); St. Hieronymus, Paula und Eustochium 11 (Anm. 72). Der *(ventus) Af(f)ricus* ist nach dem Sprachgebrauch der Römer ein SW-Wind; aber man darf diese gelehrte Ausdrucksweise topographisch nicht zu genau nehmen.

der Erde verwurzelt steht.[113] Sie heißt auch Abrahamseiche, weil er einst unter ihr den Engeln Gastfreundschaft erwiesen hat.[114] *3.* Der hl. Hieronymus berichtet anderwärts, sie sei von Anfang der Welt bis zur Regierungszeit des Königs Konstantin erhalten geblieben.[115] Wahrscheinlich hat er deshalb nicht gesagt, sie sei dann völlig verschwunden, weil man zu jener Zeit eben die gewaltige Eiche noch zeigte, wenn auch nicht die ganze, wie sie früher war; immerhin aber hat sich ein Teil von ihr an ihrem Orte erhalten. *4.* Von ihr ist nach dem Bericht des Arkulf, der sie mit eigenen Augen gesehen hat, eine Art abgeschnittenen Stumpfes, in der Erde verwurzelt, übriggeblieben; er wird vom Kirchendach überdeckt und mißt ungefähr zwei Manneslängen. *5.* Von diesem zernarbten und ringsherum mit Äxten behauenen Stumpf werden Teilchen in die verschiedenen Provinzen des Erdkreises gebracht: zur Verehrung und Vergegenwärtigung der Eiche, unter der, wie oben dargetan, dem Patriarchen Abraham dereinst der berühmte und hochzupreisende Besuch der Engel zuteilgeworden war. *6.* Rings um die Kirche, die

---

113 Das Abrahamsheiligtum von Mamre reicht in vorherodianische Zeit zurück. Die vermutlich unvollendet gebliebene Umfassungsmauer des Herodes wurde 70 n. Chr. zerstört. Die noch heute sichtbare *Temenos*-Mauer stammt aus der Zeit des Kaisers Hadrian (nach 135). Im O-Teil des hl. Bezirkes ist unter Kaiser Konstantin um 330 eine dreischiffige Basilika errichtet worden, die 614 der Zerstörung durch die Perser anheimfiel. Vgl. E. Mader, Die Ergebnisse der Ausgrabungen im Hl. Bezirk *Râmet el-Ḫalîl* in Südpalästina 1926-28 (1957). Arkulfs Beschreibung erscheint auf den ersten Blick rätselhaft. Die Kirche steht nicht im N, sondern im O des hl. Bezirks, und der Platz der Abrahamseiche ist nicht in der Basilika, sondern in der SW-Ecke des *Ḥaram.* Es scheint nichts zu stimmen. Aber die Schwierigkeiten verschwinden, wenn man davon ausgeht, daß Arkulf mit *eclesia* und *basilica* nicht das 614 zerstörte konstantinische Bauwerk meint, sondern den ganzen *Ḥaram.* Sein Eingang liegt im N, und von dort aus gesehen ist der Standplatz der Abrahamseiche tatsächlich *„rechts"* zwischen zwei Mauern (II,11,2 *inter duos basilicae parietes),* nämlich den hier rechtwinklig aufeinanderstoßenden Umfassungsmauern des hl. Bezirks. Den Brunnen erwähnt Arkulf nicht; vielleicht war er verschüttet.

114 *Gen 18,1-16.* Die Formulierung ist abhängig von Hieronymus bei Euseb, On. 7,18.21f.; vgl. auch Hegesippus, *Hist. IV,23* ed. V. Ussani, CSEL 66 (1932) 277,7-9.

115 Hieronymus bei Euseb, On. 77,1-5; vgl. auch 7,18f. Adomnanus und Arkulf oder ihren Abschreibern ist hier ein Fehler unterlaufen. An beiden Hieronymus-Stellen ist nicht Konstantin (306-337) genannt, sondern sein Sohn und Nachfolger Konstantius (337-361).

dort zur Ehre des Ortes erbaut worden ist, hat man einige Zellen für Nonnen errichtet. Aber das genügt hierüber; wir schreiten weiter.

XII. *Über den Pinienwald, aus dem das Holz für die Jerusalemer Feueropfer auf Kamelen gebracht wird*

Wenn man Hebron in Nordrichtung verläßt, befindet sich im offenen Lande nicht weit vom Straßenrand auf der linken Seite ein kleiner, mit Pinien bestandener Berg, drei Meilen von Hebron entfernt. Aus diesem Pinienwald wird Pinienholz als Brennmaterial auf Kamelen nach Jerusalem gebracht; denn in ganz Judäa kann man nach dem Bericht des Arkulf Wagen oder sonstige Fahrzeuge nur selten antreffen.[116]

XIII. *Über Jericho*

1. Unser heiliger Arkulf hat den Ort der Stadt Jericho gesehen, die Josua nach dem Jordanübergang zerstörte und deren König er tötete, an deren Stelle dann aber Oza aus Bethel vom Stamme Ephraim eine andere erbaute, die unser Erlöser seines Besuches gewürdigt hat.[117] 2. Die letztere ist durch den Verrat der Bürger zur selber Zeit erobert und zerstört worden, als die Römer Jerusalem belagerten.[118] An ihrer Stelle ist eine dritte gegründet worden, die nach langer Zeit ebenfalls in Trümmer fiel, deren Ruinenspuren man aber nach dem

---

116 Die Beschreibung führt auf *Ḫirbet Isḥā:* 4.5 km n. von Hebron links der Straße nach Jerusalem und 1,5 km sw. von *Ḥalḥūl.* Zwischen der Überschrift und dem Text des Kapitels besteht eine merkwürdige Differenz. Im Text ist von nichts anderem als von Brennmaterial *(ad focos nutriendos)* die Rede, während es in der Übersetzung volltönend heißt: *ad ignis ministeria in Hierosolimis perficienda.* Die Überschrift geht gewiß auf Adomnanus zurück. Hat er das schlichte Brennmaterial nur in umständliches Latein gesetzt oder dachte er an kultische Feueropfer, ohne sich klarzumachen, daß es dergleichen in Jerusalem nicht mehr gab?

117 Eroberung von Jericho *(Tell es-Sulṭān* bei *Erīḥā)* durch Josua: *Jos 2/6* (bes. *6,21.24).* Wiederaufbau: *1 Kön 16,34* (vgl. *Jos 6,26).* Besuch Jesu: *Mk 10,46* u.par. Der Text von II,13,1-2 (bis *„ist eine dritte gegründet worden"*) ist in engem, z. T. wörtlichem Anschluß an Hieronymus bei Euseb, On. 105,20-25 formuliert.

118 69-70 n.Chr. unter Vespasian und Titus im Zusammenhang des 1. jüdischen Aufstandes; vgl. Fl. Josephus, *Bell. jud. IV,8,1-2* und Hegesippus, *Hist. IV,16* ed. V. Ussani, CSEL 66 (1932) 266,3ff.

Berichte des Arkulf noch jetzt sehen kann.[119] *3.* Wunderbarerweise ist nach dreimaliger Zerstörung der Stadt am selben Orte nur das Haus der Hure Rahab übriggeblieben, die die zwei Kundschafter, welche Josua ben Nun gesandt hatte, im Obergemach ihres Hauses in einem Strohbündel versteckte; die Steinwände dieses Hauses ohne Dach stehen noch.[120] *4.* Der Ort der ganzen Stadt aber, von Menschen unbewohnt und ohne ein Haus zum Verweilen, trägt Saatfelder und Weingärten.[121] *5.* Zwischen der zerstörten Stadt und dem Jordanfluß gibt es ausgedehnte Palmenhaine, in die kleine Felder eingestreut sind, auf denen man sehr viele Häuser für die kanaanäische Bevölkerung gebaut hat.[122]

XIV. XV. *Über Gilgal und die zwölf Steine, die die Israeliten mitnahmen, als sie den trockenen <und tiefen> Jordanfluß überschritten hatten*

1. Der mehrfach erwähnte Arkulf hat die große, in Gilgal errichtete Kirche gesehen; sie ist an dem Orte erbaut, an dem die Israeliten nach dem Jordanübergang Lager schlugen und die erste Nacht im Lande Kanaan verbrachten.[123] **(XV.)** *2.* In dieser Kirche hat der heilige Arkulf natürlich auch die zwölf Steine betrachtet, über die der Herr nach dem Jordanübergang zu Josua sprach: *„Nimm dir zwölf Männer, aus jeglichem Stamm einen, und gebiete ihnen, daß sie aus dem*

---

119 Hieronymus bei Euseb, On. 105,25 teilt mit, daß die *„dritte Stadt"* zu seiner Zeit (Ende des 4. Jh.) noch besteht *(quae hodieque permanet).* Arkulf sah sie zerstört. Wann und wodurch diese Zerstörung erfolgte, wissen wir nicht. J. Wilkinson, a.a.O., S. 106, Anm. 16 denkt an eines der Erdbeben im 6. Jh.; vgl. auch Pilger von Piacenza 13B (Anm. 66).

120 *Jos 2; 6,17.22f.25.* Vgl. Pilger von Bordeaux 19, Theodosius 1, Pilger von Piacenza 13 (Anm. 66).

121 Die Fruchtbarkeit der Oase von Jericho ist sprichwörtlich. Was man dem Arkulf nicht recht glauben kann, ist die völlige Verödung der Stadt: es sei denn, die persische (614) und arabische (635) Invasion hätten ein menschenleeres Trümmerfeld hinterlassen. S. aber Anm. 122.

122 Selbstverständlich gab es im 7. Jh. keine „kanaanäische Bevölkerung" *(Cananea stirps)* in oder bei Jericho. Vermutlich meint Arkulf einfach das Jericho seiner Zeit, das den Namen einer Stadt nach 614 und 635 nicht mehr verdiente und dessen wenige, armselige Bewohner sich nach ihrem Habitus von den Bürgern palästinischer Städte sehr unterschieden. Vgl. *Muqaddasī* (985/6) ed. de Goeje (1876) 175 nach J. Gildemeister, ZDPV 7 (1884) 168: *„Die Einwohner sind braun und schwarz, die Flöhe sind zahlreich. Doch ist das Wasser das leicht verdaulichste im Islam. Sie hat viel Bananen, Datteln und wohlriechende Kräuter."*

123 *Jos 4,3.19f.*

Jordanbett zwölf sehr harte Steine aufheben, von dort, wo die Füße der Priester stillgestanden sind; die bringt mit euch hinüber, daß ihr sie in der Herberge lasset, da ihr diese Nacht herbergen werdet."[124] 3. Die hat - sagte ich - Arkulf gesehen. Sechs davon liegen im rechten Teil der Kirche ins Fußbodenpflaster eingelassen, die anderen sechs im Nordteil.[125] Er hat beobachtet, daß sie alle unbehauen und roh sind. Wie Arkulf berichtet, sind heutzutage zwei kräftige junge Männer kaum imstande, einen davon von der Erde aufzuheben. 4. Einer von ihnen ist bei unbekannter Gelegenheit in zwei Hälften zerbrochen, dann aber mit Eisen zusammengefügt und künstlich verbunden worden. 5. Im übrigen liegt Gilgal, wo die oben erwähnte Kirche errichtet ist, östlich vom alten Jericho diesseits des Jordan im Stammesgebiet von Juda, fünf Meilen von Jericho entfernt.[126] Dort stand lange Zeit auch die Stiftshütte[127], an deren Ort nach der Überlieferung die oben genannte Kirche gebaut worden ist: In ihr befinden sich die zwölf Steine, die oben erwähnt sind; sie wird von den Leuten jener Gegend mit besonderer Sorgfalt und Ehrerbietung gepflegt.[128]

---

124 *Jos 4,2f.*

125 Zum byzantinischen Gilgal: Pilger von Bordeaux 19 (Anm. 105); St. Hieronymus, Paula und Eustochium 12 (Anm. 96); Theodosius 1 (Anm. 2-4); Pilger von Piacenza 13 (Anm. 67); dazu die Darstellung auf der Mosaikkarte von Madeba (M 12; 14; 98; 99; MM Nr. 26). Die Kirche, die der Pilger von Piacenza sah (vgl. die Madeba-Karte), ist 614 zerstört, aber alsbald wiederaufgebaut worden. Der Bischof St. Willibald von Eichstätt, der 724 an Ort und Stelle war, beschreibt sie als *„von Holz und nicht sehr groß"* (Nonne Hugeburc, *Leben des hl. Willibald cap. 17,* geschrieben um 780). Damit dürfte die Verlegung der 12 Steine zusammenhängen, die der Pilger von Piacenza (13) noch *„hinter dem Altare"* sah. J. Wilkinson, a.a.O., S. 158 erwägt, ob die von Arkulf gesehene Kirche nicht doch noch dieselbe gewesen sein könne wie im 6. Jh. Dann müßte zwischen Arkulf und Willibald eine Zerstörung angenommen werden, vielleicht durch ein Erdbeben (672 oder 710? Kaum 672, da dieses Datum wohl noch vor Arkulfs Besuch liegt!). In diesem Falle freilich wäre für die Verlegung der 12 Steine kein Grund namhaft zu machen.

126 II, 14/15,5 ist in der Formulierung eng an Hieronymus bei Euseb, On. 67,3-6 angelehnt. Die 5 Meilen (= 7,5 km) sind ein Irrtum. Euseb und Hieronymus nennen übereinstimmend 2 Meilen = 3 km. Das byzantinische Gilgal, dessen Lage mit dem alttestamentlichen nicht identisch sein muß, ist bislang nicht sicher lokalisiert.

127 Das AT sagt nirgendwo ausdrücklich, daß die Stiftshütte in Gilgal gestanden habe. Aber die Israeliten hatten nach *Jos 3/4* beim Jordanübergang und in Gilgal die Bundeslade bei sich, und diese wiederum war nach *Ex 25,10-22* und 37,*1-9* einer der heiligen Ausrüstungsgegenstände der Stiftshütte.

128 Nicht unbedingt z. Zt. Arkulfs; die Formel stammt aus Hieronymus bei Euseb, On.67,5f.

XVI. *Über die Stelle im Jordan, an der der Herr von Johannes getauft worden ist*

1. Die allerheiligste und verehrungswürdige Stelle, an der der Herr von Johannes getauft worden ist[129], ist stets vom Wasser des Jordanflusses bedeckt. *2.* Wie Arkulf berichtet, der den Ort aufgesucht und den Fluß hin und her durchschwommen hat, ist an der allerheiligsten Stelle ein hohes hölzernes Kreuz eingelassen, neben dem das Wasser bis zum Halse eines großen stehenden Mannes reicht, in Zeiten starker Trockenheit, wenn das Wasser sinkt, immerhin bis zur Brust; bei Überschwemmung freilich wird das ganze Kreuz durch das Ansteigen des Wassers zugedeckt. *3.* Die Stelle dieses Kreuzes, wo - wie oben gesagt - der Herr getauft worden ist, befindet sich diesseits der Flußbettmitte; von da aus ist es bis zum anderen Ufer auf der arabischen Seite[130] so weit, wie ein starker Mann einen Stein mit der Schleuder werfen kann. *4.* Von der oben erwähnten Stelle des Kreuzes führt eine von Bögen gestützte Steinbrücke aufs Trokkene; auf ihr steigen die Leute, die zum Kreuze gehen, schräg hinab und bei der Rückkehr aufs Trockene hinauf.[131] *5.* Am Flußufer ist eine kleine quadratische Kirche an dem Orte errichtet worden, wo nach der Überlieferung die Kleider des Herrn lagen, während der Herr getauft wurde. *6.* Sie steht, von vier steinernen Substruktionen gestützt, benutzbar über dem Wasser; denn unter ihr fließt das Wasser hin und her. Sie ist oben mit gebrannten Lehmziegeln gedeckt. *7.* Die so beschaffene Kirche ist - wie gesagt - von Substruktionen und Bögen getragen und steht in der unteren Gegend jenes Tales,

---

129 *Mk 1,9-11* u.par.; *Joh 1,31-34.* Arkulf meint die traditionelle Taufstelle bei *Dēr Mār Yuḥannā (Qaṣr el-Yehūd)* ca. 9 km osö. von Jericho. S. OLB 2, 527-532.

130 Zur Taufstelle: Pilger von Bordeaux 19; St. Hieronymus, Paula und Eustochium 12 (Anm. 104); Theodosius 20 (Anm. 81); Pilger von Piacenza 11 (Anm. 58,59). Erörterung bei Kopp 153-166 und Kroll 227-231. Die Taufstelle ist nach 635 auf die W-Seite des Jordanbettes gezogen worden; das ö. Ufer *(pars Arabiae)* wurde zunehmend unzugänglicher, und damit erlosch auch die Tauftradition im *Wādi el-Ḫarrār.* Die Johanneskirche des Kaisers Anastasius (491-518) auf dem ö. Ufer, ca. 50 m nö. der Taufstelle (Theodosius 20), war längst verschwunden; schon der Pilger von Piacenza sah sie nicht mehr. Das Holzkreuz im Wasser stand noch (Pilger von Piacenza 11), ein wenig ans w. Ufer gerückt.

131 Die Steinbrückenkonstruktion war an die Stelle der Marmorstufen getreten, die der Pilger von Piacenza (11) im 6. Jh. dort sah.

das der Jordanfluß durchfließt.[132] *8.* In dem oberen aber befindet sich ein großes Mönchskloster, das die oben beschriebene Kirche vom Gipfel eines Hügels her überragt. Dort hat man auch eine Kirche zu Ehren des hl. Johannes des Täufers gebaut, und zwar innerhalb der aus Quadersteinen gesetzten Umfassungsmauer des Klosters.[133]

XVII. XVIII. *Über die Farbe des Jordans und das Tote Meer*

1. Die Farbe des Jordanflusses erscheint an der Oberfläche, wie uns Arkulf mitgeteilt hat, weißlich wie Milch. Man kann die Farbe auch nach dem Eintritt ins Salzmeer in seinem Laufe auf einer langen Strecke leicht von der Farbe des Toten Meeres unterscheiden.[134] 2. Im übrigen bewirkt das Tote Meer durch die Brandung bei starken Stürmen, daß es im Umkreis des Meeres Salz im Überfluß gibt; es gereicht nicht nur den benachbarten, sondern auch weit entfernten Völkern zu großem Nutzen, wenn es von der Sonnenhitze hinlänglich getrocknet worden ist. *3.* Andererseits aber kommt Salz auf einem Berge in Sizilien vor. Denn das Gestein dieses Berges erweist sich, aus der Erde herausgenommen, als von Natur hochgradig salzig schmeckend, weshalb es in eigentlichem Sinne Salz der Erde genannt wird. *4.* Man pflegt also einerseits vom Salz des Meeres und andererseits vom Salz der Erde zu sprechen. Von daher ist anzunehmen, daß der Herr im Evangelium gleichnishaft zu den

---

132 Diese kleine quadratische Kirche (II,16,5 *parua quadrata eclesia)* - ein Memorialbau über dem Ort der Kleiderablage des Herrn - sah noch St. Willibald von Eichstätt 724 (cap. 16; s.o. Anm. 125). Ihre Beschreibung ist nicht ganz klar. Sie stand auf den 4 Steinsubstruktionen gewiß nicht im Wasser. Zwar könnte man *extremitas fluminis* (16,5) auch im Sinne von „äußerster Flußrand" (nicht Ufer!) deuten, aber da es sich um die Kleiderablage Jesu handelte, mußte die Kirche wenigstens z.T. auf festem Boden stehen. Denkbar wäre eine Hängekonstruktion: zwei Substruktionen auf dem Ufer und zwei im Flußbett. Wahrscheinlich aber stand die Kirche ganz einfach auf dem Ufer, ganz nahe am Wasserrand. Dann bedeuten die Formeln *super aquas* und *sub ipsam hinc et inde subintrant aquae* (16,6) „oberhalb des Wassers" und „unterhalb von ihr fließt das Wasser hin und her".

133 *Dēr Mār Yuḥannā (Qaṣr el-Yehūd),* ca. 600 m nw. der Taufstelle.

134 Diese Beobachtung kann man auch heute noch machen. Das lehmige Wasser des Jordan ist jenseits seiner Mündung deutlich vom Azurblau des Toten Meeres zu unterscheiden. Vgl. G. Dalman, Hundert deutsche Fliegerbilder aus Palästina (1925) Nr. 77; L. H. Grollenberg, Bildatlas zur Bibel (1957) Abb. 160; ders., Kleiner Bildatlas zur Bibel (1960) S. 24.

Aposteln gesagt hat: *„Ihr seid das Salz der Erde."*[135] *5.* Über dieses Salz der Erde, das man auf dem sizilischen Berge antrifft, hat uns der heilige Arkulf unterrichtet, der sich während eines mehrtägigen Aufenthaltes in Sizilien durch Augenschein, Geschmack und Berührung davon überzeugen konnte, daß es wirkliches konzentriertes Salz ist.[136] (**XVIII.**) *6.* Derselbe hat uns auch vom Salz des Toten Meeres erzählt, das er ebenso mit den oben genannten drei Sinneswerkzeugen probiert hat. *7.* Er hat ferner das Meeresufer des oben erwähnten Sees mehrfach besucht; seine Länge beträgt bis Zoar in Arabien 580 Stadien, seine Breite bis in die Gegend von Sodom 150 Stadien.[137]

XIX. *Über die Jordanquellen*

1. Unser Arkulf ist auch bis zu jenem Ort in der Provinz Phönizien gekommen, wo der Jordan am Fuße des Libanon aus zwei benach-

---

135 *Mt 5,13.*

136 Im Bericht über einen mehrtägigen Aufenthalt Arkulfs auf Sizilien (III,6,1-3), eine Station seiner Rückreise von Konstantinopel nach Rom, verlautet nichts über diesen Salzberg. Heutzutage gibt es Salzvorkommen an der O-Küste s. von Syrakus und an der W-Küste n. von Marsala bei Trapani. Welchen Berg Arkulf meint, wissen wir nicht. Die theologischen Erörterungen über das „Salz der Erde" *(Mt 5,13)* gehen wahrscheinlich auf das Konto des Adomnanus. Er will natürlich nicht sagen, Jesus habe sizilianisches Salz gemeint. Aber er vertritt die Auffassung, daß Jesus an aus der Erde gewonnenes Salz dachte, dem siziliani-schen vergleichbar, und nicht an Meersalz. Diese Auslegung geht am Sinn des Salzwortes aus der Bergpredigt völlig vorbei: Dort steht das Wort „Erde" im Sinne von „Menschheit" (ähnlich wie in *Gen 11,1),* und der Spruch will sagen, daß Jesu Jünger für die Menschheit ebenso große Bedeutung haben wie das Salz für die Speise. So wie sie „Salz der Erde" sind, sind sie auch „Licht der Welt" *(Mt 5,14).*

137 Der Text (von *„seine Länge"* bis *„150 Stadien")* stammt aus Hegesippus, *Hist. IV,18* ed. V. Ussani, CSEL 66 (1932) 271,8-10. Zoar *(Gen 14,2; 19,20-23* u.ö.) lag im *Ġōr eṣ-Ṣāfi* sö. des Toten Meeres; es existierte noch im 6. Jh., wie die Mosaikkarte von Madeba beweist (M 20f.; 110; MM Nr. 18). Die Entfernungsangaben (vgl. Fl. Josephus, *Bell. jud. IV,8,4)* stimmen nicht. Legt man die röm. Meile zu 8 Stadien zugrunde, dann ist 1 Stadium 187 m. Daraus ergibt sich für die Länge 580 Stadien = 72,5 Meilen = 108,46 km, für die Breite 150 Stadien = 18,75 Meilen = 28,05 km. Das Tote Meer ist jedoch nur 85 km lang und maximal 15 km breit (im S, auf der Höhe von Sodom, nur 5 km). Diese Angaben sind inzwischen freilich überholt. Denn die Verminderung des Wasserzuflusses und die industrielle Nutzung im S lassen das Tote Meer unaufhaltsam schrumpfen.

barten Quellen zu entspringen scheint, von denen die eine Ior und die andere Dan heißt. Vereinigt bekommen sie dann den Namen Jordan.[138] 2. Es ist jedoch anzumerken, daß der Anfang des Jordans nicht bei Panias liegt, sondern im Gebiet der Trachonitis, 120 Stadien von Caesarea Philippi entfernt, das jetzt vom Berge Panius den Namen Panias angenommen hat. *3.* Die in der Trachonitis gelegene Quelle heißt Fiala[139]; sie ist stets wasserreich. Von dort wird der Jordan in unterirdischen Gängen[140] weitergeleitet und tritt bei Panias in zwei verschiedenen Wasserströmen ans Licht, die man gewöhnlich - wie oben gesagt - Ior und Dan nennt. *4.* Sie fließen von dort herab und vereinigen sich zu einem Flusse, der von da an seinen Lauf ohne irgend einen Zufluß 120 Stadien weit bis zur Stadt Julias nimmt.[141] Danach fließt er mitten durch den See Gennezareth.

---

138 Zu den Jordanquellen vgl. Eucherius 14 (Anm. 26), Theodosius 2 (Anm. 16), Pilger von Piacenza 7 (Anm. 35). Die Theorie von den beiden Quellflüssen *Ior* und *Dan* beruht auf Hieronymus bei Euseb, On. 77,10-13. Der Kirchenvater vertritt dort im Gefolge des Josephus die Auffassung, der Name Jordan bedeute „Fluß von Dan" (hebr. *y^e'ōr* „Fluß", im AT der Nil!). Daraus sind dann, schon bei Hieronymus selbst, erst recht bei den Späteren, zwei Flüsse geworden. Vgl. Hieronymus, *Matthäuskommentar III zu 16,13* ed. D. Hurst - M. Adriaen, CCSL 77 (1969) 139,8-11; dieser Text lag Adomnanus vor. - Der Jordan hat in der Hauptsache drei Quellflüsse: *Nahr Ḥaṣbānī* (Quelle *ᶜAyn Ḥaṣbānī* am NW-Fuß des Hermon), *Nahr Leddān* (Quelle bei Dan = *Tell el-Qāḍi)* und *Nahr Bānyās* (Quelle bei *Paneas/Caesarea Philippi* = *Bānyās).* Der *Nahr Leddān* und der *Nahr Bānyās* vereinigen sich ca. 7 km s. von Dan und nehmen kurz danach den *Nahr Ḥaṣbānī* auf.

139 *Fiala* (= Phiala „Schale") ist der kreisrunde See *Birket er-Rām* (Höhe: 1024 m, Durchmesser: ca. 620 m, Tiefe: ca. 60 m), rechts der großen Verbindungsstraße von Tyrus nach Damaskus. Er liegt in der Trachonitis (genauer: im Vulkangebiet *Ǧōlān* = Gaulanitis, Batanäa; die Trachonitis schließt ö. an) und ist nicht 120 Stadien = ca. 22,44 km, sondern nur etwa 10 km von *Paneas/Caesarea Philippi* entfernt. Vgl. F.-M. Abel, Géographie de la Palestine 1 (1933, 1967[3]) 489f.

140 Die wunderliche, heute aufgegebene Theorie, der *Nahr Bānyās* komme aus *Birket er-Rām* und trete nach unterirdischem Lauf in der berühmten Pan-Grotte von Paneas/*Caesarea Philippi* ans Licht, stammt aus Fl. Josephus, *Bell. jud. III,10,7* (vgl. *I,21,3):* Dort wird erzählt, daß der Tetrarch Philippus, einer der Söhne Herodes d. Gr., eben dies nachgewiesen habe, indem er Spreu in den Phiala-See werfen ließ, die dann in Paneas wieder auftauchte. Der Text des Adomnanus beruht auf Hegesippus, *Hist. III,26* ed. V. Ussani, CSEL 66 (1932) 234,10-12.

141 Julias ist Bethsaida „Fischhausen", ein Dorf ö. der Mündung des Jordans in den See Gennezareth *(Ḫirbet el-ᶜArağ* oder *Ḫirbet el-Mesᶜādīye),* vom Tetrarchen Philippus erweitert und ausgebaut (Ruinen von *et-Tell,*

Nachdem er zahlreiche wüste Gegenden durchflossen hat, wird er vom Asphaltsee aufgenommen und verschwindet in ihm. So bleibt er, der aus zwei Seen siegreich hervorgegangen ist, im dritten stekken.[142]

XX. *Über das galiläische Meer*

1. Unser oft erwähnter heiliger Arkulf hat das galiläische Meer, das auch See Gennezareth und Meer von Tiberias heißt, zum größeren Teile umschritten; große Wälder reichen an es heran. *2.* Es ist ein sehr großer See, wie ein Meeresgolf im Umgange, erstreckt sich auf 140 Stadien Länge und ist 40 (Stadien) breit.[143] *3.* Sein Wasser ist süß und trinkbar, da es nämlich weder schlammiges noch aufgewühltes Sumpfwasser aufnimmt; es ist vielmehr überall von Sandstrand umgeben, weshalb ein Trunk aus ihm rein und mild zum Gebrauche ist. *4.* Auch kann man in keinem anderen See besser schmeckende und schöner aussehende Fischarten antreffen.[144]

---

ca. 2 km landeinwärts). Vgl. Theodosius 2 (Anm. 15). Der Jordanlauf vom Vereinigungspunkt der Quellflüsse bis Bethsaida/Julias ist ca. 20 km lang (120 Stadien = ca. 22,44 km).

142 II,19,4 beruht auf Hegesippus, *Hist. III,26* ed. V. Ussani, CSEL 66 (1932) 235,1-6. Adomnanus hat aus Hegesippus auch den letzten Satz abgeschrieben, obwohl er den ersten der drei Seen, den *Ḥūle*-See, nicht erwähnt.

143 II,20,2-4 beruht auf Hegesippus, *Hist. III*,26 ed. V. Ussani, CSEL 66 (1932) 233,9-11.13-15.19f.23f. Die ursprünglich aus Fl. Josephus, *Bell. jud. III,10,7* stammenden Maße sind ungenau: 140 Stadien = ca. 26,18 km; 40 Stadien = 7,48 km. Der See Gennezareth ist. 21 km lang und maximal 12 km breit. Daß Arkulf ihn „zum größeren Teile" (II,20,1 *ex maiore parte)* umschritten habe, werden wir bezweifeln dürfen. Er hat nicht einmal Kapernaum besucht (II,25,2), vielleicht deshalb nicht, weil ihn sein etwas harscher Reiseführer Petrus von Burgund (II,26,5; 27,5) zur Eile antrieb.

144 Im See Gennezareth leben viele, z.T. tropische Fischarten, darunter mehrere von der Gattung *Chromis* (Petrusfisch, Andreasfisch u. a.). Vgl. A. Frei, Beobachtungen vom See Gennezareth. ZDPV 9 (1886) 101f.; F.-M. Abel, Géographie de la Palestine 1 (1933, 1967[3]) 231. Der Fischfang bildete im Altertum den Haupterwerbszweig der Anwohner des Sees. Der Ausdruck „Brot und Fische» bedeutete dort dasselbe wie anderwärts „Brot und Fleisch»; vgl. *Mt 7,9f.; 14,17; Joh 21,13.*

5. Diese kurzen Auszüge über den Anfang des Jordans und den See Gennezareth haben wir teils aus dem dritten Buche der *„Jüdischen Gefangenschaft“*[145], teils aus des heiligen Arkulfs Erfahrungsbericht gemacht. Der letztere berichtet als ganz sicher, daß er von der Stelle, wo der Jordan aus dem Schlunde des galiläischen Meeres heraustritt, bis zu seinem Eintritt ins Tote Meer acht Tage gereist ist.[146] Dieses in hohem Grade salzhaltige Meer hat der heilige Arkulf auch, wie er selbst erzählt, öfter von der Höhe des Ölberges aus gesehen.

XXI. *Über den Brunnen von Samarien*

1. Der heilige Priester Arkulf hat das Gebiet von Samarien durchzogen und ist bis zu der Hauptstadt dieser Provinz gelangt, die auf Hebräisch Sichem heißt; nach griechischem und lateinischem Sprachgebrauch aber nennt man sie Sicima. Sie wird allerdings fälschlich auch Sichar genannt.[147] *2.* So hat er denn nahe bei dieser Stadt eine außerhalb der Mauer errichtete Kirche gesehen, die nach Art eines Kreuzes vierteilig ist und sich nach den vier Himmelsrichtungen erstreckt. Ihr Grundriß ist unten aufgezeichnet.[148] *3.* In ihrer

---

145 Das 3. Buch der „Jüdischen Gefangenschaft“ *(Iudaicae captiuitatis liber)* ist Hegesippus, *Hist. III* ed. V. Ussani, CSEL 66 (1932). Vgl. Eucherius Anm. 46.

146 Die Entfernung vom S-Ufer des Sees Gennezareth bis zum N-Ufer des Toten Meeres beträgt in Luftlinie etwas mehr als 105 km. Bei achttägiger Reisezeit käme man auf eine Tagesleistung von ungefähr 13 km: angesichts der klimatischen Bedingungen im Jordangraben allenfalls denkbar.

147 Die Hauptstadt des Distriktes von Samarien war die *Colonia Flavia Neapolis* (seit 72 n. Chr. unter Vespasian), das heutige *Nāblus:* die hellenist.-röm. Nachfolgesiedlung des alten Sichem *(Tell Balāṭa).* Euseb, On. 150,1-7 hält beide korrekt auseinander, ebenso Hieronymus bei Euseb (er fügt 151,1 hinzu, daß Sichem „auf Lateinisch und Griechisch“ *Sicima* heiße). Sychar *(el-ᶜAskar)* liegt am SO-Fuß des Berges Ebal *(Ǧebel Islāmīye).* Hieronymus ist anderwärts mit der Differenzierung dieser drei Ortschaften in Schwierigkeiten geraten: *Quaestiones in Genesin zu 48,22* ed. P. de Lagarde, CCSL 72 (1959) 52,4-24; ebenso St. Hieronymus, Paula und Eustochium 13 (Anm. 111). Die Unklarheit setzt sich fort, so daß im Texte des Adomnanus Neapolis und Sichem als identisch erscheinen können. Die Stadt, die Arkulf meint, ist ganz zweifelsfrei Neapolis *(Nāblus).* Zu den dortigen Traditionsstätten: Pilger von Bordeaux 13f. (Anm. 70); Theodosius 2 (Anm. 80); Pilger von Piacenza 6 (Anm. 31).

148 S. Abb. 4 (a: aus dem *Cod. Parisinus lat. 13048,* 9. Jh.; b: aus dem *Cod. Vindobonensis 458,* 9. Jh.). Die erste Kirche am Jakobusbrunnen von *Joh 4,5ff.* (vgl. *Gen 33,19; 48,22)* ist um 380 errichtet worden; vgl. Mosaikkarte von

Mitte befindet sich die Jakobsquelle, die man auch Brunnen zu nennen pflegt, in der Mitte nach ihren vier Teilen ausgerichtet. Auf ihm (d.h. dem Brunnen) nahm der Erlöser, von der Mühsal der Wanderung erschöpft, eines Tages um die sechste Stunde Platz; und zu demselben Brunnen kam zur Mittagszeit die Samaritanerin, um Wasser zu schöpfen. *4.* Über diesen Brunnen sprach die Frau zum Herrn unter anderem folgendes: *„Herr, hast du doch nichts, womit du schöpfest, und der Brunnen ist tief. „*[149] *5.* Entsprechend hat Arkulf, der aus diesem Brunnen Wasser trank, über seine Tiefe berichtet: „Die Tiefe des Brunnens, den ich gesehen habe, beträgt zweimal zwanzig Klafter, d. h. vierzig Ellen." Ein Klafter nämlich oder eine Elle ist die Breite der beidseitig ausgestreckten Arme.[150] *6.* Sichem oder Sicima war einst eine Leviten- und Asylstadt im Stamm Manasse und auf dem Gebirge Ephraim, wo auch die Gebeine Josephs bestattet sind.[151]

Madeba (M 22; 23; 111). Sie wurde 529 von den Samaritanern oder 614 von den Persern zerstört, danach in der Form wiederaufgebaut, in der Arkulf sie sah. Im 12. Jh. bauten die Kreuzfahrer eine dreischiffige Basilika. Heute steht am Jakobsbrunnen ein unvollendeter moderner Kirchenbau. - Arkulfs Kirche hatte die Form eines griech. Kreuzes mit dem Jakobsbrunnen im Schnittpunkt der beiden Kreuzbalken; vgl. Kroll 254, Abb. 151. Die Kreuzesarme waren nach den aufgefundenen Resten ca. 30 m lang; sie hatten auf den vier Schmalseiten jeweils einen Eingang (so mit Abb. 4 gegen die Planskizze bei Kroll Abb. 151). Es handelt sich um eine Memorialkirche; die *memoria* ist der Brunnen. Die Anlage erinnert an den allerdings sehr viel größeren Wallfahrtskirchenkomplex von *Dēr Simᶜān (Qalᶜat Simᶜān)* unweit von Aleppo, gegen Ende des 5. Jh. errichtet; vgl. G. Tchalenko, Villages antiques de la Syrie du Nord (1953) I,205ff.; II: Pl. LXVIIff.; CLXXXff.; CCVIIIff. Zu Geschichte, Traditionen und Baulichkeiten bei Sichem: F.-M. Abel, Le puits de Jacob et l'église de Saint Sauveur. RB 42 (1933) 384-402; H. Vincent, Puits de Jacob ou de la Samaritaine. RB 65 (1958) 547-567; B. Bagatti, Nuovi apporti archeologici sul pozzo di Giacobbe in Samaria. FrancLA 16 (1965/6) 127-164; H.-M. Schenke, Jakobsbrunnen - Josephsgrab - Sychar. ZDPV 84 (1968) 159-186; J. Jeremias, HG 31-36; Kopp 196-211; Kroll 248-255.

149 *Joh 4,11.*

150 Das Längenmaß *oria* „Klafter" kommt von griech. *orgyia* (ἡ ὄργυια) „der Raum zwischen beiden seitlich ausgestreckten Armen" = 6 Fuß = normalerweise 4 Ellen, hier jedoch (irrtümlich?) nur eine Elle. Die *oria* gilt gewöhnlich als 1/100 Stadium, also ca. 1,87 m. Das führt auf eine Brunnentiefe von 74,80 m. Heute erreicht der Schöpfeimer nach etwa 19-20 m den Wasserspiegel. Als griech.-orthod. Mönche 1955 den Brunnen reinigten, soll er ca. 50 m tief gewesen sein.

151 Der Text von II,21,6 beruht auf Hieronymus bei Euseb, On. 159,1f. Sichem als Leviten- und Asylstadt: *Jos 20,7; 21,21.* Josephsgrab: *Jos 24,32;* vgl. J. Jeremias, HG 31-36.

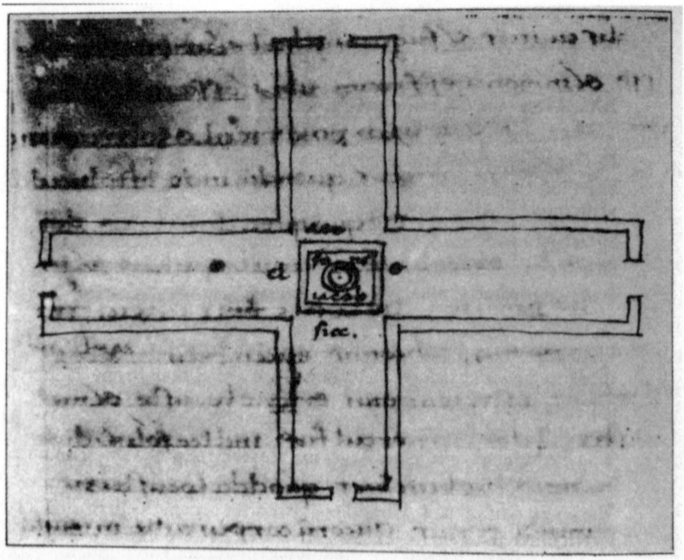

a)

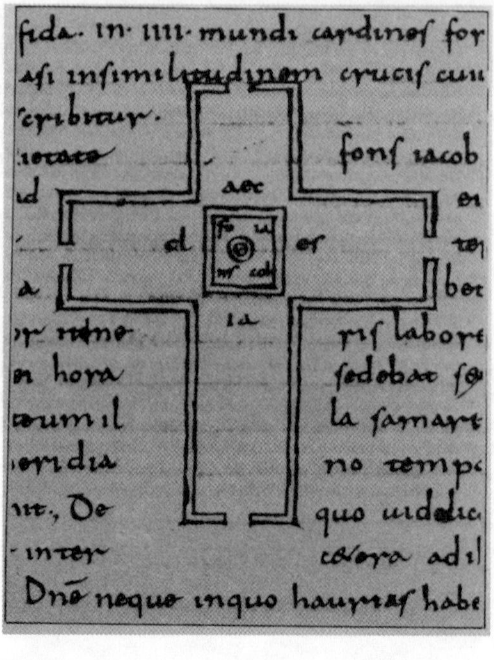
fida. IN. IIII. mundi cardines for
asi insimilitudinem crucis cum
scribitur.
fons iacob
Dnõ neque inquo haurias habe

b)

XXII. XXIII. *Über die kleine Wüstenquelle und über die Heuschrecken und den wilden Honig*

1. Der oft erwähnte Arkulf hat in der Wüste eine kleine klare Quelle gesehen, aus der nach der Überlieferung der hl. Johannes der Täufer trank; sie hat eine Kalksteinüberdachung.[152] (**XXIII**) *2.* Über denselben Johannes schreiben die Evangelisten: *„Seine Speise aber war*

Abb. 4

Grundrißzeichnung des Bischofs Arkulf: Die Kirche über dem Jakobsbrunnen bei Sichem (7. Jh.)

a) aus dem *Cod. Parisinus lat. 13048* (9. Jh.)
b) aus dem *Cod. Vindobonensis 458* (9. Jh)

---

152 Rätselhaft. Welche „kleine Wüstenquelle" *(solitudinis fonticulum)* hat Arkulf gesehen, und bei welcher Gelegenheit hat er sie gesehen? J. Wilkinson, a.a.O., S. 163 denkt an die alte Johannestraditionsstätte im *Wādi el-Ḫarrār* ö. gegenüber der heutigen Taufstelle: das *„Aenon, wo jetzt Sapsaphas ist"* der Mosaikkarte von Madeba (M 9; 10; 98; 100; MM Nr. 5). Dieses Tal, mit Mönchsniederlassungen, erwähnen die älteren Pilger als Johannestaufstätte, als Ort der Entrückung Elias und als Bach Krith, wo Elia von den Raben wunderbar gespeist wurde: Pilger von Bordeaux 19 (Anm. 107), Theodosius 20 (Anm. 83), Pilger von Piacenza 9 (Anm. 50). Vgl. C. Mommert, Aenon und Bethanien (1903); Kopp 159-162. Man kann dagegen nicht einwenden, das jenseits des Jordans gelegene *Wādi el-Ḫarrār* sei nach 614 nicht mehr besucht worden und seine Tradition erloschen. Denn das ist nicht wahr. Die unter dem Namen Epiphanus Monachus Hagiopolita bekannte, noch nicht genau datierbare, aber auf keinen Fall vor dem 8. Jh. entstandene griech. Palästinabeschreibung hat in IX,18 - X,2: *„Jenseits des Jordans, ungefähr 3 Meilen entfernt, ist eine Höhle, in der der Vorläufer hauste. Da ist seine Lagerstatt, auf der er ruhte: eine aus dem Felsen, d. h. der Höhle, natürlich gewachsene Bank und eine kleine Kammer. Im Innern der Höhle gibt es eine Wasserquelle; und drinnen in der Kammer ist die Quelle, in der der hl. Vorläufer Johannes taufte."* Vgl. H. Donner, Die Palästinabeschreibung des Epiphanius Monachus Hagiopolita. ZDPV 87 (1971) 42-91 (bes. 88f.); weitere Belege bei Kopp 163f. Das ist mit Sicherheit das *Wādi el-Ḫarrār,* auch wenn die Entfernung von der Taufstelle (3 Meilen) etwas zu hoch gegriffen ist. Man kann nicht ausschließen, daß das Arkulfs „kleine Wüstenquelle" ist. Aber warum wird nicht dort von ihr berichtet, wo man es erwarten sollte, nämlich in II,16 (Taufstelle am Jordan)? Warum erscheint sie im Ablauf der Schilderungen erst nach den

Heuschrecken und wilder Honig."[153] Unser Arkulf hat in der Wüste, wo Johannes lebte, eine sehr kleine Art von Heuschrecken gesehen, deren Körperchen dünn und kurz wie Finger sind. Man kann sie leicht im Grase fangen, weil sie nicht sehr weit fliegen können, etwa so weit wie kleine Frösche. In Öl gesotten ergeben sie eine armselige Nahrung.[154] 3. Über den wilden Honig aber haben wir von Arkulf folgendes in Erfahrung gebracht: „In derselben Wüste sah ich eine Art von Bäumen, deren breite und runde Blätter milchfarben sind und wie Honig schmecken. Die Blätter sind sehr zerbrechlich;

Kapiteln über das Tote Meer (II,17/18), über die Jordanquellen (II,19), über den See Gennezareth (II,20) und über den Jakobsbrunnen bei Sichem (II,21)? Warum ist von ihr ausgerechnet zwischen dem Jakobsbrunnen und dem Brotvermehrungsort *eṭ-Ṭābġa* (II,24) die Rede? Man könnte sagen, das habe keinen vernünftigen Grund, es sei Zufall, ein Nachtrag an ungeeigneter Stelle. Dergleichen ist möglich. Aber wäre nicht auch denkbar, daß die Stellung dieses Kapitels nicht zufällig ist, sondern Arkulfs Reiseroute widerspiegelt? Will man von Sichem *(Tell Balāṭa* bei *Nāblus)* nach *Heptapegon (eṭ-Ṭābġa)* reisen, dann gibt es dafür zwei Möglichkeiten: a) über Samaria *(Sebasṭye), Ǧenīn,* die Ebene von Jesreel und durch das untergaliläische Bergland nach Tiberias; b) über *Tubāṣ, Teyāṣīr,* hinab in den S-Teil der Bucht von Bethschean, dann nach N über Bethschean/Skythopolis zum S-Ende des Sees Gennezareth und nach Tiberias. Arkulf verliert über Samaria kein Wort. War er nicht dort und nahm er vielleicht die zweite Route? Dann hätte er die Römerstraße von Neapolis nach Skythopolis benutzt und den Jordangraben s. von Bethschean/Skythopolis erreicht. Dort aber muß die Johannestaufstelle *„Aenon bei Salem" (Joh 3,23)* gelegen haben: in der Nähe der Stadt *Salumias* = vielleicht *Ḥisās ed-Dēr* mit *ʿAyn ed-Dēr* sö. von *Tell er-Ridġā,* 12 km s. von Bethschean. Die Nonne Egeria ist um 400 dort gewesen: 15,1-5 (mit Anm. 109,116,117); weitere Belege und Erörterung bei Kopp 166-172. Dieses n. Aenon ist von der Taufstelle bei Jericho überflügelt worden. Es geriet langsam in Vergessenheit. Aber gerade hier könnte Arkulf seine „kleine Wüstenquelle" gesehen haben. Die kurze Beschreibung paßt traditionsgeschichtlich sehr gut dazu: Nicht mehr die Taufe war mit dieser Quelle verbunden, wohl aber noch der Name des Täufers. Wenn er aber dort nicht getauft hatte, dann konnte er aus der Quelle eigentlich nur getrunken haben. Bedenkt man alle Umstände, dann ist dieser Lokalisation gegenüber dem *Wādi el-Ḫarrār* der Vorzug zu geben.

153 *Mt 3,4.*

154 Heuschrecken sind auch heute noch gelegentlich die Speise armer Leute, bes. bei den Beduinen. Man kocht sie in Salzwasser oder röstet sie auf Kohlen; im letzteren Falle werden sie dann getrocknet, zerstampft und mit etwas Salz genossen. Welche Heuschreckenart Arkulf meint, wissen wir nicht. Es gibt in Palästina mehr als 50 Arten (allein 9 hebr. Wörter für die

sammelt man sie als Speise, dann zerreibt man sie zuerst in den Händen und verzehrt sie dann." Das ist der wilde Honig, den man in den Wäldern findet.[155]

XXIV. *Über den Ort, an dem der Erlöser die fünf Brote und die zwei Fische segnete*

1. Diesen Ort hat unser oft erwähnter Arkulf aufgesucht. Es ist eine grasbewachsene Ebene, die seit dem Tage, da der Erlöser auf ihr die Fünftausend mit fünf Broten und zwei Fischen gesättigt hat[156], niemals wieder gepflügt worden ist. *2.* Man kann dort keinerlei Gebäude sehen; nur ein paar Steinsäulen hat Arkulf am Rande jener Quelle liegen gesehen, aus der sie an dem Tage getrunken haben sollen, an dem der Herr die Hungernden erquickte. *3.* Der Ort liegt diesseits des galiläischen Meeres; er schaut hinüber auf die südlich davon gelegene Stadt Tiberias.[157]

Heuschrecke im AT!).Vgl. H.B. Tristram, The Natural History of the Bible (1889[8]) 306ff.; weitere Literatur bei H. Donner, Einführung in die Biblische Landes- und Altertumskunde (1976) 45. - Der Satz „in Öl gesotten, ergeben sie eine armselige Nahrung" *(coctae per oleum pauperem praebent uictum),* d. h. zugleich auch eine Nahrung für die Armen, erinnert an Juvencus, *Evangeliorum liber I,325* ed. J. Huemer, CSEL 24 (1891) 20; s. auch Anm. 53.

155 Eine Art der Melde *(Atriplex Halimus),* deren gekochte Blätter mit Dickmilch gegessen werden; vgl. G. Dalman, Orte und Wege Jesu (1924[3]) 92f. Für *Mt 3,4* u.par. hat man früher auch an das Meleagrion-Süßholz *(Glycyrrhiza glabra)* gedacht, z.B. Sophronius, *Anacreontica V,25* (MPG 87,3: 3756). Die Bibelstelle meint wahrscheinlich den Honig wilder Bienenschwärme.

156 *Mk 6,31-44* u.par.

157 Der Ort der wunderbaren Speisung der Fünftausend, nach den Evangelien am O-Ufer des Sees Gennezareth gelegen, wurde spätestens seit dem 4. Jh. in *eṭ-Ṭābġa* (aus griech. *Heptapegon* „Siebenquell") ca. 3,5 km w. von Kapernaum am Seeufer gezeigt und verehrt. Vgl. St. Hieronymus, Paula und Eustochium 13 (Anm. 122); Theodosius 2 (Anm. 13); Pilger von Piacenza 9 (Anm. 46); auch Petrus Diaconus aus Egeria zu Beda Venerabilis *cap. XVI:* CSEL 39 (1898) 113,7-13 und CCSL 175 (1965) 99,15-21. Dort stand seit ca. 350 eine kleine Brotvermehrungskirche, die zwischen 400 und 450 von der größeren Basilika (mit den berühmten Mosaiken) abgelöst wurde Vgl. A. M. Schneider, Die Brotvermehrungskirche von *eṭ-Ṭābġa* und ihre Mosaiken (1934); J. Meyring, Tabgha. Seine drei Heiligtümer in der christlichen Tradition im Laufe der Zeit. HL 98 (1968) 1-16; S. Loffreda, Scavi di Tabgha. Pubbl. della Stud. Bibl. Francisc., coll. min. 7 (1970); Kopp 269-277; Kroll 305-314. Die Basilika ist 614, oder schon früher, durch ein Erdbeben, zerstört worden. Arkulf traf nur noch die Erinnerung an: keinerlei Architektur,

XXV. *Über Kapernaum*

1. Wer von Jerusalem aus nach Kapernaum reisen will, der geht - wie Arkulf berichtet - geradeswegs durch Tiberias, dann entlang dem See Gennezareth, d. h. dem Meer von Tiberias oder dem galiläischen Meer, und passiert den oben erwähnten Segensort, von dem aus es nicht weit bis zu dem am Ufer des oben erwähnten Sees gelegenen Kapernaum im Gebiet von Sebulon und Naphtali ist.[158] *2.* Es hat, wie Arkulf berichtet, der es vom benachbarten Berge aus betrachtete, keine Mauer und ist auf schmalem Raum zwischen Gebirge und See zusammengedrängt. In langem Zuge dehnt es sich längs des Seeufers aus. Da auf der Nordseite das Gebirge und auf der Südseite der See ist, hat es seine Hauptrichtung von Westen nach Osten.[159]

---

außer ein paar Säulen. Die Quelle ist vermutlich *ᶜAyn eṭ-Ṭābġa* (auch *Birket ᶜAlī ed-Daḥr),* heute von einem Oktogon umschlossen, unmittelbar links der Straße von Kapernaum, ö. der alten Brotvermehrungskirche (Kroll 307, Abb. 182: Q_2).

158 Die Formulierung beruht auf Hieronymus bei Euseb, On. 121,2f.

159 Es ist kaum verständlich, daß Arkulf Kapernaum nicht besucht hat: die Stadt, in der so vieles an den Herrn und an den Apostel Petrus erinnerte. Vielleicht hat ihn sein Reiseführer, der Mönch Petrus von Burgund (II,26,5; 27,1), zur Eile angetrieben; dem ist das zuzutrauen. Allenfalls mag als Grund angeführt werden, daß das christl. Leben in Kapernaum nach 614 sehr zurückging und daß der Ort mehr und mehr verfiel (Kopp 225f.); aber das gilt auch für andere Stätten, die Arkulf dennoch besucht hat. Von welchem „benachbarten Berge" (II,25,2 *mons uicinus*) er einen Blick auf Kapernaum werfen durfte, wissen wir nicht. Das Gelände steigt n. von Kapernaum überall gebirgig an, wie er ganz richtig beschreibt. Wenn es bis zu einem benachbarten Berge reichte, warum dann nicht gleich bis Kapernaum? Das wäre zur Not verständlich, wenn dieser Berg auf dem Reiseplan gestanden hätte: etwa der sog. Berg der Seligpreisungen, ca. 2,5 km nnö. von *eṭ-Ṭābġa* und 4 km nw. von Kapernaum? Die Araber nennen ihn *eš-šaǧarāt el-mubārakāt* „die gesegneten Bäume" und bezeichnen Mauerreste daselbst als *Dēr Mākir* „Kloster Mākir" (von griech. *makarios* „gesegnet, gepriesen, selig" *Mt 5,3ff.*?). Dort lokalisierte man seit dem Mittelalter die Bergpredigt. Vielleicht aber ist die Tradition älter; vgl. Petrus Diaconus aus Egeria zu Beda Venerabilis *cap. XVI:* CSEL 39 (1898) 113,15-17 und CCSL 175 (1965) 99,23-25. Zum Problem: Kopp 259-269 und Kroll 285-287. Arkulfs Beschreibung würde gut dazu passen. Aber die Bergpredigt erwähnt er nicht. Hätte er dort sein und sie völlig verschweigen können?

XXVI. *Über Nazareth und seine Kirchen*

1. Die Stadt Nazareth liegt auf einem Berge[160] - wie Arkulf berichtet, der in ihr zu Gast war - und hat ebensowenig wie Kapernaum einen Mauerring. Sie hat aber große steinerne Bauwerke. Dort sind auch zwei sehr große Kirchen erbaut: *2.* Die eine ist mitten in der Stadt auf zwei Substruktionen errichtet, wo einst das Haus gebaut war, in dem der Herr, unser Erlöser, aufgezogen wurde. *3.* Die Kirche stützt sich, wie oben erwähnt, auf zwei Hügel mit Bögen dazwischen, und unten zwischen den Hügeln ist eine überaus klare Quelle, die die ganze Einwohnerschaft aufsucht, um daraus Wasser zu schöpfen. Das Wasser wird mit einer Winde in Gefäßen in die Kirche hinaufgezogen, die darüber gebaut ist.[161] *4.* Die andere Kirche aber ist an dem Orte errichtet, wo das Haus gebaut war, in das der Erzengel Gabriel zur seligen Maria eintrat und wo er sie zu jener Stunde allein antraf und zu ihr sprach.[162] *5.* Diesen Erfahrungsbericht über

---

160 Die Formel „liegt auf einem Berge" *(supra montem posita)* zitiert *Mt 5,14* - obwohl dort kaum eine bestimmte Stadt, also auch nicht Nazareth *(en-Nāṣira),* gemeint ist.

161 Zu Nazareth vgl. St. Hieronymus, Paula und Eustochium 13, Theodosius 4, Pilger von Piacenza 5 (Anm. 24.25). Die Stadt ist von den Pilgern zunächst nur schwach besucht worden. Sie war überwiegend jüdisch besiedelt, bis zur Vertreibung der Juden unter Kaiser Heraklius um 630; vgl. Eutychius, *Annalen 212 und 245* (MPG 111,1083.1090). Arkulf, der wegen der Ungeduld seines Reiseführers nur zwei Tage in Nazareth weilen durfte, beschreibt zwei Kirchen: eine davon *„mitten in der Stadt",* wobei zu berücksichtigen ist, daß sich das Wohngebiet des alten Nazareth vermutlich nicht ganz mit dem des heutigen deckte. Die erste Kirche ist die sog. Kirche der Ernährung *(Lk 4,16)* oder Gabrielskirche am NO-Rande der heutigen Stadt, unweit der Marienquelle (Lageskizze bei Kroll 106, Abb. 59). Sie ist wohl erst nach 630 gebaut worden; Arkulf ist ihr erster Zeuge. Sie scheint nach dem wenigen, was sich ermitteln läßt, nicht lange gestanden zu haben. Die Kreuzfahrer fanden alles in Trümmern und errichteten neue Kirchen. Auf dem Gelände der griech.-orthod. Gabrielskirche haben bisher keine Ausgrabungen stattgefunden. Daher wissen wir fast nichts über ihre Vorgeschichte. Arkulfs Beschreibung aber läßt sich durch Augenschein am Ort im großen und ganzen bestätigen; vgl. Kopp 109. Die beiden Hügel *(cancri, tumuli)* mit Bogensubstruktionen dazwischen, auf denen die Kirche ruhte, sind vom Wasser der Marienquelle gebildet worden, das den Boden durchschnitten hatte. Zur Gabrielskirche insgesamt: Kopp 107-113 und Kroll 122f.

162 Die Verkündigungskirche *(Lk 1,26-38);* vgl. Planskizze bei Kroll 112, Abb. 63. Der älteste byzantinische Bau entstand zu Anfang des *5.* Jh.: nach Ausweis der aufgefundenen Mosaikreste vor 427, da in diesem Jahre ein überall befolgter Erlaß des Kaisers Theodosius II. die Verwendung

Nazareth haben wir vom heiligen Arkulf gelernt, der dort zwei Nächte und Tage zu Gast war. Er konnte deswegen nicht länger in ihr verweilen, weil ihn der mit den Orten vertraute Soldat Christi aus Burgund namens Petrus, der ein Einsiedlerleben führte, zur Eile drängte; der kehrte nach dem Rundgang zur Einsiedelei, wo er sich vorher aufgehalten hatte, zurück.

XXVII. *Über den Berg Thabor*

1. Der Berg Thabor in Galiläa ist drei Meilen vom See Gennezareth entfernt und auf allen Seiten wunderbar gerundet.[163] Er schaut auf der Nordflanke nach dem oben genannten See und ist gras- und blumenreich. Auf seinem Gipfel ist eine liebliche, weite, von einem großen Walde eingeschlossene Ebene, in deren Mittelfeld sich ein großes Mönchskloster mit zahlreichen Zellen befindet. 2. Die ebene Anhöhe dieses Berges läuft nämlich nicht auf eine steile Spitze zu, sondern erstreckt sich 23 Stadien in die Breite; die Höhe beträgt 30 Stadien.[164] 3. Auf der höheren Ebene sind auch drei größere bedeu-

---

von Kreuzmotiven auf Fußböden untersagte. Die Verkündigungsgrotte und das Martyrium mit dem berühmten Konon-Mosaik lagen n. außerhalb dieser Kirche; sie kamen erst in der Kreuzfahrerzeit unter Dach. Die von den Kreuzfahrern errichtete dreischiffige Basilika war - ein seltener Fall - doppelt so groß wie ihr byzantinischer Vorläufer. Das Ereignis der Verkündigung ist anscheinend vor der Kreuzfahrerzeit überhaupt nicht in einer Grotte lokalisiert worden: Sowohl der Pilger von Piacenza *5* wie auch Arkulf sprechen von einem Haus *(domus),* in dem der Engel Maria besuchte. Vgl. P. Viand, Nazareth et ses deux églises de l'Annonciation et de St. Joseph d'après les fouilles récentes (1910); B. Bagatti, Ritrovamenti nella Nazareth evangelica. Studi Biblici Franciscani 6 (1954/5); Kopp 92-106; Kroll 103-121; V. Tzaferis - B. Bagatti, Nazareth. NEncAEHL III 1103-1106.

163 Die Formulierung beruht auf Hieronymus bei Euseb, On. 99,22f. Die Entfernung des Berges Thabor *(Ğebel eṭ-Ṭōr)* vom See Gennezareth beträgt nicht 3 Meilen (= 4,5 km), sondern mindestens 11 Meilen (Luftlinie: ca. 17 km). Die wunderbare Rundung *(mira rotunditas)* dieses bedeutendsten Berges Untergaliläas (Höhe 562 m) entzückt das Auge jedes Reisenden.

164 Zur Formulierung vgl. Hegesippus, *Hist. IV,4* ed. V. Ussani, CSEL 66 (1932) 247,2f. - Der Thabor hat in der Tat ein schönes, vegetationsreiches Hochplateau. Arkulfs Größenschätzungen gehen hier ganz in die Irre: 23 Stadien = ca. 4301 m, 30 Stadien = ca. 5610 m (bei Annahme von 1 Stadium = 187 m). In Wirklichkeit ist die Thabor-Hochfläche 1200 m lang und 400 m breit, der Berg selbst 562 m hoch. Aber wer diesen herrlichen Berg betrachtet, kann verstehen, daß sich Eindruck und Begeisterung in falschen Zahlen niederschlagen.

tende Kirchenbauten entsprechend der Zahl der Hütten errichtet, über die Petrus auf dem heiligen Berg, von der himmlischen Vision überwältigt und sehr erschrocken, zum Herrn sagte: *„Hier ist gut sein. Laßt uns drei Hütten machen, dir eine, Mose eine und Elia eine."*[165] *4.* Die oben erwähnten Klosteranlagen und die drei Kirchenbauten mit den Mönchszellen sind ganz von einer Steinmauer umschlossen. 5. Der heilige Arkulf hat dort eine Nacht auf der Höhe des heiligen Berges zugebracht; denn der Christusverehrer Petrus von Burgund, sein Reiseführer in jenen Gegenden, erlaubte ihm aus Gründen der Eile nicht, länger als eine Gastnacht zu verweilen. *6.* Zwischenein darf noch angemerkt werden, daß man den Namen des berühmten Berges auf Griechisch mit Theta und langem Omega ΘΑΒΩΡ schreiben muß, auf Lateinisch mit Anhauch Thabor mit gedehntem Buchstaben o. Die Rechtschreibung dieser Vokabel findet man in den Büchern über das Griechische.[166]

XXVIII. *Über Damaskus*

1. Die große Königsstadt Damaskus liegt - wie Arkulf berichtet, der in ihr einige Tage zu Gast war - auf einer weiten Ebene; sie ist von einem umfangreichen Mauerring umschlossen, obendrein noch durch zahlreiche Türme befestigt. In der Umgebung außerhalb der Mauern gibt es viele Olivengärten. Vier große Flüsse, die hindurchfließen, machen sie herrlich fruchtbar.[167] 2. In ihr ist der

---

165 *Lk 9,33.* Der älteste Zeuge für den Thabor als Berg der Verklärung *(Mk 9,2-13* u.par.) ist Kyrill von Jerusalem (348), Katechesen 12,16. Vgl. ferner St. Hieronymus, Paula und Eustochium 13; Theodosius 4 (Anm. 33); Pilger von Piacenza 6 (Anm. 28). Zur christl. Geschichte des Thabor: F. Barnabé, Le mont Thabor (1900); Kopp 299-306; Kroll 335-338 (mit Kartenskizze S. 337, Abb. 199).

166 Ein Versuch des Abtes Adomnanus, die schwankende Orthographie des Namens Thabor zu befestigen. Mit den „Büchern über das Griechische" *(libri Grecitatis)* meint er gewiß auch die Schriften des hl. Hieronymus.

167 Zu Damaskus *(Dimašq eš-Šām)* vgl. auch Theodosius 24 und Pilger von Piacenza 46 (Anm. 215.216). Die Oase von Damaskus *(el-Ġūṭa* und *el-Merǧ)* ist wasserreich. Die beiden Hauptflüsse sind der *Nahr Baradā (Chrysorrhoas)* von O und *der Nahr el-Aᶜwaǧ* im *Wādi el-ᶜAǧam* im S; vgl. *2 Kön 5,12.* Beide Flüsse und mehrere kleine Bäche speisen ein vielfältiges und im Laufe der Zeiten oft verändertes Kanal-Irrigationssystem; vgl. E Robinson u.a., Neuere biblische Forschungen in Palästina und den angränzenden Ländern (1857) 581-586. Es fällt auf, daß Arkulf von *„vier großen Flüssen"* spricht, obwohl in *2 Kön 5,12* nur zwei genannt werden *(Ab/mana* und *Parpar)* und obwohl die

Sarazenenkönig[168] zur Herrschaft gelangt. Ebendort ist zu Ehren des hl. Johannes des Täufers eine große Kirche errichtet worden, und in derselben Stadt ist auch eine Art Kirche für die ungläubigen Sarazenen errichtet worden, die sie oft besuchen.[169]

XXIX. *Über Tyrus*

1. Unser Arkulf, der viele Gegenden bereiste, ist auch nach Tyrus, der Hauptstadt der Provinz Phönizien, gekommen, die nach hebräischem und syrischem Sprachgebrauch Soar genannt wird.[170] *2.* In den griechischen und barbarischen Geschichtserzählungen kann man lesen, daß sie keinerlei Zugang vom Festlande her gehabt hat; einige versichern freilich, später sei vom Chaldäerkönig Nebukadnezar Dammerde aufgeschüttet worden und der Ort für eine Belagerung mit Wurfgeschossen und Sturmböcken vorbereitet worden: und so wurde die ebene Fläche später eine (Halb)Insel.[171]

---

tatsächlichen Bewässerungsverhältnisse keineswegs auf die Zahl 4 führen. Vielleicht hatte er die alte, im Islam geläufige Vorstellung von der Oase Damaskus als Paradies oder doch als Abglanz des Paradieses im Sinn, und das Paradies muß natürlich von 4 Flüssen bewässert werden *(Gen 2,10-14).*

168 *Muᶜāwiya* (658-680), der Begründer der Omayyadendynastie in Damaskus, seit der Ermordung des 4. rechtgeleiteten Kalifen *ᶜAlī* (22. Jan. 661) und dem Verzicht seines Sohnes *Ḥasan* Inhaber der Kalifatswürde. S.o. I,9,11.

169 Der Pilger von Piacenza 46 (Anm. 219) sah die Kopfreliquie Johannes des Täufers noch in Emesa *(Ḥoms).* Sie ist aber dann alsbald nach Damaskus in die spätere Omayyadenmoschee überführt worden, wo sie noch heute verehrt wird, Freilich hat erst der Kalif *Walīd* 709-715 die Johanneskirche in eine Moschee verwandelt; z.Zt. des Arkulf hatten die Muslimin eine andere Moschee als Hauptbetplatz.

170 Der Text von II,29,1-3 (bis *angustia* „die Enge") beruht auf Hieronymus, *Ezechielkommentar VIII zu 26,1-6.15-18* ed. F. Glorie, CCSL 75 (1964) 347, 422f.; 353,598-604. Hieronymus hat an diesen und anderen Stellen (z.B. On. 163,18) den hebräischen und syrischen, d. h. aramäischen Namen der Stadt korrekt mit *Sor (= Ṣōr)* wiedergegeben. Die Form *Soar* ist falsch, vermutlich eine Namensverwechslung mit *Ṣōᶜar/Segor* im *Ġōr eṣ-Ṣāfi* (vgl. II,17/18,7; Anm. 137).

171 Zur Geschichte von Tyrus, unter Benutzung der *„griechischen und barbarischen"* Historiker, die Adomnanus im Sinne hat, vgl. N. Jidejian,

3. Diese Stadt war sehr schön und vornehm. Sie wird im Lateinischen sachgemäß mit „die Enge" übersetzt[172]; denn Insel und Stadt haben nur eine enge Ausdehnung. Sie liegt im Lande Kanaan; aus ihr stammte die im Evangelium erwähnte kanaanäische Frau oder Tyrophönizierin.[173] *4.* Es ist anzumerken, daß der Bericht des heiligen Arkulf über die Lage von Tyrus insgesamt mit dem übereinstimmt, was wir oben aus den Kommentaren des hl. Hieronymus auszugsweise dargeboten haben.[174] Ganz ähnlich unterscheidet sich das, was wir oben über die Lage und Gestalt des Berges Thabor nach dem Bericht des heiligen Arkulf aufgeschrieben haben, in keiner Weise von dem, was der hl. Hieronymus über die Lage dieses Berges und die wunderbare Rundung mitteilt.[175] Arkulf reiste vom Berge Thabor bis nach Damaskus sieben Tage.

XXX. *Über die Lage von Alexandria und den Nil*

1. Die gewaltige Stadt, die früher Hauptstadt von Ägypten war, hieß einst auf Hebräisch No.[176] Es ist eine stark bevölkerte Stadt,

---

Tyre Through the Ages (1969); M. Chéhab, Tyrus, Geschichte-Topographie-Ausgrabungen (1972); J. Katzenstein, The History of Tyre from the Beginning of the Second Millennium B.C.E. until the Fall of the Neo-Babylonian Empire in 538 B.C.E. (1973). Der Bau des Dammes zwischen dem Festland und der Insel Tyrus erfolgte nicht z. Zt. der Belagerung durch Nebukadnezar II. in den Jahren 585-572 v. Chr. (Fl. Josephus, *Contra Apionem I,21;* vgl. *Ez 26,1ff.; 29,17ff);* vgl. O. Eißfeldt, Das Datum der Belagerung von Tyrus durch Nebukadnezar. Kleine Schriften 2 (1963) 1-3. Es war vielmehr Alexander d.Gr., der 332 mit dem Dammbau die Eroberung von Tyrus einleitete. Seit damals ist Tyrus eine Art Halbinsel (*insula/insola* auch im Sinne von „Halbinsel" gebräuchlich). Vgl. dazu auch Hieronymus, *Ezechielkommentar* (s.o. Anm. 170).

172 Der Name der Stadt Tyrus (hebr. *Ṣōr,* arab. *Ṣūr*) wird seit alters gerne von der hebr. Wortwurzel *ṣrr* „eng sein" hergeleitet. Wahrscheinlich aber liegt *ṣr* „Fels" zugrunde.

173 *Mk 7,24-30; Mt 15,21-28.* In *Mk 7,26* steht *„Syrophönizierin"* (und nicht Tyrophönizierin!). Die „Variante" entstand, weil in *Mk 7,24* Tyrus genannt ist.

174 S.o. Anm. 170.

175 S.o. Anm. 163.

176 No *(Jer 46,25; Ez 30,14-16)* oder No-Amon *(Nah 3,8)* ist das oberägyptische Theben im Niltal. Die Gleichsetzung mit Alexandria (Targume, Vulgata), das erst 332/1 v. Chr. gegründet wurde, beruht auf dem Wunsch, das Zentrum der jüdischen Diaspora und die Hochburg des ägyptischen

die nach ihrem berühmten Gründer, dem Makedonenkönig Alexander, von allen Völkern als Alexandria bezeichnet wird[177]: sie hat von ihrem Wiedererbauer die städtische Pracht und den Namen empfangen. 2. Was Arkulf über ihre Lage berichtet, ist ebenso zuverlässig wie das, was wir im vorigen Abschnitt kennengelernt haben. Er stieg von Jerusalem hinunter und reiste von Joppe aus zu Schiff 40 Tage bis Alexandria[177a], 3. über das es einen kurzen Spruch des Propheten Nahum gibt: *„ringsumher Wasser, derenMauern und Feste war das Meer.“*[178] 4. Denn auf der Südseite wird sie von der Mündung des Nils begrenzt, im Norden vom mariotischen See.[179] 5. Aus dem Gesagten ist also deutlich, daß sie, am Nil und am Meer gelegen, auf beiden Seiten von Wasser umgeben ist. *„Die Stadt liegt wie eine Barriere zwischen Ägypten und dem großen Meer*[180]*, ohne natürlichen Hafen und von außen schwer zugänglich. 6. Ihr Hafen ist übrigens noch schwieriger als andere, nach Art eines menschlichen Körpers gestaltet: am Kopfe, d.h. an der Reede, geräumiger, am Halse*

Christentums in der Bibel wiederzufinden. Unter den Kirchenschriftstellern ist es vor allem Hieronymus, der diese Gleichsetzung vertreten hat: z.B. im *Nahumkommentar zu 3,8-12* ed. M. Adriaen, CCSL 76A (1970) 562,274 - 563,300; vgl. auch St. Hieronymus, Paula und Eustochium 14 (Anm. 141).

177 Der Wortlaut beruht, in II,30,1 noch andeutungsweise, auf Hegesippus, *Hist. IV,27* ed. V. Ussani, CSEL 66 (1932) 283,7ff. S.u. Anm. 180.

177a Die Reisezeit von Joppe *(Yāfā)* nach Alexandria ist ungewöhnlich lang. Man konnte z.B. von Rom nach Alexandria in 10 Tagen, von Messina nach Alexandria in knapp 7 Tagen (so der Arzt Galenus nach Plinius, *nat. hist.* 19,3-4), von Byzanz nach Alexandria in 9 Tagen gelangen. Vgl. zu den Schiffsreisen und zu den Reisezeiten L. Casson, Ships and Seamanship in the Ancient World (1971) 281-296; ders., Reisen in der Alten Welt (1976) 173-187. Aber natürlich war die Dauer einer Seereise nicht nur von den Windverhältnissen abhängig, sondern auch davon, welche Art von Schiff man nahm: seetüchtige Segler oder kleine Boote, die sich in Küstennähe hielten und vielleicht auch noch Küstenhandel trieben.

178 *Nah 3,8* (Vulgata). Im hebr. Text ist von No-Amon = Theben die Rede, das am Nil liegt, von ihm lebt und durch ihn geschützt wird.

179 Der Text beruht auf Hieronymus, *Nahumkommentar zu 3,8-12* ed. M. Adriaen, CCSL 76A (1970) 563,300-302. Die Himmelsrichtungen sind merkwürdig: Der mariotische See *(Maryūṭ)* liegt s. von Alexandria, das Mittelmeer im N, und Nilarme (z.B. der kanopische Nilarm) münden im NO oder im SW.

180 Von II,30,5 *(quasi obclaustrum ...)* bis 30,20 *(... quaedam ruina currentium aquarum)* bietet Adomnanus einen langen Auszug aus Hegesippus, *Hist. IV,27* ed. V. Ussani, CSEL 66 (1932) 283,8-286,11 (zumeist wörtlich, aber

aber enger, wo er die Meeresströmung und die Schiffe aufnimmt; dadurch wird dem Hafen eine Art Atem verschafft. 7. Wenn man die Engpässe und damit den Eingang des Hafens passiert hat, erstreckt sich das Meer in einem langen und breiten Zug wie die übrige Gestalt des Körpers. 8. Auf der rechten Seite des Hafens gibt es eine kleine Insel, auf der sich ein gewaltiger Turm befindet, den die Griechen und Lateiner gewöhnlich nach seiner Funktion Pharus nennen[181]*: Er kann schon aus großer Entfernung von den Seeleuten gesehen werden, damit sie, wenn sie sich dem Hafen nähern, des Nachts alsbald am Feuerbrand erkennen, daß das Land nahe ist, und damit sie nicht, von der Finsternis getäuscht, auf Felsenriffe auflaufen oder die Begrenzung des Eingangs nicht finden können.*

---

mit veränderter Reihenfolge). Gegenstand ist die Beschreibung des Hafens von Alexandria und des vom Nil bestimmten Landescharakters Ägyptens. Vgl. zum Hafen K. Lehmann-Hartleben, Die antiken Hafenanlagen des Mittelmeeres. Klio Beiheft 14 (1923) 132-138. Eine klassische Hafenbeschreibung findet sich auch bei Strabo, *Geogr. XVII,1,6ff.* ed. A. Meineke (1877) III, 1103ff. Adomnanus hielt es also für richtig, beim Hafen von Alexandria nicht das wiederzugeben, was ihm Arkulf erzählte, sondern einen Text abzuschreiben, der zu seiner Zeit bereits ca. 500 Jahre alt war (insofern Hegesipp auf Fl. Josephus beruht; z.B. *Bell. jud. IV,10,5* u. ö.). Während dieses halben Jahrtausend müssen sich die Verhältnisse beträchtlich verändert haben. Entweder hat Arkulf nicht viel Genaues berichtet und sich auf die Beteuerung beschränkt, es sei alles so, wie man es bei den Geographen und Historikern nachlesen könne, oder Adomnanus urteilte seinerseits, daß Arkulfs Bericht mit den klassischen Beschreibungen übereinstimmte.

181 Die Insel Pharos war Alexandria n. vorgelagert und durch einen Steindamm von 7 Stadien Länge (sog. *Heptastadion)* mit dem Festlande verbunden. Ö. des Dammes lag der „Große Hafen" mit dem schwierigen Eingang zwischen der Halbinsel *Lochias* und der O-Spitze der Pharos-Insel. W. des Dammes lag der kleinere Hafen *Eunostos* (= gute Heimkehr) mit dem Kriegshafen *Kibotos* (= Kasten). Am Ostende der Insel Pharos ließ Ptolemaios II. Philadelphos (285-246 v. Chr.) durch den Baumeister Sostratos den Pharos-Turm errichten: über 120 m hoch, aus weißem Marmor, mit viereckigem Grundriß, vollendet 280/79 v. Chr. Der Turm diente als Leuchtturm; er galt im Altertum als eines der 7 Weltwunder. Im 14. Jh. wurde er durch ein Erdbeben zerstört; seine Fundamente sind im heutigen Fort *Qayiṭ Bey* noch erhalten. Der Pharos hat dem Leuchtturm in den romanischen Sprachen den Namen gegeben (italien. *il faro,* span. *el faro,* franz. *le phare).* - Einfache Orientierungspläne findet man in allen Reiseführern, z.B. K. Baedeker, Ägypten (1928[8]); E. Brunner-Traut (1978[4]); vgl. auch H. Guthe, Kurzes Bibelwörterbuch (1903) 25, Abb. 11 und Brockhaus-Enzyklopädie 1 (1966) 314 (dort weitere Literatur).

9. Deshalb gibt es dort Arbeiter, die das Feuer mit untergelegten Fackeln und Holzhaufen am Brennen halten: als Vorbote des Landes und Anzeiger der Hafeneinfahrten, der dem Kommenden die Engpässe zeigt, die Buchten des Gewässers und die Biegungen des Eingangs, damit das schwache Fahrzeug die spitzen Riffe nicht berühre und bei der Einfahrt nicht an die von der Flut bedeckten Felsen stoße. 10. Deshalb empfiehlt es sich, die gerade Fahrtrichtung für kurze Zeit zu ändern, damit das Schiff nicht in die Gefahr gerät, eben dort an unsichtbaren Felsen zu zerschellen, <wo man hofft, den Gefahren entronnen zu sein>. 11. Der Hafeneingang auf der rechten Seite ist enger, der auf der linken Seite dagegen weiter. 12. Rings um die Insel hat man Molen von außerordentlicher Größe versenkt, damit die durch den beständigen Anprall des steigenden Meeres zusammengepreßten Fundamente der Insel nicht weichen und sich durch fortwährende Beschädigung auflösen. 13. Daher kommt es zweifellos, daß der mittlere Kanal bei Gegenwind zwischen rauhen Felsen und geborstenen Molen so unruhig ist und eine gefährliche Einfahrt für die Schiffer, die hindurchwollen. 14. Der Hafen ist 30 Stadien weit ausgedehnt. Auch bei noch so starkem Sturm ist der Hafen innen ganz sicher, und zwar wegen des Ausgleichs: weil er durch die oben erwähnten Engen und durch die Gegenstellung der Insel die Meereswogen zurückwirft, so daß das ganze Innere des Hafens durch die Engen des Hafeneingangs, die die Einfahrt erschweren, geschützt wird, vor Stürmen bewahrt, vom Getöse ruhig gehalten. 15. Nicht ohne Grund ist der Hafen derart sicher und groß; in ihm müssen ja die Gebrauchsgüter der ganzen Welt zusammengebracht werden. 16. Denn die Leute aus aller Herren Länder wollen zu ihrem Nutzen mit der ganzen Welt Geschäfte machen. So ernährt das fruchtbare und an allerlei Gütern der Erde und Geschäften überreiche Gebiet den ganzen Erdkreis mit Korn und verschafft ihm die nötigen Waren. 17. Es ist freilich wahr, daß das Gebiet regenarm ist. Aber die Wasserversorgung vom Nil ersetzt die Regenfälle. Es gibt zweierlei: den Reichtum des Himmels und die Fruchtbarkeit der Erde; Landwirtschaft herrscht vor, und der Boden macht es reich, zum Nutzen für Seeleute und Bauern. 18. Diese fahren zur See, jene säen, andere wieder fahren auf Booten umher; jene säen ohne zu pflügen, reisen ohne Wagen. 19. Man kann erkennen, daß das Flußgebiet unterteilt ist, und zwar durch eine Art hoher Schiffsterrassen an den bewohnten Ländern, die auf beiden Seiten an die Ufer des Nilstromes anschließen. 20. Denn er ist schiffbar bis zur sogenannten Elephantenstadt[182]; weiter hinauf bis zu den

---

[182] Nilinsel Elephantine bei Assuan, unweit des 1. Kataraktes.

Katarakten darf ein Schiff nicht vordringen, d. h. durch die Flußwasser gezogen werden, nicht weil kein Wasserstrudel mehr da wäre, sondern wegen des Absturzes des ganzen Flusses und des Falles der fließenden Wasser."[183]

21. Der Bericht des heiligen Arkulf über die Lage von Alexandria und des Nils unterscheidet sich nach alledem nicht von dem, was wir in den Büchern anderer durch Lektüre kennengelernt haben. Aus ihnen haben wir einige kurze Textauszüge in die vorliegende Beschreibung eingefügt: nämlich über die Abwesenheit eines natürlichen Hafens bei jener Stadt, über die Landeschwierigkeiten, über die Insel und den auf ihr errichteten Turm, über die Lage Alexandrias zwischen dem Meer und den Mündungen des Nilstromes und über anderes mehr.

22. Aus alledem erklärt sich, daß das Stadtgebiet, das auf diese Weise von zwei Seiten her eingeengt wird, auf einer sehr langen und engen Wegstrecke ausgedehnt ist. *23.* Das zeigt auch die Erzählung des heiligen Arkulf, der - wie er selbst berichtet - im Oktober um die dritte Stunde[184] die Stadt betrat, die Längenausdehnung der Stadt durchwanderte und erst kurz vor der Abendzeit an den äußersten Punkt dieser Längenausdehnung gelangen konnte. *24.* Die Stadt ist von einem langen, mit zahlreichen Türmen befestigten Mauerring umgeben, der zwischen dem Stromufer und der Meeresküste angelegt ist. *25.* Wenn man von der ägyptischen Seite kommt und die Stadt betritt, dann ist auf der Nordseite ein großer Kirchenbau, in dem der Evangelist Markus begraben liegt; sein Grab wird vor dem Altare an einem östlichen Platz der rechteckigen Kirche gezeigt, darüber eine aus Marmorsteinen gebaute Memoria.[185]

26. Dieses Alexandria also, das - wie gesagt - No genannt wurde, bevor es Alexander der Große baulich erweiterte, und dem - wie weiter oben beschrieben - die sogenannte kanopische Nilmündung benachbart ist, bildet die Grenze zwischen Asien, mit Einschluß Ägyptens, und Libyen.[186] *27.* Wegen der Nilüberschwemmung

---

183 Hier endet das Exzerpt aus Hegesippus; s.o. Anm. 180.

184 9 Uhr morgens an einem Oktobertage.

185 Vgl. Pilger von Piacenza 45. Der Evangelist Marcus war angeblich der erste Bischof von Alexandria; vgl. Euseb, Kirchengeschichte II,16. Seine Gebeine wurden 823 nach Venedig überführt.

186 Die Formel „bildet die Grenze zwischen Asien, mit Einschluß Ägyptens, und Libyen" *(Asiam cum Aegypto et Libiam disterminat)* beruht noch einmal auf Hegesippus, *Hist. IV,27* ed. V. Ussani, CSEL 66 (1932) 283,11-16.

haben die Ägypter hohe Dämme entlang den Ufern gebaut. Hätte man diese Vorsicht außer Acht gelassen, und die Wassermassen über die Dämme fließen lassen, dann würden sie die tiefer gelegenen Felder überschwemmen, mehr noch: vernichten und veröden. *28.* Der heilige Arkulf, der den Strom in Ägypten oft befahren hat, berichtet, daß aus diesem Grunde viele Leute, die die ebenen Flächen Ägyptens bewohnen, in Häusern oberhalb des Wassers hausen, die von Balkengerüsten getragen sind.

29. Im Nilstrom leben, wie Arkulf berichtet, die Krokodile: vierfüßige Wasserbestien, nicht sehr groß, ungeheuer gefräßig und dermaßen stark, daß sogar ein einziges von ihnen, wenn es zufällig ein am Flußufer grasendes Pferd oder einen Esel oder ein Rind finden kann, plötzlich auftaucht, nach einem Bein des Tieres schnappt, es unter Wasser zieht und das Tier ganz verschlingt.

Die Kapitel des dritten Buches

I. Über die Stadt Konstantinopel
<II. Über die Gründung dieser Stadt >
<III. Über die Kirche, in der sich das Kreuz des Herrn befindet >
IV. Über den Bekenner Georgius
V. Über das Bild der hl. Maria
VI. Über den Vulkanberg

Das dritte Buch

I. *Über die Stadt Konstantinopel*

1. Auf der Rückkehr von Alexandria war der oft genannte Arkulf einige Tage auf der Insel Kreta zu Gast, und von dort reiste er zu Schiff nach Konstantinopel, wo er sich einige Monate aufhielt. *2.* Das ist ja nun die Hauptstadt des Römischen Reiches[187], auf allen Seiten, außer im Norden, vom Meer umgeben. Dieses Meer nimmt seinen Anfang beim Großen Meer und zieht sich 60 Meilen bis zur

---

[187] Als Konstantin d. Gr. (306-337) eine Hauptstadt für den Ostteil seines Reiches suchte, verfiel er auf die Nahtstelle zwischen Asien und Europa: die Stätte des alten *Byzantion* (Byzanz, der vom Sultanspalast - dem heutigen

Stadtmauer.[188] *3.* Von der Mauer Konstantinopels bis zur Mündung des Donaustromes zieht sich das Meer noch einmal 40 Meilen hin.[189] *4.* Die Kaiserstadt ist von einem beträchtlichen Mauerring auf 12 Meilen umgeben.[190] Sie hat Außenwerke auf der Seeseite entlang der Küste, wie Alexandria oder Karthago, und durch zahlreiche Türme befestigte Mauern, ähnlich wie Tyrus. Im Stadtinneren sind viele Häuser, von denen die meisten aus Stein gebaut sind und sich zu ebensolcher Größe erheben wie die Wohnbauten von Rom.

< **II.** *Über die Gründung dieser Stadt* >

1. Über ihre Gründung erzählen die Bürger folgende von den Vorfahren überkommene Überlieferung: Als Kaiser Konstantin die Stadt, die seinen Namen tragen sollte, auf der asiatischen Seite, d. h. in Cilicien[191], zu bauen begann - mit dem Meere dazwischen, das dort die Grenze zwischen Asien und Europa bildet -, da brachte er eine riesige Menschenmenge zusammen und sammelte von überall her derart riesige Geldsummen, daß alle Städte fast ganz verarm-

---

Saray - eingenommene Teil des Stadtkerns von Istanbul). Unmittelbar ö. anschließend errichtete er die neue Stadt: Beginn des Mauerbaus 328, Einweihung *(Enkainia)* der Stadt am 11.5.330. Er nannte sie *Konstantinopolis,* mit dem Beinamen *Roma secunda* (die Bezeichnung *Roma nova,* griech. *Nea Rhome* „Neu-Rom" hat sich erst später eingebürgert). Nach dem Untergang des weströmischen Kaisertums (476) war Konstantinopel die einzige Hauptstadt des *Imperium Romanum.* Als Arkulf die Stadt besuchte, regierte Kaiser Konstantin IV. (668-685). Vgl. V. Schultze, Altchristliche Städte und Landschaften I: Konstantinopel (1913); R. Mayer, Byzantion - Konstantinopolis - Istanbul (1943); R. Janin, Lés eglises et les monastères de Constantinople (1953). Orientierungspläne in RE 7 (1900) zwischen Sp. 1012 und 1013; auch bei H.-W. Haussig, Kulturgeschichte von Byzanz (1959) im Anhang.

188 Vom w. Eingang der Dardanellen über das Marmarameer bis Konstantinopel sind es ca. 290 km (nicht 60 Meilen = 90 km).

189 Von Konstantinopel bis zum Donau-Delta sind es in gerader Linie ca. 450 km (nicht 40 Meilen = 60 km).

190 Der Mauerring Konstantins erstreckte sich auf eine Länge von ca. 8 km. Arkulf denkt aber gewiß an den weiteren Mauerring, der unter Kaiser Theodosius II. (408-450) errichtet wurde und eine Länge von ca. 14 km erreichte. Auf den Seeseiten war diese zweite Mauer mit der konstantinischen identisch.

191 Ein Irrtum, der zeigt, wie sehr das alles exotische Geographie gewesen ist. Auf der asiatischen Seite lag die Provinz Bithynien. Cilicien dagegen lag im SO-Teil Kleinasiens an der Mittelmeerküste.

ten. 2. Eines Nachts nun, als die unzähligen Arbeiterkolonnen in dem gewaltigen Lager in Zelten schliefen, verschwanden plötzlich und auf unerklärliche Weise alle Arten von Eisenwerkzeugen, die die Handwerker bei verschiedenen Arbeiten zu benutzen pflegten. 3. Nachdem viele betroffene Arbeiter in der ersten Morgenfrühe dem Kaiser Konstantin persönlich über das plötzliche und geheimnisvolle Verschwinden Bericht erstattet hatten, fragte sie der König sogleich: „Habt ihr gehört, daß noch andere Sachen aus dem Lager verschwunden sind?" Sie antworteten: „Nichts, außer sämtlichen eisernen Arbeitsgeräten." 4. Daraufhin befahl ihnen der König: „Macht euch schnell auf und durchsucht die an die Meeresküsten grenzenden Gebiete, und zwar auf beiden Seiten! Und wenn ihr eure Eisenwerkzeuge zufällig irgendwo auf den Feldern finden solltet, dann bewacht sie dort derweilen und schafft sie nicht weg, sondern schickt einige von euch zu mir zurück, damit ich genau erfahre, wie die Eisenwerkzeuge gefunden wurden!" 5. Die Arbeiter führten die Befehle, die der König erteilt hatte, sofort aus. Sie gingen hin, wie ihnen befohlen war, und durchsuchten die nahe ans Meer grenzenden Felder auf beiden Seiten: und siehe da, sie fanden jenseits des Meeres zwischen zwei Buchten auf der europäischen Seite einen Haufen von Eisenwerkzeugen an ein und demselben Orte zusammengetragen. 6. Als der Fund gemacht worden war, gingen einige von ihnen zum König zurück und meldeten, die Eisenwerkzeuge seien an dem und dem Ort gefunden worden. 7. Der König befahl darauf sogleich den Trompetern, im Lager ihre Instrumente zu blasen, und den Kolonnen, das Lager abzubrechen: „Laßt uns von hier aufbrechen und die Stadt an der Stelle bauen, die Gott uns bezeichnet hat!" Nachdem zugleich mit allen Kolonnen die Schiffe fertiggemacht worden waren, setzte er nach der Stelle der gefundenen Eisenwerkzeuge über, nach eben jener Stelle, von der er durch die Versetzung wußte, daß sie ihm von Gott bezeichnet war. 8. Dort gründete er dann die Stadt, die auf Griechisch Konstantinopel heißt: ein zusammengesetzter Name aus seinem Eigennamen und der Bezeichnung für Stadt, wobei der Name des Gründers an erster Stelle der Komposition steht.[192] Das mag über die Lage und Gründung jener Königsstadt genügen.

---

192 Die Gründung von Konstantinopel ist in die Welt der Legende eingegangen. Es lag auf der Hand, daß Gott selbst die Stelle für das Neue Rom bezeich-

<III. *Über die Kirche, in der sich das Kreuz des Herrn befindet*>

1. Des weiteren dürfen wir die berühmteste Steinkirche dieser Stadt nicht verschweigen. Sie ist rund und von wunderbarer Größe. Sie erhebt sich, wie der heilige Arkulf berichtet, der sie längere Zeit besucht hat, von den Fundamenten her auf drei Mauern und wird oben durch ein dreifach hochgezogenes, vollkommen rundes und überaus schönes einfaches Kuppeldach abgeschlossen. *2.* Das Dach wird von gewaltigen Bögen getragen und überspannt zwischen den oben erwähnten Mauern einen weiten Raum, der als Wohnstätte des Herrn wie auch zu seiner Anbetung geeignet und angemessen ist. Im nördlichen Innenteil des Gebäudes zeigt man einen ziemlich großen und sehr schönen Schrein, in dem ein hölzernes Behältnis mit einem ebenfalls hölzernen Deckel aufbewahrt wird: *3.* Darin ist das heilbringende Kreuzesholz, an dem unser Heiland zum Heile des Menschengeschlechtes hing und litt.[193] Dieses preiswürdige Behältnis mit dem so kostbaren Schatze wird, wie der heilige Arkulf berichtet, an drei zusammenhängenden Tagen zu Jahresende auf einem goldenen Altare ausgestellt. *4.* Dieser Altar in der Rotundenkirche ist zwei Ellen lang und eine breit. *5.* Nur an drei einander

---

net haben mußte. In der von Arkulf erzählten Legende ist das nicht bis zu einer regelrechten Initiationstheopanie (Erscheinung der Gottheit am Ort) gediehen, sondern auf dem Umweg über das Mirakel mit den Eisenwerkzeugen bewerkstelligt worden. Dabei wird selbstverständlich davon ausgegangen, daß Konstantin längst Christ war und eine christliche Hauptstadt zu gründen beabsichtigte. Das aber war um 330 noch keineswegs eindeutig der Fall. Die Gedenkmünzen zur *Enkainia* (Einweihung der Stadt) zeigen die Tyche als Stadtgöttin, wenn auch mit dem Kreuz Christi und der Weltkugel als Attributen. Konstantin selbst ließ sich 330 als Helios verehren. Immerhin scheint von Anfang an der Wille vorgeherrscht zu haben, Konstantinopel nicht nur zum politischen, sondern darüber hinaus zum ideellen Mittelpunkt des Reiches zu machen; vgl. A. Alföldi, Journal f. Römische Studien 37 (1947) 10ff. Die Legende bewahrt die Erinnerung an die unerhörten Anstrengungen, die Konstantin den Provinzen und Städten des Reiches zumutete: bis hin zur Zwangsumsiedlung *(Synoikismos)* der Grundbesitzer aus den Diözesen *Asia* und *Pontus* nach Konstantinopel oder doch der Nötigung, dort Häuser zu bauen.

193 Die Hagia Sophia als Hofkirche des Kaisers Justinian (527-565), erbaut von den Architekten Anthemios von Tralles und Isidor von Milet, 537 geweiht (Kuppeleinsturz 558, Neuweihe 562, Vollendung der Ausstattung unter Justin II. 565-578). Vgl. aus der reichen Literatur zu dieser Hauptkirche des Ostens: A. M. Schneider, Die Hagia Sophia zu Konstantinopel (1939

folgenden Tagen im Jahr wird, wie schon gesagt, das Kreuz des Herrn auf dem Altare ausgestellt: *6.* nämlich zum Herrenmahl, an welchem Tage der Kaiser und das Militär in die Kirche kommen, an den Altar treten und, während die allerheiligste Kapsel geöffnet ist, das heilbringende Kreuz küssen. *7.* Als erster vor allen küßt es der Beherrscher der Welt mit gesenktem Gesicht; danach tritt einer nach dem anderen in der Reihenfolge des Ranges und des Alters heran und küßt den verehrungswürdigen Kreuzesbalken. *8.* Am darauf folgenden Tage, dem Freitag vor Ostern, kommen die Königinnen, die vornehmen Damen und alle Frauen des Volkes in der oben erwähnten Reihenfolge und küssen es mit großer Verehrung. *9.* Am dritten Tage, dem Karsamstag, kommen der Bischof und der ganze Klerus nach ihm mit Furcht und Zittern und großer Ehrerbietung und küssen das in seinem Behältnis befindliche Holz des Sieges. *10.* Wenn dann die solchermaßen heilige und frohe Verehrung des allerheiligsten Kreuzes beendet ist, wird das verehrungswürdige Behältnis geschlossen und mit dem so hoch würdigen Schatze in seinen Schrein zurückgebracht.[194]

11. Man darf aber nicht außer Acht lassen, daß es dort nicht zwei, sondern drei kurze Holzstücke des Kreuzes gibt, nämlich das Querholz und zwei durch einen langen Einschnitt voneinander getrennte gleiche Teile. *12.* Von diesen drei hochwürdigen Holz-

---

u.ö.). Der Grundriß der Hagia Sophia Justinians ist sehr viel komplizierter, als es die formelhafte Beschreibung unseres Berichtes erkennen läßt. Arkulf (oder Adomnanus?) bedient sich fast desselben Wortlautes wie bei der konstantinischen Anastasis in Jerusalem: I,2,3 *ualde grandis eclesia tota lapidea mira rotunditate ex omni parte conlocata, a fundamentis in tribus consurgens parietibus;* III,3,1 *rotunda mirae magnitudinis lapidea eclesia ... ab imo fundamentorum in tribus consurgens parietibus.* Das ist zweifellos eine starke Vereinfachung. - Das Kreuz Christi war 614 von den Persern aus Jerusalem verschleppt und am 3.5.628 von Kaiser Heraklius zurückgewonnen und nach Konstantinopel verbracht worden. Es wurde freilich alsbald aufgeteilt und auf dem Wege der Schenkung auch Reliquie anderer großer Kirchen des Reiches: Rom (S. Croce in Gerusalemme), Poitiers, Paris, Trier (heute Limburg a. d. Lahn) u. a. Vgl. A. Halusa, Das Kreuzesholz in Geschichte und Legende (1926); H. Frolow, Les reliquiaires de la vraie croix. Archives de l'Orient Chrétien 8 (1965).

194 Das jährliche Fest der Kreuzanbetung von Gründonnerstag bis Karsamstag mit dem pomphaften byzantinischen Kaiserzeremoniell. Vgl. A. Alföldi, Die Ausgestaltung des monarchischen Zeremoniells am römischen Kaiserhofe. MDAI, Röm. Abt. 49 (1934) 1-118.

teilen steigt, wenn das Behältnis geöffnet wird, der Wohlgeruch eines wunderbaren Duftes auf, als ob da die volle Lieblichkeit und Herrlichkeit aller Blumen versammelt wäre.[195] Der erquickt und erfreut alle, die zur betreffenden Zeit im Raume zwischen den Innenmauern der Kirche davor stehen. *13.* Das kommt von einer wohlriechenden Flüssigkeit aus den Astknoten der drei Holzteile, ähnlich wie wenn man Öl auspreßt: die läßt alle, die aus den verschiedenen Völkern zusammengeströmt sind und eintreten, den oben erwähnten Wohlgeruch des überaus lieblichen Duftes empfinden. *14.* Selbst wenn ein ganz kleiner Tropfen dieser Flüssigkeit mit Kranken in Berührung kommt, gewinnen sie die volle Gesundheit zurück, an welcher Schwäche oder Krankheit sie auch litten. Aber das mag als Beschreibung hierüber genügen.

IV. *Über den Bekenner Georgius*

1. Der heilige Arkulf, der uns das alles über das Kreuz des Herrn erzählt hat, das er selber mit eigenen Augen sah und das er küßte, hat uns auch einen Bericht über den Bekenner Georgius[196] gegeben, den er von einigen kundigen Bürgern in der Stadt Konstantinopel in

---

195 Vgl. Gregor d.Gr., *Dialogorum liber IV,47* (MPL 77, 407/8 B).

196 Zu Georgius Confessor vgl. von den älteren Pilgern Theodosius 4 (Anm. 28) und Pilger von Piacenza 25 (Anm. 118). Der legendäre „Großmärtyrer" *(Megalomartys)* ist selbstverständlich auch in Konstantinopel verehrt worden, z.B. im St. Georgskloster der Manganen am O-Ufer des *Saray*-Stadtbezirks. Legendär ist St. Georg nicht deshalb, weil er keine historische Gestalt wäre - ein Offizier aus den diokletianischen Christenverfolgungen um 300 mag dahinterstehen -, sondern weil er sich in einem religionsgeschichtlich faszinierenden Mischungsprozeß mit dem jüd.-christl. Propheten Elia, dem jüd.-samaritan. Priester Pinehas und schließlich mit dem islamischen Heiligen *el-Ḫaḍr* „der Grüne" verbunden hat. Die so entstandene religiöse Kompositfigur, zu der das Motiv des Drachentöters nicht vor dem 12. Jh. hinzutrat, ist in allen drei Großreligionen zu Hause und namentlich in Britannien hoch verehrt worden. Vgl. H. Leclercq, DACL 6 (1924) 1021-1029; W. Budge, George of Lydda, The Patron Saint of England (1930); C. Colpe, Das samaritanische Pinehas-Grab in Awerta und die Beziehungen zwischen *Ḫaḍir-* und Georgs-Legende. ZDPV 85 (1969) 162-196; H. Donner, St.Georg in den großen Religionen des Morgen- und Abendlandes. In: Reformation und Praktische Theologie, FS. W. Jetter (1983) 51-60.

Erfahrung brachte. Sie erzählten ihm die Sache folgendermaßen:

2. In der Stadt Diospolis[197] gibt es das Bild eines gewissen Bekenners Georgius. Es befindet sich in einem Hause auf der Marmorsäule, an die er zur Zeit der Verfolgung gefesselt war und an der er gegeißelt wurde. Er hat allerdings nach der Geißelung, aus dem Kerker befreit, noch viele Jahre gelebt. 3. Eines Tages nun ritt ein hartherziger und ungläubiger Kerl zu Pferde in das Haus und fragte, als er die Marmorsäule sah, die drinnen befindlichen Leute: „Wessen Bild ist das auf der Marmorsäule?" 4. Sie antworteten: „Das ist die Gestalt des Bekenners Georgius, der an diese Säule gefesselt war und gepeitscht wurde." Als er das hörte, stieß der dreiste Bursche, vom Teufel angestachelt, voller Zorn mit der Lanze nach dem gefühllosen Gegenstand, dem Bilde des Bekenners Georgius. 5. Aber die Lanze des Angreifers drang auf wunderbare Weise ganz leicht ein und durchbohrte die Steinsäule auf der Außenseite, als ob sie ein Schneeball gewesen wäre. 6. Die Eisenspitze blieb innen stekken, so daß man sie nicht mehr herausziehen konnte, der Schaft aber, der das kleine Marmorbild des heiligen Bekenners berührt hatte, brach außen entzwei. 7. Im gleichen Augenblick stürzte auch das Pferd des armseligen Kerls, auf dem er saß, tot auf dem Fußboden des Hauses nieder. Der Armselige selbst aber streckte, als er zu Boden fiel, seine Hände nach der Marmorsäule aus, und seine Finger drangen in die Säule ein und blieben in ihr stecken, als wenn es Staub oder Lehm gewesen wäre. 8. Als der Arme merkte, daß er die zehn Finger seiner beiden Hände, die im Marmorbilde des heiligen Bekenners fest drinnensteckten, nicht herausziehen konnte, rief er den Namen des ewigen Gottes und des Bekenners bußfertig an und betete unter Tränen, daß er aus seiner Lage befreit werde. 9. Der barmherzige Gott, *„der den Tod des Sünders nicht will, sondern daß er sich bekehre und lebe"*[198], nahm seine tränenreiche Buße an und löste ihn nicht nur aus der gegenwärtigen und sichtbaren marmornen Fessel, sondern befreite ihn barmherzig durch den Glauben auch von den unsichtbaren Banden der Sünden.

---

197 *Diospolis* (seit Septimius Severus ca. 200) ist das alte Lydda, hebr. *Lōd* (der Flughafen von Tel Aviv), ca. 20 km sö. von Tel Aviv. Diospolis war seit dem 5. Jh. Zentrum der orientalischen St. Georgsverehrung. Von hier aus begann der Siegeszug dieses Heiligen durch das ganze Morgen- und Abendland.

198 *Ez 18,23.*

10. Hieraus wird deutlich erkennbar, in welcher großen Ehre Georgius, der ihn unter Martern bekannte, bei dem Herrn stand: Er machte sein von Natur aus undurchdringliches Brustbild durchdringlich, ließ die gleichfalls von Natur nicht durchdringende Lanze des Angreifers auf wunderbare Weise durchdringen und machte die schwachen Finger des Burschen, die wiederum von Natur aus nicht durchdringend waren, kraftvoll durchdringlich. *11.* Er konnte sie, die im Marmor gefangen waren, zuerst und als er noch hartherzig war, nicht herausziehen; aber in dem Augenblick, da er sehr erschrocken und zur Buße erweicht war, zog er sie mit Gottes Barmherzigkeit heraus. *12.* Wunderbarerweise sind die Spuren seiner zweimal fünf Finger, die bis zu den Knöcheln in der Marmorsäule steckten, bis zum heutigen Tage sichtbar. Der heilige Arkulf hat seine eigenen zehn Finger ebenfalls bis zu den Knöcheln da hineingedrückt.[199]*13.* Auch das Blut des Pferdes dieses Burschen, dessen Hüftknochen beim Todessturz auf dem Fußboden in zwei Stücke zerbrach, kann auf keine Weise abgewaschen oder beseitigt werden; vielmehr ist das Pferdeblut bis auf unsere Zeiten auf dem Fußboden des Hauses zu sehen, ohne daß man es beseitigen könnte.[200]

14. Unser heiliger Arkulf hat noch einen anderen zuverlässigen Bericht über den Bekenner Georgius mitgeteilt, den er von einigen kundigen und tüchtigen Erzählern in der oben erwähnten Stadt

---

199 Ein sog. ätiologisches Motiv (von griech. *aition* „Ursache") zur Erklärung von Unebenheiten im Schaft einer wirklich vorhandenen Säule. Dieses Motiv kommt, wie auch das folgende (s. u. Anm. 200), ziemlich oft vor: die Körperspuren Jesu in der Geißelungssäule (Theodosius 7, Jerusalem-Brevier 4, Pilger von Piacenza 22), die Spuren Jesu in einem Felsen am Ölberg (Theodosius 21), die Fußspuren Jesu auf dem Angeklagtenstein im Prätorium des Pilatus (Pilger von Piacenza 23) u.a.m.

200 Ein ätiologisches Motiv zur Erklärung von rötlichen Flecken im Stein: vgl. das Zachariasblut auf dem Tempelplatz zu Jerusalem (Pilger von Bordeaux 15) oder in der Grabeskirche (Jerusalem-Brevier 3), das Blut Jesu an der Geißelungssäule (St. Hieronymus, Paula und Eustochium 9) oder im Golgothafelsen (Pilger von Piacenza 19) u. a. m. Das Interesse an der Erklärung gegenwärtiger Tatbestände durch ein (meist fiktives) Ereignis aus der Vergangenheit (sog. ätiologisches Interesse) kann legendenbildend sein, d.h. die Legende hervorbringen; es kann aber auch als Motiv zur Legende hinzutreten. Hier kommt eher die zweite Möglichkeit in Betracht; s.u. Anm. 204.

Konstantinopel als ganz sicher in Erfahrung brachte. Sie berichteten über den heiligen Bekenner folgendermaßen:

15. Ein gewisser Laie[201] kam zu Pferde in die Stadt Diospolis, als gerade viele tausend Leute von überallher sich zu einem Kriegszuge rüsteten. Er kam und betrat das Haus, in dem die oben erwähnte Marmorsäule mit dem Bilde des heiligen Bekenners Georgius war, *16.* und begann zu dem Bilde zu reden, als ob Georgius gegenwärtig wäre: „Ich befehle mich und mein Pferd dir, dem Bekenner Georgius, daß wir durch die Kraft deiner Gebete aus allen Gefahren des Krieges, der Krankheit und des Wassers errettet werden und, wenn der Kriegszug beendet ist, wohlbehalten nach dieser Stadt zurückkehren. *17.* Wenn dir der barmherzige Gott unsere glückliche Heimkehr gemäß der Bitte unserer Winzigkeit[202] gewährt, dann werde ich dir dieses mein Pferd, das ich sehr liebe, als Opfergabe vor deinem Bilde darbringen." *18.* Gleich nachdem er die kurze Rede beendet hatte, verließ der Mann das Haus, mischte sich mit einigen Kameraden in die Soldatenmenge und nahm am Kriegszug teil. *19.* Nach vielen und verschiedenen Kriegsgefahren, bei denen viele Tausende armer Burschen umkamen, wurde er selber auf seinem geliebten Pferde, wegen des oben erwähnten Gelübdes an den Christusverehrer Georgius, aus allen Fährlichkeiten errettet und kehrte mit Gottes Hilfe wohlbehalten nach Diospolis heim. *(20.)* Er betrat fröhlich das Haus, in dem sich das Bild des heiligen Bekenners befand, brachte den Preis seines Pferdes in Gold mit sich und rief den heiligen Georgius an, als ob er gegenwärtig wäre: *21.* „Heiliger Bekenner, ich danke dem ewigen Gott, der mich kraft des Gebetes deiner Hoheit unversehrt heimgeführt hat! Deshalb bringe ich dir diese zwanzig Golddukaten[203] als Preis für mein Pferd,

---

[201] Der Ausdruck *homunculus saecularis,* wörtlich übersetzt „weltliches Menschlein", bezeichnet den Laien im Gegensatz zum Priester, allenfalls auch den Heiden im Gegensatz zum Christen. Die hanebüchene Geschichte enthält jedoch keine Anzeichen dafür, daß die Erzähler einen Heiden im Sinne hatten (vgl. bes. III,4,19.30). Welches Interesse sie leitete, darauf zu bestehen, es sei ein Laie gewesen, ist unerfindlich.

[202] Höflichkeitsformel *(nostra paruitas)* zur Verkleinerung des Redenden gegenüber dem Angeredeten (III,4,21 *tua celsitudo* „deine Hoheit").

[203] Der Goldsolidus *(solidus auri,* griech. auch *nomisma),* eine Goldmünze von ursprünglich etwa 25 *denarii,* nach der großen Inflation zu Beginn des 3. Jh. auf 4,48 gr Gold stabilisiert, seitdem feste Leitwährung der ganzen Welt bis ins 11./12. Jh. 72 *solidi* sind 1 Goldpfund *(litron).* Nach dem Mittelkurs vom 21.2.1979 kostete 1 gr Gold DM 14,89: ein Goldsolidus würde also dem

das ich dir damals gelobte und das du mir bis zum heutigen Tage bewahrt hast." *22.* Mit diesen Worten legte er die soeben genannte Goldsumme zu Füßen des Bildes des heiligen Bekenners nieder; denn er liebte das Pferd mehr als das Gold. Dann ging er hinaus, beugte seine Knie, setzte sich auf sein Tier und gab ihm die Sporen: aber er konnte es auf keine Weise bewegen. *23.* Als der Mann das sah, stieg er vom Pferde, kehrte ins Haus zurück, brachte zehn weitere Dukaten und sprach: „Heiliger Bekenner, als ich ritt, warst du mir ein milder Beschützer angesichts der Gefahren auf dem Kriegszuge, aber nun bist du, wie ich sehe, hartherzig und habgierig beim Pferdehandel!" *24.* Mit diesen Worten gab er die zehn den zwanzig Dukaten hinzu und sprach zum heiligen Bekenner: „Ich gebe dir diese Dukaten noch hinzu, damit du mir freundlich gesinnt seist und mein Pferd losläßt, daß es laufen kann!" *25.* Als er das gesagt hatte,ging er wiederum hinaus, bestieg das Pferd und spornte es zum Gehen an, aber es stand wie angewurzelt am selben Platz und konnte auch nicht einen Fuß bewegen. *26.* Was soll man noch mehr sagen? Er bestieg das Pferd und stieg wieder ab, ging viermal mit jeweils zehn Dukaten ins Haus hinein und lief hin und her und konnte sein Pferd während der ganzen Zeit durch keinen Ansporn in Bewegung bringen, bis insgesamt 60 Dukaten zusammengekommen waren. *27.* Dabei wiederholte er die oben erwähnte Rede über des heiligen Bekenners milde Freundlichkeit und seinen Schutz auf dem Kriegszuge, erwähnte auch seine Hartherzigkeit und Habsucht beim Geschäft und soll diese Worte bei der viermaligen Rückkehr jedesmal wiederholt haben. Schließlich rief er den heiligen Georgius folgendermaßen an: *28.* „Heiliger Bekenner, jetzt weiß ich genau, was du willst! Das ist es, was du wünschst: Ich bringe dir die ganze Goldsumme von 60 Dukaten als Geschenk dar *29.* und gebe dir nun auch noch mein Pferd, das ich dir damals nach dem Kriegszug zu geben versprach und das mit unsichtbaren Banden gefesselt ist. Aber bald wird es, wie ich glaube, durch die Ehre, die dir Gott erweist, losgelassen werden." *30.* Als er diese Rede beendet hatte, verließ er das Haus und fand das Pferd im selben Augenblicke frei. Er führte es mit sich ins Haus, weihte es dem heiligen Bekenner vor dessen Bilde als Gabe und ging, Christus fröhlich preisend, von

---

Gegenwert von DM 66,70 entsprechen (1 Goldpfund = DM 4802,40). Vgl. H.-W. Haussig, Kulturgeschichte von Byzanz (1959) 64f.

dannen.[204] *31.* Daraus ist deutlich zu schließen, daß alles, was dem Herrn geweiht wird, sei es Mensch oder Tier, gemäß dem, was im Buche Leviticus geschrieben steht, auf keine Weise weder losgekauft noch ausgetauscht werden darf. Denn wenn jemand ausgetauscht hat, dann ist das Ausgetauschte und das, wofür es ausgetauscht wurde, dem Herrn heilig und darf nicht losgekauft werden.[205]

V. *Über das Bild der hl. Maria*

1. Der oft erwähnte Arkulf hat uns auch über das Brustbild der hl. Maria, der Mutter des Herrn, einen zuverlässigen Bericht gegeben, den er in der Stadt Konstantinopel von einigen kundigen Zeugen in Erfahrung brachte:

2. In der Hauptstadt hing an der Wand eines gewissen Hauses ein Bild der hl. Maria auf einer kleinen Holztafel. *3.* Als nun ein törichter und hartherziger Mensch fragte, wen es darstelle, wurde ihm die Antwort zuteil, es sei das Portrait der hl. Maria, der immerwährenden Jungfrau. *4.* Jener ungläubige Jude hörte das, geriet, vom Teufel aufgestachelt, in großen Zorn, nahm das Bild von der Wand und lief in ein benachbartes Haus, wo die Leute über Brettern durch längliche Löcher ihren Kot abzuschlagen pflegten. *(5.)* Dort warf er, um den aus Maria geborenen Christus zu enteh-

---

204 Das komplizierte Gefüge von Motiven in diesen beiden kurzweiligen, wenn auch ziemlich abgeschmackten St. Georgslegenden kann hier nicht aufgehellt werden. Grundlegend jedenfalls scheint in beiden Fällen das auch in der Märchenwelt anzutreffende Motiv der wunderbaren Fixierung und Lösung zu sein: Die Kraft des Heiligen bewirkt, daß ein Mensch oder ein Tier fixiert, d. h. zur Unbeweglichkeit verurteilt wird; sie bewirkt unter bestimmten Bedingungen dann auch die Lösung des Bannes. In der ersten Legende ist das Motiv der Fixierung mit dem des Speeres verbunden: nicht nur der Frevler selbst, sondern auch sein Speer bleiben stecken (III,4,4-7). Man könnte hier an eine Umkehrung des Speermotivs denken, das St. Georg aus der legendären Ausschmückung der jüd.-samarit. Pinehas-Gestalt zugewachsen ist (auf Grund von *Num 25,6-18;* vgl. *Ps 106,28-31).* Dazu C. Colpe, Das samaritanische Pinehas-Grab in Awerta und die Beziehungen zwischen *Ḫaḍir-* und Georgs-Legende. ZDPV 85 (1969) 162-196 (bes. 168-171).

205 Adomnanus spielt an auf *Lev 27,10.20.28* und zitiert im letzten Satze wörtlich *Lev* 27,33. Er hat versucht, der Georgslegende einen theologischen Sinn abzugewinnen und dabei unterstellt, das Pferd sei eigentlich nicht dem hl. Georg, sondern Gott selbst im Gelübde geweiht worden. Das war gewiß nicht die Meinung der naiven und massiven volkstümlichen Erzählung.

ren, das Bild seiner Mutter durch ein Loch auf den Menschenkot, setzte sich auch noch selber auf das Loch und entleerte seinen Bauch über dem Brustbild der seligen Maria, das er kurz zuvor frevlerisch dort hinuntergeworfen hatte. Nach dieser schandbaren Bauchentleerung ging der unglückselige Mensch davon. *6.* Was aber danach mit ihm geschah, wie er lebte und wie er starb, ist unbekannt. 7. Nun kam nach dem Abgang jenes Frevlers ein guter Mensch aus dem Christenvolk, der eifrig in der Religion war: der wußte, was geschehen war, suchte das Bild der hl. Maria, und als er es im Menschenkot fand, nahm er es heraus, wischte es sorgfältig ab, wusch es mit Wasser und reinigte es vollkommen. Dann stellte er es bei sich zu Hause mit allen Ehren auf. *8.* Wunderbarerweise tropft aus der Tafel mit dem Bild der hl. Maria immerzu reines Öl heraus, das Arkulf, wie er berichtet, mit eigenen Augen betrachtet hat.[206] *9.* Dieses wunderbare Öl gibt Zeugnis für die Ehre der Maria, der Mutter unseres Herrn Jesus Christus, von dem der Vater spricht: *„Mit meinem heiligen Öle habe ich ihn gesalbt."*[207] Ferner sagt der Psalmdichter zum Sohne Gottes: *„Gott, dein Gott, hat dich gesalbt mit Freudenöl mehr denn deine Gesellen."*[208]

10. Alle diese Mitteilungen über die Lage und Gründung von Konstantinopel, über die Rotundenkirche, in der das heilbringende Holz aufbewahrt wird, und das übrige haben wir mit Aufmerksamkeit aus dem Munde des heiligen Priesters Arkulf gelernt, der sich von Ostern bis Weihnachten in der Hauptstadt des Römischen Reiches aufhielt und danach in Richtung Rom absegelte.

VI. *Über den Vulkanberg, der beständig donnert*

1. Es gibt eine Insel im Großen Meer, 12 Meilen östlich von Sizilien entfernt, auf der ein Vulkanberg Tag und Nacht wie beim Gewitter dermaßen donnert, daß man meinen könnte, das ein Stück weit entfernt gelegene Land Sizilien werde von einem schreckli-

---

206 Die Legende vom Marienbild in der Kloake ist eine Gipfelleistung an Geschmacklosigkeit. Es wäre besser gewesen, wenn der würdige Abt Adomnanus sie unterdrückt hätte. Aber freilich: wir sind nicht maßgebend, und den zeitgenössischen Lesern mag dergleichen gefallen haben.

207 *Ps 89,21* (nach dem *Psalterium iuxta Septuaginta*).

208 *Ps 45,8* (in einer Mischung des Wortlauts aus dem *Psalterium iuxta Septuaginta* und dem *Psalterium iuxta Hebraeos*).

chen Erdbeben heimgesucht.[209] Freitags und samstags scheint er noch lauter zu donnern. *2.* Die ganze Zeit sieht man ihn nachts Feuer speien und tagsüber rauchen. *3.* Das hat Arkulf mir, dem Schreiber, über diesen Berg diktiert: Er sah ihn mit eigenen Augen nachts feurig und am Tage rauchend und hörte mit eigenen Ohren auch den Donnerschall, als er einige Tage in Sizilien zu Gast war.

4. Nun bitte ich diejenigen, welche diese kurzen Bücher lesen mögen, zur Göttlichen Milde für den heiligen Priester Arkulf zu beten, der uns das, was er beim Besuch der heiligen Orte erlebte, so freundlich diktiert hat. *5.* Was mich betrifft, so habe ich es in einer Zeit, da mich die von allen Seiten andrängenden Sorgen um die Kirche schwer, ja fast unerträglich belasteten, in meinem ziemlich bescheidenen Stile zu Papier gebracht. *6.* So ermahne ich den Leser dieses Erfahrungsberichtes, daß er für mich armen Sünder, den Schreiber, zu Christus, dem Weltenrichter, zu beten nicht unterlasse!

Hier endet das dritte Buch.

---

[209] Volcano, lat. *Vulcani insula,* griech. *thermessa* (θέρμεσσα) „die Heiße" oder ἱερά νῆσος „heilige Insel": die am weitesten s. gelegene Insel der Liparischen Vulkaninselgruppe (im Altertum: *insulae Aeoliae).* Die Liparischen Inseln liegen n. (nicht ö.!) von Sizilien. Volcano ist in der Tat ca. 15-20 km vom Festlande entfernt. Vom Sizilienaufenthalt des Arkulf berichtet auch II,17,3.5.

Abkürzungsverzeichnis

1. Biblische Bücher

Gen	Genesis (1. Buch Mose)
Ex	Exodus (2. Buch Mose)
Lev	Leviticus (3. Buch Mose)
Num	Numeri (4. Buch Mose)
Dtn	Deuteronomium (5. Buch Mose)
Jos	Josua
Ri	Richter
1/2 Sam	1./2. Buch Samuel
1/2 Kön	1./2. Buch der Könige
Jes	Jesaja
Jer	Jeremia
Ez	Ezechiel
Hos	Hosea
Am	Amos
Mi	Micha
Nah	Nahum
Hab	Habakuk
Sach	Sacharja
Mal	Maleachi
Ps	Psalm(en)
Ijob	Hiob
Klgl	Klagelieder des Jeremia
Dan	Daniel
Neh	Nehemia
1/2 Chron	1./2. Buch der Chronik
1/2 Makk	1./2. Buch der Makkabäer
Jub	Buch der Jubiläen
Mt	Matthäus-Evangelium
Mk	Markus-Evangelium
Lk	Lukas-Evangelium
Joh	Johannes-Evangelium
Apg	Apostelgeschichte
Röm	Römerbrief
1/2 Kor	1./2. Korintherbrief
Gal	Galaterbrief
Eph	Epheserbrief
Phil	Philipperbrief
1 Tim	1. Timotheusbrief
Hebr	Hebräerbrief
Tob	Tobit

2. *Antike Autoren*

Caesar, Bell. civ.	J. Caesar, De bello civili
1 Clem ad Cor	1. Brief des Clemens an die Korinther
Epiphanius, adv. haer.	Epiphanius v. Salamis, adversus haereses
Euseb, On.	Eusebius v. Caesarea, Das Onomastikon der biblischen Ortsnamen, ed. E. Klostermann, GCS Eusebius Werke III, 1 (1904, Nachdruck 1966).
Ignatius ad Rom	Brief des Ignatius an die Römer
Josephus, Bell. jud.	Flavius Josephus, De bello judaico
Josephus, Ant.	Flavius Josephus, Antiquitates judaicae
Plinius, hist. nat.	Plinius, historia naturalis

3. *Monographien, Sammelwerke, Zeitschriften, Reihen*

AASOR	Annual of the American Schools of Oriental Research
F.-M. Abel, Géographie	F.-M. Abel, Géographie de la Palestine, 2 Bde. (1933/38, 1967[3])
ADPV	Abhandlungen des Deutschen Palästina-Vereins
AnBoll	Analecta Bollandiana
BA	The Biblical Archaeologist
BASOR	Bulletin of the American Schools of Oriental Research
BHH	Biblisch-Historisches Handwörterbuch, hrsg. von B. Reicke und L.Rost (1962-1966)
BK	Biblischer Kommentar, Neukirchen
BRL[2]	Biblisches Reallexikon, hrsg. von K. Galling, 2. Aufl. (1977)
BTAVO	Beihefte zum Tübinger Atlas des Vorderen Orients
CCSL	Corpus Christianorum, series Latina
CSCO	Corpus scriptorum Christianorum orientalium
CSEL	Corpus scriptorum ecclesiasticorum LatinorumF.
DACL	Cabrol - H. Leclercq, Dictionnaire d'Archéologie Chrétienne et de Liturgie (seit 1907)
DBAT	Dielheimer Blätter zur Archäologie und Textüberlieferung der Antike und Spätantike
FrancLA	Studii Biblici Franciscani Liber Annuus
FRLANT	Forschungen zur Religion und Literatur des Alten und Neuen Testaments
GCS	Die griechischen christlichen Schriftsteller
HL	Das Heilige Land
HThR	Harvard Theological Review

IEJ	Israel Exploration Journal
JA	Journal asiatique
JAC	Jahrbuch für Antike und Christentum
JDAH	Jahrbuch des Deutschen Evangelischen Instituts für Altertumswissenschaft des Heiligen Landes
J. Jeremias, HG	J. Jeremias, Heiligengräber in Jesu Umwelt (1958)
JNES	Journal of Near Eastern Studies
JPOS	Journal of the Palestine Oriental Society
Kopp	C. Kopp, Die heiligen Stätten der Evangelien (1959,1964[2])
Kroll	G. Kroll, Auf den Spuren Jesu (1964, 1975[5]).
M	H. Donner - H. Cüppers, Die Mosaikkarte von Madeba. Teil I: Tafelband (1977)
MM	H. Donner, The Mosaic Map of Madaba. Palaestina antiqua 7 (1992)
Mansi	J. D. Mansi, Sacrorum conciliorum nova et amplissima collectio, 31 Bde. (1759-1798, Nachdruck und Fortsetzung ab 1900)
MPL	J. P. Migne, Patrologiae cursus completus, series Latina
MPG	J. P. Migne, Patrologiae cursus completus, series Graeca
Müller, Fragm. hist. Graec.	Fragmenta historicorum Graecorum, ed. Müller (1841-1870)
NEncAEHL	The New Encyclopedia of Archeological Excavations in the Holy Land. 4 vol., ed. by E. Stern a.o. (1993)
OBO	Orbis Biblicus et Orientalis
OLB	O. Keel - M. Küchler, Orte und Landschaften der Bibel. Ein Handbuch und Studienreiseführer zum Heiligen Land 1 (1984), 2 (1982)
PJB	Palästina-Jahrbuch
Raabe	R. Raabe, Petrus der Iberer (1895)
RB	Revue Biblique
RE	A. Pauly - G. Wissowa, Real-Encyclopädie der klassischen Altertumswissenschaft (seit 1894)
REpThK	Realencyklopädie für protestantische Theologie und Kirche, 3. Aufl. (1896 - 1913)
RGG[3]	Die Religion in Geschichte und Gegenwart, hrsg. von K. Galling, 3. Aufl. (1957- 1965)
SBAW	Sitzungsberichte der Bayerischen Akademie der Wissenschaften
ThLZ	Theologische Literaturzeitung
ThW	Theologisches Wörterbuch zum Neuen Testament
Vincent-Abel	H. Vincent - F.-M. Abel, Jérusalem Nouvelle, 2 Bde. (1914/26)
VT	Vetus Testamentum

ZDPV	Zeitschrift des Deutschen Palästina-Vereins
ZKTh	Zeitschrift für katholische Theologie

4. *Sonstige Abkürzungen*

a.a.O.	am angegebenen Ort
Abb.	Abbildung
A.D.	Anno Domini
ägypt.	ägyptisch
Anm.	Anmerkung
Apol.	Apologie (Verteidigung)
arab.	arabisch
AT	Altes Testament
atl.	alttestamentlich
Bd., Bde.	Band, Bände
bes.	besonders
byzantin.	byzantinisch
ca.	circa, ungefähr
christl.	christlich
Cod.	Codex
ders.	derselbe
d. Gr.	der Große
d.h.	das heißt
d.i.	das ist
Dial.	Dialog, Gespräch
ed.	editus, herausgegeben von
engl.	englisch
epist.	epistula, Brief
etc.	et cetera, und so weiter
f., ff.	folgende(r, s), folgende
fol.	folia(e), Blatt (Blätter)
FS	Festschrift
gall.	gallisch
gest.	gestorben
griech.	griechisch
hebr.	hebräisch
hrsg.	herausgegeben
Jh.	Jahrhundert
jüd.	jüdisch
kopt.	koptisch
lat.	lateinisch
Lit.	Literatur(angaben)
loc. cit.	locus citatus, am angegebenen Ort
LXX	Septuaginta
n. Chr.	nach Christus
neutr.	neutrum, sächlich

Nr.	Nummer
NS	Nova series, neue Reihe
NT	Neues Testament
o. ä.	oder ähnlich
orthod.	orthodox
p.	pagina, Seite
Pl.	plate, Tafel
röm.	römisch
S., SS.	Sanctus, Sancti
S.	Seite(n)
s.	sequens, folgend
s.	siehe
samaritan.	samaritanisch
s. o.	siehe oben
sog.	sogenannt
s. u.	siehe unten
Supp.	Supplement
s. v.	sub verbo, unter dem Stichwort
syr.	syrisch
Taf.	Tafel
u. a.	und andere(s)
u. ä.	und ähnlich
u. a. m.	und andere(s) mehr
u. dgl.	und dergleichen
u. ö.	und öfter
u. par.	und Parallele(n) (bei den anderen Evangelien)
V.	Vers(e)
v. Chr.	vor Christus
vgl.	vergleiche
Z.	Zeile(n)
z.B.	zum Beispiel
z.T.	zum Teil
z. Zt.	zur Zeit

5. Himmelsrichtungen

N, O, W, S	Norden, Osten, Westen, Süden
NO, NW, SO, SW	Nordost, Nordwest, Südost, Südwest
NNW, NNO	Nordnordwest, Nordnordost
n., ö., s., w.	nördlich, östlich, südlich, westlich
nö., nw., sö., sw.	nordöstlich, nordwestlich, südöstlich, südwestlich
nnw.	nordnordwestlich
ssö	südsüdöstlich
wnw	westnordwestlich
osö	ostsüdöstlich
onö	ostnordöstlich

Ortsregister

Das Register verzeichnet die Ortsnamen, die in den übersetzten Pilgerschriften vorkommen, dazu die Ortsnamen aus dem Einleitungskapitel „Pilgerfahrt ins Heilige Land". Im Itinerarium Burdigalense nötigte die Vielzahl der Namen zur Beschränkung auf jene, die Syrien und Palästina betreffen oder die in den anderen Pilgerschriften bezeugt sind. Eine Auswahl wichtiger Traditionsstätten ist aufgenommen, überwiegend bei den Orten, zu denen sie gehören. Kursiv gedruckte Verweisstichworte sollen das Auffinden erleichtern. Die Ziffern geben die Seitenzahlen an, Ziffern in Klammern weisen auf die Anmerkungen hin, in denen man ausführlicher über die Orte und Traditionsstätten unterrichtet wird. Die Namensformen sind zumeist in der Gestalt dargeboten, in der sie in den Texten erscheinen; gelegentlich - vor allem bei häufig vorkommenden Orten - ist die übliche Normalform vorgezogen worden.

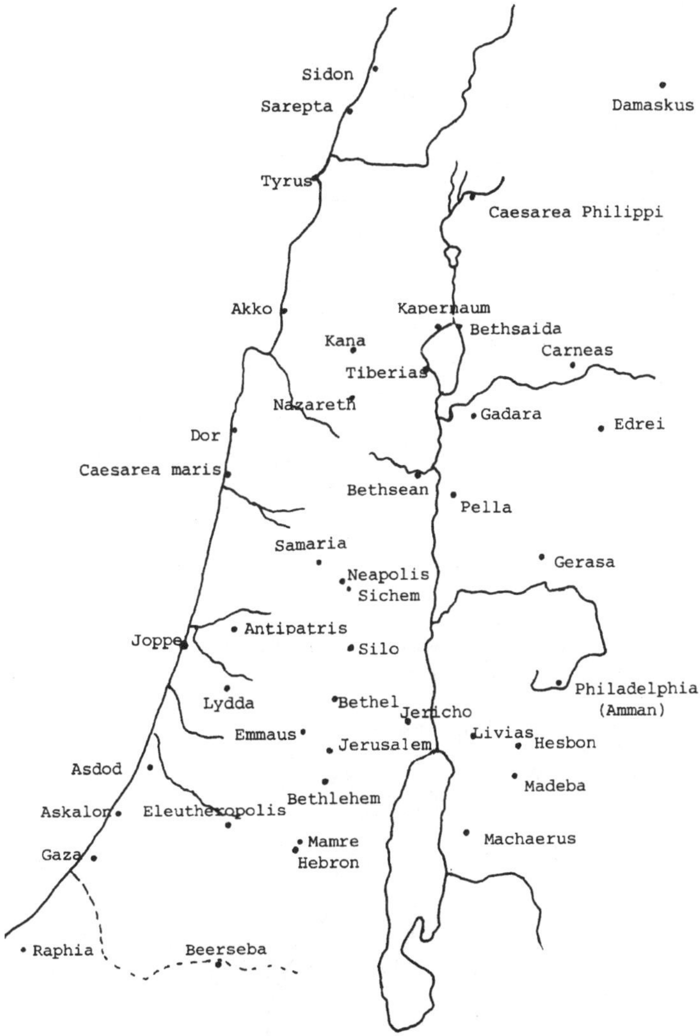

Abb. 5

Kartenskizze des Heiligen Landes mit Eintragung der wichtigsten Pilgerorte

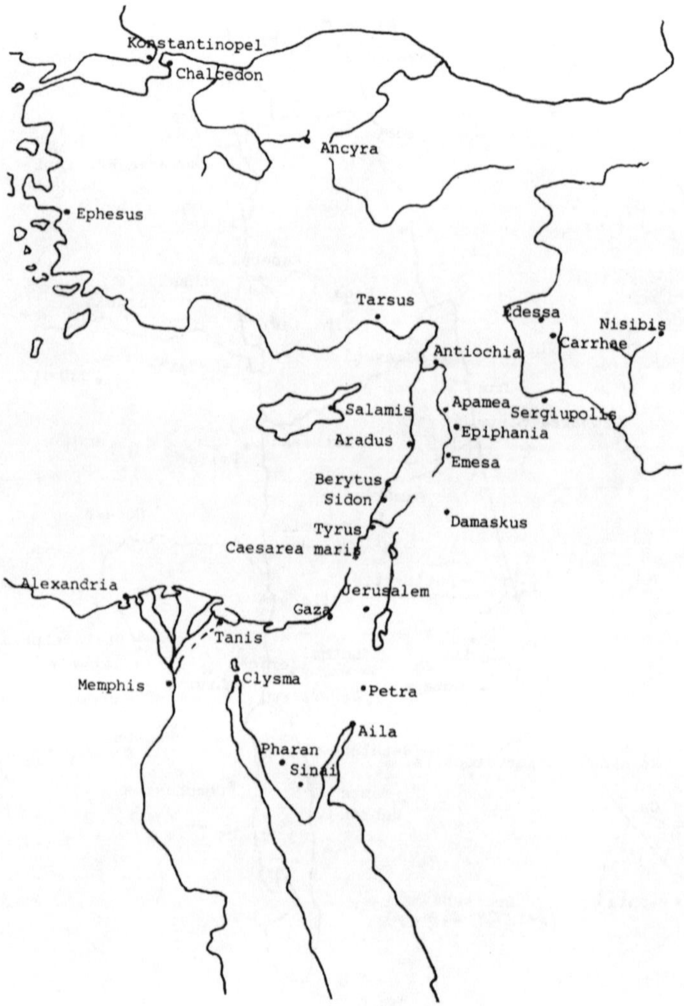

Abb. 6

Kartenskizze des alten Ostens